Heinrich von Poschinger

Fürst Bismarck und der Bundesrat

Heinrich von Poschinger

Fürst Bismarck und der Bundesrat

ISBN/EAN: 9783744635240

Hergestellt in Europa, USA, Kanada, Australien, Japan

Cover: Foto ©Suzi / pixelio.de

Weitere Bücher finden Sie auf **www.hansebooks.com**

Fürst Bismarck und der Bundesrat.

Von

Heinrich von Poschinger.

Motto: „Der Bundesrat ist eine Art von Palladium, eine große Garantie für die Zukunft Deutschlands."
(Reichstagsrede Bismarcks vom 19. April 1871.)

Erster Band.

Der Bundesrat des Norddeutschen Bundes
(1867—1870).

Stuttgart und Leipzig.
Deutsche Verlags-Anstalt.
1897.

Inhaltsverzeichnis.

	Seite
Vorwort	IX
Einleitung: Die Entstehung des Bundesrats	1

Die erste Session des Bundesrats.
(15. August bis 10. Dezember 1867.)

	Seite
I. Der Bundesrat wird in den Sattel gesetzt	35
II. Die ersten Bevollmächtigten zum Bundesrat	42
1. Preußen: Generalmajor v. Podbielski	42
Generallieutenant v. Rieben	44
Generalsteuerdirektor v. Pommer-Esche	48
Ministerialrat Günther	50
Ministerialdirektor Delbrück	52
Generalpostdirektor v. Philipsborn	55
Geh. Ober-Justizrat Dr. Pape	57
Contre-Admiral Jachmann	61
2. Königreich Sachsen: Staatsminister Freiherr v. Friesen . . .	62
Ministerialdirektor Dr. Weinlig	65
Geh. Finanzrat v. Thümmel	68
Oberst v. Brandenstein	69
3. Großherzogtum Hessen: Geh. Legationsrat Hofmann	70
4. Mecklenburg-Schwerin: Staatsrat v. Müller	70
Generalmajor v. Bilgner	71
5. Weimar: Staatsminister v. Watzdorf	71
6. Mecklenburg-Strelitz: Geh. Legationsrat v. Bülow	73
7. Oldenburg: Geh. Staatsrat Buchholz	75
8. Braunschweig: Staatsminister v. Campe	75
Geh. Legationsrat v. Liebe	77
9. Meiningen: Wirkl. Geh. Rat Graf v. Beust	79
Staatsminister v. Krosigk	80
10. Altenburg: Staatsminister Gerstenberg v. Zech	81
11. Coburg und Gotha: Staatsminister Freiherr v. Seebach . . .	81
12. Anhalt: Regierungsrat Dr. Sintenis	99

		Seite
13. Schwarzburg-Rudolstadt: Staatsminister v. Bertrab		101
14. Schwarzburg-Sondershausen: Staatsrat v. Wolfersdorff		108
15. Waldeck: Geh. Regierungsrat Klapp		108
16. Reuß ä. L.: Regierungspräsident Dr. Herrmann		109
17. Reuß j. L.: Staatsminister v. Harbou		110
18. Schaumburg-Lippe: Geh. Regierungsrat Höder		114
19. Lippe: Kabinetsminister v. Oheimb		114
20. Lübeck: Senator Dr. Curtius		115
21. Bremen: Senator Dr. Gildemeister		115
22. Hamburg: Senator Dr. Kirchenpauer		116
Protokollführer: Legationsrat Bucher		118
III. Der Bundesrat zum erstenmal bei der Arbeit		119
1. Bundesgesetzgebung		119
2. Zoll- und Handelswesen		122
3. Post- und Telegraphenwesen		126
4. Marine und Schiffahrt		127
5. Konsulatswesen		127
6. Bundeskriegswesen		128
7. Bundesfinanzen		129
8. Schlichtung von Streitigkeiten		130
Rückblick		130

Die zweite Session des Bundesrats.

(7. März bis 15. Dezember 1868.)

I. Veränderungen im Bestande des Bundesrats	133
1. Preußen: Ministerialdirektor Wirkl. Geh. Legationsrat v. Philipsborn	135
Geh. Ober-Finanzrat Wollny	138
Geh. Regierungsrat Graf zu Eulenburg	139
2. Mecklenburg-Schwerin und -Strelitz: Außerordentl. Gesandter und bevollmächtigter Minister, Staatsminister v. Bülow	140
3. Waldeck: Landesdirektor v. Flottwell	140
4. Lippe: Kabinetsminister Heldmann	141
5. Lübeck: Ministerresident Dr. Krüger	141
II. Die Arbeiten des Bundesrats während seiner zweiten Session	144
1. Bundesgesetzgebung	144
2. Bundesrat	170
3. Bundespräsidium (Bundesbeamte)	171
4. Reichstag	172
5. Zoll- und Steuerwesen	172
6. Eisenbahnwesen	172
7. Post- und Telegraphenwesen	174
8. Marine und Schiffahrt	176
9. Konsulatswesen	178
10. Bundeskriegswesen	179
11. Bundesfinanzen	186
12. Sonstige Beschlußfassung des Bundesrats	190
Rückblick	194

Die dritte Session des Bundesrats.
(15. Februar bis 18. Dezember 1869.)

I. Veränderungen im Bestande des Bundesrats .. 196
   1. Preußen: Kriegsminister Graf v. Roon .. 198
          Finanzminister Camphausen 199
          Geh. Ober-Finanzrat Hasselbach . . 201
   2. Königreich Sachsen: Justizrat Klemm 203
       Protokollführer: Geh. Ober-Regierungsrat Eck .. 204
II. Die Arbeit des Bundesrats während seiner dritten Session .. 207
   1. Bundesgesetzgebung 207
   2. Bundesrat 235
   3. Bundespräsidium (Bundesbeamte) 236
   4. Reichstag 241
   5. Zoll- und Handelswesen 241
   6. Eisenbahnwesen 247
   7. Post- und Telegraphenwesen 248
   8. Marine und Schiffahrt 252
   9. Konsulatswesen 256
  10. Bundeskriegswesen 258
  11. Bundesfinanzen 259
  12. Diverse Angelegenheiten . . . 267
     Rückblick 271

Die vierte Session des Bundesrats.
(20. Januar bis 20. Dezember 1870.)

I. Veränderungen im Bestande des Bundesrats 277
   1. Preußen: Justizminister Dr. Leonhardt. . . 280
          Ministerialdirektor Moser 281
          Ministerialdirektor Weishaupt 281
          Geheimrat v. Nathusius 282
          Generalpostdirektor Stephan 283
   2. Königreich Sachsen: Geh. Regierungsrat Schmalz . 286
       Major Freiherr v. Holleben 286
   3. Mecklenburg-Schwerin: Legationsrat v. Oertzen . . 287
   4. Großherzogtum Sachsen: Geh. Staatsrat Dr. Stichling . . . 287
   5. Oldenburg: Staatsminister v. Roeffing . . . 288
   6. Anhalt: Staatsminister v. Larisch . . . 288
   7. Reuß j. L.: Regierungsrat Kunze 292
        Geheimrat Meusel 292
II. Die Arbeiten des Bundesrats des Norddeutschen Bundes in seiner letzten Session 293
   1. Bundesgesetzgebung 293
   2. Reichstag 314
   3. Zoll- und Handelswesen 314
   4. Eisenbahnwesen 314
   5. Post- und Telegraphenwesen 318

	Seite
6. Marine und Schiffahrt	318
7. Konsulatswesen	322
8. Bundeskriegswesen	322
9. Bundesfinanzen	324
10. Der Ausbruch des Krieges gegen Frankreich	326
11. Die Pontusfrage	330
12. Die Versailler Verträge	333
13. Die Kaiserfrage	335
14. Diverse Angelegenheiten	337
Rückblick	339
Personenregister	341
Sachregister	346

Vorwort.

„Der Biograph des Fürsten Bismarck steht einer schweren Arbeit gegenüber. Seit dem Eintritt Bismarcks in das öffentliche Leben ist seine Wirksamkeit eine so umfassende und vielseitige, daß man, um ein übersichtliches Bild zu geben, am besten nach dem Grundsatze des divide et impera verfährt, will man anders nicht Weltgeschichte schreiben."

Mit diesen Worten leitete ich im Jahre 1889 mein Buch „Bismarck als Volkswirt" ein, dem dann in den letzten Jahren „Bismarck und die Parlamentarier", die „Ansprachen" und „Tischgespräche" des Kanzlers folgten.

Dasjenige Gebiet, das demnächst am dringendsten nach einer Bearbeitung verlangt, ist sein Verhältnis zum Bundesrat, als der vornehmsten Körperschaft des Reiches. Eine Geschichte des Bundesrats brauchen wir unbedingt, um den Gang des Auf- und Ausbaues des Reichshauses überblicken zu können.

Der Grund, weshalb sich für den Reichstag schon viele Federn gefunden haben, für den Bundesrat aber noch keine einzige, liegt darin, daß die Reichstagsverhandlungen vor jedermanns Augen liegen, während der Bundesrat seine Verhandlungen, wie der alte Bundestag, im Prinzip heimlich, sagen wir besser nicht öffentlich erledigt. Die Plenarsitzungen des Bundesrats finden ebenso wie die Ausschußsitzungen mit Ausschluß der Oeffentlichkeit statt. Es gibt keine Bundesratsstenographen, das Protokoll über seine Verhandlungen führt ein schweigsamer Geheimrat, die Drucksachen des Bundesrats sind geheim. Verschiedene Bitten der Bibliothek des Reichstags um Ueberweisung eines Exemplars der Bundesratsverhandlungen haben abgeschlagen werden müssen. Selbst ein dem Reichskanzler so nahestehendes Institut wie die Reichsbank besitzt die Bundesratsverhandlungen nicht. Sie werden nur in einer beschränkten Auflage gedruckt und von allen Besitzern sorgsam unter Schloß und Riegel gehalten.

Dieses Prinzip der Heimlichkeit hat sich aber in praxi nicht durchführen lassen. Die Reichsregierung fühlte gleich von Anfang an das Bedürfnis, das Publikum wenigstens über den Gang der Bundesratsberatungen im allgemeinen zu orientiren, sie verfaßte selbst kleine Referate über jede einzelne Bundesrats=sitzung, die sie dann in die ihr nahestehenden Blätter lancirte. Damit nicht genug, wurde das Publikum auch mit den wichtigeren Vorlagen bekannt ge=macht, die das Präsidium oder einzelne Bundesregierungen dem Bundesrat zur Beschlußfassung unterbreiteten. Dies hatte zum Zweck, für die betreffenden Vorlagen, die demnächst den Reichstag beschäftigen sollten, Stimmung [zu machen und durch eine geschickte Beleuchtung dafür zu sorgen, daß Vorurteile, die gegen eine gesetzgeberische oder administrative Maßregel bestanden, zurück=traten.

Bei Begründung des Norddeutschen Bundes wurde mit diesen von Amts=wegen ausgehenden Publikationen ziemlich vorsichtig verfahren; die Zeitungen erhielten meist nur eine knapp gehaltene Inhaltsangabe der betreffenden Vor=lagen und einige Erläuterungen aus den Motiven. Später wurde hiermit liberaler verfahren und die offiziöse, d. h. der Regierung dienende Presse häufig in den Stand gesetzt, den vollen Wortlaut von Bundesratsdrucksachen abzudrucken. Als es sich darum handelte, für die neue Zoll= und Handelspolitik von 1879 Propaganda zu machen, wurde hiervon in ausgiebigster Weise Gebrauch ge=macht. Eine Anzahl anderer Drucksachen ist durch andere Kanäle in die Oeffentlichkeit gedrungen. Mitunter waren es Bevollmächtigte zum Bundesrat, die den Inhalt einzelner Drucksachen die ihnen nahestehenden Zeitungskorre=spondenten einsehen ließen; in einem Falle hat ein Beamter die Hand zur Veröffentlichung einer Bundesratsdrucksache geboten. Sobald die eingeleitete Untersuchung seine Schuld ergeben hatte, wurde ein Disziplinarverfahren über ihn verhängt, das mit Entlassung aus der von ihm in einer obersten Reichs=behörde bekleideten Stelle endigte.

Da ich für dieses Werk um die Erlaubnis zur Aufnahme bisher noch nicht veröffentlichter Bundesratsverhandlungen nicht nachgesucht habe, so ergibt sich aus dem Vorstehenden der Umfang der Quellen, auf denen die vorliegende Publikation beruht. Zu gute kommen ihr allerdings noch zwei Momente, ein=mal, daß ich seit 1876 in demselben Hause arbeite, in dem der Bundesrat seine Sitzungen abhält, sodann daß ich im Laufe der Jahre vielen Mitgliedern dieser hohen Körperschaft näher getreten bin und auf diesem Wege insbesondere über die Personalien des Bundesrats manches anvertraut erhalten habe, was jetzt unbedenklich angedeutet werden kann, ohne sich der Gefahr einer Indiskretion auszusetzen.

So fern mir der Zweck liegt, Bismarck in diesem neuen Werk zu verherrlichen, so wird es doch unbewußt und ungewollt ein neues Blatt in seinem Ruhmeskranze. Bismarck hat das Uhrwerk, das wir uns jetzt näher besehen wollen, geschaffen, er hat es in Bewegung gesetzt, und die Hälfte von dem, was der Bundesrat erledigt hat, trägt seinen gewaltigen Stempel; im Vergleiche mit ihm zeigen sich auch die bedeutsamsten seiner Mitglieder wie Nebenfiguren; solange Bismarck den Vorsitz im Bundesrat führte, war sein Wille der entscheidende. Mit dämonischer Kraft führte er den Bundesrat an die Stelle, die er für gut fand. Und trotz alledem hat das Ansehen des Bundesrats unter Bismarck nicht gelitten, weil der Weg, auf dem er dem Kanzler folgte, eben stets der richtige war.

Was ich bei Bearbeitung dieses Werkes am meisten vermißte, war jegliches Material über die einzelnen Mitglieder des Bundesrats. Man findet wohl ihre Namen im Reichs-Gesetzblatt, Reichsanzeiger und im Handbuch für das Deutsche Reich aufgeführt; allein irgend welche Personalnotizen über die Mitglieder sucht man, wenn diese nicht zu den Berühmtheiten unter den Staatsmännern zählen, vergebens. In den Parlamentsalmanachen findet man biographische Notizen hinsichtlich des unbedeutendsten Sozialdemokraten; eine gleichartige Arbeit hinsichtlich der Bundesratsmitglieder fehlt, oder steht doch wenigstens nur für eine ganz beschränkte Zeitperiode zur Verfügung. In dem Konversationslexikon, wo man versucht ist, Belehrung zu schöpfen, ist der Bundesrat auf das stiefmütterlichste behandelt. Das Brockhaussche Konversationslexikon kennt, um nur von dem Bundesrat des Norddeutschen Bundes einige Persönlichkeiten herauszugreifen, weder v. Liebe, der doch zu den bedeutsamsten Köpfen dieser Körperschaft zählte, noch beispielsweise die Staats=, bezw. Kabinetsminister v. Watzdorf, v. Larisch, v. Bertrab, v. Seebach, v. Harbou, Heldmann, v. Oheimb, den Senator Curtius und den kürzlich verstorbenen Gesandten Dr. Krüger. Hier gilt es also wirklich eine Lücke auszufüllen.

Es wird für eine spätere Zeit besonders auch wichtig sein, zu wissen, welche Berührungspunkte zwischen Bismarck und den einzelnen Mitgliedern des Bundesrats bestanden haben; man darf hierbei nicht bloß an gesellige Beziehungen denken, denn mit vielen von ihnen hat der Kanzler unter vier Augen auch geschäftlich manche bedeutsame Unterredung gepflogen.

Diejenigen Mitglieder des Bundesrats des Norddeutschen Bundes, die noch am Leben sind, haben meine Arbeit meist bereitwillig gefördert; bezüglich des einen und andern bereits Dahingegangenen ist mir bei Zuratziehung des literarischen Nachlasses manches historisch Beachtenswerte zur Verfügung gestellt worden. Am dankbarsten bin ich für die mir von der beteiligten Seite erteilte Erlaubnis, einzelne Briefe, die Bismarck an seine Kollegen im Bundesrat gerichtet hat, veröffentlichen zu dürfen. Lassen sie auch einen hochpolitischen Inhalt vermissen, so sind sie doch immerhin bedeutsam zur Charakteristik sowohl des hohen Briefschreibers als der Empfänger.

Einzelne Irrtümer und Lücken sind bei einem Werke, das, wie dieses, ausschließlich aus einer ungeordneten Masse zahlreicher und nicht selten sich widersprechender Notizen hervorgeht, nicht zu vermeiden. Ich werde für eine Berichtigung nur dankbar sein und glaube meine Arbeit reichlich belohnt, wenn es mir gelungen ist, das Interesse auf eine Institution zu lenken, die, wie ich behaupte, zu den wenigen gehört, die gewinnen, wenn man sie näher ansieht.

Einleitung.

Die Entstehung des Bundesrats

13. Dezember 1866 bis 17. April 1867.

Durch die Ereignisse des Jahres 1866 ist nicht nur das Organ des Deutschen Bundes, der Frankfurter Bundestag, sondern auch der völkerrechtliche Vertrag selbst, zu dem sich die souveränen Fürsten und freien Städte Deutschlands vereinigt hatten, aufgehoben und erloschen. An seine Stelle trat ein von Grund auf neues, auf selbständiger Grundlage errichtetes Verfassungswerk: der Norddeutsche Bund, als Beginn einer neuen Gestaltung Deutschlands (s. Art. 4 des Prager Friedens vom 23. August 1866).

Die Verfassung des Norddeutschen Bundes ist, wie alles Große, was wir in Deutschland heute genießen, Bismarcks Werk. Er fand, als er an die Ausarbeitung der Verfassungsartikel ging, zwei fertige Entwürfe vor, der eine von Max Duncker, der andere von Savigny verfaßt; allein keiner von diesen entsprach seinen Intentionen, er schob sie vollständig bei Seite, angeblich, weil sie zu tief in die Selbständigkeit der Einzelstaaten einschnitten. Dann, am Nachmittag des 13. Dezember, diktirte er aus dem Kopf Lothar Bucher den eigentlich konstituirenden Artikel der Verfassung über den Bundesrat, das Bundespräsidium und den Reichstag, und gab für die übrigen Abschnitte die bestimmenden Gesichtspunkte. Am Morgen des 14. Dezember war der Entwurf fertig, am Nachmittag wurde er von dem unter dem Vorsitz des Königs versammelten Ministerrate genehmigt und damit reif zur Vorlage an die Konferenz.*) Dieser erste Entwurf und seine beiden Vorläufer sind strengstes Geheimnis geblieben. Sie werden im Auswärtigen Amt unter den sekretesten Dokumenten aufbewahrt. Sybel hat sie nicht zu Gesicht bekommen. Auch keines der obersten Reichsämter darf einen Blick hineinwerfen, und doch wäre es oft wünschenswert, die Genesis der deutschen Verfassungsurkunde zu kennen, wenn es sich

---

*) Vgl. Sybel „Die Begründung des Deutschen Reichs", Bd. VI, S. 24, und mein Werk „Ein Achtundvierziger. Lothar Buchers Leben und Werke", Bd. III, S. 131 ff.

z. B. um die Interpretation einer zweifelhaften Stelle in der Verfassungs=
urkunde handelt. In diesem Falle muß mit dem Auswärtigen Amt korre=
spondirt werden, und dieses sagt nur so viel, als ihm opportun erscheint.

Das Wort „Bundestag" hatte von Frankfurt her einen üblen Beigeschmack;
es hieße, die ganze Institution von Haus aus diskreditiren, wollte man diese
Bezeichnung vom alten Bunde her für die neue Versammlung der Gesandten
entlehnen. Deshalb gab Bismarck dem Kinde den Namen „Bundesrat". Der
alte Bund tagte, der neue sollte beraten.

Die Kompetenzen des Bundesrats, des vornehmsten Trägers der gesetz=
gebenden wie der regierenden Gewalt, waren zwar im Vergleich mit der Frank=
furter Institution bedeutend erweitert. Dafür erschien auf der andern Seite
aber auch das Bundespräsidium in weit machtvollerer Gestaltung; ein Bundes=
feldherr war an die Spitze aller Bundeskontingente, ein Flottenchef an die
Spitze der ganzen norddeutschen Kriegsflotte gestellt, und diese Attribute
waren vereint in der Person des Königs von Preußen, der im Bundesrat
17 unter 43 Stimmen bekam.*) Statt eines Um= und Ausbaues des Frankfurter
Hauses hatte der Baumeister des Reichs einen pyramidenartigen Neubau errichtet,
auf breiter, solider Grundlage mit einer hohen und scharfen Spitze. Am
15. Dezember 1866 begannen in Berlin die Verhandlungen der Abgesandten
zur Beratung und Feststellung der Verfassung des Norddeutschen Bundes. Es
wurden darüber Protokolle geführt, welche unter den Drucksachen des kon=
stituirenden Reichstags veröffentlicht worden sind.**) Es waren bei den Kon=
ferenzen zur Beratung und Feststellung der Verfassung des Norddeutschen Bundes

---

*) Obwohl Preußen, auf seine Stimmen beschränkt, im Bundesrat nicht den Ausschlag
gab, so war doch anzunehmen, daß es im stande sein werde, sich so viel wie nötig geltend
zu machen. Zu einer Zeit, als sich die einschlägige Verfassungsbestimmung noch nicht
bewährt hatte, schrieb die „National=Zeitung": „Es wird jedoch auch hierbei wieder auf
den persönlichen Einfluß des gegenwärtigen Kanzlers gerechnet, während ein Nachfolger
von ihm, dessen Stellung aus irgend welchen Ursachen eine schwache wäre, immerhin die
Wahrnehmung würde machen können, daß Mehrheit doch Mehrheit ist und Minderheit
Minderheit. So ganz chimärisch wird daher die Annahme nicht sein, daß unter Umständen
das formelle Mindergewicht Preußens im Bundesrate sich auch als thatsächliches erweisen
könne, wenn es zum Abstimmen kommt. Im alten Bunde war Preußen auch schon durch
seine Größe weit hervorragend und wurde dennoch in der Eschenheimer Gasse so oft über=
stimmt; ja die Kleinen stimmten, um von älteren Zeiten zu schweigen, noch zu guter Letzt
während des dänischen Krieges gegen Preußen und Oesterreich zusammen. Es ist also
doch schon mancherlei von dieser Art erlebt worden, und haben auch die Zeiten und die
Verhältnisse sich inzwischen geändert, so kann doch auch durch den jetzigen Bundesrat noch
immer die Wahrheit einst bekräftigt werden, daß Staatsverfassungen übel beschaffen sind,
wenn ihre Formen dem Leben nicht entsprechen."
**) Vgl. die Anlagen 9 und 10 der Anlage zu den Verhandlungen des konstituirenden
Reichstags des Norddeutschen Bundes. Die Konferenz wurde durch Einladungsschreiben
der königl. preußischen Regierung vom 21. November 1866 berufen.

anwesend:*) Für Preußen Bismarck und der Geh. Rat v. Savigny, für Sachsen der Minister der Finanzen und der auswärtigen Angelegenheiten v. Friesen, für Hessen der außerordentliche Gesandte und bevollmächtigte Minister, Geh. Legationsrat Hofmann, für Mecklenburg-Schwerin der Staatsminister und Präsident des Staatsministeriums v. Oertzen, für Sachsen-Weimar der Wirkl. Geh. Rat und Staatsminister v. Watzdorf, für Mecklenburg-Strelitz der Staatsminister v. Bülow, für Oldenburg der Minister v. Roessing, für Braunschweig der Staatsminister v. Campe, für Meiningen der Staatsminister, Wirkl. Geh. Rat v. Krosigk, für Sachsen-Altenburg der Wirkl. Geh. Rat und Ministerresident Graf v. Beust, für Sachsen-Coburg-Gotha der Wirkl. Geh. Rat und Staatsminister Freiherr v. Seebach, für Anhalt der Staatsminister, Wirkl. Geh. Rat Dr. Sintenis, für Schwarzburg-Rudolstadt der Wirkl. Geh. Rat und Minister Dr. jur. v. Bertrab, für Schwarzburg-Sondershausen der Staatsrat v. Wolffersdorff, für Waldeck der Geh. Regierungsrat Klapp, für Reuß älterer Linie der Regierungspräsident Herrmann, für Reuß jüngerer Linie der Minister v. Harbou, für Schaumburg-Lippe der Präsident der Landesregierung Freiherr v. Lauer-Münchhofen, für Lippe der Kabinetsminister v. Oheimb, für Lübeck der Senator Dr. jur. Curtius, für Bremen der Senator Gildemeister, für Hamburg der Senator Dr. jur. Kirchenpauer. Im Laufe der Beratungen trat für v. Wolffersdorff der Staatsminister v. Keyser ein. Die Verhandlungen wurden mit einer Ansprache Bismarcks eröffnet,**) worauf mehrere vertrauliche Besprechungen der Konferenzmitglieder folgten.

Die „erste förmliche Sitzung" fand am 18. Januar 1867 statt, die Tagesordnung war rasch erschöpft; die Bevollmächtigten übertrugen hier lediglich die in den Artikeln 14 und 25 des Verfassungsentwurfs bezeichneten, dem Präsidium sowohl wie dem Bundesrat eingeräumten Befugnisse, soweit sie sich auf den Reichstag bezogen, der Krone Preußen.

Die zweite Sitzung hatte der Wirkliche Geheime Rat v. Savigny (Bismarck nahm nicht daran teil) auf den 28. Januar 1867 anberaumt, um die inzwischen vertraulich gepflogenen Beratungen über den Verfassungsentwurf „zu einem vorläufigen Abschluß zu bringen". Zu dem Ende hatte der preußische Bevollmächtigte sich der Aufgabe unterzogen, diejenigen Amendements der übrigen Bevollmächtigten festzustellen, die die Mehrzahl der geäußerten Wünsche befriedigen dürften, ohne den Prinzipien des Entwurfs entgegenzulaufen. v. Savigny erklärte, daß sich die preußische Regierung in Betreff der Abschnitte, auf die sich diese Arbeit bezog, „zu ferneren Aenderungen nicht verstehen könne". Die Abschnitte Postwesen und Bundeskriegswesen blieben zunächst noch außer Beratung. Darauf vereinigten sich die Bevollmächtigten zu der Erklärung, daß

---

*) Die meisten dieser Delegirten wurden nach der Konstituirung des Bundesrats des Norddeutschen Bundes auch in diesen als Bevollmächtigte geschickt.

**) Bei der Unterzeichnung des Protokolls war Bismarck nicht mehr anwesend.

sie die auf diese Weise amendirten Abschnitte des Verfassungsentwurfs als vorläufig festgestellt betrachteten, und genehmigten demgemäß deren Vorlegung an den Reichstag. In einer Konferenz vom 29. Januar wurde das über vorstehende Sitzung vorgelegte Protokoll genehmigt.

In der dritten förmlichen Sitzung am 7. Februar (Vorsitz Savigny) erfolgte derselbe modus procedendi bezüglich der vorbehaltenen Abschnitte hinsichtlich des Postwesens und des Bundeskriegswesens. In der Sitzung vom 9. Februar erfolgte die Unterzeichnung des hierüber geführten Protokolls.

In der Schlußsitzung vom 7. Februar 1867 (Vorsitz Savigny) gaben mehrere der Bevollmächtigten noch „Erklärungen" zu Protokoll, die aber, nach dem Ausspruche Savignys, nicht dazu angethan sein konnten und noch weniger dazu bestimmt waren, dasjenige Einverständnis abzuschwächen, das von sämtlichen Bevollmächtigten ausdrücklich dahin erklärt worden war, daß der in amendirter Form definitiv festgestellte Vertragsentwurf namens der Gesamtheit der in der Konferenz vertretenen Regierungen durch die Krone Preußen dem Reichstage vorgelegt werde.*)

Soweit die amtlichen Protokolle, aus denen man nur soviel zwischen den Zeilen lesen kann, daß Preußen die Vorschläge der anderen Staaten wohl bereitwillig anhörte, auch das eine oder andere Amendement annahm, in der Hauptsache aber ganz seinen Willen durchsetzte und diesen den anderen Staaten wie ein Gesetz diktirte. Da über die Verhandlungen Amtsgeheimnis bewahrt wurde, so hat man sonst darüber wenig gehört. Um so dankbarer muß man dafür sein, daß ein Teilnehmer an denselben, der anhaltische Staatsminister, Wirkliche Geheime Rat Dr. Sintenis, darüber und über seine sonstigen Erlebnisse in Berlin Aufzeichnungen gemacht hat, die als eine überaus wichtige historische Quelle betrachtet werden müssen, und hier mit Genehmigung seiner Erben auszugsweise mitgeteilt werden sollen.

Carl Friedrich Ferdinand Sintenis

wurde geboren am 25. Juni 1804 in Zerbst (Anhalt) als Sohn des Oberbürgermeisters Johann Carl Heinrich Sintenis. Sein Großvater war der als Kanzelredner und theologischer Schriftsteller berühmt gewordene Konsistorialrat Christian Friedrich Sintenis (gest. 1820). Sintenis erhielt seine Schulbildung auf dem Zerbster Gymnasium, von dem er zu Ostern 1822 mit einem vorzüglichen Reifezeugnis entlassen wurde. Er studirte sodann auf den Universitäten zu Leipzig und Jena von 1822 bis 1825 die Rechtswissenschaft und erlangte

---

*) Ueber das Vorgehen Bismarcks wegen des Beitritts Mecklenburgs zum Norddeutschen Bunde vgl. Ludwig von Hirschfeld: Friedrich Franz II., Großherzog von Mecklenburg-Schwerin, Bd. II, S. 209. — 20. Jan. 1867 Unterredung Bismarcks mit dem Minister v. Oertzen über die Einführung des allgemeinen Wahlrechts und verschiedene andere mecklenburgische Wünsche.

in Jena, nachdem er das Rigorosum als „omnius dignus" bestanden hatte,
am 30. Juli 1825 die juristische Doktorwürde. Schon damals hatte er vor=
herrschende Neigung, akademischer Lehrer zu werden; sein Vater bestimmte ihn
jedoch, nach Zerbst zurückzukehren, wo er am 29. November 1825 als Regie=
rungsadvokat angestellt ward. Im Jahre 1834 wurde er als Advokat bei
dem herzoglich anhaltischen und fürstlich schwarzburgischen Ober=Appellations=
gericht in Zerbst angenommen.

Die Mußezeit, die ihm seine Anwaltsgeschäfte ließen, benutzte Sintenis,
um, unterstützt von anderen Gelehrten, namentlich von den Professoren Otto
und Schilling in Leipzig, eine deutsche Uebersetzung des Corpus juris civilis
und einzelner Teile Corpus juris canonici herauszugeben, eine Riesenarbeit,
die 1835 im Druck vollendet wurde.

Im folgenden Jahre erschien sein Handbuch des gemeinen Pfandrechts,
welches ihm einen Ruf als ordentlicher Professor der Rechte nach Gießen ein=
trug, dem er am 1. Januar 1837 mit Freuden Folge leistete. In Gießen
verbrachte Sintenis vier der schönsten Jahre seines Lebens. 1839 wurde dem
Fünfunddreißigjährigen eine Stelle als Ober=Appellationsgerichtsrat in Darm=
stadt angeboten, die er jedoch aus Vorliebe zum akademischen Lehramte ab=
lehnte.

Als ihm aber Anfang 1841 der Antrag wurde, als Landesregierungs=
und Konsistorialrat nach Anhalt zurückzukehren, nahm er diesen zwar mit schwerem
Herzen, aber seinem Vater zu liebe an. In Dessau wurde er bald eines der
einflußreichsten Mitglieder der Regierung. Nach dem Tode des Herzogs Heinrich
von Anhalt=Cöthen ernannte ihn der Herzog Leopold von Anhalt=Dessau im
Jahre 1848 zum Mitgliede des Landesdirektionskollegiums und Chef des her=
zoglichen Kabinets für Anhalt=Cöthen, im selben Jahre auch zum Geheimen
Justiz= und Ober=Landesgerichtsrat. 1849 wurde Sintenis in den anhaltischen
Landtag gewählt, und 1850 ging er als Mitglied des Parlaments im Staaten=
hause nach Erfurt.

In diese Zeit fällt die Herausgabe seines hauptsächlichsten juristischen
Werkes, das ihm für immer einen Platz unter den bedeutendsten Juristen des
Jahrhunderts sichert, des „praktischen gemeinen Zivilrechts".

Im Jahre 1850 wurde Sintenis zum zweiten Präsidenten des neu organi=
sirten Oberlandesgerichts zu Dessau und 1853 zum Chefpräsidenten dieses
Gerichts ernannt — und erlangte dadurch nach seinem eigenen Zeugnisse eine
Stellung, wie ihm keine angenehmer und erwünschter hätte sein können. Ende
der fünfziger und anfangs der sechziger Jahre beteiligte er sich in hervorragender
Weise an der Fertigstellung des bürgerlichen Gesetzbuchs für das Königreich
Sachsen, zu dessen Studium er 1864 eine Anleitung verfaßte.

Die persönliche Berührung, in die er bei seinem Aufenthalt in Dresden
mit dem König Johann von Sachsen kam, veranlaßte ihn, diesem die zweite

Auflage seines „Zivilrechts" zu übersenden, wofür ihm der König in einem eigenhändigen Schreiben seinen Dank aussprach.*)

Zu Anfang des Jahres 1862 wurde Sintenis nach dem Ableben des Staatsministers v. Plötz mit der Verwaltung des Staatsministeriums der auswärtigen Angelegenheiten, der Justiz und des Kultus sowie des herzoglichen Hauses beauftragt und 1863 am 12. August zum Wirklichen Geheimen Rat mit dem Prädikat „Excellenz" ernannt.

Kurze Zeit später starb der Herzog Carl Alexander von Anhalt=Bernburg, und so wurde Sintenis zu teil, wie früher Anhalt=Cöthen, so jetzt auch Anhalt=Bernburg für seinen Herrn in Besitz zu nehmen, womit die gesamten seit 1603 getrennten anhaltischen Lande wieder vereinigt waren.

Noch im August des Jahres 1863 begleitete Sintenis den Erbprinzen Friedrich zum Fürstenkongreß nach Frankfurt a. M., und im November wurde er vom Herzog zum Vorsitzenden des neuerrichteten Staatsministeriums ernannt.

Ein Jahr später stattete König Wilhelm von Preußen dem herzoglichen Hofe in Dessau einen Besuch ab. Beim Abschied reichte er Sintenis die Hand mit den Worten: „Sie haben im vorigen Jahre einen guten Strang mit uns gezogen; fahren Sie so fort." Dieser erwiderte: „Darauf können Ew. Majestät sicher rechnen."

Dieses Versprechen hat Sintenis eingelöst im Jahre 1866, als an Anhalt die Frage herantrat, ob es sich auf die Seite Preußens oder Oesterreichs stellen solle. In dieser kritischen Zeit, in der sich am Dessauer Hofe starke Strömungen zu Gunsten Oesterreichs geltend machten, wirkte er vor allen anderen beim Herzog auf das Bündnis mit Preußen hin, und es ist sicher nicht zum wenigsten

---

*) Der Brief ist interessant genug, um hier eine Stelle zu finden. Der König schreibt:

„Mein Herr Oberlandesgerichts=Präsident Dr. Sintenis!

Ich muß zunächst um Vergebung bitten, daß ich Ew. Hochwohlgeboren geehrtes Schreiben so spät beantworte, und kann mich deshalb nur mit dem bekannten Spruch „inter arma silent leges" entschuldigen, indem in der letzten Zeit die militärischen Uebungen mich vielfach in Anspruch nahmen. Empfangen Sie daher meinen wenn auch etwas verspäteten Dank für die Uebersendung der 3 Teile der II. Auflage Ihres Zivilrechts. Je weniger ich — auch nach Kodifikation des bürgerlichen Rechts — das Studium des Quellenrechts vernachlässigt zu sehen wünsche, je freudiger begrüße ich die Arbeit eines so ausgezeichneten Mannes in diesem Fache, welche für obige Ziele von großem Nutzen zu werden verspricht. Zugleich füge ich die Versicherung hinzu, daß es auch mir sehr erfreulich gewesen ist, durch Ew. Hochwohlgeboren Teilnahme an der Bearbeitung des Zivilgesetzbuchs Ihre persönliche Bekanntschaft gemacht zu haben.

Mit ausgezeichneter Hochachtung verharre ich, mein Herr Oberlandesgerichts=Präsident
Ew. Hochwohlgeboren
ergebenster
Johann."

Pillnitz, den 5. Oktober 1860.

seinem Einflusse zuzuschreiben, daß Anhalt vor dem Schicksal bewahrt wurde, seine Selbständigkeit zu verlieren.

Zu Ende des Jahres 1866 ging Sintenis zur Beratung des Norddeutschen Bündnisentwurfs nach Berlin und blieb dort mit geringen Unterbrechungen bis Mitte April 1867.

Die Vermehrung der Ministerialgeschäfte nötigte ihn im März 1867 zu seinem großen Bedauern, das Präsidium des Oberlandesgerichts niederzulegen. Am 10. August desselben Jahres beging Herzog Leopold sein fünfzigjähriges Regierungsjubiläum. Bei der Einweihung des Denkmals der Wiedervereinigung der anhaltischen Lande, die an diesem Tage stattfand, hielt Sintenis die Festrede.

Ein schweres Augenleiden, das ihn befallen hatte, in Verbindung mit dem Umstande, daß sich bei Lösung der Frage über die Auseinandersetzung des herzoglichen und des Staatsvermögens fremde Einflüsse bei Hofe geltend machten, veranlaßten ihn, am 1. April 1868 um seinen Abschied einzukommen, der ihm unter Verleihung des Großkreuzes des herzoglich anhaltischen Hausordens Albrechts des Bären am 3. April 1868 in Gnaden bewilligt wurde.

Er sollte das „otium cum dignitate" nicht lange genießen. Schon am 2. August 1868 machte ein Schlagfluß seinem inhaltreichen Leben ein Ende.

Aus der Feder von Sintenis besitzen wir sehr interessante Aufzeichnungen über die Zeit, da er als Abgesandter von Anhalt an der Berliner Konferenz zur Beratung und Feststellung der Verfassung des Norddeutschen Bundes teilnahm.

Aus den Briefen, die der Vertreter von Sachsen=Coburg und Gotha, Freiherr v. Seebach, an seine Tochter Freiin Wanda v. Seebach richtete,*) ersehen wir, daß der Verfassungsentwurf und die Art seiner geschäftlichen Behandlung auf ihn gerade keinen sonderlich günstigen Eindruck machte. Der Entwurf überraschte „eben keineswegs angenehm"; Seebach befürchtete, die Fortexistenz der kleineren Staaten werde durch die Militärlasten in Frage gestellt; ja er war pessimistisch genug, zu glauben, daß Preußen, über dessen „gänzliche Unnachgiebigkeit" er sich scharf beklagte, ein solches Resultat geradezu wolle. Den Berliner Aufenthalt nannte er „eine Geduldprobe, wie er noch kaum eine bestanden. Alles Drängen und Treiben hat nur zur Folge, daß man von einem Tage zum andern vertröstet wird; aber auch der heutige scheint vorüber zu gehen, ohne daß es zu einer Verhandlung kommt." Seebach war voll trüber Gedanken über die politische Situation und konnte die Befürchtung nicht unterdrücken, daß das Werk, an dem er mitarbeiten muß, „sich doch unter allen Umständen für die kleinen Staaten zu einem unheilvollen gestalten werde." So sehr ersehnte er den Schluß der Konferenz, daß er, „um schneller zum Ziel zu kommen, mit etwas weniger Anstand gern fürlieb nehmen wollte."

---

*) Diese Briefe kommen weiter unten zum Abdruck.

Seebach stand mit seiner Ansicht keineswegs vereinzelt da; dieselben Gefühle und Empfindungen drängten sich auch den Gesandten der anderen Bundesstaaten auf. Wir sehen dies am besten aus dem literarischen Nachlaß des Staatsministers Dr. Sintenis. Der letztere hat keine Memoiren im gewöhnlichen Sinne des Wortes hinterlassen, dagegen war er sich, als er von seinem Herzog damit betraut wurde, als Vertreter Anhalts bei der Festsetzung des Norddeutschen Verfassungsentwurfs mitzuwirken, der Bedeutung dieses Kommissoriums sofort bewußt und berichtete während seines ganzen Berliner Aufenthaltes den Seinigen alles, was dieselben nur irgendwie interessiren konnte.

Mit Hilfe aller guten Wünsche zur glücklichen Reise kam Sintenis am 12. Dezember 1866 „ohne Anstoß" in Berlin an und fand im „Hotel de Russie" das bestellte Quartier zur Befriedigung vor. Noch am selben Tage giebt er eine Beschreibung desselben und dann Tag für Tag eine Schilderung aller seiner Erlebnisse. Er berichtet über Temperatur und Wetter, wie er geschlafen, wo er gespeist, wie viel er verzehrt, wenn er tags über gesprochen hat, und all die Anfechtungen, denen seine Gesundheit bei dem Mangel des häuslichen Komforts ausgesetzt gewesen ist. Weitaus der größte Teil der Korrespondenz wird aber durch seine politischen Erlebnisse ausgefüllt, sowie durch eine Beschreibung einiger offiziellen Festlichkeiten, die ihn mit den verschiedensten politischen Persönlichkeiten in Berührung brachten.

Wie wir sehen werden, beklagte sich Sintenis bitter darüber, daß die Bevollmächtigten oft wochenlang in Berlin unthätig dasitzen mußten, daß sie von Preußen nicht mit der ihnen gebührenden Rücksicht behandelt würden, und daß Preußen schließlich ihre Vota nur insoweit berücksichtigte, als ihm dies gut dünkte. Ich möchte hier vorweg bemerken, daß Preußen die Absicht, die Vertreter der Bundesstaaten zu verletzen, jedenfalls ganz fern gelegen hat. Wenn die Verhandlungen schleppend geführt wurden und die nach Berlin gesandten Minister dort ungebührlich lange zum Nichtsthun verurteilt wurden, so lag die Schuld auch nicht an Bismarck, sondern an Herrn v. Savigny, der, wie mir auch von anderer Seite versichert worden ist, der Aufgabe eines Leiters der Ministerkonferenzen entschieden nicht gewachsen war. Die Delegirten übersahen außerdem sicher den komplizirten Weg, den ihre Desiderien durchzumachen hatten, bis Savigny im stande war, sich definitiv zu den zahlreichen einzelnen Amendements zu äußern. Erst gingen sie zur Kognition der preußischen Ressortminister, dann hatte das Staatsministerium und Bismarck darüber zu befinden, und demnächst war die Entschließung des Königs einzuholen, der bei seiner bekannten Gründlichkeit und Gewissenhaftigkeit noch oft Rückfragen stellte und einzelne Punkte näher aufgeklärt wissen wollte. Ueber alles dies konnten leicht Wochen vergehen, die allerdings den Ministern der fremden Staaten, denen die Arbeit zu Hause auf den Nägeln brannte, als ein wahres Martyrium erschienen.

Aus dieser Stimmung sind auch die Sintenisschen Briefe geschrieben, die nunmehr im Auszug folgen sollen, und von denen ich vorausschicke, daß sie insgesamt aus der neuen Reichshauptstadt Berlin datirt sind.

*

13. Dezember 1866.

Abstattung von Besuchen. Schreckliche Erinnerung an den Bundestag von Frankfurt.

*

14. Dezember 1866.

Diner bei dem Gesandten der thüringischen Staaten in Berlin, dem Grafen Beust, woselbst unter anderen geladen waren: Geheimerat v. Savigny, v. Thile vom auswärtigen Ministerium in Berlin und die Konferenzdelegirten v. Watzdorf, v. Seebach, v. Larisch und v. Bertrab. Aufzählung des reichen Menus. „Alles das ließen sich die Diplomaten vortrefflich schmecken. Aber von unserer Hauptaufgabe war nicht ein Wort zu erfahren trotz v. Savigny=Thile. Nichts weiter als: morgen, den 15., ist noch keine Eröffnung der Verhandlungen; aber Se. Majestät der König wird uns empfangen. Dies wurde bei der Cigarre ruchbar.

„Für heute habe ich nur so viel wahrgenommen, daß die Beschäftigung hier länger dauern kann, als man denkt, und daß mir Savigny seinen Chef Bismarck etwas zu kopiren scheint. Er bekümmert sich auffallend wenig um uns kleine Europäer. Watzdorf scheint mir etwas ennuyirt und nicht gern hier zu sein. Er spricht nur von dem ‚Stimmverhältnis‘. Freilich ein delikater Punkt. Soll sich Preußen von uns möglicherweise überstimmen lassen? und, wenn nicht — warum sind wir Bundesgenossen und hierher citirt?"

*

15. Dezember 1866.

Betrachtungen über Berlin nach einer Besichtigung der um das königliche Schloß gelegenen Prachtbauten. „Ja, es ist eine wahrhaft königliche Stadt, dieses so viel verschrieene Berlin, dies verkündige ich; wie wenig ich auch geneigt wäre, dort zu wohnen. Wer seiner Geburt, seinem Beruf nach darauf angewiesen ist, von dem freilich begreife ich, daß er seinen Wohnsitz nicht wieder wird verlegen wollen. In mir steckt aber noch, nach Alexander v. Humboldts Erklärung, ein stark Stück der angeborenen ursprünglichen Wildheit des menschlichen Geschlechts, welche dieses von Zeit zu Zeit in die Einsamkeit treibt und darin einen Genuß findet, den alle Kultur nicht zu gewähren vermag.

„Um 4³⁄₄ Uhr nachmittags ins Schloß gefahren, infolge einer Einladung von beiden Majestäten zur Tafel. Trotz befohlener kleiner Uniform — nach hiesigem Begriff — hatten doch alle meine Kollegen die grand cordons angelegt! Schadet nicht, Bismarck war ohne. Dieser erschien bald, aus des Königs Zimmer heraustretend, uns zu bewillkommnen, wenige Minuten später Seine Majestät. Letzterer hielt eine kurze Anrede an uns. Was schon öfter vergeblich erstrebt worden, bemerkte er, solle von neuem versucht werden; die Ereignisse und Erfolge hätten Ihn weit über Seinen Willen fortgerissen, er hoffe aber das Beste für Deutschland, wenn Seine Bundesgenossen ihm zustimmten; freilich werde es ihnen einige Opfer kosten. Dies der kurze Sinn seiner längeren freien Rede. Dann ging er uns im einzelnen durch. Hierauf zog er sich zurück und Bismarck führte uns den prachtvollen Treppenbau hinauf in einen Saal, in dem sich viele Hofbeamte befanden und in den bald die Königin hereinrauschte. Sie ließ sich uns ebenfalls einzeln vorstellen und war in der Rede ungemein gewandt und sehr gesprächig. Auffallend hingegen war die Schweigsamkeit der Kronprinzessin und des Kronprinzen (andere Prinzen waren nicht da). Wie mir auf Befragen gesagt wurde, sei das so deren Sitte aus Deferenz und Devotion gegen die Eltern.

„Die Pracht der Tafel war groß, die Wasserflaschen standen auf hohen silbernen Untersätzen, nicht aber gab es für jeden eine Karaffe Tischwein,*) auch goß sich niemand selbst ein; dies verrichtete stets ein Lakai. Alle Gläser ohne Ausnahme geschliffen; lauter silberne Teller. Die Speisen ungemein schmackhaft, viele davon kann ich nicht nennen.

„Beim Kaffee waren die Majestäten über die Maßen gnädig. Der König sprach lange zu mir und Herrn v. Lauer**) über l'politica, nachdem er zuvor an einem heitern Gespräch teilgenommen, welches durch den Umstand hervorgerufen war, daß sich Lauer und v. L. hier trafen, von denen ersterer dereinst den letzteren im Examen hatte durchfallen lassen (Lauer war Mitglied der preußischen Examinationskommission). Der König ging so offen heraus, daß ich wirklich frappirt war. So zum Beispiel sagte er: Wenn der König von Hannover mit Sicherheit hoffe, daß in zwei Jahren alles in den vorigen Stand gesetzt sein werde, so solle er doch das abwarten und nicht die Gewissen seiner Unterthanen beschweren. Ferner sagte er, er habe so lange mit dem Entschluß wegen des Krieges gerungen, noch beim Abschied zur Königin auf deren Frage, wann sie sich wiedersehen würden, erwidert: Vielleicht zu Weihnachten — daß er durch den Erfolg nach drei Tagen seinen Kleinmut als von der Vorsehung in einer Weise beschämt erkannt habe, daß er von deren Walten augenscheinlich überzeugt worden sei. Er sprach hier so ganz als einfacher Mensch, daß ich mich nicht enthalten konnte zu bemerken, ihm müsse das doch eine außerordentliche Beruhigung sein.

„So ging das fort, und Lauer, der vielleicht ein Glas zuviel getrunken, ließ den König gar nicht aus dem Gespräch los. Ich war daher froh, daß die Königin mich von rechts her in die Unterhaltung zog, so daß ich aus dem königlichen Gespräch loskam und mit Ihrer Majestät auf das transatlantische

---

*) Am Dessauer Hofe war es Sitte, daß jeder Gast eine Karaffe Tischwein vor sich hatte.
**) v. Lauer-Münchhofen, Präsident der schaumburg-lippischen Landesregierung.

Kabel geriet. Auch dies nahm ein Ende, wobei die kronprinzlichen Herrschaften fortwährend im Schweigen verharrten. Zuletzt verwickelte sich der König in die Schleppe der Königin, worauf dieselbe mit einer diese schrecklich unbequeme Mode anklagenden Rede schied.

„Kurz darauf tritt Bismarck an mich heran, es war 7 Uhr abends geworden, und ladet mich zur Konferenzeröffnung um ½9 Uhr ein.

‚Morgen früh?·

‚Nein, heute abend.‘

‚Ein Donnerschlag.

„Um ½9 Uhr fuhr ich zur Konferenz.*) Vor meinem Platz lag der Zettel: Anhalt.

„Man fand ein Exemplar der neuen Bundesakte vor. Der Inhalt wird sekret behandelt. Mein Urteil darüber — ich las mein Exemplar zu Hause gleich durch — ist, daß alles wohl bedacht worden, aber Geld — Geld wird uns der Bund kosten! Dagegen war der alte Bund ein Späßchen. Um 10 Uhr war ich zu Haus.

„Bevor ich schließe, noch ein Wort über Bismarck. Den habe ich mir anders gedacht, nach den ehemaligen Erfurter Eindrücken. Er ist sanft, mild, spricht auch stets in höchster Freundlichkeit, aber freilich auch mit nicht geringer Be= stimmtheit — zum Beispiel zu dem älteren Karolinaer.**) Entweder haben den Grafen Bismarck seine Krankheit und seine Erfolge gezähmt und ihn äußerst liebenswürdig gemacht, oder er verbeißt nur seine Kraft, wie ein nicht bloß erträglich zivilisierter, sondern vollkommen wohlerzogener Löwe. — Irgend eine äußerliche Veränderung ist nach den fortwährenden Fragen seines täglichen Um= gangs (zum Beispiel v. Thiles) an unsereinen, die Bismarck längere Zeit nicht gesehen haben: ‚Wie finden Sie Bismarck?‘ ohne Zweifel vorgegangen, und trotz seiner stattlichen Erscheinung in Generalsuniform kommt er mir doch so durchgeistigt vor, wie wenn ihm bald etwas ganz Absonderliches widerfahren könnte."

*

16. Dezember 1866.

„Der an den Herzog erstattete Bericht ist ziemlich lang geraten; ich habe bis 3 Uhr daran geschrieben. Dazwischen Besuche von v. Thile und Geheimem Regierungsrat Klapp aus Waldeck. Die armen Waldecker scheinen in großer Verlegenheit zu sein, das von Preußen Geforderte leisten zu können. Preußen sähe es vielleicht gern, wenn mehrere oder lieber alle Kleinen die Regierungs= flinte ins Korn würfen; es hütet sich aber, darauf hinzudeuten . . .

---

*) Die Rede, mit der Bismarck die Konferenz der Bevollmächtigten eröffnete, findet sich abgedruckt in meinem Werke: „Die Ansprachen des Fürsten Bismarck 1848—1894" Seite 10.

**) Gemeint ist der Vertreter von Reuß ä. L.

„Von morgen an wird es wohl viel zu thun geben, doch ist bis heute (den 16.) abends 7 Uhr noch keine Einladung zur Konferenz ergangen."

*

17. Dezember 1866.

„Einladung zur Soirée bei Lord Loftus um 9 Uhr. Die Dessauer Grundsätze für Teilnahme an geselligen Vergnügungen verfallen hier schrecklichen Versuchungen . . .

„Es geht hier wie ehedem in Frankfurt; totales faules Stillliegen, und dann geraten plötzlich die Dinge in Gang. Minister v. Oertzen, der mich besuchte, machte mir folgende Mitteilungen. Man wolle sich vor Weihnachten vertagen — ich meine nicht am Heiligabend, sondern vielleicht schon in den nächsten Tagen — um den ungeheuer wichtigen Entwurf zu überlegen und Instruktion einzuholen. Man erwarte sicher, daß die Preußen zustimmen würden.

„Ich habe nicht nur nichts dagegen, sondern die Notwendigkeit ist handgreiflich, wie grenzenlos fatal auch die zweimalige Reise hieher und der Aufenthalt hier sein mag. Das Haupttreffen würde freilich dann erst in den Januar fallen.

„Nachmittags besuchte mich Lord Loftus noch in Person. Abends 9 Uhr fuhr ich zu ihm. Das Hotel · für 6500 Thaler jährlich gemietet, wie Lord Loftus mir sagte — ist höchst prachtvoll à l'Anglaise eingerichtet. Schade, daß es nicht noch etwas höhere und größere Räume hat, dann wäre es ein Schloß. Eigentümer ist Harry von Arnim. Ein Komfort, wie ich noch nie gesehen, mit wahrem Studium angelegt und ausgeschmückt, aber durchaus nicht überladen.

„Die Lady Loftus ist die schönste Juno, die ich kennen gelernt habe. Ich war in der Gesellschaft der erste, weil ich pünktlich gekommen war. Bald aber füllten sich die Räume, und es war mir doch interessant, auch einmal einem solchen Leben und Treiben zuzusehen.

„Mit Moltke, dem ich mich sogleich vorstellen ließ, unterhielt ich mich unter allen Gästen am längsten. Dabei machte er mir die tröstliche Eröffnung, es sei darauf gerechnet, daß die kleinen Staaten gleichmäßig wie Preußen Truppen stellen müßten, also zum Beispiel Anhalt in einem Kriege wie dem letzten ($3^{1}/_{3}\%$) 6600 Mann! Gott bewahre uns davor! — Moltke sieht durchaus einem theologischen Professor ähnlich, der das Lachen verlernt hat, ohne darum etwa griesgrämig zu erscheinen. Seine Miene und sein Ausdruck kann bei Sadowa kein anderer gewesen sein als heute abend bei Lord Loftus.

„Die Gäste wechselten fortwährend; die geringere Zahl hielt zwei Stunden aus, abgesehen von den Diplomaten, unter denen auch unser Graf Beust mit Gemahlin. Dieser gab sich große Mühe, mich vielen Leuten vorzustellen, da mein einziger Bekannter der belgische Gesandte v. Nothomb war. Die Herren (außer den Militärs) erschienen in schwarzer Weste und trugen nur einen Orden. Die Damen in prachtvoller Toilette, aber alle weit besser angezogen und coiffirt, als die Modejournale fürchten ließen; alle heiter, froh und in wenigstens vier Sprachen sich unterhaltend — dann aber ohne Umstände verschwindend und neuen Platz machend, indem sie vielleicht noch einige andere Routs besuchten, wie das hier üblich ist. — Auf Essen und Trinken ist es hierbei gar nicht abgesehen. Gereicht wird Thee, dann später kaltes Getränk (kein purer Wein) süßen Geschmacks aller Art, zuletzt Eis. So brachte ich zwei Stunden sehr angenehm zu."

*

18. Dezember 1866.

„Auf morgen bin ich zum Kronprinzen geladen, auf den 20. um 5 Uhr zum Diner bei Bismarck und auf den 21. zu Herrn v. Thile.

„Der König von Sachsen und der Kronprinz bleiben heute noch hier. Deren Herkunft hat Moltke, wie er mir erzählte, eifrig mitbetrieben. Es sei zwar — so äußerte er — sehr peinlich gewesen, die Herren dazu zu bestimmen, aber einmal habe es doch geschehen müssen, auch sei von dem persönlichen Wiedersehen Gutes zu erwarten gewesen; daher je eher desto lieber. — Natürlich wird Bismarck während des Königs Johann Anwesenheit stets auf dem qui vive sein müssen. Inzwischen sind bis jetzt weder Sessionen noch sonst eine Beschäftigung angedeutet, und ich habe in der That bisher, das heißt vom 13. bis 21. d. M., nichts zu thun, als Diners zu bestehen und mich auf solche vorzubereiten.

„Abends zum Thee bei Herrn v. Thile."

*

19. Dezember 1866.

„Es gelangt endlich zu heute mittag 1 Uhr eine Einladung zu einer Sitzung von Bismarck an mich. (Gut.*)

„Bismarck schlug in dieser ersten eigentlichen Konferenz vor, den ganzen Entwurf (69 Artikel) zuerst kursorisch durchzugehen, um die Artikel kennen zu lernen, an die sich Widerspruch oder doch Veränderungsanträge anknüpfen würden. Also gewissermaßen eine Rekognoszirung auf der ganzen Linie. Wir gelangten bis etwa zur Hälfte. Dann wurde um 4 Uhr das kronprinzliche Diner in Erwägung gezogen und für heute geschlossen, um morgen um 1 Uhr fortzufahren. Ich denke, wir werden den Freitag oder Sonnabend vertagt und kehren tags darauf nach Hause zurück, um Kraft und Instruktion zur Fortsetzung nach Neujahr zu holen.

„Ich fuhr dann zum Kronprinzen, wo ich mich betreffs der Gesellschaft bei Lord Loftus revanchirte, das heißt als der letzte eintraf. Außer uns Ministern waren noch zugegen: Bismarck, v. Savigny und v. Thile, sowie ein

---

*) Die Bevollmächtigten wurden gebeten, im Oberrock zu erscheinen.

russischer Fürst v. Bariatynsky. Der Kronprinz drückte mir die Hand, der Kronprinzessin wurden wir beim Kaffee vorgestellt. Eine sehr angenehme Dame, größer, schöner und ansehnlicher, als ich sie mir gedacht hatte; in hohem Grade gewandt und liebenswürdig, kurz ganz und gar geeignet, eine tüchtige Königin von Preußen zu werden. Der Kronprinz zeigte mir und noch einem auf meine Anregung die besten Bilder seiner Großmutter, der Königin Luise, die sich gerade in seinem Palais („in den Zimmern meiner Frau") befanden.

„Das Diner war ganz magnifique; ich glaube, ich habe nie besser gespeist. Ausgehungert, ausgedürstet aß und trank ich wie ein Löwe; unter anderem auch Punscheis als Getränk — etwas fabelhaft Schönes — mit dem Löffel aus dem Glase, dazu Champagner, wie er mir besser nie vorgekommen, beiläufig sehr mittelmäßigen Tischwein, auf den es aber nicht ankam!

„Wenn das nun morgen und übermorgen so fortgeht, weiß ich kaum, ob unser häuslicher Tisch mir wieder munden wird.

„Ich war übrigens so guter Laune, daß ich in Galauniform zu Fuß nach Hause gegangen, sage: zu Fuß gegangen bin, trotz Berliner Patsches. Es sind nämlich vom Hotel bis zur Eingangsthür des Kronprinzen gerade 200 Schritt; das ließ sich riskiren, zumal auf bestem Trottoir bei Mondschein."

*

20. Dezember 1866.

„Eigentümlich war das Silberzeug beim Kronprinzen, es schien nämlich von der unsoliden Art mancher Hochzeitsgeschenke zu sein, das heißt mit Kolophonium gefüllt und die dünne Decke in gepreßter Arbeit. Allein es war alles schwer massiv und die gemusterte Arbeit war nicht gegossen, vielmehr fein ciselirt, also jedes einzelne Stück ein Kunstwerk.

„Die zweite Sitzung, am 20. Dezember, dauerte sehr lange. Große Differenz wegen der Militärausgaben! — Nachdem wir den Entwurf durchberaten, wurde beschlossen, die Konferenzen jetzt zu schließen und am 2. Januar kommenden Jahres wieder hier einzutreffen.

„Demnach werde ich übermorgen, Sonnabend den 22. Dezember, nachmittags 5 Uhr in Dessau eintreffen, denn morgen, Freitag den 21., wollen wir kleinen Leute unter uns nochmals konferiren.

„Dann ging es zum Diner und Cigarre bei Bismarck. Essen wie beim König. Dabei machte ich Bekanntschaft mit den Ministern v. d. Heydt, Graf zur Lippe und Graf Itzenplitz; erneuerte sie mit Forckenbeck und erwarb die des Herrn v. Unruh."

*

21. Dezember 1866.

„Das Diner bei Thiles so ausgezeichnet wie die früheren — sogar langer Spargel, aber ohne Beilage. — Dabei denn auch die ersten Holsteiner Austern, nach der Suppe; bei Bismarck gestern englische vor der Suppe. Und hinter dem Champagner noch feine griechische Weine. Außer v. Larisch und Graf Beust neue Größen. Herr v. Thile hatte Gott weiß woher gehört oder zufällig sich gemerkt, daß ich zum Wein Selterswasser trinke, und beschämte mich damit. Darnach Cigarren. Nun wurde zärtlich Abschied genommen, nach Hause gefahren — da langt 9½ Uhr abends eine Einladung von Bismarck zu einer Sitzung auf morgen, Sonnabend, 22. Dezember, an! Verwünschte Ueberraschung — aber was kann man weiter thun als ausharren? Hiervon hatte also keiner von Bismarcks Kollegen eine Ahnung. Ob nur noch alle Bevollmächtigten hier sein werden? Neugierig bin ich, ob und was Preußen den Kleinen etwa zur Weihnachtsbescherung für guten Trost mitgeben wird."

*

22. Dezember 1866.

„Ich werde froh sein, wenn ich erst in die alte Ordnung zurückgekehrt sein werde."

*

2. Januar 1867.

„Wie das vorigemal glücklich in Berlin angelangt und alles in gutem Zustande und wohl vorbereitet gefunden."

*

3. Januar 1867.

„Bei Savigny meine Karte abgegeben mit der Notiz, ich sei seit gestern wieder hier. Von meinen Kollegen und sonstigem Weiteren habe ich noch keine Witterung."

(Ausführliche Beschreibung des bei einem Freunde eingenommenen Diners.)

„Keine Einladung zu morgen!

„Das ist die Tagesarbeit eines Abgesandten zur Errichtung des Norddeutschen Bundes! — Die Arbeit wird wohl nachfolgen mit der Sorge. Ich hätte aber heute ebensogut abreisen können wie gestern. Der Tag ist verloren, wenn ich nicht den hiesigen Aufenthalt, so total verschieden von dem heimischen, mit einer Art von Badekur vergleichen soll.

„Graf Beust, der mich noch abends besuchte, wußte über die Hauptsache auch wenig Tröstliches; morgen sollte Sitzung sein; zu fürchten: um 1 Uhr. Die kleineren Staaten sollen alle auf Verminderung des zweiten Faktors des Multiplikationsexempels (bei uns 225 Thaler multiplizirt mit 1930) hinarbeiten wollen, v. Watzdorf an der Spitze. Meiningen kann das nicht leisten, andere, z. B. Waldeck, gewiß nicht und Altenburg wahrscheinlich ebensowenig, denn sie behaupten bankerott zu werden, wenn sie mehr gäben als Preußen, und was Preußen zahle, leisten sie schon jetzt; also wie Pio IX: non possumus.

„Vergessen habe ich leider, den Grafen zu fragen, wie lange er denke, daß die Verhandlungen noch dauern werden. Schwerlich hat er jedoch darüber etwas gewußt. Morgen wird man eine ungefähre Uebersicht gewinnen. Noch sagte er, daß Mecklenburg und Braunschweig, weil sie bisher schon mehr Truppen als nötig gehalten, sich in weniger schlimmer Lage befänden. Letzterer Staat macht sich wahrscheinlich wenig daraus, weil die Dynastie erlischt.

„Nun werde ich mich, bevor ich schlafen gehe, zu Tacitus' Annalen lib. X wenden. Kaum bin ich jedoch bis zu sine ira et studio gelangt, so stört mich Herr v. Hülsen mit der schriftlichen Mitteilung, Theaterbillets I. Rangloge seien für die Konferenzminister stets vorrätig in der Französischen Straße da und da. Nun hatte ich genug und legte mich nieder."

*

4. Januar 1867.

„Das war heute ein widerwärtiger Tag! — Bis 12 Uhr schrieb ich verschiedene Briefe, dann endlich kam die Einladung zur Sitzung heute abend um 7 Uhr! (Weil Bismarck zur Jagd war und Savigny bis 11 Uhr vormittags im Bette liegt.)

„In der heutigen Sitzung nun präsidirte Savigny. Er drehte heute die Sache herum und begann eine solche Durchlesung des Entwurfs, wonach alle die Artikel bezeichnet werden sollen, gegen welche niemand etwas einzuwenden habe, ,deren die große Mehrzahl sein werde'. Aber — hic haerebat aqua! Kein einziger, gegen den nicht zehnerlei monirt worden wäre. So vollendeten wir denn bis 10 Uhr ein Sechstel! (11 von 69). Morgen 1 Uhr soll es weiter gehen. Geschieht das wie heute — und die Hauptartikel sind noch alle in Rückstand — dann bringen wir noch eine ganze Woche bei diesem Vorgeplänkel zu. Savigny war offenbar matt — er leidet am Magen — und ich weiß nicht, ob er der Sache völlig gewachsen ist. Sehr gefallen hat mir der neu eingetretene Friesen (Sachse), ein sehr gescheidter Mann, von sehr rascher Faßlichkeit und durch und durch sicher, auch bereitwillig, wie sein König jetzt ehrlich sein soll."

*

5. Januar 1867.

„Die heutige Sitzung verlief günstiger. Wir kamen bis über die Hälfte des Entwurfs hinaus. Viele reden das Meiste unnütz, denn auf Savignys Erwiderung: ,Preußen gehe davon nicht ab', wird stets der Antrag zurückgezogen. Ist nicht mit Gründen rasch darüber hinwegzukommen, so bittet Savigny, die Aenderungen zu formuliren und ihm zuzustellen. Es läßt sich danach voraussehen, daß, soweit nicht Preußen — was namentlich bei vielen Redaktionsbemerkungen geschehen wird — einfach nachgibt, die Formulanten alle durchfallen werden. Darum rede ich sehr wenig; der alte Freund Roessing[*]) desto mehr. Sachsen opponirt bis heute eigentlich gar nicht, ebensowenig Hessen, und es scheint von allen Seiten wirklich große Bereitwilligkeit vorzuherrschen, daß etwas Ordentliches zu stande komme. Doch bin ich auf die Fortsetzung, Montag 1 Uhr, neugierig, wo die Artikel 57 und 59 herantreten werden.

---

[*]) Vertreter von Oldenburg.

Freilich sind viele Staaten in ganz besonderer Lage. So nur zwei Beispiele. Durch die Braumalzsteuer werden wir 26000 Thaler an den Bund einbüßen, das arme Coburg aber wegen seiner trefflichen Brauereien 1 Thaler pro Kopf verlieren! Ferner: Bremen, so reich es ist, kann nicht die nötigen Zahlen Mannschaften stellen, weil alle junge Welt über die See geht, niemand weiß wohin, und erst in den dreißiger Lebensjahren zurückzukehren pflegt. — Uebrigens wird meines Erachtens ein Material geschaffen, welches bald dicke Bücher kommentiren werden, und der widersprechendsten Interpretation den freiesten Spielraum darbietet."

*

6. Januar 1867.

„Langer Besuch von Lauer von Münchhofen, der bis zum Strudeln animirt war: Was habe zum Beispiel der Großherzog von Oldenburg für eine Ansicht durch Rössing hier im kleinen Kreise aussprechen lassen? Die Fürsten sollten Preußen so viel von ihren Rechten cediren, daß sie nur eine **Pairskammer** bildeten! — Freilich gehe Preußen jetzt noch nicht so weit, aber es streiche diesen Vorschlag gewiß rot an — denn daß eine Miniatursouveränität ein Unding sei, wäre ja doch jedem einleuchtend; also eine **Schirmherrschaft** Preußens über die Kleinen einem Bündnis vorzuziehen.

„Und was wird das Königreich Sachsen dazu sagen?" warf ich ein.

„Das ist — war die Antwort — von Preußen jetzt völlig gewonnen; es geht mit diesem durch dick und dünn. Der König von Sachsen hat den König von Preußen schon um eine Brigade gebeten, er wird natürlich eine Armeeabteilung erhalten. (Dasselbe sagte Herr v. Goßler.) Jeder unserer Erbprinzen möge sich daher beeilen, ein preußisches Kommando zu bekommen. Krieg werde es bald wieder geben. Falle der einmal für Preußen nicht günstig aus, dann freilich kehre Sachsen sogleich um und wende sich zum Gegner.'

„So ging das unaufhörlich fort. Lauer v. Münchhofen hat hier offenbar viele Bekanntschaften von ci-devant wieder aufgesucht und viel ausgehorcht; etwas Unvernünftiges liegt in seinen Mitteilungen nicht. Wie sich die Dinge für die kleinen Staaten gestalten werden, die Fürsten wie die Länder, wenn der Norddeutsche Bund mit allen seinen Salz- und Malz- und weiteren Steuerbestimmungen erst ins Leben getreten sein wird, das vermag niemand jetzt abzusehen. Und da sitze ich mitten darunter und muß mir sagen, daß wir ein opus beraten, dessen Folgen sich nur zum geringsten Teil beurteilen lassen."

*

7. Januar 1867.

„Um 1 Uhr in der Sitzung, bis halb 4 Uhr. Viel Post- und Eisenbahnwesen Betreffendes.

„Seit einigen Tagen habe ich eine Verbesserung meines hiesigen Lebens vorgenommen, wodurch dieses ein ganz anderes und vergnüglicheres geworden ist. Früher fuhr ich nach der Sitzung nach Hause, aß ein paar Gerichte und ennuyirte mich dann bis zum Zubettegehen. Seitdem ich aber unterrichtet worden, daß um 4 Uhr die Mehrzahl der Minister im Restaurant des Hotel Royal zusammen in einem reservirten warmen Saale speist, steige ich zu Fuß inter ceteros auch dahin, vom Staatsministerium in der Wilhelmstraße bis Eckhaus der Linden; etwa 500 Schritt. Dort essen wir dann zusammen vortrefflich, zum Beispiel Schildkrötensuppe, Spargel, Eis und wer weiß was noch, unterhalten uns vorzüglich und schließen bis sieben Uhr mit Cigarren. Wenn man nur noch zehn Jahre jünger wäre! Doch bin ich von manchem beneidet wegen meines Appetits im Essen und Trinken. Vier Minister trinken eine Flasche Rotwein; ich eine ganze Moselblümchen. Heute zum Beispiel waren wir folgende: Der Hamburger Kirchenpauer und Lauer v. Münchhofen, meine Nachbarn, dann links weiter v. Bertrab, v. Watzdorf, v. Seebach, v. Rössing, v. Harbou, Klapp, Hofmann (Darmstadt), v. Krosigk, Hermann (Greiz), v. Oertzen, v. Campe, (Braunschweig), v. Cheimb (Lippe) und v. Wolffersdorff, der an v. Keysers Stelle getreten, welcher plötzlich sehr leidend geworden und zu Hause geblieben ist. Eine äußerst fidele Gesellschaft! Dieses vom häuslichen so total verschiedene Leben kann ich doch noch vertragen und respektive aushalten.

„Einen Spaß muß ich erzählen. Bei Tische kam, Gott weiß wie, Watzdorf mit dem überaus gesprächigen Greizer Hermann in eine Unterhaltung über den Stil der Pandekten; letzterer meinte, er sei allerdings klassisch, aber doch sehr eigentümlich und verflucht schwer. Da konnte ich mich nicht länger halten und fragte letzteren, ob er nicht eine deutsche Uebersetzung davon kenne, meines Wissens existire eine solche. Da guckt mich der „kute Kreizer"*) an wie ein Gespenst: die Augen traten ihm zum Kopf heraus, und er reicht mir über den Tisch die Hand mit tiefer Rührung: „Sind Sie derjenige?" und dunkle Erinnerungen der Literarhistorie tauchen in ihm auf. Nun entstand jubelnder Spektakel und ich mußte genau beschreiben, wie diese Unthat möglich gemacht worden sei, wofür sich der Hamburger wie für den Import eines neuen überseeischen Produkts interessirte.

„Darnach fing der Greizer an, nach den Zahlen mancher Pandektentitel zu fragen, worin er bald die schrecklichste Niederlage erlitt, als ich die Rolle des Fragens übernahm; denn er kannte überhaupt nur noch zwei: ‚de Rei vindicatione, 6, 1.' und ‚de Verborum oblig. 45, 1.'"

*

8. Januar 1867.

„Gegen 1 Uhr fuhr ich zur Sitzung. Mit Aussetzung der Abteilung für das Militär kamen wir bis zu Ende des Entwurfs, worauf Savigny erklärte, daß die nächste Sitzung noch nicht angesagt werden könne, sondern dies später

---

*) „kute Kreizer" ist absichtlich geschrieben, um den thüringischen Dialekt zu kennzeichnen.

geschehen werde. Wann? — Was machen wir Minister der Kleinstaaten nun bis auf weiteres? — Keiner weiß eine Antwort. Das preußische Ministerium, welches nun alle Bedenken hat kennen lernen und die formulirten Anträge in Empfang genommen hat, wird sich vermutlich das Acceptable heraussuchen, das übrige einfach verwerfen und uns seinen neubearbeiteten Entwurf vorlegen, den der Vogel fressen muß oder daran sterben. Wir gehen unterdessen spazieren, besuchen die neue Synagoge und dergleichen Neuigkeiten mehr, langweilen uns bei schlechtem Wetter zu Hause und wer Lust hat, geht abends ins Wallner=theater.

„Das Beste ist das Mittagessen um 4 Uhr in dem schon genannten Re=staurant des Hotel Royal; ein vortreffliches Mahl, heitere Gesellschaft, die sich zuletzt über sich selbst amüsirt und nur wünschen muß, daß zu Hause nichts von ihrem Schlaraffenleben bekannt werde. Doch sind die Preise hoch. Couvert, ½ Wein (der geringste Preis 1 Thlr.), 1 Selters, Kaffee: 2 Thlr. 2½ Sgr. Aber — die Gesellschaft ist charmant; fast alle deutschen Dialekte, unter denen der echte Dräsener (Friesen) so entschieden hervorspringt, daß ich mich gegenüber dem Hanseaten, Braunschweiger und Mecklenburger fast schäme, daß ein solcher Accent in 'kebildeten Kraisen' die Existenz risfirt.

„Wäre bessere Jahreszeit, dann führe ich nach Haus und ließe mir tele=graphiren, wenn es wieder losgehen soll. Das ist jedoch als sicher anzunehmen, daß wir in nächster Woche fertig werden. Denn am 12. Februar soll in Preußen und sonst überall zum Parlament gewählt werden. Das verkündete heute v. Savigny."

*

9. Januar 1867.

„Nichts zu thun, als — nach erstattetem Bericht an den Herzog, worin wenig Positives enthalten, und den ich überhaupt nur geschrieben habe, damit er nach Ablauf von acht Tagen endlich erfahre, was aus mir geworden und wo ich geblieben sei, — anhaltische Zeitungen gelesen. Um 4 Uhr zu Tische nach Hotel Royal, wo wir uns sehr gut unterhielten. Von Politicis wußte man im ganzen wenig. v. Seebach gibt Coburg verloren, allein durch den Verlust der Malzsteuer; ob auch Gotha, welches eine gänzlich getrennte Ver=waltung hat?"

(Hier folgen im Tagebuch lange Ausführungen über die Unzuträglichkeit der Trennung des Stammvermögens des herzoglich=anhaltischen Hauses vom Staatsvermögen).

„Hätte ich dafür zu sorgen, mich möglichst lange zu konserviren, dann müßte ich bald daran denken, mir den Abschied erteilen zu lassen. Satt und dick kann man es kriegen, aber desertiren mag ich doch nicht, wenn ich auch nur mit einem Auge noch lesen und schreiben kann. Richtig ist es, daß ein Staatsmann, gleichviel in welcher Ausdehnung seines Gebiets, will er vom

Leben noch etwas genießen, in einem gewissen Grade leichtsinnig sein muß. Das bin ich nun zwar nicht, indessen fühle ich doch in gewisser Weise die Wahrheit des Satzes: Je toller, je besser. Denn eine oder ein paar schwierige Amtssachen ließen mich früher oft nicht ruhig schlafen, bis sie geordnet oder erledigt waren. Jetzt, wo diese Dinge dutzendweise auf mich drücken, geht es besser als früher. Heren kann ich nicht. Leben muß man ja auch. Und so vergißt sich leichter eins über das andere, wenigstens auf einige Zeit.

„Wie Gott will! Ich habe die Situationen nicht gemacht, auch mich nicht hineingedrängt. Ein Unheil für mich ist es vielleicht, daß ich mir die Geschäfts=sachen zu sehr zu Herzen nehme. Doch das gehört zum Kapitel vom Leicht=sinn!"

*

10. Januar 1867.

Um 5 Uhr Diner bei dem Prinzen Albrecht, dessen Pracht und Weine ausführlich beschrieben werden.

*

12. Januar 1867.

„Gegen 4 Uhr fahre ich zu dem Kleinstaatenministerdiner, welches der Herzog, wie R. versicherte, höchst praktisch findet. Das ist es allerdings, und wir erfahren wenigstens jeder von jedem täglich, daß keiner etwas Neues weiß. Meine Bemerkung: wir führen hier eine Art Badeleben, — ist sprichwörtlich geworden und kommt vielleicht in den ‚Kladderadatsch'. Wer sich nicht Arbeit von Hause schicken läßt, der hat nichts zu thun als zu flaniren, zu dejeuniren, wieder zu flaniren, zu diniren und dann in irgend ein Theater zu fahren. Und dazu morgen: Sonntag! — Ob man heute etwas wissen wird? — Man vermutete gestern eine neu amendirte Vorlage, die Savigny nach den formu=lirten Anträgen machen lasse durch Lothar Bucher, jetzt königl. preußischer Legationsrat; 1848 weggejagter Revolutionär, intimer Freund von Kinkel und Konsorten. Der sitzt mit uns Abgesandten in einem Saal und schreibt nieder, was wir nicht zu lesen bekommen. Wie mag sich mancher darüber amüsiren.

„Nach Tische. Keiner der Kollegen wußte ein Wort über den Stand der Sache, derentwegen wir hier sind. Gespräch sehr munter. Das sind die besten Stunden."

*

13. Januar 1867.

„Wenn man nur wüßte, was aus der Hauptsache hier werden wird! Nun, im Laufe der heute begonnenen Woche muß es doch zu ernstlichen Dingen kommen; denn nun liegen wir 4—5 Tage ruhig vor Anker. Keiner weiß ein Wort vom Stande unserer Bündnisberatungen. Einer sagte, v. Savigny habe Fachmänner gehört, und es solle nun bald losgehen. Ein zweiter sagte, Herr v. Bülow (Strelitz) sei ihm begegnet und habe gesagt, ein dritter habe ihm

gesagt, morgen sei etwas zu erwarten. Alle aber waren denn doch mehr als
darüber erstaunt, wie Preußen uns behandle und uns unseren heimischen Ge=
schäften wochenlang entziehe. Ich tröste mich denn auch damit, daß ich dem
Landtag in Dessau entgehe. Ich glaube, mein Diener fängt auch an, sich zu
langweilen, und ist erstaunt, daß es keine Sitzungen gibt. Mehrere Minister
haben Schreiber und Expedienten mit. Die mögen nie eine schönere Zeit ver=
bracht haben als jetzt hier."

*

14. Januar 1867.

„Noch keine Spur von einer bevorstehenden Sitzung. Man hätte auf
eine ganze Woche nach Hause zurückkehren können, und es ist unbegreiflich, daß
die preußische Regierung uns hier festhält — oder ihre Einrichtung so schlecht
getroffen hat, daß nichts fertig ist und wir darauf warten müssen, wie es werde.

„Von den Kollegen war heute das zweite Drittel bei Prinz Albrecht zu
Tische, unser Kreis daher klein. Alle erwarten, daß wir den ganzen Monat
hier bleiben werden. An den bevorstehenden Ordens= und sonstigen Hoffesten
sollen wir noch teilnehmen, auch an den ersten Karnevals=vergnügen. Auch ich?
O! wie bekommt man, oder wenigstens ich, den hiesigen Aufenthalt in dem
Gasthof satt!

„Am Vormittag geht es mit den Dessauer Arbeiten wie zu Hause; doch
schickt M. eigentlich wenig. Dann frühstücke ich kalt gegen 1 Uhr, gehe, wenn
das Wetter es erlaubt, ein wenig umher, bin gegen 2 Uhr zurück und sitze
und warte bis gegen 4 Uhr, wo ich zum Essen fahre. Dies ist der Glanz=
punkt des Tages; er dauert bis 6, halb 7 Uhr, und dann zu Haus und ein=
sam festgesessen. Dieses Leben fortzuführen — ich kann mir zuweilen vor=
stellen, ich sei ein alter, hier domizilirter Herr — wäre mir nicht möglich.
Freilich bin ich gar nicht daran gewöhnt. Aber, was würde ich beginnen?
Regelmäßig irgend wohin, in das Theater und so weiter gehen? — Gewiß
gibt es Zahllose, die hier ebenso vereinsamt leben wie ich und sich möglichst
amüsiren. Aber die haben auch früher ein anderes Leben geführt als unser
einer. Na, es sind ja übermorgen schon fünf Wochen, seit die Bündnis=
besprechungen begannen, und vierzehn Tage, mit drei Sitzungen, seit wir
hierher zurückgekehrt sind. Nur zu rasch verfließt die Zeit, und so werden wir
ja endlich auch zu einem Ende gelangen, sobald nur der Anfang wirklich be=
gonnen hat. Doch ich höre lieber auf, aus langer Weile selbst langweilig zu
werden."

*

15. Januar 1867.

„Völlig beschäftigungsloses Schlaraffenleben. Heute bei Tische wollten
einige wissen, woran der Grund der unbegreiflichen Verzögerung liege; denn
auch heute ist noch keine Einladung zu einer Sitzung erfolgt. Es soll nämlich

im preußischen Ministerium, namentlich seitens der sogenannten Fachminister, das ist der Finanzen und des Handels und der Gewerbe (vielleicht auch des Krieges) Bedenken erhoben worden sein, was denn aus ihrer Stellung zur preußischen Monarchie werden solle, wenn der Bund mit seinen Ausschüssen ins Leben trete, zu dem und zu denen sie in gar keinem Verhältniß ständen? — Ist das richtig, so fühlen die Herren, daß sie mit ihren Ressorts in eine ganz gleiche Lage kommen wie die Kleinstaaten, das heißt Opfer bringen müssen rücksichtlich ihrer Omnipotenz. Aber dieselben sind dann noch in einer ganz andern Lage. Für uns geht es ohne solche Opfer — ich meine hier nicht direkt finanzielle, sondern zum Beispiel die Post= und Eisenbahnverwaltung, — nicht ab. Das wissen wir und darein kann man sich ergeben. Aber die Fach= minister — es soll zum Beispiel eine neue Eisenbahn von Luckenwalde über Loburg nach Magdeburg gebaut werden — wissen nun gar nicht, woran sie künftig sein werden, wenn dergleichen vom Bunde abhängen soll. Freilich ist der König von Preußen dessen Oberhaupt (Präsident), aber die preußischen Minister sind doch nur Minister des Königs von Preußen, nicht die des Bundes= oberhaupts. Wenn diese Bedenken wirklich vorwalten und Grund haben, was ich für jetzt glaube, **dann ist die ganze Kompetenz des Bundes nicht genügend erwogen und überdacht,** dann bringt sich Preußen in die= selbe Falle hinein, die es uns gelegt hat."

*

16. Januar 1867.

„Allgemeine Belustigung bewirkte gestern meine Mitteilung, daß ich mich auf einen Monat (für 7$^1/_2$ Sgr.!!) bei einem Leihbibliothekar abonnirt habe. Der Darmstädter Gesandte war sogleich entschlossen, einen Zeitungsartikel des= halb zu erlassen. Auch heute, also den 16., noch keine Spur, was weiter werden wird. In mancher Beziehung ist es doch gut, daß ich jetzt nicht in Dessau bin. Wäre ich dort, so gäbe das die unerquicklichsten Unterredungen, und wie anstrengende! — Den Nörgeleien des Landtags auszuweichen ist auch nicht übel. Und wenn ich in meinem Hotel still vor Anker liege und jetzt Tiemanshof nochmals lese, so tausche ich doch nicht mit dem Aufenthalt im Landtagssaal, gegenüber gewissen Gesichtern."

*

17. Januar 1867.

„Immer noch keine Regung einer Fortbewegung.

„Gegen 4 Uhr in das Hotel Royal gegangen. Gestern hatte ich zu Hause gegessen und war allgemein vermißt worden, was den Darmstädter zu der Kon= jektur veranlaßt hatte, ich müsse in meiner Leihbibliothek einen so anziehenden Roman gefunden haben, daß ich davon nicht loskommen könne.

„Endlich — endlich soll morgen eine Sitzung sein. Es kamen auch wirk= lich durch einen Ministerialboten an mehrere Minister, die im Hotel Royal wohnen, die Einladungen, an andere nicht; auch nicht an mich. Ich habe auch bis jetzt 8 Uhr abends noch keine.

„v. Seebach wollte wissen, die morgende Sitzung sollte nur dazu dienen, Preußen zu beauftragen, das Parlament einzuberufen, und — was kaum glaublich — demselben den Entwurf der Verfassung prout jacet, also ohne unsere, respektive vor unserer Zustimmung vorzulegen. Die Sitzung habe heute abend schon sein sollen, aber Savigny sei zu einer Soirée bei Seiner Majestät geladen.

„So wird man behandelt! Und v. Seebach erkannte es als richtig, als ich auf die Stelle aus „Fanchon" verwies:

,Wir andern aber fistuliren
Als Balgentreter hintendrein!'

„Da nun aber, und wenn nun aber die Preußen machen, was ihnen gut dünkt, dies auch können, ohne daß wir mucksen, wozu treiben wir uns hier herum? — Watzdorf kommt gar nicht mehr, die Mecklenburger auch nicht, nämlich zum Diner.

„Während ich ausgegangen war, ist Herr v. Thile mit eingeknickter Karte hier gewesen. Er wird Mitleid mit meiner Lage fühlen.

„Abends 10 Uhr kommt die Einladung zur Sitzung, desgleichen eine solche zu Thiles zum Montag halb 9 Uhr. Thee, 30—40 Personen."

*

18. Januar 1867.

„Neulich kam, als wir allein waren unter uns, Campe, Krosigk und ich, die Rede auf die Ministergehälter. Ersterer bezieht 5000 Thaler; Krosigk 5000 Gulden. Ich, befragt, sagte ganz offen: ,Als ich Minister geworden, habe ich mein Präsidentengehalt von 2500 Thaler behalten, und da mir nicht gegeben sei, derartige Sachen zur Sprache zu bringen, so sei es dabei verblieben.' Darüber wunderten sie sich.

„In der heutigen Sitzung wurde nun über eine von uns allen an Preußen zu erteilende Vollmacht verhandelt, das Parlament zu eröffnen und den ,bis dahin von den Regierungen zu vereinbarenden Entwurf' vorzulegen und zu vertreten. Hierauf wurde von Savigny mitgeteilt, ,nächste Woche werden die eigentlichen Sitzungen mit bestimmten Erklärungen beginnen, und zwar, wenn kein anderer Tag gewünscht werde, den Montag.' Jeder schwieg in dem Wunsche, nur fertig zu werden. Wann aber die Sache zu Ende kommen wird, das weiß kein Minister noch Geheimerat. Aber — mein Diener hat es entdeckt! Den 23. gehe die Sache zu Ende. Und wer ist die Quelle? — Savignys Bedienter!! Der hat es den übrigen Ministerialboten verraten, und damit stimmt die Aussage des Dieners des sächsischen Gesandten überein. Prächtige Situation, dies durch die Bedienten zu erfahren! Ich halte nämlich diese Angaben für glaublich."

*

19. Januar 1867.

„Wegen einer kleinen Erkältung die Einladung zum Ordensfest und Tafel im großen Schloß abgeschrieben, wobei man sich sehr exponiren muß."

*

20. Januar 1867.

„Die Diners haben sehr abgenommen. Ich bin damit, nachdem ich sie kennen gelernt, sehr einverstanden; man ist den Gewohnheiten doch zu fremd, um sich im Alter ein Mittagessen um 5 Uhr zu gestatten, wozu man um 12 bis 1 Uhr ein tüchtiges Frühstück einnehmen muß, darnach aber zum Arbeiten und Denken weniger aufgelegt ist.

„R. besuchte mich heute schon um 9 Uhr in weißen Hosen. Auch eingeladen zum Ordensfest! — Nach seiner Beschreibung doch eine bösartige Partie. Man fährt nach dem Schloß, steigt aus, die Bedienten dürfen nicht vom Wagen, ergo in bloßer Gala zwei Treppen hinan — dabei gerate ich schon in Schweiß! in eine Kirche mit kolossaler Kuppel, in welcher die Wärme der nicht gesparten Heizung steckt, so, daß die Damen die Mäntel umthun; Gottesdienst; Rückzug durch weitläufige Appartements in einen großen Saal, wo König und Königin auf Thronen sitzen, Prinzen und Prinzessinnen und übriges Publikum stando, Vorruf der neuen Ritter, Serviteur vor den Majestäten; endlich Abmarsch in die Speisezimmer, wo diesesmal 2000 Mann speisen (15000 Thaler). Jeder setzt sich, wo er Platz findet; Nachbar kann eine Excellenz oder ein dekorirter Schutzmann sein. Schließlich, wenn es finster wird, Rückzug, und nun kommt die böseste Partie, mantelloses Warten auf der Treppe, bis man Bedienten und Wagen erreicht.

„Gestern abend 10 Uhr Einladung von Savigny zum Montag zwischen 12 und 1 Uhr zur Unterschrift des Protokolls vom 18.! Wozu das? und wir haben ja schon unterschrieben! wobei zu bemerken, daß die Kanzlei des königl. preußischen Staatsministerii nur Gänsefedern, keine Stahlfedern führt, was ich schon längst der Sonderbarkeit wegen habe vermerken wollen. Da nun, wie schon bemerkt, um 1 Uhr Sitzung verabredet ist, so setze ich eine solche, der Unterschrift nachfolgende, voraus. Vielleicht kommt auch abends 10 Uhr eine zweite Einladung; das ist so der hiesige Moment zum Insinuiren.

„Inzwischen kam R. (der Besucher des Ordensfestes) zurück, sehr zufrieden, daß ich mich nicht exponirt habe. Fürsten und Herzöge (zum Beispiel Usest) hätten sich aus der Kapelle auf die Treppen zurückgezogen, um sich dort zu wärmen; in vielen Speisezimmern war nicht geheizt gewesen, man hatte darauf gerechnet, daß die Oefen, auf denen die Speisen erwärmt hereingetragen werden, und die Menschenzahl die erforderliche Wärme schaffen sollten."

21. Januar 1867.

„Wegen meiner Erkältung bei Thiles abgeschrieben. Thut mir sehr leid, in allem Ernst, denn das einsame Leben im Gasthof bei 3 Grad Kälte wird nachgerade wie ein anständiges Gefängnis. Mein Diener ist wieder zur Leih= bibliothek gewandert! Herrliche Beschäftigung eines Ministers zur Abschließung eines norddeutschen Bundesvertrages, von der niemand etwas erfahren darf; denn wir werden ganz einfach um unsere Zeit geprellt, die wir zu Hause nötiger verwenden könnten.

„Zwischen 12 und 1 Uhr also soll ich zur Unterschrift nach dem Staatsministerium. Transspirire ich fort, so bleibe ich zu Hause; denn nach Watzdorfs Bestellung an mich folgt keine Sitzung hinterher. Richtig; keine Sitzung, aber nachgerade alle Minister der kleineren Staaten vereint, um sich wenigstens zu besprechen. Keiner wußte etwas, jeder schüttelte den Kopf. Dar= auf wandte sich einer an den schon genannten Lothar Bucher, und der verriet dann sachte: „Den Mittwoch — also richtig den 23.! — solle eine Haupt= sitzung sein." Dieser werde, sagte ferner später Graf Beust, Bismarck präsidiren, wie er gestern ihm selbst gesagt habe. Auch hoffe Bismarck nun auf baldige Erledigung, da ja nichts als der Geldpunkt noch streitig sei. Freilich ist das der wichtigste für uns, aber nicht für alle; so namentlich Sachsen gegenüber der Fahneneid.

„Nach allem, was ich nur erfahren konnte, ist jedoch nicht darauf zu rechnen, daß die Konferenzen in laufender Woche zu Ende gelangen, sondern vielleicht tief in die folgende hineingeraten werden. v. Oheimb fürchtet, hier noch die Lerche hören zu müssen. Der dissensus der preußischen Fachminister, von dem ich neulich schon schrieb, existirt allerdings und ist noch nicht gehoben.

„Nun wissen wir auch, warum wir zum Unterschreiben zusammengeblasen worden sind: nämlich das Protokoll soll eiligst gedruckt und publizirt werden.

„Das Beste des heutigen Tages ist, daß mein Diener Weißbier entdeckt hat, was heimlich geholt wird.

„Nun ist es wieder Abend. Ich schreibe diese Zeilen, schicke sie nachher zur Post, wo S. (der Diener) ein ganz bekannter Mann geworden ist, — als= dann messe ich die Diagonale meines Zimmers, 14 Schritt, so und so oft wiederholt, ist gleich dem Umgang in unserem Garten. Das ist meine körper= liche Bewegung.

„Hole der Teufel das Vergnügen von diesem Berliner Leben!"

*

22. Januar 1867.

„Ich glaube nun doch, daß der Kulminationspunkt der Konferenzen erreicht ist. Denn jeder ennuyirt sich so gründlich, daß wohl keiner noch einmal so lange zu halten sein dürfte wie bisher. Manche — zum Beispiel v. Bülow= Strelitz — gehen zuweilen nach Hause. Der logirt freilich bei einer hier ver=

heirateten Tochter. Am leichtesten hätte ich es gehabt; aber im Winter so oft hin und her reisen? — Es sind ja auch nun morgen drei Wochen verflossen, seit wir hier sind, und da gewinnt es doch den Anschein, daß etwas habe geschehen müssen. Denn warum entzieht Preußen 20 Minister ihren heimischen Funktionen so lange? Vielleicht will man den Beweis führen, wie unnötige Personen wir seien, — denn wir haben in der That gebummelt und gar nichts geleistet. Freilich wird das jeder nur im Vertrauen bekennen! aber die Diener sind ja erfahren genug, die Thätigkeit, respektive das Faulenzen ihrer Herren zu beurteilen, und werden davon nicht schweigen. Preußen andererseits wird kalkuliren: Nun, nachdem wir alles seit 4—5 Wochen erwogen haben, was von den Kleinen vorgebracht worden, sind wir zur vollen Reife unserer Propositionen gelangt, und nun ist die Sache en gros, vielleicht en bloc abzumachen. Was nicht ganz klar ist, behalten wir in der Hand; unsere Bundesgenossen müssen ja diese schließlich doch küssen. Vermutlich wird man morgen (23.) sicher sehen können; noch ist aber keine Einladung zur Sitzung erfolgt.

„Plötzlich bringt mein Diener hocherfreut ein Couvert, in der süßen Hoffnung, es sei eine Einladung zur morgenden Sitzung. Nichts da, — es ist nur ein Abdruck des Protokolls. Schrecklich, daß darin von einer **ersten förmlichen** Sitzung die Rede ist; da müssen doch noch andere folgen; wie viele!?"

*

23. Januar 1687.

„Meine Sitzung auf heute angesagt. Ich habe meinen Diener soeben zu Watzdorf geschickt, um den Fragen zu lassen, was er glaube, daß aus der Sache noch werden solle?

„Daß die Konservativen in Anhalt mit ihren Parlamentswahlen nachfolgen, finde ich sehr klug. Die Liberalen haben sich nun abgestrampelt und ihr Pulver verschossen. Mein Diener kommt von Watzdorf zurück; er weiß von gar nichts, eine Sitzung finde nicht statt. Was soll man thun? Und dazu drängt die Allodialsache, und die verlorene Zeit peinigt und drückt mich. Was sich nur der Herzog denken mag! Ich habe ihm in meinen Berichten die Wahrheit gesagt und mit nichts hinter dem Berge gehalten. Vermutlich denkt er wenigstens, daß wir Abgesandten fleißig unter uns konferiren; worüber aber, was nicht schon zehnmal durchgesprochen wäre? Und bei unserer letzten Zusammenkunft, vorgestern, war es wirklich schon nahe daran, daß wir in Selbstironie uns vor einander schämten! Der König soll unwohl sein. Schon am Ordensfesttage abgespannt. Seitdem fast täglich: Truppen in Potsdam besehen, in ungeheiztem Zimmer gefrühstückt, noch eine Jagd hinterher, — das ist für den alten Herrn doch wohl zu viel gewesen. Er hat kein bestimmt ausgesprochenes Uebel, sondern nur große Mattigkeit, — kein Geschäft, kein Vortrag. Eine auf heute angesagte musikalische Soirée hat nicht abgesagt werden dürfen, sie findet aber bei der Königin statt. Seine Majestät erscheinen nicht. Als mir abends der „Staatsanzeiger" gebracht wird, steht darin schon von des Königs Erkrankung zu lesen, auch, daß die Soirée abgesagt ist. Man kann daran allerlei Gedanken knüpfen, je nachdem man diese oder jene Eventualität setzt. Beschleunigt wird unser hiesiges Geschäft dadurch sicher nicht, und nur wenn der König schon b e s c h l o s s e n h a t , wird keine Hemmung eintreten. Aber — im andern Fall? Welchen Einfluß längere Krankheit oder gar d a s A b l e b e n des Königs haben würde, ist gar nicht abzusehen."

*

24. Januar 1867.

„Von Sitzungsansage keine Spur!"

*

25. Januar 1867.

„Von dem, was nicht geschieht, habe ich mir nun vorgenommen, nichts mehr zu schreiben. Ich sage daher nur, daß alles, was in den Zeitungen steht (zum Beispiel auch in der „Göthenschen Zeitung" vom 24. dieses Monats): ‚Die Konferenzen folgen rasch aufeinander' — n i c h t e i n W o r t w a h r ist. Alles gelogen! K e i n e e i n z i g e Konferenz hat stattgefunden, auch bis heute keine Einladung. Que faire? — Als Abgesandter hält man aus, bis man bestellt wird. Watzdorfs Bedienter ist ebenfalls wie sein Herr, in ärgerlicher Verzweiflung. Was mag aber mit jenen Lügen bezweckt werden? So auch mit der vor ein paar Tagen: ‚es habe die Schlußsitzung stattgefunden', während gerade diese die ‚erste, förmliche' war, wie das Protokoll sie expreß benennt. Soll es vor der Welt, respektive bei uns zu Hause den Anschein gewinnen, als fessionirten wir in Permanenz? Ist es eine Ironie, ein Spott auf uns? — Der König ist wieder besser, hat auch gestern Bismarck empfangen. Dieses Bedenken wäre also gehoben.

„Abends kommt eine Einladung zu morgen 1 Uhr Sitzung! Dieu soit béni!"

*

26. Januar 1867.

„Um 1 Uhr Sitzung. Alles höchst begierig, zu erfahren, wie denn die Sache stehe. Und sie stand, wie ich dachte und vorausgesetzt. Nämlich: man hatte preußischerseits eine Anzahl unserer Amendements in Gnaden angesehen, und gegen 30 Paragraphen von im ganzen 68 geändert und modifizirt; wir empfingen auch metallographirte Vorlagen, und nachher noch jeder eine zweite, die erst gedruckt wurde, als wir schon Sitzung hielten.

„Was nun die restirenden Paragraphen angeht, so zerfallen sie in zwei Klassen. Erste: solche, wogegen gar nichts unsererseits monirt ist; die wären ebenfalls abgethan! Zweite: solche, die das Militärwesen betreffen, also die schlimmsten, diese sollen noch ausgesetzt bleiben. Da sich nun gegen verschiedene der amendirten Paragraphen doch manche Zweifel erhoben, denen Preußen widersprach, so ist zum Montag den 28. dieses eine neue Sitzung anberaumt, worin das Einverständnis festgestellt, quasi ein Strich gezogen werden soll, ‚damit sind wir fertig,' — dann soll wieder eine Pause von 14 Tagen bis 3 Wochen gemacht werden, wir nach Hause gehen und in der zweiten Hälfte des Februar wieder nach Berlin, um die Sache fertig zu machen. Letzteres ist also kurz vor der Eröffnung des Parlaments.

„Bei Tisch nach der Sitzung war alles sehr belebt, auch munter, viele jedoch sehr dubiös, aber alle so von Sehnsucht nach Hause erfüllt, daß wir beschlossen, uns sämtlich photographiren zu lassen und uns mit dem werten Konterfei gegenseitig zu bedenken. So steht diese Angelegenheit heute abend 7 Uhr."

*

5. Februar 1867.

„Daß ich gestern zum drittenmal glücklich hier angekommen, wird N. gemeldet haben. Heute konferirt mit v. Krosigk und im Hotel Royal mit fast allen Kollegen gegessen und gut unterhalten. Der Darmstädter begrüßte mich als Gutes verkündenden Zugvogel; nun werde es losgehen, denn ich müsse doch einen Grund gehabt haben, überhaupt wiederzukehren! — Von dem, was morgen los sein wird oder kann, weiß keiner ein Wort; heute war selbstverständlich nichts. Es heißt: ja, es werde morgen eine Sitzung sein und sogar geschlossen werden. Andere sagen, das ist unmöglich, und wäre unwürdig mit den Kleinen umgesprungen. Alle sind über die Art der Behandlung aufgebracht und sprechen dies auch nun aus. So vorzüglich Krosigt, Seebach, Harbou, Rössing, Campe, Lauer! Daß dagegen übermorgen eine Einladung zum Kronprinzen erfolgen werde, wußte jeder. Soeben läuft die Karte ein! Assemblée. Da werden wir wohl hinmüssen."

*

6. Februar 1867.

„Bis Mittag noch keine Einladung zu einer Sitzung! Lothar Bucher hat recht. Jeder meiner Kollegen ist außer sich über die ihnen aufgedrungene Bummelei. Es ist also bis jetzt jeder Tag dem andern gleich."

*

Am 7. Februar 1867 erfolgte der heiß ersehnte Schluß der Bevollmächtigtenkonferenz zur Beratung des Verfassungsentwurfs und am 24. Februar 1867 die Eröffnung des konstituirenden Reichstags. Sintenis kam zu den Beratungen der Beschlüsse desselben erst am 10. April nach Berlin, also zu einer Zeit, wo es galt, zu den Amendements des Reichstags zum Verfassungsentwurf Stellung zu nehmen.

Am Ankunftstage (10. April) machte Sintenis Besuche bei dem Prinzen und der Prinzessin Friedrich Karl, Savigny, Bismarck und Thile, dann beim Grafen Beust. „Nach dessen Mitteilung werden wir gewiß Sonnabends fertig. Die Diäten-, Beamten- und Finanzfrage (das heißt wieviel Prozent der Einwohnerzahl — Artikel 56 — nach fünf Jahren als Friedenspräsenzstärke gehalten werden sollen, was nach Forckenbeck dann ein Reichsgesetz bestimmen soll) werden die Hauptpunkte sein, auf die es für die Regierungen ankommen wird. Die Vorlagen, oder was an deren Stelle dient, werde ich heute nachmittag erhalten."

Nach Tisch wird Sintenis mit den Abgeordneten Wächter und Zachariä und nachträglich noch mit anderen hannoverschen Abgeordneten, darunter Windthorst, bekannt gemacht.

„Ich will nicht fürchten, mich politisch diskreditirt zu haben! Wir waren bis nach 5 Uhr zusammen, und es war mir doch von Interesse, mit allen diesen jetzt so oft genannten Leuten persönlich bekannt zu werden; vorzüglich mit Zachariä.

„Abends 3/48 Uhr Sitzung. Das Wiedersehen war sehr erfreulich und herzlich. Nur fehlen Lauer und Keyser, und an Campes Stelle ist Liebe getreten.

„Die Beratung ging bis 3/4 auf 11 Uhr so rasch, daß wir bis Artikel 64 einschließlich gelangten, also nur noch 14 übrig haben, worüber den 11. dieses, 2/1/2 Uhr nachmittags, fortgefahren wird.

„Bismarck schlug vor, und alle stimmten bei, ‚alle Amendements einzuräumen, die nicht prinzipiell unzulässig seien,' also: bis Artikel 64 (neuer Zählung!) alle, einzig mit Ausnahme der Diäten.

„Das weitere wird sich den 11. dieses ergeben. Bismarck hatte gestern nach Schluß des Reichstags sich noch zwei Stunden mit Unruh, Forckenbeck und Bennigsen herumgequält (wie er es ausdrückte) und sich mit ihnen so weit verständigt, daß die Annahme des ganzen Werkes als gesichert angesehen werden kann."

*

11. April 1867.

„Zum Diner bei Bismarck zum Freitag (12. April) eingeladen. Als ich gestern dem Darmstädter meine Vermutung aussprach, daß wir am Sonnabend fertig werden könnten, meinte er, wir müßten doch bis nach Schluß des Reichstags hier bleiben, also bis gegen Ostern, um die Sache zur Publikation fertig zu machen. Das wäre doch fatal. Sonst ist allerdings das Leben hier so angenehm und interessant, daß es mir auf ein paar Tage mehr nicht ankommt.

„Seit Savigny in das Hotel des Staatsministeriums gezogen, läßt er als Berliner Kind nur durch die Lampen und Kerzen heizen. Schöner Zustand!

Doch soll heute geheizt werden, was mein Diener von den Leuten erfahren, sowie, daß Savigny sieben Kinder hat, und daß der Hausstand 24 Personen beträgt. Um ½3 Uhr zur Sitzung. Bismarck war schon anwesend und etwas pressirt, weil — wie wir später erfuhren — der Geburtstag seiner Frau heute ist.

„Abwesend und durch Liebe vertreten war Campe, desgleichen v. Lauer, an dessen Stelle ein Bückeburger Regierungsrat*) erschien, weil er — sterbend und der Auflösung nahe sei, dieser bis dahin so rüstige Mann! Gegen 5 Uhr waren wir fertig, bis auf das hiernach morgen (den 12.) zu fertigende und zu vollziehende Protokoll samt Bismarcks Diner."

*

12. April 1867.

„Dem Herzog berichtet über die Sitzungen. Resultat: Dem Reichstag werden alle Amendements bis auf Artikel 29 (Diäten), 56 und 58 (Zeit und Dauer der jetzigen Militäreinrichtung) zugegeben; wenn er darin nicht nachgibt, wird er aufgelöst werden, andernfalls cum laude dankend entlassen. Man hofft das Beste, und es wird nur eine recht große Majorität gewünscht, an der man überhaupt nicht zweifelt.

„Ich hoffe nun, morgen Sonnabend nachmittags zurückzukehren."

*

Mit dem Schlusse der hochinteressanten Sintenisschen Aufzeichnungen sind wir bei einer Entwickelungsphase (konstituirenden Reichstag) angelangt, worüber noch einiges nachzutragen bleibt.

Am 4. März brachte Bismarck als Präsident der Bundeskommissarien den Verfassungsentwurf im Reichstag ein und ergriff dort mehrmals das Wort, um den Entwurf gegenüber den von den verschiedenen Parteien ausgehenden Amendements zu verteidigen. In Bezug auf die Verteilung der Stimmen der einzelnen Bundesstaaten im Bundesrat erkannte Bismarck in einer Rede vom 26. März 1867 an, daß sie einen willkürlichen Charakter habe. Dieselbe so einzurichten, etwa wie im Reichstag, daß die Bevölkerung maßgebend wäre, sei eine Unmöglichkeit gewesen. „Es würde dann auf Preußen eine solche Majorität fallen, daß die übrigen Regierungen gar kein Interesse hätten, sich daneben vertreten zu lassen. Es hat also notwendig ein Stimmverhältnis gewählt werden müssen, das eine Majorität außerhalb der preußischen Vota zuläßt. Die hier vorliegende Verteilung (scil. nach Maßgabe der Vorschriften für das Plenum des ehemaligen deutschen Bundes) hat einen ganz außerordentlichen Vorzug, der namentlich, je mehr Spielraum der Willkür geboten ist, um so schwerer ins Gewicht fällt, nämlich denjenigen, daß die Regierungen sich darüber geeinigt haben, was für einen andern nicht so leicht zu erreichen sein wird.

---
*) Hoeder.

Warum haben sie sich darüber geeinigt? Weil hier eine zwar auch willkürliche Verteilung vorliegt, die aber 50 Jahre alt ist und an die man sich 50 Jahre lang gewöhnt hat. Es hat in den Wünschen der Regierung gelegen, daß diesen Motiven gerade Ausdruck gegeben werde, daß sie deshalb, weil dieses Stimmenverhältnis ein hergebrachtes ist, schon in rechtlicher Geltung bestanden hat, ihm beigetreten sind, nicht aber deshalb, weil sie hierin gerade eine richtige Verteilung nach Macht, Einfluß und Bevölkerung gesehen hätten."

In Bezug auf den Ausdruck „der Bundesrat bildet aus seiner Mitte dauernde Ausschüsse", bemerkte Bismarck in derselben Sitzung, daß darunter nicht Ausschüsse zu verstehen seien, die einmal ad hoc zu einem bestimmten Zweck gewählt würden, sondern solche Ausschüsse, die stets existiren sollten.

„Ob sie immer versammelt sein sollen, wenn der Bundesrat nicht versammelt ist, hängt von den Beschlüssen des Bundesrats ab und von der Bedürfnisfrage. Der Bundesrat kann sehr wohl das Bedürfnis haben, daß langwierige, vorbereitende Arbeiten, die aus diesen Ausschüssen hervorgehen, erledigt werden, ehe er in seiner vollen Anzahl zusammentritt, namentlich da die Mitglieder des Bundesrats möglicherweise auch in ihrer engeren Heimat Geschäfte von Wichtigkeit haben können, so daß man mit ihrer Zeit sparsam umgeht. Es ist das fakultativ je nach den Beschlüssen des Bundesrats. Ich glaube nicht, daß irgendwie eine formale Handhabe dazu gegeben sei, daß sich ein Ausschuß versammelte gegen den Beschluß des Bundesrats, und das Präsidium nimmt nicht das Recht in Anspruch, diese Ausschüsse auf eigene Hand, ohne den Willen des Bundesrats, zu berufen und tagen zu lassen."

Zum Schlusse bemerkte Bismarck, wie er sich die Stellung des Kanzlers dem Bundesrat gegenüber dachte. „Es ist Sache des Bundeskanzlers, sich mit seinen Kollegen, den preußischen Ministern, in derjenigen Fühlung zu erhalten, daß er in erheblichen politischen Fragen weiß, wie weit er im Bundesrat gehen kann, ohne daß er der Unterstützung des preußischen Gesamtministeriums, zu dem er gehört, verlustig geht."

In einer Rede vom folgenden Tage (27. März) bemerkte Bismarck zur Ablehnung des Antrages auf Errichtung eines unitarischen Bundesministeriums: Innerhalb des Bundesrats finde die Souveränität einer jeden Regierung ihren unbestrittenen Ausdruck. „Dort hat jede ihren Anteil an der Ernennung des gewissermaßen gemeinschaftlichen Ministeriums, welches, neben anderen Funktionen, auch der Bundesrat bildet. Dieses Gefühl der unverletzten Souveränität, welches dort seine Anerkennung findet, kann nicht mehr bestehen neben einer kontrasignirenden Bundesbehörde, die außerhalb des Bundesrats aus preußischen oder anderen Beamten ernannt wird, und es ist und bleibt eine capitis deminutio für die höchsten Behörden der übrigen Regierungen, wenn sie sich als Organe, gehorsamleistende Organe einer vom Präsidium außerhalb des Bundesrats ernannten höchsten Behörde in Zukunft ansehen sollten." Daß in wichtigen

Angelegenheiten, z. B. bei neuen Gesetzen, die preußische Stimme im Bundesrat abgegeben würde, ohne die übrigen in Preußen verantwortlichen Ressortchefs zu fragen, konnte sich Bismarck nicht denken, „ja die letzteren würden, wenn nicht direkt, doch jedenfalls durch ihre Untergebenen, durch höhere Beamte ihrer Verwaltung im Bundesrat vertreten sein und würden auf die Feststellung des preußischen Votums durch diese Beamte ihren Einfluß üben können." — „Die Austragung von Meinungsverschiedenheiten muß innerhalb des preußischen Ministeriums, muß außerhalb des Bundesrats stattfinden." — „Es ist aber undenkbar, daß das Verhalten des Bundeskanzlers dauernd und in wichtigen Fragen des Einverständnisses des preußischen Ministeriums entbehren könnte." Ferner: „Es ist Sache des Bundeskanzlers, sich mit seinen Kollegen, den preußischen Ministern, in derjenigen Fühlung zu erhalten, daß er in erheblichen politischen Fragen weiß, wie weit er im Bundesrat gehen kann, ohne daß er der Unterstützung des preußischen Ministeriums, zu dem er gehört, verlustig geht."

Am 28. März bemerkte Bismarck, bei Bekämpfung des Antrages auf Errichtung eines Oberhauses, er könne sich nicht leicht denken, wie ein solches zwischen dem Bundesrat und dem Reichstag als ein Mittelglied eingeschoben werden könne, das dem Reichstage in seiner Bedeutung auf der sozialen Stufenleiter einigermaßen überlegen wäre und dem Bundesrate und dessen Vollmachtgebern hinreichend nachstände, um die Klassifikation zu rechtfertigen. „Der Bundesrat repräsentirt bis zu einem gewissen Grade ein Oberhaus, in dem Se. Majestät der König von Preußen primus inter pares ist, und in dem derjenige Ueberrest des hohen deutschen Adels, der seine Landeshoheit bewahrt hat, seinen Platz findet. Dieses Oberhaus nun dadurch zu vervollständigen, daß man ihm nichtsouveräne Mitglieder beifügt, halte ich praktisch für zu schwierig, um die Ausführung zu versuchen. Dieses souveräne Oberhaus aber in seinen Bestandteilen außerhalb des Präsidiums so weit herunterzudrücken, daß es einer Pairskammer ähnlich würde, die von unten vervollständigt werden könnte, halte ich für unmöglich, und ich würde niemals wagen, das einem Herrn gegenüber, wie der König von Sachsen ist, auch nur anzudeuten. Der hauptsächliche Grund aber, warum wir keine Teilung des Reichstags in zwei Häuser vorgeschlagen haben, liegt immer in der zu starken Komplizirung der Maschine. Die Gesetzgebung des Bundes kann schon durch einen anhaltenden Widerspruch zwischen dem Bundesrat und dem Reichstag zum Stillstand gebracht werden, wie das in jedem Zweikammersystem der Fall ist; aber bei einem Dreikammersystem — wenn ich einmal den Bundesrat als Kammer bezeichnen darf — würde die Möglichkeit, die Wahrscheinlichkeit dieses Stillstandes noch viel näher liegen, wir würden zu schwerfällig werden."

Am 17. April 1867 verkündete Bismarck die Annahme der vom Reichstag amendirten Verfassung durch die norddeutschen Regierungen, und dem Zusammentritt des Bundesrats stand nunmehr ein Hindernis nicht mehr im

Wege. Die auf den Bundesrat bezüglichen Artikel der Verfassung des Norddeutschen Bundes hatten folgenden Wortlaut:

III. Bundesrat.

Artikel 6.

Der Bundesrat besteht aus den Vertretern der Mitglieder des Bundes, unter welchen die Stimmführung sich nach Maßgabe der Vorschriften für das Plenum des ehemaligen Deutschen Bundes verteilt, so daß Preußen mit den ehemaligen Stimmen von Hannover, Kurhessen, Holstein, Nassau und Frankfurt 17 Stimmen führt,

Sachsen	4
Hessen	1
Mecklenburg-Schwerin	2
Sachsen-Weimar . .	1
Mecklenburg-Strelitz .	1
Oldenburg . .	1
Braunschweig . . .	2
Sachsen-Meiningen . . .	1
Sachsen-Altenburg	1
Sachsen-Coburg-Gotha . . .	1
Anhalt	1
Schwarzburg-Rudolstadt . .	1
Schwarzburg-Sondershausen	1
Waldeck	1
Reuß älterer Linie . . .	1
Reuß jüngerer Linie . .	1
Schaumburg-Lippe	1
Lippe	1
Lübeck	1
Bremen	1
Hamburg	1
Summa . .	43

Artikel 7.

Jedes Mitglied des Bundes kann so viel Bevollmächtigte zum Bundesrat ernennen, wie es Stimmen hat; doch kann die Gesamtheit der zuständigen Stimmen nur einheitlich abgegeben werden. Nicht vertretene oder nicht instruirte Stimmen werden nicht gezählt.

Jedes Bundesglied ist befugt, Vorschläge zu machen und in Vortrag zu bringen, und das Präsidium ist verpflichtet, dieselben der Beratung zu übergeben. Die Beschlußfassung erfolgt mit einfacher Mehrheit. Bei Stimmengleichheit gibt die Präsidialstimme den Ausschlag.

Artikel 8.

Der Bundesrat bildet aus seiner Mitte dauernde Ausschüsse
1. für das Landheer und die Festungen,
2. für das Seewesen,
3. für Zoll= und Steuerwesen,
4. für Handel und Verkehr,
5. für Eisenbahnen, Post und Telegraphen,
6. für Justizwesen,
7. für Rechnungswesen.

In jedem dieser Ausschüsse werden außer dem Präsidium mindestens zwei Bundesstaaten vertreten sein, und führt innerhalb derselben jeder Staat nur eine Stimme. Die Mitglieder der Ausschüsse zu 1. und 2. werden von dem Bundesfeldherrn ernannt, die der übrigen von dem Bundesrate gewählt. Die Zusammensetzung dieser Ausschüsse ist für jede Session des Bundesrats resp. mit jedem Jahre zu erneuern, wobei die ausscheidenden Mitglieder wieder wähl= bar sind. Den Ausschüssen werden die zu ihren Arbeiten nötigen Beamten zur Verfügung gestellt.

Artikel 9.

Jedes Mitglied des Bundesrats hat das Recht, im Reichstage zu er= scheinen und muß daselbst auf Verlangen jederzeit gehört werden, um die An= sichten seiner Regierung zu vertreten, auch dann, wenn dieselben von der Majorität des Bundesrats nicht adoptirt worden sind. Niemand kann gleich= zeitig Mitglied des Bundesrats und des Reichstags sein.

Artikel 10.

Dem Bundespräsidium liegt es ob, den Mitgliedern des Bundesrats den üblichen diplomatischen Schutz zu gewähren.

Die erste Session des Bundesrats.

(15. August bis 10. Dezember 1867.)

1. Abschnitt.

Der Bundesrat wird in den Sattel gesetzt.

Nach Artikel 15 der Bundesverfassung stand der Vorsitz im Bundesrat und die Leitung der Geschäfte dem Bundeskanzler zu, welcher vom Präsidium zu ernennen war. Derselbe konnte sich durch jedes andere Mitglied des Bundesrats vermöge schriftlicher Substitution vertreten lassen. Dem ersten Zusammentritte des Bundesrats mußte also die Ernennung seines Vorsitzenden vorausgehen. Dies geschah durch folgenden Allerhöchsten Erlaß: „In Ausführung der Bestimmungen der Verfassung des Norddeutschen Bundes (IV. Artikel 15 und 17) ernenne ich Sie hierdurch zum Bundeskanzler des Norddeutschen Bundes.
Bad Ems, den 14. Juli 1867.
Wilhelm.
v. Mühler. Gr. zur Lippe.
An den Präsidenten des Staats-Ministeriums und Minister der auswärtigen Angelegenheiten,
Grafen von Bismarck-Schönhausen."

Man war auf die Ernennung des Grafen Bismarck zu dieser Würde vorbereitet, nachdem derselbe im Reichstag sich geäußert hatte: „Die Instruktion des Bundeskanzlers kann meines Ermessens nur vom preußischen Minister der auswärtigen Angelegenheiten ausgehen, oder der letztere muß selbst der Bundeskanzler sein."

Bismarck erlangte als Bundeskanzler eine in ihrer Art einzige Stellung;*)

---

*) Die „National-Zeitung" Nr. 357 vom 3. Aug. 1867 definirte dieselbe wie folgt: Außerdem daß der Kanzler im Bundesrat die Stimmen Preußens führt, welche siebenzehn Stimmen, da sie einheitlich abgegeben werden sollen, nur von ihm abgegeben werden können, übt er ja auch im Bundesgebiet eine Regierungsgewalt im engeren Sinne des Wortes, eine vollziehende Gewalt aus, und zwar er allein. Das Präsidium soll nach Art. 18 der Verfassung allerdings noch andere „Bundesbeamte" ernennen und für den

ihm zur Seite oder, besser gesagt, unter ihn wurde durch Allerhöchsten Erlaß vom 12. August 1867*) das „Bundeskanzler=Amt" gesetzt, mit denjenigen Beamtenkräften, die er bedurfte, um die Bundesverwaltungs= oder Aufsichts=rechte des Präsidiums, das ist des Königs von Preußen, und die gesetzgebende Thätigkeit desselben und was damit verwandt war, auszuüben.

Damit war auch die vielfach aufgeworfene Frage, betreffend die Ernennung eines Vizekanzlers, entschieden. Staatsrechtlich wurde diese Stelle in den Ver=fassungsorganismus nicht eingefügt; indem aber der Wirkliche Geheime Ober=Regierungsrat und Ministerialdirektor Delbrück zum Präsidenten derjenigen Behörde ernannt wurde, durch welche der Kanzler alle Verwaltungs= und Aufsichtsrechte des Präsidiums und alle ihm sonst noch zustehenden Bundesangelegenheiten

Bund vereidigen, welche jedoch, da ihre Stellung von untergeordnetem Range ist, mit dem Kanzler nicht verglichen werden können. Er allein aber stellt in seiner Person eine Art von bundesstaatlicher Regierung und bundesstaatlicher Spitze dar; und alles, was der Nord=deutsche Bund von Einheitsbehörden oder Gewalten besitzt, das wird vertreten und dar=gestellt durch den König von Preußen und den Kanzler. Der Letztere (die Verfassung sagt zwar: das Präsidium, d. i. der König) bringt die Vorlagen des Bundesrats an den Reichs=tag, er hat die Ausfertigung und Verkündigung der Bundesgesetze, er überwacht deren Ausführung durch die einzelstaatlichen Behörden und die Verwaltungsbeamten, und er nimmt alles das wahr, was dem Präsidium unter dem Namen von „oberer Leitung" der gemeinsamen Angelegenheiten in den Bundesstaaten überwiesen ist. Dies ist eine außer=ordentliche Stellung, die in dieser Weise nicht vorhanden sein würde, wenn es im Reichs=tag gelungen wäre, ein vollständiges Bundesministerium zu schaffen.

*) Der Erlaß lautet:
„Auf Ihren Bericht vom 10. d. M. genehmige Ich die Errichtung einer Behörde für die dem Bundeskanzler obliegende Verwaltung und Beaufsichtigung der durch die Verfassung des Norddeutschen Bundes zu Gegenständen der Bundesverwaltung gewordenen, beziehungsweise unter die Aufsicht des Bundespräsidiums gestellten Angelegenheiten, sowie für die Ihnen, als Bundeskanzler, zustehende Bearbeitung der übrigen Bundesangelegen=heiten. Diese Behörde soll den Namen „Bundeskanzler=Amt" führen und unter Ihrer unmittelbaren Leitung stehen. Zum Präsidenten derselben will Ich den Wirklichen Ge=heimen Ober=Regierungsrat und Ministerialdirektor Delbrück ernennen.
Bad Ems, den 12. August 1867.
  Wilhelm.
  Graf v. Bismarck=Schönhausen.
An den Kanzler des Norddeutschen Bundes."

Hiernach erstreckte sich die Thätigkeit des Amtes nach zwei Richtungen. Erstens hatte es die geschäftliche Besorgung der Angelegenheiten, welche unter die Aufsicht des Bundespräsidiums gestellt waren. Zweitens war es das ausführende Organ für die dem Bundeskanzler obliegende Verwaltung, Beaufsichtigung und Bearbeitung der Bundesange=legenheiten. Demgemäß gehörte zum Ressort des Bundeskanzler=Amts namentlich die Vor=bereitung von Vertragsabschlüssen mit fremden Mächten, die Ausführung der Bundes=gesetze und die Bearbeitung aller Angelegenheiten, welche deren Vollziehung betrafen, sowie die Ausfertigung der Präsidialanordnungen und die Entwerfung der Vorlagen für den Bundesrat und den Reichstag. Die maßgebenden Weisungen zu allen diesen Arbeiten kamen vom Bundespräsidium und vom Bundeskanzler.

wahrzunehmen hatte, war der Mittler geschaffen, mit dessen Hilfe der über dem Ganzen stehende Kanzler die Fühlung mit dem Präsidium, dem Bundesrat, den Bundesbeamten, mit seinen Kollegen vom preußischen Staatsministerium und mit den Bundesstaaten behielt. Nur in Betreff der Militärsachen lag es nahe, daß der Kanzler eine mehr unmittelbare Verständigung mit dem Kriegsminister vorzog.

Wenn man die Verfassung des Norddeutschen Bundes mit einer Pyramide verglichen hat, so könnte man das Beispiel auch auf die Organisation seiner Verwaltung beziehungsweise Leitung anwenden. Das Präsidium, das heißt der König von Preußen, bekam, wenn man von seiner Macht über Kriegswesen und Marine absah, eine mehr ornamentale Stellung, dafür vereinigten sich alle Rechte des Präsidiums in der Person Bismarcks. Die wichtigsten davon, die Leitung der auswärtigen Politik, behielt er in seinen eigenen Händen, die ganze andere Machtfülle: Handel, Zölle, Steuern, Inneres, Justiz, Post- und Telegraphenwesen, Eisenbahn- und Konsulatswesen übergab er einem Vertrauensmann, der von ihm unbedingt abhängig war und der jeden Tag sich bei ihm meldete, um die Entscheidung in nahezu jeder prinzipiell wichtigen Angelegenheit sich zu erbitten. Konnte man sagen, daß sich Bismarck die Verfassung des Norddeutschen Bundes auf den Leib geschrieben hatte, so konnte man dies noch in erhöhtem Maße von den Verwaltungseinrichtungen des Bundes sagen,*) Bismarck war hier der einzige Herr, der einzige, setzen wir hinzu, allmächtige Wille.

Die erste Session des Bundesrats des Norddeutschen Bundes währte vom 15. August bis 10. Dezember 1867. Bismarck interessirte sich damals lebhaft für dessen Debüt. Er stellte sich selbst auf die Kommandobrücke, beobachtete, wie das Ganze funktionirte, und gab das Steuer erst dann in andere erprobte Hände, als er merkte, daß seine persönliche Leitung entbehrlich sei.

Bismarcks Unterschrift tragen die Bekanntmachungen, betreffend die Einberufung des Bundesrats zum 15. August 1867, und die Bekanntmachungen, betreffend die Ernennung der Bevollmächtigten zum Bundesrat, vom 10. August, 4. und 23. September 1867 (Bundes-Gesetzbl. Seite 26 und 40).

Es wurden ernannt für Preußen: Generalmajor v. Podbielski, Direktor des Allgemeinen Kriegsdepartements, Generallieutenant v. Rieben, Direktor des Marineministeriums, Wirklicher Geheimer Rat und Generalsteuerdirektor v. Pommer-Esche, Wirklicher Geheimer Ober-Finanzrat und Ministerialdirektor Günther, Wirklicher Geheimer Ober-Regierungsrat und Ministerialdirektor Delbrück, Generalpostdirektor v. Philipsborn, Geheimer Ober-Justizrat Dr. Pape;

für Sachsen: Staatsminister der Finanzen und der auswärtigen Ange-

---

*) Und doch hat der doppelte Kanzlerwechsel bewiesen, daß die Rüstung, die Bismarck in der Reichsverfassung geschaffen hat, auch von minder gewaltigen und autokratischen Naturen, als er eine ist, getragen werden kann.

legenheiten Freiherr v. Friesen, Geheimer Rat und Ministerialdirektor im Ministerium des Innern Dr. Weinlig, Geheimer Finanzrat v. Thümmel und Oberst und Militärbevollmächtigter in Berlin v. Brandenstein;

für Hessen: Geheimer Legationsrat Hofmann;

für Mecklenburg=Schwerin: Staatsrat v. Müller und Generalmajor v. Bilgner;

für Weimar: Wirklicher Geheimer Rat und Staatsminister Dr. v. Watzdorf;

für Mecklenburg=Strelitz: Staatsminister v. Bülow;

für Oldenburg: Staatsrat Buchholtz;

für Braunschweig: Staatsminister v. Campe und Geheimer Legations= rat v. Liebe;

für Meiningen: Wirklicher Geheimer Rat Graf v. Beust;

für Altenburg: Staatsminister Gerstenberg v. Zech;

für Coburg und Gotha: Wirklicher Geheimer Rat und Staatsminister Freiherr v. Seebach;

für Anhalt: Regierungsrat Dr. Sintenis;

für Schwarzburg=Rudolstadt: Staatsminister v. Bertrab;

für Schwarzburg=Sondershausen: Staatsrat v. Wolffersdorff;

für Waldeck: Geheimer Regierungsrat Klapp;

für Reuß älterer Linie: Regierungspräsident Dr. Herrmann;

für Reuß jüngerer Linie: Staatsminister v. Harbou;

für Schaumburg=Lippe: Geheimer Regierungsrat Höcker;

für Lippe: Kabinetsminister v. Oheimb;

für Lübeck: Senator Dr. Curtius;

für Bremen: Senator Gildemeister;

für Hamburg: Senator Dr. Kirchenpauer.

Im Laufe der Session wurden an Stelle des Generallieutenants v. Rieben der Contre=Admiral Jachmann, an Stelle des Ministers v. Bülow der Drost v. Oertzen, an Stelle des Grafen v. Beust der Minister v. Krosigk ernannt.

Die „Post" erzählte, Bismarck habe dem Abgeordneten Dr. Lasker den Vorschlag gemacht, sich um eine vakante Stelle im „Bundesrat" zu be= werben. Der Abgeordnete hätte sich zur Bewerbung unter der Bedingung bereit erklärt, daß der Erfolg derselben gesichert sei; der Herr Bundeskanzler hätte indessen die gewünschte Zusage nicht erteilt, weil er sich nicht binden wolle. Wir wissen nicht, äußerte sich hierzu die „Norddeutsche Allgemeine Zeitung", zu welchem Zwecke der „Post" diese Mitteilung gemacht worden ist, wollen aber bemerken, daß sie, wie uns versichert wird, in allen Teilen rein aus der Luft gegriffen ist. Ob das Bundeskanzler=Amt den Wunsch hegt, für seine amtlichen Arbeiten die anerkannten Fähigkeiten des Herrn Lasker zu benutzen, können wir nicht wissen. So viel ist aber wohl außer Zweifel, daß diese Bundes= behörde ihre Wünsche direkt und bestimmt äußert und keine Veranlassung haben kann, den Herrn Abgeordneten zur Bewerbung um ein Amt auf dem angegebenen Umwege anzuregen. —

Bismarck führte den Vorsitz im Bundesrat in den Sitzungen am 15.,*) 16. August, 4., 9., 12., 16., 23. September, 2., 15., 17. Oktober, 27. November. 4.,**) 10. Dezember. In seiner Verhinderung führte den Vorsitz der sächsische Minister Freiherr v. Friesen.

Eine generelle Substitution, wie sie sich später unter Delbrück, Hofmann und Boetticher ausbildete, lag Bismarcks Absicht damals fern. Die Substitution im Vorsitz erfolgte von Fall zu Fall. Der Akt der Substitution erschien Bismarck staatsrechtlich so wichtig, daß er denselben einmal sogar dem Reichstag notifizirte.***)

Die Eröffnungssitzung des Bundesrats (15. August) währte von 1 bis 2½ Uhr. Die Mitglieder waren mit Ausnahme der Herren v. Campe aus Braunschweig und v. Thümmel aus Sachsen sämtlich anwesend.

Bismarck kündigte alsbald eine Reihe von Vorlagen an, aus denen erhellte, daß das Bundespräsidium rüstig an die Aufgabe ging, durch die gesetzgebende Thätigkeit des Bundesrats und des Reichstags baldigst eine große Zahl wichtiger Verbesserungen für das Bundesgebiet in das Leben treten zu lassen. Unter den angekündigten Vorlagen standen die Verträge wegen Erneuerung des Zollvereins und der Haushalts-Etat des Norddeutschen Bundes oben an. Daran schlossen sich Gesetzentwürfe über die amtlichen Befugnisse der Bundeskonsulate, über die Befugnisse fremder Konsuln innerhalb des Bundesgebietes, über die Nationalität der Seeschiffe, über eine Maaß- und Gewichtsordnung für die Länder des Norddeutschen Bundes, über das Postwesen des Bundes, über einen gleichmäßigen Portotarif für die Bundesländer, über Freizügigkeit und über Aufhebung des Paßzwanges im Gebiet des Norddeutschen Bundes.

Bevor der Bundesrat an die Erledigung seines Arbeitspensums gehen konnte,†) hatte derselbe eine Reihe formeller Geschäfte zu erledigen. Zunächst

---

*) Daß Bismarck in der Sitzung vom 15. August 1867 den Vorsitz führte, ist bei Kohl nicht erwähnt.

**) Nach Kohls Bismarck-Regesten.

***) Am 2. Oktober 1867 erhielt der Reichstags-Vizepräsident Herzog von Ujest das nachstehende Schreiben: „Ew. Durchlaucht beehre ich mich mitzuteilen, daß ich, da ich auf einige Tage zu verreisen genötigt bin, auf Grund der Bestimmung im Artikel 15 der Bundesverfassung meine Vertretung im Vorsitz des Bundesrats während dieser Zeit auf den Königlich sächsischen Bevollmächtigten Herrn Staatsminister Freiherrn von Friesen übertragen habe.

Graf von Bismarck."

†) Die Berichte über die Plenarsitzungen der ersten Session des Norddeutschen Bundes finden sich in der „Norddeutschen Allgemeinen Zeitung" vom Jahrgang 1867 Nr. 191, 193, 195, 197, 203, 207, 208, 212, 215, 218, 222, 232, 238, 242, 244, 249, 250, 253, 266, 280, 284, 291, 295. Die Referate, welche in den übrigen Blättern abgedruckt wurden, haben fast durchweg denselben Wortlaut.

beschloß derselbe, für seine Verhandlungen vorläufig die Geschäftsordnung in Anwendung zu bringen, welche im Entwurf vom Bundespräsidium vorgelegt worden war. Nach den Bestimmungen dieser Geschäftsordnung hatte der Bundesrat einen Protokollführer zu wählen, und wurde dieses Amt dem Legationsrat Lothar Bucher übertragen, welcher schon bei den Verhandlungen der Bundesbevollmächtigten über den Verfassungsentwurf in gleicher Eigenschaft thätig war. Der Geschäftsordnungsentwurf wurde zur Vorberatung einem Ausschuß überwiesen, in welchem Preußen (Präsident Delbrück), Königreich Sachsen (Staatsminister Freiherr v. Friesen) und Schwarzburg-Rudolstadt (Staatsminister v. Bertrab) vertreten waren. Nach dem Bericht dieser Kommission erfolgte später die endgiltige Feststellung der Geschäftsordnung.

Dieselbe bestand aus 21 Paragraphen, die in 4 Kapitel abgeteilt waren. Das erste Kapitel handelte von der Ordnung der Sitzungen, das zweite von der Ordnung der Gegenstände der Verhandlung und ihrer Beratung, das dritte von der Ordnung des Geschäftsganges, das vierte von den Ausschüssen. Im zweiten Kapitel wurden hinsichtlich der Abstimmungen die Vorschriften wiederholt, welche nach der Verfassung dafür maßgebend waren, mit genauer Präzisirung der Gegenstände, bei denen die Mehrheit nur dann entscheidend ist, wenn sich unter den dieselbe bildenden Stimmen die des Präsidiums befindet. Diese Gegenstände waren: Auflösung des Reichstags während der Dauer der Legislaturperiode; Gesetzentwürfe über Aenderungen in den bestehenden Militär- und Marine-Einrichtungen; Handels- und Schiffahrtsverträge; Gesetzentwürfe wegen Abänderung der bestehenden Anordnungen über das Zollwesen und die Verbrauchssteuern sowie über Verwaltungsgegenstände, die sich darauf beziehen; und der Eintritt der süddeutschen Staaten oder eines derselben in den Bund. In dem Kapitel über die Ausschüsse war bestimmt, daß die fünf aus der Wahl des Bundesrats hervorgehenden dauernden Ausschüsse durch geheime Abstimmung bei Beginn jeder Session des Bundesrats gewählt werden, und daß sämtliche 7 dauernde Ausschüsse auch in der Zwischenzeit zwischen den Sessionen des Bundesrats in Thätigkeit bleiben sollen, so daß die Mitglieder der Ausschüsse also entweder dauernd am Sitze des Bundesrats sich aufhalten oder zeitweilig auf Einladung des Präsidialbevollmächtigten sich hier versammeln werden.

Nach Artikel 8 der Bundesverfassung mußten aus der Mitte des Bundesrats sieben dauernde Ausschüsse gebildet werden, nämlich 1. für das Landheer und die Festungen, 2. für das Seewesen, 3. für Zoll- und Steuerwesen, 4. für Handel und Verkehr, 5. für Eisenbahnen, Post und Telegraphen, 6. für Justizwesen und 7. für Rechnungswesen. Die Verfassung schrieb vor, daß in jedem dieser Ausschüsse außer dem Präsidium mindestens zwei Bundesstaaten vertreten sein sollen und zwar mit der Maßgabe, daß in den Ausschüssen jeder Staat nur eine Stimme führt. Die Mitglieder der beiden ersten Ausschüsse für das Landheer und für das Seewesen wurden verfassungsmäßig vom Bundesfeldherrn ernannt, die der übrigen Ausschüsse waren vom Bundesrat zu wählen. Aus der Natur der Dinge ergab es sich, daß die Wahlen, welche nur für eine Session Giltigkeit hatten, am Beginne jeder Session vorzunehmen waren. Es lag in der Absicht, die drei Ausschüsse für das Landheer und die Festungen, für Eisenbahnen, Post und Telegraphen und für Rechnungswesen aus fünf Mitgliedern zusammenzusetzen, während für die übrigen Ausschüsse das Minimum der Mitgliederzahl von drei festgehalten wurde. In diesem Sinne erfolgte thatsächlich die Zusammensetzung der Ausschüsse,*) und zwar geschahen die Wahlen in die Ausschüsse des Bundesrats nicht nach Personen, sondern nach Staaten, da die Bezeichnung der Person als eine interne Angelegenheit des betreffenden Staates und seiner Regierung angesehen wurde. Für einige der Bundesratsausschüsse wurden auch Stellvertreterwahlen vorgenommen, und zwar für den dritten, vierten und siebenten Ausschuß.**)

Die Sitzungen des Bundesrats und seiner Ausschüsse fanden zuerst im Gebäude des Herrenhauses statt.***) Später mit Beginn des Reichstags wurden dieselben in das Gebäude des Staatsministeriums verlegt.

Zum Bureauchef des Bundesrats wurde der Rechnungsrat Nabtke ernannt.

---

*) Die Namen der Mitglieder, welche in die einzelnen Ausschüsse gewählt wurden, sind abgedruckt in der „National-Zeitung" Nr. 388 vom 21. Aug. 1867. Eine Uebersicht über die Geschäftsangelegenheiten der Ausschüsse des Bundesrats findet sich in der „Nat.-Ztg." Nr. 403 vom 30. Aug. 1867.

**) Die Stellvertretung in Behinderung des einen oder andern Mitgliedes dieser Ausschüsse hatte, diesen Wahlen gemäß, in dem Ausschuß für Zoll- und Steuerwesen: Hessen (Geheimer Legationsrat Hofmann), in dem für Handel und Verkehr: Bremen (Senator Gildemeister) und in dem für Rechnungswesen: Sachsen-Coburg-Gotha (Staatsminister Freiherr v. Seebach) zu übernehmen.

***) Vereinzelt auch im Ministerium der auswärtigen Angelegenheiten.

11. Abschnitt.

Die erften Bevollmächtigten zum Bundesrat.

Bevor wir uns zu den Geschäften wenden, welche der Bundesrat in seiner erften Session erledigt hat, wollen wir uns zunächst noch die Männer etwas näher ansehen, in deren Hände die deutschen Souveräne*) die Ausübung der ihnen verfassungsmäßig im Bunde zustehenden Rechte gelegt hatten.

1. Preußen.
Generalmajor von Podbielski
(geboren 17. Oktober 1814, gestorben 31. Oktober 1879).

Theophil von Podbielski, einer alten Adelsfamilie des ehemaligen Königreichs Polen entstammend, geboren am 17. Oktober 1814 im Schlosse zu Köpenick bei Berlin, zur Zeit als sein Vater, damals Rittmeister im 1. Ulanenregiment, im Felde gegen Frankreich stand, wurde am 9. März 1866 zum Generalmajor befördert und in dieser Charge nach Berlin berufen, um die Stellung des Direktors des Allgemeinen Kriegsdepartements im Kriegsministerium zu übernehmen. Podbielski hat über seine Wirksamkeit**) gedrängte Aufzeichnungen hinterlassen, worin er über die auf den Krieg von 1866 folgende Zeit sich wie folgt vernehmen läßt: „Der Abschluß der Militärkonventionen mit den Staaten des Norddeutschen Bundes, die Errichtung von drei neuen Armeecorps, die anderweite Formation der Kavallerieregimenter, die Bearbeitung einer Reihe neuer Gesetze, Verordnungen und Entwürfe, bestimmt,

---

*) Bei Gelegenheit einer Verhandlung der zweiten badischen Kammer über den demokratischen Antrag, betreffend eine Mitteilung der Instruktionen der badischen Bundesratsbevollmächtigten an die Stände, bemerkte der Minister v. Brauer ausdrücklich, daß die Bundesratsbevollmächtigten Vertreter der Souveräne, nicht aber Vertreter der Bundesstaaten seien.

**) In Betreff seiner militärischen Carrière bis 1866, in welchem Jahre er als Generalquartiermeister der Armee den böhmischen Feldzug mitmachte, darf auf Podbielskis Nekrolog im „Militär-Wochenblatt" 1879 Nr. 90 verwiesen werden.

die Schlagfertigkeit der Armee zu erhöhen, ihre Mobilmachung und Konzentration zu beschleunigen, stellten an die Arbeitskraft außergewöhnliche Anforderungen."

Auch der Norddeutsche Bundesrat sowie der Norddeutsche Reichstag forderten seine Teilnahme an deren Arbeiten. Außerdem fiel ihm während der Erkrankung und dadurch bedingten längeren Beurlaubung des Kriegsministers wiederholt dessen Vertretung zu (Allerhöchste Ordre vom 2. Oktober 1866, 20. Dezember 1867 und 22. März 1868). Im Juli 1870, bei Ausbruch des Krieges gegen Frankreich, finden wir ihn wiederum zum Generalquartiermeister der Armee ernannt. „Was ich," so schreibt derselbe über diese Periode, „für die Organisation des Norddeutschen Bundesheeres, für die Vorbereitung zu einer beschleunigten Mobilisirung und Konzentration, sowie in der verantwortlichsten Stellung als Generalquartiermeister der Armee in drei Feldzügen gethan, darauf kann ich mit Befriedigung zurückblicken. Ein höherer Ehrgeiz als der, meinen Posten ganz auszufüllen, hat mir nie innegewohnt." Und an einer andern Stelle: „Ohne Neigung für eine schriftstellerische Thätigkeit, habe ich in vielen verantwortlichen Stellungen doch sehr viel schreiben müssen, bis mich der Krieg gegen Frankreich durch die von mir gezeichneten Telegramme zu einem populären Schriftsteller gemacht und so der wohl geringste Teil meiner Thätigkeit ungesucht die meiste Anerkennung gefunden hat. Die ungeschminkte Wahrheit der von mir gezeichneten Kriegstelegramme hat nicht das Vaterland allein, der Feind hat sie mir gegenüber bei den Verhandlungen als nicht anzuzweifeln anerkannt."

Nach Beendigung des Krieges gegen Frankreich wurde v. Podbielski am 2. November 1871, unter Entbindung von dem Verhältnis als Direktor des Allgemeinen Kriegsdepartements zur Disposition gestellt, jedoch bereits im Jahre 1872 reaktivirt und mit der Führung der Geschäfte der Generalinspektion der Artillerie erst provisorisch (3. Februar), später definitiv (31. Dezember 1872) betraut. Unter seiner persönlichen Leitung wurde die Trennung der Offizierscorps der Artillerie in solche der Feld- und Fußartillerie zur Durchführung gebracht, und ungeachtet vieler entgegenstehenden sachlichen und persönlichen Schwierigkeiten zu einem so gedeihlichen Ende geführt, daß beide Waffen einen früher kaum geahnten Aufschwung nahmen. Am 31. Oktober 1879 endete plötzlich (Herzschlag) das Wirken des arbeitsamen Mannes, des nächsten und, wie er sich selbst nannte, treuesten Gehilfen von Moltke.

Bismarck trat in ein Verhältnis zu Podbielski, als derselbe für Roon als Ministerverweser fungirte. Bismarck zweifelte gleich von Haus aus, ob derselbe stets den objektiven Standpunkt des Staatsmanns einhalten werde, der nicht in wildem Ressortpatriotismus fragt: „Was kann ich noch kriegen?" sondern als Gesamtpreuße: „Was muß ich haben und was kann ich kriegen?" Und seine Befürchtungen hatten sich in dem Maße bewahrheitet, daß Bismarck nach Roons Rückkehr in den Staatsdienst völlig schmachtete. Alles, was nicht fürs Militär gegeben wurde, hätte Podbielski, wie es scheint, am liebsten als feindliches Gebiet betrachtet.*)

Die Annahme, daß sich während des französischen Feldzugs Berührungspunkte zwischen Bismarck und Podbielski bildeten, trifft nicht zu. Die Herren vom Generalstab lebten ziemlich für sich, und wenn Moltke etwas mit Bismarck zu verhandeln hatte, so geschah dies meist schriftlich, mitunter auch durch Mittelspersonen.**)

Generallieutenant v. Rieben
(geboren 10. März 1800, gestorben 16. Juni 1888).

Die Thätigkeit von Riebens in der Armee***) begann 1817 und endete mit dem Zeitpunkt, da derselbe mit der Wahrnehmung der Geschäfte der Direktion im Marineministerium betraut wurde (1861). In seiner Eigenschaft als Präses des Marineministeriums, wozu er im Juni 1864 ernannt worden war, war v. Rieben dem Oberkommando der Marine, an dessen Spitze der Prinz Adalbert stand, koordinirt, woraus sich ein Dualismus entwickelte, der leicht zu Friktionen Anlaß gab. Der König war sich dieses Umstandes bewußt und hatte Rieben, dem er sehr gnädig gesinnt war, zugesagt, nach dem Abgang des Prinzen die Sache einheitlich zu gestalten, was auch später geschehen ist. v. Rieben hatte persönlichen Vortrag beim König. Im Hinblick auf dessen Vorliebe für die Landarmee bot es stets große Schwierigkeiten, bei ihm die Mittel für die Erweiterung der Marine durchzusetzen. Größerer Sympathien erfreute sich dagegen von alters her die Marine bei Bismarck.

Zwischen Bismarck und Rieben entwickelte sich ein lebhafter geschäftlicher Verkehr, da Bismarck bei Rieben anfragen mußte, wenn er die Indienststellung von Schiffen nach auswärtigen Stationen für nötig erachtete, andererseits Bismarck die Forderungen Riebens für die Marine genehmigen mußte, was er sowohl wie der Finanzminister Frhr. v. d. Heydt stets anstandslos thaten. Die dienstlichen Beziehungen erforderten, daß Rieben öfters bei Bismarck sich persönlich melden ließ, und da Rieben ein bekannter Frühaufsteher war, so bat ihn Bismarck einmal freundschaftlich, ihn doch nie vor 10 Uhr morgens zu stören. Rieben war der erste, welcher Bismarck nach dem Blindschen Attentate (7. Mai 1866) zu seiner Errettung durch Gottes Hand gratulirte. Politische Meinungsverschiedenheiten, z. B. hinsichtlich der Haltung der "Kreuz-

---

*) Roon Bd. II. S. 352 und 389.
**) So einmal durch den späteren Kriegsminister v. Bronsart I. Ueber die Teilnahme Podbielskis bei den Verhandlungen Bismarcks und Moltkes mit Favre vgl. M. Busch, Graf Bismarck und seine Leute, Volksausgabe S. 558.
***) 1833 Premierlieutenant, 1839 Adjutant der 5. Division, 1857 Kommandeur des 27. Inf.-Regts., 1860 Generalmajor und Kommandeur der 11. Infanterie-Brigade.

zeitung" und des Pairsschubs, wurden auf den persönlichen Verkehr nicht über=
tragen.

Am 3. August 1867 wurde Rieben zum Bevollmächtigten zum Bundesrat
ernannt, welchem er jedoch nur bis zum 22. September 1867 angehörte; bereits
nach dieser kurzer Frist war Rieben gezwungen, um seinen Abschied zu bitten,
weil sein 93jähriger Vater gestorben war unter Hinterlassung eines Gutes, das
Rieben nur durch Selbstverwaltung seiner Familie erhalten zu können glaubte.
Als Rieben um seinen Abschied eingekommen war, wurde Bismarck vom König
beauftragt, ihn zur Zurücknahme seines Abschiedsgesuches zu bewegen.

Die freundschaftlichen Beziehungen zwischen beiden sind in den siebenziger
und achtziger Jahren bei Gelegenheit gemeinsamer Aufenthalte in Gastein neu
geknüpft und aufgefrischt worden. In Gastein war v. Rieben mit Bismarck
im August 1878 zusammen. Beide lebten ihrer Kur und darum zurück=
gezogen, begrüßten sich durch gegenseitige Besuche, wie auch auf den gemein=
schaftlichen Spaziergängen. Eines Tags vereinigte Kaiser Wilhelm, noch sehr
leidend infolge des Attentates, einige Badegäste zur Mittagstafel im nahe=
gelegenen Böckstein; nach Tisch wurde im Freien Kegel geschoben, woran der
Kaiser, Bismarck und Rieben sich lebhaft beteiligten. In der Villa Lehn=
dorff fanden verschiedentliche Zusammenkünfte statt, jede Woche einigemale des
Abends wurden daselbst zur Unterhaltung des Kaisers scherzhafte Aufführungen
veranstaltet, woran sich die Söhne und Tochter Bismarcks beteiligten; diese
Zeit war für die drei alten Herren eine erheiternde Erholung.

Im literarischen Nachlasse Riebens haben sich folgende Bismarckbriefe*)
gefunden, welche zum teil auch auf seine bundesrätliche Thätigkeit Bezug haben.

Berlin den 11. Mai 1864.

Seine Majestät der König wollen morgen früh um halb acht Ew. Hochwohl=
geboren Vortrag wegen Ankaufs von Schiffen in Bordeaux und in Amerika
entgegenehmen. Sollte es Ihnen erwünscht sein, vorher über die mir heut
von Sr. Majestät eröffneten Ansichten mit mir Rücksprache zu nehmen, so
würde ich sehr dankbar sein, wenn Ew. Hochwohlgeboren mir die Ehre erzeigen
wollten, mich heut abend um halb zehn oder später zu besuchen.

Mit ausgezeichneter Hochachtung

Ew. Hochwohlgeboren

ergebenster

v. Bismarck.

An den Königl. Generalmajor Herrn v. Rieben Hochwohlgeboren.

*

---

*) Dieselben sind bisher unveröffentlicht und darum in H. Kohls Bismarck-Regesten
auch nicht berücksichtigt.

Berlin den 3. August 1867.

Ew. Excellenz benachrichtige ich ergebenst, daß des Königs Majestät geruht haben, Sie zum Bevollmächtigten zum Bundesrat des Norddeutschen Bundes bis auf weiteres zu ernennen.

Ueber die Einberufung zu den Beratungen des Bundesrats behalte ich mir weitere Mitteilung ergebenst vor.

v. Bismarck.

An den Königl. Generallieutenant und Direktor des Marineministeriums Herrn v. Rieben Excellenz.

*

Berlin den 10. August 1867.

Im Verfolg meines Schreibens vom 3. d. M. benachrichtige ich Ew. Excellenz ergebenst, daß nach einer durch das Bundes-Gesetzblatt sofort zu veröffentlichenden Allerhöchsten Verordnung vom 3. d. M. der Bundesrat des Norddeutschen Bundes auf den 15. d. M. hierher einberufen worden ist.

In Bezug auf die abzuhaltende erste Sitzung wird Ew. Excellenz eine besondere Einladung zugehen.

v. Bismarck.

An den Königl. Generallieutenant und Direktor des Marineministeriums Herrn v. Rieben Excellenz.

*

Berlin den 19. August 1867.

Auf Grund der Bestimmung im Artikel 8 der Verfassung des Norddeutschen Bundes haben Seine Majestät der König von Preußen als Bundesfeldherr Ew. Excellenz für die gegenwärtige Session des Bundesrats zum Mitgliede des Ausschusses für das Seewesen zu ernennen geruht.

Indem ich mir vorbehalte, diese Ernennung in der nächsten Sitzung des Bundesrats bekannt zu machen, habe ich nicht zögern wollen, Ew. Excellenz schon heute von derselben ganz ergebenst zu benachrichtigen.

Der Kanzler des Norddeutschen Bundes, v. Bismarck.

An den Bevollmächtigten zum Bundesrat, Königl. preuß. Generallieutenant und Direktor des Marineministeriums Herrn v. Rieben, Excellenz. Berlin, Behrenstr. 72.

*

Bei den vielfachen Debatten im Abgeordnetenhause über Bewilligung von Geldern zur Erweiterung der Marine hatte v. Rieben viele Angriffe zu erleiden und manchen Kampf zu bestehen. Dieses veranlaßte den General v. Roon in einer dieser Sitzungen zu nachfolgendem Ausspruch, welchen ich hiermit laut stenographischem Bericht im Wortlaut mitteile:

„Ich fühle mich in meinem Gewissen gedrungen, hier auszusprechen, daß ich die Wirksamkeit des Herrn Präses, Generals v. Rieben, meines Gefährten und treuen Gehilfen, für eine überaus gesegnete halte, welche sich in zahlreichen organisatorischen Arbeiten auf das glänzendste bewährt hat."

Zur Illustrirung von Riebens Verhältnis zu Roon schalte ich hier noch folgenden bisher gleichfalls unveröffentlichten Brief des letzteren ein:

Berlin den 1. Juli 1867.

Seine Majestät der König haben mich zu meiner besonderen Freude und Genugthuung zu beauftragen geruht, Euer Excellenz die anliegende Allerhöchste Ordre und den Ihnen zu Ihrem 50jährigen Dienstjubiläum verliehenen Roten Adler-Orden 1. Klasse mit Eichenlaub übergeben zu lassen.

Diesem Allerhöchsten Auftrage entsprechend, bringe ich Ihnen zugleich zu Ihrem Ehrentage meinen herzlich teilnehmenden Glückwunsch mit um so größerer Freude dar, als die näheren dienstlichen Beziehungen, in denen ich zu Ihnen längere Zeit hindurch gestanden habe, meine Euer Excellenz stets gewidmete Hochachtung und Freundschaft nur haben vermehren können.

Angesichts der Ihnen von unserem Königlichen Landesherrn für hingebende treue und gute Dienste vielfach erteilten Beweise Allerhöchster Anerkennung, fühle ich meinerseits das Bedürfnis, Ihnen bei Gelegenheit Ihrer Jubelfeier meinen innigen Dank für den mir in meiner schwierigen Doppelstellung gewährten unschätzbaren Beistand auszudrücken.

Mit dem aufrichtigsten Wunsche, daß Ihnen von Gottes Gnade ein schöner zufriedener Lebensabend beschieden sein möge, und mit der Bitte, mir Ihre Freundschaft auch ferner zu bewahren, bleibe ich in den Gesinnungen der herzlichsten Anerkennung und Ergebenheit

Euer Excellenz
treu zugeneigter Freund und Diener
v. Roon.

*

Die Freundschaft zwischen v. Rieben und dem General v. Manteuffel datirt seit ihrer gemeinsamen Adjutantenzeit um 1840 bei dem Prinzen Albrecht her und fand später ihren Ausdruck darin, daß Rieben bei dem Twestenschen Duell Manteuffels Sekundant wurde; diese Freundschaft hat sich bis zum Ableben treu erhalten.

Das beiderseitige Verhältnis wird durch folgenden bisher gleichfalls unveröffentlichten Brief Manteuffels an Rieben illustrirt:

Lieber Rieben!

Ich lese in den Zeitungen, daß Sie den Dienst verlassen und sich auf Ihre Güter zurückziehen, für einen Mann, der so in dem Dienste des Königs gelebt hat, wie Sie, ist das ein wichtiger Lebensabschnitt! Wenn mir der

Arzt auch hier während des Badens das Schreiben verbietet, so fühle ich mich doch gedrungen, Ihnen ein Wort aufrichtiger Teilnahme und aufrichtigen Wunsches, daß es Ihnen auch in Ihren neuen, auch schönen Wirkungskreisen recht gut gehen möge, zu sagen; bei Ihrer Befähigung, Ihrer Energie und Anstrengung und Ihrer Pflichttreue werden Sie sich schnell in das neue Verhältnis finden und auch in ihm Erfolge erringen. Sie können mit gehobenem Haupte auf Ihre lange Dienstzeit zurückblicken! So etwas giebt inneren Frieden. Indem ich Ihnen heute meine Teilnahme ausspreche, danke ich Ihnen zugleich erneut für die Freundschaft und Kameradschaft, die Sie mir immer bewiesen, so oft unsere Dienstverhältnisse uns zusammengeführt, wovon Sie mir im Jahre 1862 eine so große Probe gegeben haben.*) Auch hierfür immer und immer wieder Dank! Ihrer verehrten Frau Gemahlin küsse ich ehrfurchtsvoll die Hand; sie wird auch auf dem Lande viel Gelegenheit finden, Ihrem Herzen folgend, armen Leuten wohlthun zu können. Und so leben Sie wohl, lieber Rieben. Der liebe Gott segne Sie und Ihr Haus.

Gastein, 8. Sept. 1867.

E. v. Manteuffel.

*

Nach 50jähriger militärischer Laufbahn begann der alte General sich mit frischer Kraft der Verwaltung seines umfangreichen Besitzes zu widmen.

Wirklicher Geheimer Rat und Generalsteuerdirektor
v. Pommer=Esche
(geboren 10. Februar 1803, gestorben 18. April 1870).

Pommer=Esches politische Thätigkeit**) beginnt mit seiner Ernennung zum Generalsteuerdirektor (3. März 1849). Infolge dieser Stellung fand Pommer=Esche Gelegenheit, Preußen und Deutschland durch seine Thätigkeit für die zeitgemäße Fortbildung des deutschen Zollvereins die wichtigsten Dienste zu leisten. Seine Name ist durch eine Reihe der bedeutendsten Verträge, die seiner Mitwirkung ihren Abschluß verdanken, mit der Geschichte des deutschen Zollvereins innig verflochten. Wir heben von diesen Verträgen den am 7. September 1851

---

*) Bezieht sich auf das Duell Manteuffels mit Twesten.
**) Ueber seine frühere Laufbahn ist folgendes zu bemerken: Erste wissenschaftliche Vorbildung auf dem Gymnasium seiner Vaterstadt in Stralsund, demnächst Studium der Rechte in Göttingen und Berlin, 1826 Auskultatorexamen beim Kammergericht in Berlin, 1827/28 Referendariatsexamen. Februar 1831 Assessor beim Kammergericht in Berlin, Juni 1831 Beschäftigung bei der Regierung in Frankfurt a. O. Dezember 1831 versetzt zur Provinzialsteuerdirektion in Breslau. 1832 Regierungsassessor, 1833 Regierungsrat. 1834 Justitiarius bei der Regierung in Stettin. 1835 Eintritt in das Finanzministerium als Hilfsarbeiter. 1836 Ernennung zum Geh. Finanzrat und vortragenden Rat. 1839 Geh. Ober=Finanzrat. 1842 Bevollmächtigter der Rheinschiffahrtskommission.

zwischen Preußen und Hannover abgeschlossenen hervor, denjenigen vom 1. März 1852 mit Oldenburg, vom 19. Februar 1853 mit Oesterreich, vom 2. August 1862 mit Frankreich, vom 22. Mai 1865 mit Belgien, vom 30. Mai 1865 mit Großbritannien. Die Vergrößerung Preußens und die Begründung des Norddeutschen Bundes im Jahre 1866 erweiterten den Wirkungskreis des Generalsteuerdirektors und vermehrten dessen Geschäftsumfang so erheblich, daß vom 1. Januar 1867 ab die direkten Steuern von der Generaldirektion abgetrennt werden mußten. Neben der Organisation der Steuerverwaltung in den neuen Provinzen nahmen besonders die Arbeiten in dem Bundesrat des Norddeutschen Bundes und des Zollvereins, deren Mitglied er seit 1867 resp. 1868 war, seine Thätigkeit in Anspruch, und es war ihm auf diesem Gebiete noch vergönnt, den Entwurf zu dem Vereinszollgesetz vom 1. Juli 1869, welches die Schranken des alten Zollgesetzes vom Jahre 1833 löste und den Verkehr und die Industrie möglichst entfesselte, zu vollenden.

Pommer-Esche selbst hat das Vereinszollgesetz vom 1. Juli 1869 mit den dazu gehörigen Regulativen, auf welche er besonderes Gewicht legte, für einen seines langjährigen und erfolgreichen Wirkens würdigen Schlußstein gehalten. In demselben hatte die Reform der Zollverwaltung, wie sie durch die Entwicklung der industriellen und Verkehrsverhältnisse geboten war, einen seinen eigensten Ansichten entsprechenden Ausdruck erhalten, und es gewährte ihm noch in seinen letzten Tagen eine aufrichtende Freude und innere Befriedigung, daß dieses Gesetz nicht nur in allen Stadien der Gesetzgebung fast unveränderte Annahme, sondern auch in dem beteiligten Gewerbe- und Handelsstande billigende und allgemeine Zustimmung gefunden hatte.

Bald darauf wurde er das Opfer einer schweren Krankheit; indessen folgte er bis zu seinem letzten Augenblicke allen Vorgängen in seinem Wirkungskreise mit solcher Teilnahme, daß er noch an seinem Todestage (18. April 1870) die Verhandlungen des Bundesrats las.

Man kann Pommer-Esche als den Typus des preußischen Beamten in des Wortes bestem Sinne bezeichnen. Sein ganzes Leben war Arbeit; er war aus Pflichtgefühl zusammengesetzt. Bureaukratismus lag ihm ferne. Seine dienstliche Thätigkeit war stets von großen Gesichtspunkten geleitet. An Gedanken, Weitsichtigkeit, politischem Blick überragte er, wie einzelne behaupten, selbst Delbrück.

Bismarck hatte verschiedentlich mit Pommer-Esche persönlich verhandelt; die Punkte, worüber sie konferirten, lassen sich aber heute nicht mehr klar stellen; denn Pommer-Esche vermied es grundsätzlich, über interne dienstliche Verhältnisse mit anderen zu sprechen. Obwohl Pommer-Esches Standpunkt weniger doktrinär war als der Delbrücks — infolgedessen auch weniger radikal freihändlerisch — so gab es doch auch zwischen ihm und Bismarck Meinungsverschiedenheiten. Bei einer mündlichen Beratung, die bei Bismarck über eine handelspolitische Frage stattfand, fühlte Pommer-Esche sich verpflichtet, dem Wunsche

Bismarcks aus streng sachlichen Gründen mit großer Entschiedenheit entgegen=
zutreten.*) Bismarck gab in der Sache nach. An demselben Abend traf Bis=
marck zufällig auf einem Hoffest mit Frau v. Pommer=Esche zusammen: „Ihr
Mann hat mich heute schmählich geärgert. Aber recht hatte er, und ich wäre
froh, wenn wir viele so ausgezeichnete Männer hätten, wie er ist."**)
   Pommer=Esche war eine ungemein selbstlose Natur — alles andere als
ein Streber. Sein reiches Wissen zog Bismarck an; einmal nahm er sogar
an einem größeren Diner im Pommer=Escheschen Hause teil. Die Fürstin
Bismarck beehrte auch die musikalischen Soiréen daselbst mit ihrem Besuch.
   Zur Beerdigung Pommer=Esches schickte Bismarck seinen nahen Verwandten,
den im Reichskanzler=Amt beschäftigten Legationsrat Grafen Bismarck=Bohlen.

Ministerialrat Günther***)

(geboren 8. März 1811, gestorben 13. September 1892).

   In die größere Oeffentlichkeit gelangte Günthers Name, als er im
Juni 1861 zum Vizepräsidenten der Regierung zu Coblenz ernannt und im
Jahre darauf als Kommissar der preußischen Regierung sowie als Vorsitzender
der Zollvereinskommission zur Weltausstellung nach London entsandt wurde.
   Im Januar 1863 erfolgte seine Beförderung zum Wirklichen Geheimen
Ober=Finanzrat und Direktor der Etats= und Kassenabteilung im Finanzministerium.
Dieses Amt, in welchem nach den damaligen Einrichtungen insbesondere auch
der Schwerpunkt für die Bearbeitung der Personalien sämtlicher höheren Ver=
waltungsbeamten lag, verwaltete er bis zum April 1870, um welche Zeit er
zum Präsidenten der Seehandlung ernannt wurde. Am 30. November 1872

---

*) Auch bei der Frage, ob im Jahre 1864 Oesterreich eine Aussicht auf eine Zoll=
einigung eröffnet werden sollte, stellte sich Pommer=Esche auf die von Bismarck bekämpfte
Delbrücksche Seite. (Brief Bismarcks an Roon d. d. 16. Okt. 1864, in Roons Denk=
würdigkeiten, Bd. II. S. 213).
   **) v. Pommer=Esche war beteiligt bei der durch den Bundesrat beschlossenen Einver=
leibung der Unterelbe in den Zollverein. Sein Name stand, wie Bismarck in der Sitzung
des Reichstags vom 18. Mai 880 hervorhob, unter dem betreffenden Ausschußbericht vom
16. Juli 1868.
   ***) William Bastrow v. Günther. Besuch des Joachimsthaler Gymnasiums in Berlin.
Studium der Rechts= und Staatswissenschaften in Heidelberg, Bonn und Berlin. 1836 erste
juristische Prüfung in Berlin. 1838 Kammergerichtsreferendar, 1838 Referendar bei der
Regierung zu Frankfurt a. O. 1841 Regierungsassessor. 1843 Einberufung als Hilfs=
arbeiter bei der Etats= u. Kassenabteilung in das Finanzministerium. 1848 Versetzung an die
Regierung in Stettin, 1849 Ernennung zum Regierungsrat, 1853 zum Vorsitzenden
der Berliner Einschätzungskommission. 1854 Ernennung zum Mitglied der Generaldirektion
der Seehandlungssocietät mit dem Charakter als Geh. Finanzrat; kurze Zeit darauf Ein=
tritt in das Finanzministerium als vortragender Rat, 1859 Beförderung zum Ober=
Finanzrat.

aus Allerhöchstem Vertrauen in das Herrenhaus berufen, unterm 14. Februar 1873 ferner zum Vorsitzenden der zur Prüfung des Eisenbahnkonzessionswesens eingesetzten Spezialuntersuchungskommission ernannt, schied er im April 1873 aus der Seehandlung aus, um als Oberpräsident an die Spitze der Verwaltung der Provinz Posen zu treten. Bald darauf (September 1875) erfolgte seine Ernennung zum Wirklichen Geheimen Rat mit dem Prädikat Excellenz. Im Juni 1881 wurde ihm der erbliche Adel verliehen. Am 1. August 1886 wurde ihm die erbetene Entlassung aus dem Staatsdienste gewährt. Seitdem trat er nur noch als Mitglied des Herrenhauses öffentlich hervor, so als Vorsitzender der Kommission, welche die Reorganisation der Verwaltung in der Provinz Posen vorzubereiten hatte.*)

Das Verhältnis Bismarcks zu Günther wird am besten durch nachstehendes Schreiben illustrirt:

Berlin, den 20. Mai 1873.

An den Königl. Oberpräsidenten der Provinz Posen Herrn Günther, Hochwohlgeboren Posen.

Ew. Hochwohlgeboren beehre ich mich ganz ergebenst zu benachrichtigen, daß Se. Majestät der Kaiser und König, mit Rücksicht auf die Veränderung Ihrer dienstlichen Stellung, durch Allerhöchsten Erlaß vom 17. d. M. geruht haben, Sie von dem Ihnen Allerhöchst erteilten Mandate als Bevollmächtigten zum Bundesrat, unter ausdrücklicher Bezeugung der Allerhöchsten Zufriedenheit mit den von Ihnen geleisteten Diensten, zu entbinden.

Ich sehe Ew. Hochwohlgeboren mit Bedauern aus dem Bundesrat scheiden

---

*) In den Kulturkampf trat Günther mit der Ueberzeugung ein, daß derselbe nur einheitlich geführt werden könnte und daher jede Abschwächung der im Gesetze klar zum Ausdrucke gekommenen Grundsätze nur vom Uebel sei. Nichts hielt er für gefährlicher, als in dieser Beziehung Politik auf eigene Faust zu treiben und sich, wenn auch nur in Nebendingen mit den bei der Zentralverwaltungsstelle damals maßgebenden Anschauungen in Widerspruch zu setzen. Für ihn verstand es sich von selbst, daß er zur Ausführung brachte, was das Gesetz in der an entscheidender Stelle gegebenen Auslegung gebot. Große Verdienste erwarb sich Günther um die Förderung des Deutschtums in der Provinz Posen. Er verkannte nicht, daß durch Verwaltungsakte aus Polen Deutsche nicht gemacht werden. Er verzichtete deshalb auf einen solchen Erfolg vorweg. Von den polnischen Einwohnern der Provinz verlangte er nicht mehr, als daß sie ihre unlösliche Zugehörigkeit zum preußischen Staatsverbande beherzigten und ihre staatsbürgerlichen Pflichten gleich den Deutschen erfüllten. Unberechtigten Sonderbestrebungen der Polen trat er jederzeit und mit voller Schärfe entgegen. Im übrigen ging er davon aus, daß die Uebung deutscher Sitte und deutscher Anschauung das beste Germanisirungsmittel und am ehesten geeignet sei, die polnischen Einwohner der Provinz dem Deutschtum zuzuführen. Für unbedingt erforderlich aber und für die vornehmste Aufgabe seines Amtes hielt er es, die in der Provinz lebenden Deutschen überall da, wo sie in der Minderheit waren, in ihrem nationalen Bestande zu sichern und vor dem Vordringen des Polonismus zu beschützen.

und es ist mir Bedürfniß, Ihnen meinen verbindlichsten Dank und meine volle
Anerkennung für die hingebende Thätigkeit auszusprechen, mit welcher Sie die
dem Bundesrat gestellte Aufgabe haben fördern helfen.

Der Reichskanzler:
v. Bismarck.

*

Ministerialdirektor Delbrück*)
(geboren 16. August 1817).

Delbrücks Bekanntschaft mit Bismarck datirt aus der Zeit, da ersterer als
Bundestagsgesandter in Frankfurt am Main sich seine ersten diplomatischen Lorbeeren verdiente. Das Wiener Kabinet war in den Jahren 1849 und 1850
mit dem Gedanken hervorgetreten, die Zollgesetzgebung und Zollpolitik für ganz
Deutschland durch die Bundesgewalt zu regeln. Auch auf den Dresdener Konferenzen wurde hierüber verhandelt, jedoch ein praktisches Ziel nicht erreicht.
Die Absicht aber blieb bestehen, und so wählte die Bundesversammlung gleich
nach ihrer Rekonstituirung einen sogenannten handelspolitischen Ausschuß, welcher
die Aufgabe hatte, die auf den Dresdener Konferenzen unerledigt gebliebenen
Verhandlungen im Gebiete der Handelsgesetzgebung zu prüfen, thatsächlich aber
das Instrument werden sollte, die Leitung des Zollvereins Preußen aus den
Händen zu winden. Zur Vorbereitung der weiteren Schritte beschloß der
Bundestag, Sachverständige nach Frankfurt zu berufen, und einer derselben war
der Geheime Regierungsrat Delbrück, der in Bismarcks Berichten auch wiederholt erwähnt wird.**)

Auch später als Ministerialdirektor im preußischen Handelsministerium hatte
Delbrück vielfache Berührungspunkte mit Bismarck, insbesondere während der
durch den Abschluß des französischen Handelsvertrages bedingten Zollvereinskrisis. Bismarck vertrat damals gleich Delbrück die freihändlerische Richtung.
Delbrücks politische Richtung flößte Bismarck aber damals Mißtrauen ein.
„Es ist klar — so schreibt er am 16. Oktober 1864 aus Biarritz an Roon
— daß Delbrück, bei aller technischen Nützlichkeit, doch nebst anderen Geheimräten einer politischen Farbe angehört, die gern sieht, wenn das jetzige Ministerium Schwierigkeiten findet, und wo keine sind, sucht man welche zu schaffen."

Es war einer der glücklichsten Griffe, die der Reichskanzler je gethan hat,

---

*) Delbrück studirte in Bonn und Berlin die Rechte. 1837 Eintritt in den preußischen
Staatsdienst, 1842 als Hilfsarbeiter in das Finanzministerium berufen, 1844 in das Handelsministerium versetzt, 1848 daselbst Ministerialdirektor. Schon in den fünfziger Jahren die
Seele der preußischen Handelspolitik bei Abschluß des Zollvereins, des Vertrages mit Oesterreich und des Handelsvertrages mit Frankreich.

**) Vergl. mein Werk: „Preußen im Bundestag", Bd. I. S. 11, 32, 33, 36, 37
und Bd. IV. S. 40, 44—46.

als er den Direktor der Abteilung für Gewerbe zum Präsidenten des Bundes=
kanzler=Amts ausersah. Als der Posten geschaffen ward, wußte man nicht recht,
was man sich darunter vorstellen solle. Die meisten dachten ihn sich als eine
Art höherer Kanzleivorstandschaft. Daß er der Stütz= und Mittelpunkt der
Regierung und Gesetzgebung Deutschlands — wenigstens für die inneren An=
gelegenheiten — geworden ist, weiß heute jedermann; damals sahen nur wenige
es voraus. Denn voraussehen konnten es nur diejenigen, die mit dem Er=
nannten und mit seinen seltenen Eigenschaften genau bekannt waren. Was
das Bundes= und das Reichskanzler=Amt geworden ist, das ist es vor allem,
wenn nicht ausschließlich, durch die außerordentliche Persönlichkeit geworden, in
deren Hände der neue Apparat gelegt wurde. Heute kann man sich nur schwer
vorstellen, wie die komplizirte Maschine der Reichsverfassung neben dem Räder=
werk so vieler Einzelstaaten hätte mit Erfolg arbeiten sollen, wenn nicht ein
Mann wie Delbrück die Leitung und Aufsicht besorgt hätte. Seine ganze
Natur und die Art seiner Bildung schienen eigens dazu geschaffen, um die
Natur des Kanzlers zu ergänzen und mit ihm gemeinschaftlich das große Ex=
periment durchzuführen, welches zu gleicher Zeit und täglich Energie und
Mäßigung, Festigung und Nachgiebigkeit, Großheit im Entwerfen und sorgfältige
Präzision im Ausführen, Kühnheit im Neuen und Ordnung in der Geschäfts=
führung, gutes Einvernehmen mit den Regierungen und Vertrauen von seiten
des Volkes und seiner Vertreter erheischte. Dem Ruhm des Reichskanzlers tritt
man nicht zu nahe, wenn man ausspricht, daß er allein das Werk nicht hätte
durchführen können. So unentbehrlich ihm der Degen Moltkes war, so unent=
behrlich war ihm die Feder Delbrücks.*)

Die spätere Ernennung Delbrücks zum Staatsminister erfolgte ausschließlich
auf Betreiben Bismarcks. Er gehörte zum „Handwerkszeug" des Kanzlers,
ohne welches ihm die Arbeit schwer geworden wäre.**)

Delbrück hatte in den inneren Fragen des Reichs plein pouvoir. Er war
durch keinerlei schriftliche Instruktionen Bismarcks gebunden; er konnte jedem
legislatorischen Gedanken näher treten, darüber mit den Bundesregierungen und
seinen Kollegen im preußischen Staatsministerium korrespondiren, einer Sache
ihren Lauf geben oder sie zurücklegen und nach Belieben wählen, ob und
wann er darüber mit seinem Chef sprechen wollte. Da die Eingänge an das
„Reichskanzler=Amt" gerichtet zu werden pflegten, so kamen die Schriftstücke und
die darauf zu erteilenden Antworten dem Kanzler nur dann vor Augen, wenn
Delbrück der prinzipiellen Wichtigkeit der Sache wegen die Vorlegung veranlaßte.
Anträge, die ausnahmsweise an die Person Bismarcks gerichtet waren, pflegte
der Kanzler an das Reichskanzler=Amt abzugeben, wenn ihn die Frage interessirte,

---

*) Unsere Minister S. 147.
**) Roon Bd. II. S. 410.

mit dem Wunsche, darüber durch Delbrück Vortrag zu erhalten. Der zur Erstattung der regelmäßigen Vorträge stattgehabte persönliche Verkehr der beiden Staatsmänner war ein überaus reger, zumal die Sitte, dem Kanzler die notwendigen Aufklärungen in der Form von schriftlichen Promemorien zu geben, damals noch nicht bestand.*) Lassen wir, da Bismarck sich über seine damalige Stellung zu den wirtschaftlichen Fragen und über sein Verhältnis zu Delbrück wiederholt ausgesprochen hat, ihm selbst zunächst das Wort.

In der Sitzung des Abgeordnetenhauses vom 25. Januar 1873 bemerkte er, „der Kollege Delbrück sei im Besitze seines vollsten Vertrauens", er befinde sich mit ihm „im vollsten Einverständnis". Er glaube in der Lage zu sein, „alles, was dieser Kollege für ihn etwa abstimmen sollte, zu ratihabiren". „Und wenn Meinungsverschiedenheit zwischen uns wäre, so würde ich noch zweifelhaft sein, ob er die Sache nicht besser verstanden hat als ich, und würde unter Umständen seinem Urteil mich fügen."

In der Reichtagssitzung vom 21. Februar 1879, als der Abgeordnete Richter den Reichskanzler unter Hinweis auf seine handelspolitischen Antecedentien in die Enge zu treiben suchte, bemerkte Bismarck:**) „Wenn ich für eine Aufgabe wie die Konsolidirung des Deutschen Reichs in seinen ersten Anfängen oder des Norddeutschen Bundes als Vorakt zum Deutschen Reich um die Mitwirkung eines Staatsmannes von der Bedeutung Delbrücks mich bewarb, so liegt doch klar, daß ich damit nicht die Prätension verbinden konnte, daß Delbrück die wirtschaftlichen Geschäfte, in denen er die erste Autorität in ganz Deutschland war, nach meiner Leitung und meiner Anweisung führen sollte. Es war vielmehr — natürlich cum grano salis — gegeben, daß ich, wie es auch in der That der Fall war, vertrauensvoll mich seiner Führung überließ, und ich bin auch weit entfernt, zu sagen, daß ich dieses Vertrauen bereue. Die mächtige Hilfe, welche die Mitwirkung einer Kraft wie die des Herrn Delbrück der ersten Einrichtung des Reichs gewährt hat, war durch nichts anderes zu ersetzen. Wir hatten keinen Mann von seiner Bedeutung. Ich habe meinerseits mich damals in eine Beurteilung wirtschaftlicher Fragen nicht eingelassen, sondern ich habe die bedeutendsten Leute und Staatsmänner, die mir ihre Hilfe gewähren wollten, zu werben gesucht, um dieses Werk, was ich unternommen hatte, mit mir in Gemeinschaft durchzuführen."

„Ich habe mit Delbrück — so bemerkte Bismarck im Reichstag am 19. Juni 1879 — jahrelang in den intimsten amtlichen Verhältnissen gestanden, in denen wir alles mit einander besprochen haben."

Am 1. Dezember 1881 bemerkte endlich Bismarck im Reichstag,***) er habe

---
*) Sie stand in größter Blüte unter dem Staatsminister Hofmann, verbreitete sich aber von dort auch auf das Auswärtige Amt.
**) Kohl, Bismarckreden Bd. VII. S. 371 f.
***) Kohl, Bismarckreden Bd. V. S. 196 f.

sich in das wirtschaftliche Ressort, so lange es in der Hand Delbrücks war, nicht gemischt. „Ueber seine Geschäftsführung bestand zwischen uns kein Meinungsstreit, und meine Anerkennung seiner Autorität war so groß, daß die wesentlichen Zweifel, die bei mir zu keimen begannen, ob wir auf dem richtigen Wege wären, von mir unterdrückt wurden gegenüber der Bedeutung und technischen Ueberlegenheit dieses Mitarbeiters, auf den ich nicht verzichten wollte. Ich habe damals solchen Wirtschaftspolitikern gegenüber, die sich darüber beschwerten, daß nicht alles gut ginge — ich glaube, ich kann Zeugen dafür aufrufen — gesagt: Es ist möglich, daß wir stellenweis auf einem irrtümlichen Wege sind, und daß nicht alles richtig ist, was Minister Delbrück unternimmt; aber ich weiß nicht, wie ich die Lücke decken sollte, die entstehen würde, wenn er ausscheidet. Ich kann seinen Anteil neben allem, was ich sonst zu thun habe, nicht übernehmen und weiß keinen Ersatz; ich muß mir, wie es so häufig im Leben ist, eine tüchtige Kraft mit ihrem Können und Leisten und mit ihren Irrtümern, wenn welche da sind, erhalten, und kann da nicht einen Mann von der Bedeutung wie Delbrück behandeln einfach wie einen vortragenden Rat, dem ich sage: Ich habe Sie bitten lassen, nicht um Ihre Meinung zu hören, sondern um Ihnen die meinige zu sagen; so geht das nicht, sondern ich habe mit Kollegen doch nur den Gesamtdurchschnitt und das Facit zu ziehen und abzuwägen, ob ich unerachtet einzelner Verschiedenheiten mit ihnen weiter arbeiten kann und muß oder nicht, und kann nicht in Einzelheiten sagen: Das verstehe ich besser." *)

Die Differenzpunkte zwischen Bismarck und Delbrück hatten sich allerdings in der Mitte der siebenziger Jahre so sehr gehäuft, daß an ein weiteres ge=deihliches Zusammenwirken derselben nicht gedacht werden konnte. Wir würden über die Zeit des Norddeutschen Bundes zu weit hinausgreifen, wenn wir bereits hier daran gehen wollten, diese Differenzpunkte näher zu besprechen.

Generalpostdirektor v. Philipsborn

(geboren 16. Juli 1818, gestorben 4. Juli 1884).

Nach einer raschen Carrière im Postressort**) wurde Philipsborn 1862 als Nachfolger Schmückerts zum preußischen Generalpostdirektor ernannt.

---

*) Vergl. auch Bismarcks Rede im Abgeordnetenhause am 4. Februar 1881 und Anerkennung der Sachkunde Delbrücks in Bismarcks Reichstagsrede vom 5. März 1878 sowie das Lob seiner exzeptionellen Arbeitskraft in Bismarcks Reichstagsrede vom 1. Dezember 1879. (Kohl, Bismarckreden Bd. VI. S. 211.)

**) 3. Dezember 1835 Eintritt in den Postdienst. Dezember 1839 Einberufung zur Beschäftigung in das Generalpostamt, 1. Februar 1842 Ernennung zum Postsekretär, 1845 zum Geh. expedirenden Sekretär daselbst, Oktober 1847 zum königlichen Postinspektor, 1849 zum Geheimen Postrat und vortragenden Rat im Generalpostamt, 1852 zum Generalpostinspektor, 1859 zum Geheimen Ober=Postrat, 1865 Verleihung des Adels.

Hatte Generalpostdirektor v. Philipsborn schon während des Krieges gegen Oesterreich eine aufopfernde Thätigkeit bei Einrichtung und Unterhaltung der Feldpostanstalten entfaltet, so trat demnächst anläßlich der Errungenschaften des Jahres 1866 eine Fülle von Aufgaben an ihn heran; zunächst der Uebergang des gesamten früheren Thurn- und Taxisschen Postwesens auch außerhalb der an Preußen gefallenen Staaten und Gebietsteile in preußische Verwaltung und die Umgestaltung der Postverhältnisse in den neuen Provinzen Schleswig-Holstein und Hannover nach preußischen Grundsätzen.

Nach Artikel 48 der Verfassung des Norddeutschen Bundes sollten das Post- und Telegraphenwesen im ganzen Gebiet des Bundes als einheitliche Verkehrsanstalten verwaltet werden. Oberster Chef der Post und Telegraphie war nach der Verfassung der Bundeskanzler Graf Bismarck. Das preußische Generalpostamt, umgewandelt in das Generalpostamt des Norddeutschen Bundes, wurde als eine Abteilung des Reichskanzler-Amts eingerichtet, an dessen Spitze der Staatsminister Dr. Delbrück stand, der aber alles Technische natürlich Philipsborn und nachher Stephan überließ.

Der 1. Januar 1868 brachte mit der Aufnahme der königlich sächsischen sowie der mecklenburgischen, braunschweigischen und oldenburgischen Landesposten in die Bundesverwaltung neuen Gebiets- und Arbeitszuwachs. Mit den süddeutschen Staaten und mit Oesterreich-Ungarn mußten anderweite Postverträge abgeschlossen und die Betriebsvorschriften für den Verkehr mit diesen Staaten auf Grundlage der neuen Verhältnisse umgeformt werden. Postzwang und Gacantie sowie die übrigen das Postwesen betreffenden Materien wurden durch Gesetz vom 2. November 1867 für den Gesamtumfang des Norddeutschen Bundes einheitlich geregelt, ebenso das Portofreiheitswesen durch Gesetz vom 5. Juni 1869. Von den sonstigen wichtigen Verkehrserleichterungen, welche sich unter Philipsborns Verwaltungsführung vollzogen haben, sind besonders hervorzuheben die Einführung der Postanweisungen, dieses so unentbehrlich gewordenen Mittels für die Versendung kleiner Geldbeträge, und die durch Gesetz vom 4. November 1867 erfolgte Festsetzung des Briefportosatzes von einem Silbergroschen für alle Entfernungen im gesamten inneren Verkehr. Nach seinem Rücktritte aus dem Staatsdienst (April 1870) bekleidete er noch einige Zeit die Stelle des Präsidenten der Preußischen Zentral-Bodenkreditgesellschaft. — Man kann sich denken, daß die wichtige Stelle, die Philipsborn bekleidete, ihn in nahe Beziehungen zu Bismarck brachte;[*] doch waren dieselben nicht so enge, wie die zu seinem Bruder, dem Ministerialdirektor im Auswärtigen Amt, auf den wir weiter unten zu sprechen kommen. Auf der ersten parlamentarischen Soirée bei Bismarck, bei der der rote Becker auf den Unfug anspielte, den die Fürsten mit der Post und Tele-

[*] 16. August 1867 Arbeit Bismarcks mit Delbrück und Philipsborn nach der Sitzung des Bundesrats, 31. Oktober 1867 Vorstellung der höheren Beamten des Postressorts durch Philipsborn im Konferenzsaal des Generalpostamts.

graphie getrieben, erwiderte der Kanzler, er wiffe von noch viel ftärkeren Stücken; erzählen könne er fie aber nicht; er habe die Mitteilungen vom General= poftdirektor v. Philipsborn, „der weiß, noch viel tollere Dinge als ich." *)

Als dem Bundeskanzler Anfangs Dezember 1869 ein Projekt über die Benutzung der Poft zu einer Anftalt für Lebensversicherung, Altersversicherung und Sparkaffen vorgelegt wurde, überwies er die Prüfung dieses Planes dem Generalpoftdirektor. **)

Zuletzt ließ das Verhältnis Bismarcks zu Philipsborn entschieden zu wünschen übrig. Vielleicht wirkte der Umftand mit, daß derselbe das ihm von dem Minifterpräfidenten angebotene Portefeuille des preußifchen Handelsminifte= riums ausgefchlagen hatte.

Geheimer Ober=Juftizrat Dr. Pape***)
(geboren 18. September 1816, gestorben 11. September 1888).

Von der Gründung des Norddeutschen Bundes ab bis zu seinem Aus= scheiden aus dem Bundesrat (Juli 1870) war Pape die Seele der Juftizgesetz= gebung, und zwar sowohl im Bundesrat wie im Reichstag.

Er war Mitglied der vom Bundesrat zur Ausarbeitung des Entwurfs einer „Prozeßordnung in bürgerlichen Rechtsftreitigkeiten für die Staaten des Norddeutschen Bundes" berufenen Kommiffion, deren Beratungen am 3. Januar 1868 durch den Bundeskanzler in Person eröffnet wurden und am 20. Juli 1870 endigten; Dr. Pape als Referenten und Mitglied des Redaktionsausschuffes fiel die Hauptarbeit zu. Vier wichtige Bundesgefetze: die Gefetze über Aufhebung der Schuldhaft und über den Lohnarreft, beide gleichfalls von Dr. Pape be= arbeitet, das Gefetz über die Gewährung der Rechtshilfe und das Genoffenschafts= gesetz, an denen er hervorragend teilnahm, haben in den Beratungen der Kommiffion teils ihren Urfprung gehabt, teils ihre letzte Form erhalten. Die Novelle über die Aktiengefellfchaften vom 11. Juni 1870 vertrat Dr. Pape im Reichstag noch, nachdem er durch Patent vom 2. Januar deffelben Jahres zum Präfidenten des Bundes=Oberhandelsgerichts ernannt war.

Hier beginnt für ihn eine neue, der höchften Richterthätigkeit gewidmete

---

*) „Fürft Bismarck und die Parlamentarier" Bd. I. (2. Aufl.) S. 28.
**) Aktenftücke zur Wirtschaftspolitik des Fürften Bismarck Bd. I. S. 140.
***) Ueber die Wirksamkeit Papes und seine ganze Beamtenlaufbahn brachte der „Reichs= anzeiger" Nummer 233 vom 12. September 1888 eine fehr ausführliche Darftellung. Dar= nach erhielt derfelbe feine erfte definitive Anftellung bei dem Kreisgericht Stettin; es folgte Juli 1856 die Ernennung zum Kreisgerichtsrat, September 1856 zum Rat beim Appellations= gericht in Königsberg, 1858 Abfendung in die Hamburger Kommiffion zur Beratung eines gemeinfamen deutschen Privatfeerechts, 1859 Ernennung zum Geheimen Juftizrat und vortragenden Rat im Juftizminifterium, 1861 zum Mitglied der Kommiffion zur Revifion des preußifchen Zivil= und Strafprozeßrechts, 2. August 1867 Beförderung zum Geheimen Ober=Juftizrat.

Zeit, auf die wir noch einen Blick richten müssen. Das Handelsgesetzbuch und die Wechselordnung waren zu Bundesgesetzen erklärt, und auf Anregung Sachsens für Handelssachen ein oberster, über alle Staaten des Norddeutschen Bundes sich erstreckender Gerichtshof mit dem Sitz in Leipzig errichtet worden. Wie Dr. Pape die auf beide Gesetze bezügliche Vorarbeit für den Reichstag und ihre Vertretung in diesem zu übernehmen hatte, so war ihm als Präsidenten auch die erste Einrichtung und die Leitung des Gerichts bis an dessen Ende beschieden. Zur Erfüllung seiner Aufgabe hatte das Gericht, welches mit der Errichtung des Deutschen Reichs zum obersten Handelsgericht für ganz Deutschland und durchweg zum obersten Gerichtshof für Elsaß-Lothringen erweitert wurde, die größten Schwierigkeiten zu überwinden. Zusammengesetzt aus den Juristen der verschiedensten Bundesstaaten, sollte es nach den von einander abweichenden Landesprozeßgesetzen und neben den obersten Landesgerichten auf einem mit den Systemen des Zivilrechts mannigfach verwachsenen Teilgebiete die Wohlthat einheitlicher, das nationale Rechtsleben fördernde Rechtsprechung gewähren. Daß es diese Aufgabe voll erfüllt, daß es sich das unbedingte Vertrauen des Volkes und in der juristischen Welt das höchste Ansehen erworben hat, ist nicht zum Geringsten das Verdienst seines Präsidenten gewesen.

Bei dem Erlöschen des Reichs-Oberhandelsgerichts zum 1. Oktober 1879 gesetzlich in den Ruhestand versetzt, war es Dr. Pape vorbehalten, dem Reich noch wichtigere Dienste zu leisten. Auf Grund des Gesetzes vom 20. Dezember 1873, durch welches die Zuständigkeit der Reichsgesetzgebung auf das gesamte bürgerliche Recht ausgedehnt worden war, hatte am 22. Juni 1874 der Bundesrat beschlossen, eine Kommission mit dem Sitz in Berlin „zur Ausarbeitung des Entwurfs eines allgemeinen Deutschen Bürgerlichen Gesetzbuchs" einzusetzen. Wie Dr. Pape der erste gewesen, welcher dem deutschen Volke im neuerstandenen Reich und in dessen Namen Recht gesprochen hat, so war er jetzt dazu ausersehen, als Vorsitzender der Gesetzgebungskommission seinem Vaterlande für die Erlangung der ersehnten Rechtseinheit die wesentlichsten Dienste zu leisten.

Noch von Leipzig aus und voll und ganz seit seiner Uebersiedlung nach Berlin hat Dr. Pape sich der größten Aufgabe seines Lebens gewidmet. Im Oktober 1881 begannen die auf Feststellung des Entwurfs des Gesetzbuchs unmittelbar gerichteten Beratungen der Gesamtkommission. Ununterbrochen hat Dr. Pape dieselben geleitet, die Feststellung der ausführlichen Sitzungsprotokolle überwacht und ohne Unterlaß der Redaktion der gefaßten Beschlüsse persönlich vorgestanden.*)

*) Der sehnliche Wunsch, daß es ihm vergönnt sein möchte, den Abschluß des seiner Leitung anvertrauten großen Gesetzgebungswerkes zu stande zu bringen, hat sich zwar nicht völlig erfüllt. Noch harrten zur Durchführung desselben, als er 1888 starb, wichtige Arbeiten der Vollendung. Die Hauptarbeit aber war gethan. Noch am Schlusse des Jahres 1887 hatte Pape den Entwurf des Gesetzbuchs in erster Lesung vollendet überreichen können, und bald darauf ist derselbe mit den Motiven der Oeffentlichkeit übergeben worden.

Mit Hilfe eines eisernen Fleißes und einer außergewöhnlichen Gedächtnis=
kraft hatte er sich einen großen Schatz reichsten Wissens, vor allem aber den
höchsten Grad vielseitiger Rechtskunde errungen. Sein offener Blick für das
Leben und dessen Bedürfnisse, sein scharfsinniger Verstand, der ihn stets im
voraus die fernliegendsten Konsequenzen ermessen ließ, verbanden sich mit einer
hervorragenden Gestaltungsgabe, die mit Leichtigkeit und Sicherheit den schärfsten
Ausdruck des Gedankens zu finden wußte.

Am 11. September 1888, zwei Tage vor seinem zweiundsiebenzigsten
Geburtstage, raffte ihn eine schwere Krankheit hin.

Bismarck schätzte Pape als einen „sehr scharfen Juristen".*) Bei Herstellung
der deutschen Verfassung besprach Bismarck mit Pape die Frage, ob der Kaiser
nach derselben ein Veto habe. Dr. Pape sagte Bismarck, der Kaiser hat kein
Veto. Bismarck erwiderte: „Verfassungsmäßig hat er es nicht, aber denken
Sie sich den Fall, daß dem Kaiser eine Maßregel zugemutet wird, die er nicht
glaubt erfüllen zu können, oder eine solche, die er glaubt erfüllen zu können.
Sein zeitiger Kanzler warnt ihn aber und sagt: Hierzu kann ich nicht raten,
das kontrasignire ich nicht. Gut nun, ist der Kaiser in diesem Fall verpflichtet,
einen andern Kanzler zu suchen, seinen Widerstreber zu entlassen? Ist er ver=
pflichtet, einen jeden zum Kanzler zu nehmen, der ihm etwa von andrer Seite
vorgeschlagen wird? Wird er sich den zweiten, dritten suchen, die beide sagen:
Die Verantwortlichkeit hierfür, für diesen Gesetzentwurf, können wir nicht durch
die Vorlage im Reichstag übernehmen?" Darauf antwortet Dr. Pape Bismarck:
„Sie haben recht, der Kaiser hat ein indirektes und faktisches Veto."

Das Schreiben, mittelst dessen der Kanzler Pape seine Ernennung zum
Wirklichen Geheimen Rat mitteilte,**) lautet:

Varzin, den 3. Dezember 1873.

Eurer Excellenz beehre ich mich das am 29. v. Mts. vollzogene Patent,
durch welches Seine Majestät der Kaiser Sie zum Wirklichen Geheimen Rat
mit dem Prädikat „Excellenz" zu ernennen geruht haben, ergebenst zu übersenden.

Ich spreche Ihnen meinen aufrichtigen Glückwunsch zu einer Auszeichnung
aus, durch welche Seine Majestät der Kaiser die Verdienste hat anerkennen wollen,
welche Sie sich seit dem Jahre 1867 um die Ausbildung der Institutionen des
Norddeutschen Bundes und des Deutschen Reichs und als Vorsitzender der
hohen Behörde erworben haben, welche unter Ihrer Leitung ihre Aufgabe so
würdig erfüllt.

Der Reichskanzler:

v. Bismarck.

An den Präsidenten des Reichs=Oberhandelsgerichts, Wirklichen
Geheimen Rat Herrn Dr. Pape Excellenz, Leipzig.

---

*) Reichstagsrede vom 24. Februar 1881, Kohls Bismarckreden Bd. VIII. S. 320.
**) Bisher unveröffentlicht.

Als das Bundes=Oberhandelsgericht zum Reichsgericht umgewandelt wurde, fiel es sehr auf, daß Bismarck nicht Pape zum Präsidenten desselben ernannte. Bismarck soll dem Staatssekretär Friedberg, welcher bei der Besetzung der Stelle die Feder zu führen hatte, erklärt haben, er müsse sich der Ernennung Papes zum Reichsgerichtspräsidenten entschieden widersetzen, da derselbe im Kulturkampf (Pape war Katholik) einen der Regierung feindseligen Standpunkt eingenommen habe.

Die Stelle in Leipzig erhielt der Oberlandesgerichtspräsident Dr. Simson*).

Daß Fürst Bismarck aber trotz der Uebergehung Papes bei der Leipziger Stelle**) dessen Verdienste um die Reichsjustiz in vollem Umfange zu würdigen wußte und dessen Arbeitskraft auf gesetzgeberischem Gebiete auch ferner zu verwerten wünschte, geht aus einem konfidentiellen Schreiben vom 30. Juli 1879***) hervor, in welchem der damalige Staatssekretär des Reichs=Justizamts dem Dr. Pape mitteilte, daß der Fürst in einem Immediatbericht an Seine Majestät den Kaiser vom 21. April 1879 nicht nur eine Allerhöchste Anerkennung der Verdienste desselben beantragt, sondern auch den dringenden Wunsch, denselben mit der ferneren Leitung der Gesetzesarbeiten für die Aufstellung eines Bürgerlichen Gesetzbuchs betraut bleiben zu sehen. Derselbe hat dies mit folgenden Worten ausgesprochen:

„Dazu kommt es, daß das Reich von dem Präsidenten Dr. Pape auch nach dem Ausscheiden aus seinem jetzigen Amt wichtige Dienste auf einem andern Gebiete erwartet und zu erwarten berechtigt ist. Dr. Pape steht nämlich an der Spitze derjenigen Kommission angesehener deutscher Juristen, welche von den verbündeten deutschen Regierungen im Jahre 1874 eingesetzt worden ist, um ein Bürgerliches Deutsches Gesetzbuch zu schaffen. Es steht zu hoffen, daß Dr. Pape, wenn er nach dem Ausscheiden aus seinem jetzigen Amt seine volle Zeit und Kraft, ungeschmälert durch andere Berufsarbeiten, dieser großen und für einen deutschen Juristen ehrenvollsten Aufgabe zu widmen im stande ist, es ihm bei seiner gerade für Gesetzgebungsarbeiten hervorragenden Befähigung auch gelingen wird, jenes größte Gesetzgebungswerk glücklich zu stande zu bringen und sich damit ein unvergängliches Verdienst um die Rechtsentwicklung im Deutschen Reich zu erwerben."

Noch im Jahre 1888, kurz vor dem Hinscheiden Papes, hat Fürst Bismarck demselben sein fortdauerndes Wohlwollen und Vertrauen zu erkennen

---

*) Von anderer Seite wurde mir bemerkt: Daß Fürst Bismarck es wider Erwarten für rätlich hielt, anstatt Papes den Oberlandesgerichtspräsidenten Dr. Simson an die Spitze des neugebildeten Reichsgerichts zu berufen, dürfte wohl nur in politischen Rücksichten, das heißt in der größeren politischen Berühmtheit Simsons seinen Grund gehabt haben, da bei den Maßnahmen Bismarcks bekanntlich immer politische Gesichtspunkte den Ausschlag gaben.

**) Vgl. hierüber die „National-Zeitung" Nr. 203 vom 2. Mai 1879.

***) Bisher noch nicht veröffentlicht.

gegeben, indem er ihn aufforderte, das Schiedsrichteramt in dem Eisenbahnstreit des Baron Hirsch mit der türkischen Regierung zu übernehmen. Pape hatte Lust abzulehnen, wegen seines Vorsitzes in der Gesetzgebungskommission. Auf eine Anfrage bei dem Fürsten Bismarck, ob er annehmen solle, erhielt Pape aus Friedrichsruh (27. August 1888) die Antwort durch den Unterstaatssekretär Berchem, daß der Fürst sehr darum bäte, und daß er Dr. Pape persönlich dankbar sein würde, wenn er annähme.

Das betreffende Schreiben*) lautet:

Friedrichsruh, den 27. August 1888.

Seiner Excellenz dem Wirklichen Geheimen Rat Herrn v. Pape, Berlin.

Eurer Excellenz gefälliges Schreiben von gestern habe ich zu erhalten die Ehre gehabt und würde politisch nicht nur kein Bedenken haben, wenn Sie das von der türkischen Regierung Ihnen angetragene Schiedsamt übernehmen wollten, sondern es auch für die Reichsinteressen von direktem Nutzen halten.

Es handelt sich bei der Streitfrage um langjährige Differenzen zwischen der Pforte und dem Baron Hirsch, deren Beilegung im Interesse des Friedens und des Verkehrs in hohem Grade wünschenswert ist, und für welche sich eine so günstige Konstellation vielleicht nicht so bald wieder bietet, wenn die jetzige in Folge einer Ablehnung Eurer Excellenz ungenutzt vorübergehen sollte. Ich kann mir natürlich kein Urteil über die Wirkung erlauben, welche die Uebernahme des Schiedsamtes auf Eurer Excellenz sonstige Geschäfte haben würde, aber vom politischen Standpunkte aus würde ich Ihnen persönlich dankbar sein, wenn Sie sich dieser Aufgabe unterziehen wollten, und dieselbe Auffassung wird meines Erachtens bei der uns eng befreundeten Wiener Regierung Platz greifen.

von Bismarck.

*

Darauf entschloß sich Dr. Pape zu dem Kommissorium; es wurde aber vereitelt durch seine plötzliche Krankheit und durch seinen Tod. Infolge dessen übernahm Professor Gneist das bewußte Schiedsrichteramt.

Contre=Admiral Jachmann**)

(geboren 2. März 1822, gestorben 24. Oktober 1887).

Wie die alten Marinebefehle besagen, wurde Jachmann mittelst Aller= höchster Ordre vom 28. August 1867 bis auf weiteres zum Bevollmächtigten zum Bundesrat und zugleich, auf Grund der Bestimmung im Artikel 8 der

---

*) Bisher noch nicht veröffentlicht.
**) Besuch des Gymnasiums zu Marienwerder, erste Reise 1839—1844 auf dem der preußischen Seehandlung gehörigen Schiff „Kronprinz" nach Westindien, 1844—1848 Dienst auf der Korvette „Amazone" im Mittelmeer und an der Küste Amerikas, 1845 Marinelieutenant, 1849—1852 Kommando über eine Kanonenbootflottille in Stralsund,

Verfassung des Norddeutschen Bundes, zum Mitglied des Ausschusses für das Seewesen ernannt. In demselben Jahre war Jachmann als Nachfolger v. Riebens zum Präses des Marineministeriums ernannt und 1868 zum Vize-Admiral befördert worden. In dieser für die weitere Organisation der Marine bedeutungsvollen Zeit, während welcher namentlich die Entwicklung des Offizier-corps und Flottenpersonals, die Begründung einer starken Panzerflottille, die Einrichtung des Torpedowesens, die Beendigung des Jadehafens, der Beginn der Bauten zu Kiel und die völlige Herstellung der dortigen Hafenbefestigungen erfolgte, verblieb Jachmann in seiner Stellung bis nach der Wiedererstehung des Deutschen Reichs. Als General v. Stosch am 31. Dezember 1871 zum Chef der Admiralität ernannt worden, trat Jachmann in den Ruhestand, nachdem er während des deutsch=französischen Krieges von 1870—71 Oberbefehls=haber in der Nordsee gewesen war.

Zwischen Jachmann und Bismarck haben lebhafte persönliche Beziehungen nicht bestanden, doch ist das Verhältnis ein ungetrübtes gewesen, und es sind in einzelnen Fragen Differenzen nicht vorgekommen. Der Marineminister v. Roon, der Vorgesetzte Jachmanns, hat in allen Fragen von Bedeutung nach gehaltenem Vortrage selbst Entscheidung getroffen; derselbe war nicht der Mann, der sich von einem Untergebenen die Leitung der Dinge aus den Händen hätte nehmen lassen. Roon hat nur einmal, während eines längeren Sommerurlaubs, seine Vertretung im Marineministerium angeordnet. Während der übrigen Urlaubszeiten, die auf dem Gute Gütergotz bei Potsdam zugebracht wurden, erledigte Roon die wichtigeren Sachen von dort aus selbst.

2. Königreich Sachsen.

Richard Freiherr v. Friesen*)
(geboren 9. August 1808, gestorben 25. Februar 1884).

Unter der nicht gerade beträchtlichen Zahl deutscher Staatsmänner aus der Zeit der Wiedergeburt Deutschlands, welche den Beruf gefühlt haben, uns einen Blick

---

demnächst Eintritt in die Marineabteilung des Kriegsministeriums zu Berlin als Dezernent. 1853—1854 Reise nach Südamerika, Westindien und Nordamerika als erster Lieutenant auf der „Gefion", darauf 3 Jahre Oberwerftdirektor zu Danzig und Korvettenkapitän. 1857—1859 Direktor einer Abteilung der neu errichteten Admiralität, 1859 Kapitän zur See, 1859—1862 Teilnahme als Kommandant der Fregatte „Thetis" an der preußischen Expedition nach Ostasien und China. Als Chef des Stationskommandos der Ostsee in Danzig führte er während des deutsch=dänischen Krieges von 1864 den Befehl über die preußischen Streit=kräfte in der Ostsee und lieferte am 17. März 1864 der dänischen Flotte das Seegefecht bei Jasmund (Rügen), wofür er Contre=Admiral wurde. 1864—1867 Chef der Marinestation zu Kiel, auch alljährlich Chef des Uebungsgeschwader in der Nord= wie Ostsee.

*) 1821—1825 Besuch der Fürstenschule St. Afra in Meißen, 1826—1829 Besuch der Bergakademie in Freiburg, im Oktober einjähriges Studium der Naturwissenschaften

in die Erinnerungen aus ihrem Leben zu gewähren, nimmt der sächsische Minister Freiherr v. Friesen mit die erste Stelle ein. Er hat uns ein bedeutsames Geschichtswerk hinterlassen,*) das leider für unsere Zwecke etwas zu früh abbricht, da der Schluß (die Zeit nach Errichtung des Norddeutschen Bundes) erst nach Verlauf von einigen Jahren erscheinen soll.

Die erste Gelegenheit zu einer hervorragenden staatsmännischen Wirksamkeit wurde v. Friesen geboten mit seiner Ernennung zum Minister des Innern im Jahre 1849 während des Maiaufstandes. Seltene Besonnenheit und Energie zeichneten ihn damals in allen seinen Maßnahmen aus. Dann folgte für ihn eine mühe- und arbeitsvolle Zeit, in der es galt, das Staatsschiff aus den brandenden Wogen der Revolution wieder in ruhiges Fahrwasser zu leiten, bis zu seiner Enthebung vom Ministerium des Innern im Jahre 1852, auf welcher er selbst damals bestand, weil er sich nicht entschließen konnte, mit der neuen, namentlich vom Minister Freiherrn v. Beust vertretenen Zollpolitik sich zu identifizieren.

Auch in seiner späteren Eigenschaft als Finanzminister hat er in den verschiedensten Zweigen seines vielseitigen Ressorts sich bleibende und hervorragende Verdienste erworben.

Als bei Ausbruch des Krieges im Jahre 1866 die Regierung in die Hände der Landeskommission gelegt ward, wurde auch v. Friesen zu deren Mitglied ernannt. Kurze Zeit darauf machte Friesen die Bekanntschaft Bismarcks, als er in seiner Eigenschaft als sächsischer Finanzminister am 19. August 1866 nach Berlin gefahren war, um gemeinschaftlich mit dem Grafen Hohenthal die Friedensverhandlungen zwischen Preußen und Sachsen zu führen. Der Schwierigkeit ihrer Aufgabe waren sich beide Unterhändler wohl bewußt. Zirkulirte doch in diplomatischen Kreisen Berlins der, nebenbei bemerkt, sehr unglaubwürdig scheinende Ausspruch Bismarcks: „Ich werde dem Könige von Sachsen Bedingungen stellen, die er ehrenhafter Weise gar nicht annehmen kann."

Der Inhalt der ersten einstündigen bewegten Unterredung Bismarcks mit

auf der Universität Göttingen, 1830—1832 Studium der Rechte in Leipzig, 11 Jahre Hilfsarbeiter bei der Kreisdirektion in Leipzig, 1841 Ernennung zum Regierungsrat, 1846 Einberufung in das Ministerium des Innern zu Dresden. Vom 7. Mai 1849 bis 3. Oktober 1852 Minister des Innern, interimistisch auch mit der Leitung des Finanzministeriums betraut, 1. Juni 1853 Kreisdirektor in Zwickau, 1. Juni 1859 Uebernahme des Finanzministeriums, am 29. Oktober 1866 Ernennung zum Minister des auswärtigen Angelegenheiten, seit 1. Oktober 1871 Vorsitz im Gesamtministerium, 31. Oktober 1876 Eintritt in den erbetenen Ruhestand.

*) „Erinnerungen aus meinem Leben", von Richard Freiherrn v. Friesen, Königlich sächsischer Staatsminister a. D. Zwei Bände. Dresden 1880. Wilhelm Baensch Verlagsbuchhandlung. Vgl. dazu den Aufsatz von Th. Flathe „Die Memoiren des Herrn v. Friesen", in Sybels Historischer Zeitschrift. Bd. 46 (1881) S. 1—48.

Friesen und Hohenthal darf als bekannt vorausgesetzt werden,*) ebenso wie der weitere, vielleicht absichtlich in schleppendem Tempo geführte Gang der Verhandlungen. 17 Tage mußten Friesen und Hohenthal vergeblich in Berlin warten, bis sie erfuhren, daß Preußen geneigt sei, mit Sachsen wegen eines Waffenstillstandes und Friedensvertrages in Verhandlung zu treten; nach fünf Wochen Aufenthalt erfuhren sie, daß mit ihnen auf einer ganz neuen Basis verhandelt werden müsse, und erst am 22. Oktober war Friesen in der Lage, mit einem Exemplar des Friedensvertrages nach Dresden zurückzukehren.

Die maßgebende Stellung, welche ihm von jetzt ab in der Leitung der Staatsgeschäfte zufallen sollte, fand Ausdruck durch seine Ernennung zum Minister der auswärtigen Angelegenheiten, in welcher Eigenschaft sich für ihn ein neues weites Feld der Thätigkeit eröffnete. Die Neugestaltung der deutschen Verhältnisse ließ sich damals kaum erst in in ihren äußeren Umrissen erkennen; nur die Grundzüge der künftigen Föderativverfassung des Norddeutschen Bundes standen fest. Der Schwerpunkt der sächsischen Politik und der öffentlichen Interessen des Königreichs, nahezu auf allen Gebieten, lag in der Regelung seiner Beziehungen zu dem neuen Bunde. Alsbald machte sich das Bedürfnis geltend, den Verkehr mit den Organen des neuen Bundes von einer Stelle aus zu leiten, an derselben die Fäden aus den einzelnen Ressorts zusammenzufassen und in homogenen Bahnen zu erhalten. Diese wichtige Aufgabe fiel nach 1866 dem Ministerium der auswärtigen Angelegenheiten zu, und ihr zu genügen erschien ein Mann wie Friesen mit seinen ausgedehnten Kenntnissen in allen Zweigen der Verwaltung, seinem scharfen kritischen Blicke, seiner unverwüstlichen Arbeitskraft und seiner später wiederholt auch im Reichstag mit Erfolg zur Geltung gebrachten überzeugenden Beredsamkeit vorzugsweise geeignet.

Im Jahre 1870 von dem Bundespräsidium zum Kommissar für die Verhandlungen mit den süddeutschen Staaten behufs der Einleitung des Beitritts derselben zum Norddeutschen Bund und der Bildung des Deutschen Reichs bestimmt, verweilte er vier Wochen in Versailles und nahm an den dortigen Verhandlungen, infolge deren die bezüglichen Verträge mit Bayern, Württemberg, Baden und Hessen zum Abschluß kamen,**) hervorragenden Anteil. Seine politische Wirksamkeit während der letzten zehn Jahre seiner Ministerthätigkeit konnte bei der Schroffheit der Parteigegensätze nicht ohne heftige Anfeindungen bleiben. Die einen sahen in ihm nur ein unerwünschtes Bollwerk gegen ihre Bestrebungen, alles unterschiedslos zu nivelliren; die anderen meinten, er sei zu leicht und zu gerne bereit, jenen nachzugeben.

Den Schwarzen Adler-Orden übergab ihm Kaiser Wilhelm persönlich, als

---

*) Friesen, Erinnerungen Bd. II. S. 252 ff.
**) Vgl. M. Busch „Graf Bismarck und seine Leute," Volksausgabe, S. 245, 246 und 252.

er 1872 aus Anlaß der goldenen Hochzeit des Königs Johann und der Königin Amalie nach Dresden kam.

Während seiner letzten Lebensjahre lebte v. Friesen in der Zurückgezogen=
heit, seine Muße mit literarischen Arbeiten und der Niederschrift seiner Memoiren ausfüllend. Nur einmal trat sein Name wieder in den politischen Vordergrund, als ihn im Jahre 1878 der konservative und der Reichsverein zu Dresden als Reichstagskandidaten für Altstadt=Dresden aufstellten.

Wenn in ein paar Jahren der Schluß der Memoiren Friesens veröffent=
licht werden wird, so wird daraus hervorgehen, daß derselbe, in Erinnerung an die Friedensverhandlungen von 1866, Ende dieses Jahres zwar etwas ver=
ärgert nach Berlin zu den Verhandlungen zur Konstituirung des Norddeutschen Bundes reiste, daß aber im Laufe der Zeit ein treuer Bundesgenosse Bismarcks aus ihm geworden ist, dem der Bundeskanzler volles Vertrauen schenkte,*) wie dies auch aus den Enthüllungen hervorgeht, die ihm der Kanzler am 18. Februar 1869 in Betreff der vielbesprochenen Gablenz'schen Mission ge=
macht hat.**)

Geheimer Rat und Ministerialdirektor im Ministerium des Innern Dr. Weinlig***)

(geboren 9. April 1812, gestorben 19. Januar 1873).

Es ist in den letzten Jahrzehnten seines Lebens auf dem Gebiete der In=
dustrie keine hervorragende Thatsache zu verzeichnen, an der Weinlig nicht teil=
genommen hätte, fördernd, helfend, beratend, ermunternd. Ihm hauptsächlich dankt die sächsische Industrie, daß ihr freiere Bahnen eröffnet wurden und daß sie befreit wurde von den Fesseln, die eine von dem Zeitbedürfnisse überholte Gesetzgebung ihr auflegte. Was er in dieser Beziehung auf gesetzgeberischem Gebiete geschaffen hat, ist später vielfach maßgebend geworden über die Grenzen Sachsens hinaus; es gilt in der Hauptsache heute als Norm im Deutschen Reiche, wenn schon zum Teil andere geglaubt haben, die Vorsicht bei Seite setzen zu dürfen, die er mit praktischem Blick und schonender Hand gewahrt hatte.

---

*) 3. Dezember 1868 Besuch Bismarcks bei Friesen, 12. Dezember 1868 der Bundes=
kanzler anwesend bei dem Galadiner des Ministers v. Friesen in Dresden.

**) v. Friesen, Erinnerungen. Bd. II. S. 161.

***) Weinlig studirte Medizin und war mit 21 Jahren praktischer Arzt. In den nächst=
folgenden Jahren hat er hauptsächlich als Schriftsteller gewirkt auf dem Gebiete der Natur=
wissenschaften und der Volkswirtschaft, bis er im Jahre 1845 einem Rufe nach Erlangen folgte, um dort eine ordentliche Professur der Volkswirtschaft zu übernehmen. Im Jahre 1846 Eintritt in das sächsische Ministerium des Innern als Geh. Regierungsrat. Dieser Behörde gehörte Weinlig bis zu seinem Ableben an, nachdem er im Jahre 1849 auf kurze Zeit die Leitung des Ministeriums übernommen hatte, seit dem 19. Mai desselben Jahres als Vorstand der Abteilung für Ackerbau, Handel und Gewerbe, und später zugleich als Direktor des statistischen Bureaus.

Weinlig schätzte Bismarck hoch. Derselbe hatte von jeher die Ansicht vertreten, daß ein geeintes Deutschland nur unter der Aegide Preußens denkbar sei, überaus schmerzlich war ihm daher bei der treuen Hingebung und großen Verehrung, welche er dem Könige von Sachsen zollte, der Krieg von 1866. Für Weinligs Wirksamkeit im Bundesrat war es demselben förderlich, daß er bei allen in den vorhergehenden Jahrzehnten stattgehabten Konferenzen über Maaß- und Gewichtsordnung, Münzeinheit u. s. w. sächsischer Bevollmächtigter war und sich bei dieser Gelegenheit durch seine große persönliche Liebenswürdigkeit und Bescheidenheit die Sympathien aller seiner Kollegen, vornehmlich aber derjenigen der süddeutschen Staaten erworben hatte.

Ich lasse nun die Auszüge aus einigen Briefen folgen, die Weinlig während seiner Wirksamkeit im Bundesrat aus Berlin an die Seinigen gerichtet hat.

16. August 1867. „Wir sind sofort in die Arbeit hineingegangen und haben bereits gestern und heute unter Bismarcks Vorsitz im Lokal des Herrenhauses Sitzungen gehalten. — Nun müssen erst die Ausschüsse vorarbeiten; da ich nun in zwei Ausschüsse (für Handel und Verkehr und für Eisenbahn, Post und Telegraphen) definitiv gewählt bin und in zwei anderen Thümmel bezw. den Minister Frhr. v. Friesen zu vertreten habe, so wird es mir während der ganzen Vormittage und Abende nicht an Beschäftigung fehlen. — Am meisten habe ich mit Delbrück zu thun. — — — Morgen ist Diner bei Bismarck für die Mitglieder des Bundesrats. Ueber letzteren kann ich noch nicht urteilen; er ist allerdings viel anders geworden, seit ich ihn vor 16 Jahren in Frankfurt a. M. zuerst sah."

30. August 1867. „Das neue Postgesetz, eine mir bisher wenig bekannte Materie betreffend, macht mir viel Arbeit. Seit gestern habe ich den Vortrag beginnen können, welcher 3 bis 4 Sitzungen in Anspruch nehmen wird, und dann muß ich den Bericht machen, worüber ich auch 2 bis 3 Tage festsitzen werde, das ist aber auch für mich die schwierigste Sache. Alle anderen gehen leichter, weil sie mir bekannter sind."

Ohne Datum 1867. „Mit dem Postgesetz bin ich nun fertig, mein sieben Bogen langer Bericht kommt morgen zum Druck."

17. September 1867. „Das Postgesetz ist ganz so geworden, wie ich es wünsche. Gleich an dem Tage, wo ich wieder hier eintraf, wurde es vorgenommen; Bismarck hielt sein Wort und stimmte für uns."

Ohne Datum 1867. „Am Sonnabend war Diner bei von der Heydt. Bei Tisch saß ich, da Friesen zum König nach Babelsberg eingeladen war, als oberster sächsischer Bevollmächtigter neben Bismarck, mit dem ich mich sehr gut unterhalten habe. Ich werde jedenfalls noch viel Gelegenheit haben, diesen Mann zu studiren, da ich, wenn Friesen nach Dresden zurückgeht, stimmführender sächsischer Bevollmächtigter werde und dann nach der Rangordnung allemal neben Bismarck meinen Sitz habe."

19. Oktober 1867. „Im Reichstag geht es zuweilen sehr lebendig her, im ganzen aber doch leidlich vernünftig und jedenfalls sehr fleißig. Wir machen hier in sechs Wochen mehr als der alte Bundestag in sechs Jahren. Man kann aber auch diese konzentrirte Thätigkeit nicht so lange aushalten. Mir sagt diese rasche Manier im allgemeinen besser zu."

14. März 1868. „Am Donnerstag, 12. März, Diner bei Bismarck mit Prinz Napoleon, wo ich, als im Bundesrat nächster nach Bismarck, zwischen diesem und von der Heydt und Prinz Napoleon schräg gegenüber saß, und mich sehr gut amüsirt habe, da Bismarck wieder sehr heiter und reich an Anekdoten und nebenbei interessanten Mitteilungen war. — Die Abende sind immer sozialer geworden und ich freue mich, daß die Süddeutschen ihre Zuneigung zu mir nicht verloren haben. Wir stehen alle auf vortrefflichem Fuße. Man kann da mehr wirken, als viele glauben, da die Leutchen zu mir immer mehr Zutrauen haben als zu den etwas steiferen preußischen Herren. Aber Arbeit wird es setzen, da ich die großen Sachen: Vertrag mit Oesterreich für den Zollbundesrat, Gewerbegesetz, Maaß- und Gewichtsordnung und Rinderpestgesetz für den Norddeutschen Bundesrat, abgesehen von einer Partie anderer Kleinigkeiten, alle als Referent erhalten habe. Man mag noch so bescheiden sein, unangenehm ist es doch nicht, zu sehen und handgreiflich zu fühlen, daß man bei einer solchen Arbeit, die bei allen Schattenseiten doch eine große und für alle Zeiten bedeutende ist, ein mehr oder weniger unentbehrlicher Mensch geworden ist. Einen kleinen Trost müßtet auch Ihr Lieben in solchen Betrachtungen finden."

24. März 1868. „Die Reichstagseröffnung ist wie gewöhnlich vorübergegangen, nur daß ich diesmal statt Friesens an Bismarcks Seite stand und das Hoch ausbrachte. — Mit dem Gewerbegesetz geht es ganz leidlich, ich werde es noch vor den Feiertagen fertig bringen."

4. April 1868. „Heute mittag endlich kommt das Gewerbegesetz in der vollen Sitzung des Bundesrats zur Beratung. Ich habe inzwischen auch die Maaß- und Gewichtsordnung so weit vorbereitet, daß sie mir nur noch wenig Arbeit machen wird."

25. April 1868. „Trotz aller Arbeit und vielen Sitzungen bin ich doch sehr munter, vielleicht thut's der für mich bis jetzt sehr günstige Gang der Verhandlungen mit der Reichstagskommission über das Gewerbegesetz. Bis jetzt sind alle Abänderungen in meinem Sinne ausgefallen. Lasker sagte ganz offen in der Kommission, in dieser Sache solle man sich Sachsen zum Muster nehmen, und es sei ein gutes Omen, daß ich gerade als Kommissar bei dieser Verhandlung thätig sei. Ich habe überhaupt in diesen Tagen auch in einigen anderen wichtigen Fragen einen ganz entschiedenen Einfluß auf die Entscheidungen üben können und im Interesse der Sache üben müssen. — Bismarck ist sehr gereizt über den Reichstag, der ihn neulich wieder einmal

hat sitzen lassen in der Abstimmung über das Schuldenverwaltungsgesetz. Die Situation ist gespannt."

2. Mai 1868. „Mittwoch war Soirée bei Hofe, ich bin aber nicht hingegangen, da ich gerne zu Hause an meinem Berichte über die Maaß- und Gewichtsordnung arbeiten wollte. Mit dieser großen Arbeit bin ich nun auch fertig."

13. Juli 1868. „Heute früh ist in einer langen Sitzung von 10 bis 4 Uhr endlich die Maaß- und Gewichtsordnung, im wesentlichen nach meinen Wünschen, angenommen worden."

5. Dezember 1868. „Wir sind, oder wenigstens ich bin glücklicherweise diesmal gleich ohne lange Vorrede ordentlich zur Arbeit gekommen, die Arbeit ist interessant und so habe ich keine Langeweile, die erste Bedingung des Wohlbefindens. Nachdruck, Rinderpest, Maaß und Gewicht und einige Eisenbahnsachen beschäftigen mich ganz und geben doch Abwechslung. — Bismarck ist seit 3 Tagen hier; ich habe ihn vorgestern nur auf der Straße getroffen und ein paar Worte mit ihm gesprochen; da schien er ganz munter zu sein und war sehr liebenswürdig. Wir werden jetzt kaum etwas mit ihm zu thun haben."

16. April 1869. „Heute früh habe ich im Ministerium der auswärtigen Angelegenheiten nach langer, schwieriger Verhandlung als Sieger, da ich in allen Stücken unsere Wünsche durchgesetzt habe, den Vertrag mit der Krone Preußen wegen Beseitigung der doppelten Besteuerung abgeschlossen, und dann noch einer sehr interessanten Reichstagssitzung, in welcher Bismarck eine der besten Reden hielt, beigewohnt."

29. Mai 1869. „Mittwoch dauerte die Sitzung, in der wir endlich die Gewerbeordnung zu stande brachten, von 11 bis $^1/_26$ Uhr. Gestern und heute vormittag habe ich sehr hübsch zu Hause bleiben können bis 1 Uhr und in dieser Zeit einen Bericht über den Handelsvertrag mit der Schweiz gemacht, das dürfte für diesmal die letzte große schriftliche Arbeit gewesen sein." ——

In den vorstehenden Auszügen wird man eine Bestätigung meiner Behauptung finden, daß Weinlig einer der thätigsten und freudigsten Mitarbeiter an der Neugestaltung der deutschen Verhältnisse war. Die Keime zu der schweren Krankheit, die so zeitig ihn den Bundesratsarbeiten entriß (Herzerweiterung infolge übermäßiger Anstrengung des Gehirns), hat jedenfalls seine arbeitsvolle Berliner Zeit gelegt.

Geheimer Finanzrat Julius Hans v. Thümmel
(geboren 25. Mai 1824, gestorben 12. Februar 1895).

Seit seinem Eintritt in das Finanzministerium (1859) war Thümmel[*] etwa ein Jahrzehnt hindurch der sächsische Delbrück, d. h. die größte Autorität auf dem Gebiet des Zoll-, Steuer- und Finanzwesens.

---

[*] Mai 1851 Eintritt in den Justizdienst, später in den Verwaltungsdienst des Königreichs Sachsen. 1859 Eintritt in das Finanzministerium, demnächst Vertreter Sachsens

Als im Jahre 1890 der Staatsminister Frhr. v. Koennerih verschieden war, wurde er an dessen Stelle zum Staatsminister und Vorstand des Finanz= ministeriums unter gleichzeitiger Erteilung des Auftrages in Evangelicis er= nannt, welchen Posten er fast fünf Jahre hindurch bekleidet hat. Nach dem Tode des Staatsministers v. Gerber wurden ihm außerdem noch die Aemter eines Vorsitzenden im Gesamtministerium und bei den in Evangelicis beauf= tragten Staatsministern, des Vorstandes der Generaldirektion der königlichen Sammlungen für Kunst und Wissenschaften und des Ordenskanzlers von dem Könige übertragen.

In allen seinen Stellungen seit 1867 hat er an den Arbeiten des Bundes= körpers den thätigsten Anteil genommen und namentlich auch sich bemüht, die für die Bundesstaaten so wichtige Reichsfinanzreform nach Kräften zu fördern.*)

Im Bundesrat hat sich in den Jahren 1867/68 Thümmels Thätigkeit hauptsächlich auf zolltechnischem Gebiete bewegt und ist er infolge des Umstandes, daß Bismarck dieser Thätigkeit damals kein Interesse zuwenden konnte, zu dem Kanzler in nähere Beziehungen nicht getreten. Wohl aber hat der Kanzler auch ihn gefangen genommen durch die Größe seiner politischen Persönlichkeit und die Liebenswürdigkeit als Wirt bei zahlreichen geselligen Zusammenkünften.

Oberst und Militärbevollmächtigter in Berlin v. Brandenstein
(geboren 23. August 1821, gestorben 17. Juli 1891).

1845 Eintritt in die sächsische Armee, nach vorangegangenen juristischen Studien an der Universität Leipzig, März 1849 Teilnahme an dem Reichskriege gegen Dänemark. Auszeichnung bei dem Reitergefecht bei Havreballegard, 1849—1863 Verwendung als Ordonnanzoffizier im Generalstab, Kriegsministerium, als Adjutant des Kriegsministers. Begabter, geistvoller Offizier, mit ausgesprochener Befähigung für eine militärpolitische Laufbahn, die 1866 mit seiner Ernennung zum Bevollmächtigten bei der Bundes=Militär= kommission in Frankfurt a. M. begann. Nach Beendigung des Krieges von 1866 und nach Bildung des Norddeutschen Bundes wurde Brandenstein nach Berlin kommandirt, woselbst er von 1867 bis 1870 die sächsische Regierung als Militärbevollmächtigter und Bevollmächtigter zum Bundesrat vertrat. Am 1. Mai 1870 zur Disposition gestellt, übernahm er, reaktivirt, während des Feldzugs gegen Frankreich vom 26. Dez. 1870 bis 30. Juni 1871 an Stelle des nach Frankreich abberufenen Kriegsministers v. Fabrice die Leitung des sächsischen Kriegsministeriums, und wurde noch nach seinem demnächstigen Rücktritt in das Disponibilitätsverhältnis 1874 durch die Verleihung des Charakters als Generallieutenant ausgezeichnet.

---

bei den damals periodisch stattfindenden Generalkonferenzen von Vertretern der zum Zoll= verein gehörigen Staaten und beim Abschluß des Zollvereinigungsvertrages vom 8. Juli 1867. 1871 Ernennung zum Direktor der III. Abteilung des Finanzministeriums, welcher das Eisenbahn=, Straßen=, Wasser= und Hochbauwesen des Staates unterstellt ist, und gleich= zeitig zum Vorsitzenden der königlichen Kommission für die Staatsprüfung der Techniker.

*) Vgl. den ausführlichen Nekrolog Thümmels in dem „Dresdner Journal" Nr. 87 vom 13. Februar 1895.

3. Großherzogtum Hessen.

Geheimer Legationsrat Hofmann*)

(geboren 4. November 1827).

Hofmann lernte Bismarck kennen, als er nach 1866 in Begleitung des Ministers Frhrn. v. Dalwigk nach Berlin kam, um wegen Abschluß eines Friedensvertrages zwischen Preußen und Großherzogtum Hessen zu verhandeln. Die hessischen Bevollmächtigten wurden ebenso wie Frhr. v. Friesen an Savigny gewiesen. Zum Abschluß zu kommen, war für die Hessen keine leichte Sache, wenn auch nicht so dornenvoll wie für die Sachsen. Im Jahre 1867 wurde Hofmann zum hessischen Gesandten in Berlin und Mitglied des Bundesrats des Norddeutschen Bundes als Vertreter Hessens ernannt und hatte in dieser Stellung bei den partikularistisch-absolutistischen Neigungen Dalwigks keinen leichten Stand. Er war als Adlatus seines Chefs zugezogen, als am 15. November 1870 um 3½ Uhr im Hause Bismarcks, Rue de Provence Nr. 12, zwischen den Bevollmächtigten des Norddeutschen Bundes (Bismarck, v. Friesen, Delbrück), Badens (Jolly und v. Freydorf) die neue Verfassung des Deutschen Bundes unterschrieben wurde.

Nach Dalwigks Entlassung wurde er 1873 an die Spitze der hessischen Staatsregierung gestellt und mit Bildung eines neuen Ministeriums beauftragt, und blieb in dieser Stellung, bis er nach Delbrücks Abgang von diesem selbst Bismarck als Präsident des Bundeskanzler-Amts vorgeschlagen wurde. Wir werden später auf ihn in dieser Eigenschaft zurückkommen.

4. Mecklenburg-Schwerin.

Staatsrat v. Müller

(geboren 19. Juli 1817, gestorben 14. Dezember 1886).

Adolf Ernst Friedrich Ludwig v. Müller, geboren zu Cisoing in französisch Flandern als Sohn des nachmaligen königlich hannoverschen Legationsrats Johann Andreas v. Müller, der auch in Mecklenburg mit Grundbesitz angesessen war, studirte in Göttingen und entwickelte sodann zunächst auf dem mecklenburgischen Landtage sowie im „Patriotischen Verein", einer sich über beide Mecklenburg erstreckenden landwirtschaftlichen Vereinigung, eine rege, gemeinnützige Thätigkeit, bis zu seiner am 16. März 1867 erfolgten Allerhöchsten Ernennung zum Direktor des großherzogl. Kammer- und Forstkollegiums, von welcher Stellung er am 1. Juli 1867 zum Staatsrat und Vorstand des Finanzministeriums berufen wurde. Am 1. April 1875 trat er von dieser Stellung zurück.

---

*) Karl Hofmann studirte die Rechte, wurde Advokat, kam 1855 als Rat in das hessische Ministerium des Auswärtigen, begleitete 1864 den Bundesgesandten Beust auf den Londoner Kongreß.

Generalmajor v. Bilgner*)

(geboren 22. Mai 1812, gestorben 31. Juli 1894).

Die Thätigkeit des Generals v. Bilgner im Bundesrat wird sich im wesentlichen auf das Militärwesen, insbesondere auf die Beratungen über die in dem Jahre 1867 und 1868 publizirten, die ersten gemeinsamen militärischen Grundlagen bildenden Bundesgesetze erstreckt haben, und hat hierbei zweifellos bei Bilgner in Ansehung der bekannten Neigung des Großherzogs Friedrich Franz II. für die militärischen Verhältnisse Preußens, welche in dem Abschluß der Militärkonvention vom 28. Juli 1868 Ausdruck fand, ein durchaus bundesfreundliches Verhalten obgewaltet.

Später hat Bilgner auch als großherzoglicher Bevollmächtigter bei Abschluß der Konvention vom 2. Januar 1873, betreffend die anderweitige Regulirung der Verwaltung des großherzoglichen Kontingents, fungirt.

5. Weimar.
Staatsminister v. Watzdorf**)
(geboren 12. Dezember 1804, gestorben Mitte September 1870).

Das Hauptverdienst Watzdorfs besteht darin, das großherzoglich sächsische Staatswesen in ruhiger Entwicklung aus der alten in die neue Zeit ohne Kämpfe und Zuckungen, in steter Harmonie zwischen Fürst und Volk, mit weitem staatsmännischem Blick hinüber geleitet zu haben. Watzdorf war nicht — wie ihm von einer Seite einmal vorgeworfen wurde — Partikularist. Er

---

*) August v. Bilgner, geb. zu Rostock, 1830 Sekondelieutenant, 1840 Premierlieutenant, 1846 Hauptmann, Feldzüge nach Holstein und Baden, 1852 Major und Bevollmächtigter bei der Bundes-Militärkommission in Frankfurt a. M., 1856 Kommandeur des mecklenburgischen Jägerbataillons, 1857 Oberstlieutenant, 1859 Oberst, 1860 Generalmajor. Während des Krieges 1866 kommandirte er im Feldzuge gegen Bayern eine Division, zu welcher außer den Mecklenburgern und dem braunschweigischen Kontingent ein altenburgisches Regiment und ein preußisches Bataillon gehörten. 1869—1881 Chef des großherzoglichen Militärdepartements in Schwerin. 1876 Ernennung zum Generallieutenant, 1881 zum General der Infanterie.

**) Christian Bernhard v. Watzdorf, einem alten thüringischen Adelsgeschlechte entsprossen, wurde am 12. Dezember 1804 auf dem Schlosse Berga geboren. Nach dem Abgang von dem Gymnasium in Altenburg bezog er im Jahre 1823 die Universität zu Leipzig, um sich vier Jahre lang dem Studium der Jurisprudenz hinzugeben. 1828 begann er seine amtliche Laufbahn und zwar im Königreich Sachsen, seine erste Stelle war die eines Auditors bei dem damaligen Oberhofgericht in Leipzig; 1830 erhielt er seine Ernennung zum Oberhofgerichtsrat, trat aber 1843 als Nachfolger des Staatsministers Freiherrn v. Fritsch in den großherzoglich sächsischen Staatsdienst und übernahm im März 1848 nach dem Abgang der Minister Schweitzer und v. Gersdorff das Präsidium des großherzoglich sächsischen Ministeriums. In dieser Stellung setzte er sich als seine Hauptaufgabe die Neugestaltung der Staatsbehörden und verfolgte den übrigen thüringischen

war ein warmer, deutscher Patriot, der für die Einigung Deutschlands nicht nur die aufrichtigsten Sympathien hegte, sondern sich auch der Notwendigkeit, daß die Einzelstaaten dafür Opfer bringen müßten, durchaus nicht verschloß, auch in diesem Sinne unablässig auf die Fürsten und auf die kleinstaatlichen Höfe und Regierungen einzuwirken bestrebt war, und sicher nicht ohne Erfolg. Man wird sogar kaum fehl gehen in der Annahme, daß, wenn der deutsch=nationale Gedanke bei dem Kaiser Wilhelm und Kaiser Friedrich schon früh ein vorbereitetes Feld gefunden, Watzdorf darauf einigen Einfluß geübt hat. Insonderheit möchte dies vom Kaiser Friedrich behauptet werden.

Also Partikularist war Watzdorf auch nicht mit einem Atemzuge; aber seine Ansicht, wie die Einigung Deutschlands herzustellen sei, unterschied sich allerdings wesentlich von der Bismarcks. Watzdorf war eine Natur, die jedes Verlassen des strenggesetzlichen Bodens perhorreszirte; alles, was nur irgendwie in der Politik zu Gewaltthätigkeiten zu neigen schien, war ihm antipathisch. Es ist daher begreiflich, daß der kühne Flug der Bismarckschen Politik ihn nicht angenehm berührte, sondern ihn mit Sorge erfüllte. Er kannte Bismarck äußerlich wohl seit den Tagen des Erfurter Parlaments, politisch war er ihm aber nie nahe getreten, abgesehen von der Thätigkeit desselben in Frankfurt. Gerade während dieser Zeit aber wird Bismarck selten Ursache gehabt haben, mit dem Verhalten der Ernestinischen Kurie unzufrieden zu sein, da diese fast immer mit Preußen gestimmt hat. Auch während des Fürstenkongresses in Frankfurt (August 1863) hat Watzdorf die weimarische Politik im nationalen Sinne geleitet, ebenso als Gegner der Beust=Pfordtenschen Triaspläne. Er war gerade wegen seiner nationalen Haltung bei den antipreußischen Mittel= und Kleinstaaten übel angeschrieben; desto größeren Einfluß hatte er auf die anderen Staaten, die, wie er selbst, sich zum Gothaertum bekannten. Eine Abschwächung in dieser Beziehung trat auch nicht ein, als die schleswig=holsteinsche Frage im Jahre 1863 auftam. Dagegen konnte er sich mit den Ereignissen im Jahre 1866 nicht befreunden. Diese gewaltthätigen Züge in der Bismarckschen Politik, die wir heute ja mit Recht als den Niederschlag einer ebenso weitsichtigen und geschickten wie energischen Politik bewundern, ließen Watzdorf für die Zukunft des Vaterlandes verhängnisvolle Folgen befürchten. Nach der Schlacht von Königgrätz wurde, da Watzdorf persona ingrata im preußischen Hauptquartier

---

Regierungen gegenüber hauptsächlich die Politik, ein möglichst übereinstimmendes Handeln und gemeinschaftliche Einrichtungen durchzusetzen. Mitte September 1870 verschied er, nachdem zehn Tage vorher seine Gemahlin vom Schlage getroffen worden war. In den damaligen bewegten Zeiten hat selbst die „Weimarer Zeitung" einen Nekrolog über ihn nicht gebracht. Später wollte der Vorstand der großherzoglich sächsischen Bibliothek, Geheimrat v. Bojanowski in Weimar, eine Monographie über ihn schreiben; derselbe kam aber leider nicht dazu, weil ihm das Material für eine solche Arbeit noch nicht genügend zur Verfügung stand.

war, der damalige Generaladjutant Graf Beuſt zur Herſtellung beſſerer Ver=
hältniſſe und Vorbereitung des Anſchluſſes an Preußen dorthin geſchickt. Die
entſcheidenden Verhandlungen in Berlin hat aber doch Watzdorf geführt, wobei
ihm das perſönliche Vertrauen, deſſen er ſich bei dem König Wilhelm und der
Königin Auguſta in hohem Maße erfreute, ſehr zu ſtatten kam.

Als die Rekonſtruktion des Reichs in Angriff genommen wurde, war
Watzdorf unabläſſig beſtrebt, die Dinge im Fluß zu erhalten, damit eine
dauernde Schöpfung zu ſtande käme. Im Bundesrat hat ihm jede Abſicht,
Hemmungen zu bereiten, fern gelegen;*) Fürſt Bismarck ſelbſt wird dies
gewiß beſtätigen, wenn ſich auch intimere Beziehungen zwiſchen ihnen nicht
herausgeſtellt haben. Später würde ſich das vielleicht geändert haben. Der
Politik des Kanzlers nach 1870 hätte ſicherlich auch Watzdorf ſehr entſchieden
zugeſtimmt, da er ja den Rechtsboden neu gefeſtigt ſah, der ihm in den Jahren
vorher durch die Bismarckſche Politik gefährdet erſchien.

Ueber die Verfaſſung des Norddeutſchen Bundes ſagte der Miniſter Watz=
dorf, als die Inſtitution ſchon längere Zeit fungirte: „Ich hatte geglaubt, nach
den großen Kriegserfolgen hätte ſich etwas Beſſeres ſchaffen laſſen, doch bei
näherer Unterſuchung habe ich mich ſchließlich überzeugt, daß das Verhältnis
zwiſchen Bundesgewalt und Einzelſtaat in angemeſſener Weiſe geregelt iſt."

In der Sitzung des Bundesrats vom 19. November 1870 hat der Mi=
niſter Delbrück bei Einführung des Nachfolgers Watzdorfs als Bevollmächtigter
zum Bundesrat, des Staatsminiſters v. Stichling, Watzdorf einen Nachruf
gewidmet, worin er namentlich ſein Beſtreben, die Gegenſätze zu vermitteln,
hervorgehoben hat.

6. Mecklenburg=Strelitz.

Geheimer Legationsrat v. Bülow**)

(geboren 2. Auguſt 1815, geſtorben 20. Oktober 1879)

iſt ein guter Bekannter aus „Preußen im Bundestag". In dem berühmten
Berichte Bismarcks an den Miniſter v. Manteuffel vom 30. Mai 1853, worin
er eine Charakteriſirung ſeiner Frankfurter Kollegen gibt, bemerkt derſelbe:

---

*) Im Bundesrat übte er großen Einfluß auf die kleinſtaatlichen Stimmen aus und
war deshalb für den Leiter der deutſchen Bundespolitik und noch mehr für Delbrück ein
nicht unwichtiger Faktor.

**) Bernhard Ernſt v. Bülow, geboren zu Cismar in Holſtein, entſtammte dem
Webendorf=Camin=Düſſiner Zweige des Geſchlechts der Bülow. Ein Bruder ſeines
Vaters war der mit einer Tochter von Wilhelm v. Humboldt vermählte preußiſche Ge=
ſandte in London und ſpätere Miniſter des Aeußeren Heinrich v. Bülow. Das 1893
bei Mittler in Berlin erſchienene Lebensbild „Gabriele v. Bülow" gibt über dieſen Staatsmann mannigfache Mitteilungen. Bülows Vater, Adolf v. Bülow, war am Anfang dieſes
Jahrhunderts, wie damals viele deutſche Edelleute, ins Ausland und zwar nach Dänemark

„Herr v. Bülow, der Vertreter Dänemarks, ist einer der gescheutesten Köpfe in der Versammlung, und ich bedaure, daß die Stellung des Staates, den er vertritt, ihm nicht gestattet, erheblicheren Anteil an den laufenden Geschäften zu nehmen. Die Haltung der österreichischen Politik entspricht natürlich den Wünschen des Kabinets von Kopenhagen mehr als die unsrige, indessen beobachtet Herr v. Bülow in allen nicht dänischen Fragen eine parteilose Zurückhaltung, wie denn auch die meisten der zwischen Preußen und Oesterreich obwaltenden Streit= fragen von einer Natur sind und aus einer Zeit stammen, daß Dänemark die Beteiligung daran prinzipiell vermeidet, und die Abstimmungen des Herrn v. Bülow gewöhnlich nur neben einer stereotyp gewordenen Verwahrung der Rechte seines Allergnädigsten Herrn die Erklärung enthalten, daß er noch ohne Instruktion sei. Die Verhandlungen sowohl am Bunde als in der Augustenburger Angelegenheit haben mir Gelegenheit gegeben, Herrn v. Bülow als einen gewandten und einsichtsvollen Geschäftsmann kennen zu lernen, dem sowohl im offiziellen wie im Privatverkehr ein angemessenes und gefälliges Benehmen eigen ist."*)

1862 trat Bülow als Staatsminister an die Spitze der mecklenburg=strelitzschen Landesregierung und nahm an den Verhandlungen zur Begründung des Nord= deutschen Bundes hervorragenden Anteil.

So viel ich feststellen konnte, hat Bismarck denselben zwischen 1859 und 1866 geschäftlich nur einmal (14. März 1864) in Berlin gesprochen, als er Mitte März seinen Großherzog nach Berlin begleitete, inmitten der Verhand= lungen zur Lösung der dänischen Frage.

1868 ging Bülow als Gesandter der beiden Großherzogtümer Mecklenburg beim preußischen Hof und als Vertreter derselben im Bundesrat nach Berlin.**) Zu dieser Eigenschaft fiel ihm unter anderem die undankbare und schwere Aufgabe

---

gegangen, das, bis in den vierziger Jahren mit der Nationalitätenbewegung der Nationalitäten= streit anhub, vom deutschen Adel regiert wurde und ähnlich wie früher Böhmen, Ungarn, die russischen Ostseeprovinzen äußerlich ein deutsches Gepräge trug. Infolge der Heirat desselben mit der Tochter des einer deutschen Familie entstammten, aber in dänischem Dienst zu hohen Würden gelangten Grafen Baudissin blieb v. Bülow in Dänemark. Ein Groß= onkel Bernhard v. Bülows von mütterlicher Seite war der 1835 verstorbene Graf Christian Günther Bernstorff, welcher erst dänischer Gesandter in Berlin, dann preußischer Minister des Auswärtigen war. Die in diesem Jahre (gleichfalls bei Mittler) erschienene Biographie seiner Witwe: „Gräfin Elise von Bernstorff, geborene Gräfin Dernath" enthält (Band I. S. 101 ff.) mancherlei auch über den Vater des uns beschäftigenden Bernhard v. Bülow. Der letztere studirte zu Berlin, Göttingen und Kiel die Rechte und trat 1839 als Assessor bei der holsteinischen Regierung, dann als Legationsrat zu Kopenhagen in den dänischen Staatsdienst. 1848 schied er aus demselben wieder aus, und ward 1851 zum Gesandten für Holstein und Lauenburg beim Bundestag in Frankfurt ernannt.
*) Vergl. mein Werk: „Preußen im Bundestag" Bd. I. S. 254 f.
**) Mancherlei Mitteilungen über die Thätigkeit Bülows als mecklenburgischer Ge= sandter im Bundesrat bringt das Buch: „Friedrich Franz der Zweite, Großherzog von Mecklenburg=Schwerin" von Ludwig von Hirschfeld, Leipzig, Duncker und Humblot, 1891.

zu, dem wiederholten Andrängen des Reichstags in Betreff der mecklenburgischen Verfassungsfrage Widerstand zu leisten. Die Haltung Bülows war ebenso geschickt als korrekt.

Im Jahre 1873 bewirkte Bismarck Bülows Ernennung zum Staatssekretär des Auswärtigen Amts des Deutschen Reichs mit dem Range eines preußischen Staatsministers, und 1876 erlangte er die wirkliche Stellung eines solchen.

7. Oldenburg.

Geheimer Staatsrat Buchholz
(geboren 9. November 1809, gestorben 27. Mai 1887).

Karl Franz Nikolaus Buchholz, aus einer alten in bischöflich Münsterschen Diensten seit über 250 Jahren nachweisbaren Beamtenfamilie, wurde zu Wildeshausen im Herzogtum Oldenburg geboren, wo sein Vater, der spätere Landgerichtsassessor und Offizialatsrat Buchholz als Anwalt lebte. Nach Absolvirung der juristischen Studien in Heidelberg und den mit Auszeichnung bestandenen Staatsexamina wurde er am 20. Juni 1835 zu Burhave als Auditor beim dortigen Amte angestellt, worauf er später zum Amte Rodenkirchen übertrat. 1840 erfolgte seine Ernennung zum Sekretär bei der Regierung in Oldenburg und 1848 diejenige als Ministerialassessor beim Staatsministerium. Hier bekleidete er die Funktion eines Geheimen Referendars und wurde 1851 zum Ministerialrat ernannt. An der Begründung der konstitutionellen Verfassung des Großherzogtums war er in hervorragender Weise beteiligt, er gehörte der Kommission zur Ausarbeitung des Entwurfes des ersten Staatsgrundgesetzes an und hatte auch später den Hauptteil der parlamentarischen Vertretung der Regierung vor dem Landtage. Als Referent im Staatsministerium war er namentlich berufen, den Ausbau der Verfassung durch die Weiterentwicklung der durch die Gemeindeordnung von 1855 begründeten Selbstverwaltung der Gemeinden und der 1861 eingeführten Gewerbefreiheit zu fördern. Nach Beendigung der Krisis von 1866 leitete er als Kommissar die Inkorporirung des holsteinschen Amtes Ahrensboek an Oldenburg. Im Jahre 1867 wurde ihm, der mittlerweile zum Staatsrate aufgerückt war, die Vertretung Oldenburgs im Bundesrate übertragen, so weit sie nicht von dem damaligen Ministerpräsidenten v. Roessing persönlich wahrgenommen wurde. Diesen Posten hat er bis 1871 beibehalten. Eine Korrespondenz mit Bismarck hat nicht stattgefunden. Im Jahre 1871 wurde er zum Präsidenten der Regierung des Fürstentums Lübeck in Holstein ernannt und hat dort bis zu seinem am 20. Juni 1885 gefeierten fünfzigjährigen Dienstjubiläum gewirkt, worauf er unter Verleihung des Titels und Ranges eines „Geheimen Rates" in den Ruhestand versetzt wurde. Er starb zu Eutin infolge eines Schlaganfalles.

8. Braunschweig.

Staatsminister v. Campe*)
(geboren 9. Oktober 1803, gestorben 14. Oktober 1874).

verwaltete sein Amt mit Gerechtigkeit und Einsicht, und überwand 1866 geschickt die großen Schwierigkeiten der Lage Braunschweigs. Der verstorbene Herzog

---

*) Alsche Burghard Karl Ferdinand v. Campe wurde zu Wickenjen, Amtsgericht Eschershausen, als Sohn des damaligen Hauptmanns, nachherigen Oberstlieutenants in

war damals nur schwer zu bewegen, mit Preußen zu gehen, und ist es hauptsächlich dem Staatsminister v. Campe zu danken, daß dies durch seinen Einfluß auf den Herzog doch endlich geschah, mithin die Selbständigkeit des Herzogtums gerettet wurde. Der König von Preußen richtete damals an den Herzog von Braunschweig einen eigenhändigen Brief, worin er ihn dringend bat, in der deutschen Krisis doch mit Preußen zu gehen.

Der Minister v. Campe hat während seiner zwanzigjährigen Ministerzeit sich unausgesetzt bestrebt, dem Herzog sein Recht thunlichst zu wahren und von der Selbständigkeit des Landes so wenig als möglich preiszugeben. Den vor 1866 von Hannover ausgehenden Verlockungen stand er kalt gegenüber, und er folgte niemals den vielen Einladungen, die von dem dortigen Königshause an ihn ergingen, da er der Ansicht war, daß das Verhalten Hannovers dem Herzog gegenüber unpassend sei.

Campe war auch in Berlin bei den Konferenzen zur Festsetzung der Bundesverfassung, und er beteiligte sich lebhaft an diesen Verhandlungen.*) Am 23. Juni 1867 richtete er an den Wirklichen Geheimen Rat v. Savigny das Ersuchen, eine von ihm hergestellte Formulirung des Artikels 3 der Verfassung in Erwägung nehmen zu wollen.**)

---

herzoglich braunschweigischen Diensten v. Campe, am 9. Oktober 1803 geboren, besuchte die Gymnasien zu Braunschweig und Holzminden, studirte zu Göttingen und trat dann in den herzoglich braunschweigischen Staatsdienst. Nach dem Tode seines Vaters fiel ihm das Rittergut Deensen zu, und so wurde er als Rittergutsbesitzer schon frühzeitig Mitglied der Ständeversammlung, in welcher er an der Beratung der Verfassung und der wichtigsten Gesetze in den ersten dreißiger Jahren und später thätigen Anteil nahm. Alsdann wurde er Mitglied des Obergerichts 1837, später Direktor des Kreisgerichts zu Braunschweig 1845 und darauf des Kreisgerichts zu Holzminden 1851. Nach dem Tode des Ministers v. Schleinitz wurde er im November 1856 als Geheimrat ins Ministerium berufen; nach dem Tode des Ministers v. Geyso trat er im November 1861 als Staatsminister an dessen Stelle.

*) Man war gegen die Herren Bevollmächtigten zu den Verhandlungen über die Verfassung des Norddeutschen Bundes in Berlin sehr zuvorkommend. So hatte ich Einblick in ein an den Staatsminister v. Campe gerichtetes Schreiben vom 14. Dezember 1866, worin gesagt war, daß für die gedachten Herren zu den Vorstellungen der königlichen Theater im Opern- und Schauspielhause täglich Billets im ersten Logenrange zur Disposition gestellt seien, und daß es zur Empfangnahme des betreffenden Billets nur der Abgabe entweder einer Visitenkarte oder einer Empfangsbescheinigung im Bureau der Generalintendantur bedürfe.

**) Für diejenigen, welche die Fassung interessirt, welche die Diner-Einladungen des Bismarckschen Hauses damals hatten, lasse ich noch die folgende Karte (Jahreszahl wohl 1867) folgen: Der Minister der auswärtigen Angelegenheiten beehrt sich Seine Excellenz den Herrn Staatsminister v. Campe zum Diner am Donnerstag den 20. Dezember um fünf Uhr ganz ergebenst einzuladen. U. A. w. g.

Geheimer Legationsrat v. Liebe*)
(geboren 18. Dezember 1809, gestorben 10. April 1885).

Ich sage nicht zu viel, wenn ich Liebe zu den feinsten Köpfen zähle, die im Bundesrat gesessen haben. Zu den ihm dort zufallenden Arbeiten befähigte

---

*) Obgleich Friedrich August Liebe, der Sohn eines bei einem Handlungshause in Braunschweig angestellten Buchhalters, infolge des frühen Todes seines Vaters in sehr bescheidenen Lebensverhältnissen aufwuchs, wurde er von der Mutter sorgsam erzogen, und seine bedeutenden geistigen Anlagen entwickelten sich sehr früh, so daß er bereits mit fünfzehn Jahren das Martineum in Braunschweig absolvirt hatte, worauf er das Collegium Carolineum besuchte und sodann die Universität Göttingen bezog, um, seiner Neigung folgend, Jurisprudenz zu studiren. Nach beendigten Studien und höchst ehrenvoll bestandenem Examen — am 7. September 1830 war er zum Doctor juris promovirt — ließ sich Liebe im Jahre 1831 als Advokat in Braunschweig nieder, und schon in dem folgenden Jahre wurde ihm auch das Notariat erteilt. Im März 1836 legte er auch das zweite Examen mit einem Zeugnis ersten Grades ab und trat am 1. August 1837 als Assessor beim herzoglichen Kreisgerichte in Wolfenbüttel in den Staatsdienst. Am 28. Dezember 1841 erfolgte seine Berufung zum Geheimen Kanzleisekretär und am 1. Januar 1847 die Verleihung des Charakters als Hofrat unter Beibehaltung seiner bisherigen Funktionen. Am 30. April 1848 zum Legationsrat ernannt, ging er als braunschweigischer Gesandter an den Bundestag nach Frankfurt, fungirte sodann in jener politisch bewegten Zeit als Bevollmächtigter seiner Regierung 1849 in Berlin bei dem „Dreikönigsbündnis" und vom März bis Mai 1850 in Erfurt als Mitglied des Staatenhauses. Am 24. Juni 1855 erfolgte die Ernennung Liebes zum herzoglich braunschweigischen Geschäftsträger am Berliner Hofe, nachdem er bereits am 23. April desselben Jahres vom Herzoge in den erblichen Adelstand erhoben war, am 24. April 1857 wurde er zum Geheimen Legationsrat ernannt. An Stelle des verstorbenen Geheimen Rats v. Genso wurde er durch die Ernennung am 4. Dezember 1861 als Geheimrat in das herzogliche Staatsministerium berufen und übernahm die Leitung des Finanzdepartements, trat aber nach der Begründung des Norddeutschen Bundes am 28. Februar 1867 in Berlin seine Stellung als Ministerresident beim königlich preußischen Hofe und Bevollmächtigter zum Bundesrate an, in welcher er sich durch seine hervorragenden diplomatischen Fähigkeiten und seine große Pflichttreue sowohl des Vertrauens des Herzogs als des Kaisers und des preußischen Hofes im hohen Grade erfreute. Am 24. April 1873 wurde er zum Wirklichen Geheimen Rat mit dem Prädikat Excellenz ernannt. Am 7. September 1880 war es ihm vergönnt, sein fünfzigjähriges Doktorjubiläum zu begehen, aus welchem Anlaß ihm die Göttinger Georgia-Augusta das Doktordiplom erneuerte. Zum Schlusse ist noch der schriftstellerischen Thätigkeit Liebes zu gedenken. Großes Aufsehen erregte 1840 sein Werk „Ueber die Stipulation". Sodann erschien von ihm 1843 der Entwurf zu einer Wechselordnung für das Herzogtum Braunschweig samt Motiven, welcher als Grundlage der späteren allgemeinen deutschen Wechselordnung diente. Infolge dieser scharfsinnigen Arbeit wurde Liebe auch als Vertreter Braunschweigs zu der 1847 nach Leipzig einberufenen Konferenz entsandt, welche eine gemeinsame Wechselordnung zu beraten hatte. Nach dieser Konferenz veröffentlichte Liebe „Die allgemeine deutsche Wechselordnung ꝛc." im Jahre 1848. Seine Vaterstadt Braunschweig sah Liebe zum letztenmale, als das Land Herzog Wilhelm zur ewigen Ruhe bestattete. Trotz seines Alters erfreute er sich bis in die letzten Lebenstage voller geistiger Frische und verhältnismäßig großer körperlicher Rüstigkeit. Er starb abends elf Uhr plötzlich am Herzschlage, nachdem er noch den Tag über wie gewöhnlich gearbeitet hatte und bis zur letzten Stunde wohl und munter gewesen war.

ihn sein seltsamer juristischer Scharfsinn, den ich selbst vielfach, besonders in den Ausschußsitzungen, zu bewundern Gelegenheit hatte. Infolge dessen hatte er denn auch im Schoße jener hohen Körperschaft ein Ansehen erlangt, das die Bedeutung des Staatswesens, das ihn abgesandt hatte, weit überragte. Eine ungemein große Erfahrung und ein scharfer Blick für Menschen und Dinge waren ihm eigen. Schon sein Aeußeres ließ erkennen, daß man eine ungewöhnliche Erscheinung vor sich hatte: groß, mit scharfgeschnittenen, edlen Zügen und feurigem Auge.*)

Liebe war keine Natur, die sich dem Kanzler gegenüber hervordrängte, und so kam es, daß ihre geselligen Beziehungen sich auf die größeren Festlichkeiten beschränkten, welche Bismarck dem Bundesrat gab.**) Ein lebhafter geschäftlicher Verkehr entwickelte sich erst, als die braunschweigische Erbfolge akut geworden war. Bismarck bat damals Liebe wiederholt, ihn zu besuchen; auch speiste Liebe einmal mit dem von Braunschweig nach Berlin berufenen braunschweigischen Minister im Kreise der Bismarckschen Familie. Von Politik wurde bei dieser Gelegenheit nicht gesprochen.

Im übrigen wüßte ich das Verhältnis, welches zwischen Liebe und dem Kanzler bestand, nicht besser zu illustriren, als durch den Abdruck der zwei folgenden, von Bismarck an denselben gerichteten Schreiben:***)

Berlin, den 10. März 1880.

Eure Excellenz beehre ich mich ganz ergebenst zu benachrichtigen, daß Seine Majestät der Kaiser geruht hat, Ihnen Seinen Roten Adler=Orden I. Klasse zu verleihen.

Gestatten mir Eure Excellenz zugleich meiner Freude über diese Allerhöchste Anerkennung und meinem Dank für die langjährige, treue Mitarbeit an unserem gemeinschaftlichen Werke ganz ergebenst Ausdruck zu verleihen.

Mit der ausgezeichneten Hochachtung bin ich

Eurer Excellenz

ganz ergebenster Diener

v. Bismarck.

An den herzoglich braunschweigischen Wirklichen Geheimen Rat
Herrn v. Liebe Excellenz.

*

*) Liebe war eng befreundet mit dem langjährigen belgischen Gesandten v. Nothomb und mit dem italienischen Botschafter Grafen v. Launay. Als man Prollius zu Grabe trug, gab Liebe seinen Todesahnungen mit den Worten Ausdruck: „Als der nächste werde ich folgen." Liebe war sehr musikalisch. Noch am Abend vor seinem Ableben spielte er mit seiner Frau eine Mendelssohnsche Komposition.

**) Vergl. mein Werk: „Fürst Bismarck und die Parlamentarier" Bd. I. (2. Auflage) S. 81 und 187.

***) Bisher unveröffentlicht.

Friedrichsruh, den 6. September 1880.

Eure Excellenz

bitte ich zu Ihrer fünfzigjährigen Feier als Doktor der Georgia-Augusta meine herzliche Beglückwünschung entgegenzunehmen, und freue mich, daß wir unsern akademischen Ausgangspunkt für die politische Laufbahn der gemeinsam in Göttingen war, wir uns auch gegen Ende derselben zu gemeinschaftlichem Wirken zusammengefunden haben. Ich möchte diese Gelegenheit nicht vorübergehen lassen, ohne Eurer Excellenz persönlich als Kollege meinen tiefgefühlten Dank für die thatkräftige und sachkundige Unterstützung in den uns obliegenden gemeinsamen Geschäften auszusprechen, und als Organ unserer Kollegen im Bundesrat dem Gefühl der dankbaren Anerkennung Ausdruck zu geben, mit welcher wir alle wünschen, daß Eurer Excellenz Mitwirkung in der Leitung der Reichsgeschäfte uns lange Jahre noch erhalten bleibe.

Genehmigen Eure Excellenz die Versicherung meiner kollegialischen und freundschaftlichen Ergebenheit, mit welcher ich die Ehre habe, zu sein.

v. Bismarck.

Seiner Excellenz dem Wirklichen Geheimen Rat
Herrn v. Liebe Berlin.

Anläßlich des Ablebens Liebes erhielt dessen Gemahlin ein von Bismarck eigenhändig gezeichnetes, dieselbe und ihren Gemahl sehr ehrendes Kondolenzschreiben.*) d. d. Berlin, 11. April 1885. „Mit Ihnen — so schließt dasselbe — trauern alle, denen es vergönnt gewesen ist, mit Ihrem verewigten Herrn Gemahl in persönliche und in geschäftliche Beziehungen zu treten, und ich beklage schmerzlich den Verlust, welchen Kaiser und Reich durch das Dahinscheiden meines langjährigen und hochverehrten Freundes erleiden.

v. Bismarck."

*

9. Meiningen.

Wirklicher Geheimer Rat Graf Beust**)

(geboren 12. Februar 1811, gestorben 14. April 1888).

Bismarck hegte für den Grafen Beust stets eine sehr freundliche Gesinnung, welche an den Tag zu legen er wiederholt Gelegenheit nahm. Das Vertrauen, das Beust bei der preußischen Regierung genoß, äußerte sich besonders in

---

*) Bisher gleichfalls unveröffentlicht.
**) Karl Louis Graf v. Beust besuchte die Fürstenschule zu Grimma und studirte dann Jurisprudenz und Kameralia in Leipzig und in Berlin, trat 1834 in den preußischen, 1838 in den altenburgischen Staatsdienst, rückte 1841 zum Regierungsrat, 1842 zum Kreishauptmann auf und wurde in November 1848 zum Präsidenten des Ministeriums ernannt. Bei der Resignation des Herzogs Joseph 30. November 1848 nahm er zwar seine Entlassung, trat jedoch nach dem Regierungsantritt des Herzogs Georg in das vom

folgendem: Beim Ausbruch des Krieges von 1866 wurde ihm von Bismarck zugestanden, auf seinem Posten in Berlin zu verharren, wiewohl er doch auch Meiningen vertrat, welches wie bekannt auf feindlicher Seite stand. Es wurde dem Grafen Beust nur das mündliche Versprechen abverlangt, während der Dauer des Krieges nicht nach Meiningen zu berichten.

Staatsminister von Krosigk*)
(geboren 10. September 1820, gestorben 25. Dezember 1892).

Derselbe vertrat die herzoglich meiningensche Staatsregierung bei der Verhandlung über die Errichtung des Norddeutschen Bundes. Im Bundesrat war derselbe Referent für den Gesetzentwurf, betreffend den Unterstützungswohnsitz, und vertrat Meiningen auch bei dem Abschluß der Militärkonvention vom 26. Juni 1867. Sein Verhältnis zu Bismarck entsprach der durchaus bundesfreundlichen Gesinnung und Haltung der herzoglichen Staatsregierung.

Geheimrat v. d. Gabelentz neu gebildete Ministerium, in dem er nach dem Ausscheiden des letzteren aus dem Staatsdienst abermals den Vorsitz erhielt. Von 1840 bis zum Februar 1848 war er Mitglied der Landschaft. Im Mai 1850 wurde Beust zum Wirklichen Geheimen Rat und Minister ernannt. Unter seiner Leitung wurde mit der Landschaft ein neues, dem preußischen nachgebildetes Wahlgesetz vereinbart, welches am 3. August 1850 an die Stelle des im April 1848 erlassenen demokratischen trat. Er begleitete im Mai 1850 den regierenden Herzog zum Unionsfürstenkongreß nach Berlin und nahm als altenburgischer Bevollmächtigter auch an den Dresdener Konferenzen teil, wo er sich mit den übrigen thüringischen Staaten Preußen anschloß. In seiner Stellung als Staatsminister des Herzogtums Sachsen-Altenburg verblieb Beust bis zum 2. Februar 1853, dann wurde er seines bisherigen Amtes entbunden und am 28. September desselben Jahres in der Eigenschaft eines herzoglich sachsen-altenburgischen Ministerresidenten am preußischen Hofe zu Berlin beglaubigt. Zugleich wurde ihm auch die diplomatische Vertretung der Höfe von Weimar, Meiningen, Coburg-Gotha, Rudolstadt, Sondershausen, Greiz und Schleiz am preußischen Hofe übertragen. In dieser Stellung blieb er bis zum Frühjahr 1868 und nahm in derselben werkthätigen Teil an der Beratung und Konstituirung der norddeutschen Bundesverfassung. Seiner leidenden Gesundheit wegen nahm er 1868 den Abschied aus dem Staatsdienste. Graf Beust war eine edle, hochgebildete, dabei äußerst anspruchslose Persönlichkeit. Wenn er auch mit eiserner Energie an dem einmal für recht Erkannten festhielt (energische Bekämpfung der Revolution des Jahres 1848), so verhinderte ihn doch Milde des Charakters und Sinn für Gerechtigkeit an jeder Härte.

*) Anton Ferdinand v. Krosigk ist zu Gröna, dem Stammsitze seiner Familie, als ältester Sohn des Landschaftsunterdirektors Anton Karl v. Krosigk geboren und trat nach in Berlin absolvirten juristischen Studien in den preußischen Staatsdienst, wo er 1848 Oberlandesgerichtsassessor in Naumburg und wenige Jahre später Landrat des Mansfelder Gebirgskreises wurde. Mit dem 1. Oktober 1861 trat derselbe an Stelle des zur Disposition gestellten Staatsministers v. Harbou als Wirklicher Geheimer Rat und Staatsminister in den meiningenschen Staatsdienst. Mit dem 1. Oktober 1864 wurde er zur Disposition gestellt, weil er den nach Oesterreich gerichteten Neigungen seines

10. Altenburg.
Staatsminister Gerstenberg v. Zech
(geboren 14. März 1826, gestorben 29. August 1879).

Friedrich Leopold Wolf Ludwig Wendelin v. Gerstenberg, Edler von Zech auf Rautenberg und Bergsulza, bekleidete vom 1. Juni 1864 ab das Amt eines herzoglich anhaltischen Hofmarschalls in Altenburg und führte den herzoglich altenburgischen und großherzoglich sachsen-weimarschen Kammerherrntitel, wurde am 12. Juni 1867 zum Staatsminister des Herzogtums Altenburg, Minister des herzoglichen Hauses, des Innern und des Kultus ernannt. Außer dem schwierigen, lange Jahre hindurch für unmöglich gehaltenen Werke der definitiven Regelung der Rechtsverhältnisse am Domänenvermögen verdankt das Land ihm das endliche Zustandekommen der Eisenbahn von Altenburg nach Zeitz, von Weimar über Roda nach Gera, von Gaschwitz über Lucka nach Meuselwitz, der Saaleisenbahn und der Linie Eisenberg-Crossen. Er hat die Selbstverwaltung der Gemeinden eingeführt, Maßregeln zur Hebung der Landwirtschaft ergriffen, auch für die Schule (Gründung der Realschule in Altenburg und des Christianeums in Eisenburg) und Kunst (Errichtung des Museums in Altenburg) nach Kräften gewirkt.

11. Coburg und Gotha.
Staatsminister Freiherr v. Seebach*)
(geboren 9. Juli 1808, gestorben 3. März 1894).

Die näheren persönlichen Beziehungen zwischen Bismarck und Seebach werden erst zu der Zeit begonnen haben, da der letztere nach Berlin kam, um

---

Souveräns gegenüber lieber seine Stellung als seine Ueberzeugung opferte. Nachdem jedoch die Entwicklung der deutschen Verhältnisse die Richtigkeit seines Standpunktes und seiner weitschauenden Politik bestätigt hatte, wurde er mit dem 20. September 1866 wieder als Staatsminister in den aktiven Dienst berufen und es wurde ihm wie früher die Leitung der Geschäfte des Staatsministeriums überhaupt, als auch die besondere Leitung der Geschäfte für die Angelegenheiten des herzoglichen Hauses und der auswärtigen Angelegenheiten übertragen. Am 8. Oktober 1873 wurde v. Krosigk wiederum zur Disposition gestellt und zugleich seiner Stelle als Bundesratsbevollmächtigter enthoben. Er trat im selben Jahre in den Landtag des Herzogtums Anhalt, wo er mit dem Rittergute Gröna angesessen war. Im Mai 1875, nach dem Rücktritt des Ministers v. Larisch, berief ihn der Herzog von Anhalt in die Stelle Höchstseines Staatsministers und Wirklichen Geheimen Rats, und aus dieser Stellung ist er im Mai 1892, also genau nach 17 Jahren, geschieden, als Alter und Kränklichkeit ihm die Kräfte zur ferneren Verwaltung seines verantwortungs- und arbeitsvollen Amtes geraubt hatten. Die bedeutsamsten Ergebnisse seiner Thätigkeit im anhaltischen Staatsdienst sind das Berggesetz, das Zivilstaatsdienstgesetz, die Grundbuchordnung und die Notariatsordnung, die Aufhebung des Lehnsverbandes, die Bildung und Organisation der Amtsbezirke, die großen Justizgesetze nach der deutschen Gerichtsreorganisation 1879, die Einführung der Union und der Kirchengesetze über die Gründung und Dotation der Landessparkasse, über die Besoldung und Emeritirung der Geistlichen u. s. w., die Urkundenstempelsteuergesetze, das Einkommensteuergesetz, die Einführung der Verwaltungsgerichtsbarkeit und die Errichtung der Handelskammer.

*) Freiherr Dr. Camillo Richard v. Seebach, geboren zu Donndorf in der jetzigen Provinz Sachsen, gebildet auf dem Gymnasium zu Grimma sowie später den Universitäten

bei den Beratungen über den Anschluß des Herzogtums an den Norddeutschen Bund mitzuwirken. Bei Gelegenheit der Beratung des Entwurfs einer Verfassung des Norddeutschen Bundes bemerkte Bismarck (4. Juni 1867) zu Seebach, er

in Leipzig und Göttingen, war im Jahre 1829 in den königlich sächsischen Staatsdienst eingetreten. Er bekleidete hier im Jahre 1849 zu Dresden die Stelle eines Appellationsgerichtsrats und war zur Aushilfe im Justizministerium beschäftigt, als ihm am 1. Dezember des gedachten Jahres der damals regierende Herzog Ernst II. von Sachsen-Coburg und Gotha auf den Vorschlag des früheren königlich sächsischen Ministers v. Carlowitz zur Ordnung der damals vielverworrenen öffentlichen Verhältnisse in Coburg-Gotha und zur obersten Leitung seiner Staatsverwaltung in beiden Herzogtümern als Minister berief. Schon damals anläßlich dieser Berufung rühmte das „Dresdner Journal" (Nr. 317 vom 17. November 1849) die ausgezeichneten Eigenschaften seines Geistes und Herzens und seinen natürlichen, durch vielseitige Bildung und namentlich gründliche Rechtskenntnisse erhöhten Scharfblick. In Uebereinstimmung mit dem Herzog Ernst war Seebach erfolgreich bemüht, die Gesetzgebung der Herzogtümer nach den Grundsätzen weiter zu führen, nach denen die Verfassung für Gotha vom 27. März 1849 aufgebaut war. Seine Bemühungen, die beiden Herzogtümer völlig zu vereinigen, hatten freilich keinen vollen Erfolg, er mußte sich in dieser Hinsicht anfänglich damit begnügen, daß durch das Staatsgrundgesetz vom 3. Mai 1852 wenigstens ein gemeinsamer Landtag ins Leben gerufen und das Verhältnis zum Herzoge, die Beziehungen zum Bunde und nach außen, das Staatsministerium, der Staatsgerichtshof, das Militärwesen und die Appellgerichte für gemeinsame Angelegenheiten erklärt wurden. Erst 1874 kam ein Gesetz zu stande, nach welchem durch einen Beschluß der Landtage beider Herzogtümer oder einen mit Zustimmung der Mehrheit der Abgeordneten eines jeden der beiden Herzogtümer zum gemeinschaftlichen Landtage gefaßten Beschluß des letzteren auch andere Angelegenheiten zu gemeinsamen erklärt werden können. Auf diesem Wege wurde noch in demselben Jahre (1874) das gesamte Justizwesen zu einer gemeinsamen Angelegenheit erklärt. Auf Veranlassung Seebachs kamen unter anderem für Gotha im Jahre 1853 Gesetze über die Ablösung der Grundlasten, über die Zusammenlegung der Grundstücke, wegen Errichtung einer Landeskreditanstalt, 1858 ein Gesetz über die Organisation der Verwaltungsbehörden und ein Gemeindegesetz, 1872 ein Gesetz über die Volksschulen, in Coburg 1853 ein Gesetz über die Zusammenlegung der Grundstücke, 1858 ein Volksschulgesetz, 1867 ein Gemeindegesetz zu stande.
Seebach verblieb in seiner Ministerstellung vom 1. Dezember 1849 bis zum 1. April 1888, an welchem Tage auf sein Ansuchen die Versetzung in den ehrenvollen Ruhestand erfolgte, nachdem er am 1. Dezember 1874 sein 25jähriges Minister- und am 4. November 1879 sein fünfzigjähriges Dienstjubiläum gefeiert hatte.
In einer bei dieser Gelegenheit gehaltenen Rede bemerkte Seebach: „Blicke ich zurück in die Zeit, zu der ich hierher berufen wurde, und vergleiche ich die Zustände, wie ich sie damals vorfand, mit den jetzigen, so muß ich wohl den letzteren das Zeugnis geben, daß sie in mancher Beziehung besser sind als die früheren. Allein, glauben Sie mir, zum großen Teil hat sich das so ganz von selbst gemacht. Die Zustände waren eben zu so unhaltbaren geworden, daß sie selbst mit zwingender Notwendigkeit zu einer Aenderung hindrängten. Ich darf nur daran erinnern, daß damals in den beiden Herzogtümern noch zwei verschiedene und sogar in ihren Grundprinzipien wesentlich von einander abweichende Verfassungen in Kraft waren, daß es auch für diejenigen Dinge, die den beiden Landesteilen ihrer Natur nach gemeinschaftlich sein mußten und für beide nur gleichmäßig geregelt werden konnten, an einem gemeinschaftlichen Organ der Landesvertretung fehlte, so daß ich, um nur eins zu erwähnen, was schon jetzt vielen unter Ihnen als kaum glaublich erscheinen

glaube, die kleinen Staaten thäten am besten, sich lediglich der preußischen Gesetz=
gebung anzuschließen, insoweit sie künftig nicht Sache des Bundes sein werde.
Als Seebach sich darauf die Bemerkung erlaubte, daß ein solcher Anschluß mit
dem Aufgeben der staatlichen Existenz so ziemlich gleichbedeutend sein werde, setzte
Bismarck derselben keinen Widerspruch entgegen, deutete vielmehr an, daß dies
auch seine Ansicht sei, bei einer vertragsmäßigen Regelung des Verhältnisses
aber die Stellung der Souveräne wohl in einer Weise geordnet werden könnte,
daß denselben noch eine Reihe wertvoller Befugnisse verbliebe.

Nach Gründung des Norddeutschen Bundes weilte Seebach als Mitglied
des Bundesrats oft und lange in Berlin; sein Auftreten im Bundesrat hatte
mehr einen politischen als geschäftlichen Charakter. Seebach war von Bismarck
wiederholt zu Tisch geladen worden. Bei einer solchen Veranlassung unterhielt
sich der Fürst nach dem Essen in gewohnter Weise voll übersprudelnder Laune,
voll Geist und Witz mit seinen Gästen. Unter anderem stellte er die Theorie
auf, die Slaven und Romanen repräsentirten in der europäischen Völkerfamilie
die Frau, die Germanen hingegen den Mann, sie mußten sich amalgamiren;
und im Verlauf des Gesprächs auf die frühere Geschichte von Rußland ein=
gehend und nach einem Vergleich suchend, sagte er, zu Seebach gewendet: „So
wie Herr v. Seebach der Rurik*) von Gotha geworden ist."

Ueber alles Bedeutsame, was sich in Berlin zutrug, berichtet Seebach ge=
treulich seiner drittältesten Tochter Wanda, der späteren Gemahlin des Ober=
hausmarschalls v. Koethe. Es ist daraus ein politischer Schriftwechsel entstanden,
welcher hohes Interesse beansprucht, weil er zur Charakteristik des Berliner
Hofes, Bismarcks, der Kollegen im Bundesrat und zur Kenntnis der in dieser
hohen Körperschaft abgewickelten Geschäfte viel beiträgt. Diese Briefe dürfen

wird, mit meinem ersten Militäretat dreimal den Thüringer Wald überschreiten mußte, um
ihn endlich durch ein übereinstimmendes Votum der beiderseitigen Landesvertretungen zum
Abschluß gebracht zu sehen; daß ferner für die beiden Herzogtümer, deren Einwohnerzahl
damals 150 000 Seelen kaum überstieg, neben dem Ministerium nicht weniger als sieben
Mittelbehörden bestanden. Alles dies, und es ließe sich noch so manches hinzufügen, konnte
unmöglich fortbestehen, ohne in die Regierungsmaschine mehr oder weniger hemmend ein=
zugreifen; alle diese Mängel waren in der That von der Art, daß schon jede Verände=
rung notwendig auch eine Verbesserung in sich schließen mußte."

Zu vergleichen ein Artikel in der „Gothaischen Zeitung" Nr. 74 vom 27. März 1888
aus Anlaß des an diesem Tage erfolgten Rücktritts v. Seebachs von den Geschäften nach
fast vierzigjähriger Thätigkeit. — Aufsätze über das am 1. Dezember 1874 stattgefundene
fünfundzwanzigjährige Ministerjubiläum v. Seebachs finden sich in der „Augsburger All=
gemeinen Zeitung" vom 1. Dezember 1874, der „Gothaischen Zeitung" Nr. 282 vom
1. Dezember 1874, Nr. 284 vom 3. Dezember 1874. Vergleiche auch die Broschüre:
Der 1. Dezember 1874. Ein Gedenkblatt als Manuskript gedruckt. Gotha, Druck der
Engelhard=Reyherschen Hofbuchdruckerei. 1878.

*) Rurik (Hrurekr). Gründer der russischen Monarchie; sein Stamm erlosch im Jahre
1598 mit Feodor Iwanowitsch.

mit Erlaubnis der Empfängerin hier veröffentlicht werden, mit Streichung nur jener ganz vereinzelten Stellen, welche bei lebenden oder Angehörigen bereits verstorbener Personen Anstoß erregen könnten. Seebach zeigt sich in dieser Korrespondenz von der besten Seite. Nur ungern habe ich der Versuchung widerstanden, den unpolitischen, rein menschlichen Teil der Korrespondenz auszuscheiden. Er würde gezeigt haben, welch wundersames Gemüt Seebach besaß, wie sehr er seine Tochter Wanda liebte, wie er stets bei Freud und Leid an sie dachte. Um ihr eine besondere Freude zu machen, scheute er keine persönliche Einschränkung in Berlin. Er lebte dort mitunter für einen Minister fast zu einfach, um der Tochter einen Lieblingswunsch erfüllen zu können. Die Tage, die sie bei ihm in Berlin zubringt, sind sein Sonnenschein. Ist die Lieblingstochter fern von ihm, so verzehrt ihn die Sehnsucht, sie an sein Herz drücken zu können.

Die Korrespondenz zwischen Seebach und seiner Tochter Wanda beginnt, wenn auch noch spärlich, zu einer Zeit zu fließen, da dieselbe noch im elterlichen Hause lebte; sie erweitert sich Ende der sechziger Jahre so sehr, daß man fast anzunehmen geneigt ist, Seebach habe in diese äußere Form seine Memoiren kleiden wollen, seine Briefe also in der Absicht einer späteren Veröffentlichung derselben geschrieben.*)

Ich schicke, bevor ich die bundesrätliche Zeitperiode beginne, zwei Briefe voraus, die sich auf den Frankfurter Fürstenkongreß beziehen.

Frankfurt a./M., 24. August 1863.

An Freiin Wanda v. Seebach.

„Nach der nochmaligen ablehnenden Antwort Preußens haben sich am Sonnabend die Fürsten, wenn auch nicht ohne Widerspruch einzelner, dahin vereinigt, daß der österreichische Entwurf nunmehr von ihnen selbst durchberaten und über die 36 Artikel desselben Beschluß gefaßt werde. Mit dieser Beratung ist denn auch sofort begonnen worden, und man hat 3 Artikel, den 1., 2. und 4. erledigt. Heute wird fortgefahren, mit der von dem Kaiser bestimmten Tagesordnung: 3., 5. und 6. Artikel. Hiernach scheint es, als sollten in jeder Tagessitzung drei Artikel abgethan werden; es würde also die fürstliche Verhandlung, selbst wenn hin und wieder ein oder einige Artikel mehr über Bord gebracht würden, mindestens noch die laufende Woche ganz in Anspruch nehmen. Daneben liegt aber noch eine zwiefache Möglichkeit: einmal die, daß die Herren Souveräne im Laufe der Verhandlungen sich überzeugen, auf diesem Wege überhaupt nicht zum Ziel gelangen zu können, und daß solchenfalls über die Art und Weise, wie die Angelegenheit weiter behandelt werden soll, ein neuer Beschluß gefaßt werden muß, und dann die zweite, daß sich bei den einzelnen Artikeln eine sehr

---

*) Etwa so wie Goethe seine Briefe an Frau v. Stein über seine italienische Reise.

große Verschiedenheit der Ansichten herausstellt, und sich in diesem Falle die fürstlichen Beratungen weit mehr in die Länge ziehen werden, als man nach dem Ergebnis der Sonnabendsitzung erwarten durfte. Der eine wie der andere Fall würde mithin schon eine Verlängerung meines hiesigen Aufenthalts zur Folge haben. Bei allem Vertrauen zu der fürstlichen Einsicht und Begabung glaube ich mich aber doch nicht der Hoffnung hingeben zu können, daß der Entwurf aus der Beratung der Souveräne in solcher Fassung hervorgehen werde, daß sich nicht noch eine Ueberarbeitung desselben nötig machen sollte; diese würde dann wahrscheinlich den Ministern übertragen werden und von ihnen alsbald hier vorgenommen werden müssen. Wäre wenigstens ein endliches günstiges Resultat vorauszusehen! Allein auch in dieser Beziehung sind meine Befürchtungen größer als meine Hoffnungen. Nach den unter den Ministern gepflogenen vorläufigen vertraulichen Besprechungen hat sich meine Ueberzeugung dahin festgestellt, daß es nicht möglich sein werde, für diejenigen Modifikationen des österreichischen Entwurfs, ohne welche einerseits der Beitritt Preußens un= denkbar ist und andererseits die Nation in ihren Erwartungen sich bitter getäuscht finden wird, auch nur eine Mehrheit der Stimmen, geschweige denn eine all= seitige Zustimmung zu erlangen. Daß meine Stimmung unter diesen Verhält= nissen nicht die beste ist, wirst Du natürlich finden."

*

Frankfurt a./M., 31. August 1863.
An Freiin Wanda v. Seebach.

„Noch in diesem Augenblick ist hier alles im vollständigsten Gärungsprozeß; die Ansichten gehen bunt durch einander, und die Verlegung der fürstlichen Schluß= sitzung von heute auf morgen wird schwerlich eine größere Harmonie, jedenfalls keine allseitige Uebereinstimmung herbeiführen, weder in Beziehung auf das von den hohen Souveränen beratene Werk selbst noch in Beziehung auf das Ver= fahren, welches nun weiter, namentlich Preußen gegenüber, eingehalten werden soll. Auch darüber, ob Ministerkonferenzen stattfinden sollen, ob sofort oder später, herrscht noch vollständige Ungewißheit; indes halte ich an der Hoffnung fest, daß dieser Kelch jetzt vorübergehen wird. In der morgenden Sitzung wird deshalb Beschluß gefaßt werden." *)

*

Die Beteiligung von Coburg=Gotha an dem Kriege von 1866 ist aus dem Werke „Ernst II. Aus meinem Leben" bekannt. In den ersten Tagen des August nach der Rückkehr Bismarcks von dem böhmischen Kriegsschauplatz begannen alsbald die Verhandlungen desselben mit den Ministern der deutschen Staaten wegen Abschluß der Friedensverträge mit Bayern, Hessen, Baden und

---

*) Bekanntlich erfolgte bereits am 1. September 1863 der Schluß des ergebnislosen Fürstenkongresses.

der Bündnisverträge zwischen Preußen und den norddeutschen Regierungen. Auf die letzteren Verhandlungen beziehen sich folgende Briefe Seebachs:

Berlin, 11. August 1866.

An Freiin Wanda v. Seebach.

„Der gestrige Tag ist vorübergegangen, ohne daß ich Graf Bismarck gesprochen. Er ist unwohl und dabei sehr präoccupirt, namentlich, wie es scheint, durch die Haltung Frankreichs, die nach der Berliner Ausdrucksweise „etlich" zu werden anfängt. Bin ich recht unterrichtet, so ist eine Depesche aus Paris eingegangen, die sich in sehr bitterem Tone darüber ausspricht, daß Preußen jetzt in seinen Annexionen viel weiter gehen wolle, als es in den früheren Verhandlungen in Aussicht gestellt, und ziemlich kategorisch fordert, entweder, daß Preußen auf diese weitergehenden Annektirungen verzichte oder Frankreich entsprechende Kompensationen gewähre. Für den letzteren Fall soll bereits die Pfalz und ein Teil des an Frankreich grenzenden preußischen Gebiets als ein geeignetes, Luxemburg dagegen als ein ungeeignetes Kompensationsobjekt bezeichnet worden sein. Diese Wendung wäre eine überaus unerfreuliche, sie könnte leicht zu neuen kriegerischen Komplikationen führen, und würde jedenfalls auf die ohnehin unangenehmen Verhandlungen, die ich hier zu pflegen habe, eine lähmende Rückwirkung äußern.

„Ueber die Dauer meines hiesigen Aufenthalts bin ich selbst noch ganz im ungewissen, fürchte aber sehr, daß er sich etwas in die Länge ziehen wird, da man die Absicht zu haben scheint, über den Bündnisvertrag mit sämtlichen Beteiligten gleichzeitig zu verhandeln, und noch mehrere Bevollmächtigte für diese Verhandlungen fehlen. Das wäre sehr fatal, denn ich habe es schon heute hier herzlich satt. Das Wetter ist abscheulich und ich denke es daher ruhig in meinem Zimmer abzuwarten, ob mir heute Graf Bismarck eine Stunde bestimmen wird."

*

Berlin, 13. August 1866.

An Freiin Wanda v. Seebach.

„Noch sehe ich für meinen Aufenthalt hierselbst kein Ende. Heute werde ich vielleicht erfahren, ob die Vollziehung des Bündnisvertrages, die ich, nachdem mich der Herzog einmal damit beauftragt hat, doch notwendig abwarten muß, bis zum Mittwoch erfolgen kann. Hätte ich mindestens die Befriedigung, in den anderen Angelegenheiten,*) über die ich verhandeln soll, etwas ausrichten zu können! Damit sieht es aber ebenfalls windig aus. Die Herren in dem auswärtigen Ministerium haben alle den Kopf so voll, daß sie nur mit halben Ohren hören. Zu einer eigentlichen Verhandlung habe ich noch gar nicht

---

*) Gemeint ist vermutlich die Abtretung der Grafschaft Schmalkalden an das Herzogtum Sachsen-Coburg und Gotha.

gelangen können, und fürchte sehr, daß ich werde abreisen müssen, ohne irgend ein Resultat erzielt zu haben, wenn mein Aufenthalt nicht noch wochenlang dauern soll. Das halte ich aber nicht aus, wenigstens nicht, ohne daß mich die schwere Berliner Luft ganz melancholisch macht. Von der Cholera spricht niemand, und scheint sie ja auch nach den Zeitungen stark im Abnehmen zu sein."

*

Berlin, 17. August 1866.
An Freiin Wanda v. Seebach.

„Unsere Abreise ist auf Sonntag früh festgesetzt, da die Unterzeichnung des Bündnisvertrages nun bestimmt morgen abend erfolgen soll."*)

*

Am 4. September 1866 ersuchte Bismarck den Minister Seebach, sich zur Verhandlung über die Abtretung der Grafschaft Schmalkalden an das Herzogtum Coburg-Gotha nach Berlin zu begeben. Auf diese Dienstreise beziehen sich die beiden folgenden Briefe.

Berlin, 11. September 1866.
An Freiin Wanda v. Seebach.

„Die Geschäfte sind materiell erledigt und zwar ganz nach Wunsch; einige Zeit ist aber noch nötig, um die Sache in die gehörige Form zu bringen, und vor Donnerstag abend wird daher meine Abreise nicht zu ermöglichen sein.

„Graf Bismarck hatte mir den gestrigen Abend 8½ Uhr bestimmt, ließ mich aber dann durch Herrn v. Savigny bitten, nicht zu kommen, weil er zu angegriffen sei. Heute war er im Abgeordnetenhause und sah allerdings auch sehr angegriffen aus.

„Meine Kette**) muß ich aber freilich erst loswerden, ehe ich abreisen kann."

*

Der Abschluß der Konvention mit Sachsen-Coburg und Gotha über die Abtretung der Wälder von Schmalkalden erfolgte am 14. September.

Berlin, 12. September 1866.
An Freiin Wanda v. Seebach.

„Ob es mir möglich sein wird, morgen abzureisen, steht noch dahin. Graf Bismarck hat es für nötig gehalten, daß dem König über meine Verabredungen mit Herrn v. Savigny vor der Unterzeichnung des Vertrages nochmals ausführlicher Vortrag erstattet werde, was leicht eine Verzögerung herbeiführen könnte.

---

*) Die Unterzeichnung des Bündnisvertrages zwischen Preußen und der Mehrzahl der norddeutschen Regierungen fand in der That am 18. August statt. Der Abschluß mit den beiden Mecklenburg erfolgte am 21. August.

**) Gemeint ist die Verleihung der Kette des herzoglich sächsischen Hausordens an Bismarck.

„Die Kette habe ich dem Grafen Bismarck gestern abend 9½ Uhr überreicht und die Genugthuung gehabt, daß er sich wirklich darüber zu freuen schien."

*

Der nächste Aufenthalt Seebachs in Berlin war bedingt durch die Beratungen über den Entwurf der Verfassung des Norddeutschen Bundes, wozu Preußen die verbündeten Regierungen unterm 21. November auf den 15. Dezember eingeladen hatte. Hierauf bezieht sich die nachfolgende Korrespondenz Seebachs.

Berlin, 16. Dezember 1866.

An Freiin Wanda v. Seebach.

„Wir sind doch noch gestern abend mit dem Verfassungsentwurf überrascht worden — aber keineswegs angenehm. Bleibt es bei den darin getroffenen Bestimmungen, namentlich den militärischen, und an diesen wird man hier gerade am wenigsten etwas ändern lassen wollen, so ist die Fortexistenz der kleineren Staaten — mindestens der bei weitem größeren Mehrzahl derselben — aus finanziellen Gründen schlechthin unmöglich gemacht. Die Verhandlungen werden sich somit noch unerfreulicher gestalten, als ich erwartet hatte, und bei einer gänzlichen Unnachgiebigkeit Preußens erscheint es mir gar nicht undenkbar, daß das ganze Projekt des Norddeutschen Bundes ein klägliches Fiasko macht. Dies wäre freilich ein überaus trauriges Ereignis. Möge der Himmel es abwenden!

„Der Empfang beim König war recht feierlich. Er trat in die Mitte des Saales und hielt eine längere Anrede, in der er allerdings auch die zu bringenden Opfer scharf betonte. Ich hatte mich besonderer Gnade zu erfreuen; als er mich bemerkte, übersprang er vier meiner Vorderleute, kam schnell auf mich zu, gab mir die Hand und sagte mir über unsere Haltung viel Schmeichelhaftes.

„Gegen 9 Uhr erfolgte dann die Eröffnung der Konferenz durch Graf Bismarck,*) der mir doch noch sehr angegriffen zu sein scheint.

„Heute nachmittag wurden die Vollmachten ausgetauscht und geprüft, und um 7 Uhr bin ich zur Frau Kronprinzeß befohlen."

*

Berlin, 19. Dezember 1866.

An Freiin Wanda v. Seebach.

„Die heutige Konferenzsitzung beginnt um 1 Uhr und wird voraussichtlich von ziemlich langer Dauer sein. Um 5 Uhr bin ich dann zu den kronprinzlichen Herrschaften zum Diner befohlen, und so werde ich wohl nicht imstande

---

*) Die von Bismarck bei dieser Gelegenheit gehaltene Rede findet sich abgedruckt in meinem Werke: „Die Ansprachen des Fürsten Bismarck" S. 10.

sein, Euch noch heute über das Ergebniß der Sitzung zu berichten. Indes möchte ich nach Mitteilungen, die mir gestern geworden sind, kaum mehr bezweifeln, daß es zur Vertagung kommen wird. Jedenfalls werde ich hier von meiner Vollmacht für den Abschluß nicht Gebrauch machen, ohne vorher noch mit dem Herzog mündliche Rücksprache genommen zu haben.

„Die Ansicht, daß das vorgelegte Verfassungsprojekt den kleineren Staaten die Existenzfähigkeit abschneidet, indem es ihnen finanzielle Lasten auferlegt, die sie nicht zu tragen vermögen, hat sich bei mir immer mehr festgestellt, und leider hat es den Anschein, als ob man preußischerseits gerade an den nichtigsten Bestimmungen, die eine solche Konsequenz herbeiführen würden, unbedingt festhalten werde. Man kennt also entweder unsere Verhältnisse nicht, oder man will die kleinen Staaten auf diesem indirekten Wege beseitigen — und das letztere ist es, was ich für das Richtige halte.

„Du kannst Dir denken, daß unter diesen Umständen meine Stimmung eine sehr deprimirte ist, zumal ich mit mir selbst noch nicht darüber ins klare gekommen bin, was ich, bei sich so mannigfach kreuzenden Erwägungen und Interessen, dem Herzog mit gewissenhafter Ueberzeugung raten soll."

*

Berlin, 16. Januar 1867.

An Freiin Wanda v. Seebach.

„Das ist eine Geduldsprobe, wie ich noch kaum eine bestanden. Alles Drängen und Treiben hat nur zur Folge, daß man von einem Tage zum andern vertröstet wird; aber auch der heutige scheint vorüber zu gehen, ohne daß es zu einer Verhandlung kommt, da bis zur Stunde — 1 Uhr vorbei — noch keine Einladung erfolgt ist.

„Heute soll ich in einer großen Soirée bei der Oberhofmeisterin Gräfin Schulenberg sein, in der auch die Majestäten sein werden; ich fühle mich aber so wenig aufgelegt dazu, daß ich mich wohl mit Unwohlsein entschuldigen werde."

*

Berlin, 18. Januar 1867.

An Freiin Wanda v. Seebach.

„Die Frau Kronprinzessin habe ich noch nicht gesehen; sie wurde zwar in der gestrigen Soirée bei den Majestäten, die bis gegen 1 Uhr dauerte, noch erwartet, erschien aber nicht, was mir auch nach ihrer langen Fahrt sehr natürlich vorkam. Ich hatte meinen Platz am Tisch der Prinzessin Friedrich Karl angewiesen erhalten und traf es so glücklich, noch einen freien Stuhl zwischen der Gräfin Redern und Frau v. Savigny, ziemlich den beiden einzigen Damen, die mir etwas näher bekannt und immer sehr freundlich gegen mich sind, zu finden. Da ist mir denn der lange Abend schneller vergangen, als ich fürchtete, zumal auch das Konzert, in dem Frau Harriers, Fräulein Artôt und Herr Niemann sangen, sehr hübsch war."

*

Berlin, 26. Januar 1867.
An Freiin Wanda v. Seebach.

„Herr v. Savigny hatte gestern Vortrag bei Sr. Majestät, und auf heute nachmittag ist Sitzung anberaumt, die uns — wie er mir sagte — sehr schnell vorwärts bringen werde. Halte ich nun auch diese Aeußerung nicht für ein Evangelium, so könnte sie doch einmal zutreffen.

„Wann ich werde abreisen können, vermag ich nach dem Stand der Verhandlungen nicht zu bestimmen, doch wird ja wohl die heutige Sitzung darüber Aufklärung geben. Möglich, daß auch nur eine nochmalige Vertagung eintritt. Mag sein, man atmet dann doch einmal wieder andere Luft.

„Wüßte man hier, wie sehr ich mich wegsehne, so würde man mich wohl der Undankbarkeit zeihen, denn ich muß anerkennen, daß alle Welt gesellschaftlich sehr artig gegen mich ist und namentlich der Hof mich mit Liebenswürdigkeiten überschüttet. In dieser Woche war ich am Montag zu einem kleinen Thee bei der Königin, Mittwoch zu einer glänzenden Soirée im königlichen Palais und gestern zum Diner bei den kronprinzlichen Herrschaften — zu Ehren ihres Hochzeitstages — geladen. Dies alles kann mich aber nicht über das Gefühl der Vereinsamung, noch weniger über den Mißmut, mit dem mich die Rücksichtslosigkeit, mit welcher uns gegenüber die Geschäfte betrieben werden, erfüllt, und am allerwenigsten über die trüben Gedanken hinwegbringen, zu denen mir meine Auffassung der jetzigen politischen Situation und die darauf sich gründende Ueberzeugung, daß das Werk, an dem ich leider mitarbeiten muß, sich doch unter allen Umständen für die kleinen Staaten zu einem unheilvollen gestalten,*) und namentlich auch bei uns die unerfreulichsten Verwicklungen zur Folge haben und mir persönlich Aerger und Verdruß in Menge bereiten wird, ausreichende Veranlassung gibt.

„Schon scheint der Herzog, nach einem mir gestern zugegangenen Telegramm, ungnädig zu sein, daß ich die Wahl zum Reichstage abgelehnt habe, obwohl er, als ich ihn in Coburg darüber fragte, die Ablehnung selbst wünschte, und ich mir zu Weihnachten nur die Ermächtigung von ihm erbeten habe, mit meiner Erklärung vorläufig zurückhalten und meine definitive Entschließung von dem Gange der hiesigen Verhandlungen abhängig machen zu dürfen. Jedenfalls liegt aber in dem letzteren kein Grund, der mich zur Annahme der Wahl hätte bestimmen können, vielmehr möchte ich mich jetzt um keinen Preis der

---

*) Erfreulicherweise hat Seebach hier und auch sonst in einigen Punkten zu schwarz gesehen. Ich glaube, keiner der kleinen Staaten würde heute die Zeit vor 1866 der jetzigen vorziehen.

Welt freiwillig in eine Lage bringen, die mir die Verpflichtung auferlegen würde, noch weiter bei der Aufrichtung eines Werkes mitzuwirken, von dem ich überzeugt bin, daß es den Todeskeim für die kleinen Staaten in sich schließt. Sollte ich mir aber die Aufgabe stellen, das Werk im Reichstage zu bekämpfen, so müßte ich mir im voraus sagen, daß dies ganz nutzlos sein, für mich persönlich aber die unerfreulichsten Kollisionen herbeiführen und auch auf die Stellung unserer Regierung zu Preußen in der nachteiligsten Weise zurückwirken würde. Ueberdies bin ich der Meinung, daß ich allerdings zur Annahme der Wahl der Zustimmung des Herzogs bedurft hätte, die Ablehnung dagegen lediglich mit mir und meinem Gewissen abzumachen habe. Ich finde daher auch keine Veranlassung, mich wegen meiner ablehnenden Erklärung ihm gegenüber zu rechtfertigen, wenn ich nicht dazu direkt von ihm aufgefordert werde."

*

Berlin, 29. Januar 1867.

An Freiin Wanda v. Seebach.

"Du bist in der Meinung befangen, die Wiederaufnahme der Verhandlungen sei bereits erfolgt. Das ist leider eitel Täuschung. Die Sitzung, von der ich Dir schrieb, hatte lediglich den Zweck, einen Nebenpunkt, der füglich ganz bis zum Schluß der Beratungen hätte ausgesetzt bleiben können, zu erledigen; in Bezug auf die Verhandlungen gingen wir ebenso klug wieder nach Hause, wie wir gekommen waren, das heißt wir erfuhren darüber, wann und wie dieselben wieder aufgenommen werden sollten, auch nicht das Geringste. Und so steht die Sache auch noch heute. Zwar sind wir für heute mittag von neuem zu einer Sitzung geladen, man ist aber so vorsichtig gewesen, alsbald in der Einladung zu erwähnen, daß in derselben nur das Protokoll über die letzte Sitzung zur Verlesung kommen und unterzeichnet werden solle. Somit hat es ganz den Anschein, als ob mit diesen Sitzungen nur beabsichtigt werde, uns ein wenig zu beschäftigen, vielleicht auch, dem Publikum — die Zeitungen fingen schon an, die lange Pause zu besprechen — etwas Sand in die Augen zu streuen.

"Gestern war das Ordensfest — ein langes Vergnügen. Um 11 Uhr fuhr ich in der vorgeschriebenen Gala in das Schloß, wo der kirchlichen Feier zunächst das Diner, an welchem über 1200 Personen teilnahmen, und dann eine längere Cour folgte, so daß ich erst zwischen 4 und 5 Uhr wieder nach Hause kam. Indessen war es mir doch interessant, das eigentümliche Fest, dessen Teilnehmer sich vom Generalfeldmarschall bis zum Schutzmann abstufen, einmal mit anzusehen. Nach dem Diner zeigten sich unter den Inhabern des schwarzen Frackes manche hochgerötete Wangen, wohl weniger infolge der Wärme, an der eben kein Ueberfluß war, als infolge des ungewohnten Champagners."

*

Berlin, 31. Januar 1867.

An Freiin Wanda v. Seebach.

„Der Herzog hat die Wahlangelegenheit nicht wieder gegen mich erwähnt, und wird sich daher, wie ich hoffe, wohl selbst überzeugt haben, daß er mir wegen meiner Ablehnung mit Grund keinen Vorwurf machen kann. Ich denke mir, daß ihm die Holtzendorffsche Kandidatur nicht ganz angenehm sein mag, und er dadurch bestimmt worden ist, nochmals bei mir anzufragen.

„Die Verhandlungen sind nun bis auf die Militärfrage beendet. In dieser scheinen sich aber neuerdings wieder Schwierigkeiten ergeben zu haben, und es steht daher sehr in Frage, ob die uns gemachte Hoffnung, daß die Konferenz in der ersten Woche des Februar werde geschlossen werden, in Erfüllung gehen wird.

„Ich habe heute wieder einen schweren Tag: Diner beim Kronprinzen, Konzert am Hofe, erkenne aber die Liebenswürdigkeit dankbarst an."

*

Berlin, 3. Februar 1867.

An Freiin Wanda v. Seebach.

„,Länger als bis zum 6. kann ich nicht warten,' diese heilverkündenden Worte hat Graf Bismarck vorgestern dem Kronprinzen in Beziehung auf den Schluß der Konferenz ausgesprochen. An uns hat es freilich nie gelegen, wenn die Verhandlungen nicht rascher vorwärts gegangen sind, und so wird auch jetzt von unserer Seite sicher alles geschehen, um den Wunsch des Herrn Grafen zu erfüllen. Wie es aber bei der Kürze der gestellten Frist und der Wichtigkeit der noch zurückstehenden Beratungsgegenstände möglich sein soll, vermag ich allerdings nicht abzusehen, wenigstens dann nicht, wenn die Sache uns gegenüber mit einigem Anstand zu Ende gebracht werden soll. Was mich betrifft, so werde ich, um schneller zum Ziel zu kommen, mit etwas weniger Anstand gern fürlieb nehmen, und glaube mich nach der obigen Aeußerung jedenfalls der sicheren Hoffnung hingeben zu dürfen, daß mich die nächste Woche nicht mehr hier finden wird.

„Lebt Ihr in Saus und Braus, so ist dies bei mir nicht weniger der Fall: Donnerstag Konzert am Hofe, vorgestern Subskriptionsball im Opernhause, gestern große Cour in den Paradesälen des Schlosses. Hoffentlich habt Ihr aber mehr Genuß davon als ich. Den Subskriptionsball hätte ich mir wohl geschenkt, wenn ich es nicht wegen des Hofes für Pflicht gehalten hätte, hin zu gehen. Für meine Aufmerksamkeit wurde ich denn auch — zufällig stand ich bei dem zweiten Umgang der höchsten Herrschaften in erster Linie — durch einen freundlichen Händedruck Seiner Majestät ausgezeichnet, um den mich die Umstehenden wohl alle beneidet haben mögen. Uebrigens ist der Anblick des hell erleuchteten und in allen seinen Teilen höchst geschmackvoll dekorirten Hauses

ganz prächtig, und so ist es mir doch lieb, das Schauspiel einmal mit an=
gesehen zu haben."

*

Am 7. Februar abends erfolgte der Schluß der Bevollmächtigten=Kon=
ferenzen zur Beratung des Verfassungsentwurfs, und am 24. desselben Monats
die Eröffnung des konstituirenden Reichstags, welche Seebach wieder nach
Berlin führte.

Berlin, 30. März 1867.

An Freiin Wanda v. Seebach.

„Mein diesmaliger Aufenthalt in der aufstrebenden Weltstadt gibt mir
wenigstens keine Veranlassung, über Langeweile zu klagen. Der Reichstag
nimmt allein täglich 6 volle Stunden in Anspruch. Mit demselben ist es
neuerdings wenig gut gegangen. Bismarck hat durch sein etwas schroffes
Auftreten mehrfach verletzt, namentlich die nationalliberale Partei, und dadurch
wohl selbst zu der sich jetzt geltend machenden schärferen Opposition Veran=
lassung gegeben. Ueber die heutige Abstimmung, die in der Diätenfrage eine,
wenn auch sehr geringe, Majorität gegen die Regierung ergab, war er im
höchsten Grade erbittert, so sehr, daß er nach derselben ziemlich laut gegen den
neben ihm sitzenden Minister Roon äußerte, daß er nicht wieder in dem Reichs=
tag erscheinen werde. Indes hoffe ich, daß er sich doch noch eines Bessern
besinnen wird."

*

Berlin, 2. April 1867.

An Freiin Wanda v. Seebach.

„Die Reichstagsverhandlungen haben in den letzten Tagen einen raschen
Fortgang genommen; gleichwohl glaube ich, daß sich diejenigen täuschen, welche
darauf die Hoffnung gründen, daß das ganze Werk noch vor Ostern zum Ab=
schluß kommen werde, es wäre denn, daß der nichtswürdige Luxemburger Handel
schnell zu stande käme. In diesem Falle würde sich bei der preußischen Regierung
wohl etwas mehr Neigung zeigen, Konzessionen zu machen, und dann eine all=
seitige Einigung leicht erreichbar sein. Wenn aber auch nicht der Schluß, so
wird doch jedenfalls die Vertagung des Reichstags vor Ostern erfolgen. Vor
dem Schluß oder der Vertagung abzureisen, würde die hiesige Regierung den
jetzt hier anwesenden Kommissaren als einen Mangel an Rücksichtnahme aus=
legen, und dies glaube ich umsomehr vermeiden zu müssen, als ich damit den
Stand der Verhandlungen über unsere Militärkonvention sicher nicht bessern
würde. Leider habe ich ohnehin nicht viel Hoffnung, etwas mehreres zu
erreichen."

*

Berlin, 7. April 1867.

An Freiin Wanda v. Seebach.

„Meine Rückkehr nach Gotha wird sich wahrscheinlich bis zum Schluß der Karwoche verzögern. Bis Mittwoch soll die erste Lesung des Verfassungsentwurfs beendigt werden. Dann Beratung der Regierungsbevollmächtigten, um über die Annahme oder Nichtannahme der von dem Reichstag angenommenen Abänderungsvorschläge Beschluß zu fassen — auf Mittwoch abend 8 Uhr ist dazu bereits Sitzung anberaumt. Die gefaßten Beschlüsse werden dem Reichstag mitgeteilt, der Montag den 15. in die Schlußberatung eintritt. Diese hofft man durch einen Antrag auf en bloc-Annahme zu koupiren und dadurch schnell, vielleicht schon in zwei, höchstens drei Sitzungen zur endlichen Entscheidung zu gelangen, so daß der Schluß des Reichstags am Gründonnerstag erfolgen könnte. Ob es möglich sein wird, das Programm einzuhalten, und namentlich mit dem Antrag auf en bloc-Annahme durchzudringen, steht freilich dahin. Ebenso läßt sich in diesem Augenblick noch keineswegs mit Sicherheit voraussehen, wie die endliche Entscheidung ausfallen wird. Meiner Ansicht nach hängt sie hauptsächlich, vielleicht einzig und allein davon ab, ob die hiesige Regierung in Beziehung auf die Militärbudgetfrage zu einer Konzession geneigt ist. Ist dies nicht der Fall, so glaube ich, daß die nationalliberale Partei — die dann die Linken, die Partikularisten und Pessimisten zu Genossen haben und mit diesen die überwiegende Mehrheit des Hauses bilden würde — so sehr sie auch das Zustandekommen der Verfassung wünscht, doch schließlich gegen die Annahme derselben stimmen und somit das ganze Werk zum Scheitern bringen wird. Was dann? Darüber weiß ich nur, daß es nichts Erfreuliches, nichts Gutes sein kann. Die Beratungen der Regierungsbevollmächtigten werden voraussichtlich nur eine kurze Zeit in Anspruch nehmen, und hoffe ich, in diesem Falle von dem Herzog die bereits erbetene Erlaubnis zu erhalten, die dann eintretende kurze Pause zu einem Ausflug nach Dresden benutzen zu dürfen."

*

Auch hier entwickelte sich das Verhältnis günstiger, als Seebach zu hoffen wagte: am 16. April nahm der Reichstag und an demselben Abende die verbündeten Regierungen den Verfassungsentwurf an, so daß der konstituirende Reichstag bereits am folgenden Tage geschlossen werden konnte.

Während der vier Sessionen des Bundesrats beteiligte sich Seebach fleißig an den Arbeiten desselben, wie dies aus der folgenden Korrespondenz desselben mit seiner Tochter erhellt, die stellenweise auch die heimatlichen Verhältnisse des Ministers streift.

Berlin, 20. März 1868.

An Freiin Wanda v. Seebach.

„Dem Herzog hatte ich mitgeteilt, daß sich der Großherzog von Weimar und die Herzöge von Altenburg und Meiningen zum Geburtstage des Königs hier einfinden würden; er telegraphirt mir aber soeben, er bedaure, diesmal nicht kommen zu können. Mir steht zur Feier des Tages ein großes Uniform=diner bei dem Präsidenten des Bundeskanzler=Amts, dem Geheimen Rat Delbrück, bevor."

*

Gotha, 12. November 1868.
An Frau Wanda v. Koethe.

„Die Wahlen für meinen Landtag fallen überaus kläglich aus; die Be=teiligung ist so gering, daß z. B. in Ohrdruf von ca. 900 Wahlberechtigten 21, hier in einem Bezirk von ca. 800 Wahlberechtigten 27 ihre Stimmen abgegeben haben. Auf dem Lande sind größtenteils Bauern gewählt worden. Die Intelligenz wird also ziemlich schwach vertreten sein, und es mir an Aerger nicht fehlen."

*

Berlin, 7. März 1869.
An Frau Wanda v. Koethe.

„In den letzten Tagen bin ich durch Geschäfte — darunter eine lange Konferenz in Angelegenheiten des Oberappellationsgerichts in Jena, zu der sich auch Herr v. Larisch*) eingefunden hatte — durch Diners — bei dem Finanz=minister und bei Herrn v. Pommer=Esche — und durch Soiréen — bei den Majestäten und gestern bei der Oberhofmeisterin Gräfin Schulenburg — sehr in Anspruch genommen worden. Jedenfalls muß ich heute noch meinem gnädigsten Herrn melden, daß es mir nicht möglich sei, schon in den nächsten Tagen — wie ich ihm in Aussicht gestellt hatte — nach Gotha zurückzukehren.

„Dir brauche ich nicht zu sagen, in wie hohem Grade mir dieser längere Aufenthalt hier unerfreulich ist; ich hoffe aber, daß auch der gnädige Herr sich überzeugen wird, daß ich nicht bleiben würde, wenn es nicht ein Gebot der Notwendigkeit wäre. Es wirken dabei verschiedene Umstände zusammen, mit denen ich Dich nicht langweilen will; die Hauptsache ist, daß mir neuerdings noch ein Referat übertragen worden ist, dessen Uebernahme ich unmöglich ab=lehnen konnte. Harbou**) reist heute ab, Gerstenberg***) will nach der nächsten Sitzung, die vielleicht schon morgen stattfinden wird, den Rückzug antreten, und Bertrab†) spricht ebenfalls davon, so bald als möglich abzureisen; das trägt dann auch nicht dazu bei, mir meinen Aufenthalt angenehmer zu machen.

„Die Entlassung des Grafen Usedom kennst Du aus den Zeitungen. Viel=leicht interessirt es Dich, zu erfahren, was dazu Veranlassung gegeben hat. Im Juli 1866 richtete Graf Bismarck ein chiffrirtes Telegramm an ihn, dessen wesentlicher Inhalt dahin lautete, auf eine schärfere Aktion Italiens zu bringen

---

*) Anhaltischer Staatsminister.
**) Staatsminister v. Harbou, Vertreter von Reuß j. L. im Bundesrat.
***) Staatsminister v. Gerstenberg=Zech, Vertreter Altenburgs im Bundesrat.
†) Staatsminister v. Bertrab, Vertreter von Schwarzburg=Rudolstadt im Bundesrat.

und dabei auch auf die Verbindung hinzuweisen, in die man mit der ungarischen Agitationspartei getreten sei.*) Dieses Telegramm ist neuerdings in einer Broschüre des Generals Lamarmora abgedruckt worden, und Graf Usedom hat nicht in Abrede stellen können, daß es mit seinem Vorwissen — wahrscheinlich durch seine Frau Gemahlin — zur Kenntniß des Generals gebracht worden sei. Dieser Mißbrauch seiner amtlichen Stellung hat den Zorn des Grafen Bismarck umsomehr erweckt, als sich derselbe nur sehr ungern an die Verbindung mit Ungarn erinnern lassen soll. Graf Usedom ist aber ein Liebling des Königs, und die Genehmigung seiner Entlassung ist erst nach einigen heftigen Scenen zwischen Sr. Majestät und dem Grafen Bismarck erfolgt. Man behauptet sogar, daß der letztere teils wegen dieser Vorkommnisse, teils wegen der Frankfurter Auseinandersetzungsangelegenheit dem König erklärt habe, daß er nicht länger im stande sei, die Geschäfte fortzuführen. Bei der jetzigen Lage der Dinge wäre dies eine große Kalamität, die doch nun wohl abgewendet sein wird. Eine starke Verstimmung soll indes doch bei dem Grafen Bismarck zurückgeblieben sein und daraus auch kein Geheimniß von ihm gemacht werden." **)

*

Berlin, 12. März 1869.

An Frau Wanda v. Koethe.

„Gestern um 9½ Uhr mußte ich in das königliche Palais zur Soirée, wo mir mein Platz am Tisch der Kronprinzessin zwischen der Fürstin Schönburg

---

*) Die am 13. Juni 1866 von Bismarck an Usedom gerichtete Depesche (Kohl, Bismarck-Regesten Bd. I., S. 285, datirt dieselbe vom 12. Juni) soll nach der deutsch-feindlichen „Correspondence du Nord-Est", woselbst die erste Veröffentlichung erfolgte, gelautet haben: „Berlin, 13. Juni 1866. Bestehen Sie energisch bei der italienischen Regierung darauf, daß sie sich mit dem ungarischen Komite in Verbindung setzt. Die abschlägige Antwort des Generals Lamarmora gibt uns zu dem Verdachte Veranlassung, als ob Italien nicht die Absicht hege, Oesterreich gegenüber ernstlich Krieg zu führen. Wir sind bereit, die Feindseligkeiten in der künftigen Woche zu beginnen. Gleichwohl würde ein fruchtloser Kampf von seiten Italiens in dem Festungsviereck unser Mißtrauen nur vermehren ... v. Bismarck."

**) In dem Anfang März 1869 eingereichten Entlassungsgesuche Bismarcks heißt es: „Um die Entlassung Usedoms habe ich Ew. Majestät zuerst im Jahre 1864 gebeten, und die meisten der jetzt aktenmäßig konstatirten Beschwerden über diesen Gesandten schon damals und seitdem öfter geltend gemacht. Meine Ew. Majestät vorgetragenen Korrespondenzen mit Usedom über seine Pflichtwidrigkeiten aus dem Jahr 1864 bis jetzt füllen Aktenbände, an denen ich viele Stunden und manchen Tag unter körperlichen Leiden und in schwerem Drange anderer Geschäfte zu arbeiten gehabt habe. Am Sonntag vor acht Tagen erlaubte ich mir, Ew. Majestät mündlich zu erklären, daß meine Ehre mir verbiete, mit dem Grafen Usedom länger zu dienen, und ich glaube, daß Ew. Majestät unter kameradschaftlichen Verhältnissen im Militär und in Stellungen, welche minder bedeutend für die Geschicke des Landes sind, dieser Auffassung sofort beigetreten sein und mir gestattet haben würden, darnach zu verfahren." Graf Usedom wurde demnächst veranlaßt, seinen Abschied zu nehmen. (Bismarck-Jahrbuch Bd. I., S. 81 ff.)

und der Fürstin Carolath angewiesen wurde. Die letztere ist doch noch auf=
fallend hübsch, obgleich sie etwas schmaler geworden ist und an Frische verloren
hat; jedenfalls war sie sehr gesprächig und liebenswürdig, so daß mir der
Abend schneller verging, als ich erwartet hatte. Im Konzert sangen Herr
Womorsky und Frau Lucca, die ihre Operation glücklich überstanden hat und
alle Welt entzückte. Dann folgten zwei französische Lustspiele, die sehr unbe=
deutend waren, aber recht gut gespielt wurden. Es war aber auch schon nahe
an der zweiten Stunde, als ich zur Ruhe kam.

*

An Frau Wanda v. Koethe.

Berlin, 18. März 1869.

„Es ist, als ob ich hier festgeschmiedet wäre. Gestern war bereits alles
zu meiner heutigen Abreise vorbereitet, die Koffer waren gepackt, die Karten
p. p. c. ausgetragen, da kam die Einladung zu einer Sitzung des Justizaus=
schusses zur Beratung des sächsischen Antrags wegen Errichtung eines obersten
Bundesgerichtshofs für Handels= und Wechselsachen. Die Sache interessiert mich,
ich war ja auch noch am Ort, folgte also der Einladung. Wir saßen über
3 Stunden, ohne fertig zu werden, da von Lübeck starke Opposition gemacht
wurde; auch zeigte sich, daß die Stimmen für und wider — von mir abge=
sehen — gleich geteilt waren. Preußischerseits legt man nun einen sehr hohen
Wert darauf, daß der Antrag, den ja der König schon in seiner Thronrede
hervorgehoben hatte, genehmigt werde und schon in dem Ausschuß eine Majorität
erlange; ich wurde daher, da ich mich ebenfalls für den Antrag ausgesprochen
hatte, nach der Sitzung von den preußischen Herren in der dringendsten Weise
gebeten, meine Abreise bis nach Beendigung der Ausschußberatung zu verschieben.
Eine gänzliche Ablehnung war unter solchen Umständen in der That unmöglich;
ich erklärte mich daher bereit, zu bleiben, wenn mir zugesichert werde, daß die
Beratung im Laufe des heutigen Tages zu Ende geführt werden solle, da ich
Freitag früh jedenfalls abreisen müsse. Der Herr Vorsitzende erteilte mir die
Zusicherung und erklärte sich seinerseits bereit, wenn nötig, bis Mitternacht
zu sitzen.

„Ich erwarte nun das weitere; wie es aber auch kommen möge, sicher ist,
daß ich an meiner Erklärung festhalte und morgen früh abreise. Sind es doch
nun schon fast 5 Wochen, daß ich hier ausharren muß. Hätte ich wenigstens
während dieses langen Aufenthalts einen kurzen Ausflug nach Dresden unter=
nehmen können. Die Zeit dazu würde sich wohl gefunden haben; es war aber
unmöglich, weil man über die Sitzungen niemals etwas sicheres im voraus
erfahren kann, und sich daher erst nachträglich, d. h. wenn es zu spät ist,
davon überzeugt, daß man ganz gut einige Tage hätte fortkommen können.

„Es ist dies um so ärgerlicher, als ich jetzt in Gotha so viel zu thun finden werde, daß ich in der nächsten Zeit nicht werde daran denken können, mich dort wieder von den Geschäften los zu machen! Hoffentlich finde ich dort alles so weit vorbereitet, daß ich meinen Landtag in der ersten vollen Woche des April einberufen kann."

*

Berlin, 26. November 1869.

An Frau Wanda von Koethe.

„Nach Herrn Delbrücks Mitteilung geht die Absicht dahin, sowohl den Bundesrat als den Zollbundesrat in nächster Woche einzuberufen und in rasch aufeinanderfolgenden Sitzungen zu erledigen, was bis dahin von den Ausschüssen vorbereitet worden ist, alles übrige aber auf das nächste Jahr zu verschieben, wo dann freilich eine ziemlich lange Diät in Aussicht stehen dürfte."

*

Berlin, 5. Dezember 1869.

An Frau Wanda v. Koethe.

„Vielleicht hast Du in der „Kreuzzeitung" gelesen, daß Graf Bismarck gestern abend hier durchgereist sei, um sich wegen der Erkrankung seines Sohnes nach Bonn zu begeben. Die Notiz ist nicht ganz richtig und in der Voraussetzung, daß Du Interesse daran nimmst, will ich Dir schnell sagen, was ich von der Sache weiß.

Der junge Graf*) hat sich duellirt — natürlich wegen einer Lumperei, wie dies bei den Studentenduellen gewöhnlich der Fall zu sein pflegt — und einen Hieb in den Kopf davon getragen. Die Wunde war an sich nicht unbedenklich, die Gefahr steigerte sich aber, da am dritten Tage ein starker Schüttelfrost eintrat. In dessen Folge wurde nach Varzin telegraphirt, und die Depesche klang so trostlos, daß beide Eltern sich alsbald auf den Weg machten, kaum hoffend, den Sohn noch lebend zu finden. Hier fanden sie jedoch gestern abend bei ihrer Ankunft eine anderweite Depesche beruhigenden Inhalts vor. Graf Bismarck, der sich selbst nicht wohl fühlte, ließ daher die Mutter allein weiter fahren, und von dieser ist bereits gegen Mittag ein neues Telegramm eingegangen, nach welchem eine Lebensgefahr nicht mehr vorhanden zu sein scheint.

„Ob Graf Bismarck nun hier bleiben und wieder in die Geschäfte eintreten wird, darüber habe ich Sicheres nicht in Erfahrung bringen können. Morgen wird es sich ja zeigen, ob er sich in der Sitzung einfindet.**) Auch darüber,

---

*) Gemeint ist Graf Herbert Bismarck.
**) Graf Bismarck blieb zunächst in Berlin, er begab sich erst am 23. Dezember nach Bonn, um im Kreise seiner Familie das Weihnachtsfest zu verbringen. Im Jahre 1868 äußerte Seebach einmal seiner Tochter Wanda v. Koethe gegenüber: Wenn Graf Bismarck bei den Bundesratsverhandlungen zugegen sei, gehe es immer am besten. Sehr oft hilft ein guter Witz von ihm über Schwierigkeiten hinweg, die berghoch erschienen.

wie es mit mir werden wird, habe ich noch keine Gewißheit; ich fürchte aber, daß es mir nicht möglich sein wird, noch in dieser Woche fortzukommen, da ich neuerdings noch zum Referenten in einer Angelegenheit bestellt worden bin, die in dieser Diät erledigt werden soll, vor Donnerstag aber jedenfalls nicht zur Vorberatung in den Ausschuß gelangen kann, da unser Herr Vorsitzender erst Mittwoch von einer Dienstreise zurückkehrt."

*

Berlin, 9. Dezember 1869.
An Frau Wanda v. Koethe.

„Wir werden heute mit doppelten Ruten gestraft; erst Sitzung des Bundesrats des Norddeutschen Bundes und dann des Bundesrats des Zollvereins, die letztere ist jetzt in vollem Gange, aber grenzenlos langweilig. In dieser Woche komme ich keinesfalls hier fort, und werde ich mich glücklich preisen, wenn es mir in der ersten Hälfte der nächsten Woche möglich wird."

*

Berlin, 14. Dezember 1869.
An Frau Wanda v. Koethe.

„Es geht auch diesmal hier, wie es stets gegangen ist: immer tröpfeln neue Sachen nach und man kommt nicht zum Ende. Unter den neuen oder doch noch unerledigten Sachen befinden sich aber gerade einige von größerem Interesse, z. B. die Besetzung des Oberhandelsgerichts, die Kommunalbesteuerung der Offiziere ꝛc., die meinen Ausschüssen angehören und mich nötigen, am Platze zu bleiben. Ich bin ganz unglücklich darüber, kann es aber doch nicht ändern. Die letzte Sitzung hat mir Herr Delbrück auf eine Anfrage, die ich gestern an ihn richtete, für Freitag, spätestens Sonnabend in Aussicht gestellt.

„Ich habe heute hier bei den Majestäten dinirt, die beide sehr gnädig waren."

*

12. Anhalt.
Regierungsrat Dr. Sintenis*)
(geboren 25. Juni 1822, gestorben 13. Oktober 1888).

Ein paar Streiflichter auf seinen Berliner Aufenthalt wirft der nachstehende Schriftwechsel.

---

*) Ferdinand Louis Robert Sintenis, geboren zu Zerbst als Sohn des Oberbürgermeisters Johann Karl Heinrich Sintenis, studirte die Rechte zu Gießen und Leipzig, wurde Dr. jur. an der ersteren Universität, im Jahre 1848 als Regierungsadvokat und Notar in Dessau angestellt, bald darauf Spezialkommissar in Separations- und Ablösungssachen, 1859 Generalkommissionsrat, später Regierungsrat, als solcher Vertreter Anhalts im Bundesrat in den Jahren 1867—1870, und 1880 Präsident der herzoglichen Hofkammer in Dessau, siedelte in den letzten Jahren seines Lebens nach Berlin über und starb daselbst „Unter den Linden" vom Schlage getroffen am 13. Oktober 1888.

Aus einem Schreiben des Regierungsrats Dr. Sintenis an den Staatsminister Dr. Karl Sintenis, d. d. Berlin, 30. März 1868:

„Die Thätigkeit des Norddeutschen Bundesrats erstreckt sich jetzt vorzugsweise auf die neue Gewerbeordnung, welche noch vor Ostern fertig beraten werden und an den Reichstag gelangen soll. Die Zollbundesratssachen gehen nur langsam vorwärts, ich glaube kaum, daß das Zollparlament noch in der Osterwoche eröffnet werden kann, denn die Vorlagen für dasselbe sind noch zu sehr im Rückstande. Der Bundeshaushalts-Etat pro 1869 ist noch nicht fertig, es herrscht darüber tiefes Schweigen, nur hier und da tauchen dunkle Gerüchte auf über bedeutende Mehrforderungen für das Militär und infolge dessen auch Erhöhung der Matrikularbeiträge; das wäre freilich sehr unerwünscht. Ich hoffe, daß Mittwoch vor Ostern die Ferien beginnen und etwa 1 1/2 Wochen dauern werden. Für die Zeit nach Ostern hat mich außer Sondershausen nun auch Schaumburg-Lippe wieder um Uebernahme der Substitution — und zwar nicht blos par honneur — gebeten.

„Oldenburg hat nun auch noch seinen besonderen Vertreter beim Bundesrat geschickt. Staatsrat Buchholz war eben bei mir; man hatte sich dort im Lande auch mißbilligend darüber geäußert, daß ein Großherzogtum keinen selbständigen und eigenen Vertreter habe."

Aus einem Schreiben des Regierungsrats Dr. Sintenis an den Staatsminister Dr. Karl Sintenis, d. d. Berlin, 2. April 1868:

Beglückwünschung über den bewilligten Abschied als anhaltischer Staatsminister. (Nachfolger v. Larisch.)

„Ich denke doch nicht vor Mittwoch kommen zu können; die Plenarsitzungen des Bundesrats werden voraussichtlich bis inklusive Dienstag dauern, wenn auch der Reichstag schon übermorgen geschlossen wird. Mein Referat über das Servisgesetz habe ich glücklich durchgebracht, es dauerte eine ganze Stunde und war mir sehr interessant, daß ich auch einmal berufen war, mich zu zeigen. Man schien ja allseitig befriedigt. Heute habe ich mich im Handelsministerium bei von der Reck angemeldet, wegen der Eisenbahnangelegenheit; über das Resultat der Besprechung werde ich Dir ein Promemoria schicken.

„Ich glaube, daß Dir von allen Seiten her ein ehrendes Andenken zu teil wird, und das ist doch auch ein schönes Gefühl."

Schreiben des Regierungsrats Dr. Sintenis an den verabschiedeten Staatsminister Dr. Karl Sintenis, d. d. Berlin, 5. April 1868:

„Dein Rücktritt hat hier viel Teilnahme gefunden, ich nenne v. Thile, v. Watzdorf, v. Harbou, v. Gerstenberg und so weiter. v. Watzdorf hat mich ganz besonders gebeten, Dir dies zu erkennen zu geben, und er ließe Dich bitten, ihm ein freundschaftlich kollegialisches Andenken zu erhalten.

„Ueber den Successor habe ich die verschiedenartigsten Urteile gehört, die ihm aber, was Charakter und Fähigkeiten betrifft, alle Gerechtigkeit widerfahren lassen.

„Bei Herrn v. Watzdorf war ich heute früh eine ganze Stunde; habe vielerlei mit ihm durchgesprochen. Morgen mittag 12 Uhr ist Plenarsitzung zur Weiterberatung der Gewerbeordnung. Wenn wir morgen fertig werden, komme ich den Dienstag nachmittag, sonst den Mittwoch nachmittag. Donnerstag nach Ostern geht die Sache wieder los. Ob ich hierher zurückkehren werde? Ich glaube es fast, wenigstens wohl für einige Zeit. Im Bundesrat herrschte gestern etwas Verstimmung darüber, daß Graf Bismarck in der Reichstagssitzung über die Redefreiheit eine andere Erklärung abgegeben hatte, als verabredet war.

„Die höchste Ordre Serenissimi ist gewiß aus seiner eigenen Feder geflossen und muß Dir sehr wohl gethan haben; ich kann's dem alten Herrn nachfühlen, wie schwer ihm die Trennung von Dir geworden ist. Einen treueren ersten Diener möchte er so leicht nicht wiederbekommen."

18. Schwarzburg-Rudolstadt.
Staatsminister v. Vertrab*)
(geboren 15. Juli 1818, gestorben 2. Dezember 1887).

Staatsminister v. Vertrab, welcher Rudolstadt von 1867—1878 im Bundesrat vertreten hat, ist vom 13. Dezember 1851 bis zu seinem am 2. Dezember 1887 erfolgten Tode an der Spitze des dortigen Ministeriums verblieben.**)

In dem ihm damals gewidmeten Nachrufe wurde der Umfang seiner Kenntnisse, die hervorragende Schärfe seines Verstandes, fester, zielbewußter Wille, unerschütterliche Gerechtigkeitsliebe, seltene Arbeitskraft und Geschäftsgewandtheit, nie versagendes Wohlwollen und aufopfernde Hingabe an die

---

*) Jakob Hermann v. Vertrab, Dr. jur., geboren in Göttingen am 15. Juli 1818 als der Sohn eines hannoverschen Justizbeamten, besuchte das Gymnasium Josephinum in Hildesheim, studirte die Rechte in Göttingen und Berlin, trat im Jahre 1841 in den preußischen Staatsdienst als Kammergerichtsauskultator, wurde 1843 Kammergerichtsreferendar, 1846 Kreisgerichtsassessor, 1848 Assessor beim Oberlandesgericht in Ratibor, 1849 Staatsanwalt bei den Kreisgerichten Prenzlau, Templin und Angermünde und trat am 1. Juli 1850 als Oberstaatsanwalt bei dem Appellationsgericht in Eisenach in den Dienst der zwischen dem Großherzogtum Sachsen-Weimar und den beiden Fürstentümern Schwarzburg-Rudolstadt und Schwarzburg-Sondershausen begründeten Gerichtsgemeinschaft über.

**) „In den kleinen Staaten bleiben die Minister auffallend lange im Dienst. Je weiter die Kreise, desto schärfer stoßen in ihnen die Interessen zusammen; je vielfältiger das Arbeitsfeld, desto leichter nützt sich auf ihm die Persönlichkeit des ersten Arbeiters ab. Es begreift sich das. Denn je reger das werdende Leben im Staate, desto früher verlangt es nach neuen Trägern oder Werkzeugen seiner neuen Ideen." (Aus dem Gedenkblatt zum fünfundzwanzigjährigen Ministerjubiläum des Freiherrn v. Seebach.)

Interessen von Fürst und Land, unermüdliche Schaffensfreudigkeit und seine alle Gebiete des staatlichen Lebens umfassende Fürsorge und Thätigkeit mit gutem Recht nachgerühmt.

Diese Fürsorge erstreckte sich in erster Linie auf die Hebung des damals wenig in Ansehen stehenden Beamtenstandes, auf Herstellung verfassungsmäßiger Zustände im Lande, Ordnung der inneren Verwaltung; es folgte eine große Anzahl umfassender Gesetze auf allen Gebieten der Verwaltung. Seine ganz besondere Fürsorge war der Pflege der thüringischen Gerichtsgemeinschaft gewidmet, die sich in den sechziger Jahren durch den Hinzutritt von Sachsen-Coburg und Gotha und von Reuß jüngerer Linie erweiterte und bei dem Inkrafttreten der Reichsjustizgesetze am 1. Oktober 1879 zur Einrichtung des gemeinschaftlichen thüringischen Oberlandesgerichts in Jena sowie zur Bildung von gemeinschaftlichen Landgerichten in Meiningen, Eisenach, Rudolstadt und Gera geführt hat.

Die Niederschreibungen des Verstorbenen enthalten zahlreiche interessante Mitteilungen über die damaligen Verhältnisse, deren vollständige Veröffentlichung aber zur Zeit als noch ausgeschlossen betrachtet werden muß. Dies gilt namentlich von der Darstellung der Verhandlungen des Frankfurter Fürstenkongresses vom Jahre 1863, dem der Verstorbene beigewohnt hat.

Ueber die Ereignisse der Jahre 1864 und 1865 sowie der darauf folgenden Jahre hat er die nachstehenden Aufzeichnungen hinterlassen:

„Es folgten nun die Jahre 1864 und 1865, der Krieg gegen Dänemark, die schleswig-holsteinschen Verwicklungen, die neuen Differenzen mit Oesterreich und endlich die Katastrophe, die zum Kriege führte. Inzwischen waren aber die Verfassungsreformbestrebungen fortgesetzt. Oesterreich hatte die süd- und mitteldeutschen Regierungen wieder zu Besprechungen nach Augsburg und Würzburg eingeladen, die indes resultatlos verliefen. Wir hatten eine Einladung gar nicht erhalten. Am 9. April 1866 beantragte Preußen beim Bunde die Einberufung eines Parlaments; der Antrag wurde abgelehnt. Die Spannung zwischen Oesterreich und Preußen stieg immer höher, nahm stetig größere Schärfe an. Am 20. Mai 1866 richtete Preußen an uns und an andere mit ihm in näheren Beziehungen stehende Regierungen die Frage, ob Preußen auf die Bundesgenossenschaft des Fürsten rechnen könne und ob er bereit sei, im Kriegsfalle das Kontingent dem Könige zur Verfügung zu stellen. Es fand hierüber in Eisenach eine Konferenz der thüringischen Minister statt, an der auch ich teilnahm und nach deren Ergebnissen die preußische Anfrage vom 20. Mai in der verbindlichsten Weise mit dem Ausdruck des vollsten Vertrauens und der größten Sympathie für Preußen dahin beantwortet wurde, daß man, so lange der Bund bestehe, in der Lage bleiben müsse, den Bundespflichten zu genügen, daß das Kontingent durch den Bund für die Festung Landau bestimmt sei und daß die Regierung, ohne bundesbrüchig zu werden, nicht neue Verpflichtungen

einer einzelnen Bundesregierung gegenüber übernehmen könne, die sie verhindern
werde, den älteren Bundespflichten zu genügen.

„Hierauf erfolgte von Preußen keine Erwiderung.

„Am 9. Juni 1866 beschloß die Bundesversammlung einstimmig, also unter
Preußens Teilnahme, die Bundesfestungen zu besetzen. Wir erhielten die
Anweisung, fünfhundert Mann bereit zu machen und sofort nach Mainz zu
entsenden. Die erforderlichen Ordres wurden von mir sofort erteilt. Das
Bataillon war am 16. Juni marschfertig und rückte am folgenden Tage nach
Oberweißbach und Eisfeld aus. Inzwischen teilte Preußen den einzelnen Bundes=
regierungen unterm 20. Juni die Grundsätze einer neuen Bundesverfassung mit,
durch die Oesterreich und Luxemburg von dem neuen Bunde ausgeschlossen
werden sollten. Ich erhielt diese Vorlage durch den preußischen Gesandten am
13. Juni zur Rückäußerung. Letztere erfolgte aber erst am 21. Juni, als die ent=
scheidenden Thatsachen sich vollzogen hatten und der alte Bund nicht mehr
existirte, dahin, daß wir bereit seien, nach den gegebenen Grundsätzen über die
Errichtung eines neuen Bundes zu verhandeln.

„Am 14. Juni beschloß der Bund durch Stimmenmehrheit gegen Preußen
die Mobilmachung des Bundesheeres. Wir gehörten zu den Widersprechenden.
Preußen betrachtete die Maßregel als gegen sich gerichtet, bezeichnete sie als
Bundesbruch, erklärte den Bund für aufgelöst, und der Gesandte v. Savigny
verließ die Sitzung. Die Mitteilung hiervon ging uns am 17. Juni zu. Es
entstand nunmehr die Frage, wie die anderen Bundesregierungen sich hierzu zu
stellen haben würden, und darüber fand am 20. Juni eine weitere Minister=
konferenz in Weimar statt. Hier war die Majorität, die aus den Ministern
v. Watzdorf, v. Harbou und mir bestand, der Meinung, daß der Bund durch
die preußische Austrittserklärung rechtlich noch nicht aufgelöst sei, daß derselbe
vielmehr noch fortbestehe, und daß die einzelnen Bundesmitglieder nach wie vor
ihre Bundespflicht zu erfüllen hätten, daß die Sache aber zur Existenzfrage für
die einzelnen Staaten sich zuspitze, und daß die Endentschließungen über die
einzunehmende Haltung deshalb von den regierenden Herren selbst zu fassen
seien. Am folgenden Tage, den 21. Juni, trug ich die Sache dem Fürsten
im Beisein der Prinzen Albert und Adolf und meiner Kollegen v. Ketelhodt
und v. Bamberg vor. Die Ereignisse waren schon weiter geschritten. Es war
der Krieg gegen Sachsen und Hessen ausgebrochen. Bundesfürsten standen gegen
Bundesfürsten im Felde; nun war der Bund außer allem Zweifel zerrissen und
deshalb wurde beschlossen:

1) das Kontingent zurückzuberufen;
2) den Gesandten in Frankfurt anzuweisen, sich der Teilnahme an den
   Sitzungen zu enthalten;
3) den Bündnisvorschlag von Preußen zu acceptiren und unser Kontingent
   zur Verfügung zu stellen.

„Die Ausführung dieser Beschlüsse erfolgte noch an demselben Tage. Am 22. Juni wurde mir ein Herr aus Berlin angemeldet, der im Zivilanzuge bei mir eintrat und sich als Generallieutenant v. Boyen, Generaladjutant des Königs, vorstellte mit dem Auftrage, an die Regierung die Frage zu richten, ob sie noch an der alten Bundesverfassung festhalte, eventuell bereit sei, mit dem Könige von Preußen ein Bündnis einzugehen und demselben ihre Truppen sofort zur Verfügung zu stellen. Ich erwiderte darauf sofort, die hiesige Regierung sei der Ansicht gewesen, daß der Bund durch die preußische Erklärung vom 14. Juni noch nicht aufgelöst gewesen sei und Preußen durch seinen Austritt aus dem Bunde die anderen Bundesregierungen von ihren Rechten und Pflichten dem Bunde gegenüber nicht habe entkleiden können. In den letzten Tagen habe sich aber die Sache dadurch geändert, daß die beiden größten Staaten des Bundes und auch noch andere gegen einander im Kriege ständen. Nunmehr betrachte auch die hiesige Regierung den Bund als aufgelöst. Sie habe ihren Gesandten von Frankfurt bereits abberufen und dem preußischen Gesandten in Weimar ihre Bereitwilligkeit ausgesprochen, ein Bundesverhältnis mit Preußen abzuschließen und dem Könige ihre Truppen zur Verfügung zu stellen. Herr v. Boyen dankte auf das verbindlichste im Namen des Königs, wir besprachen dann sofort das Weitere über die Mobilmachung und den Ausmarsch des Kontingents, worauf er noch vom Fürsten empfangen wurde und dann sofort wieder abreiste. Das Kontingent rückte am 29. Juni nach Erfurt aus, wurde dann in Nassau und vor Mainz verwendet, traf am 13. September wieder in der Heimat ein und wurde sofort demobilisirt.

„Der formelle Abschluß des Bündnisvertrages erfolgte am 18. August in Berlin. Die Paciszenten waren Preußen auf der einen und auf der andern Seite Weimar, Oldenburg, Braunschweig, Altenburg, Coburg-Gotha, Anhalt, Rudolstadt, Sondershausen, Waldeck, Reuß jüngerer Linie, Schaumburg-Lippe, Lippe, Lübeck, Bremen, Hamburg. Am 21. August traten beide Mecklenburg bei. Bei diesen Vertragsabschlüssen wurden die thüringischen Staaten durch ihren Gesandten Grafen Beust in Berlin vertreten. Meiningen und Reuß älterer Linie standen mit Preußen im Kriege. Durch den Vertrag wurde ein Offensiv- und Defensivbündnis begründet, zur Erhaltung der Unabhängigkeit und Integrität sowie der innern und äußern Ruhe der vertragschließenden Staaten. Die Paciszenten verpflichteten sich, eine Verfassung des neuen Bundes auf Grund der preußischen Grundzüge zu errichten und ein Parlament auf Grund des Reichswahlgesetzes vom 20. April 1849 zu berufen.

„Durch die Friedensverträge vom 26. September, 8. und 21. Oktober traten auch Reuß älterer Linie, Meiningen und Sachsen dem Bündnisse bei. Der Bund wurde nunmehr schon Norddeutscher Bund genannt. Am 22. November erhielten wir die Mitteilung, daß das Parlament auf den 1. Februar 1867 einberufen werden solle, und daß deshalb die Wahlen anzuordnen, auch ein

Bundesbevollmächtigter zur Beratung des Verfassungsentwurfs auf den 15. Dezember nach Berlin abzuordnen sei. Der Fürst erteilte mir die Vollmacht, mit der ich mich rechtzeitig nach Berlin begab. Ich fand die vorsitzenden Minister sämtlicher norddeutschen Staaten anwesend. Am 15. Dezember waren die Bevollmächtigten zur königlichen Tafel befohlen. Wir wurden zunächst in den vor dem Arbeitszimmer des Königs belegenen bekannten Fahnensaal geführt, in den der König eintrat und mit unverkennbarer Befangenheit eine Ansprache hielt, worin er sich wegen des stattgehabten Krieges und der ausgeführten Annexionen nahezu entschuldigte und die Notwendigkeit ausführte, den neuen Bund durch eine Verfassung zu begründen. Er bat, den aufgestellten Entwurf mit Bundesfreundlichkeit zu prüfen. Der mitanwesende Ministerpräsident Graf Bismarck schloß daran sofort die Einladung, noch an demselben Abend neun Uhr in dem Staatsministerium zu einer Sitzung zusammenzutreten. In dieser Sitzung wurde der Verfassungsentwurf übergeben. Der Inhalt erregte nicht geringe Bestürzung; die Bevollmächtigten der kleinen Staaten bezweifelten, den Anforderungen des Entwurfs entsprechen zu können. In der Zeit bis zum 3. Februar 1867 wurde die Beratung vorgenommen. Meine wesentlichen Bedenken gegen die Vorlage, namentlich gegenüber der Leistungsfähigkeit der kleinen Staaten, trug ich in einem Bericht vom 28. Januar 1867 dem Fürsten vor und bat für den wahrscheinlichen Fall, daß dennoch die Verfassung von uns angenommen werden sollte, um eine Spezialvollmacht zur Genehmigung und Vollziehung. Diese Vollmacht wurde mir am 30. Januar erteilt. Die Verfassung machte alsdann die weiteren notwendigen Stadien durch; sie wurde am 25. Juni verkündigt und trat am 1. Juli in Kraft. Fürst Günther war am 25. Juni gestorben und am 1. Juli beigesetzt worden. Er erlebte damit nicht mehr die Geltung der Verfassung und der am 20. Juni abgeschlossenen Militärkonvention. Seine Abneigung gegen Preußen war dieselbe geblieben. Noch kurz vor seinem Ableben hatte er geäußert: „Lieber ins Grab als die preußische Uniform anlegen!"

Ueber seine Thätigkeit im Bundesrat hat der Minister v. Bertrab die nachstehenden Aufzeichnungen hinterlassen:

„Nach der Einführung der Verfassung folgte die Bildung des Bundesrats und seiner Ausschüsse. Ich wurde Mitglied der Ausschüsse für die Geschäftsordnung und für Justizwesen; ich habe den ersten schriftlichen Bericht erstattet, den ersten Vortrag gehalten und bin in den ersten Jahren bis zum Kriege 1870 vielfach und lange in Berlin beschäftigt gewesen. Als infolge des Krieges gegen Frankreich das Reich entstand und die großen süddeutschen Staaten in den Bund eintraten, änderte sich die Scenerie. Die Süddeutschen gewannen die Oberhand, überdies war es den Ministern nicht möglich, so oft und so lange in Berlin zu verweilen, und damit nahm meine aktive Teilnahme an den Bundesratsarbeiten immer mehr ab. Auch hatte mir der Kulturkampf und die durch denselben hervorgerufene Mißstimmung, auch ein Gefühl von Mißtrauen den Aufenthalt in Berlin verleidet.

„Von Beginn meiner ministeriellen Thätigkeit an habe ich mir besonders angelegen sein lassen, gemeinsame thüringische Interessen zu pflegen und zu fördern und zu jeder Zeit eine Beteiligung meiner Regierung an gemeinsamen Einrichtungen herbeizuführen. Ich ging dabei Hand in Hand mit meinem hochverehrten Freund und Kollegen v. Watzdorf in Weimar, dem Begründer der thüringischen Gerichtsgemeinschaft, und fand gleiche Gesinnungen und Bestrebungen auch bei unseren gemeinsamen Freunden und Kollegen v. Seebach in Gotha, v. Gerstenberg in Altenburg und v. Harbou in Gera. Unsere langjährigen freundschaftlichen Beziehungen sind den Interessen der von uns vertretenen Regierungen sehr förderlich gewesen, und in Berlin wurde unser treues Zusammengehen vielfach bemerkt und anerkannt. Die acht thüringischen Regierungen führen im Bundesrat acht Stimmen, diese fallen schwer ins Gewicht. Es war von größter Wichtigkeit, sie zusammenzuhalten, um Zersplitterungen zu verhüten. Deshalb verabredeten wir gleich nach Einsetzung des Bundesrats, daß im Laufe der Sitzungen stets zwei thüringische Minister in Berlin anwesend sein und die thüringischen Stimmen führen sollten. Außerdem hatten wir einen gemeinsamen Vertreter in der Person des damaligen großherzoglich hessischen Gesandten. Leider wurde die Verabredung nicht konsequent durchgeführt. Ich war noch am häufigsten und längsten in Berlin, im Jahre 1867 etwa sechs Monate, im folgenden Jahre vier bis fünf Monate. Im Herbst 1870 starb Watzdorf. Dadurch wurde das thüringische Zusammengehen sehr erschüttert, ich betonte bei jeder Gelegenheit die politische Wichtigkeit des Zusammenhaltens, ich empfahl die Bestellung eines in Berlin zu domizilirenden ständigen Vertreters und zeigte mich selbst nicht abgeneigt, die Stellung mit angemessener Dotirung zu übernehmen. Im Herbst 1871 wurde mir das Amt von sämtlichen thüringischen Regierungen in einer Konferenz in Berlin förmlich angetragen. Die sämtlichen Souveräne hatten sich mit meiner Person einverstanden erklärt. Ich bat um Bedenkzeit bis zum Schluß des Jahres. Bevor diese abgelaufen war, erhielt ich durch Vermittlung des Ministers v. Seebach die Mitteilung, daß man in Weimar plötzlich anderer Ansicht geworden sei und den Zeitpunkt für die Bestellung einer bleibenden gemeinsamen Vertretung im Bundesrat noch nicht für gekommen erachte. Der Grund dieser Sinnesänderung lag klar auf der Hand: der Kulturkampf war ausgebrochen, und Weimar trug Bedenken, die Vertretung durch einen Katholiken führen zu lassen. Dies auszusprechen wagte man freilich nicht, man schrieb nicht einmal direkt an mich, sondern bestimmte Herrn v. Seebach dazu! Die anderen Regierungen, namentlich Meiningen und Altenburg, sprachen sich sehr scharf über dieses weimarische Verhalten aus. Die Sache war aber erledigt und wahrscheinlich zu meinem Heil. Es wäre mir zweifelhaft geworden, ob ich mit meiner großen Familie mit den mir verwilligten Mitteln hätte auskommen können, ob ich mich dort auch würde befriedigt gefühlt haben — und was der Kulturkampf über mich gebracht hätte! Es ist gewiß besser für mich gewesen, daß ich meine Rudolstädter Stellung nicht verlassen habe.

„Wenn ich auf mein öffentliches Leben zurückblicke, so muß ich mich als durch Gottes Fügung ganz besonders bevorzugt erkennen, da mir zu teil geworden, was im allgemeinen nur wenigen beschieden ist. Kaum hatte ich im Frühjahr 1846 das Examen als Assessor bestanden, so wurde ich im Polenprozeß verwendet und noch sogar in ganz bevorzugter Weise (November 1846 und März 1848). Dann durchlebte ich die Revolutionstage in Berlin. Im Juli 1850 ging ich nach Eisenach, um die Staatsanwaltschaft bei einem hochangesehenen Gerichte und in dessen Bezirke zu organisiren und das neue Verfahren mit einzuführen. Dann trat ich an die Spitze der Verwaltung eines kleinen, aber souveränen Landes und hatte dort die Aufgabe eines Organisators und besonders eines Begründers eines guten Beamtenstandes. Darüber vergingen zehn und mehr Jahre. Es gewann die deutsche Frage immer größere Bedeutung, es kam das Drängen nach einer Reorganisation des Bundes, der Fürstenkongreß in Frankfurt, Schleswig-Holstein, die Lösung des Bundes, der Krieg in Deutschland, der Norddeutsche Bund, der Krieg gegen Frankreich, die Rekonstruktion des Deutschen Reichs, der Kulturkampf, — und an allen diesen Ereignissen habe ich auch, wenn auch in sehr bescheidenem Maße, als Minister und Vertreter meiner Fürsten teilgenommen.

„Das hat mich dann auch mit vielen interessanten und bedeutenden Männern in Beziehung gebracht. Mit meinen thüringischen Kollegen, von denen nunmehr verschiedene schon abberufen sind, habe ich viele Jahre hindurch in der angenehmsten und freundschaftlichsten Verbindung gestanden. Ich nenne hier nochmals die mir so lieben Namen v. Watzdorf, v. Seebach, v. Larisch, v. Gerstenberg, v. Hurbou, v. Kroßigt.

„Im Laufe der Zeit bin ich natürlich auch mit fast allen Staatsmännern Deutschlands in Berührung gekommen. Wir haben uns seit 1867 und 1870 in Berlin getroffen und haben zusammen gearbeitet und dinirt, 1878 und 1880 auch auf Konferenzen der Finanzminister in Heidelberg und Coburg. Dabei muß ich natürlich auch des Fürsten Bismarck erwähnen, dessen Größe und eminente Bedeutung für Preußen und Deutschland ich aus vollster Ueberzeugung anerkenne. Ich habe ihn vielfach als den Vorsitzenden des Bundesrats und als Wirt in seinem Hause gesehen. Er ist stets freundlich gegen mich gewesen, hat sich auch günstig über mich ausgesprochen. Ich habe aber nie zu seinen unbedingten Verehrern gehört, habe nie die Annexion deutscher Länder, die Depossedirung deutscher Fürsten, das Hinausdrängen Oesterreichs aus Deutschland gebilligt, habe stets seine liberale Gesetzgebung beklagt und seinen Kulturkampf verdammt. Selbstverständlich habe ich aber meine persönlichen Gefühle und Empfindungen stets den Interessen meines Fürsten und meiner Regierung untergeordnet und nur diese nach bestem Wissen und Gewissen vertreten."

14. Schwarzburg-Sondershausen.
Staatsrat v. Wolffersdorff
(geboren 6. Januar 1817, gestorben 29. März 1889).

Nach Absolvirung der Klosterschule Schulpforta ging Wolffersdorff zum Studium der Rechte nach Jena und Berlin. Nach seiner Geburtsstadt Sondershausen zurückgekehrt, machte er sein Referendarexamen unter dem Ministerium des Geheimen Rats v. Ziegler. Er wurde bei der Regierung angestellt, und da er besondere Veranlagung zum Finanzfach zeigte, zugleich bei der Rechnungskammer verwendet. Nach drei Jahren avancirte er zum Assessor und wurde gleichzeitig Kammerjunker beim Fürsten Friedrich Karl II.,[1] 1849 Regierungsrat und Kammerherr. Im Jahre 1861 wurde ihm im Ministerium das Finanzfach und die Verwaltung der fürstlichen Zivilliste übertragen, in welcher Stellung er mit Geschick und guten Erfolgen arbeitete. Infolge dessen wurde er zum Staatsrat und bald darauf zum Geheimen Staatsrat ernannt. Am 6. Februar 1867 wurde Wolffersdorff zum Mitgliede des Bundesrats des Norddeutschen Bundes ernannt und am 2. Dezember 1867 diese Bestellung auch auf den Bundesrat des Zollvereins erstreckt. Am 1. Oktober 1877 wurde der Wirkliche Geheime Rat und Staatsminister Freiherr v. Berlepsch und im Fall seiner Abwesenheit von Berlin der Geheime Staatsrat v. Wolffersdorff zum schwarzburg-sonders. Bevollmächtigten zum Bundesrat mit Substitutionsbefugnis ernannt. Während bisher der großherzoglich hessische Ministerialrat Dr. Reidhardt als Vertreter fungirte, erfolgte am 30. April 1880 die Bestellung des großherzoglich sächsischen Geheimen Staatsrats Dr. Heerwart zum gemeinsamen stellvertretenden Bevollmächtigten der thüringischen Staaten und am 3. Oktober 1880 die Ernennung des Wirklichen Geheimen Rats Reinhardt zum Hauptbevollmächtigten und Wolffersdorffs zum stellvertretenden Hauptbevollmächtigten des Bundesrats mit Substitutionsbefugnis. Am 21. Februar 1888, nachdem die Vollmacht des im Jahre 1886 aus dem aktiven Staatsdienste ausgeschiedenen Reinhardt bereits erloschen, wurde Wolffersdorff zum Hauptbevollmächtigten ernannt. Unter dem jetzigen Fürsten Karl Günther wurde Wolffersdorff zum Wirklichen Geheimen Rat und Staatsminister ernannt, welche Stellung er bis zu seinem Tode bekleidete.

15. Waldeck.
Geheimer Regierungsrat Klapp*)
(geboren 20. Mai 1810, gestorben 11. Oktober 1888).

Im waldeckschen Staatsdienste hat der Geheime Regierungsrat Klapp sich während der langjährigen und erfolgreichen Verwaltung der ihm übertragenen Aemter als zuverlässiger, einsichtsvoller, pflichtgetreuer und humaner Beamter bewährt und großen Vertrauens und allgemeiner Anerkennung zu erfreuen gehabt.

---

*) Derselbe bestand 1829 nach vorgängigem Studium der Rechte vor der fürstlich waldeckschen Regierung zu Arolsen die Staatsprüfung, wurde dann zu seiner weiteren praktischen Ausbildung bei der Regierung als Accessist beschäftigt und hiernach zur selbständigen Praxis als Advokat zugelassen. Seine Anstellung im waldeckschen Staatsdienste

Die vielfachen und schwierigen Aufgaben, welche ihm, namentlich bei seinem Amtsantritt, als Mitglied der Regierung (von 1851 bis 1868) zufielen, sind von ihm in befriedigender Weise gelöst worden. Bei der Revision der waldeckschen Verfassung und Landesgesetzgebung, der Neuorganisation der Behörden, der Beratung und Ausführung der mit dem Landtage vereinbarten Gesetze wurde von ihm mitgewirkt.

Klapp war 1866 in Berlin, als der Krieg zwischen Preußen und Oesterreich bereits begonnen hatte; er kam dorthin im Auftrag des Fürsten von Waldeck, welcher sein Bataillon Preußen zur Verfügung gestellt hatte. Bismarck empfing damals Klapp in dem hinter seiner Amtswohnung befindlichen Garten. Beim Abschluß des Bündnisvertrages zwischen Preußen und den norddeutschen Staaten vom 18. August 1866, des Accessionsvertrages vom 18. Juli und der Militärkonvention vom 6. August 1867 nahm er als Bevollmächtigter des Fürsten zu Waldeck und Pyrmont und Vertreter der waldeckschen Regierung gleichfalls an den in Berlin gepflogenen Verhandlungen teil und wohnte wiederholt auch den Konferenzen persönlich bei, welche dort unter dem Vorsitz des Fürsten Bismarck stattfanden und ihm Gelegenheit gaben, diesem näher zu treten und über die Angelegenheiten des Fürsten und des Landes mündliche Auskunft zu erteilen.

16. Reuß ä. L.

Regierungspräsident Dr. Herrmann

(geboren 1809, gestorben 26. Januar 1870).

Der Regierungs- und Konsistorialpräsident Dr. Herrmann ist im Jahre 1809 zu Greiz geboren, hat nach seiner daselbst erfolgten Konfirmation das Gymnasium zum heiligen Kreuz in Dresden besucht und nach dessen Absolvirung die Rechtswissenschaft während dreijähriger Dauer an der Universität zu Leipzig studirt. Nach zumeist in Elsterberg bestandenem Vorbereitungsdienst nahm er die advokatorische Praxis in Greiz auf. Im Jahre 1854 wurde er in den Staatsdienst des Fürstentums Reuß ä. L. berufen, und zwar als Mitglied der fürstlichen Landesregierung und des fürstlichen Konsistoriums unter dem Titel

---

erfolgte, indem er 1832 zum Justizamtmann in Sachsenberg und gleichzeitig zum freiherrlich von Dalwigkschen Patrimonial- und Sammtrichter im Amt Lichtenfels sowie zum Stadtrichter in Fürstenberg, mit dem Wohnsitze in Sachsenberg, ernannt wurde. 1847 wurde er zum Justizrat beim Hofgericht in Corbach ernannt, 1847 zum Stadtkommissar in Corbach bestellt, 1848 zum Obergerichtsrat daselbst befördert, 1850 zum Staatsanwalt für das Fürstentum Waldeck, 1851 zum ersten Regierungsrat und Dirigenten der Regierungsabteilungen des Innern und für Militärsachen in Arolsen ernannt. In diesem Amte, in welchem ihm am 13. November 1866 der Titel Geheimer Regierungsrat beigelegt wurde, verblieb er bis zu seinem am 16. Juli 1868 infolge des Accessionsvertrages vom 18. Juli 1867 erfolgten Ausscheiden aus dem waldeckschen Staatsdienste und seiner Uebernahme in den königlich preußischen Staatsdienst, mit welcher seine Anstellung als Geheimer Regierungsrat bei der königlich preußischen Regierung in Erfurt stattfand. Dort feierte er am 16. Juli 1880 sein fünfzigjähriges Dienstjubiläum.

Regierungsrat. Im Jahre 1863 erfolgte unter der Regentschaft der Frau Fürstin Karoline, der Vormünderin ihres unmündigen Sohnes, des jetzigen regierenden Fürsten Heinrich XXII., die Berufung zum Regierungs= und Konsistorialpräsidenten, in welcher Eigenschaft Dr. Herrmann von Gründung des Norddeutschen Bundes an Mitglied des Bundesrats war und bis zu seinem Ableben blieb.

17. Reuß j. L.
Staatsminister v. Harbou
(geboren 3. Februar 1809, gestorben 24. Juni 1877).

Andreas Paul Adolf v. Harbou, geboren zu Kopenhagen am 3. Februar 1809 als Sohn des königlich dänischen Kammerherrn und Zollverwalters in Rendsburg Frederik Hans Walter, entstammt einer 1440 von König Christof geadelten dänischen (jütischen) Familie, welche ihren Namen von einer Gegend in Nordwest=Jütland herleitet. Nach in Göttingen und Berlin abgelegten Universitätsstudien wurde er am 4. Februar 1832 beim Obergericht zu Schleswig angestellt, am 14. August 1840 zum Comptoirchef bei der schles= wig=holsteinschen Regierung, 28. Juni 1842 zum Wirklichen Justizrat und 27. Februar 1843 zum Regierungsrat an derselben Regierung ernannt. 1847 durch Verleihung des Danebrogordens ausgezeichnet, entschloß er sich nach dem Tode König Christians VIII., mit den Geschicken der Herzogtümer innig verwachsen, nach Tradition und Bildungsgang deutsch gesinnt (die alte dänische Diplomatie war dies überhaupt) und von der Unberechtigung der Angriffe Dänemarks auf die Selbständigkeit Südjütlands (Schleswig) innig überzeugt, in Gemeinschaft mit den Regierungsräten Heinzelmann und v. Rumohr bei den 1848 eingetretenen Wirren „im Interesse der Bewohner des Herzog= tums" seine Stellung zu behalten.

Am 13. August 1848 durch die provisorische Regierung auch zum interimistischen Oberpräsidenten der Stadt Flensburg, am 16. Oktober 1848 zum interimistischen Chef des Departements für die geistlichen und Unterrichts= angelegenheiten und des Departements für das Innere ernannt, wurde er am 13. Januar 1849 zum Abgeordneten des 19. schleswigschen Wahldistrikts Husum erwählt; die entgegenstehenden nur 265 Stimmen setzten sich aus aktiven Militärs zusammen, welche ihren Bataillonskommandeur (v. Garrelts) wählten!

Harbou übernahm auch die Leitung der auswärtigen Angelegenheiten und wurde in dieser Stellung am 4. April 1849 (unter Enthebung vom Departement für das Innere, jedoch Beibehaltung desjenigen für geistliche und Unterrichtsangelegenheiten) bestätigt. Im weiteren Verlauf jener traurigen Ent= wicklung wurde derselbe unter dem 15. Oktober 1850 mit einer Mission bei dem königlich preußischen Staatsminister der auswärtigen Angelegenheiten v. Radowitz betraut, mußte, als die dänische Gewaltherrschaft obsiegte, die Heimat verlassen, fand aber bereits am 16. Februar 1852 eine Zuflucht in

Sachsen-Meiningen als Staatsrat und Vorstand der Ministerialabteilung für
Justiz, Kirchen= und Schulsachen, womit der zweite Teil seiner Wirksamkeit
beginnt.
1854 mit der Stellung als Staatsminister betraut und am 3. Oktober
1855 zum (meiningischen) Staatsminister ernannt, wurde er am 12. August
1861 unter „Anerkennung seines ausgezeichneten Eifers und seiner stets be=
wiesenen Thätigkeit" zur Disposition gestellt. Da Herzog Bernhard häufig mit
seinen obersten Beamten wechselte, ist schon diese fast zehnjährige Thätigkeit in
Meiningen ein Beweis seiner Tüchtigkeit; daß die Stellung des Herzogs in
der deutschen Frage, namentlich in der Haltung Preußen gegenüber und so
weiter zu zahlreichen Meinungsverschiedenheiten zwischen beiden führte, war
natürlich und kann es nur Wunder nehmen, daß die Verbindung nicht eher
gelöst wurde. Auskunft über die betreffenden Meinungsverschiedenheiten gibt
eine „unterthänigste Vorlage" vom 31. August 1860, welche der Minister an
seinen Herzog richtete. Hierin heißt es anläßlich einer Petition der Stadt
Pößneck, Anschluß an Preußen betreffend, und der darauf erteilten Antwort des
Herzogs:

„Ich trug Bedenken, Eurer Hoheit sagen zu lassen, daß die Fürsten im
Verein mit den Landesvertretungen die Verbesserung der Bundesverfassung vor=
zunehmen hätten, weil ich es mehr für Sache der Fürsten als der Landes=
vertretungen hielt, die Bundesverhältnisse weiter zu entwickeln. Daß eine Ent=
wicklung derselben zum Besseren nicht nur statthaft, sondern auch wünschenswert
sei, mithin von einem unbedingten Festhalten an der bisherigen Verfassung und
Gesetzgebung des Bundes nicht füglich die Rede sein könne, wird wohl allerseits
anerkannt, und Eure Hoheit sind ja mit Vorschlägen wegen Herstellung einer
Zentralgewalt mehr, als ich für ratsam hielt, vorangegangen. Daß diese Vor=
schläge ein unbedingtes Festhalten an der Bundesverfassung ausschließen, scheint
mir unbestreitbar."

Hinsichtlich der Parlamentsfrage bemerkte Harbou:

„Sollten aber Oesterreich und Preußen sich darüber einigen, gemeinschaftlich
durch den Bund recht viel Nützliches für Deutschland wirken lassen zu wollen,
— ein Wunsch, der namentlich mit den Intentionen der sogenannten Würz=
burger Regierungen zusammenfallen würde, — so könnte wohl eine Volks=
vertretung am Bunde, wie sie im Jahre 1850 von Bayern, Sachsen und
Württemberg befürwortet ward, wieder in Frage kommen, behufs Mitwirkung
bei der Gesetzgebung sowie bei Feststellung des Bundesetats und der Matri=
kularumlagen."

Ueber die Preßfrage heißt es:

„Eure Hoheit waren nicht wohlberaten, als Ihnen empfohlen ward, gegen
die Ansicht des Ministeriums die Presse zum Gegenstand einer Streitfrage bei
der Verhandlung über das Polizeistrafgesetzbuch zu machen. Es wird schwer

halten, den hineingeworfenen Zankapfel wieder zu beseitigen. Willkürliche Maßregelung der Presse wirkt meines Erachtens schädlich und verfehlt den Zweck, zumal in einem kleinen deutschen Staate, wenn sie dem Geschrei über die Vielstaaterei entgegenwirken soll, dem kein erwünschterer Vorschub geschehen kann, als durch ein geringeres Maß der Rechtssicherheit im kleinen als im großen Staate."

Ueber die kurhessische Frage (die Herzogin war die Schwester des letzten Kurfürsten von Hessen) sagte derselbe:

„Dabei habe ich jedoch niemals verleugnet, daß die kurhessische Regierung meiner Auffassung nach, die übrigens auch Eure Hoheit vor einigen Jahren noch teilten, schwer gegen ihr Volk gesündigt hat, sowie, daß auch von der Bundesversammlung im Jahr 1852 ein materiell unrichtiger Beschluß gefaßt ward, der nur deshalb jetzt aufrecht erhalten werden muß, weil er mittlerweile formelles Recht geschaffen hat."

In der Domänenfrage nahm v. Harbou Bezug auf einen Brief des Erbprinzen (jetzigen regierenden Herzogs) vom 30. Juni 1854, worin derselbe schreibt: „Es hat mir mein Vater mitgeteilt, wie ganz besonders wir es Ihrer konsequenten Energie und Umsicht zu verdanken haben, daß in der Domänensache ein für beide Teile so günstiges und glückliches Arrangement zu guter Letzt noch zu stande gekommen ist. Sie haben damit für das Meininger Land und unser Haus wahrhaft Ersprießliches geleistet." Hierbei beklagte v. Harbou, daß nicht auch die „Domänendesignation" gegen seinen Rat seinerzeit erledigt worden, und sprach sich für ein gütliches Abkommen aus.

Harbou schloß seine Auseinandersetzung mit den mannhaften Worten: „Bei Vorstehendem bin ich bemüht gewesen, nicht zu wenig und nicht zu viel zu sagen, auch mich so auszudrücken, daß weder ich mir etwas vergäbe, noch Eure Hoheit mir etwas verübeln möchten. Ob es mir gelungen, weiß ich nicht; es war mir schwer, die ruhige Stimmung zu bewahren. Mir traten vor die Seele die Worte eines andern Ministers, der mir einmal sagte: ‚Ich habe es gern, wenn mein gnädigster Herr auch durch andere von Verhältnissen Kenntnis nimmt; aber wenn ich merke, daß Ihm von anderen Rat gegeben worden ist, ohne daß Er sie mir nennt, so schmerzt mich das tief.' Derselbe Minister, Herr v. Watzdorf in Weimar, widmet in einem Schreiben an den Hofrat Preller (abgedruckt in dessen Schrift: ‚Ein fürstliches Leben' Seite 78) der hochseligen Großherzogin-Großfürstin den Nachruf: ‚Der kleine Sinn, der nie ein volles Vertrauen faßt und überall Rat sucht, war ihr völlig fremd. Aber jedermann war auch ihr gegenüber mehr als je darauf bedacht, alles zu vermeiden, was ihn der Ehre eines solchen Vertrauens unwürdig erscheinen lassen konnte.'"

Leider suchte Herzog Bernhard seinen Rat viel zu sehr bei unverantwortlichen Ratgebern, von denen besonders ein Herr v. Fischern verhängnisvoll wirkte.

Daß übrigens der Herzog trotz aller Meinungsverschiedenheit den Geist und Charakter des Ministers schätzte, beweist nicht nur eine spätere briefliche Anerkennung, sondern auch der Umstand, daß er demselben tausend Gulden zu den Kosten der eingetretenen Veränderung zuwies.

Es war Harbou noch nicht beschieden, sich der Ruhe hinzugeben. Bereits am 1. November 1861 ernannte Fürst Heinrich LXVII. Reuß j. L. ihn zu seinem Staatsminister. Auch hier entwickelte er eine fruchtbare Thätigkeit.*)

Infolge eingetretener Kränklichkeit wurde Harbou am 21. Juli 1877 „auf seinen wiederholten dringenden Antrag unter dankender Anerkennung der von ihm geleisteten treuen und ausgezeichneten Dienste in den ehrenvollen Ruhestand versetzt," ging aber schon drei Tage später (noch vor Veröffentlichung seiner Pensionirung im Amtsblatt), am 24. Juni 1877, mit Tode ab. Daß derselbe die neubegründete deutsche Einheit mit Freude begrüßte, geht schon aus dem Vorhergesagten hervor; ebenso war er auch bestrebt, die deutschen Kleinstaaten (namentlich durch den Zusammenschluß der thüringischen Staaten zu gemeinschaftlichen Einrichtungen) lebensfähig zu erhalten. Hinsichtlich seiner Stimmführung im Bundesrat (für Reuß j. L.) wird versichert, daß sein Wort und Rat (er pflegte gut, aber wenig zu reden) auch in dieser hohen Körperschaft sehr geschätzt gewesen sei.

Alles in allem darf man Harbou die Anerkennung eines, auch staatsmännisch, hochbegabten Mannes von hervorragenden Fähigkeiten, großer Redlichkeit und Charakterfestigkeit zusprechen, der Bedeutendes geleistet und vielleicht noch mehr erstrebt hat. Aeußerlich einfach und liebenswürdig, erfreute er sich einer so allgemeinen Beliebtheit, wie sie wohl selten einem Staatsmanne in seiner Stellung zu teil wird, was auch durch Errichtung eines Denkmals mit seiner Büste auf dem Kirchhofe zu Gera Ausdruck fand. Die Inschrift lautet:

„Errichtet von Freunden und Verehrern." — „Der allgemeinen Wohlfahrt galt sein Streben."

---

*) Die ausgedehnte Thätigkeit v. Harbous in Reuß j. L. kennzeichnen am besten die nachstehenden hauptsächlichsten Gesetze: a. Umgestaltung der oberen Staatsverwaltung (1862), b. Erhöhung der Besoldung der Volksschullehrer (1862), c. Einführung des deutschen Handelsgesetzbuchs (1863), d. desgleichen einer zeitgemäßeren Gewerbeordnung (1863), e. die umfassenden Justizgesetze von 1863 (Aufhebung des Appellationsgerichts zu Gera, Anschluß an das Appellationsgericht zu Eisenach, Kreisgerichte, Aufhebung des befreiten Gerichtsstands und so weiter), f. Erlaß einer Strafprozeßordnung (1863), g. die Eisenbahn Gera-Gößnitz (1863 ff.), h. Verbesserung des Verfahrens in bürgerlichen Rechtsstreitigkeiten (1864) mit Nachtrag (1867), i. die Militärdienstpflicht betreffend (1864), k. die Einführung von Bezirksausschüssen betreffend (1866), l. Militärkonvention mit Preußen (1867), m. Anschluß an den Norddeutschen Bund (1866—1867), verbunden mit der staatsklugen Haltung des Fürstentums in den Wirren von 1866, n. Preßgesetz (1868), o. die Eisenbahn Gera-Eichicht (1868 ff.), p. Fischereigesetz (1870), q. Berggesetz (1870), r. Landtagswahlgesetz (1871), s. Eisenbahn Gera-Weimar (1872 ff.), t. Eisenbahn Weida-Mehltener (1872 ff., durch den Bezirk Hohenleuben), u. Wassergesetz (1873), v. revidirte Gemeindeordnung (1874), w. Erhöhung der Besoldung für Geistliche und Volksschullehrer (1874).

Poschinger, Fürst Bismarck und der Bundesrat. I.   8

18. Schaumburg-Lippe.

Geheimer Regierungsrat Höcker.*)

Derselbe hat in den Jahren, in welchen er fürstlich schaumburg-lippischer Bevollmächtigter zum Bundesrat war, mit dem Fürsten Bismarck Unterredungen und Berührungen von irgend welcher historischen Bedeutung nicht gehabt.

19. Lippe.

Kabinetsminister v. Oheimb**)
(geboren 19. Januar 1820).

Die Stelle als fürstlich lippischer Kabinetsminister erhielt v. Oheimb anfangs 1865 auf Betreiben des früheren preußischen Ministerpräsidenten Freiherrn v. Manteuffel. In dieser Eigenschaft schloß Oheimb das Bündnis vom 18. August 1866 mit Preußen ab. Im Dezember 1866 nahm derselbe als Bevollmächtigter des Fürstentums Lippe teil an den Beratungen des Verfassungsentwurfs des Norddeutschen Bundes, wurde dann am 1. August 1867 zum Mitgliede des Bundesrats für Lippe ernannt, später auch zum Mitgliede des Bundesrats des Zollvereins. Derselbe schied auf seinen Antrag Ende März 1868 aus dem lippischen Staatsdienst, verblieb jedoch auf Ersuchen bis August 1868 in seiner Stellung beim Bundesrat. Im Jahre 1867 war Oheimb als Abgeordneter von Lippe Mitglied des konstituirenden Reichstags.

Sowohl in den geschäftlichen als in den gesellschaftlichen Beziehungen hat Oheimb sich stets des freundschaftlichen und wohlwollenden Entgegenkommens des Fürsten Bismarck zu erfreuen gehabt. Während seiner zwölfjährigen Wirksamkeit als Kabinetsminister im Fürstentum Lippe hat dieses immer eine preußenfreundliche Politik verfolgt, so insbesondere in den kritischen Zeiten des Frankfurter Fürstentages 1863 und den Verhandlungen im Bundestage 1866. Auf Oheimbs Anraten war der Fürst zur Lippe, abgesehen von dem damaligen kranken Herzoge von Anhalt-Bernburg, der einzige deutsche Regent, welcher Seiner Majestät dem Könige von Preußen in der Ablehnung der Einladung des Kaisers von Oesterreich zur Teilnahme an dem Frankfurter Fürstentage folgte. Bei der Abstimmung am 14. Juni 1866 über den österreichischen Antrag in der Bundesversammlung stimmte der Gesandte der ihm erteilten Instruktion gemäß für Lippe gegen diesen Antrag, und Oheimb hat in

---
*) Gegenwärtig Geheimer Oberregierungsrat a. D. in Bückeburg.
**) Alexander v. Oheimb, geboren in Enzen im Fürstentum Schaumburg-Lippe, trat nach Absolvirung der Universitätsstudien in Berlin und Bonn am 26. Mai 1841 als Auskultator in den preußischen Justizdienst, wurde am 26. August 1846 zum Oberlandesgerichtsassessor ernannt und trat im Jahre 1847 zur allgemeinen Verwaltung über. Von da ab bis zum Jahre 1854 war er Mitglied der Regierung in Minden und dann bis Ende 1855 als Oberpräsidialrat in Coblenz beschäftigt.

einem darauf an das preußische Ministerium der auswärtigen Angelegenheiten gerichteten, und von diesem damals im Staatsanzeiger veröffentlichten Schreiben erklärt, daß das für die Kurie abgegebene Votum nicht gerechtfertigt erscheine. Lippe ist darauf sofort auf Seite Preußens getreten, und das lippische Bataillon war das erste deutsche Kontingent, welches, und zwar noch vor Beginn der Kämpfe der Mainarmee, zu dieser stieß.

20. Lübeck.
Senator Dr. Curtius*)
(geboren 6. März 1811, gestorben 25. Oktober 1889).

hat im Senat besonders die auswärtigen Angelegenheiten bearbeitet und den Verkehr mit anderen Staaten geführt. Besonders verdient gemacht hat er sich durch seine unermüdliche und energische Thätigkeit für die Eisenbahnverbindungen Lübecks, für die Reform des (Lübeckschen) Postwesens, für die Anlage der Elbbrücke bei Lauenburg, für die Regelung der Lübeckschen Militärverhältnisse durch einen Vertrag mit Preußen, für den Eintritt Lübecks in den Zollverein unter günstigen Bedingungen (1868). Bei vielen Gelegenheiten hat er gemeinsam mit Dr. Krüger für seine Vaterstadt gewirkt.**)

Curtius hat wesentlich dazu beigetragen, der deutschen Politik unseres Reichskanzlers bei den freien Städten Anerkennung zu verschaffen. Er hat mit Bismarck darum auch immer in den freundlichsten Beziehungen gestanden***) und ist sich dessen immer als eines besonderen Lebensglücks dankbar bewußt gewesen.

21. Bremen.
Senator Dr. Gildemeister
(geboren 13. März 1823).

Geboren zu Bremen als Sohn des Senators Friedrich Gildemeister, widmete sich derselbe in Bonn 1842—1845 philosophischen, historischen und philologischen Studien und

---

*) Dr. Theodor Curtius, geboren in Lübeck, Sohn des Syndikus Dr. Curtius, seit 1834 Advokat in Lübeck, 1838 Oberappellationsgerichts-Prokurator, 1846 zum Senator gewählt, Bürgermeister in den Jahren 1869—1870, 1873—1874, 1877—1878, pensioniert 1885.

**) Ueber seine Thätigkeit in Lübeck und für Lübeck finden sich einige Bemerkungen in den „Lübeckschen Blättern", Jahrgang 1885 und 1889, über seine Thätigkeit bei den Verhandlungen über die Anlage der Lübeckschen Eisenbahnen mit Dänemark, Oldenburg, Mecklenburg, Fürst Metternich und in Betreff der Beteiligung Lübecks bei der Ablösung des Sundzolls finden sich ausführlichere Darstellungen auf Grund der Akten vom Staatsarchivar C. Wehrmann in der „Zeitschrift des Vereins für Lübeckische Geschichte und Altertumskunde" Bd. V. und Bd. VI. Ueber seine Erziehung und Jugend enthält auch einiges die Biographie seines Vaters Karl Georg Curtius, Syndikus der freien und Hansestadt Lübeck. Darstellung seines Lebens und Wirkens von W. Plessing, Lübeck, 1860.

***) Auf das Telegramm des Bürgermeisters Dr. Curtius aus Anlaß des Kissinger Attentates sandte Bismarck an Curtius am 14. Juli 1874 ein Telegramm, worin der Kanzler für die freundliche Teilnahme der Lübecker Mitbürger seinen Dank aussprach.

trat, nach Bremen zurückgekehrt, in die Redaktion der damals neubegründeten „Weser-Zeitung", der er seit 1850 als Hauptredakteur vorstand. Zwei Jahre darauf wurde er Sekretär des Bremer Senats, 1857 Mitglied des Senats und warb für die Perioden 1872—1875, 1878—1881 und 1882—1887 Bürgermeister von Bremen. Gildemeister erhielt den Vorsitz im Senat und leitete die auswärtigen und Handelsangelegenheiten und die Finanzen seiner Vaterstadt. Literarisch hat er sich einen Namen gemacht durch die Uebersetzung von Lord Byrons Werken (Berlin, 1864, 6 Bde., 3. Aufl. 1877), der die Uebersetzung einer Reihe Shakespearescher Dramen (darunter die Historien) für die Brockhaus-Bodenstedtsche Ausgabe sowie der Sonette Shakespeares (Leipzig, 1871) und Ariosts „Rasenden Roland" (Berlin, 1882—1884, 4 Bde.) nachfolgten. Die nicht amtlichen Beziehungen Bismarcks zu Dr. Gildemeister sind von zu engem und lokalem Interesse, um zu verdienen erwähnt zu werden.

22. Hamburg.
Dr. Kirchenpauer*)
(geboren 2. Februar 1808, gestorben 4. März 1887).

Bismarck und Kirchenpauer waren Bekannte von alter Zeit. Sieben Jahre lang (1851—1857) saßen sie zusammen am grünen Tisch des Bundestags in Frankfurt. In seiner berühmten Charakteristik der Frankfurter Kollegen (Bericht vom 30. Mai 1853)**) bemerkt Bismarck: „Was die Gesandten der freien Städte anbelangt, so treten ihre Personen bei dem öfteren Wechsel weniger konsequent hervor, besonders wenn man die Vielseitigkeit der Faktoren, welche zur Erteilung der Instruktionen mitwirken, in Anschlag bringt. Gegenwärtig hier sind die Herren Kirchenpauer für Hamburg und Harnier für Frankfurt."

Nach der großen Entscheidung von Königgrätz nahm Kirchenpauer Ende 1866 in Berlin als Vertreter der hamburgischen Regierung an den Verhandlungen über die norddeutsche Verfassungsvorlage teil, und fungirte bis zum Jahre 1880 ununterbrochen als erster hamburgischer Bevollmächtigter zum Bundesrat.***)

---

*) Gustav Heinrich Kirchenpauer wuchs in Petersburg, London und Dorpat auf, studirte hier und in Heidelberg die Rechte, ließ sich darauf in Hamburg als Advokat nieder, war auch journalistisch thätig und wurde 1840 Sekretär der Kammerdeputation, 1843 Mitglied des Senats. 1851—1857 war er Gesandter Hamburgs beim Bundestag, übernahm dann die Verwaltung von Ritzebüttel und war demnächst wiederholt regierender Bürgermeister und Präsident des Senats in Hamburg. Kirchenpauer war Verfasser eines Werkes über „Differenzialzollsystem" und besaß auf naturhistorischem und geographischem Gebiet große Gelehrsamkeit. Literatur über denselben: Gustav Heinrich Kirchenpauer, Ein Lebens- und Charakterbild von H. von Samson, Reval, 1891. Gustav Heinrich Kirchenpauer, Ein Lebens- und Zeitbild von Dr. Werner v. Melle. Hamburg und Leipzig, 1888 (459 Seiten).

**) Abgedruckt in meinem Werk: „Preußen im Bundestag", Bd. I., S. 254. Der spätere Aufenthalt in Berlin war Kirchenpauer viel widerwärtiger gewesen als derjenige in Frankfurt am Main.

***) Kirchenpauers Name steht unter dem Brief, mit dem Hamburg am 15. Dezember 1871 Bismarck das Ehrenbürgerrecht verlieh.

Während jener langen Reihe von Jahren hat er im Plenum des Bundesrats und als Mitglied des Ausschusses für Handel und Verkehr die kommerziellen Interessen Hamburgs stets mit Würde und Energie vertreten. Charakteristisch für ihn waren in dieser Beziehung die Worte, welche er 1871 in ein Autographenalbum des Germanischen Museums schrieb: „Es war von jeher der Beruf der Hansestädte, den Namen Deutschlands über das Weltmeer zu tragen. Wir werden dem neuen Reich die alte Pflicht erfüllen, wenn man uns frei gewähren läßt." Auch an den großen gesetzgeberischen Arbeiten, welche in den sechziger und siebenziger Jahren dem Bundesrat zufielen, nahm er mit Interesse teil. „Es war mir vergönnt, — so schrieb nach Kirchenpauers Tode der Staatsminister Delbrück — in einer ereignisreichen Zeit zusammen mit dem Verewigten an der Neugestaltung Deutschlands arbeiten zu können, und ich werde niemals vergessen, mit welcher patriotischen Hingebung er durch die reichen Schätze seines Wissens und seiner Erfahrung diese Arbeit gefördert und zu deren glücklichem Erfolge beigetragen hat."

Die bitteren Tage nahten für Kirchenpauer, der sein Leben lang die Fahne des Freihandels verteidigt hatte, als Bismarck und mit ihm die Majorität des Bundesrats in das Lager des Schutzzolls übergingen. Kam er schon hier in einen Gegensatz zu Bismarck, so trat dies noch viel markanter bei dem Kampfe des Kanzlers um den Zollanschluß Hamburgs hervor.

Daß Kirchenpauer nicht der Mann war, die Verhältnisse in die neuen Bahnen zu leiten, fühlte er selbst. Er erklärte, daß er nicht mithelfen könne, das zu zerstören, was er selbst mit aufgerichtet, und legte, nachdem er noch eine historisch-staatsrechtliche Denkschrift über die „Freiheit der Elbeschiffahrt"*) veröffentlicht, die Aemter eines Bevollmächtigten zum Bundesrat und eines Präses der Deputation für Handel und Schiffahrt nieder.

Kirchenpauer hatte damals das siebenzigste Lebensjahr bereits überschritten. Es war eben wiederum eine neue Zeit gekommen, in der Männer einer jüngeren Generation trotz des noch so schwerwiegenden Einspruches der älteren energisch einzugreifen und Neues zu schaffen berufen waren.

Bismarck hat Kirchenpauer in Hamburg nicht besucht, ist aber auch, soweit mir bekannt ist, seitdem er Reichskanzler geworden war, zum erstenmal nach dem Tode Kirchenpauers nach Hamburg gekommen. Früher hatte er ihm seinen Besuch einmal in Aussicht gestellt, wenn ihm Kirchenpauer ein vollständiges Inkognito versprechen wolle. Da Kirchenpauer aber die gewünschte Zusage nicht geben konnte, so blieb die Absicht unausgeführt.

Anläßlich des Ablebens Kirchenpauers hat Bismarck dem Hamburger Senat ein Beileidschreiben übersandt, in welchem derselbe in anerkennenden Worten

---

*) Die Freiheit der Elbeschiffahrt. Geschichtliche Erläuterungen der staatsrechtlichen Sachlage. Hamburg 1880 (ohne Namen des Verfassers erschienen).

seiner persönlichen Beziehungen zu dem Verstorbenen gedachte.*) Dasselbe lautet:

Berlin, den 8. März 1887.

Das Ableben des Senators und Bürgermeisters Herrn Dr. Kirchenpauer hat mich mit aufrichtigem Bedauern erfüllt und mich um so näher berührt, als ich zu dem Verstorbenen schon im Bundestage und später viele Jahre hindurch in persönlichen Beziehungen gestanden habe, welchen seine Liebenswürdigkeit und seine durch vielseitiges Wissen unterstützte Erfahrung stets ein besonderes Interesse verliehen haben.

Indem ich dem Senate meine aufrichtige Teilnahme an diesem Verluste ausspreche, verbinde ich hiermit die Versicherung meiner ausgezeichnetsten Hochachtung.

v. Bismarck.

An den Senat der freien und Hansestadt Hamburg.

Der erste Protokollführer des Bundesrats des Norddeutschen Bundes.
Lothar Bucher**)
(geboren 25. Oktober 1817, gestorben 12. Oktober 1892).

Lothar Bucher wurde als erster Protokollführer des Bundesrats des Norddeutschen Bundes bestellt. Er bat jedoch bereits im November 1868 um Enthebung von dieser Stellung, nicht weil sie ihm nicht angesprochen hätte, sondern weil, wie er mir sagte, sein Arbeitspensum im auswärtigen Ministerium sich so sehr vergrößert hatte, daß er beide Funktionen nicht mehr versehen zu können glaubte. Die Funktion eines Protokollführers des Bundesrats ist zeitraubender, als man anzunehmen geneigt ist. Derselbe hat zunächst den Verhandlungen des Bundesrats — allerdings nur im Plenum***) — genau zu folgen; die Hauptarbeit ist nach der Sitzung zu bewältigen, wo es gilt, die formulirten Anträge der Bevollmächtigten entgegenzunehmen und vielfach sich mit denselben über die Fassung zu einigen, welche für die abgegebenen Erklärungen zu wählen ist. Im alten Bundestag wurde die Stelle des Protokollführers von österreichischen diplomatischen Beamten versehen, zuerst zu Bismarcks Zeiten lange Jahre hindurch von dem Freiherrn v. Brenner, dann von dem Legationsrat v. Dumreicher.

---

*) Vergl. die „Post" 1887 Nr. 74 und die „Vossische Zeitung" Nr. 124 vom 15. März 1887, Beilage. Der Wortlaut ist bisher noch nicht veröffentlicht.

**) Die Beziehungen des ersten Protokollführers des Bundesrats zu Bismarck sind geschildert in meinem Werke: „Ein Achtundvierziger". Lothar Buchers Leben und Werke (3 Bände, Karl Heymanns Verlag in Berlin). Ergänzend kommen noch hinzu die „Erinnerungen an Lothar Bucher" von Dr. Wilhelm Gittermann, veröffentlicht in der „Deutschen Revue", Mai u. Juni 1895. Vergleiche auch noch „Am Hofe des Kaisers", Berlin 1886, Seite 212 und 217—223.

***) Zu den Ausschußberatungen wird derselbe nicht zugezogen.

III. Abschnitt.
Der Bundesrat zum erstenmal bei der Arbeit.

Die Neuwahlen für den ersten Reichstag des Norbdeutschen Bundes fanden Ende August statt. Dem Zusammentritt desselben stand also von Mitte September ab kein Hindernis im Wege, sobald sich Bismarck und der Bundesrat über das Arbeitspensum des Reichstags geeinigt hatten.

Der Stoff für die Vorlagen, welche der Bundesrat für den Reichstag vorzubereiten hatte, war in der Bundesverfassung vorgezeichnet. Eine Reihe gesetzgeberischer Maßregeln war auch bereits durch langjährige Agitationen und Vorarbeiten so sehr gereift, daß der Bundesrat schleunigst damit befaßt werden konnte. Im einzelnen ist in Einhaltung der in der Bundesverfassung adoptirten Reihenfolge Nachstehendes zu bemerken.

1. **Bundesgesetzgebung** (Artikel 2—5 der Verfassung).

Dringlich erschien vor allem die Regelung der Freizügigkeit.*) Die Bundesverfassung leistete in dieser Beziehung immerhin schon etwas, indem sie die Bundesangehörigen in allen Einzelstaaten den Einheimischen gleichstellte. Aber da die Einheimischen in vielen Staaten sehr schlecht gestellt waren, so bedurfte es einer Ergänzung, welche das materielle Recht der Zugfreiheit innerhalb des Bundesgebiets sicherstellte. Ein von Bismarck dem Bundesrat vorgelegter Gesetzentwurf, betreffend die Freizügigkeit, welcher im wesentlichen die Geltung des preußischen Niederlassungsgesetzes vom 31. Dezember 1842 auf das ganze Bundesgebiet ausdehnte, erlangte die Genehmigung des Reichstags. Gesetz vom 1. November 1867 (Bundes=Gesetzbl. S. 55).

Dicht hieran knüpfte sich eine weitere gesetzliche Maßregel, die ohne Verzug durchgeführt werden konnte und vermöge einer gleichen humanen Tendenz den Wert der neugeschaffenen staatlichen Ordnung dem letzten Gesellen und Arbeiter zum Bewußtsein bringen und die Liebe zu derselben erwecken und beleben

---

*) Zu vergleichen der Artikel „Die Freizügigkeit im Norbdeutschen Bunde" in der „National=Zeitung" Nr. 393 vom 24. August 1867.

mußte. Durch ein von Michaelis und Genossen gestelltes Amendement zur Bundesverfassung war die Kompetenz des Bundes auf die Paßgesetzgebung ausgedehnt worden. Auf Grund dieser Bestimmung legte Bismarck dem Bundesrat den Gesetzentwurf, betreffend die Aufhebung des Paßzwanges, vor, woraus das spätere Gesetz vom 12. Oktober 1867 (B.=G.=Bl. S. 33) hervorgegangen ist.*)

Darüber, daß der Reichstag die Instanz sei, welche berufen war, der Kreditnot zu steuern, unter welcher der städtische und ländliche Grundbesitz litt, war bei Gründung des Norddeutschen Bundes kein Zweifel. Als Mittel zur Abhilfe beantragte Bismarck beim Bundesrat die Veranstaltung einer Enquete mit dem Zwecke, die Gründe der in manchen Landesteilen vorhandenen Hypothekennot der Grundbesitzer, die Errichtung von Hypothekenbanken und den Zustand der Hypothekengesetzgebung in Erwägung zu ziehen.

Auf die Vorschläge des vierten Ausschusses des Bundesrats wurde beschlossen, daß derselbe zur Anstellung der Enquete über das Hypothekenbankwesen durch Hessen, Schwerin, Weimar und Braunschweig zu verstärken sei, daß die Bundesregierungen aufzufordern seien, Sachverständige namhaft zu machen, und daß für die Vernehmung folgende Fragen als leitend zu betrachten seien: ob die Wege, welche bisher eingeschlagen, und die Mittel, die bisher benutzt waren, an sich als richtig anzuerkennen sind? worin die Ursachen zu suchen sind, aus welchen bisher der Zweck nicht erreicht ist, ob in gesetzlichen oder administrativen Beschränkungen? in welchem Verhältnis diese Ursachen zu den beiden vorhandenen Formen von Hypothekenbanken, Assoziationen von Grundbesitzern und Aktiengesellschaften, stehen? welche Maßregeln zu ihrer Beseitigung getroffen werden können? ob einer der erwähnten beiden Formen im Interesse des Realkredits der Vorzug zu geben ist? Die Enquete sollte sobald als möglich beginnen.**)

Am 4. September 1867***) unterbreitete Bismarck dem Bundesrat den Antrag Preußens, der Bundesrat wolle beschließen, zur Ausarbeitung des Entwurfs einer "Prozeßordnung in bürgerlichen Rechtsstreitigkeiten für die Staaten des Norddeutschen Bundes" eine besondere Kommission zu berufen. Diese Kommission sollte aus acht angesehenen, vom Bundesrat gewählten

---

*) Ein fernerer Antrag Bismarcks an den Bundesrat zielte auf die Einführung übereinstimmender Paßformulare.

**) Nach den schon in den Ausschußverhandlungen hervorgetretenen Bedenken über die Kompetenz und über die Schwierigkeit einer einheitlichen Hypothekengesetzgebung, nahm der Bundeskanzler später den auf die Hypothekenordnung bezüglichen Teil seines Antrages zurück, sich unter diesen Umständen eine schleunigere Erledigung desselben auf dem Wege der Landesgesetzgebung versprechend. Auf das Ergebnis der Enquete werden wir später zurückkommen.

***) Bei den übrigen Vorlagen Bismarcks aus dem Jahre 1867 steht das Datum der Einbringung derselben in den Bundesrat nur ganz vereinzelt fest.

Juristen des Bundesgebiets bestehen und in Berlin zusammentreten; ihr Vorsitzender aus der Zahl ihrer Mitglieder vom Bundeskanzler ernannt werden. Nach Vollendung ihres Auftrages sollte die Kommission den Entwurf dem Bundeskanzler zur Vorlegung bei dem Bundesrat überreichen.*)

Der Antrag wurde in der von dem Ausschusse empfohlenen Fassung**) angenommen, und es wurden darauf die Juristen gewählt, welche die Kommission bilden sollten. Es haben ihr von Anfang bis zu Ende angehört die Herren Dr. Leonhardt, Dr. Grimm, Dr. Löwenberg, Dr. Pape, v. Amsberg, Dr. Endemann, Dr. Drechsler und Koch. Im Laufe der Beratung verstarben die Mitglieder: Geheimrat Dr. Seitz und Dr. Tauchnitz, außerdem schieden aus die Herren Dr. Trieps, Mull und Droop.

Die Sitzung der Kommission wurde von Bismarck selbst eröffnet; auf die Frucht ihrer Arbeit werden wir in der Session 1870 zurückkommen.

Königreich Sachsen stellte im Bundesrat Anträge, betreffend a. die gemeinsame Regelung des Gerichtsstandes der Versicherungsgesellschaften,***) b. die Erzielung thunlichster Gleichförmigkeit der gesetzlichen Bestimmungen über den Gewerbebetrieb im Gebiet des Norddeutschen Bundes, c. 1) der Bundesrat wolle noch im Laufe seiner gegenwärtigen Session in Erwägung ziehen: ob schon jetzt der Zeitpunkt gekommen sei, um nach Artikel 4 der Bundesverfassung unter 3 und 4 Grundsätze über die Emission von fundirtem und unfundirtem Papiergeld festzustellen und allgemeine Bestimmungen über das Bankwesen zu treffen, und eventuell zur Vorbereitung dieser Frage für die nächste Session einen besonderen Ausschuß

---

*) Vergleiche über diesen, in Kohls Bismarck-Regesten nicht erwähnten Antrag des Bundeskanzlers und die Ausschußanträge die „Norddeutsche Allgemeine Zeitung" Nr. 213 vom 11. Oktober 1867.

**) Vergleiche die „Norddeutsche Allgemeine Zeitung" Nr. 232 vom 4. Oktober 1867 sowie über die Arbeiten der Kommission die „National-Zeitung" Nr. 601 vom 24. Dezember 1869, Nr. 63, 153 und 336 vom 8. Februar, 1. April und 22. Juli 1870 und die „Norddeutsche Allgemeine Zeitung" Nr. 80 vom 3. April 1868, Nr. 84 vom 8. April 1868, Nr. 104 vom 3. Mai 1868, Nr. 154 vom 4. Juli 1868, Nr. 162 vom 14. Juli 1868, Nr. 231 vom 2. Oktober 1868, Nr. 257 vom 1. November 1868, Nr. 291 vom 11. Dezember 1868, Nr. 2 vom 3. Januar 1869, Nr. 21 vom 26. Januar 1869, Nr. 27 vom 2. Februar 1869, Nr. 46 vom 22. Februar 1869, Nr. 51 vom 2. März 1869, Nr. 60 vom 12. März 1869, Nr. 77 vom 25. März 1869, Nr. 101 vom 2. Mai 1869, Nr. 125 vom 3. Juni 1869, Nr. 151 vom 2. Juli 1869, Nr. 169 vom 23. Juli 1869, Nr. 287 vom 8. Dezember 1869, Nr. 74 vom 29. März 1870.

***) Nach dem Antrage Sachsens sollten alle im Gebiete des Norddeutschen Bundes zum Geschäftsbetriebe zugelassenen Versicherungsgesellschaften verpflichtet sein, vor den Gerichten desjenigen Orts Recht zu nehmen, in welchem die Hauptagentur der Gesellschaft, innerhalb deren Geschäftsbezirk eine zu Differenzen führende Versicherung abgeschlossen worden ist, ihren Sitz hat. In einzelnen Staaten war diese Verpflichtung der Gesellschaften als Bedingung der Konzession zum Geschäftsbetrieb schon geltend gemacht worden.

wählen. — 2) Der Bundesrat wolle noch im Laufe seiner gegenwärtigen Session Bestimmungen darüber treffen: unter welchen Bedingungen und Voraussetzungen bei der Bundeskasse, bei den Kassen der unter der Verwaltung des Bundes stehenden Verkehrsanstalten, sowie bei den für Bundeszwecke bestimmten Steuern auch das Papiergeld der einzelnen Bundesstaaten, beziehentlich die Noten sicher fundirter Banken Annahme finden sollen.

Großherzogtum Sachsen wollte in Erwägung gezogen wissen, ob nicht im Einvernehmen mit den süddeutschen Regierungen ein etwaiges Verbot der Einfuhr von Rindvieh auf das ganze Zollvereinsgebiet ausgedehnt werden könne und solle. Hierauf beschloß der Bundesrat nach Anhörung des vierten Ausschusses: daß das beantragte Verbot der Einfuhr von Rindvieh aus Oesterreich und Rußland nicht zu erlassen; daß allgemeine Quarantänemaßregeln nicht einzuführen, dagegen die bisherigen lokalen Verbote beizubehalten und mit Strenge durchzuführen, daß eine allgemeine Verordnung über die Desinfektion der zum Viehtransport benutzten Eisenbahnwagen zu erlassen; daß die kaiserlich russische Regierung durch Vermittlung des Präsidiums zu ersuchen, dem Studium der Rinderpest in den Steppen eine besondere Aufmerksamkeit zuzuwenden und jedenfalls die preußische Regierung von Ausbruch und Stand der Seuche in laufender Kenntnis zu erhalten; endlich daß der ad hoc verstärkte dritte Ausschuß mit Entwerfung eines Gesetzes zur Verhütung und Tilgung der Seuche zu beauftragen sei. Die Erledigung des Antrages erfolgte in der kommenden Session (1868).

Waldeck machte einen Vorschlag wegen Verbreitung des Bundes-Gesetzblattes.

Aus der Initiative des Reichstags acceptirte der Bundesrat das Gesetz über die vertragsmäßigen Zinsen vom 14. November 1867 (Bundes-Gesetzbl. S. 159).

2. Zoll- und Handelswesen (Art. 33—40 der Verfassung).

Weitaus die bedeutsamste Vorlage Bismarcks (August 1867) war der Vertrag zwischen dem Norddeutschen Bunde und den süddeutschen Staaten über die Fortdauer des Handels- und Zollvereins vom 8. Juli 1867. Die Ausschüsse für Zoll- und Steuerwesen und für Handel und Verkehr, denen die Vorlage überwiesen worden war, erstatteten darüber einen sehr klaren und gediegenen Bericht, als dessen Verfasser der herzoglich braunschweigische Bevollmächtigte, Geh. Legationsrat v. Liebe, genannt wurde. Es war darin zunächst ein kurzer Rückblick auf die Entstehungs- und bisherige Entwicklungsgeschichte des Zollvereins gegeben. Dann folgte eine Darlegung der Grundgedanken des Vertrages vom 8. Juli nebst einer speziellen sachlichen Motivirung der schließlich dem Bundesrat empfohlenen Gutheißung desselben. Gleich im Eingange hob der Berichterstatter hervor: der am 8. Juli mit den süddeutschen Staaten abgeschlossene Vertrag bilde den bemerkenswertesten Abschnitt in der Geschichte des Zollvereins, weil damit der Verein zum erstenmale eine feste Organisation und wichtige Bürgschaften dauernden Fortbestandes erhalte. Im weiteren wurde ausgeführt, wie bisher die politischen Verhältnisse in Deutschland, das Unanimitätsprinzip und die periodisch ablaufenden Verträge einer gesunden Entwicklung und einer gesicherten Konsolidirung des Zollvereins viele Störungen bereitet hätten. Fast jeder größere Fortschritt mußte durch eine Krisis erkauft werden, welche die Existenz des Vereins in Frage stellte. Auch das jetzige Entwicklungsstadium desselben sei das Ergebnis einer schweren Krisis. „Der vorjährige Krieg zerstörte den Zollverein nicht, aber seine Fortdauer wurde in den Friedensschlüssen bei sechsmonatlicher Kündigungsfrist von weiteren Verhandlungen abhängig gemacht. Während so der Verein thatsächlich fortbestand, gründete Preußen den Norddeutschen Bund. Die Einrichtungen desselben brachten eine tiefgreifende Aenderung der gesamten Zollvereinsverhältnisse. Im Norddeutschen Bunde wurde die Zolleinigung bleibende, verfassungsmäßige Institution. Damit war allerdings die Auflösung des bisherigen Vereins mit den nicht zum Bunde gehörigen Staaten ausgesprochen; aber Anknüpfungspunkte zur ferneren Verbindung blieben offen. Auf unveränderter Grundlage konnte der Verein nicht wieder hergestellt werden, weil der Bund die in seiner Verfassung statutirten wichtigen Verbesserungen des wirtschaftlichen Gemeinwesens nicht aufgeben konnte. Ganz selbständig neben den Organen des Bundes besondere Zollvereinsorgane zu schaffen, war wegen der unvermeidlichen Verwirrungen eines so überladenen Apparats nicht angänglich. Demnach blieb nur der Ausweg, die Institutionen des Norddeutschen Bundes bezüglich der Zoll- und Handelssachen auf den gesamten, thatsächlich noch bestehenden Zollverein auszudehnen und die das hinzukommende Gebiet vertretenden Mitglieder in diese Institutionen aufzunehmen. Die Raschheit und Leichtigkeit, mit welcher dieser Ausweg gewählt und in der Richtung desselben der Vertrag vom 8. Juli abgeschlossen wurde, zeugt einerseits von der Lebenskraft und Notwendigkeit des Zollvereins, andererseits von der patriotischen Gesinnung der beteiligten Regierungen." Der Bericht wies nun nach, wie der formelle Vertragsabschluß ganz ordnungsmäßig erfolgt war. Dann behandelte derselbe den materiellen Inhalt des Vertrages in seinem Verhältnis zur Norddeutschen Bundesverfassung, wie zu den Abreden der früheren Verträge.

Bei der entscheidenden Abstimmung im Plenum des Bundesrats verzichtete Oldenburg auf den bei Unterzeichnung des Vertrages vom 8. Juli 1867 gemachten Vorbehalt, diejenigen Rechte, welche Oldenburg hinsichtlich des Zollpräzipuums glaubte in Anspruch nehmen zu können, später im Norddeutschen Bunde geltend zu machen. Mecklenburg-Schwerin war instruirt, die Zustimmung zu dem Vertrage vom 8. Juli unter dem selbstverständlichen Vorbehalte der Entschädigung für das Wegfallen des Transitzolles auf der Berlin-Hamburger Eisenbahn zu erklären. Lübeck und Hamburg konstatirten, daß sie die Transitzölle seit dem 1. Juli nicht mehr erhöben, allerdings in der Voraussetzung, daß dieselben auch von anderen Staaten aufgegeben würden. Der Bundesrat nahm den Antrag des Ausschusses einstimmig an. (Publikation des Vertrages vom 8. Juli 1867 im Bundes-Gesetzbl. 1867, S. 81).

Sodann erbat sich Bismarck bei dem Bundesrat die Ermächtigung Preußens, unter Beteiligung Bayerns und Sachsens mit Frankreich über die Entlassung Mecklenburgs aus dem Vertrage vom 5. Juni 1865 zu verhandeln, und mit Oesterreich die Verhandlungen über einen Zoll- und Handelsvertrag wieder aufzunehmen. Beide Angelegenheiten standen im Konnex, da es sich bei beiden um eine Herabsetzung des Weinzolles handelte. Der Vertrag mit Oesterreich war in den früheren Verhandlungen bis auf diesen einen Punkt schon im wesentlichen festgestellt und sollte wertvolle beiderseitige Tarifermäßigungen — darunter auch die von der schlesischen Webeindustrie so dringend verlangte Herabsetzung des Zolles für leinenes Maschinengespinnst — enthalten. Die Verhandlungen mit Frankreich hatten zu einer Verständigung nicht geführt; jedoch war daraus, daß es sich um eine Differenz über das Maß der zu stipulirenden Ermäßigung des Weinzolles handelte, zu schließen, daß Frankreich die Grundlage der Verhandlungen acceptirte. Preußen wollte bis 3 Thaler herabgehen, Frankreich verlangte eine weitere Herabsetzung. Die Beteiligung Bayerns und Sachsens hatte nach dem neuen Zollvereinsvertrage nur den Charakter eines Beirats, da das Bundespräsidium das Recht hatte, Handelsverträge zu schließen, die dann der Zustimmung des Bundesrats und des Reichstags unterlagen. Die Zuziehung gerade dieser Staaten hatte ihren Grund darin, daß es sich hauptsächlich um die Verhandlungen mit Oesterreich handelte und daß nach alter Zollvereinsusance die Regierungen der Staaten zugezogen wurden, welche an den Staat, mit welchem verhandelt wird, angrenzten.

Auf die Empfehlung der Ausschüsse für Zoll- und Steuerwesen und für Handel und Verkehr beschloß der Bundesrat, sich damit einverstanden zu erklären, daß das Präsidium nach vorgängiger Verständigung mit den süddeutschen Staaten im Namen des Bundes mit Frankreich über die Entlassung Mecklenburgs aus der von letzterem im Art. 18 des Vertrages vom 9. Juni 1865 übernommenen Verpflichtung gegen eine Ermäßigung des Eingangszolls für Weine auf $2^2/_3$ Thaler in Verhandlung trete; ferner damit, daß die Verhandlung mit Oesterreich wegen Revision des Vertrages vom 11. April 1865 wieder aufgenommen und Bayern und Sachsen zur Teilnahme zugezogen werden. Dabei sprach der Bundesrat den Wunsch aus, daß das Präsidium bei den Verhandlungen mit Frankreich seine Bemühungen darauf richten möge, die bei früheren Verhandlungen mit diesem Staate unerreicht gebliebenen Wünsche auf Herabsetzung verschiedener Zollsätze für den Eingang zollvereinsländischer Waren nach Frankreich zur Geltung zu bringen. Die Regelung beider Fragen zog sich bis in die nächste Session des Bundesrats hinaus.

Noch sind zu erwähnen Anträge Bismarcks wegen Ermächtigung des Präsidiums zum Abschluß a) eines **Schiffahrtsvertrages zwischen dem Norddeutschen Bunde und Italien** (Vertrag vom 14. Oktober 1867, Bundes-Gesetzbl. S. 317) und b) eines **Freundschafts-, Handels- und Schiffahrtsvertrages mit der Republik Liberia** (Vertrag vom 31. Oktober 1867, Bundes-Gesetzbl. 1868, S. 197), betreffend die **Zulassung von Reis zu den Privatniederlagen, die Tarifirung von Fleisch- extrakt, Piston-Packings, Segeltuchen und Halbseide, gewisse Modifikationen der Handelsstatistik**.

Auf Anträge Preußens waren zurückzuführen Bismarcks Vorlagen, betreffend die **Erhebung einer Abgabe von Salz** (Gesetz vom 12. Oktober 1867, Bundes-Gesetzbl. S. 41) und auf **Einziehung der Herzogtümer Holstein und Schleswig in den Zollverein** (Schreiben vom September 1867). Die letztere Neuerung vollzog sich am 15. November 1867.

Noch vor wenigen Jahren würde die Aufnahme dieses schönen, zwischen zwei Meeren gelegenen und zu großer Entwicklung berufenen Landes in den Verein des deutschen Verkehrslebens als eine Thatsache von hoher Bedeutung begrüßt worden sein; jetzt war das erfreuliche Ereignis nur ein einzelnes Glied in der Kette wichtiger Vorgänge, durch welche die Entwicklung Deutschlands in eine so hoffnungsvolle Bahn geleitet war.

Hessen gab den Wunsch zu erkennen, über den **Eintritt der nicht zum Norddeutschen Bunde gehörigen Teile des Großherzogtums in die Gemeinschaft der inneren Steuern** mit dem Bunde zu verhandeln. Das Präsidium erklärte sich mit der Eröffnung einer solchen Verhandlung einverstanden und lud die großherzogliche Regierung zur Entsendung eines Bevollmächtigten ein.

Hamburg stellte einen Antrag auf sofortiges Inkrafttreten des Art. 26 des Vertrages über die Fortdauer des Zollvereins vom 8. Juli 1867 (Steuerfreiheit der Handelsreisenden). Der Antrag wurde auf den Bericht des III. und IV. Ausschusses in der modifizirten Fassung angenommen, daß die Bundesregierungen ersucht wurden, soweit die Landesgesetze es gestatten, zu verfügen, daß Art. 26 des Vertrages vom 8. Juli 1867 auf die Angehörigen jedes, die Gegenseitigkeit gewährenden Bundesstaates ohne Verzug in Anwendung zu bringen sei.

Der von Lübeck ausgehende Antrag auf Zollanschluß Lübecks wurde im Zollbundesrat erledigt.

3. Post- und Telegraphenwesen.

Mit eine der ersten Bundesratsvorlagen Bismarcks (Schreiben vom August 1867) war das Postgesetz. Die Ausschüsse des Bundesrats für Eisenbahn-, Post- und Telegraphenwesen und für Justizwesen, welchen der Entwurf zur Begutachtung zugewiesen war, gingen zunächst auf die Prüfung der Vorfrage ein, ob der Erlaß eines Postgesetzes für den Norddeutschen Bund an der Zeit sei. Diese Frage mußte prinzipiell schon unter Hinweis auf den Artikel 48 der Bundesverfassung bejaht werden. Man hielt es für angemessen, bei Fassung des Bundesgesetzes auf die neuesten Postgesetze einiger norddeutschen Staaten Rücksicht zu nehmen, namentlich auf die preußische Postgesetzgebung, welche auf dem Gesetze vom 5. Juni 1852 und der Novelle vom 2. Mai 1860 beruhte, auf das königlich sächsische Postgesetz vom 7. Juni 1859 und auf das braunschweigische Postgesetz vom 4. Juli 1864. Doch stellte man, wie in der Vorlage selbst, sich die Aufgabe, die bisher zu Gunsten des Staatspostwesens bestehenden Beschränkungen nach Möglichkeit zu vermindern und dem allgemeinen Verkehr jede thunliche Erleichterung zu verschaffen. In Bezug auf die Beförderung von Briefen wurde daher der Postzwang nur im engsten Sinne beibehalten, da die Briefbeförderung durch Private nur dann unter Verbot gestellt wurde, wenn sie gegen Bezahlung erfolgt, und zwar zwischen Orten, zu deren Verbindung Postanstalten eingerichtet sind. Also unentgeltliche Beförderung von Briefen durch Private sollte nicht strafbar sein und ebenso wenig die bezahlte Beförderung auf Linien, von deren Endpunkten keiner oder nur einer eine Postanstalt besitzt. Kreuzbandsendungen wurden nicht postpflichtig. Für die Beförderung von Sachen kam der Postzwang ganz in Wegfall; selbst die Ausnahmebestimmung für die Beförderung von Geldern wurde nicht beibehalten. Alle vorstehenden Sätze wurden gutgeheißen. Nur in Betreff der Begrenzung des Postzwanges für Personenbeförderung traten Meinungsverschiedenheiten hervor.*) Hieraus entwickelte sich das Gesetz vom 2. November 1867 (B.-G.-Bl. S. 61).

Außerdem befaßte Bismarck den Bundesrat noch mit der Regelung des Posttaxwesens (Ges. vom 4. November 1867, B.-G.-Bl. S. 75) mit Postverträgen zwischen dem Norddeutschen Bunde und den süddeutschen Staaten (Vertrag vom 23. November 1867, B.-G.-Bl. 1868, S. 328), Luxemburg (Vertrag vom 23. November 1867, B.-G.-Bl. 1868, S. 101), Oesterreich (Vertrag vom 23. November 1867, B.-G.-Bl. 1868, S. 97), den Vereinigten Staaten von Nordamerika (Konvention vom 21. Oktober 1867, B.-G.-Bl. 1868, S. 26), mit einem Vertrag mit Oesterreich über die geschlossenen Posttransite (vom 30. November 1867, B.-G.-Bl. 1868, S. 97), der Feststellung eines Reglements über

---

*) Vergleiche auch den einschlägigen Artikel in der „National-Zeitung" Nr. 419 vom 8. September 1867.

die Verhältnisse der Post zu den Eisenbahnen, der Uebernahme der Post- und Telegraphenverwaltung im Großherzogtum Oldenburg und der Beeidigung des gesamten Beamtenpersonals der Post- und Telegraphenverwaltung auf ihre dem Bundespräsidium gegenüber obliegenden Pflichten.

4. Marine und Schiffahrt.

Von Gesetzesvorlagen Bismarcks ist nur die auf die Nationalität der Kauffahrteischiffe und die Befugnis zur Führung der Bundesflagge bezügliche (Anfangs September) zu erwähnen, woraus das gleichnamige Gesetz vom 25. Oktober 1867 (B.-G.-Bl. S. 35) hervorgegangen ist.

Die Anerkennung der Bundesflagge erfolgte von allen an der See gelegenen Staaten Europas sowie von seiten der Regierungen von Brasilien und der Vereinigten Staaten von Nordamerika.

Endlich faßte der Bundesrat in der Sitzung vom 28. Oktober 1867 den Beschluß, daß, da für die Zwecke der Bundeskriegsmarine, namentlich auch für die nach Artikel 53 der Bundesverfassung vorzunehmende Verteilung des Ersatzbedarfs für die Flotte die möglichst genaue Ermittlung der seemännischen Bevölkerung sowie des Maschinenpersonals und der Schiffshandwerker vom zwanzigsten bis zweiunddreißigsten Lebensjahre erforderlich ist; da ferner nach § 9 des neuen Bundeskriegsgesetzes bei Feststellung der der Ersatzverteilung für das stehende Heer und die Marine zur Grundlage dienenden Bevölkerung der einzelnen Bundesstaaten die in deren Gebiete sich aufhaltenden Nichtbundesangehörigen außer Ansatz bleiben sollen, die Regierungen der Bundesstaaten zu ersuchen seien, die erforderlichen Anweisungen zu erteilen, um bei Zusammenstellung der Ergebnisse der am 3. Dezember 1867 stattfindenden Volkszählung den hierher gehörigen statistischen Anhalt zu gewinnen. Aus der bloße Angaben über die Staatsangehörigkeit enthaltenden Spalte der Zählungsliste sollten auch diejenigen Personen, welche keinem Staate des Norddeutschen Bundes angehörten, besonders extrahirt und zusammengestellt werden. Der Bundeskanzler machte den verbündeten Regierungen von diesem Beschlusse Mitteilung und ersuchte um den Erlaß der Ausführungsbestimmungen.

5. Konsulatswesen.

Zu verzeichnen ist auf diesem Gebiete die Vorlage Preußens, betreffend die Organisation der Bundeskonsulate sowie das Amtsrecht und die Pflichten der Bundeskonsuln (Schreiben Bismarcks vom September 1867, Ges. vom 8. November 1867, B.-G.-Bl. S. 137) und die Errichtung von Bundeskonsulaten in Aegypten, Beirut, Bosnien, Moskau und Smyrna unter Einziehung der an diesen Orten bisher bestehenden Landeskonsulate.

6. Bundeskriegswesen.

Nachdem die Verfassung des Norddeutschen Bundes ins Leben getreten, war auch das norddeutsche Bundesheer als solches für konstituirt zu erachten und unter den Oberbefehl des Königs von Preußen gekommen. Eine Folge davon war, daß die Offiziere und Mannschaften sämtlicher norddeutschen Bundeskontingente, welche zum Besuche der preußischen Militärunterrichts- und Bildungsanstalten respektive zu preußischen Truppenteilen kommandirt wurden, zu den betreffenden Militärbehörden in dasselbe Verhältnis wie preußische Offiziere traten und namentlich auch hinsichtlich der Subordination, Ablegung der Prüfungen u. s. w. den in dem preußischen Heere geltenden Gesetzen und dienstlichen Vorschriften unterlagen.

Die wichtigste Vorlage Bismarcks auf unserem Gebiete war der Gesetzentwurf, betreffend die Verpflichtung zum Kriegsdienst (September 1867). Die beiden Ausschüsse hatten sich zunächst die Frage gestellt, ob die Vorlage eines solchen Gesetzes durch die Bundesverfassung unbedingt geboten gewesen sei. Im Hinblick auf Artikel 61 erklärten die Ausschüsse sich dahin, daß, wie es auch schon in den Motiven zu dem Gesetzentwurfe ausgesprochen war, eine Verpflichtung dazu nicht vorgelegen habe, da die gleichmäßige Durchführung der Bundeskriegsorganisation noch nicht so weit vorgeschritten sei, daß der Zeitpunkt für die Vorlage eines umfassenden Bundesmilitärgesetzes schon als eingetreten betrachtet werden könne. Wohl aber wurde anerkannt, daß es durch die Verhältnisse gerechtfertigt erscheine, wenn das Bundespräsidium schon jetzt mit einer solchen Vorlage vor den Bundesrat und den Reichstag trete, weil die Bestimmungen über die Dienstpflicht in den einzelnen Bundesstaaten sehr verschieden wären und es von wesentlicher Wichtigkeit sei, daß in dieser Beziehung gleichmäßige Grundsätze im ganzen Norddeutschen Bunde zur Geltung kämen. Zwar wäre Preußen durch Artikel 61 der Bundesverfassung ermächtigt worden, nach Publikation derselben in dem ganzen Bundesgebiete die gesamte preußische Militärgesetzgebung ungesäumt einzuführen, dadurch würde aber, wie der Bericht der Ausschüsse bemerkte, dem wirklichen Bedürfnisse nicht vollständig genügt worden sein, weil diese Bestimmungen der preußischen Militärgesetzgebung absolut seien und teilweise erst mit der Bundesverfassung in Einklang gebracht werden müßten. Es sei daher der preußischen Regierung dafür zu danken, daß sie es vorgezogen, schon jetzt den Weg der Bundesgesetzgebung zu betreten, statt von dem ihr nach Artikel 61 der Bundesverfassung zustehenden Recht Gebrauch zu machen. Aus der Vorlage entwickelte sich das Gesetz vom 9. November 1867 (B.-G.-Bl. S. 131).

Ein zweiter Punkt, der rasche Erledigung erheischte, betraf die Feststellung eines Fahneneides, der den neuen Einrichtungen entsprach. Die Notwendigkeit einer derartigen allgemeinen Formel entsprang aus demjenigen Paragraphen des Gesetzes über die Verpflichtung zum Kriegsdienste, wonach jeder Norddeutsche an dem Orte, in welchem er seinen Wohnsitz hat, seiner Militärpflicht genügen kann; man mußte demzufolge dem Umstande entgegentreten, daß in demselben Kontingente eine Reihe verschieden lautender Fahneneide abgeleistet würden. Auf Bismarcks Antrag wurde der preußische Fahneneid unter Hinzufügung eines den betreffenden Landesherrn angehenden Satzes acceptirt.

In parlamentarischen Kreisen wurde die Streitfrage aufgeworfen, ob die seitens Preußens mit einzelnen deutschen Staaten abgeschlossenen Militärverträge der Genehmigung des Reichstags bedürften. Im Bundesrat ging man von der Auffassung aus, daß nur der pekuniäre Teil einer Genehmigung bedürfe, und daß diese Genehmigung bei der Bewilligung der Matrikularumlagen zu erfolgen habe.

7. Bundesfinanzen.

Bismarck unterbreitete dem Bundesrat Gesetzentwürfe, betreffend den **Haushalts-Etat des Norddeutschen Bundes** für 1867 (Ges. vom 4. November 1867, B.-G.-Bl. S. 59), desgl. für 1868 (Ges. vom 30. Oktober 1867, B.-G.-Bl. S. 161)*), betr. den **außerordentlichen Geldbedarf des Bundes zum Zwecke der Erweiterung der Bundeskriegsmarine und Herstellung der Küstenverteidigung** (Ges. vom 9. November 1867, S. 157) sowie Anträge, betreffend die **Beitragspflicht der einzelnen Bundesstaaten zu den Kosten des Bundesheeres für das Jahr 1867,**) und die Veranstaltung einer **Volkszählung im Laufe des Jahres 1867***) zur Gewinnung eines Maßstabes für die Aufbringung der Matrikularbeiträge. Während alle diese Materien glatt erledigt wurden, scheiterte an dem Widerspruch des Reichstags der von Bismarck im Bundesrat eingebrachte Antrag Preußens, betreffend **das Bundesschuldenwesen.**†)

---

*) Ueber die Beratungen der Ausschüsse für Rechnungswesen und für das Landheer und die Festungen über den Etat der Militärverwaltung vergleiche die „National-Zeitung" Nr. 422 vom 10. September 1867. Wegen der Bundesratsausschuß-Verhandlungen über den Marine-Etat vergleiche die „Nationalzeitung" Nr. 437 vom 19. September 1867 und Nr. 443 vom 22. September 1867.

**) Es handelte sich hauptsächlich um die Zahlungspflicht einiger Bundesstaaten, deren Kontingente nicht der preußischen Armee einverleibt worden waren und von denen Mecklenburg erst mit dem 1. Oktober beitragspflichtig zu sein wähnte. Die Mehrheit des Bundesrats teilte indessen diese Auslegung der bezüglichen Verfassungsbestimmung nicht, und so wurde denn die Beitragspflicht Mecklenburgs auch vom 1. Juli 1867 ab datirt. Braunschweig erhob keinen Widerspruch, ebenso wenig Sachsen, welches überdies durch besondere Verhältnisse eine erhöhte Beitragspflicht zu leisten hatte.

***) Vergleiche die „Norddeutsche Allgemeine Zeitung" 1867 Nr. 260.

†) Eine Notiz hierüber s. in der „Norddeutschen Allgemeinen Zeitung" Nr. 266 vom 13. November 1867.

Rudolstadt, Reuß j. L. und Lippe stellten und motivirten den Antrag: der Bundesrat wolle noch im Laufe dieser Session die Beseitigung der lediglich nach der Bevölkerung aufzubringenden Matrikularbeiträge in Erwägung ziehen. Ueber das Schicksal dieses Antrags hat nichts verlautet.*)

8. Schlichtung von Streitigkeiten.

Unter den von Privaten an den Bundesrat gerichteten Eingaben nahm allgemeines Interesse nur die **Beschwerde des Rostocker Rats wegen Hemmung der Rechtspflege**. Der Rostocker Rat bildete das Richterkollegium zweiter Instanz in der Untersuchung gegen die Mitglieder des Nationalvereins, dessen freisprechendes Erkenntnis in sehr beleidigenden und aufreizenden Formen landesherrlich kassirt und durch ein verurteilendes Erkenntnis ersetzt worden war, welches auszuführen der Rat selbst durch militärische Exekution gezwungen war. Er wollte nun eine Klage wegen Vergewaltigung und Eingriffe in die Rechtspflege gegen die Regierung anstellen, diese aber verweigerte die Eröffnung des Rechtsweges. Der Bundesrat verweigerte die Einlassung auf die Beschwerde, da — wie es im Bescheid vom 14. Dezember 1867 heißt — ihr Gegenstand in die Zeit vor Errichtung des Bundes falle.

Rückblick.

Auf die beschleunigte Erledigung der Geschäfte im Vergleich zu dem früheren deutschen Bundestag wirkte hauptsächlich die Stellung der Bevollmächtigten gegenüber ihrer eigenen Regierung hin. Am Bundestag in Frankfurt waren es Gesandte, welche nur nach den Instruktionen ihrer Regierungen zu handeln oder vielmehr zu stimmen hatten, in der Regel das vom Hause ihnen vorgeschriebene Votum verlasen und zu Protokoll gaben. Im Bundesrat war hiervon nicht die Rede; es wurde diskutirt und durch Aufstehen oder Sitzenbleiben abgestimmt über einen bestimmt formulirten Antrag, wie in jedem andern Kollegium, nur allerdings mit der Eigentümlichkeit, daß zum Beispiel für alle anwesenden Preußen, für alle anwesenden Sachsen u. s. w. nur je eine Stimme abgegeben wurde, die aber respektive für siebenzehn, für vier und so weiter oder nur für eine Stimme zählte. Ohne Zweifel pflegte auch beim Bundesrat jeder Bevollmächtigte in allen wichtigen Angelegenheiten, namentlich in solchen, die für einen Staat von besonderem Interesse sind, sich thunlichst über die Ansichten seiner Regierung zu informiren und sich darnach oder nach

---

*) Nach einer Notiz der „Norddeutschen Allgemeinen Zeitung" (Nr. 226 vom 27. September 1867) hatten sich die deutschen Standesherren an das Präsidium des Norddeutschen Bundes gewandt, um für ihre innerhalb des früheren Deutschen Bundes garantirten Rechte seitens des Norddeutschen Bundes diejenige Garantie zu erhalten, welche ihnen der aufgelöste Deutsche Bund nicht mehr zu gewähren vermochte.

den ihm etwa erteilten Befehlen zu richten, aber zu einer förmlichen Instruktions=
einholung, wie bei dem alten Bundestag, fehlte nicht selten die Zeit, weil die der
Abstimmung im Plenum zu Grunde zu legenden gedruckten Ausschußberichte sich
nur etwa zwei oder drei Tage in den Händen der Mitglieder befanden. Eben
deswegen schien aber auch das zu Anfang noch von den meisten Regierungen
befolgte System, ihre dirigirenden Minister oder sonstige höhere Beamte, welche
zu Hause mit den dortigen Verwaltungsgeschäften fortlebten, zu den Bundesrats=
sitzungen nach Berlin zu schicken, dem ganzen Geist der neuen Einrichtung mehr
zu entsprechen, als die von einigen wenigen Regierungen angenommene Mo=
dalität, ihren bei Preußen accreditirten und deswegen immer in Berlin wohn=
haften Gesandten auch die Stimmführung im Bundesrat zu übertragen. Die
weitere Nachahmung dieses Beispiels hätte schließlich dahin geführt, den Ge=
schäftsgang der neuen Bundesversammlung dem der alten ähnlicher zu machen,
als gut gewesen wäre.

Ueberficht man das gesamte Arbeitsfeld, so springt in die Augen, daß
die Initiative im Bundesrat in dieser ersten Session fast ausschließlich von dem
Präsidium respektive von dem Bundeskanzler und von Preußen ausging. Auch
die übrigen im Bundesrat vertretenen Staaten hatten das Recht, Initiativanträge
zu stellen, sie haben jedoch davon nur in beschränktem Maße Gebrauch gemacht.

Zwischen Bundesrat und Reichstag zeigte sich eine Einigkeit, wie sie später
nie wieder erreicht wurde. Der Reichstag nahm alle Vorlagen des Bundesrats
an, mit Ausnahme des Bundesschuldengesetzentwurfs, und der Bundesrat
lehnte von den Initiativanträgen des Reichstags nur den Gesetzesvorschlag, be=
treffend die Koalition von Arbeitern und Arbeitgebern, ab. Das Verhältnis
des Präsidiums respektive Bismarcks zum Bundesrat ließ gleichfalls nichts zu
wünschen übrig.*) Die Maschine arbeitete ohne Behinderung, und der Bundesrat
bewies thatsächlich, daß er in keiner Weise, wie spöttisch worden gesagt worden
war, nur eine neue Auflage des in Augsburg begrabenen alten Bundestags war.

Zum Schlusse wollen wir noch einer hochpolitischen Aeußerung gedenken,
welche Bismarck am 11. Dezember 1867 im Abgeordnetenhause über den
Bundesrat gemacht hat. Es handelte sich um die Frage, ob infolge der
Administrativkonvention zwischen Preußen und Waldeck die Stimme des letzteren
im Bundesrat Preußen zuwachsen solle. Bismarck sprach sich sehr entschieden
gegen einen solchen Zuwachs aus: „Was ist außerdem das Schicksal der
Bundesverfassung in der Oekonomie ihres Stimmverhältnisses," bemerkte er,
„wenn die Stimmenzahl anfängt, sich zu vermindern? Es ist angedeutet
worden, daß zwischen fünfundzwanzig und vierundzwanzig Stimmen — ich weiß
nicht, ob ich mich in der Ziffer irre — die zur Majorität erforderlich sind,

---

*) Am 11. September 1867 war Bismarck mit den Mitgliedern des Bundesrats zur
Tafel bei dem König; am 9. Dezember 1867 gab er selbst ein Diner für dieselben.

ein erheblicher Unterschied nicht sei. Aber denselben Weg, den Waldeck gegangen ist, könnten mehrere gehen wollen, und da heißt es meines Erachtens im Interesse der Gesamteinrichtung: Principiis obsta! Wir könnten in dieser Weise in kurzer Zeit dahin gelangen, daß Preußen eine geborene Majorität im Bundesrat hätte. Daß mit einem solchen Verhältnis ein wirkliches Bundesverhältnis, eine Abstimmung unverträglich ist, das werden Sie mir zugeben. Die anderen Staaten würden mit Recht sagen: Was sollen wir überhaupt noch im Bundesrat erscheinen? Warum will uns Preußen nicht schriftlich mitteilen, was es will? Wir sind ja doch in der Minorität.

„Deshalb ist das Bundesverhältnis ein undenkbares, sobald der mächtigste Staat im Bunde und das Präsidium an sich die Majorität haben würde. Es muß so bleiben, daß in Fragen, welche Unbilligkeit, ich will nicht sagen Vertragsverletzungen, enthalten und welche deshalb von den Staaten außerhalb des Präsidiums ziemlich einstimmig würden verurteilt werden, die außerhalb des Präsidiums stehenden Staaten wenigstens im stande sind, eine Majorität zu bilden, und jede Bresche, die hierin gelegt wird, ich möchte sagen jeder Stein, der herausbröckelt, wird bei den übrigen Bundesstaaten natürlich die Frage anregen, wo wird das aufhören?"

Die zweite Session des Bundesrats.

(7. März bis 15. Dezember 1868.)

I. Abschnitt.
Veränderungen im Bestand des Bundesrats.

Durch Verordnung vom 4. März 1868 (von Bismarck gegengezeichnet, B.=G.=Bl. S. 19) wurde der Bundesrat auf den 15. März berufen. In dem Immediatbericht vom 3. März 1868, mittelst dessen Bismarck die gedachte königliche Entschließung extrahirte, heißt es: „Nachdem der Zollvereinigungsvertrag vom 8. Juli v. J. mit dem 1. Januar d. J. zur Wirksamkeit gelangt war, trat die Notwendigkeit einer baldigen Berufung der durch diesen Vertrag geschaffenen legislativen Organe dringend hervor. Die Erweiterung des Zollvereinsgebietes gegen Norden, die Zoll= und Handelsverhältnisse zu Oesterreich, wichtige Fragen der inneren Besteuerung und des Zolltarifs erforderten im gemeinsamen Interesse eine rasche Erledigung.

„Nicht minder dringlich war die Berufung der legislativen Organe des Norddeutschen Bundes. Der Reichstag hatte in seiner letzten Session den lebhaften Wunsch zu erkennen gegeben, nicht wieder, wie im verflossenen Jahre, im Herbste berufen zu werden, und es war die Berechtigung dieses Wunsches von den verbündeten Regierungen nicht verkannt worden, es mußte daher auch für den Reichstag eine frühe Berufung im Frühjahr um so mehr in Aussicht genommen werden, als demselben mehrere umfangreiche Vorlagen werden gemacht werden müssen.

„Diese Verhältnisse führten zu der Frage, welche legislativen Organe, diejenigen des Zollvereins oder diejenigen des Norddeutschen Bundes, zuerst zu berufen seien. Eure Königliche Majestät entschieden für die Priorität des Bundesrats, des Zollvereins und des Zollparlaments. Allerhöchstdieselben waren bei dieser Entscheidung durch den Wunsch geleitet, die den Institutionen des

Zollvereins vertragsmäßig gesicherten Eigentümlichkeiten auch äußerlich in selbständiger Gestaltung hervortreten zu lassen und dem die Gesamtheit der deutschen Staaten umfassenden Gemeinwesen den Vortritt zu gewähren. Es wurde daher der Bundesrat des Zollvereins durch die Allerhöchste Verordnung vom 22. v. Mts. auf den 2. d. Mts. berufen und die Berufung des Zollparlaments auf den 20. d. Mts. in Aussicht genommen.

„Inzwischen ist bekannt geworden, daß die Wahlen zum Zollparlament im südlichen Teile Hessens erst auf den 19. d. Mts. angesetzt sind und in Württemberg nicht vor dem 24. d. Mts. werden stattfinden können. Es muß daher entweder das Zollparlament ohne Teilnahme der württembergischen und eines Teiles der hessischen Abgeordneten eröffnet, oder, statt in der zweiten Hälfte des März, erst im April berufen werden.

„Die Wahl der ersten Alternative vermag ich bei Eurer Königlichen Majestät nicht zu befürworten. So unerwünscht der durch die Verspätung der Wahlen in Württemberg und Hessen bedingte Aufschub auch ist, so erfordert doch das Interesse der neuen Institution, daß dieselbe unter Teilnahme aller dazu Berufenen ins Leben trete. Ich kann deshalb nur ehrfurchtsvoll beantragen, die Berufung des Zollparlaments unter den obwaltenden Umständen zu verschieben, den dadurch frei werdenden Zeitraum aber zur Berufung des Reichstags des Norddeutschen Bundes zu benutzen. Denn wenn das Zollparlament erst im April zusammentritt, würde der Reichstag, sofern er dem Parlamente folgen sollte, bis in den Sommer versammelt bleiben müssen.

„Bei Eurer Königlichen Majestät stelle ich daher den ehrfurchtsvollen Antrag:
durch Vollziehung der anliegenden beiden Verordnungen den Bundesrat des Norddeutschen Bundes auf den 7. d. Mts. und den Reichstag auf den 23. d. Mts. berufen zu wollen."

In seiner zweiten Session hielt der Bundesrat 33 Plenarsitzungen ab,*) von denen Bismarck**) in 9, und zwar am 7., 24., 31. März, 4., 6.,

---

*) Berichte darüber finden sich in der „Norddeutschen Allgemeinen Zeitung", Jahrgang 1868, Nr. 59, 64, 68, 73, 79, 83, 84, 85, 86, 102, 107, 113, 126, 131, 134, 137, 138, 142, 145, 151, 152, 156, 159, 171, 183, 187, 190, 200, 284, 286, 289, 296, 300, 301.

**) Mehrere Zeitungen hatten die Nachricht gebracht, daß Graf Bismarck durch mancherlei Zurücksetzungen veranlaßt worden sei, als Kanzler des Norddeutschen Bundes am königlichen Hofe den Botschafterrang zu beanspruchen, und daß dieser Rang demselben bewilligt wäre. Die „Spen. Zeitung", welche diese Nachricht ebenfalls brachte, schickte derselben folgende Berichtigung nach: „Wie wir erfahren, ist diese Mitteilung nicht begründet. Der Rang eines Präsidenten des Staatsministeriums ist seit längerer Zeit demjenigen des Feldmarschalls und Oberstkämmerers in der Art gleichgestellt worden, daß die Reihenfolge dieser Chargen nach dem Datum ihrer Ernennungen wechselt. Der Rang der fremden Botschafter ist ein anderer. Dieselben gehen ganz zweifellos bei den Höfen

29. April,*) 12. Mai,**) 7. und 19. Dezember den Vorsitz führte. — In den übrigen Sitzungen substituirte sich Bismarck im Vorsitz den Präsidenten des Bundeskanzler=Amts Dr. Delbrück, ein paarmal auch den königlich sächsischen Staatsminister der Finanzen und der auswärtigen Angelegenheiten Freiherrn v. Friesen.***)

Die Physiognomie des Bundesrats hatte sich seit dem letzten Jahre nicht wesentlich verändert. Es traten sogleich beim Beginn der Session neu hinzu:†) für Preußen der Ministerialdirektor, Wirkliche Geheime Legationsrat v. Philipsborn, der Geheime Ober=Finanzrat Wollny, der Geheime Regierungsrat Graf zu Eulenburg, und im Laufe der Session: der Staatsminister v. Bülow für Mecklenburg=Schwerin (an Stelle des Staatsrats v. Müller und auch wiederum für Mecklenburg=Strelitz an Stelle des Drosten v. Oertzen, der Bülow kurze Zeit vertreten hatte), der Landesdirektor v. Flottwell für Waldeck (an Stelle des Geheimen Regierungsrats Klapp), der Kabinetsminister Heldmann für Lippe (an Stelle des Kabinetsministers v. Oheimb) und der Ministerresident Dr. Krüger für Lübeck (an Stelle des Senators Dr. Curtius).

Betrachten wir uns die neu eingetretenen Bevollmächtigten zum Bundesrat noch etwas näher.

1. Preußen.

Ministerialdirektor, Wirklicher Geheimer Legationsrat v. Philipsborn††)

(geboren 4. Oktober 1815, gestorben 23. Dezember 1885).

Derselbe hat 17 Jahre lang, vom Oktober 1868 bis Frühjahr 1881, als Direktor der damaligen 2. (handelspolitischen und staatsrechtlichen) Ab=

---

allen Inländern vor, welche nicht zur Familie des Souveräns gehören. So haben auch an dem hiesigen königlichen Hofe die Botschafter den Rang vor dem Feldmarschall. In fremden diplomatischen Häusern wird dem Minister der auswärtigen Angelegenheiten der Vortritt gegeben. Bei diesen Rangverhältnissen hatte also der Ministerpräsident gar keine Veranlassung, sich über Zurücksetzung zu beklagen. Ebensowenig konnte für ihn ein Grund zur Gereiztheit über die ihm zustehende Rangfolge vorhanden sein, da Graf Bismarck die diplomatischen Gebräuche der europäischen Höfe kennt, welche dem Botschafter den Rang vor allen Einheimischen, welche nicht Mitglieder der königlichen Familie sind, anweisen."

*) Die Thatsache, daß Bismarck am 29. April dem Bundesrat präsidirte (allerdings nicht bis zum Schluß der Sitzung), hat Kohl in seinen Bismarck-Regesten übersehen.

**) Auch unterm 13. März 1868 läßt Kohl irrtümlicherweise eine Sitzung des Bundesrats des Norddeutschen Bundes unter dem Vorsitz Bismarcks abhalten.

***) Die Zusammensetzung der 7 Ausschüsse des Bundesrats findet sich abgedruckt in der „National=Zeitung" Nr. 119 vom 11. März 1868, in der „Norddeutschen Allgemeinen Zeitung" Nr. 61 vom 12. März 1868; vgl. auch die Nr. 59 vom 30. März 1868.

†) Bekanntmachung Bismarcks vom 28. Februar 1868 (B.=G.=Bl. S. 11), vom 10. November 1868 (B.=G.=Bl. S. 517), vom 23. November 1868 (B.=G.=Bl. S. 521) und vom 3. Dezember (B.=G.=Bl. S. 567).

††) Max von Philipsborn studirte an der Universität Berlin die Rechtswissenschaften, trat am 1. September 1840 in das Ministerium der auswärtigen Angelegenheiten ein

teilung gewirkt. In dieser Stellung stand er natürlich mit Bismarck unausgesetzt in dienstlichem Verkehr. Am lebhaftesten gestaltete sich derselbe in der Zeit vor Gründung des Norddeutschen Bundes, da Delbrück, mit Philipsborn eng befreundet, noch die Seele der preußischen Handelspolitik war. Die meisten handelspolitischen Akte, welche das preußische Ministerium der auswärtigen Angelegenheiten in nicht politischen Fragen in dieser Periode verließen, trugen, wenn Bismarck dieselben nicht selbst zeichnete, die Unterschrift des Direktors v. Philipsborn. Man denke hierbei besonders an die unzähligen Schriftstücke, welche in den verschiedenen Phasen der Zollvereinskrisis mit den deutschen Staaten gewechselt wurden. War der Eingang nur etwas bedeutsam, so schrieb sich Bismarck dieselben zum persönlichen Vortrag durch Philipsborn; ebenso zahlreiche Konzepte, die er nicht zeichnen wollte, ohne sich vorher über die Verhältnisse genau orientirt zu haben. So kam es, daß Philipsborn im ganzen sicherlich ebenso viele Vorträge bei seinem Chef zu halten hatte als Delbrück. Das V (Vortrag) auf den Schriftstücken spielte dazumal noch eine gewaltige Rolle. Bismarck war nach der Uebernahme des Ministeriums auch nicht entfernt so unzugänglich, als er es in den letzten 15 Jahren seiner Wirksamkeit geworden ist. Auch war der Abstand zwischen dem Ministerialdirektor und dem Minister nicht so erheblich, wie er später zwischen dem Reichskanzler und einem Staatssekretär oder Minister wurde.

Um an ein paar konkreten Fällen das Verhältnis Bismarcks zu dem Ministerialdirektor Philipsborn zu illustriren, erinnere ich an eine Korrespondenz des Chefs mit seinem Untergebenen in Sachen des Anspruchs Oldenburgs auf ein Präzipuum,*) an ein Schreiben, gezeichnet im Auftrag v. Philipsborn am 9. Oktober 1866, gerichtet an I. G. Treßitz und Sohn in Sachen der Verschlechterung der einheimischen Justiz in Aegypten,**) und an ein anderes, d. d. 2. März 1868, gerichtet an einen rheinischen Fabrikanten, betreffend die Schritte, welche aus Anlaß der Behandlung seines Sohnes durch österreichische Polizeibeamte erfolgt waren.***)

Auch im Verkehr mit den Personen, die Bismarck gerne sehen wollten, ihn

---

und erhielt am 11. November 1844 den Legationsratstitel verliehen. 1845 Generalkonsul in Antwerpen, 1849 als Wirklicher Legationsrat und vortragender Rat in das auswärtige Ministerium zurückberufen, 1851 zum Geheimen, 1857 zum Wirklichen Geheimen Legationsrat befördert. Durch Allerhöchste Ordre vom 31. Juli 1865 wurde er in den Adelsstand erhoben und im Januar 1873 zum Wirklichen Geheimen Rat mit dem Prädikat „Excellenz" ernannt.

*) Schreiben Bismarcks aus Karlsbad, d. d. 30. Juni 1861, abgedruckt in meinen „Aktenstücken zur Wirtschaftspolitik des Fürsten Bismarck", Bd. I. S. 27.
**) Abgedruckt in der „Kölnischen Zeitung" 1866 Nr. 293 vom 31. Oktober, zweites Blatt (in Kohls Bismarck-Regesten nicht erwähnt).
***) Dieses in Kohls Bismarck-Regesten gleichfalls unerwähnte Schreiben findet sich publizirt in der „Kölnischen Zeitung" 1868 Nr. 112 vom 22. November, zweites Blatt.

aber niemals zu sehen bekamen, spielte Philipsborn eine Rolle.*) Auf den parlamentarischen Soirèen war derselbe ein regelmäßiger Gast.**)

Bei alledem war Philipsborn dem Kanzler nicht sympathisch, obwohl ersterer sich alle erdenkliche Mühe gab, Konflikten mit dem Chef auszuweichen. Philipsborn hatte vor jeder Begegnung mit demselben eine gewisse Scheu. Als Bismarck seine Schwenkung in der handelspolitischen Frage machte (1879), war Philipsborn, der von Haus aus der Delbrückschen Richtung angehörte, ängstlich bemüht, die neue Politik Bismarcks nicht zu durchkreuzen. Er beroch förmlich jede Angabe, ob sich nichts darin finde, was Bismarcks Tendenz entgegen sein könnte.

Im Frühjahr 1881 trat er aus seiner langjährigen Stellung als Direktor im Auswärtigen Amt in die diplomatische Laufbahn über, indem ihm der Posten des Gesandten am königlich dänischen Hofe verliehen wurde. Als solcher fungirte er noch mehrere Jahre, bis das zunehmende Alter ihn nötigte, eine längere Beurlaubung und demnächst seine Versetzung in den Ruhestand vom 22. Oktober 1885 ab zu erbitten.

Die Arbeitslast, die Philipsborn 18 Jahre lang im Auswärtigen Amt trug, kam zur Sprache, als Bismarck am 15. Dezember 1885 von dem Reichstag die Bewilligung der Stelle eines zweiten Direktors innerhalb der zweiten Abteilung des Auswärtigen Amts verlangte.***) „Was der Abgeordnete Löwe über den Gesandten Herrn v. Philipsborn anführte, — bemerkte Bismarck — daß der die Sache so lange allein geführt hätte, ist nicht richtig. Ich habe sie mit ihm geführt, ich habe einen großen Teil der Last getragen. Nichtsdestoweniger ist Herr v. Philipsborn unter dem, was für seine Schultern blieb, doch auch so weit erkrankt und geschwächt worden, daß er um seinen Abschied eingekommen ist, weil er sich außer stande fühlte, dem an ihn von Seiner Majestät dem Kaiser ergangenen Ruf, zeitweise wenigstens die Vertretung des erkrankten Herrn v. Bojanowski zu übernehmen, Folge zu leisten.†) Er erklärte, er fühle sich nicht gesund genug dazu; und daraus wird der Herr Abgeordnete Löwe wohl entnehmen, daß auch dieser Beamte, den er als einen anführte, der alle diese Strapazen doch siegreich überdauert hätte, nicht zu seinen Gunsten spricht und ihm selbst das Zeugnis nicht geben würde, daß er als Beispiel dafür spräche."

---

*) Vgl. mein Werk „Fürst Bismarck und die Parlamentarier", Bd. I, (2. Aufl.) S. 71.
**) Vgl. a. a. O. Bd. I. S. 119, 142, 165, 167, 187 und mein Werk „Fürst Bismarck, Neue Tischgespräche und Interviews", S. 46.
***) Vgl. Kohls Bismarck-Reden Bd. X. S. 321, 322 und 330.
†) Das Abschiedsgesuch Philipsborns stand mit seiner Weigerung, zeitweise den Direktor v. Bojanowski zu vertreten, im Zusammenhang.

Geheimer Ober-Finanzrat Wollny*)

(geboren 8. März 1816, gestorben 1. Oktober 1887).

Der Umstand, daß in der Sitzung des Abgeordnetenhauses vom 10. Februar 1863 die Regierung für das Finanzministerium nur kommissarisch durch den Geh. Finanzrat Wollny vertreten war, veranlaßte den bekannten Beschluß des Abgeordnetenhauses, die Verhandlungen auszusetzen und auf Grund des Art. 60 der Verfassung die Gegenwart der Minister zu verlangen.

Wollny vertrat im preußischen Landtag mit Geschick die Regierung in Sachen der Beschlagnahme des Vermögens König Georgs V.**) Er war übrigens von Haus aus weniger Finanzmann als Jurist, wie er denn auch im Finanzministerium die Stelle eines Justitiars bekleidete.

In direkte geschäftliche Beziehungen kam Wollny mit Bismarck in seiner Eigenschaft als Vorsitzender in der von dem Norddeutschen Bund eingeleiteten Enquete über das Hypothekenbankwesen.***) Den betreffenden Arbeiten hat Wollny mit dem größten Interesse obgelegen; das Ergebnis der Enquete fand, als es bekannt wurde, von sachkundiger Seite ungeteilte Anerkennung. Zum Beweise möge ein Schreiben dienen, welches der verstorbene Professor Roscher in Leipzig an Wollny richtete. Es ist vom 20. Juli 1870 datirt und lautet:

„Sie werden sich vielleicht wundern, wenn ein von Person Ihnen völlig Unbekannter sich erlaubt, Ihnen die beifolgende eben erschienene Schrift (Nationalökonomik des Ackerbaus, Band II. des Systems der Volkswirtschaft) ergebenst zu überreichen. Ich habe indessen bei der Vorbereitung der neuen Auflage die gedruckten Protokolle der von Ihnen geleiteten Enquete über das Hypothekenbankwesen gründlich studirt und reiche Belehrung daraus geschöpft, wie Seite 400—441 meines Buches davon Zeugnis ablegen. Außerdem aber habe ich aus der Art und Weise, wie Sie das Ganze geleitet, eine so große Hochachtung vor Ihrer Einsicht und Geschäftstüchtigkeit, mehr noch eine so warme Verehrung für Ihre Person gewonnen, daß es mir Bedürfnis war, Ihnen dies bei der ersten passenden Gelegenheit auszusprechen."

---
*) 1841 zum Kammergerichtsassessor ernannt; am 10. Mai 1850 zum Stadtrichter und unterm 25. Oktober 1854 zum Stadtgerichtsrat befördert. Während dieser Zeit war er zugleich eine Reihe von Jahren hindurch als Syndikus der Kur- und Neumärkischen Hauptritterschaftsdirektion beschäftigt. Aus der Stelle eines Stadtgerichtsrats wurde Wollny im Anfange des Jahres 1860 als Hülfsarbeiter in das Finanzministerium berufen, am 23. September 1860 zum Geheimen Finanzrat und vortragenden Rat und im Jahre 1867 zum Geheimen Ober-Finanzrat ernannt. Nach 36jähriger Dienstzeit erbat und erhielt er im Jahre 1872 seine Versetzung in den Ruhestand.

**) Vgl. Kohl Bismarck Reden, Bd. IV. S. 112.

***) In einem Schreiben an das Bundeskanzler-Amt vom 15. März 1868 (abgedruckt in meinem Werk „Aktenstücke zur Wirtschaftspolitik des Fürsten Bismarck", Bd. V. S. 116) erwähnt Bismarck ein Exposé Wollnys über die obenstehende Frage, mit dessen materiellem Inhalt er sich im wesentlichen einverstanden erklären konnte.

Von den ihm erteilten Mandaten als Bevollmächtigter zum Bundesrat des Norddeutschen Bundes und zum Bundesrat des Deutschen Zollvereins wurde Wollny im Jahr 1870 seinem Wunsche entsprechend entbunden. Sein Enthebungsgesuch hing damit zusammen, daß die preußische Regierung einen andern Beamten zum Mitglied des Bundesrats bestellen wollte, dies aber nicht konnte, da die Zahl der preußischen Bevollmächtigten bereits erschöpft war. Bismarck richtete bei diesem Anlaß das nachstehende Schreiben an Wollny.

2. März 1870.

An den Kgl. preuß. Geh. Ober-Finanzrat Herrn Wollny Hochwohlgeboren.

Der Herr Finanzminister hat mir das von Euer Hochwohlgeboren unterm 21. v. M. an ihn gerichtete Schreiben mitgeteilt, in welchem Sie den Wunsch aussprechen, die Ihnen Allerhöchst erteilten Mandate als Bevollmächtigter zum Bundesrat des Norddeutschen Bundes und zum Bundesrat des Deutschen Zollvereins niederzulegen.

Ich habe diesen Wunsch zur Kenntnis Seiner Majestät des Königs gebracht, und es haben Allerhöchstdieselben geruht, Euer Hochwohlgeboren von diesen Mandaten unter Bezeugung der Allerhöchsten Zufriedenheit mit den von Ihnen geleisteten Diensten zu entbinden.

Indem ich Euer Hochwohlgeboren hiervon ergebenst benachrichtige, ist es mir ein Bedürfnis, Ihnen meinen verbindlichsten Dank und meine volle Anerkennung für die hingebende Thätigkeit auszusprechen, welche Sie der Vorbereitung, der Leitung und Verwertung der Enquete über das Hypothekenbankwesen gewidmet haben. Den Herrn Finanzminister setze ich von der Allerhöchst getroffenen Bestimmung in Kenntnis.

Der Kanzler des Norddeutschen Bundes
v. Bismarck.

Geheimer Regierungsrat Graf zu Eulenburg*)
(geboren 31. Juli 1831).

Wir haben es hier mit dem Grafen Botho zu Eulenburg (dem jüngeren) zu thun, welcher nach einer kurzen, von dem Minister Friedenthal verwalteten Uebergangsperiode seinem Oheim (Graf Fritz Eulenburg) am 1. April 1878 als Minister des Innern folgte.

Sein Verhältnis zu Bismarck werden wir besser in derjenigen Zeitperiode beleuchten, da er zum zweitenmal (1878) und zwar als eine politische Persönlichkeit in den Bundesrat eintrat.**)

---

*) Eulenburg war vor seiner Einberufung in das Ministerium des Innern Landrat in Deutsch-Krone, welchen Kreis er 1865—1870 im Abgeordnetenhause vertrat, 1867 auch Mitglied des Norddeutschen Reichstags.

**) Am 14. September 1867 richtete Bismarck ein Schreiben an das Präsidium des Reichstags, worin er den obengenannten Grafen Eulenburg als Kommissar des Bundes-

2. Mecklenburg-Schwerin und -Strelitz

waren seit dem November 1868 beide im Bundesrat vertreten durch den früheren mecklenburg-strelitzschen Minister, jetzt außerordentlichen Gesandten und bevollmächtigten Minister, Staatsminister v. Bülow, hinsichtlich dessen auf die frühere Darstellung (S. 73) verwiesen werden darf.

3. Waldeck.

Landesdirektor v. Flottwell*)

(geboren 3. Februar 1829).

Flottwell ist von 1868—1872 als Landesdirektor von Waldeck und von 1872—1875 als Kabinetsminister von Lippe Mitglied des Bundesrats gewesen,**) hat jedoch den Sitzungen nur sehr selten beigewohnt, weil die Beteiligung der größeren Staaten selbstredend bedeutungsvoller war und in die Kommissionen auch meistens nur Mitglieder dieser Staaten gewählt wurden, und weil ihn auch seine sonstigen Amtsgeschäfte sehr in Anspruch nahmen.

Eine denkwürdige Sitzung, der Flottwell beiwohnte, war die am 16. Juli 1870, in welcher der Kanzler dem Bundesrat Mitteilung von dem drohenden Kriege machte. Bismarck legte das Exposé, welches in den Protokollen gedruckt ist, zu Grunde. Die Kandidatur des Prinzen von Hohenzollern ginge höchstens das Hausministerium an, welches aber jede Kenntnis abgelehnt hätte. Nur zum Eintritt in fremden Militärdienst sei die Genehmigung des Königs erforderlich. Auf eine vertrauliche Erklärung würde Preußen gern seine bona officia angeboten haben, da uns Frankreichs Freundschaft von großem Interesse ist. Werthern wäre, wenn er (Bismarck) gefragt worden wäre, nicht nach Ems gereist. Derselbe

---

rats für die Beratungen des Reichstags über die Wahlprüfungen bezeichnete. — Eulenburg berechtigte schon früh zu großen Hoffnungen. Bereits im Jahre 1867 wünschte Roon, daß ein geschickter (nur ein solcher) Konservativer mit ins Präsidium des Abgeordnetenhauses gewählt würde, „also etwa die jüngere Eule".

*) Flottwell wurde nach dem im Oktober 1857 mit Auszeichnung bestandenen Assessoreramen Landrat des Kreises Meseritz und als solcher 1866—1867 in das Abgeordnetenhaus gewählt. Am 1. Januar 1868 wurde er nach Einführung des Accessionsvertrages Landesdirektor von Waldeck und Pyrmont und demnächst im Jahre 1872 infolge der Bitte des Fürsten von Lippe um einen preußischen Beamten zur Ordnung der sehr verwirrten lippischen Verhältnisse auf Bismarcks Wunsch Kabinetsminister von Lippe. Im Jahre 1875 wurde Flottwell zum Regierungspräsidenten in Marienwerder und 1880 zum Bezirkspräsidenten von Lothringen ernannt. Infolge tiefer politischen Differenzen mit dem kaiserlichen Statthalter, Feldmarschall Freiherrn v. Manteuffel, nahm er 1883 seinen Abschied aus dem Staatsdienst.

**) Am 10. Mai 1864 richtet Bismarck ein Schreiben an den Landrat v. Flottwell, worin er sich namens des Königs bedankt für die aus Anlaß der Erstürmung der Düppeler Schanzen von Eingesessenen des Meseritzer Kreises übersandte Adresse.

sei jetzt disziplinarisch beurlaubt — nicht aus politischen Gründen — da er die Stimmung Deutschlands nicht genau genug gekannt habe. Man stehe Frankreich jetzt gegenüber wie einer Räuberbande, die man im plötzlichen Licht sich gegenüber sieht; auch wenn jetzt Dunkelheit einträte, wüßte man sich bedroht und könne nicht ruhen, bis diese „Bande" beseitigt sei. Die europäischen Höfe sprächen ihre Entrüstung in Ausdrücken aus, welche die unserige übersteigt. Von England und Rußland seien die wohlwollendsten Sympathien ausgedrückt.

4. Lippe.

Kabinetsminister Heldmann
(geboren 26. Januar 1801, gestorben 16. Dezember 1872).

Theodor Heldmann, geboren in Lampa, trat im April 1823 in den lippischen Staatsdienst. Als Justizamtmann des Amtes Brecke wurde derselbe am 14. März 1848 zum Regierungsrat ernannt und am 18. Juni 1858 zum Geh. Regierungsrat befördert. Nachdem der lippische Minister v. Oheimb resigniert hatte, wurde Heldmann am 30. März 1868 mit dem Titel Präsident zum Vorstande des Kabinetsministeriums bestellt und Bundesratsbevollmächtigter am 18. November 1868. Derselbe nahm persönlich teil an den Sitzungen desselben vom 20. November bis 8. Dezember 1870, 19. Februar bis 6. März, 15. März bis 1. April, 18. Oktober bis 4. November 1871 und war das dienstliche Verhältnis zum Bundeskanzler stets ein recht gutes, wie denn bekanntlich das Fürstentum Lippe beim Ausbruch des deutschen Krieges im Sommer 1866 von vornherein auf Preußens Seite stand. Der Thätigkeit des Präsidenten Heldmann machte ein Schlaganfall am 18. Dezember 1871 ein jähes Ende, er erholte sich nicht wieder, nahm deshalb am 1. April 1872 seinen Abschied und starb bald darauf am 16. Dezember 1872. Ein großes und bleibendes Verdienst erwarb sich Heldmann für die glänzende Ordnung des lippischen Finanzwesens.

5. Lübeck.

Ministerresident Dr. Krüger*)
(geboren 22. September 1819, gestorben 17. Januar 1896).

Krüger wurde zuerst 1868 durch das Vertrauen Lübecks, 1873 durch jenes von Hamburg und seit 1876 auch durch das von Bremen in den Bundesrat geschickt, woselbst er, besonders in den Ausschüssen, eine eifrige Thätigkeit

---

*) 1839—1843 Studium der Rechte in Bonn, Berlin und Göttingen, 1844 ließ sich Krüger in Lübeck als Advokat nieder und wurde demnächst zum Prokurator am Niedergericht und am Oberappellationsgericht daselbst bestellt, später auch zum Staatsanwalt ernannt. In den vierziger Jahren schloß sich Krüger den gemäßigt-liberalen Reformfreunden Lübecks an, 1850 erschien er als Vertreter seiner Vaterstadt auf dem Erfurter Parlament, 1851 und 1852 fungirte er als Wortführer des neugebildeten Lübecker Bürgerausschusses und nahm teil an der Begründung der dortigen Handelskammer und der Lübecker Privatbank. Daneben führte er sich in dieser ersten Periode seiner Wirksamkeit als handelspolitischer Schriftsteller durch zwei Arbeiten ein, von denen die eine den Titel führt: „Die Lübeck-Schweriner Eisenbahn in ihrem Verhältnis zu Mecklenburg und seinen Seestädten", die andere: „Lübecks nordischer Handel unter Berücksichtigung seiner Bedeutsamkeit für die deutsche Fabrikation". 1856 ging Krüger als hanseatischer Diplomat nach Kopenhagen,

entfaltet hat.*) Es war ihm vergönnt, in vollster Rüstigkeit zwei Jubiläen zu feiern: im Frühjahr 1881 dasjenige seines 25jährigen Wirkens als hanseatischer Ministerresident, und am 30. November 1893 dasjenige seiner 25jährigen Thätigkeit im Bundesrat. Aus Anlaß des letzterwähnten Jubiläums ließ der Kaiser ihm durch den Geh. Kabinetsrat von Lucanus sein lebensgroßes Bildnis von Lenbach mit eigenhändiger Unterschrift überreichen. In der Sitzung des Bundesrats am selben Tage gedachte der Vorsitzende, Staatsminister v. Boetticher, in ehrenden Worten der 25jährigen, durch Rat und That bewährten Beteiligung des Gesandten an den Arbeiten des Bundesrats, und sprach ihm den Dank der Kollegen aus.

Es wird lange dauern, bis ein kleines Gemeinwesen wie Lübeck wieder einen Mann von solcher Bedeutung aus sich hervorgehen läßt, wie Krüger es war. Was er geworden ist, wäre er übrigens nie geworden, wenn er in den engen Schranken Lübecks sein Dasein hätte führen müssen. Erst seine Berührung mit Berlin, dem Brennpunkte des geistigen und politischen Lebens Deutschlands, machte ihn zu dem, was er schließlich wurde. Der Umstand, daß ein Vertreter Lübecks die Stimme der Hansestädte im Bundesrat abgibt, hängt übrigens damit zusammen, daß Hamburg und Bremen in vielen Fragen rivalisirende Interessen haben und Hamburg es nicht über sich gewinnen konnte, einem Bremer seine Vertretung im Bundesrat anzuvertrauen, und umgekehrt Bremen sich durch keinen Hamburger vertreten lassen wollte. So kann man auch hier sagen: duobus certantibus tertius (Lübeck) gaudet.

Krüger war im Bundesrat sehr beliebt. Sein Verhältnis zu Bismarck war zu Anfang ein vorzügliches. Er war es, der am 27. Mai 1871 dem Kanzler das Diplom als Ehrenbürger der Stadt Lübeck überreichte.**) Weniger woselbst er besonders für die Ablösung des Sundzolls und den Bau einer direkten Eisenbahn zwischen Hamburg und Lübeck wirkte. 1869 wurde Krüger als Bundestagsgesandter nach Frankfurt versetzt und blieb dort bis zur Auflösung des Bundestags. Im Oktober 1866 ging er als hanseatischer Ministerresident nach Berlin. Am 10. März 1888 endlich ward ihm von den drei Städten der Rang eines außerordentlichen Gesandten und bevollmächtigten Ministers am königlich preußischen Hofe verliehen. — (Eine Korrespondenz Krügers mit dem Staatssekretär v. Thile (Schreiben des letzteren vom 21. Januar 1870), betreffend die Erweiterung des Bremer Hafen-Distrikts, findet sich abgedruckt in den Drucksachen des Hauses der Abgeordneten, 10. Legislaturperiode, III. Session 1869, Nr. 243.

*) Er gehörte seit 1869 dem Ausschusse für das Justizwesen und seit 1871 den Ausschüssen für das Seewesen, für Handel und Verkehr, für Eisenbahn-, Post- und Telegraphenwesen, für Elsaß-Lothringen und für den Bau des Reichstagsgebäudes an. Auch war er seit 1874 Mitglied und nicht selten Referent des kaiserlichen Disziplinarhofs für Reichsbeamte in Leipzig. Ein Auszug aus einem hübschen Referat Krügers, betreffend den am 9. Oktober 1874 in Bern unterzeichneten Weltpostvertrag, findet sich abgedruckt in der „Deutschen Rundschau", Bd. XXXIII, S. 47.

**) Der Wortlaut der bei dieser Gelegenheit gehaltenen Ansprache und Bismarcks Erwiderung hat sich nicht feststellen lassen. Das Datum ist in Kohls Bismarck-Regesten nachzutragen.

warm wurden naturgemäß die Beziehungen Krügers zu Bismarck, als derselbe im Jahre 1879 einer Handelspolitik eine Ende machte, die wohl den Seestädten gefallen konnte, das übrige große deutsche Land aber schädigen mußte. Da Krüger selbst Freihändler war und auch freihändlerische Interessen zu vertreten hatte, so wurde er notwendig in die bundesrätliche Opposition gedrängt. Eine andere Frage, in der Bismarcks und Krügers Ansichten ebenso auseinander=
gingen, war der Hamburger Zollanschluß. Es zeugt für die große diplomatische Gewandtheit Krügers, daß trotz der vorhandenen Meinungsverschiedenheiten sein Verhältnis zu Bismarck niemals eine Schärfe annahm, wie z. B. gegenüber dem bayrischen Gesandten v. Rudhardt, der über die Hamburger Zollanschluß=
frage stürzte. Krüger verstand es eben, seinen Widerspruch in eine gemessene Form zu kleiden; außerdem war er so klug, sich mit dem Grafen Herbert Bismarck bis zu dessen Abgang gut zu stellen. So kam es, daß er am 21. September 1889 zu seinem 70. Geburtstage sogar mit einem Glückwunsch=
schreiben Bismarcks bedacht wurde.

In einem Nekrologe Krügers finde ich die Redewendung, Krüger habe sich „der treuen Freundschaft dreier Reichskanzler" zu erfreuen gehabt. Meines Erachtens wird ihm hier ein zweifelhaftes Lob erteilt. Wenn Krüger wirklich die treue Freundschaft des Reichskanzlers Caprivi sich zu erwerben wußte, dann kann die Freundschaft zu Bismarck keine tiefen Wurzeln gehabt haben. Fest steht so viel, daß Krüger nach Bismarcks Abgang ein begeisterter Anhänger der Caprivischen Handelspolitik geworden ist.

II. Abschnitt.
Die Arbeit des Bundesrats während seiner zweiten Session (1868).

1. Bundesgesetzgebung (Artikel 2—5 der Verfassung).

Einer der größten Vorzüge des Norddeutschen Bundes gegenüber dem alten Bundestage war die Fülle derjenigen Materien, die der erstere vor sein Forum ziehen konnte. Man erinnert sich noch der Schwierigkeiten, welchen im Jahre 1855 in Frankfurt a. M. der von Bayern ausgehende Vorschlag begegnete, beim Bunde Verhandlungen über das Heimatsrecht, die Auswanderung, die Patenterteilung, die Messen, das Münz-, Maaß- und Gewichtssystem, die gegenseitige Vollziehbarkeit gerichtlicher Erkenntnisse und andere Gegenstände allgemeiner Nützlichkeit einzuleiten. Im Norddeutschen Bunde stand die Zuständigkeit desselben, eine Reihe von Materien dieser Art zu regeln, von vornherein fest, und Bismarcks Streben ging dahin, das ihm in der Bundesverfassung geöffnete Arbeitsfeld so rasch und so ausgiebig als möglich auszubauen.*) Die ausgezeichneten Kräfte, welche er für das Bundeskanzler-Amt gewonnen hatte, befähigten ihn, an den Bundesrat in dieser Session mit einer großen Zahl von Vorschlägen heranzutreten. Im einzelnen ist Nachstehendes zu bemerken:**)

Naturalisirung von Angehörigen eines Bundesstaates in einem andern. Es waren Zweifel darüber entstanden, ob von Bundesangehörigen, welche die Aufnahme in den Unterthanenverband eines andern Bundesstaates nachsuchten, vor Gewährung dieses Gesuches auch jetzt noch der Nachweis ihrer Entlassung aus ihrem bisherigen Unterthanenverhältnis zu verlangen, und ob für Bundesangehörige, welche in einen andern Bundesstaat auszuwandern beabsichtigen, das Aufgeben des bisherigen Unterthanenverhältnisses auch fernerhin an die Erteilung einer förmlichen Entlassungsurkunde zu knüpfen

---

*) Vergleiche mein Werk: „Preußen im Bundestag", Bd. II, S. 268—273, 282—284.

**) Der Vollzähligkeit halber erwähne ich zu Artikel 2 der Bundesverfassung ein Schreiben Bismarcks an den Bundesrat vom April oder Anfang Mai 1868, betreffend die unentgeltliche Verabfolgung des Bundes-Gesetzblattes an die Gemeinden, und ein Schreiben des Kanzlers vom November 1868, betreffend die zur Verbreitung des Bundes-Gesetzblattes getroffenen Maßregeln.

sei. Entstanden waren diese Zweifel durch das im Artikel 3 der Verfassung des Norddeutschen Bundes statuirte Prinzip des gemeinsamen Indigenats für alle Bundesangehörigen. Es wurde die Meinung vertreten, daß aus der einmal erfolgten Statuirung dieses Prinzips beim Verziehen eines Bundesangehörigen aus dem einen Bundesstaat in den andern die Anwendung der früheren Bestimmungen über zu liefernden Nachweis erfolgter Entlassung aus dem bisherigen Unterthanenverhältnisse u. s. w. sich von selbst verbiete.

In einem an den Bundesrat gerichteten Schreiben (Juni 1868) führte der Kanzler aus, daß diese letztere Anschauung eine durchaus irrige sei. Im Artikel 3 der Bundesverfassung seien die Rechte, welche aus dem gemeinsamen Indigenat flössen, aufgeführt, woraus sich von selbst ergebe, daß eben nur d i e s e u n d n i c h t a l l e Rechte aus dem Prinzipe des gemeinsamen Indigenats fließen sollten. Zu der unzweifelhaften Statthaftigkeit dieser Auffassung trete sodann aber auch ihre materielle Zweckmäßigkeit, denn wenn man einer andern Auffassung Raum geben und bei einem Verziehen eines Bundesangehörigen aus dem einen Bundesstaat in den andern den Nachweis vorheriger Entlassung aus dem bisherigen speziellen Unterthanenverhältnis nicht nach wie vor für notwendig erachten wollte, so würde in Betreff der speziellen Staatsangehörigkeit der einzelnen Bundesangehörigen der größten Unsicherheit oft Thür und Thor geöffnet sein. Es empfehle sich daher, zur Beseitigung aller Zweifel über die betreffende Frage, daß die Bundesregierungen sich über eine gemeinsame Basis, die fortan in fraglicher Beziehung allein maßgebend sein solle, verständigten, und proponirte der Kanzler diese gemeinsame Basis schließlich in folgender Fassung: 1) Von Bundesangehörigen, welche die Aufnahme in den Unterthanenverband eines andern Bundesstaates nachsuchen, kann auch künftig der Nachweis der Entlassung aus ihrem bisherigen Unterthanenverhältnis verlangt werden; 2) für Bundesangehörige, welche in einen andern Bundesstaat auszuwandern beabsichtigen, kann das Aufgeben des bisherigen Unterthanenverhältnisses auch fernerhin an die Erteilung einer förmlichen Entlassungsurkunde geknüpft werden.*)

Der Ausschuß für Handel und Verkehr erklärte sich ebenso wie der Bundesrat (29. Juli) mit dem von dem Kanzler ausgehenden Vorschlage einverstanden.

V e r t r ä g e m i t d e n s ü d d e u t s c h e n S t a a t e n ü b e r d i e F r e i z ü g i g k e i t. Am 13. März 1868 richtete Bismarck folgendes Schreiben**) an den Bundesrat: "Die Regierungen von Bayern, Württemberg, Baden und

---

*) „Norddeutsche Allgemeine Zeitung" Nr 179 vom 2. August 1868 und Nr. 183 vom 7. August 1868. Der „Staatsanzeiger" publizirte die betreffende Erklärung des Bundeskanzler-Amts an das preußische Staatsministerium vom 4. Juli.

**) In Kohls Bismarck-Regesten nicht erwähnt.

Hessen haben, wie aus den Anlagen ersichtlich ist,*) den übereinstimmenden Wunsch zu erkennen gegeben, ein Verhältnis gegenseitiger Freizügigkeit mit dem Norddeutschen Bunde auf vertragsmäßigem Wege herzustellen. Von seiten der drei letztgedachten Regierungen ist dabei ausdrücklich auf die Ausdehnung der Bestimmungen des Gesetzes vom 1. November vorigen Jahres auf ihre Staaten hingewiesen worden. In der That verlangte auch ein Verhältnis, wie das vorliegende, nicht bloß formelle, sondern auch materielle Reziprozität.

„So lebhaft die Gleichmäßigkeit der Gesetzgebung über die Freizügigkeit in Deutschland im nationalen Interesse zu wünschen ist, so wird sie doch nicht durch einen Verzicht des Bundes auf seine Autonomie in dieser wichtigen Materie erkauft werden dürfen. Ihre Fortdauer würde daher durch jede Abänderung oder Ergänzung der bezüglichen Gesetzgebung des Bundes wie der süddeutschen Staaten in Frage gestellt werden. Damit würde ihre Bedeutung für die beteiligten Interessen gefährdet sein, denn die Verhältnisse, welche ihren Gegenstand bilden, verlangen vor allen Dingen eine Garantie für ununterbrochene Dauer und gleichmäßige Fortbildung. Indem der Unterzeichnete die Erwägung dieser Gesichtspunkte bei der Beratung der vorliegenden Anträge ganz ergebenst anheimstellt, beehrt er sich, diese Anträge dem Bundesrat zur Beschlußfassung vorzulegen."

Ueber diese Anträge wurde ein Ausschußantrag hervorgerufen, bei dem es aber zu keiner Einigung kam.**) In seiner Mehrheit (Sachsen und Hamburg) empfahl der Ausschuß für Handel und Verkehr dem Bundesrat folgenden Antrag zur Annahme: „Der Bundesrat wolle sich geneigt erklären, dem Abschlusse von Verträgen mit den süddeutschen Staaten über gegenseitige Freizügigkeit dann seine Zustimmung zu erteilen, wenn bei den dieserhalb einzuleitenden Verhandlungen von seiten der süddeutschen Regierungen befriedigende Vorschläge zur Beseitigung der Schwierigkeiten gemacht würden, welche sich aus einem solchen Vertragsverhältnisse für die notwendige Fortbildung der Gesetzgebung auf diesem Gebiete ergeben."

Eine Minderheit (Preußen) hatte sich gegen den Vertragsweg ausgesprochen, da die Hemmung, welche die vertragsmäßige Regelung eines legislativen Stoffs für die Fortentwicklung der Gesetzgebung mit sich bringe, weil auf dem Wesen der Verträge beruhend, nicht beseitigt und in einer so wichtigen und tief eingreifenden Materie, wie die Freizügigkeit, ohne schwere Schädigung der beteiligten

---

*) Die Anträge von Bayern und Württemberg finden sich abgedruckt in der „National-Zeitung" Nr. 376 vom 13. August 1868, die Anträge Hessens und Badens in der Nr. 372 vom 11. August 1868. Vergleiche auch den erläuternden Artikel in der „National-Zeitung" Nr. 140 vom 23. März 1868.

**) Vergleiche über die Ausschußanträge und die dort zur Sprache gelangte Kontroverse die „National-Zeitung" Nr. 188 und 195 vom 22. und 26. April 1868, Nr. 203 vom 1. Mai 1868, Nr. 377 und 382 vom 14. und 17. August 1868 und die „Norddeutsche Allgemeine Zeitung" Nr. 96 vom 24. April 1868.

Interessen nicht ertragen werden könne. Es sei besser, dies offen auszusprechen, als sich auf Verhandlungen einzulassen, die, sofern man die formelle Reziprozität in Betracht ziehen wolle, vielleicht zu ungenügenden Resultaten, voraussichtlich aber zu gar keinem Ergebnisse führen und in diesem Falle einen weit un= günstigeren Eindruck zurücklassen würden, als eine einfache Ablehnung aus materiellen Gründen, deren Erheblichkeit nicht verkannt werden könne.

Von der Mehrheit des Ausschusses war dagegen namentlich geltend gemacht worden, daß, wenn auch die Gesetzgebung auf diesem Gebiete nicht stillstehen könne, doch Abänderungen derselben nicht allzu häufig eintreten würden, nachdem ein gewisses Ziel in dieser Beziehung teils bereits erreicht sei, teils in kurzem erreicht sein werde. Dies sei namentlich in Bezug auf die Hauptgrundsätze nicht zu befürchten, in freiheitlicher Richtung nicht, weil die gegenwärtige Gesetz= gebung des Bundes auf dem Prinzip der Verkehrsfreiheit beruhe; in be= schränkender Richtung nicht, weil eine solche Umkehr, nachdem einmal der richtige Weg betreten worden, nicht wohl denkbar sei. Auch könne für den letzteren Fall die Veränderung oder Aufhebung der Verträge vorbehalten werden. Soweit es sich aber um unbedeutendere Abweichungen in der Gesetzgebung handle, sei der davon zu befürchtende Nachteil gering, sofern nur auch in dieser Beziehung formelle Reziprozität garantirt sei. Es könne ferner auch eine Verabredung in Erwägung gezogen werden, nach welcher die Abänderungen der Gesetzgebung, welche in einem der vertragschließenden Teile vorgenommen werden, unter ge= wissen Modalitäten auch in dem andern unmittelbar zur Geltung kommen sollen. Eine unbedingte Weigerung, auf Verträge über die Freizügigkeit ein= zugehen, würde übrigens in den süddeutschen Staaten, bei den Regierungen wie bei den Bevölkerungen, einen ungünstigen Eindruck hervorbringen und die Meinung erwecken, daß auf diese Weise eine Pression behufs Erweiterung der Kompetenz des Zollparlaments geübt werden solle. Sei eine solche Pression auch nicht beabsichtigt, so würde sie doch thatsächlich eintreten, da nach Ablehnung der Verträge zur Befriedigung des immer lebhafter hervortretenden Bedürfnisses einer alle deutschen Staaten umfassenden vollen Freizügigkeit kaum ein anderer Weg übrig bleiben würde, als der gemeinsamer Gesetzgebung.

Die süddeutschen Anträge blieben im Bundesrat unerledigt.

Eheschließung. Eine baldige Erledigung erheischte die Aufhebung der polizeilichen Beschränkungen der Eheschließung. Bismarcks Vorlage an den Bundesrat (März 1868) führte zu dem Gesetz vom 4. Mai 1868 (B.=G.=Bl. S. 149).

Staatsangehörigkeit. Der hierüber von Bismarck im März 1868 vorgelegte Vertrag mit den Vereinigten Staaten von Amerika vom 22. Februar 1868 fand die Genehmigung des Bundesrats (B.=G.=Bl. 1868 S. 228).

Gewerbeordnung. Eine der wichtigsten Vorlagen an den Bundesrat

(März 1868) war die im preußischen Handelsministerium ausgearbeitete Gewerbeordnung.

Der Bundesrat beschloß, zur Beratung derselben einen besonderen Ausschuß zu wählen, und wählte zu Mitgliedern Preußen, Königreich Sachsen, Mecklenburg-Strelitz, Reuß j. L. und Hamburg. Bei den Ausschußberatungen*) zeigte sich sehr bald, daß es den nichtpreußischen Bundesstaaten nicht ohne die größten Veränderungen in ihrem ganzen Staatsleben möglich sein würde, den vom preußischen Staatsministerium überkommenen Entwurf bei sich ein- und durchzuführen. Es bestanden nämlich für eine gemeinsame Gewerbegesetzgebung, welche zu gleicher Zeit für einen großen Staat, wie Preußen, und für eine kleine Hansestadt gut und praktisch sein sollte, zwei Hauptschwierigkeiten, auf welche der preußische Entwurf nur geringe Rücksicht nahm. Die eine war die gänzliche Verschiedenheit der Behördenorganisationen in den Bundesländern, die andere lag in der Verschiedenheit des Zustandes, in welchem sich die einzelnen norddeutschen Gewerbeverfassungen befanden. Der Entwurf lehnte sich nun bloß an die preußische Gewerbeverfassung an und nahm auch darauf wenig Rücksicht, daß andere Länder in der Gewerbefreiheit Preußen entweder voran oder auch nachstanden.

Im Plenum des Bundesrats war die allgemeine Debatte gleichwohl schnell abgewickelt, sie war fast nur auf die Bemerkungen der mecklenburgischen Kommissare beschränkt, welche einen schüchternen Protest wagten und den Versuch machten, eine Lanze für das Zunftwesen zu brechen, sich jedoch alsbald beruhigten. Bei den Debatten über die Einzelheiten suchte man von verschiedenen Seiten den vorgeschlagenen bureaukratischen Apparat, der sich an den Organismus der preußischen Behörden anschloß, zu bekämpfen und demgegenüber freiere Einrichtungen der Einzelstaaten aufrecht zu erhalten. In einzelnen Fällen wurden nach dieser Richtung hin auch Resultate erzielt. Im wesentlichen wurde allgemeines Einverständnis erzielt.**) Der an den Reichstag gelangte Gesetzentwurf rief jedoch in der vorberatenden Kommission so umfassende Erörterungen hervor, daß die Erledigung des Gesetzes in seiner vollen Ausdehnung während der Session nicht mehr in Aussicht genommen werden konnte.

Hierdurch fand sich eine Anzahl von Abgeordneten veranlaßt, noch kurz vor dem Schlusse des Reichstags einen Gesetzentwurf über den Betrieb stehender Gewerbe vorzulegen, durch welchen einige der wichtigsten Punkte der Gewerbefreiheit schon jetzt gesichert werden sollten.

Obwohl das einseitige und rasche Vorgehen des Reichstags in einer so

---

*) Stimmen der Presse über die ungemein eingehenden Ausschußberatungen (täglich von 10—3 Uhr), vergleiche die „National-Zeitung" Nr. 150 vom 28. März 1868.

**) Ueber die Frage, ob die Amendements des Ausschusses von dem Plenum des Bundesrats angenommen wurden, vergleiche die „Norddeutsche Allgemeine Zeitung" Nr. 86 vom 10. April 1868.

wichtigen Angelegenheit ohne jede vorherige Verständigung mit der Bundes=
regierung an und für sich lebhafte Bedenken hervorrufen mußte, so nahmen die
Vertreter derselben doch von vornherein eine durchaus unbefangene, sachliche
Stellung zu dem neuen Entwurfe. Der Präsident des Bundeskanzler=Amts
Delbrück erkannte an, daß die Erledigung der betreffenden Fragen im Zu=
sammenhange mit dem Gesetze über die Freizügigkeit eine gewisse Dringlichkeit
habe, daß auch die gemachten Vorschläge im großen und ganzen mit denjenigen
übereinstimmten, welche der Bundesrat selbst in dem umfassenderen Gesetze auf=
gestellt habe; wenn es aber auch wünschenswert sei, die Sache bald zum Aus=
trage zu bringen, so lasse sich doch ohne allseitige Erwägung noch nicht über=
sehen, ob nicht in einem so kurzen Gesetze, wie es jetzt vorgeschlagen sei, vieles
übersehen werde, was der Regelung im öffentlichen Interesse bedürfe, und ob
dadurch nicht bedenkliche Lücken in den Gesetzen entständen. Der Bundesrat
könne deshalb nicht im voraus seine Zustimmung zu dem Gesetze erklären, müsse
sich vielmehr eine eingehende Erwägung noch vorbehalten. Nur in Betreff eines
Punktes (der unbedingten Aufhebung aller Zwangs= und Bannrechte) erklärte
der Vertreter der Bundesregierung von vornherein, daß durch die Annahme
desselben die Zustimmung des Bundesrats zu dem Gesetze zu einer Unmöglichkeit
gemacht würde. Dieser Punkt wurde demzufolge von den Antragstellern selbst
zurückgenommen, der Gesetzesvorschlag im übrigen aber vom Reichstag mit er=
heblicher Mehrheit angenommen.

Obwohl die „Kreuzzeitung" gegen das Notgewerbegesetz auf das heftigste
polemisirte,*) gab der Bundesrat am 2. Juli mit allen gegen zwei Stimmen
(nicht eine, wie die „Vossische Zeitung" sagte) doch dazu seine Zustimmung.
(Gesetz, betreffend den Betrieb der stehenden Gewerbe, vom 8. Juli 1868,
B.=G.=Bl. S. 406 ff.)

Versicherungswesen. Von Sachsen=Coburg war der Antrag aus=
gegangen, der Bundesrat wolle die baldige Ausarbeitung eines, das gesamte
Versicherungswesen umfassenden Bundesgesetzes beschließen. Der
Bericht des Bundesratsausschusses für die Gewerbeordnung, welchem der vor=
stehende Antrag überwiesen worden war, glaubte, denselben dem Bundesrat
empfehlen zu sollen, und richtete demgemäß an den Bundeskanzler das Er=
suchen, etwa nach Einziehung nötiger Auskunft über die in den einzelnen
Staaten des Norddeutschen Bundes in Betreff des Versicherungswesens geltenden
Bestimmungen, den Entwurf eines Bundesgesetzes über das Versicherungswesen
ausarbeiten lassen und dem Bundesrat zur Beschlußnahme vorlegen zu wollen. **)

---

*) Vergleiche die „National=Zeitung" Nr. 295 vom 27. Juni 1868 und 305 vom
3. Juli 1868.

**) Schon früher — so hieß es in der Motivirung des Ausschußantrages — sei ein
dringendes Verlangen nach gleichförmiger Regelung des Versicherungswesens durch ein ge=
meinsames Gesetz für ganz Deutschland wiederholt laut geworden; so in den Jahren 1861

Dabei nahm der Ausschuß an, daß der Antrag die privatrechtliche Seite der Versicherung nicht im Auge habe.

Die Ausarbeitung eines Bundesgesetzes über das Versicherungswesen wurde demnächst vom Bundesrat auch beschlossen, und die nächste Maßregel bestand darin, daß der Bundeskanzler über die bezüglichen Vorschriften in Großbritannien und den Vereinigten Staaten von Amerika Erkundigungen einziehen ließ und die Bundesregierungen um Mitteilung der in ihren Gebieten geltenden Bestimmungen über das Versicherungswesen ersuchte.

Auswanderungswesen. Es sind bisher wenig Reichstagssessionen vorübergegangen, in denen nicht von einem Auswanderungsgesetz die Rede war. Einen hierauf bezüglichen Antrag unterbreitete Bismarck dem Bundesrat bereits im März 1868. Die Vorlage ging davon aus, daß Artikel 4 Nr. 1 der Bundesverfassung die Bestimmungen über das Auswanderungswesen nach außerdeutschen Ländern der Beaufsichtigung des Bundes unterstellte. Die Unglücksfälle auf den Segelschiffen „Leibnitz" und „Lord Brougham" ließen dem Bundespräsidium die sofortige Ausübung dieses Aufsichtsrechtes als geboten erscheinen. Um der Wiederholung so trauriger Vorkommnisse im Wege der Bundesgesetzgebung vorzubeugen, schien es erforderlich, nicht nur den Inhalt der in deutschen Auswanderungshäfen zum Schutze des Lebens und der Gesundheit der Auswanderer bestehenden Gesetze und polizeilichen Vorschriften, sondern auch ihre praktische Handhabung von Bundes wegen zu erörtern. Daher war eine Untersuchungskommission aus je einem Mitgliede der preußischen, sächsischen und mecklenburgischen Regierung auf Veranlassung des Bundeskanzlers gebildet worden, welche über die Resultate ihrer Thätigkeit unterm 16. Februar 1868 berichtet hatte. Die Vorschläge der Kommission waren einerseits auf die Ergänzung der über die Einrichtungen der Auswandererschiffe u. s. w. in Bremen und Hamburg bestehenden Vorschriften, andererseits auf Verschärfung derjenigen Aufsicht gerichtet, welche über die Befolgung dieser Vorschriften geübt wurde. In letzterer Beziehung glaubte der Bundeskanzler die Einsetzung einer Bundesbehörde, welche die Thätigkeit der Schiffsbesichtiger ihrer Superrevision zu unterziehen habe, als zweckmäßig empfehlen zu können. Die beantragte Ergänzung der zum Schutze der Auswanderer bestehenden Vorschriften werde durch

---

und 1865 von seiten des volkswirtschaftlichen Kongresses in Stuttgart und Nürnberg, gleichwie 1865 von dem Handelstage in Frankfurt a. M. Die große Bedeutung des Versicherungswesens überhaupt und die Ausbreitung des Betriebes der einzelnen Versicherungsanstalten weit über das Gebiet des Einzelstaates hinaus, in welchem sie ihren Sitz haben, erkläre leicht ein solches Verlangen. Es dürfte kaum einen andern Gewerbebetrieb geben, der in höherem Grade als das Versicherungswesen gemeinsamer Bestimmungen bedürfe, um bezüglich seiner den Zweck des Artikels 3 der Bundesverfassung erreicht zu sehen, daß der Angehörige eines jeden Bundesstaates in jedem andern Bundesstaate als Inländer zu behandeln sei.

Bundesgesetze zu bewirken sein, und es sei die Ausarbeitung eines Gesetzentwurfs, dessen Bestimmungen nicht bloß für Bremen und Hamburg, sondern für sämtliche Häfen des Bundesgebietes in Kraft zu setzen sein würden, bereits in Angriff genommen worden. Zuvor empfehle sich die Verschärfung der Aufsicht über die bestehenden Vorschriften zum Schutze des Lebens und der Gesundheit der Auswanderer, um die den letzteren gebotenen Garantien zu verstärken und das jetzt entstandene Mißtrauen zu beseitigen. Zu diesem Behufe wurde dem Bundesrat die Einsetzung von Bundesbehörden in Hamburg und Bremen inklusive in Bremerhaven von etwa je drei Mitgliedern, wozu je ein Seeoffizier und je zwei Mitglieder von den verschiedenen Bundesregierungen zu kommittiren wären, vorgeschlagen und beantragt, in diesem Sinne zu entscheiden.

Die Bundesratsausschüsse für Handel und Seewesen bezeichneten als Lücken in der bisherigen Gesetzgebung: das Fehlen eines absoluten Verbots der Benutzung des Orlogdeckes für die Passagiere; wünschenswert seien genauere Vorschriften über die Ventilation; eine Bezeichnung derjenigen gefährlichen oder der Gesundheit schädlichen Waren, welche auf Auswandererschiffen nicht verladen werden sollten; strenge Strafbestimmungen über Pflichtwidrigkeiten seitens des Kapitäns und der Mannschaften während der Fahrt, ein summarisches Verfahren zur sofortigen Aburteilung derselben, womöglich im Ankunftshafen; vielleicht endlich auch noch Bestimmungen über den einzelnen Passagieren zu gewährenden Raum. Sie empfahlen auf den von der Regierung in Washington durch den Gesandten des Bundes gemachten Vorschlag der Herbeiführung einer internationalen Gesetzgebung einzugehen, da der Zweck aus naheliegenden Gründen nur so vollständig zu erreichen sein werde.

Daneben schien es aber in hohem Grade wünschenswert, daß einigen der von den Bundeskommissarien als besonders bedenklich bezeichneten Uebelstände schon vorweg durch die betreffenden Lokalbehörden abgeholfen werde. In Hamburg war den desfallsigen Desiderien der Kommissarien in der Hauptsache bereits durch die Novelle vom 20. April 1868 abgeholfen. Dagegen waren in Bremen zur Zeit mehrere dieser Punkte, wenigstens noch nicht gesetzlich, in derselben wünschenswerten Weise geregelt. Als solche wurden namentlich bezeichnet: das absolute Verbot der Benutzung des Orlogdecks; die Bestimmungen über die mitzunehmenden Medikamente; die ärztliche Untersuchung sämtlicher Passagiere vor der Einschiffung an Bord; die Bestimmungen über die Mitnahme feuergefährlicher oder der Gesundheit nachteiliger Waren. Die Ausschüsse schlugen vor, den Bundeskanzler zu ersuchen, den Senat der freien Stadt Bremen aufzufordern, hinsichtlich dieser Punkte, soweit sie nicht etwa bereits faktisch erledigt sein sollten, nach Maßgabe der dieserhalb in Hamburg erlassenen Bestimmungen, auf geeignetem Wege vorzugehen.

Hatten die Ausschüsse sich nun zwar dahin aussprechen zu müssen geglaubt, daß die Hauptabhilfe für die noch vorhandenen Mängel im Auswandererbeförderungswesen auf dem Wege der Gesetzgebung zu suchen sein dürfte, so verkannten sie doch nicht, daß daneben auch die vom Bundeskanzler in Vorschlag gebrachte Entsendung von Bundeskommissaren im jetzigen Stadium dieser Angelegenheit sich zur Ausführung empfehle. Nach den von ihnen entwickelten Ansichten glaubten sie jedoch, daß in dieser Beziehung der Abordnung nur e i n e s Bundeskommissars für s ä m t l i c h e Bundeshäfen statt den in Aussicht genommenen beiden B e h ö r d e n vorläufig der Vorzug zu geben wäre. Die Einsetzung einer aus je drei Mitgliedern bestehenden Behörde ohne Beilegung bestimmter administrativer Funktionen dürfte nicht erforderlich sein. Die Beilegung solcher Funktionen an diese Behörden würde, abgesehen davon, daß eine unmittelbare Beteiligung der Bundesgewalt an der Verwaltung der einzelnen Staaten überhaupt prinzipiell nicht unbedenklich ist, eine konkurrirende Wirksamkeit von Bundes- und Lokalbehörden zur Folge haben, welche hinsichtlich der gegenseitigen Kompetenz schwierig zu ordnen sein dürfte. Es empfehle sich daher, zunächst zu versuchen, ob der Zweck nicht ebenso vollständig und leichter durch einen mit der Befugnis, sich von den Behörden jede gewünschte Nachweisung geben zu lassen und von allen auf die Auswanderung bezüglichen Vorkommenheiten persönlich Kenntnis zu nehmen, ausgestatteten Kommissar zu erreichen wäre, welcher nur eine allgemeine Ueberwachung auszuüben, eintretenden Falls die Lokalbehörden auf entdeckte Mängel aufmerksam zu machen und nur, wenn dieses nicht zum Ziele führen sollte, weitere Abhülfe auf anderem Wege zu suchen hätte.

Für den Fall, daß die Ansicht der Ausschüsse die Genehmigung des Bundesrats erlangen sollte, würde es dem Kommissar überlassen bleiben können, seinen Aufenthalt da zu nehmen, wo er es jederzeit für am zweckmäßigsten hielte. Die Lokalbehörden sämtlicher Hafenplätze, aus denen Auswanderer expedirt werden, würden jedoch zu verpflichten sein, ihm jederzeit rechtzeitig Anzeige von dem bevorstehenden Abgange eines Auswanderersegelschiffes zu machen, um ihm Gelegenheit zu geben, sich in jedem ihm angemessen scheinenden Falle, nötigenfalls unter polizeilicher Assistenz, vor Abgang des Schiffes persönlich von dem Zustande desselben zu überzeugen. Daneben würde es Aufgabe des Bundeskommissars sein müssen, aus den gesammelten Erfahrungen mit Vorschlägen für die in Aussicht genommene allgemeine Gesetzgebung hervorzutreten, da seine Stellung ihn hierzu vorzugsweise in den Stand setzen würde.

Die Ausschüsse schlugen daher vor, den Bundeskanzler zu ersuchen, in diesem Sinne einen B u n d e s k o m m i s s a r für das Auswanderungswesen abzuordnen und den in dieser Angelegenheit zunächst beteiligten Regierungen die dieserhalb erforderlichen Eröffnungen zu machen.

Nachdem der Bundesrat im wesentlichen die Ausschußvorschläge genehmigt hatte, wurde das Bundespräsidium ermächtigt, mit den Vereinigten Staaten von Amerika, mit Großbritannien und nach Befinden mit anderen Staaten in

Verhandlungen zu treten, um eine internationale Gesetzgebung in Betreff der
Beförderung der über See gehenden Auswanderer herbeizuführen.*) Der Bundes=
kanzler sollte außerdem den Senat von Bremen auffordern, hinsichtlich der mit=
zunehmenden Medikamente, der ärztlichen Untersuchung sämtlicher Passagiere vor
der Einschiffung, der Mitnahme feuergefährlicher oder der Gesundheit nachteiliger
Waren, soweit diese Punkte nicht etwa bereits faktisch erledigt sein sollten, nach
Maßgabe der dieserhalb in Hamburg erlassenen Bestimmungen auf geeignetem
Wege vorzugehen. Er sollte ferner einen Bundeskommissar mit denjenigen Auf=
gaben und Befugnissen, welche in dem Ausschußberichte bezeichnet waren, zur
Beaufsichtigung des Auswanderungswesens abordnen. Dagegen hatte sich der
eine der Ausschußanträge, welcher dahin ging, daß der Senat von Bremen
auch um Aufhebung der Befugnis seiner Behörden, unter Umständen die Be=
nützung des Orlogdecks zu gestatten, ersucht werden sollte, inzwischen faktisch
erledigt, indem zufolge einer von dem bremischen Bevollmächtigten abgegebenen
Erklärung der Senat die Behörde bereits im Wege der Instruktion angewiesen
hatte, von der fraglichen Befugnis unter keinen Umständen Gebrauch zu machen,
und sich verpflichtet hält, diese Instruktion nicht zurückzuziehen.

Demnächst wurde ein Auswanderungskommissar in der Person des Kapitäns
zur See und Marinedirektors Weickhmann ernannt, welcher seinen Wohnsitz
in Hamburg nahm. Mit seiner Vertretung als Depotdirektor in Stralsund
wurde der Kapitänlieutenant Donner beauftragt.

In Bezug auf die Resolution des Reichstags betreffs der doppelten
Personalbesteuerung wurde vom Bundesrate beschlossen: in Erwägung,
daß eine allgemeine Regulirung der vorliegenden Frage wegen der Verschieden=
artigkeit der in den einzelnen Staaten bestehenden Besteuerungssysteme auf die
größten Schwierigkeiten stößt, daß es sich daher empfiehlt, zunächst auf dem
Wege des Vertrags zwischen den einzelnen am meisten beteiligten Staaten den
vorliegenden Beschwerden, insoweit dieselben überhaupt begründet sind, abzu=
helfen, in Erwägung ferner, daß in solcher Richtung dermalen zwischen der
preußischen und sächsischen Regierung Verhandlungen im Gange sind,
deren Ergebnis abzuwarten ist, ehe sich der Bundesrat mit dieser Angelegenheit
weiter befaßt, den vorliegenden Gegenstand vorerst auf sich beruhen zu lassen.
Die Frage kam erst in der Session des Bundesrats von 1870 zur Erledigung.

Maaß= und Gewichtsordnung. Der Ausschuß für Handel und
Gewerbe, dem der von Bismarck im März 1868 vorgelegte Entwurf einer
Maaß= und Gewichtsordnung überwiesen worden war, sprach sich vollkommen
zustimmend über denselben aus. Es wurde in dem Bericht namentlich hervor=

---

*) Ueber einen projektirten Vertrag zwischen dem Norddeutschen Bund und der nord=
amerikanischen Union zum Schutze der Auswanderer berichtete ausführlich die „National=
Ztg." Nr. 305 vom 4. Juli 1869. Ueber die betreffenden Vorverhandlungen vgl. die Nr. 39
vom 24. Januar 1869.

gehoben, daß die Motive des von dem Bundespräsidium vorgelegten Gesetz=
entwurfs durchaus mit den Gesichtspunkten des Gutachtens vom 30. April 1861
zusammenfielen, welches von der damals aus Fachmännern der verschiedenen
deutschen Staaten zur Prüfung derselben Angelegenheit gebildeten Kommission
abgegeben wurde. Der Bericht erklärte, es seien in diesem Gutachten die Gründe
für die Wahl des metrischen Systems und für die Durchführung desselben so
vollständig und überzeugend entwickelt, daß dafür kaum noch weitere Argumente
beizubringen wären. Es wurde daher von dem Ausschuß vorgeschlagen, einen
Auszug aus jenem Gutachten als Beilage zu den Motiven des dem Reichstage
vorzulegenden Gesetzentwurfs beizufügen. Schließlich erklärte der Ausschuß in
seinem Bericht, daß weder die Opportunität der Maßregel noch die Richtigkeit
der ihr zu Grunde gelegten Prinzipien irgend einem Zweifel unterliegen könne.*)
Maaß= und Gewichtsordnung für den Norddeutschen Bund. Vom 17. August
1868 (B.=G.=Bl., S. 473).

Da durch Art. 22 der Maaß= und Gewichtsordnung der Termin für die
fakultative Anwendung des neuen Maaß= und Gewichtssystems auf den 1. Januar
1870 festgestellt war, so erschien es geboten, die sämtlichen Aichungsstellen im
Gebiete des Norddeutschen Bundes bis zu diesem Zeitpunkte in den Stand zu
setzen, den Anforderungen des Publikums wegen Lieferung bezw. Stempelung
der dem neuen Systeme entsprechenden Maaße und Gewichte zu genügen. Zu
dieser Zeit mußten die Aichungsstellen durch die Bundes=Normal=Aichungskom=
mission mit den Normalen und den betreffenden Vorschriften bereits versehen
sein. Es war daher zunächst die Einrichtung dieser Behörde sowie die Bereit=
stellung der hierzu erforderlichen Mittel durch einen Nachtrag zum Etat für
1869 zu bewirken. Aus ökonomischen Rücksichten empfahl es sich, die nach
Art. 17 der Maaß= und Gewichtsordnung von der preußischen Regierung ein=
zurichtende Zentral=Aichungsbehörde mit der Bundes=Zentral=Aichungskommission
zu vereinigen, wozu durch eine mit Preußen getroffene Vereinbarung die Möglichkeit
geboten wurde.**) Der Bundeskanzler beantragte daher Ende 1868 bei dem
Bundesrat: derselbe wolle sich mit der Errichtung der Zentral=Aichungs=
kommission des Norddeutschen Bundes auf dieser Grundlage einverstanden
erklären und dem zu diesem Behufe aufgestellten vorläufigen Etat seine Ge=
nehmigung erteilen. Der Bundesrat faßte am 19. Dezember 1868 diesem
Antrage gemäß Beschluß.

Enquete über das Hypothekenbankwesen. In Ausführung des
in der Sitzung vom 4. Dezember 1867 gefaßten Beschlusses auf Veranstaltung
einer Enquete über das Hypothekenbankwesen (vergl. S. 120 ff.) wurden in der Zeit
vom 13. März bis 19. Juni 1868 24 Personen durch den Bundesratsausschuß

---

*) Ueber die Aenderungen, welche die Vorlage im Schoße des Bundesrats erhielt,
vgl. die „Nordd. Allg. Ztg." Nr. 106 vom 6. Mai 1868.

**) Vgl. hierüber die „Nordd. Allg. Ztg." Nr. 71 vom 25. März 1869.

für Handel und Verkehr vernommen. Die Vernehmungen erfolgten auf Grund vorher formulirter Fragen, welche jedoch nicht sowohl die Aufgabe der Enquete zu erschöpfen, als vielmehr den Gang derselben im allgemeinen vorzuzeichnen und durch Hervorhebung der wichtigsten Gesichtspunkte den Sachverständigen einen Anhalt zu eingehender Darlegung ihrer Erfahrungen und Urteile zu geben bestimmt waren. Den Vorsitz führte in allen Sitzungen der Bevollmächtigte für Preußen, Geh. Ober=Finanzrat Wollny, seitens des Bundeskanzler-Amts war der ständige Hülfsarbeiter Jungermann anwesend, die übrigen Bevollmächtigten waren nicht regelmäßig zugegen. Den Vernehmungen lagen anfangs 7, später 10 Fragen zu Grunde und sie geschahen meistens derartig, daß der Vorsitzende diese Fragen zergliederte und dann die Sachverständigen antworten ließ.

Das Ergebnis der Enquete legte Bismarck Ende Oktober 1868 dem Bundesrat vor, und er gestattete demnächst auch eine Veröffentlichung der gewonnenen Materialien.*) Wie man hörte, sprachen sich die Bundesratsaus= schüsse für Justizwesen und für Handel und Verkehr ganz entschieden gegen die Errichtung von Staatskreditinstituten, wie auch gegen die Gewährung von Staatshilfe oder Privilegien zur Förderung des Realkredits aus. Die andere angeregte Frage in Betreff der Normativbedingungen für die innerhalb des Bundesgebiets zu errichtenden Kreditinstitute blieb aber ungelöst.

Patentwesen. Am 10. Dezember 1868 regte Bismarck mit folgendem Schreiben**) die Regelung der Patentfrage bei dem Bundesrat an:

„Unter den Gegenständen, welche die Verfassung des Norddeutschen Bundes der Beaufsichtigung und Gesetzgebung des letzteren unterwirft, befinden sich auch die Erfindungspatente (Art. 4 Nr. 5 der Verfassungsurkunde vom 26. Juli 1867).

Bei den vielfachen und begründeten Klagen, welche über den mangelhaften Zustand der Patentgesetzgebung in Preußen und in Deutschland seit geraumer Zeit laut geworden sind, erachtet es die königlich preußische Regierung für geboten, die Erwägung, was infolge jener Verfassungsbestimmung einzuleiten sein möchte, nicht länger hinauszuschieben. Dabei kann jedoch nach dem Stand= punkte, den sie schon seit längerer Zeit zu der Sache eingenommen hat, nicht

---

*) Die Arbeit erschien unter dem Titel „Stenographische Berichte über die Verhand= lungen des Ausschusses des Bundesrats des Norddeutschen Bundes für Handel und Ver= kehr, betreffend die Enquete über das Hypothekenbankwesen. Vom 13. März bis 19. Juni 1868." Verlag der Deckerschen Hofbuchhandlung. Preis 1 Thlr. 10 Sgr. Vgl. über diese Enquete auch mein Werk: „Aktenstücke zur Wirtschaftspolitik des Fürsten Bismarck" Bd. I., S. 116 ff. und den Aufsatz in der „National-Ztg." Nr. 423 und 425 vom 10. und 11. September 1868: „Der Realkredit vor dem Ausschuß des Bundesrats."

**) Es ist dies die einzige Vorlage Bismarcks an den Bundesrat aus der Session 1868, von der Horst Kohl Kenntnis hat (vgl. dessen Bismarck-Regesten, Bd. I. S. 357. — Ein Auszug aus der Vorlage befindet sich in der „National-Ztg." Nr. 11 vom 8. Januar 1869; vgl. auch die Serie von Artikeln „Zur Patentfrage" in derselben Zeitung Nr. 37, 61, vom 31. Januar und 6. Februar 1869.

umgangen werden, zunächst über die Vorfrage eine Entscheidung zu treffen, ob überhaupt für die Zukunft innerhalb des Bundesgebiets noch ein Patentschutz gewährt werden soll. Bei den vielfachen Erörterungen über die Grundprinzipien des Patentwesens, welche in den letzten Dezennien infolge der wiederholten Versuche einer legislativen Neugestaltung desselben, insbesondere auch infolge der desfallsigen Verhandlungen bei der vormaligen deutschen Bundesversammlung stattgefunden haben, ist die Frage über die Entbehrlichkeit der Patente immer entschiedener in den Vordergrund getreten. Die preußische Regierung fand sich, nachdem sie darüber die gutachtlichen Aeußerungen der Handelskammern und der kaufmännischen Korporationen eingezogen, veranlaßt, schon in ihrer in der Bundestagssitzung vom 31. Dezember 1863 abgegebenen Erklärung über die von der Bundeskommission aufgestellten Entwürfe dem Zweifel Ausdruck zu geben, ob unter den gegenwärtigen Zeitverhältnissen die Erfindungspatente noch als eine für die Gewerbsamkeit notwendige oder wohlthätige Einrichtung betrachtet werden können.

Die königlich preußische Regierung hat diese Frage neuerdings wiederholter und eingehender Erwägung unterworfen und glaubt dieselbe aus den in Nachstehendem dargelegten Gründen verneinen zu müssen:

Vom theoretischen Standpunkte aus darf es als anerkannt gelten, daß die Gewährung eines Exklusivrechts für die Ausbeutung gewerblicher Erfindungen weder durch ein vom Staate zu schützendes natürliches Recht des Erfinders geboten, noch aus der Konsequenz allgemeiner wirtschaftlicher Grundsätze abzuleiten ist.

Das Recht, andern die Herstellung gewisser Gewerbserzeugnisse oder die Anwendung bestimmter vorteilhaften Produktionsweisen und Hülfsmittel zu untersagen, enthält an sich einen Eingriff in die natürliche Freiheit aller, sich bei Ausübung ihres Gewerbes jedes sich darbietenden erlaubten Vorteils zu bedienen und bildet gegenüber dem sonst herrschenden Bestreben, innerhalb desselben Wirtschaftsgebiets die gewerbliche Produktion von künstlichen Ungleichheiten zu befreien, eine Singularität, deren Aufrechterhaltung den Nachweis eines besonderen inneren Rechtfertigungsgrundes und zugleich einer dem Zweck entsprechenden praktischen Durchführbarkeit erfordert. In beiden Beziehungen sind nach den heutigen Verhältnissen die gewichtigsten Einwendungen zu erheben.

Dem in ersterer Hinsicht besonders geltend gemachten Argument, daß die Gewährung eines temporären Exklusivrechts unentbehrlich sei, um gegenüber der sonst eintretenden Konkurrenz dem verdienstvollen Erfinder einen im billigen Verhältnisse zu dem aufgewandten Maße an geistiger Arbeit, Auslagen und Risiko stehenden Lohn insoweit zu sichern, daß es dem Erfindungsgeist an der darin liegenden Aufmunterung nicht fehle, ist entgegenzuhalten, daß die in neuerer Zeit so außerordentlich fortgeschrittene Entwicklung des Verkehrs, welche für reelle Leistungen einen ausgedehnten Markt hergestellt hat und es den

Gewerbetreibenden ermöglicht, jeden Produktionsvorteil durch Erweiterung des Absatzes rasch zu verwerten, im großen und ganzen denjenigen, welche nützliche Erfindungen zuerst anwenden, einen Vorsprung vor ihren Konkurrenten gewährt, ausreichend, um ihnen in dem Maße, wie sie nützlich sind, selbst dann, wenn die dauernde Geheimhaltung nicht möglich ist, einen zeitweiligen Extragewinn zu sichern. In diesem besonderen Vorteil, welchen die erste Anwendung und Ausbeutung eines neuen Gedankens mit sich bringt, haben auch sonst im wirtschaftlichen Leben diejenigen ihren Lohn zu suchen, welchen es durch Scharfsinn und Strebsamkeit gelingt, Mittel aufzufinden, um vorhandene Bedürfnisse billiger und besser als vorher zu befriedigen, und denen dafür Monopole nicht eingeräumt werden.

Ganz besonders aber fallen die praktischen Schwierigkeiten ins Gewicht, welche sich jedem Versuche, dem anerkannt mangelhaften Zustande des Patentwesens eine befriedigendere Gestalt zu geben, entgegenstellen.

Daß es bei dem Vorprüfungsverfahren, wie es in Preußen besteht, nicht verbleiben könne, ist eine unter den Verteidigern des Patentschutzes sehr allgemein verbreitete Ueberzeugung, und sie wird durch langjährige Erfahrung der in Preußen mit der Entscheidung in Patentsachen und mit der Vorprüfung beauftragten Behörden auf das entschiedenste bestätigt. Obwohl mit einem vergleichsweise vorzüglichen Hilfsapparat ausgestattet, mußte die preußische technische Deputation für Gewerbe doch schon im Jahre 1853 (vgl. Preuß. Handelsarchiv von 1854, Bd. II., S. 173 ff.) die Aufgabe, festzustellen, ob ein zur Patentirung vorgelegter Gegenstand nicht bereits irgendwo ausgeführt oder bekannt gemacht worden, als eine beinahe unlösbare anerkennen. Seitdem ist die Masse des zu beherrschenden Stoffes alljährlich in steigender Proportion angewachsen. Indes liegt die Schwierigkeit nicht allein in der Unübersehbarkeit des vorhandenen Materials; sie liegt auch in der Durchführung fester Prinzipien in Bezug auf die Kriterien der Neuheit. Soll die Vorprüfung nicht ihre eigentliche Bedeutung verlieren, indem man als patentfähig jede Neuerung in der Konstruktion, Form oder Anwendungsweise anerkennt, so gerät man gegenüber der immer mehr sich differenzirenden Mannigfaltigkeit möglicher Kombinationen an sich bekannter Elemente und Hilfsmittel zu veränderten Konstruktionen oder Anwendungsweisen bei der Ausscheidung desjenigen, was als wirkliche Erfindung zu betrachten ist, aus der Masse des Unerheblichen auf ein so unsicheres Gebiet, daß es kaum möglich ist, dem Vorwurfe der Willkür zu entgehen. Wie lästig die daraus erwachsende Verantwortlichkeit ist, wird täglich mehr empfunden. Es ist dringend zu wünschen, daß die Autorität der Behörden nicht länger durch die Stellung einer unerfüllbaren Aufgabe beeinträchtigt werde.

Aber auch der vielfach empfohlene Uebergang zum sog. Anmeldungssysteme würde eine mehr als scheinbare Abhilfe nicht gewähren. Abgesehen von den gegen dasselbe zu erhebenden theoretischen Einwendungen haben seine

praktischen Wirkungen in den Ländern, wo es besteht, keineswegs befriedigt.
Die Klagen über die dadurch hervorgerufenen Mißbräuche, die Hemmnisse, welche
der anwendenden Industrie durch die Massenhaftigkeit der größtenteils zum
Zwecke schwindelhafter Spekulation entnommenen Patente bereitet werden, die
üblen Erfahrungen, welche bei dem Systeme nachträglicher Anfechtung und Ver-
teidigung der ohne Vorprüfung erteilten Patente im Prozeßwege gemacht worden
sind, haben in der öffentlichen Meinung jener Länder eine Reaktion herbeigeführt,
welche die Beseitigung jenes Systems fordert. Der unbefriedigende und ganz
unnatürlich gewordene Zustand des Patentwesens hat in Frankreich und England bereits vor Jahren die ernste Aufmerksamkeit der gesetzgebenden Faktoren
erregt und zu eingehenden Erörterungen über die Notwendigkeit und die Mittel
einer durchgreifenden Besserung geführt. In Frankreich stellte die Regierung
schon im Jahre 1858 einen Gesetzentwurf auf, welcher den Zweck hatte, zu
bewirken, daß die Erörterung der Einwendungen gegen ein verlangtes Patent
möglichst in das Stadium vor seiner Erteilung verlegt werde.

Eine ähnliche Einrichtung, welche in England in Kraft steht, hat sich jedoch
hier als unzureichend erwiesen, und die Kommission, welche im Jahre 1863
eine umfassende Enquete über die Wirksamkeit der bestehenden Patentgesetzgebung
ausführte, gelangte auf Grund derselben zur Empfehlung des Systems der
offiziellen Vorprüfung. Bei solcher Lage der Dinge kann für den Norddeutschen
Bund die Annahme des reinen Anmeldungssystems nicht füglich in Frage
kommen. Auch die Aufstellung hoher Taxen kann, abgesehen von dem Widerspruch, in dem eine solche Maßregel mit dem eigentlichen Zweck der Patente
stehen würde, nach den in England gemachten Erfahrungen als ein hinläng-
liches Korrektiv jenes Systems nicht angesehen werden.

Die Wahrnehmung, daß sowohl das Vorprüfungs- als das Anmeldungs-
system dort, wo man die Probe der Erfahrung damit gemacht hat, als unhaltbar erkannt ist, muß zu dem Schluß führen, daß die Schwierigkeiten nicht
durch so oder anders gewählte Formen in der Gestaltung des Instituts zu
überwinden sind, daß dieselben vielmehr in dem Wesen des letzteren selbst
beruhen. Der Patentschutz erfordert, wie bereits bemerkt, Unterscheidungen,
welche in heutiger Zeit praktisch unausführbar sind, und deren materielle Unmöglichkeit dadurch nicht behoben werden kann, daß die desfallsige Aufgabe von
einer Instanz auf die andere übertragen wird. Man muß es anerkennen, daß,
wenn es künstlicher Anstalten überhaupt bedarf, um den Erfindern einen ihrem
Verdienste um die Gesellschaft entsprechenden zu Lohn gewähren, dazu auf
diesem Wege, ohne gleichwerte Interessen zu verletzen, nicht zu gelangen ist.

Wenn der entscheidende Schritt, mit dem Patentwesen völlig zu brechen,
bisher noch nirgends unternommen ist, obwohl die beachtenswertesten Stimmen
der Theorie und Praxis ihn empfohlen haben, so erklärt sich dies zur Genüge
daraus, daß es sich um eine, seit geraumer Zeit in den Gewohnheiten der

industriellen Völker tief eingewurzelte Einrichtung handelt, der man hergebrachter
weise einen großen Teil des Verdienstes an dem während ihres Bestehens ein=
getretenen mächtigen Aufschwung der Gewerbsamkeit zuschreibt. Dazu tritt die
Besorgnis, daß dasjenige Land, welches damit vorangehe, den andern gegen=
über in erheblichen Nachteil geraten werde.

Es kann im allgemeinen ebenso wenig bezweifelt werden, daß die Aussicht
auf nutzbare Ausbeutung gemachter Erfindungen ein Sporn für den Erfindungs=
geist darbietet, als daß dem zeitweilig gewährten Patentschutz die Ausbildung
wichtiger Erfindungen zu verdanken ist. Die Erfahrung hat jedoch gelehrt,
daß die Patente in den meisten Fällen ihren Zweck nicht erfüllen, daß sie in
der großen Mehrzahl einen reellen Nutzen weder für den Inhaber noch für
das Publikum zur Folge gehabt, daß der Vorteil ebenso häufig anderen als
dem verdienten Erfinder zu gute gekommen ist. Wenn man den Aufschwung
der Industrie durch Vervollkommnung der Technik, wie er sich in mehreren
Ländern sehr ausgedehnten Patentschutzes vollzogen hat, vorzugsweise auf die
durch den Patentschutz gegebene Anregung zurückführen will, so bleibt unberück=
sichtigt, daß die großen Erfindungen der Vorzeit und ebenso die auch für die
Industrie bahnbrechenden wissenschaftlichen Entdeckungen der neueren Zeit eines
Anregungsmittels durch Monopolschutz nicht bedurft haben. Neben der fördernden
Wirkung des letzteren ist in einer dem gewerblichen Fortschritte überaus günstigen
Zeit der Nachteil nicht zu unterschätzen, daß er die rasche und fruchtbare Aus=
bildung eines neuen Gedankens zurückhält, welche bei seiner Freigebung von
der konkurrirenden Arbeit aller zu erwarten ist. Ob in England, Belgien,
Frankreich und Nordamerika die Industrie vermöge sonstiger günstigen Vor=
bedingungen nicht auch ohne Erfindungsschutz in gleicher Weise sich entwickelt
haben würde, muß freilich dahingestellt bleiben. Gewichtig ist indes die That=
sache, daß in der Schweiz ähnlich günstige Ergebnisse erzielt sind, ohne daß
hier der Mangel eines solchen Hilfsmittels nachteilig empfunden würde.

Das Beispiel dieses Landes muß auch die Besorgnis abschwächen, daß
durch Abschaffung der Patente die einheimische Industrie der ausländischen
gegenüber einen Nachteil erleiden werde. Will man in Deutschland dazu
schreiten, so kann man allerdings sich nicht verhehlen, daß man damit voraus=
sichtlich, wenigstens für eine gewisse Zeit, allein stehen wird. Daß die in
Frankreich und England begonnene Agitation in demselben Sinne bald zum
gleichen Ziele führen werde, ist nach dem dermaligen Stande der öffentlichen
Meinung daselbst und bei den sehr mannigfaltigen, in dem dortigen ausgedehnten
Patentschutzsystem engagirten Interessen kaum zu erwarten, obgleich es Beachtung
verdient, daß man sich in beiden Ländern zu einer Neugestaltung des mit aner=
kannten Mängeln behaftesten Systems noch nicht hat entschließen können. In
Deutschland bestehen diese Schwierigkeiten bei weitem nicht in gleichem Grade,
da das industrielle Publikum bei der vergleichsweise geringen Ausdehnung des

Patentwesens durch die Maßregel auch in viel geringerem Grade berührt werden würde. Es handelt sich hier um ein nach jeder Richtung hin unwirksameres Institut.

Schon die Zahl der verliehenen Patente läßt dies erkennen. Sie betrug im Jahre 1867

in Preußen 103
in Sachsen 179
in den Thüringischen Vereinsstaaten 33
in Braunschweig . . . 32
in Hessen . . . 20
in Oldenburg 12
in Bayern 214
in Württemberg 139
in Baden 46

während von den außerdeutschen Staaten beispielsweise 1866

England (einschließlich der provisional protections) 3453
Frankreich . . . . ca. 4400
Belgien . . . . „ 1700
Nord=Amerika . . . . „ 9450

Patente zählen. In Preußen hat die streng gehandhabte Vorprüfung dazu geführt, daß in den letzten 10 Jahren durchschnittlich 87 Prozent der eingegangenen Patentgesuche zurückgewiesen und nur zwischen 50 und 100 Patente verliehen worden sind. Es unterliegt übrigens keinem Zweifel, daß von diesen nur eine kleine Zahl in nennenswerter Weise ausgebeutet worden ist.

Auch der Umfang der mit dem Patente verliehenen Rechte ist in Deutschland insofern geringer als im Auslande, als nach der unter allen Umständen aufrecht zu erhaltenden Bestimmung in der Uebereinkunft der Zollvereinsregierungen vom 21. September 1842 das Patent dem Inhaber, abgesehen von Maschinen und Werkzeugen, kein Verbotsrecht gegen die Einfuhr, den Absatz und den Verbrauch anders woher bezogener Gegenstände gewähren kann.

Wenn als Folge der Beseitigung der Patente befürchtet wird, daß die Ausbeute neuer Erfindungen künftig dem Inlande verloren gehen werde, daß die Erfinder sich damit dem Patentschutz gewährenden Auslande zuwenden werden, so findet diese Besorgnis in den in der Schweiz gemachten Wahrnehmungen keine Bestätigung. Den Industriellen, welcher eine Erfindung gemacht hat, werden in der Regel andere Motive bestimmen, sie da in Wirksamkeit zu setzen, wo er seine Fabrikationsstätte, sein einmal begründetes Absatzgebiet hat.

Auch der Befürchtung, daß nach Wegfall des Patentschutzes die Neigung, neue Erfindungen geheim zu halten, sich steigern werde, kann entscheidendes Gewicht nicht beigelegt werden. Denn wenn es auch anzuerkennen ist, daß die Neigung zur Geheimhaltung der Erfindungen durch die Aufhebung des Patentschutzes einen neuen Impuls erhalten wird, so kann doch nicht zugestanden werden, daß sich gegenüber dem bestehenden Zustande eine wesentlich nachteilige Veränderung hieraus praktisch ergeben werde. Denn schon gegenwärtig unter der Herrschaft des Patentschutzes ist es eine bekannte Erfahrung, daß bei solchen Fabrikationsmethoden und Hülfsmitteln, die die Geheimhaltung überhaupt ermöglichen, in der Geheimhaltung ein wirksamerer Schutz gesucht und auch gefunden wird als in dem Patente. Wenn somit angenommen werden kann, daß diejenigen Erfindungen, welche geheim gehalten werden können, großenteils schon jetzt geheim gehalten werden, so kann aus der Aufhebung des Patentschutzes in dieser Rücksicht ein wesentlicher Nachteil sich praktisch nicht ergeben.

Die königlich preußische Regierung ist sonach der Ansicht, daß dem von der volkswissenschaftlichen Theorie empfohlenen und auch in der öffentlichen Meinung hinreichend vorbereiteten Entschluß, anstatt weiterer voraussichtlich doch unbefriedigenden Versuche, das Patentwesen zu reformiren, zur völligen Beseitigung desselben für den Bereich der Bundesgewalt zu schreiten, auch aus der Priorität der Maßregel gegenüber den bedeutenden Industriestaaten ein Bedenken nicht erwachsen könne, obgleich es allerdings wünschenswert sein würde, wenn auch die süddeutschen Staaten dafür zu gewinnen wären, so daß die Neuerung gleichzeitig für den ganzen Bereich des Zollvereins in Kraft treten könnte.

Der Unterzeichnete geht von der Ansicht aus, daß, ehe der Norddeutsche Bund überhaupt dem Patentwesen als Gegenstand seiner Gesetzgebung näher treten kann, zuvor über die prinzipielle Vorfrage, ob überhaupt für die Zukunft innerhalb des Bundesgebietes noch ein Patentschutz gewährt werden soll, eine Entscheidung zu treffen sei. Mit Rücksicht hierauf und da der Bund überhaupt nicht wird umhin können, gegenüber den auf Reform des Patentwesens gerichteten Bestrebungen eine bestimmte Stellung zu gewinnen, stellt der Unterzeichnete den Antrag:

> der Bundesrat wolle den Ausschuß für Handel und Verkehr mit der Beratung der erwähnten Frage und der Berichterstattung über dieselbe beauftragen.
>
> v. Bismarck."

Da lange Zeit über die Stellungnahme des Bundesrats in der Patentfrage nichts verlautete, so verbreitete sich das Gerücht, Bismarck habe den erwähnten Antrag zurückgezogen.*) Später (Anfangs Februar 1872) wußte die „Spenersche Ztg." zu berichten: der mit der Prüfung des betreffenden Antrags des Bundeskanzlers beauftragte Ausschuß des Bundesrats habe sich für die Einführung des amerikanischen Anmeldungssystems entschieden. In

---

*) „Nordd. Allg. Ztg." Nr. 55 vom 6. März 1869. Vgl. auch die „National-Ztg." vom 8. Februar 1870.

ein neues Stadium gelangte die Frage erst im Jahre 1875 durch Bismarcks Antrag auf Anstellung einer Enquete zur Regelung des Patentwesens, worauf wir später zurückkommen werden.

Schutz des geistigen Eigentums. Am 12. März 1868 stellte das Königreich Sachsen den Antrag: der Bundesrat wolle die Ausarbeitung eines, womöglich dem Reichstage des Jahres 1869 vorzulegenden Bundesgesetzes zum Schutze des Urheberrechts an literarischen Erzeugnissen und Werken der Kunst, unter Zugrundelegung des von einem Ausschusse des deutschen Buchhändler-Börsenvereins in Berlin 1855—1857 ausgearbeiteten, im Oktober 1857 in Leipzig revidirten Entwurfes beschließen, zunächst aber den 4. und den 6. Ausschuß beauftragen, nähere Vorschläge über die Art der Ausführung zu machen.

Da von seiten der königlich preußischen Regierung die Bearbeitung eines Entwurfs zu einem Bundesgesetze über den Schutz des Urheberrechts an literarischen Erzeugnissen und Werken der Kunst, auf Grundlage der in dem königlich sächsischen Antrage bezeichneten Vorarbeiten und unter Berücksichtigung der über dieselbe inzwischen erschienenen Beurteilungen eingeleitet, und diese Arbeit dem Vernehmen nach bereits erheblich vorgeschritten war, so beschloß der Bundesrat auf den Vorschlag der Ausschüsse für Handel und Verkehr sowie für Justizwesen am 10. Juni 1868: den Bundeskanzler zu ersuchen, dahin zu wirken, daß 1) die Ausarbeitung dieses Entwurfes, so bald als thunlich, vollendet; 2) der Entwurf sodann dem Bundeskanzler-Amt übergeben und den Bundesregierungen mitgeteilt; 3) die Ausschüsse für Handel und Verkehr und für Justizwesen beauftragt werden, den ihnen zu dem Zwecke von dem Bundeskanzler mitzuteilenden Entwurf unter Zuziehung von Sachverständigen aus den beteiligten Kreisen zu beraten und über das Ergebnis in der nächsten Session des Bundesrats unter gleichzeitiger Berücksichtigung der eingegangenen Petitionen zu berichten.

Auf Grund dieses Beschlusses legte der Bundeskanzler im November 1868 den auf Veranlassung der königlich preußischen Regierung ausgearbeiteten Entwurf eines Gesetzes, betreffend das Urheberrecht an Werken der Literatur und der Kunst, an geographischen, naturwissenschaftlichen, architektonischen und ähnlichen Abbildungen sowie an photographischen Aufnahmen nach der Natur, nebst Motiven dem Bundesrat mit dem Bemerken vor, daß er denselben auch den Ausschüssen für Handel und Verkehr sowie für Justizwesen mitgeteilt habe.

Der Bundesrat beschloß am 15. Dezember 1868, sämtliche hohe Regierungen zu ersuchen, diejenigen Bemerkungen, zu welchen ihnen der Gesetzentwurf etwa Anlaß geben möchte, bis zum 1. Februar 1869 an das Bundeskanzler-Amt gelangen zu lassen.

Die Erledigung des Entwurfs fällt in die folgenden Sessionen des Bundesrats. (Ein von Bismarck (Mai 1868) bei dem Bundesrat gestellter Antrag auf

Abschluß einer Literarkonvention mit der Schweiz wurde später zurückgezogen, weil in den kommerziellen Verhandlungen über einen Handelsvertrag mit der Schweiz, bei welchem Preußen eine Uebereinkunft über das literarische Eigentum als Bedingung hingestellt hatte, zwischen den beiderseitigen Bevollmächtigten eine Verständigung zwar über diese Frage, aber nicht über den Handelsvertrag erreicht wurde.

Gewährung von Rechtshilfe. Infolge einer Anregung von Sachsen-Weimar auf Auslegung des Art. 3 der Bundesverfassung*) stellte der Ausschuß des Bundesrats für das Justizwesen (v. Pape, v. Seebach, v. Bertrab) folgenden Antrag:

„Der Bundesrat wolle beschließen: daß es sich nicht empfehle, die Zweifel, zu welchen der Art. 3 der Bundesverfassung auf dem Gebiete der Zivil- und Strafrechtspflege Anlaß gegeben habe, unabhängig und getrennt von den im Art. 4 vorbehaltenen Gesetzen über die Gewährung der Rechtshilfe und über die Begründung eines einheitlichen Prozeß-, Straf- und Obligationsrechts durch besondere Gesetze zu entscheiden, daß dagegen das Bedürfnis anzuerkennen, vor Begründung dieses einheitlichen Rechts die Gewährung der Rechtshilfe im Wege eines Bundesgesetzes einstweilen zu regeln, weshalb der Bundeskanzler zu ersuchen sei, der mit der Ausarbeitung der gemeinsamen Zivilprozeßordnung beauftragten Kommission unter Mitteilung eines Abdrucks dieses Berichtes und des darin angezogenen Materials, sowie unter Hinweisung auf den Nürnberger Entwurf den Auftrag zu erteilen, den Entwurf eines Bundesgesetzes über die Gewährung der Rechtshilfe innerhalb des Bundesgebietes mit thunlichster Beschleunigung auszuarbeiten und mit Motiven vorzulegen." Der Bundeskanzler entsprach diesem Ersuchen. Die Erledigung der Frage erfolgte erst in der Session 1869.

Die privatrechtliche Stellung der Erwerbs- und Wirtschaftsgenossenschaften. Das einschlägige Gesetz vom 4. Juli 1868 (B.-G.-Bl. S. 415) wurde durch eine Resolution des Reichstags veranlaßt; die Mitwirkung Bismarcks beschränkte sich darauf, daß er die Kommission für die Ausarbeitung des Entwurfs einer Prozeßordnung in bürgerlichen Rechtsstreitigkeiten des Norddeutschen Bundes mit der Ausarbeitung eines bezüglichen Gesetzentwurfs beauftragte, und deren Elaborat dem Bundesrate zur Beschlußfassung vorlegte. Den von der gedachten Kommission vorgelegten Gesetzentwurf nahm der Bundesrat an.

Strafgesetzbuch. Der Artikel 4 der Bundesverfassung überwies unter Nr. 13 der Gesetzgebung des Norddeutschen Bundes „die gemeinsame Gesetzgebung über das Obligationenrecht, Strafrecht, Handels- und Wechselrecht und das gerichtliche Verfahren". Auf Grund dieser Bestimmung hatte der Reichstag

---

*) Vgl. die „National-Ztg." Nr. 333 vom 19. Juli 1868.

in seiner Sitzung vom 18. April 1868 beschlossen: „den Bundeskanzler aufzufordern, Entwürfe eines gemeinsamen Strafrechts und eines gemeinsamen Strafprozesses, sowie die dadurch bedingten Vorschriften der Gerichtsorganisation baldthunlichst vorbereiten und dem Reichstage vorlegen zu lassen."

Dieser Beschluß fand im Ausschusse des Bundesrats für Justizwesen, welchem derselbe zur Begutachtung überwiesen war, unbedingte Zustimmung und Befürwortung. Man ging von der Auffassung aus, daß der Artikel 4 der Bundesverfassung, indem derselbe das materielle und formelle Strafrecht unter die Gegenstände der einheitlichen Bundesgesetzgebung aufnahm, nicht bloß eine fakultative Kompetenz hinstellen, sondern es als eine wesentliche Aufgabe des Bundes bezeichnen wollte, durch eine gemeinsame Gesetzgebung auf dem Gebiete des Strafrechtes die Uebelstände zu beseitigen, welche aus der Verschiedenheit der in den einzelnen Staaten geltenden Strafgesetzbücher und Strafprozeßordnungen entsprangen. In Betreff der vorbereitenden Schritte empfahl der Ausschuß den Weg kommissarischer Beratung, welcher für die Zivilprozeßordnung eingeschlagen worden. Doch fehlte es nach der Ansicht des Ausschusses für die Gesetzgebung auf dem bezeichneten Gebiete an Entwürfen, welche einer kommissarischen Prüfung mit Erfolg zu Grunde gelegt werden könnten. Es würde daher zunächst auf die Ausarbeitung der erforderlichen Entwürfe Bedacht zu nehmen sein. Mit Rücksicht hierauf schlug der Justizausschuß dem Bundesrat vor, den Bundeskanzler zu ersuchen: „den Entwurf a) eines gemeinsamen Strafgesetzbuchs und b) einer gemeinsamen Strafprozeßordnung für die Staaten des Norddeutschen Bundes, und zwar zunächst den Entwurf einer gemeinsamen Strafprozeßordnung ausarbeiten zu lassen und dem Bundesrat zur weiteren Beschlußnahme vorzulegen." Der Bundesrat erhob diesen Antrag in der Plenarsitzung vom 5. Juni 1868 zum Beschlusse.

Beim Wiederbeginne der Session wurde dem Bundesrat eine Denkschrift mitgeteilt, in welcher der mit Ausarbeitung eines gemeinsamen Strafgesetzbuches für die Norddeutschen Bundesstaaten beauftragte preußische Justizminister über die Lage und Richtung der bezüglichen Vorarbeiten Auskunft gab. Die Vorlage des fertiggestellten Entwurfs zog sich bis in die Session 1870 hinaus.

Auslieferungsvertrag mit Belgien. Zwischen den einzelnen Staaten des Norddeutschen Bundes und dem Königreich Belgien war die gegenseitige Auslieferung flüchtiger Verbrecher durch Staatsverträge geregelt, denen ein belgisches Gesetz vom 1. Oktober 1833 zu Grunde lag. Dieses Gesetz gestattete die Auslieferung nur in einer sehr beschränkten Anzahl von Fällen. Am 5. April 1868 erschien indessen in Belgien ein neues Gesetz über die Auslieferungen, welches die engen Grenzen der bisherigen Legislative verlassen hatte und die vertragsmäßige Regulirung der gegenseitigen Auslieferung für 33 Verbrechensfälle gestattete, sowie die Voraussetzungen und Formen erleichterte, unter denen die Auslieferung zulässig sein sollte. Die belgische Regierung nahm hieraus Veranlassung, bei dem Bundespräsidenten den Antrag zu stellen, die bezüglichen Vertragsverhältnisse Belgiens mit den Staaten des Norddeutschen Bundes von neuem zu regeln.

Auf die diesfalsige Vorlage des Bundeskanzlers (Mai oder Juni 1868) erklärte sich der Bundesrat am 22. Juni 1868 mit dem Abschlusse eines Auslieferungsvertrages zwischen dem Norddeutschen Bunde und Belgien einverstanden und ersuchte den Bundeskanzler, zunächst die einzelnen Bundesregierungen aufzufordern, sich zur Sache, namentlich über ihre etwaigen speziellen Wünsche und Bedürfnisse, zu äußern. Die preußische Regierung hatte hierbei ihre speziellen Wünsche und Bedürfnisse gleich in der Form des Entwurfes eines Auslieferungsvertrages zwischen dem Norddeutschen Bunde und Belgien gebracht und anheimgestellt, denselben als Material für den aufzustellenden Vertragsentwurf zu benutzen. Auf den hierüber erstatteten Bericht des Ausschusses für Justizwesen beschloß der Bundesrat am 19. Dezember 1868, sich damit einverstanden zu erklären, daß das Bundespräsidium im Namen des Bundes mit der königlich belgischen Regierung einen Auslieferungsvertrag nach Anleitung des von der preußischen Regierung vorgelegten Entwurfes und unter Berücksichtigung der in dem Ausschußberichte zu einzelnen Artikeln desselben aufgestellten materiellen Erinnerungen und Vorschläge verhandle, und den Bundeskanzler zu ersuchen, den verhandelten Vertrag demnächst dem Bundesrat zur verfassungsmäßigen Zustimmung vorzulegen. Die Perfektion des Vertrages verzögerte sich bis zum Jahre 1870.

Ueber das Schicksal eines Antrages Bremens, die Auslieferung von Verbrechern zwischen den Bundesstaaten durch Gesetz zu regeln, hat nichts verlautet.

Bundesgesetzgebung über Handels- und Wechselrecht. Einer Resolution des Reichstags entsprechend, beschloß der Bundesrat auf den Antrag des mit der Berichterstattung beauftragten Ausschusses für Justizwesen*) am 29. Juni 1868: „den Bundeskanzler zu ersuchen, den Entwurf

---

*) Der Ausschuß des Bundesrats ließ sich bei seinem Votum von folgenden Gesichtspunkten leiten: Die beiden bezeichneten Mängel des gegenwärtigen Rechtszustandes, daß das Handelsgesetzbuch in einigen Staaten noch nicht eingeführt sei, und daß dasselbe, sowie die Wechselordnung, in den einzelnen Staaten durch die Landesgesetzgebung wieder außer Kraft gesetzt werden könnten, würden durch ein Bundesgesetz, wie es der Beschluß des Reichstags in Antrag brachte, gehoben. Die Erlassung eines solchen Gesetzes erscheine auch insofern unbedenklich, als Wechselordnung und Handelsgesetzbuch sich im allgemeinen bewährt hatten. Gleichwohl erhoben sich gegen die sofortige Erlassung des Gesetzes folgende Anstände: Das Handelsgesetzbuch ließ sich ohne ausführliche Einführungsbestimmungen nicht in Geltung setzen; und diese, welche den besonderen Verhältnissen der einzelnen Staaten sowie dem partikularen Rechte anzupassen seien, könnten in ein Bundesgesetz nicht aufgenommen werden. Da nun das Handelsgesetzbuch in zwei Bundesstaaten noch

eines Bundesgesetzes, durch welches das allgemeine deutsche Handelsgesetzbuch und die allgemeine deutsche Wechselordnung nebst den sogenannten Nürnberger Wechselnovellen, soweit nicht eine Aenderung des gemeinsamen deutschen Wechselrechts durch das Bundesgesetz über die Aufhebung der Schuldhaft vom 29. Mai 1868 eingetreten ist, zu Bundesgesetzen erklärt und als solche in das gesamte Bundesgebiet eingeführt werden, auszuarbeiten zu lassen und dem Bundesrat zur weiteren Beschlußfassung vorzulegen."

Wir kommen auf die Erledigung dieser Angelegenheit im Jahr 1869 zurück.

Aufhebung der Schuldhaft. Der Bundesrat stellte der Kommission, welche mit der Ausarbeitung der gemeinsamen Zivilprozeßordnung beauftragt war, die Aufgabe, den Gesetzentwurf wegen Aufhebung der Schuldhaft vorzubereiten. In dieser Kommission wurde sowohl die Frage, ob diese Maßregel gerechtfertigt sei, als die andere, ob es sich empfehle, ein darauf bezügliches Gesetz zu erlassen, ohne die Vollendung der gemeinsamen Zivilprozeßordnung abzuwarten, nach gründlicher Erwägung bejaht und der Entwurf eines zur sofortigen Einführung geeigneten Bundesgesetzes angenommen, welcher an den Bundesratsausschuß für das Justizwesen zur Begutachtung gelangte. Der letztgenannte Ausschuß konstatirte zunächst, daß die Schuldhaftfrage zur Kompetenz der Bundesgesetzgebung gehöre, und befürwortete sodann in materieller Beziehung sowohl die Aufhebung des Personalarrestes, wie die sofortige Erlassung eines desfalsigen Gesetzes unter ausdrücklicher Zustimmung zu dem Entwurfe, den die zur Ausarbeitung der gemeinsamen Zivilprozeßordnung bestellte Kommission vorgelegt hatte. Bei den Beratungen des Ausschusses kam es auch zur Sprache, daß die Aufhebung des Personalarrestes, als eines Exekutionsmittels, auch in Bezug auf Wechselverbindlichkeiten zugleich eine Aenderung des deutschen Wechselrechts in sich schließe. Es gewann hierbei die Ueberzeugung Raum, daß die erwähnte Aenderung auf die übrigen Vorschriften der deutschen Wechselordnung keinen wesentlichen Einfluß üben werde, weil das Wesen und die rechtliche Bedeutung der Wechselverbindlichkeit nach der richtigen, auch der Wechselordnung zu Grunde liegenden Theorie von der Zulässigkeit des Personalarrestes völlig unabhängig

---

nicht galt, so war es erforderlich, daß die Regierungen derselben mit den Vorbereitungen behufs Einführung des Bundesgesetzes vor dem Erlaß des letzteren zum Abschluß gelangten. — Eine fernere Berücksichtigung erforderte der Umstand, daß in die Einführungsgesetze des Handelsgesetzbuchs und vielleicht auch in andere spätere Landesgesetze Bestimmungen aufgenommen waren, welche eine Deklaration oder Aenderung des Handelsgesetzbuches bewußt oder unbewußt enthielten. Diese könnten durch ein neues Bundesgesetz nicht einfach aufgehoben werden, ohne die besonderen Verhältnisse der betreffenden Staaten zu verletzen oder wenigstens den Grund zu einer schädlichen Rechtsunsicherheit zu legen. Zur Abwendung und Milderung dieser Uebelstände waren deshalb dem neuen Bundesgesetze besondere Bestimmungen einzuverleiben und hierüber die Bundesregierungen mit ihren Aeußerungen zu vernehmen.

sei. Daneben mußte aber noch eine andere Frage in Erwägung kommen, nämlich, auf welchem Wege man die so wünschenswerte und gegenwärtig bestehende Gemeinsamkeit des deutschen Wechselrechts erhalten könne, wenn eine Abänderung beschlossen würde, welche nur für das Gebiet des Norddeutschen Bundes, nicht aber für die übrigen deutschen Staaten Wirksamkeit hatte. Für eine Vertagung des neuen Gesetzes bis nach erfolgter Verständigung mit den süddeutschen Staaten wollte man bei der Dringlichkeit der beabsichtigten Reform nicht stimmen, da ja überdies kein Vertrag bestand, welcher die Bundesgewalt hindern könnte, eine Aenderung des Wechselrechts auf eigene Hand vorzunehmen. Deshalb fand man es für angemessener, die süddeutschen Regierungen von der bevorstehenden Aufhebung der Schuldhaft innerhalb des Bundesgebietes zu benachrichtigen, mit dem gleichzeitigen Ersuchen, ihrerseits das Geeignete zur Erhaltung der Gemeinschaftlichkeit des Wechselrechts zu veranlassen. Der Justizausschuß stellte daher auch schließlich den Antrag, der Bundesrat möge den Bundeskanzler beauftragen, eine Notifikation und ein Ersuchen der gedachten Art an die Regierungen von Bayern, Württemberg, Baden und Hessen zu richten.

Als das Gesetz vom 29. Mai 1868 (B.-G.-Bl. S. 327) alle erforderlichen Stadien durchlaufen hatte, setzte der Kanzler, dem Ersuchen des Bundesrats entsprechend, die Regierungen von Bayern, Württemberg, Baden und Hessen von der im Gebiete des Norddeutschen Bundes bevorstehenden Aufhebung des Schuldarrestes in Kenntnis und stellte gleichzeitig ihrer Erwägung anheim, ob nicht die gleichen Abänderungen der deutschen Wechselordnung in ihren Staaten einzuführen seien.*)

Haftpflichtgesetz. Auf die aus Leipzig (von Professor Biedermann und Genossen) Ende März 1868 eingereichte Petition um Erlaß bundesgesetz-

---

*) Hierauf gingen folgende Antworten ein. 1) Bayern: Es werde beabsichtigt, nach eingeholter königlicher Ermächtigung dem Landtage sofort nach seinem Wiederzusammentritte einen Gesetzentwurf vorzulegen, der im wesentlichen mit den bezüglichen Gesetzen des Norddeutschen Bundes und Oesterreichs übereinstimme. 2) Württemberg: Die erforderlichen Erhebungen darüber, ob nach dem dermaligen Stande der Exekutionsgesetzgebung, beziehungsweise unter welchen Modifikationen derselben die Personalhaft als Exekutionsmittel in Wechselsachen entbehrt werden könne, seien angeordnet. Indem die Regierung sich vorbehalte, von ihrer bezüglichen Entschließung seinerzeit Kenntnis zu geben, bemerkte sie, daß eine dem Vorgange der Gesetzgebung des Norddeutschen Bundes sich anschließende Maßregel in Württemberg jedenfalls nicht ohne Zustimmung der Ständeversammlung des Landes vollzogen werden könne. 3) Baden: Die Regierung werde behufs gleichmäßiger Aenderung des Artikels 2 der Wechselordnung für den nächsten Landtag eine entsprechende Gesetzesvorlage vorbereiten. 4) Hessen: Die Regierung sei bereit, für den Fall des Zustandekommens des fraglichen Gesetzes im Gebiete des Norddeutschen Bundes auch für die nicht zum Bunde gehörigen Landesteile die entsprechende Aenderung des Artikels 2 der Wechselordnung herbeizuführen.

licher Bestimmungen über Entschädigungsansprüche von Privatpersonen bei nicht von ihnen verschuldeten Unglücksfällen in Fabriken, Bergwerken, auf Eisenbahnen, Dampfschiffen u. s. w. hatte der Reichstag in seiner Sitzung vom 24. April 1868 beschlossen, dieselbe „zur thunlichsten Berücksichtigung" an den Bundeskanzler abzugeben. Die Petition war dann vom Bundesrat auf Grund eines in der Sitzung vom 29. April 1868 gefaßten Beschlusses an den Bundeskanzler mit dem Ersuchen abgegeben worden, nähere Ermittlungen über die Frage des Bedürfnisses zu veranlassen.*) Es wurden hierauf die Bundesregierungen unterm 5. Mai und im November 1868 um Aeußerung über die Angelegenheit ersucht. Die Mehrzahl derselben war nach den bis Ende 1868 eingegangenen Gutachten darüber einig, daß eine gemeinsame bundesgesetzliche Regelung des Gegenstandes im allgemeinen wünschenswert sei. Nur Sachsen-Weimar und Mecklenburg-Schwerin bestritten das Bedürfnis einer neuen oder einer bundesgesetzlichen Regelung der Materie, und Hamburg warnte, man möge dem „sehr natürlichen Mitgefühl für die betreffenden Individuen" nicht einen so großen Einfluß auf den Umfang der Entschädigungspflicht einräumen, daß dadurch den industriellen Unternehmungen unverhältnismäßige Lasten auferlegt werden. In Preußen hatte der Handelsminister den Geheimen Ober-Bergrat Achenbach mit der Abfassung eines Gutachtens beauftragt. Im November 1868 stellte der Bundeskanzler mit dem Bemerken, daß die Antwortschreiben der Bundesregierungen bei der Schlußberatung zur Vorlegung gelangen sollten, beim Bundesrat den Antrag, die weitere Beratung des Gegenstandes im Ausschuß beschließen zu wollen. Wir werden in der nächsten Session auf diese Materie zurückkommen.

Aufhebung der Spielbanken. Ein hierauf abzielender Antrag des Reichstags war noch aus der vorhergehenden Session unerledigt. Inzwischen war das preußische Gesetz wegen der Aufhebung der Spielbanken vom 5. März 1868 (Gesetzsammlung S. 209) ergangen, und es konnte demnach in dem von

---

*) Auf die dem Bundesrat überwiesene Petition ist der folgende, in Kohls Bismarck-Regesten übersehene vorläufige Bescheid erfolgt: Berlin, 12. Mai 1868. Auf die von Ewer Hochwohlgeboren im Namen des dortigen Ausschusses der nationalliberalen Partei im März d. J. an den Bundesrat des Norddeutschen Bundes gerichtete Petition, betreffend den Erlaß bundesgesetzlicher Bestimmungen über Entschädigungsansprüche von Privatpersonen bei nicht von ihnen verschuldeten Unglücksfällen hat der Bundesrat in seiner Sitzung vom 29. April d. J. beschlossen: die Petition an den Bundeskanzler mit dem Ersuchen abzugeben, nähere Ermittlungen zu veranlassen, ob und inwiefern ein Bedürfnis vorhanden sei, im Wege der Bundesgesetzgebung zu dem Zwecke einzuschreiten, um innerhalb des gesamten Bundesgebiets denjenigen Personen und deren Hinterbliebenen, welche bei dem Bergbau, im Eisenbahndienst, bei dem Betriebe einer Fabrik u. s. w. körperlich beschädigt werden oder ihr Leben verlieren, einen angemessenen Entschädigungsanspruch zu sichern. — In Ausführung dieses Beschlusses sind die sämtlichen Bundesregierungen um Aeußerung über die angeregte Frage ersucht worden. Das Bundeskanzler-Amt. Delbrück.

Bundeswegen zu thuenden weiteren Schritte füglich nur darauf ankommen, die Bestimmungen jenes preußischen Gesetzes auf den ganzen Bund auszudehnen.

Aus dem Bericht des Ausschusses des Bundesrats für Justizwesen ergab sich, daß der Erlaß eines Bundesgesetzes hauptsächlich wegen der Spielbanken in Nauheim, Pyrmont und Wildungen als unerläßlich betrachtet worden war, da die betreffenden Landesregierungen sich nach ihren eigenen Erklärungen nicht in der Lage befanden, diese Spielbanken bis zum Schlusse des Jahres 1872 ihrerseits aufzuheben, oder doch keine bestimmte Zusicherung darüber hatten erteilen können, daß es ihnen gelingen werde, diese Aufhebung durch eine Verständigung mit den Spielbankinhabern herbeizuführen. Der Bericht des Ausschusses teilte folgende Einzelheiten darüber mit:

In Pyrmont ging der Spielpachtvertrag am 30. April 1873 zu Ende, in Wildungen erst im Jahre 1885. Die fürstlich waldeckische Regierung hielt sich zu einer einseitigen Aufhebung der Verträge von Staats wegen nicht für berechtigt. Mehrfache Versuche, den Pyrmonter Spielpächter zu einer früheren Aufhebung des Vertrages zu bestimmen, waren erfolglos geblieben. In Wildungen glaubte die fürstliche Regierung eine Abkürzung der Pachtzeit auf dem Wege der Verhandlung erreichen zu können, sie hatte indes einen solchen Versuch noch nicht unternommen. In Nauheim lief der von der früheren kurhessischen Regierung abgeschlossene Pachtvertrag vom 23. Januar 1860 noch bis zum Schlusse des Jahres 1877. Eine Erneuerung des Vertrages lag nicht in der Absicht der großherzoglichen Regierung; andererseits hielt sie die sofortige Aufhebung desselben nicht für zulässig, da nach Inhalt des Vertrages eine solche Maßregel nur im Falle eines allgemeinen Verbots des öffentlichen Hazardspiels in den deutschen Bundesstaaten, und selbst in diesem Falle nur gegen namhafte, im voraus bestimmte Entschädigung gestattet war.

Infolge der Annahme des Gesetzes,*) betreffend die Schließung und Beschränkung der öffentlichen Spielbanken, vom 1. Juli 1868 (B.-G.-Bl. S. 367), welches die Schließung der Spielbanken spätestens bis zum 31. Dezember 1872 anordnete, war es nun die Aufgabe der betreffenden Regierungen, die erforderlichen Arrangements mit den Spielpachtinhabern zu treffen, welche die preußische Regierung ihrerseits schon früher herbeigeführt hatte. Die am ehemaligen Bundestage über die Frage gepflogenen langwierigen und stets resultatlos gebliebenen Verhandlungen erhielten auf diese Weise durch die Gesetzgebung des Norddeutschen Bundes ihren endlichen Abschluß. In England erfolgte die Aufhebung der Spielbanken bekanntlich bereits in den zwanziger Jahren, in Frankreich im Jahre 1838.

*) Der Wortlaut des Gesetzentwurfs, wie er aus den Bundesrats-Ausschußverhandlungen hervorging, findet sich abgedruckt in der „Norddeutschen Allgemeinen Zeitung" Nr. 133 vom 10. Juni 1868. Der Gesetzentwurf wurde vom Bundesrat modifiziert angenommen.

Rinderpestverhütung. Infolge der Anregung des Großherzogtums Sachsen*) hatte der Ausschuß für Handel und Gewerbe dem Kanzler einen Gesetzentwurf unterbreitet, der die Verhütung und Tilgung der Rinderpest zum Gegenstand hatte und von einer Instruktion sowie von einer Motivirung begleitet war. Der Ausschuß hatte sich für die Beratung dieser Angelegenheit mit drei Mitgliedern verstärkt und außerdem Kommissare der beteiligten preußischen Ressortministerien hinzugezogen. Einem Antrag der oldenburgischen Regierung, gesetzliche Anordnungen zur Abwendung der Lungenseuche zu treffen, war für den Augenblick nicht Folge gegeben worden. Aus dem Entwurfe, welcher von Bismarck dem Bundesrat vorgelegt wurde, ging das Gesetz vom 7. April 1869 (B.-G.-Bl. 1869 S. 105) hervor.

2. Bundesrat.

In der Sitzung des Bundesrats vom 7. Dezember 1868 legte die großherzoglich sächsische Regierung einen Antrag auf Ergänzung des § 17 der Geschäftsordnung für den Bundesrat vor, welcher den nicht ständig in Berlin domizilirenden nicht preußischen Bevollmächtigten zum Bundesrat die Ausübung ihrer amtlichen Wirksamkeit daselbst erleichtern sollte. Dem Antrag lag nachstehender Gedankengang zu Grunde:

Bei weitem die meisten Anträge, welche an den Bundesrat gelangen, gehen von Preußen aus. Sie werden während der Vertagung des Bundesrats, welche z. B. im Jahre 1868 von Anfang Juli bis Ende November dauerte, in dem preußischen Ressortministerium, vorkommenden Falls auch im Staatsministerium und ferner im Bundeskanzler-Amt vorbereitet und dann dem Bundesrat bei seinem Wiederzusammentritt alle zusammen vorgelegt. Dieser kann nun in seiner ersten Sitzung nichts anderes anfangen, als die einzelnen Sachen an die zuständigen Ausschüsse verweisen. Jeder Ausschuß hat dann zunächst für jede ihm zugewiesene Sache einen Referenten zu wählen. Der Referent muß sich in die Sache hinein studiren und seinen Vortrag vorbereiten; auf Grund des letzteren erfolgen dann die Ausschußberatungen, und schließlich muß auch noch der Ausschußbericht verfaßt, von dem Ausschuß genehmigt und zum Druck befördert werden. Dies alles erfordert, namentlich wenn es sich um größere Gesetzentwürfe oder zweifelhafte Fragen handelt, mehr oder weniger lange Zeit, während welcher die nicht zu den betreffenden Ausschüssen gehörigen Mitglieder des Bundesrats unnötigerweise in Berlin harren müssen. Eine wesentliche Verbesserung für die nicht hier wohnhaften Mitglieder wäre es also, wenn der Bundeskanzler die für den Bundesrat bestimmten Anträge direkt den zuständigen Ausschüssen zuwiese und den Bundesrat selbst erst dann nach Berlin

---

*) Vgl. oben S. 122.

beriefe, wenn die Ausschüsse mit ihren Arbeiten fertig und die Ausschußberichte gedruckt sind.

Aber auch für die Ausschußmitglieder wäre noch eine Erleichterung zu bewirken, wenn nämlich der in Berlin wohnhafte Präsident eines Ausschusses (in allen führte Preußen den Vorsitz) die ihm vom Bundeskanzler übergebenen Anträge im Abdruck den Ausschußmitgliedern, ohne sie nach Berlin zu berufen, in ihre Heimat schicken und zugleich einen derselben ersuchen würde, sich auf das Referat vorzubereiten. Der Ausschuß brauchte dann auch nicht eher einberufen zu werden, als bis der Referent mit seiner Arbeit fertig und alle Mitglieder genügend informirt sind. Durch diese Verbesserungen ließe sich — abgesehen immer von den Reichstags= und Zollparlaments=Sessionen — die Anwesenheit der nicht in Berlin wohnhaften Mitglieder auf eine sehr kurze Zeit zurückführen, was gerade wegen der Notwendigkeit der Anwesenheit dieser Herren in ihrer Heimat sehr willkommen sein würde.

Bei der Beratung der Sache ergab sich, daß es dazu einer Abänderung bestimmter Paragraphen der Geschäftsordnung gar nicht bedürfe, sondern daß ein einfaches Ersuchen an den Bundeskanzler genügen würde, welches Ersuchen denn auch einhellig beschlossen wurde.

3. Bundespräsidium (Bundesbeamte).

Ein von Bismarck im April 1868 dem Bundesrat vorgelegter Gesetzentwurf, betreffend die Rechtsverhältnisse der Bundesbeamten, bezweckte, Bestimmungen zu treffen über die Staatsangehörigkeit der Bundesbeamten, über ihre Steuerpflichtigkeit, über die Frage einer Exekutionsvollstreckung gegen dieselben, über ihre Beteiligung an den Witwen= und Waisenkassen, über die bei einem Amtsvergehen oder Verbrechen gegen sie in Anwendung kommenden Gesetze u. s. w. Die Vorlage wurde vom Bundesrat mit einigen Modifikationen angenommen. Bekanntlich beschloß aber der Reichstag, die den preußischen Staatsbeamten zustehenden Befreiungen und Begünstigungen bei der Heranziehung zu den Gemeindeabgaben, die zu so vielen Beschwerden der Gemeinden und Kommunalbehörden Anlaß gegeben hatten, den Bundesbeamten nicht zu bewilligen. Darauf hin beschloß der Bundesrat in seiner Sitzung vom 22. Juni, dem so amendirten Gesetze seine Zustimmung nicht zu erteilen.

Infolge des eben erwähnten Reichtagsbeschlusses unterbreitete der Bundeskanzler dem Bundesrat den Vorschlag: jeder einzelne Bundesstaat wolle die Anordnung treffen, daß, mit Ausnahme der Gesandten und Konsuln, diejenigen seiner Angehörigen, welche als Bundesbeamte fungiren, von allen direkten persönlichen Steuern freizulassen seien, die nicht am amtlichen Wohnort erhoben werden. Dieser zur Beratung gestellte Antrag wollte der Möglichkeit einer doppelten Besteuerung der Beamten vorbeugen.*)

---

*) „Norddeutsche Allgemeine Zeitung" Nr. 163 vom 15. Juli 1868.

Da mit der Ausbildung der Bundesbehörden auch die Zahl der Bundesbeamten wuchs, so trat an den Bundesrat die Notwendigkeit heran, für dieselben und zwar in erster Linie für das Bundeskanzler=Amt geeignete Unterkunftsräume zu beschaffen. Infolge dessen erwarb der Bund auf Bismarcks Vorschlag das Grundstück Wilhelmstraße 74. Die Lage desselben war für die Unterbringung der Lokalitäten des Bundesrats und des Bundeskanzler=Amts wie geschaffen.

4. Reichstag.

Das von dem Reichstage beschlossene Gesetz, betreffend die **Nichtverfolgbarkeit von Mitgliedern der Kammern und Ständeversammlungen** wurde vom Bundesrat einstimmig abgelehnt.

5. Zoll- und Steuerwesen.

Es sind nur Vorlagen von geringer Tragweite zu erwähnen. Bismarck legte dem Bundesrat vor: einen Gesetzentwurf, betreffend die Erhebung einer Abgabe von der Branntweinbereitung in den **Hohenzollernschen Landen**, Schreiben vom März 1868 (Gesetz vom 4. Mai 1868, B.=G.=Bl. S. 151), einen Vertrag mit Hessen, betreffend die Besteuerung von Branntwein und Tabak, Schreiben vom März 1868 (publizirt im B.=G.=Bl. 1868 S. 466), endlich Vorschläge bezüglich der Form der Quartalübersichten über Zölle und Steuern (März 1868), der Festsetzung einer **Pauschalvergütung für den aus dem Bundesgebiete nach Luxemburg übergehenden Branntwein** (November 1868), der Bureauarbeiten des Bundesratsausschusses für das Rechnungswesen in Zoll= und Steuerrechnungsangelegenheiten (November 1868), und der abgabenfreien Verabfolgung **von Salz** (Dezember 1868).*)

6. Eisenbahnwesen.

Bevor Bismarck noch daran denken konnte, die ausgedehnten Rechte, welche die Bundesverfassung dem Bunde bezüglich der Eisenbahnen einräumte, zur That werden zu lassen, lag ihm daran, ihren Gebrauch für militärische Zwecke so rasch als möglich sicher zu stellen. Ein erster Antrag desselben an den Bundesrat (März 1868) war motivirt durch die Notwendigkeit, die Uebelstände zu beseitigen, welche aus der Geltung verschiedener Tarife für die genannten Transportleistungen für die Militärverwaltung hervorgingen.

Der Ausschuß für Eisenbahnen, Post und Telegraphen, welchem der Antrag überwiesen war, entschied sich dafür, daß sich die für Preußen eingeführten

---

*) Die betreffende Entschließung des Bundesrats findet sich abgedruckt in der „National=Zeitung" Nr. 361 vom 6. August 1869.

Bestimmungen über die Militärtransporte auf Eisenbahnen zur allgemeinen Einführung eigneten. Was dagegen die „Instruktion" und „Organisation" anlangte, so sprach der Ausschuß seine Ueberzeugung dahin aus, daß dieselben in ihren materiellen Bestimmungen sich wohl zur allgemeinen Einführung in gleicher Weise eigneten, daß dieselben aber noch einer Anpassung an die allgemeinen Verhältnisse des Norddeutschen Bundes, besonders in allen formellen Beziehungen, bedürften. Der Ausschuß gab anheim, mit dieser Redaktion die vereinigten Ausschüsse für das Landheer und die Festungen und für Eisenbahnen u. s. w. zu beauftragen, sich aber schon jetzt dahin schlüssig zu machen, daß diese neu redigirten Vorschriften dann in gleicher Weise allgemeine Geltung erlangen sollten wie das Reglement. —

Da es in dem gemeinsamen Interesse des Norddeutschen Bundes lag, daß der Bundesrat die Ausrüstung und Leistungsfähigkeit der innerhalb des Bundesgebiets belegenen Eisenbahnen für militärische Zwecke zu übersehen vermöge, so beantragte der Bundeskanzler im Namen des Präsidiums (November 1868): Der Bundesrat wolle beschließen, daß Uebersichten über die Ausrüstung und Leistungsfähigkeit der Eisenbahnen für militärische Zwecke nach dem zu diesem Behufe aufgestellten Formular und zwar für neu erbaute Eisenbahnen gleich nach Eröffnung derselben, für die schon vorhandenen dagegen von zwei zu zwei Jahren, zunächst zu Anfang des Jahres 1870, aufgestellt und dem Bundeskanzler-Amt mitgeteilt werden. In der Sitzung vom 15. Dezember 1868 beschloß der Bundesrat, diesem Antrage zuzustimmen. —

Ein dritter hierher gehöriger Antrag (November 1868) betraf den **Militärtransporte auf den Staatseisenbahnen im Wechselverkehr zwischen dem norddeutschen Bundesgebiet und den süddeutschen Staaten.** Der Bundesrat beschloß am 7. Dezember 1868, sein Einverständnis zu erklären, daß das Präsidium mit den süddeutschen Regierungen eine entsprechende Vereinbarung auf der Grundlage des vom Bundesrat angenommenen Reglements treffe.*) —

Endlich ist noch eine Vorlage Bismarcks (März 1868) zu erwähnen, vermittelst deren er die Entscheidung über die der **Venlo-Hamburger Eisenbahn** zu gebende Richtung der Entscheidung des Bundesrats anheimgab. Die Vorlage bestand in einer kurzen Denkschrift, welche auf die Entstehung der Bahn zurückging, und die früheren Verhältnisse in Bezug auf die hannoversche oder oldenburger Linie einer unparteiischen Beleuchtung unterzog und auf die Interessen des allgemeinen Verkehrs wie auf diejenigen der Landesverteidigung besonderes Gewicht legte. Hiernach forderte der Bundeskanzler von dem Bundesrat eine genaue Prüfung der Frage, und auf Grund seiner Kompetenz über die Ver-

---

*) Ueber die Ausführung dieses Beschlusses vgl. die „Norddeutsche Allgemeine Zeitung" Nr. 197 vom 25. August 1869.

hältnisse des allgemeinen Verkehrs und der Landesverteidigung einen Beschluß darüber, welche Richtung die Bahn einzuschlagen habe.*)

Die Mehrheit der Ausschüsse des Bundesrats für Eisenbahnen, Post und Telegraphen sowie für Landheer und Festungen**) stellte den Antrag: Der Bundesrat wolle seine Ansicht dahin aussprechen, daß im Interesse einer den Zwecken der Landesverteidigung und des allgemeinen Verkehrs entsprechenden künftigen Gestaltung des Eisenbahnnetzes im nordwestlichen Deutschland die über Diepholz führende südliche Linie der Venlo=Hamburger Eisenbahn auf der Strecke von Osnabrück nach Bremen den Vorzug vor der nördlichen, über Vechta führenden Richtung verdiene.

Im Plenum des Bundesrats enthielt sich die preußische Regierung infolge der Stellung, welche sie zu der Frage einnahm, der Beteiligung an der Ab=stimmung. Diese war ein doppelte; es wurde zuerst die Frage, ob die südliche Linie über Diepholz den Vorzug verdiene, mit 10 gegen 9 Stimmen verneint, und dann die Frage, ob der nördlichen Linie über Vechta der Vorzug zu geben wäre, mit 15 gegen 4 Stimmen ebenfalls verneint. Die Versammlung erklärte sich infolge dieses Ergebnisses damit einverstanden, daß die Wahl der einen oder andern Linie als gleichgiltig im Interesse der Landesverteidigung und des Verkehrs zu betrachten sei.

Das preußische Staatsministerium beschloß demnächst die durch preußisches Gebiet führende Linie über Lemförde=Diepholz zu wählen.

7. Post- und Telegraphenwesen.

In keiner Verwaltung des Bundes war ein so rasches Tempo im Ausbau der verfassungsmäßigen Institutionen angeschlagen worden, als in dem damals noch getrennten Post= und Telegraphenwesen. Den Abschluß der Verträge mit

---

*) Die ehemalige hannoversche Regierung hatte der Bahn große Schwierigkeiten be=reitet und die Durchführung durch Hannover zur Bedingung gemacht, während Preußen die Richtung durch Oldenburg (es handelte sich um die Strecke von Bremen nach Osnabrück) befürwortete. Wie die Sachen jetzt lagen, würde Preußen natürlich auch am liebsten die hannoversche Linie gewünscht haben, da nun aber bei der oldenburger Linie auch wichtige Interessen mitsprachen, so blieb es anerkennenswert und war auch überall so aufgefaßt worden, daß der Bundeskanzler über die partikularistischen Interessen hinweg die Angelegen=heit dem Bunde, von dem ja überdies die Eisenbahnen ressortirten, überwies.

**) Die Heranziehung des Militärausschusses war der Einholung eines Gutachtens des Kriegsministeriums vorgezogen worden. General v. Podbielski war persönlich erschienen und beleuchtete die vom strategischen Standpunkte aus wichtige Frage einer möglichst nahen Verbindung zwischen Hamburg und der Rheinprovinz. Der Vertreter der oldenburgischen Regierung trat vergeblich für die nördliche Linie ein. Schließlich entschied man sich dahin, dem Bundesrat, namentlich in Erwartung, daß die Bahn Osnabrück=Cnatenbrück=Oldenburg später doch zur Ausführung kommen würde, die südliche Linie als die vorteilhaftere zu empfehlen.

den fremden Post- und Telegraphenverwaltungen überließ Bismarck dem General=
postdirektor v. Philipsborn; ihm blieb nur die Aufgabe, die perfekten Verträge
dem Bundesrat zur Beschlußnahme zu unterbreiten. Dies erfolgte bezüglich der
Postverträge des Norddeutschen Bundes mit Norwegen (Schreiben vom März
1868, Vertrag vom 17. Februar 1868, B.=G.=Bl. S. 117—147), Däne=
mark (Schreiben vom März 1868, Vertrag vom 7./9. April 1868, B.=G.=Bl.
S. 157), Belgien (Schreiben vom März 1868, Vertrag wegen des Aus=
tausches von kleinen Packeten und Geldsendungen vom 26. März 1868, B.=G.=Bl.
S. 205), Italien (Schreiben vom November 1868, Vertrag vom 10. No=
vember 1868, B.=G.=Bl. 1869, S. 55) und des Postvertrages zwischen dem
Norddeutschen Bunde, Bayern, Württemberg und Baden mit
der Schweiz vom 23. November 1867 (B.=G.=Bl. 1868, S. 41). Er=
gänzend kamen noch hinzu ein Telegraphenvertrag des Norddeutschen
Bundes mit Luxemburg vom 25., 28. Mai 1868 (Schreiben vom März
1868, B.=G.=Bl. S. 368) und Telegraphenverträge zwischen dem Nord=
deutschen Bunde und den Regierungen von Bayern, Württem=
berg und Baden, sowie den genannten Kontrahenten einerseits
und den Regierungen von Oesterreich nebst Ungarn und den
Niederlanden andererseits (Schreiben vom Dezember 1868).*)

Nachdem in Gemäßheit des Artikels 48 der Verfassung des Norddeutschen
Bundes eine einheitliche Verwaltung des Telegraphenwesens für das ge=
samte Gebiet des Norddeutschen Bundes eingetreten war, erschien es wünschenswert,
die den Eisenbahnen im Interesse der Bundestelegraphenverwaltung
aufzuerlegenden Verpflichtungen gleichmäßig zu bemessen. Es wurden daher die
Verpflichtungen, welche bei Konzessionserteilung für neue Eisenbahnunternehmen
den Gesellschaften im Interesse der Bundestelegraphenverwaltung aufzuerlegen,
beziehungsweise von den Verwaltungen der Staatseisenbahnen zu übernehmen
sind, von dem Bundeskanzler dem Bundesrat des Norddeutschen Bundes zur
Beschlußnahme vorgelegt (November 1868).**) Der Bundesrat beschloß infolge
dessen am 21. Dezember 1868 unter einzelnen Abänderungen der zusammengestellten
Verpflichtungen: daß dieselben a. von den Verwaltungen der bereits bestehenden
und der neu anzulegenden Staatseisenbahnen zu übernehmen, b. bei Konzessions=
erteilung für neue Eisenbahnunternehmen den Gesellschaften im Interesse der
Bundestelegraphenverwaltung aufzuerlegen, c. für die bereits konzessionirten Eisen=
bahngesellschaften insofern einzuführen seien, als die Bundestelegraphenverwaltung
es beantragt und die Bestimmungen der Konzessionsurkunden es gestatten.

---

*) Der an zweiter Stelle genannte Vertrag ist im „Telegraphischen Amtsblatt" für
1870, S. 21 ff. veröffentlicht worden. Eine Veröffentlichung des andern Vertrages, der
inhaltlich mit jenem genau übereinstimmt, scheint nicht stattgefunden zu haben.

**) Der Inhalt dieser Verpflichtungen findet sich abgedruckt in der „Norddeutschen
Allgemeinen Zeitung" Nr. 289 vom 9. Dezember 1868.

8. Marine und Schiffahrt.

Im März 1868 stellte der Kanzler den Antrag: der Bundesrat wolle sich damit einverstanden erklären, daß das Präsidium namens des Bundes zunächst mit Großbritannien, und je nach dem Ergebnis dieser Verhandlungen auch mit anderen seefahrenden Staaten über die Herbeiführung eines internationalen Systems der Schiffsvermessungen in Verhandlung trete, und zwar auf Grundlage einer gemeinsamen Annahme der in Großbritannien gegenwärtig vorgeschriebenen Messungsmethode, jedoch ohne Annahme des englischen Fuß- und Tonnenmaaßes, welches vielmehr, wenn thunlich, durch Metermaaß zu ersetzen wäre.

Die Kriegsschiffe, welche England infolge der Verträge zur Unterdrückung des Sklavenhandels an der Westküste von Afrika und in anderen Revieren kreuzen ließ, um die der Beteiligung an diesem Handel verdächtigen Fahrzeuge anzuhalten, zu visitiren und nach Umständen aufzubringen, mußten hierzu mit Vollmachten von den betreffenden Regierungen versehen sein. Da gegenwärtig von der britischen Gesandtschaft die Ausstellung neuer Vollmachten nachgesucht worden war, sah sich Bismarck im Mai 1868 veranlaßt, darauf aufmerksam zu machen, daß, seitdem unter den deutschen Handelsschiffen der Unterschied der Nationalität und der Flagge hinweggefallen, die Vollmachten zur eventuellen Anhaltung deutscher Schiffe nicht wohl mehr von verschiedenen Regierungen ausgestellt werden könnten, daß vielmehr die Ausstellung derselben Sache des den Bund nach außen vertretenden Bundespräsidiums sein müsse.

Der Ausschuß des Bundesrats für Handel und Verkehr verkannte die Richtigkeit dieser Auffassung nicht und empfahl dem Bundesrat die Beschlußfassung in diesem Sinne; nur in formeller Hinsicht hatte der Ausschuß einige Bedenken hervorgehoben und auf dieselben in der Formulirung seines Antrages Rücksicht genommen.*)

---

*) Nach dem Bericht des Ausschusses für Handel und Verkehr beschloß der Bundesrat am 20. Juni 1868: a. die Vollmachten, mit welchen nach Maßgabe der bestehenden internationalen Verträge zur Unterdrückung des Handels mit afrikanischen Negersklaven die zur Bewachung der betreffenden Reviere von einer der Seemächte ausgerüsteten Kreuzer versehen sein müssen, um zur Anhaltung und Durchsuchung der einem andern Staate angehörigen Handelsschiffe ermächtigt zu sein, sind künftig nicht mehr von den Regierungen der einzelnen Bundesstaaten, sondern von dem Bundespräsidium auszustellen; — b. dem Bundespräsidium wird anheimgegeben, den Beitritt des gesamten Norddeutschen Bundes zu den gedachten Verträgen zu bewirken; — c. das Bundespräsidium wird ferner ersucht, hinsichtlich der den Führern der erwähnten Kreuzer zu erteilenden Instruktionen, soweit nötig, nach Verhandlung mit der die Instruktion erteilenden Regierung und unter Berücksichtigung der im Ausschußbericht angedeuteten Vorschläge, Bestimmung darüber zu treffen, in welche Häfen die als des Sklavenhandels überführt oder verdächtig angehaltenen Schiffe, nach Ausschiffung der etwa vorgefundenen Negersklaven, gebracht werden sollen; —

Bei den Verhandlungen über die Beschwerde des Holzhändlers Helde wegen der Abgaben, welche von der Stadt Münden von den bei derselben auf der Werra vorübergeflößten Hölzern erhoben wurden, war es zur Sprache gekommen, daß auf der Saale noch die Erhebung ähnlicher **Floßabgaben**, teils für Rechnung der Uferstaaten, teils für Rechnung der Kommunen und Privater stattfand. Dem Bundesrat ging infolge dessen im Dezember 1868 eine Proposition Bismarcks wegen Abänderung dieser Verhältnisse zu. Eine gesetzliche Regelung erfolgte erst im Jahre 1870.

Auf die Resolution des Reichstags auf Anknüpfung von **Verhandlungen über Befreiung des Privateigentums im Seekriege** beschloß der Bundesrat, den Bundeskanzler zu ersuchen, dahin zu wirken, daß nach Zeit und Umständen auf geeignetem Wege, namentlich durch Verträge mit fremden Staaten, die Freiheit des Privateigentums zur See in Kriegszeiten festgestellt werde. In der Folge leitete der Kanzler mit einigen ausländischen Mächten, von denen er wußte, daß sie diesem Grundsatz günstig seien, insbesondere mit den Vereinigten Staaten von Nordamerika, entsprechende Verhandlungen ein.*)

In der Sitzung des Bundesrats vom 29. April 1868 teilte das Präsidium mit, daß die **Bundesflagge** ferner anerkannt worden sei von China, Japan, Siam, Chili, Peru, Ecuador, Guatemala, Costa Rica, Panama, Hayti, Hawai und Sansibar und zwar mit der Zusage, daß den unter der Bundesflagge fahrenden Kauffahrteischiffen diejenigen Rechte zustehen sollen, welche den Kauffahrteischiffen der Bundesstaaten eingeräumt waren.**)

Auf den Antrag Hamburgs, den Erlaß einer allgemeinen **Strandungsordnung** für Norddeutschland in Erwägung zu ziehen,***) beschloß der

---

d. bem Präsidium wird endlich anheimgegeben, sei es auf dem Wege der Bundesgesetzgebung, sei es durch Aufforderung an die betreffenden Bundesregierungen, die erforderlichen gesetzlichen Verfügungen zu veranlassen, um für den etwaigen Fall der Aufbringung eines deutschen Schiffes die in den mehrerwähnten Verträgen vorgesehene Untersuchung und Bestrafung des Sklavenhandels und der damit zusammenhängenden Uebertretungen in allen Bundesstaaten sicher zu stellen.

*) „Norddeutsche Allgemeine Zeitung" Nr. 224 vom 24. September 1868. Ich erwähne noch Anträge Bismarcks wegen Anwendung gemeinsamer Schiffscertifikate (März 1868) und die Herstellung eines internationalen Signalbuchs (Juni 1868).

**) Ueber eine den Bundesrat beschäftigende Differenz zwischen dem Norddeutschen Bund und Belgien wegen Anerkennung der Bundesflagge vergleiche die „Norddeutsche Allgemeine Zeitung" Nr. 88 vom 15. April 1868. Die Bestimmungen des Bundeskanzlers an das Staatsministerium, betreffend das Verhältnis der Kriegsmarine zur Handelsmarine des Norddeutschen Bundes, finden sich abgedruckt in der „Norddeutschen Allgemeinen Zeitung" Nr. 23 vom 28. Januar 1868.

***) Der Antrag stützte sich namentlich darauf, daß an den Mündungen der Elbe, wo nach der Verschiedenheit der Territorien drei oder vier verschiedene, zum Teil veraltete Strandungsordnungen in Kraft waren, das Bedürfnis nach einer besseren Regelung des

Bundesrat in der Plenarsitzung vom 22. Juni 1868: „den Bundeskanzler zu ersuchen, den Entwurf einer allgemeinen Strandungsordnung für die Staaten des Norddeutschen Bundes ausarbeiten zu lassen und dem Bundesrat zur weiteren Beschlußfassung vorzulegen". Die gesetzliche Regelung dieser Materie zog sich bis in das Jahr 1874 hinaus.

9. Konsulatswesen.

Bei der Diskussion des Gesetzentwurfs über die Organisation der Bundeskonsulate war in der Reichstagssitzung vom 25. Oktober 1867 mehrfach darauf hingewiesen worden, daß die einseitige Feststellung der Befugnisse der Bundeskonsuln durch die auftraggebende Regierung ungenügend sei. Die Konsuln dürften ihre in dem Gesetzentwurfe ihnen verliehenen Rechte nicht geltend machen, so lange dieselben nicht völkerrechtliche Anerkennung gefunden hätten, und diese sei nur auf Grund der Gegenseitigkeit herbeizuführen. Italien hatte nunmehr bei dem Bundespräsidium die Initiative zu dem Abschlusse einer Konsularkonvention ergriffen, welche alle Verhältnisse, die nach den Gesetzen beider Teile in das Gebiet der konsularischen Thätigkeit fallen, regeln sollte.

Im April 1868 legte Bismarck dem Bundesrat die Grundzüge der betreffenden Konsularkonvention vor, und kurz vor Schluß des Jahres die Konvention selbst, die aber erst in der nächsten Session Gesetzeskraft erlangte. Ferner erbat sich der Kanzler von dem Bundesrat die Ermächtigung, mit der niederländischen (Mai 1868) und mit der brasilianischen Regierung (November 1868) über den Abschluß einer Konsularkonvention in Verbindung zu treten.

Endlich ist noch ein Antrag Bismarcks zu erwähnen (April 1868): die norddeutschen Kauffahrteischiffe von der Entrichtung allgemeiner Konsulatsgebühren in Bundeshäfen zu befreien.

Nachdem der Bundesrat des Norddeutschen Bundes bereits am 29. April 1868 die beteiligten Regierungen aufgefordert hatte, an denjenigen Orten, an

---

Verfahrens sich besonders geltend gemacht habe. Dasselbe wurde auch von dem Verein der hamburgischen Assekuranzcompagnie betont, welche sich auf ihre Erfahrungen in Betreff der Behandlung von Bergegut an allen Küsten der Nord- und Ostsee stützte. Einzelnen Beschwerden sei durch die Einführung des allgemeinen deutschen Handelsgesetzbuches abgeholfen worden, indessen sei dadurch in Betreff der mehr reglementarischen Vorschriften für das Verfahren der Berger und der dieselben beaufsichtigenden Behörden und Beamten dem Bedürfnisse einer möglichst übereinstimmenden Regelung nicht abgeholfen. Es wurde zugegeben, daß allerdings für die Weser- und Elbmündungen dieses Bedürfnis nicht vollständig erfüllt werden könne, so lange die Feststellung gesetzlicher Normen nicht auch für Helgoland erreicht sei; indessen würde eine für die deutschen Küsten der Nord- und Ostsee geltende Strandungsordnung immerhin eine entschiedene Besserung der Verhältnisse herbeiführen.

welchen bis dahin Bundeskonsulate errichtet worden, mit der Aufhebung der Landeskonsulate baldmöglichst vorzugehen, wurden später wiederum zahlreiche Bundeskonsuln ernannt, welche sich auf folgende Staaten verteilten: die Argentinische Republik, Bolivia, Brasilien, die britischen Besitzungen, Zentralamerika, Chile, China, Frankreich und französische Besitzungen, Griechenland, Hayti, Hawaiische Inseln, Italien, Kirchenstaat, niederländische Besitzungen, Oesterreich, Peru, Portugal und die portugiesischen Besitzungen, Rußland, Schiffer-, Tonga- und Fidschi-Inseln, Schweden, Spanien und die spanischen Besitzungen, Türkei, Uruguay, Venezuela, die Vereinigten Staaten von Nordamerika und Sansibar.*) Der Ausschuß des Bundesrats des Norddeutschen Bundes für Handel und Verkehr beantragte aus dieser Veranlassung unter dem 1. Dezember 1868 bei dem Bundesrat: derselbe wolle anerkennen, daß durch die seit Aufstellung des in der Bundesratssitzung vom 29. April 1867 übergebenen Verzeichnisses errichteten Bundeskonsulate an den betreffenden Plätzen die Vertretung der Einzelinteressen aller Bundesstaaten gesichert sei, und die beteiligten Regierungen ersuchen, Anordnung zu treffen, daß die Landeskonsulate an diesen Plätzen, soweit solche noch bestehen, aufhören, sobald die Bundeskonsulate in Wirksamkeit getreten sind, und daß von den ersteren die laufenden Akten der Archive baldigst an die letzteren abgeliefert werden. Der Bundesrat ist am 19. Dezember 1868 diesem Antrag beigetreten.

10. Bundeskriegswesen.

Beginnen wir mit den Gesetzentwürfen, die Bismarck dem Bundesrat vorlegte. Dieselben betrafen:

1) Die gesetzliche Regelung der Unterstützung der Familien

---

*) Durch Beschluß des Reichstags des Norddeutschen Bundes vom 9. Juni 1868 war der Bundeskanzler ersucht worden, die Organisation eines Bundeskonsulats in Pest mit möglichster Beschleunigung zu veranlassen. Auf die desfallsige Vorlage des letzteren überwies der Bundesrat diesen Beschluß in der Sitzung vom 22. Juni 1868 dem Ausschusse für Handel und Verkehr zur Berichterstattung. Da die Verkehrsbeziehungen mit Ungarn durch die fortschreitende Entwicklung der Kommunikationsmittel in diesem Lande eine gesteigerte Bedeutung gewonnen hatten und die wesentliche Aenderung, welche sich in der Verwaltung Ungarns neuerdings vollzogen hatte, die Einrichtung einer Vertretung der kommerziellen Interessen an dem Zentralpunkte des ungarischen Verkehrs und der ungarischen Verwaltung erheischten, so war von dem Ausschusse beantragt worden, der Bundesrat wolle sich, vorbehaltlich der Genehmigung des Reichstags, damit einverstanden erklären, daß in Pest ein besoldetes Bundeskonsulat errichtet werde und die zu dessen Dotirung erforderlichen Mittel, nämlich das Gehalt für den Konsul und einem Bureaubeamten mit respektive 5000 Thalern und 800 Thalern bereits für das Jahr 1869, flüssig gemacht werden. In der Sitzung vom 15. Dezember 1868 hat der Bundesrat diesem Antrag gemäß Beschluß gefaßt. — Abschlägiger Bescheid des Bundeskanzler-Amts auf eine Eingabe vom 18. Dezember 1868 um Errichtung eines Bundeskonsulats in Prag. Vgl. „Norddeutsche Allgemeine Zeitung" Nr. 5 vom 7. Januar 1869.

der zum Dienst einberufenen Mannschaften der Ersatzreserve, Schreiben vom März 1868, Gesetz vom 8. April 1868 (B.-G.-Bl. S. 38).

2) Die Bewilligung von Pensionen an die vormals schleswig-holsteinischen Offiziere, Schreiben vom März 1868, Gesetz vom 14. Juni 1868 (B.-G.-Bl. S. 335).

3) Die Quartierleistung für die bewaffnete Macht, Schreiben vom März 1868, Gesetz vom 25. Juni 1868 (B.-G.-Bl. S. 523).

Daran schloß sich die Ausdehnung der preußischen Grundsätze über die Zivilversorgung des Militärs auf das ganze Bundesgebiet. Die letztere Vorlage begegnete im Bundesrat lebhaften Bedenken.

Der Bevollmächtigte für Hessen, Geheimer Legationsrat Hofmann, gab folgende Erklärung ab: „Die hessische Regierung ist mit der Tendenz der Vorlage vollkommen einverstanden, indem sie es als ein sehr geeignetes Mittel zur Erhaltung eines tüchtigen Unteroffizierstandes betrachtet, daß bei Besetzung gewisser Stellen im Zivildienste auf die Militäranwärter vorzugsweise Rücksicht genommen wird. Die großherzoglich hessische Regierung verkennt auch nicht, wie wünschenswert es in mancher Hinsicht ist, daß bezüglich der Anstellung der Militäranwärter im Zivildienste von allen Bundesstaaten gleichmäßig verfahren werde, so weit dies mit den bei der Besetzung der Zivilstellen verfassungsmäßig bestehenden landesherrlichen Rechten sich vereinigen läßt. Eine Beeinträchtigung solcher Rechte würde aber darin liegen, wenn die Grundsätze des preußischen Reglements als eine die sämtlichen Bundesregierungen unbedingt bindende Norm aufgestellt werden sollten. Um indessen zur Herbeiführung eines gleichmäßigen Verfahrens ihrerseits das Mögliche beizutragen, ist die großherzogliche Regierung bereit, die im Großherzogtum schon seit längerer Zeit bestehenden Vorschriften über Versorgung von Unteroffizieren und Soldaten durch Uebertragung von Zivilstellen mit den vorgelegten Grundsätzen thunlichst in Uebereinstimmung zu bringen."

Der Bevollmächtigte der beiden Mecklenburg erklärte sodann: „Die großherzoglichen Regierungen haben sich nicht zu überzeugen vermocht, daß die Besetzung von Zivilstellen mit Militärpersonen zur Kompetenz der Militär-, mithin der Bundesgesetzgebung gehöre, und müssen demnach gegen Erledigung der einschlägigen Fragen und Bestimmungen durch Majoritätsbeschlüsse des Bundesrats Verwahrung einlegen. Sie sind andererseits bereit, die gefaßten Beschlüsse als maßgebend auszuführen, unter der Voraussetzung, daß darin hinsichtlich der Kategorien, in denen alle oder einzelne Stellen mit Zivilversorgungsberechtigten zu besetzen sind, eine absolute Richtschnur nicht enthalten ist, sondern diese Kategorien sich nach den landesherrlichen Bestimmungen und dem den Landesverhältnissen angemessenen Bedürfnis auch künftig richten werden, sowie ferner unter der Voraussetzung, daß sowohl das Ernennungsrecht und dessen Ausübung, als auch die Ermittelung und Feststellung der Qualifikation dem Landesherrn unverändert verbleibe."

Lübeck, Hamburg und Bremen schlossen sich dieser Auffassung an und fügten die Voraussetzung hinzu, daß diejenigen (hanseatischen) Staats= behörden, welche zugleich einen kommunalen Charakter haben, als kommunale anzusehen und den letzteren insbesondere diejenigen Behörden beizuzählen sind, welche unter gemischten, das heißt teilweise mit bürgerschaftlichen Deputirten besetzten Kollegien stehen. Außerdem müsse die Zustimmung der Lübeckschen respektive Hamburgischen und Bremischen Bürgerschaft zu der Vereinbarung vorbehalten bleiben.*)

Die demnächst vom Bundesrat gefaßten Beschlüsse über die Zivilversorgung der Militärpersonen stellten sich als ein Kompromiß der einzelnen Bundesregie= rungen heraus.**)

Einsetzung einer Bundesschulkommission. Der öffentliche Unter= richt gehörte weder in seinen höheren noch in seinen elementaren Anstalten zur verfassungsmäßigen Kompetenz des Norddeutschen Bundes. Aber kaum war dieser Bundesstaat errichtet, so erschien es in Berlin schon als Bedürfnis, auch auf diesem Gebiete, wenigstens in Betreff der höheren Lehranstalten, eine ge= wisse Gleichmäßigkeit der Einrichtung, der Lehrziele und der Leistungen anzu= bahnen, damit den Entlassungszeugnissen dieser Anstalten auf den verschiedenen Stufen ihrer Klasseneinteilung eine gleichmäßige Geltung ohne Unterschied der Staatsangehörigkeit der einzelnen Anstalt beigemessen werden könne.***)

„Die Verfassung des Norddeutschen Bundes — so heißt es in einem Schreiben des königlich preußischen Ministers der auswärtigen Angelegenheiten vom 28. No= vember 1867†) — hat sowohl für die militärischen wie für die Zivilver= hältnisse die Notwendigkeit herbeigeführt, einen ungehinderten Gebrauch der von den höheren Schulen des Norddeutschen Bundes ausgestellten Zeugnisse zu er= möglichen." Der königlich preußische Minister des Auswärtigen lud daher im Auftrage des königlichen preußischen Kultusministers sämtliche Regierungen der Staaten des Norddeutschen Bundes zur Beschickung einer Konferenz durch Schul=

---

*) Der von Sachsen und den Hansestädten gemachte Vorbehalt der Zustimmung der Landesvertretung respektive der Bürgerschaften zu den allgemeinen Bestimmungen hin= sichtlich der Belassung oder Einziehung des Gnadengehalts der im Zivildienst angestellten Militärinvaliden, bezog sich ausschließlich auf den § 20 der königlichen Verordnung vom 30. Mai 1844, welcher bestimmte, daß im Falle ein vormaliger Militärinvalide aus dem Staatsdienst wieder entlassen wird, das ihm nach seinem Militärverhältnis gebührende Gnadengehalt aus dem Zivilpensionsfonds gewährt werden soll.

**) Ein Abdruck derselben dürfte entbehrlich sein, da die Grundsätze inzwischen mehr= fache Abänderungen erfahren haben.

***) Die obenstehenden Ausführungen sind einer Denkschrift des weimarschen Staats= ministers Dr. Stichling entnommen.

†) In Kohls Bismarck=Regesten nicht erwähnt.

männer ein, auf welcher eine „infolge der über die Armeeorganisation und über die Wirkungen des gemeinsamen Indigenats getroffenen Bestimmungen nötig gewordene Verständigung über die Schulbildung und die Schulzeugnisse, von welchen für das Bundesgebiet der Eintritt in verschiedene Berufsarten und die Zulassung zu bestimmten Prüfungen, sowie der Erlaß von Prüfungen abhängig zu machen sei", erstrebt werden möge. Als die dabei vorzugsweise in Betracht kommenden Anstalten wurden die Gymnasien, die Progymnasien und die Reallehranstalten bezeichnet. Man betrachtete es in Berlin als eine Bethätigung bundesfreundlicher Gesinnung, daß man, statt einseitig vorzuschreiten, auch den übrigen Regierungen des neuen Bundes die Möglichkeit des Mitratens bot. „Eine Angelegenheit, deren Wichtigkeit für das geistige Leben des Volks wie für praktische Fragen des öffentlichen Lebens nicht verkannt werden kann, wird dadurch zu einer gemeinsamen des Norddeutschen Bundes gemacht, nicht einseitig vom preußischen Standpunkte aus entschieden," — hieß es in jenem Schreiben, in welchem man sich zugleich erbot, die Beratung auf Verlangen auch noch über die eben bezeichnete Vorlage hinaus auszudehnen.

Die Konferenz fand in Berlin am 28. Januar 1868 und den folgenden Tagen statt. Die anwesenden Kommissare einigten sich persönlich im wesentlichen über alle vorgelegten materiellen Fragen, weniger aber auch darüber, was, um die Einhaltung der vereinbarten Grundsätze gegenüber den einzelnen Unterrichtsanstalten in den verschiedenen Staaten des Norddeutschen Bundes, also auch den fortdauernden Wert ihrer Abgangszeugnisse zu überwachen, dem Bundesrat vorzuschlagen sein werde.

In welcher Weise hierauf die verschiedenen Regierungen des Norddeutschen Bundes ihre Erklärungen abgegeben haben, ist nicht bekannt gegeben worden. Dagegen wurde unterm 26. März desselben Jahres (1868) die Militärersatzinstruktion für den Norddeutschen Bund publizirt, welche im § 154 vorschrieb, daß die Anerkennung und Klassifizirung derjenigen höheren Lehranstalten, welche zur Ausstellung giltiger Befähigungsnachweise für den einjährig-freiwilligen Militärdienst berechtigt sein sollen, durch den Bundeskanzler erfolgen und im Bundes-Gesetzblatte bekannt gemacht werden; in Nummer 30 des eben genannten Blattes von 1868 erschien das Verzeichnis der 412 höheren Lehranstalten, welchen der Bundeskanzler diese Berechtigung zuerkannte; und unterm 16. November 1868*) machte Bismarck dem Bundesrat die Vorlage, die am Schlusse der Berliner Konferenzen in Aussicht genommen war. In dieser Vorlage wurde von dem Bedürfnis ausgegangen, für die Verleihung der Befugnis zur Ausstellung giltiger Befähigungsnachweise für den einjährig-freiwilligen Militärdienst — nur hiervon war die Rede — gleichmäßige Normen für das Bundesgebiet aufzustellen. Von

---

*) In Kohls Bismarck-Regesten nicht erwähnt.

der in der Berliner Konferenz gewonnenen „vorläufigen" Grundlage aus habe man die bis jetzt anerkannten 412 Anstalten auch nur als die bei der Eile, die Not gethan, schon jetzt unbedenklich zu nennen gewesenen, die ganze Reihe selbst nur als eine vorläufige, nicht schon abgeschlossene zu betrachten; und gelte es nun, die definitiven Grundsätze für die künftige Behandlung festzustellen, so sei dabei seiner (Bismarcks) Ansicht nach von folgenden Gesichtspunkten auszugehen:

Unzweifelhaft sei das Schulwesen keine Angelegenheit des Bundes und es stehe daher dem Bunde eine Einmischung in die innere Schulverwaltung der einzelnen Bundesstaaten nicht zu. Ebenso unzweifelhaft liege es aber in den Befugnissen des Bundes, nicht nur das Maß der wissenschaftlichen Ausbildung, welches für die seiner Verwaltung und Aufsicht unterstellten Zweige des öffentlichen Dienstes für nötig erachtet wird, gleichmäßig zu bestimmen, sondern auch darüber zu wachen, daß dieses Maß überall und dauernd erreicht werde. Was namentlich den Befähigungsnachweis für den einjährig-freiwilligen Militärdienst anlange, so falle die Bestimmung über den vorschriftsmäßigen Umfang, in welchem die dazu nötigen Kenntnisse gemäß § 11 des Gesetzes über die Verpflichtung zum Kriegsdienste vom 9. November 1867 (Bundes-Gesetzblatt S. 131) darzulegen seien, ohne Zweifel in den Kreis der nach § 19 ibid. von Bundes wegen zu erlassenden Ausführungsverordnungen. Auf dieser gesetzlichen Grundlage beruhe die Befugnis zur Bezeichnung derjenigen Lehranstalten, welchen nach dem von ihnen eingenommenen wissenschaftlichen Standpunkte die Berechtigung zur Ausstellung giltiger Qualifikationszeugnisse zuzuerkennen sei, eine Befugnis, welche im § 154 der Militär-Ersatzinstruktion vom 26. März ihren weitern Ausdruck gefunden habe.

So wenig daher der Bund auch die Befugnis habe, von dem Zustande der Schulanstalten in den einzelnen Bundesstaaten von Amts wegen Kenntnis zu nehmen, so stehe es ihm doch unbedenklich zu, sich auf die ihm geeignet scheinende Weise von der Erfüllung der für die oft erwähnte Berechtigung im Bundesinteresse gestellten Bedingungen hinsichtlich derjenigen Lehranstalten die Ueberzeugung zu verschaffen, für welche diese Berechtigung in Anspruch genommen werde oder anerkannt sei.

In dieser Beziehung seien aber für die fernere Behandlung wesentlich zwei Momente in Betracht zu nehmen:

1. Es müsse eine Garantie dafür vorhanden sein, daß diejenigen höheren Lehranstalten, welchen auf Grund der von den Regierungen der Bundesstaaten über ihre Einrichtung gegebenen Nachweisungen die bezüglichen Berechtigungen einmal zuerkannt seien, von dem wissenschaftlichen Standpunkte, welcher die Voraussetzung der Anerkennung sei, nicht etwa später wieder herabsänken. Es werde

2. aber auch dafür zu sorgen sein, daß bei neu entstehenden Anstalten dieser Kategorie ein zuverlässiges Urteil über ihre Ziele und Leistungen gewonnen werden könne.

In beiden Beziehungen werde schon um deswillen auf eine selbständige Prüfung und Beurteilung von Bundes wegen nicht verzichtet werden dürfen, weil wesentlich hierin die Gewähr für die Erhaltung der im gemeinsamen Interesse notwendigen Gleichmäßigkeit und Uebereinstimmung liegen dürfte.

Zur Wahrnehmung dieser Gesichtspunkte würde sich nun die Herstellung eines ständigen fachmännischen Organs empfehlen, vermöge dessen der Bund seine desfallsigen Befugnisse auszuüben und dessen technischen Beirats der Bundeskanzler sich bei Prüfung der bei ihm eingehenden Anträge zu bedienen haben werde. Die bezüglichen Funktionen würden zweckmäßig einer aus drei Mitgliedern bestehenden Kommission zu übertragen und die Wahl derjenigen Bundesstaaten, welche die Mitglieder dieser Kommission zu ernennen haben, durch den Bundesrat vorzunehmen sein.

Zum Schlusse bemerkte Bismarck, daß die in Rede stehende Klassifizirung der höheren Lehranstalten demnächst auch für die Anstellung im Post- und Telegraphendienste maßgebend sein werde.

Der Bundesratsausschuß, welchem diese Vorlage des Bundeskanzlers zur Berichterstattung zugewiesen wurde, empfahl*) den Vorschlag des Bundeskanzlers in allen Stücken zur Annahme, indem er zugleich bemerkte, daß seiner Ansicht nach drei sachkundige Mitglieder der Kommission ausreichen dürften, davon den einen Preußen, den zweiten Sachsen ständig, den dritten von 3 zu 3 Jahren eine der übrigen Regierungen, von diesen erwählt, alternirend ernennen möge; und für die Instruktion dieser Kommission, die ja keine zu selbständiger Organisation und Ueberwachung des gesamten norddeutschen Schulwesens bestimmte Oberschulbehörde, sondern nur eine bei bestimmten Interessen des Bundes beirätige spezielle Hilfsbehörde sein solle, brachte er folgende Punkte in Vorschlag:

1. Die Kommission werde zwar eine ständige, aber keine fortdauernd versammelte sein, sondern es werde genügen, wenn sie je nach Bedarf (auf Einladung seitens des in Berlin domizilirten preußischen Mitglieds) zusammenberufen werde;

2. die Thätigkeit der Kommission werde immer nur auf Anforderung und im Auftrage des Bundeskanzlers einzutreten und zuvörderst in Abgabe von Gutachten über die vorliegenden Anmeldungen von Lehranstalten, welche die Berechtigung zur Ausstellung von Qualifikationszeugnissen nachsuchten, zu bestehen haben; bei neuen öffentlichen Anstalten solcher Staaten, in denen die Einrichtungen des höheren Schulwesens durch Gesetze und Regulative allgemein geordnet seien, werde es, insofern diese Anstalten normalmäßige Gymnasien oder Realschulen seien, eines solchen Gutachtens nicht bedürfen, sondern, wie vor der Bekanntmachung vom 2. September, die regierungsseitige Anmeldung genügen;

---

*) Vgl. zum Folgenden auch die „National-Zeitung" Nr. 1 vom 1. Januar 1869 und die „Norddeutsche Allgemeine Zeitung" Nr. 301 vom 23. Dezember 1868.

3. die Kommission soll die Befugnis erhalten, die in einem Bundesstaate bestehenden oder neu zu erlassenden Gesetze und Regulative über höhere Schulanstalten, soweit auf Grund derselben die fragliche Berechtigung für dieselben in Anspruch genommen und Zweifel über ausreichende Gewährleistung der Erfüllung der an sie zu stellenden Anforderungen gehegt werde, ihrer Prüfung zu unterziehen, zu solchem Zwecke innerhalb dieser Grenzen dem Bundeskanzler die ihr notwendig scheinenden Abänderungen zu bezeichnen, und die über den Erfolg der Aenderungen eingehenden Berichte zu prüfen und zu begutachten;

4. die Kommission erhalte, um die ihr zuzuweisende Kontrole den Interessen und Zwecken des Bundes entsprechend auszuüben, die Berechtigung zur Revision einzelner Lehranstalten und zwar alsdann, wenn entweder von seiten solcher Staaten, denen es an einem selbständigen höheren fachmännischen Organe für die Beaufsichtigung ihrer höheren Lehranstalten fehle, darauf angetragen werde, oder wenn sich Zweifel bei Erledigung der oben bezeichneten Aufgaben nur durch lokale Revision heben ließen, oder endlich wenn begründete Zweifel darüber bestünden, ob die Voraussetzungen, auf deren Grund einer Anstalt die Berechtigung erteilt war, thatsächlich noch erfüllt würden.

Solche Revisionen sollten aber

5. nur mit Genehmigung oder auf Anregung des Bundeskanzlers vorgenommen werden und die Kommission sich in der Regel nicht direkt, sondern durch Vermittelung des Bundeskanzler-Amts mit den Regierungen in Beziehung setzen.

Auf Grund dieses Ausschußberichts beschloß denn nun auch der Bundesrat in seiner Sitzung vom 21. Dezember 1868:

1. die baldthunlichste Bildung einer aus drei Fachmännern bestehenden Kommission zur entsprechenden Klassifizirung und zur Kontrole der zur Ausstellung der Qualifikationszeugnisse berechtigten höheren Lehranstalten, sowie die im Ausschußbericht vorgeschlagenen Grundzüge für deren Instruktion und die Uebernahme derselben auf Bundesmittel zu genehmigen;

2. die preußische und die sächsische Regierung um Ernennung je eines ersten und zweiten Mitgliedes dieser Kommission zu ersuchen und das dritte Mitglied in der Weise zu ernennen, daß die Wahl alle drei Jahre einer andern Bundesregierung alternirend übertragen werde. Für die nächsten drei Jahre fiel die Wahl auf die großherzoglich hessische Regierung.

Nach Errichtung des Norddeutschen Bundes bestand wohl militärische Freizügigkeit innerhalb desselben, nicht aber ein gleiches Verhältnis mit den außerhalb desselben stehenden süddeutschen Staaten. Der erste Schritt zur Verwirklichung der militärischen Freizügigkeit im ganzen Reiche ging von Baden aus, wie aus folgendem Schreiben erhellt, das Bismarck im Dezember 1868 an den Bundesrat richtete:

„Die großherzoglich badische Regierung hat den Wunsch ausgesprochen, mit dem Norddeutschen Bunde einen Vertrag abzuschließen, nach welchem künftig Bundesangehörige in Baden und badische Staatsangehörige innerhalb des Bundes= gebiets sich der Musterung zu unterziehen und ihre Militärdienstpflicht abzuleisten berechtigt sein sollen. Da der Abschluß eines solchen Vertrages im gemeinsamen nationalen Interesse und daher auch im Bundesinteresse nur erwünscht sein kann, so beehrt sich der unterzeichnete Bundeskanzler, die Zustimmung dazu zu beantragen, daß das Präsidium mit der großherzoglich badischen Regierung auf der bezeichneten Basis eine Uebereinkunft schließe.

v. Bismarck."

Auf die Erledigung dieses Antrages werden wir in der Session 1869 zurückkommen.

11. Bundesfinanzen.

Die Feststellung des Haushaltsetats des Norddeutschen Bundes gab im Bundesrat zu keinen Weiterungen Anlaß.

Schreiben Bismarcks vom März 1868, betreffend die Abänderung des Haushaltsetats für 1868, Gesetz vom 30. März 1868 (B.=G.=Bl. S. 25) und Schreiben desselben vom Mai 1868, betreffend die Feststellung des Haushaltsetats des Norddeutschen Bundes für das Jahr 1869,*) Gesetz vom 29. Juni 1868 (B.=G.=Bl. S. 437).

Dagegen traf es sich in dieser Session zum erstenmal, daß der Bundes= kanzler mit einem wichtigen finanziellen Vorschlag im Bundesrat nicht durch= drang. Infolge verschiedener Einnahmeausfälle hatte sich im Etat von 1868 ein Defizit von rund 2700000 Thalern herausgestellt.

Nach Ansicht des Bundeskanzlers lag, um die Solvenz der Bundeskasse für den Rest des Jahres zu sichern, die Notwendigkeit vor, das Präsidium zu ermächtigen, schon im Laufe des Jahres auf Rechnung der Ausfälle Matrikular= beiträge einzuziehen. Dieselben sollten als Vorschüsse behandelt werden und bei der Abrechnung über den Bundeshaushalt des Jahres 1868 sollte festgestellt werden, wie viel davon auf Rechnung des Jahres 1868 und wie viel vorschuß= weise auf die Matrikularbeiträge für 1869 geleistet seien. Die Ausschreibung der Matrikularbeiträge sollte selbstverständlich nur nach Bedarf erfolgen.**)

---

*) Der Etat schloß in Einnahme mit 72734601 Thalern ab, gegen 72158293 Thaler im Jahre 1868.
**) Das von dem Kanzler in dieser Angelegenheit am 6. Juni 1868 an den Bundes= rat gerichtete sehr umfangreiche Schreiben, das mit vielen Zahlen den heutigen Leser kaum mehr genügend interessiren dürfte, um hier vollständig mitgeteilt zu werden, findet sich abgedruckt in der „National-Zeitung" Nr. 316 vom 9. Juli 1868 und in der „Norddeutschen Allgemeinen Zeitung" Nr. 160 vom 11. Juli 1868. Erläuternde Artikel finden sich in der „Norddeutschen Allgemeinen Zeitung" Nr. 161 und 162 vom 12. und 14. Juli 1868.

Unterm 3. Juli 1868 erstattete der Ausschuß des Bundesrats für Rechnungs=
wesen über diese Präsidialvorlage (vom Juni 1868) seinen ersten Bericht. Demnach
war in dem Schoße des Ausschusses, in welchem Preußen, Sachsen, Mecklenburg=
Schwerin, Hessen und Braunschweig vertreten waren, die Frage einstimmig
dahin beantwortet worden, daß die Bundesregierungen allerdings das Recht und
die Pflicht haben, der Bundeskasse in einem solchen Fall vorschußweise Matrikular=
beiträge zu leisten. Auf die Bezeichnung dieser Beiträge als Vorschüsse war
Gewicht zu legen, da der Bericht aussprach, daß eine definitive Abänderung
des Etatsgesetzes nur auf gesetzlichem Wege, das heißt mit Zustimmung des
Reichstags erfolgen könne. Der Ausschußbericht stimmte in seinen Konklusionen
mit der Präsidialvorlage überein; der in der letzteren auf ca. 2 700 000 Thaler
veranschlagte Einnahmeausfall wurde indessen von dem Ausschusse in anderer
Weise begründet.*)

Nicht so glatt verlief die Sache im Plenum des Bundesrats, wo es aus
Anlaß derselben zu sehr erregter Erörterung kam.

Seitens der verbündeten Kleinstaaten wurde ziemlich einmütig behauptet,
daß eine Erhöhung der Matrikularbeiträge eine finanzielle Unmöglichkeit für sie
sei und die Vermehrung der Bundeslasten die vollständige Vernichtung ihrer
politischen Existenz herbeiführe. Zugleich wurde von ihnen bestritten, daß das
Präsidium über die Höhe des mit dem Reichstage vereinbarten Budgets hinaus
Matrikularbeiträge nach der Bundesverfassung ausschreiben dürfe. Durch die
hier aufgetauchten Bedenken wurde der Ausschuß für Rechnungswesen zu einem
Nachtragsbericht veranlaßt, in welchem er seinen früheren Antrag noch eingehender
zu rechtfertigen bestrebt war.**)

In der Sitzung des Bundesrats von 1868 wurde hierauf beschlossen: 1. Daß
vom 1. Juli 1868 ab mit der Einzahlung der Matrikularbeiträge in monat=
lichen Raten an die Bundeskasse mit der Maßgabe fortzufahren ist, daß je nach
Bedarf eine frühere Einziehung der monatlichen Beiträge durch das Präsidium
stattfinden kann; 2. daß die Bundesmilitärverwaltung in den letzten sechs
Monaten des Jahres auch während eines einzelnen Quartals Anweisungen auf
die bei den Bundeskassen eingegangenen Zölle und gemeinsamen Verbrauchs=
steuern erlassen kann; 3. daß im übrigen die Beschlußfassung über den Vor=
schlag auszusetzen sei, da die Höhe des Ausfalls noch nicht genügend zu über=
sehen und in nächster Zeit eine Verlegenheit für die Bundeskasse nicht zu
befürchten ist.

---

*) Auch das Nähere hierüber s. in der „National=Zeitung" Nr. 325 vom 15. Juli
1868; vgl. auch die Nr. 318 vom 10. Juli 1868, Nr. 323 vom 14. Juli 1868 (Aeuße=
rungen der „Norddeutschen Allgemeinen Zeitung" und der B. A. C.), Nr. 339 vom 23. Juli
1868 (Besprechung eines einschlägigen Artikels der „Provinzial=Correspondenz").

**) Vgl. d. Artikel: Der Nachtragsbericht des Bundesratsausschusses über das Defizit,
in der „National=Zeitung" Nr. 341 vom 24. Juli 1868.

Thatsächlich wurde also das Präsidium des Bundes mit seinem Antrage im Stich gelassen. Indem sich die einzelnen Regierungen zu Vorschüssen verstanden, wollten sie der förmlichen Ausschreibung neuer Matrikularbeiträge entgehen. Sie gaben auf Grund einer einfachen Quittung einen Teil ihrer Schuld im voraus, aber sie anerkannten nicht das Recht des Präsidiums, sie zur Alimentirung des Bundes nach Gutbefinden des Präsidiums zu verpflichten. Sie wollten nur so viel zahlen, als im Bundesetat vorgesehen war, und erwarteten bezüglich einer etwaigen Erhöhung der Matrikularbeiträge für das nächste Jahr die Entscheidung des Reichstags.*)

Wie die Bundeskasse sich geholfen hat, ist nicht bekannt, wahrscheinlich aber durch die bekannte freundliche Vermittlung des preußischen Finanzministers. In dem zweiten Teile der Session des Bundesrats ist kein Versuch gemacht worden, die im Juli ausgesetzte Beschlußfassung herbeizuführen. Dagegen brachte Bismarck im November 1868 anstatt des für das Jahr 1868 beliebten vorläufigen Verfahrens zur Deckung der Bundesausgaben für das Jahr 1869 ein anderes wirksameres in Vorschlag, durch welches gleichsam zur Strafe für die Ablehnung des Antrages vom 6. Juni 1868 den Kassen, namentlich der kleineren, finanziell weniger gut dotirten Bundesstaaten, noch größere Lasten auferlegt wurden, nämlich daß nicht quartaliter, wie bisher, sondern monatlich die Zoll- und Steuererträge abgeliefert werden müssen, und zwar nicht nur die eingegangenen Zölle und gemeinsamen Verbrauchssteuern, sondern die in dem betreffenden Monat fällig werdenden. Es war vergebens, daß die Minorität des Ausschusses für Justizwesen diesen Modus, die Last der Steuerkredite von der Bundeskasse auf die Landeskassen abzuwerfen, lebhaft bekämpfte. Der Majoritätsantrag wurde in der Sitzung vom 19. Dezember 1868 mit Stimmenmehrheit angenommen. Es wurde beschlossen, daß diejenigen Staaten, welche ihr Kontingent selbst verwalten, die zu leistenden Militärausgaben zunächst auf die von ihren Kassen vereinnahmten Zoll- und Steuererträge anweisen und in Anrechnung bringen sollten, daß dagegen diejenigen Staaten, die ihr Kontingent nicht selbst verwalten (nämlich: Sachsen-Weimar, Oldenburg, Braunschweig, Sachsen-Meiningen, Sachsen-Altenburg, Sachsen-Coburg-Gotha, Anhalt, beide Schwarzburg, Reuß jüngerer Linie, Lauenburg, Lübeck, Bremen und Hamburg), die in ihren Kassen fällig werdenden Zölle und gemeinschaftlichen Verbrauchssteuern nach Abrechnung der anrechnungsfähigen Verwaltungskosten u. s. w. monatlich postnumerando an die Zahlungsstellen derjenigen Armeecorps abliefern, zu denen ihr Kontingent gehört, daß ferner die Bundesmilitärverwaltung auch im Laufe jeden Monats Anweisungen auf die bei den Landeskassen dieser Staaten

---

*) Vgl. über den Beschluß des Bundesrats noch die „National-Zeitung" Nr. 362 vom 5. August 1868, Nr. 368 vom 8. August 1868 und Nr. 372 vom 11. August 1868, Nr. 380 vom 15. August 1868 und die „Norddeutsche Allgemeine Zeitung" Nr. 187 vom 12. August 1868, Nr. 190 vom 15. August 1868.

eingegangenen Zölle und Steuern erlassen könne. Diejenigen Bundesstaaten, welche Aversen entrichten, sollten dieselben ebenfalls monatlich postnumerando in Raten von je einem Zwölftel des Jahresbeitrages auszahlen.

Ein formeller Beschluß über den Modus der Einzahlung der Matrikular=beiträge für 1869 scheint nicht erfolgt zu sein. Dagegen hat der Bundesrat in der Sitzung vom 20. Dezember 1868 beschlossen, daß zum Zwecke der im Art. 60 der Verfassung auf ein Prozent der Bevölkerung von 1867 angeord=neten Normirung der Friedenspräsenzstärke des Bundesheeres bis zum 31. De=zember 1871, die durch Zählung vom 3. Dezember 1867 ermittelte Zoll=abrechnungsbevölkerung des Norddeutschen Bundes zur Endsumme von 29 970 478 Seelen als maßgebend angenommen und die Verteilung des hiernach gefundenen Gesamtkontingentes auf die einzelnen Bundesstaaten nach Verhältnis der durch die Volkszählung*) ermittelten Zahlen der Angehörigen des Norddeutschen Bundes überhaupt, unter Absetzung der Militärbevölkerung bewirkt werde, daß ferner bei Verteilung der Matrikularbeiträge die ortsanwesende Bevölkerung zu Grunde zu legen sei. Die definitive Verteilung der Matrikularbeiträge war bekanntlich im Bundeshaushaltsgesetz für 1869 nach den Resultaten der Volkszählung vom 3. Dezember 1867 vorbehalten worden.

Die Verwaltung der nach Maßgabe des Gesetzes vom 9. November 1867 aufzunehmenden Bundesanleihe zum Zwecke der Erweiterung der Bundeskriegsmarine und der Herstellung der Küstenverteidigung beantragte Bismarck bis zum Erlaß eines definitiven Gesetzes über die Bundesschuldenverwaltung der preußischen Hauptverwaltung der Staatsschulden zu übertragen, womit sich der Bundesrat einverstanden erklärte. Gesetz vom 19. Juni 1868 (B.=G.=Bl. S. 339).

Im März 1868 legte Bismarck den Gesetzentwurf, betreffend die Ver=waltung des Schuldenwesens, aufs neue dem Bundesrat vor.**) Im ver=gangenen Jahre wurden vom Reichstag zwei Amendements in das Gesetz eingeschoben, von welchen das eine die zivilrechtliche Verantwortlichkeit der in der Verwaltung des Bundesschuldenwesens angestellten Beamten dem Reichstag gegenüber statuirte und das andere bestimmte, daß zur Konvertirung einer Bundesanleihe die Zustimmung des Reichstags erforderlich sei. Von diesen beiden Amendements hatte die jetzige Vorlage nur das letztere adoptirt und das erstere gestrichen. Der Bundesrat nahm den Gesetzentwurf in der von dem VII. Ausschuß (Referent Hofmann) vorgeschlagenen Fassung an. Nachdem im Reichstag das

---

*) Eine auf die Volkszählung berechnete Vorlage legte Bismarck dem Bundesrat im Juni 1868 zur Beschlußfassung vor. Vgl. die „Norddeutsche Allgemeine Zeitung" Nr. 299 vom 20. Dezember 1868 und Nr. 22 von 27. Januar 1869.

**) Eine Kritik des neuen Gesetzentwurfs und der Haltung Bismarcks demselben gegen=über findet man in einem Artikel der „National-Zeitung" Nr. 187 vom 22. April 1868, betitelt: Der Gesetzentwurf wegen der Bundesschuldenverwaltung.

Amendement des Abgeordneten Miquel mit einer Majorität von 17 Stimmen wieder angenommen worden war, zog Bismarck die Vorlage zurück und schlug dem Bundesrat (Mai oder Anfangs Juni 1868) vor, die Kontrole über den Bundeshaushalt für die Jahre 1867, 1868 und 1869 der preußischen Oberrechnungskammer unter der Benennung „Rechnungshof des Norddeutschen Bundes" zu übertragen, woraus sich das Gesetz vom 4. Juli 1868, betreffend die Kontrole des Bundeshaushalts für das Jahr 1867 (B.=G.=Bl. S. 433) entwickelte.*)

Zum Schlusse ist noch der von Bismarck dem Bundesrat im März 1868 unterbreitete Entwurf, betreffend die anteilige Uebernahme einer Garantie des Norddeutschen Bundes für eine Anleihe zur Herstellung der Fahrbarkeit der Donaumündungen, Gesetz vom 11. Juni 1868 (B.=G.=Bl. S. 33) zu erwähnen.

12. Sonstige Beschlußfassung des Bundesrats.

Nachdem der Bevollmächtigte der mecklenburg=schwerinschen Regierung bei dem Bundesrat die Berufung einer Kommission von Aerzten und Apothekern zur Bearbeitung einer gemeinsamen Pharmakopöe beantragt hatte, beschloß der Bundesrat am 19. Dezember 1868 die Berufung einer solchen Kommission. Gleichzeitig ersuchte er den Bundeskanzler, die Regierungen von Preußen, Sachsen und Mecklenburg=Schwerin zur Benennung der ihrerseits zur Bildung dieser Kommission abzuordnenden Persönlichkeiten aufzufordern.**)

In der abgelaufenen Sitzung hatte der Reichstag an den Bundeskanzler das Ersuchen gerichtet, geeignete Maßregeln zur Hebung der Austern=

---

*) Der nächste Schritt bestand darin, diese Kontrolbehörde in Wirksamkeit treten zu lassen und ihre Funktionen zu regeln. Damit in Anbetracht der nächsten Reichstags=Session die Feststellung der Rechnungen für das Jahr 1867 noch bis Ende März 1869 erfolgen konnte, war eine Beschlußnahme des Bundesrats über die Fundirung und Einrichtung des Rechnungshofs erforderlich. Demgemäß legte der Kanzler im Dezember 1868 dem Bundesrat den Entwurf eines Etats für denselben für das Jahr 1869 vor.

**) Vgl. hierüber die „Norddeutsche Allgemeine Zeitung" Nr. 290 vom 10. Dezember 1868 und Nr. 237 vom 10. Oktober 1869 und die „National=Zeitung Nr. 473 vom 10. Oktober 1869. Auf eine dem Bundesrat wiederholt eingereichte Eingabe wegen Einführung der Pharmakopöe Deutschlands ist unterm 26. Dezember 1868 folgender Bescheid des Bundeskanzler=Amts ergangen: „Auf die gefällige Zuschrift vom 16. d. Mts. (Dezember), betreffend die Einführung der ‚Pharmacopoea Germaniae' in den Staaten des Norddeutschen Bundes, wird dem Direktorium des Apothekervereins in Norddeutschland ergebenst mitgeteilt, daß der Bundesrat des Norddeutschen Bundes in seiner Sitzung vom 15. d. Mts. (Dezember 1868) beschlossen hat, eine Kommission von Aerzten und Apothekern behufs Bearbeitung einer Pharmakopöe für den Norddeutschen Bund zu berufen und die Regierungen von Sachsen, Preußen, Mecklenburg=Schwerin um Bezeichnung der zur Bildung dieser Kommission abzuordnenden Persönlichkeiten zu ersuchen. Die vorerwähnte gefällige Zuschrift wird dieser Kommission alsbald nach ihrem Zusammentreten zur Erwägung vorgelegt werden." Auch dieser Bescheid ist in Kohls Bismarck=Regesten nachzutragen.

fischerei und Konservirung der Austernbänke zu ergreifen. Infolge
dessen wurden die Regierungen der zunächst beteiligten Staaten: Preußen,
Oldenburg und Hamburg, veranlaßt, sich gutachtlich über diese Angelegenheit
zu äußern. Es wird auf diese Angelegenheit in der nächsten Session zurück=
zukommen sein.*)

Nachdem der Rostocker Rat seine im Vorjahr abgewiesene Beschwerde
wegen Hemmung der Rechtspflege**) von neuem zu begründen versucht
hatte, gab der Bundesrat demselben einen Weg an die Hand, wie er das
Tempus praeteritum in dieser Sache zu einem Tempus praesens machen
könne. Dieser letztere Bescheid des Bundesrats***) lautet:

„Berlin, 12. April 1868. Auf die erneuerte Vorstellung des Magistrats
vom 2. Februar d. J., betreffend die angebliche Hemmung der Rechtspflege in
der Untersuchungssache wider den Dr. Kippe und Genossen, hat der Bundesrat
in seiner Sitzung vom 31. März d. J. beschlossen, daß es bei dem, dem
Magistrat unter dem 14. Dezember pr. mitgeteilten Beschlusse vom 10. des=
selben Monats um so mehr bewenden müsse, als der Magistrat in der Lage
sei, durch geeignete Anträge bei der Landesregierung das nach der früheren
Bescheidung der sachlichen Prüfung der Beschwerde entgegenstehende Hindernis
zu beseitigen.

Das Bundeskanzler=Amt.
Delbrück.

An den Magistrat zu Rostock."

Infolge dieser Andeutung forderte nun der Rat zu Rostock die Regierung
von neuem auf, durch Bestellung eines Prokurators ihm den Rechtsweg in
dieser Sache zu eröffnen. Da aber die Regierung darauf hinwies, daß nach
Maßgabe der landesherrlichen Verträge mit der Stadt Rostock dem Rechtswege
ein Versuch der gütlichen Ausgleichung vorangehen müsse, und daran die Auf=
forderung knüpfte, Deputirte zu diesem Zwecke zu bestellen, so ging der Rat
auch hierauf ein und zeigte der Regierung an, daß er zu Deputirten für diese
Verhandlung den Bürgermeister Dr. Zastrow und den Syndikus Meyer erwählt
habe. Der Justizminister Dr. Buchka, welcher die Verhandlung leitete, machte
den Vorschlag, daß das Vergangene auf sich beruhen bleiben möge, daß da=
gegen die Regierung sich verpflichten wolle, von ihrem Recht der Kassation
polizeirichterlicher Erkenntnisse des Rats der Stadt Rostock keinen Gebrauch zu

---

*) Nach der „Norddeutschen Allgemeinen Zeitung" (Nr. 274 vom 21. November 1868)
forderte der Bundeskanzler die Regierungen des Norddeutschen Bundes auf, sich darüber
zu äußern, ob nach ihrer Ansicht ein Bedürfnis für Fischereiverträge mit aus=
wärtigen Staaten vorliege.

**) Vgl. oben S. 130.

***) In Kohls Bismarck=Regesten nicht erwähnt.

machen. Die Rostocker Deputirten erkannten das behauptete Kassationsrecht überhaupt nicht an und verlangten, daß entweder das landesherrliche Kassationsreskript zurückgenommen oder ihnen der Rechtsweg zur Erwirkung der Zurücknahme eröffnet werde. Da beides wiederum von dem Justizminister abgelehnt wurde, so stand eine neue Beschwerde des Rats der Stadt Rostock wegen gehemmter Rechtspflege bei dem Bundesrat in Aussicht.

Dem Advokaten Kindler zu Schönberg wurde auf seinen Vortrag an den Bundesrat wegen Einführung einer Verfassung in dem Fürstentum Ratzeburg der nachstehende Bescheid*) erteilt:

„Berlin, 5. Mai 1868. Auf Eure pp. Vorstellung vom 27. Mai d. J., in welcher Sie den Antrag stellen, der Bundesrat wolle die großherzogliche Landesregierung zu Neustrelitz in geeigneter Weise veranlassen, dem Fürstentum Ratzeburg eine Volksvertretung und eine den Verhältnissen angemessene Verfassung zu gewähren, hat der Bundesrat in seiner Sitzung vom 29. v. Mts. beschlossen, daß nach der von dem Bevollmächtigten der großherzoglich mecklenburgischen Regierung abgegebenen Erklärung, dieselbe sei nach wie vor bereit, eine Landesvertretung in dem Fürstentum Ratzeburg einzuführen, zu welchem Ende bereits die nötigen Einladungen getroffen seien, welche jedoch bei der Kürze der Zeit und bei der Wichtigkeit des Gegenstandes noch nicht haben zum Abschluß gebracht werden können, kein Grund vorliege, auf die Petition näher einzugehen.

Das Bundeskanzler-Amt.
Delbrück.

Wenn man heutzutage zusammenzählen sollte, was das Reich seit seiner Entstehung für die Künste und Wissenschaften geleistet hat, so würde die Summe eine verhältnismäßig niedere sein; dies hängt damit zusammen, daß die dem Reiche zugewiesenen Aufgaben seine Kräfte vollständig in Anspruch nahmen; die Pflege der Künste und Wissenschaften war und blieb Sache der einzelnen Bundesregierungen, und das Reich trat nur ausnahmsweise ein, wo es sich um Institutionen handelte, die sozusagen ganz Deutschland angehörten und die finanziellen Kräfte der Einzelstaaten überschritten. Dahin gehört in erster Linie das Germanische Museum in Nürnberg, dessen Antrag auf Bewilligung einer Unterstützung Bismarck im März 1868 dem Bundesrat unterbreitete. In der Sitzung vom 3. Juli 1868 beschloß der Bundesrat, die preußische Regierung zu ersuchen, durch geeignete Sachverständige eine Ermittlung über den Wert der Leistungen und Bestrebungen des Germanischen Museums zu veranstalten und das Ergebnis demnächst dem Bundesrat mitzuteilen.

Infolge dessen wurden zunächst die Beiträge zusammengestellt, welche von

---

*) In Kohls Bismarck-Regesten nicht erwähnt.

den Bundesregierungen für die Zwecke des Germanischen Museums in Nürnberg gezahlt wurden. Diese Beiträge beliefen sich auf 1580 Thaler 21 Sgr. 9 Pf. jährlich. Davon kamen 955 Thaler auf Preußen. Zugleich mit der erwähnten Zusammenstellung wurde von dem Kanzler dem Bundesrat der Bericht mitgeteilt, den der Professor Dr. Haupt als Sekretär der Akademie der Wissenschaften über den Zustand und die Leistungen des Germanischen Museums an den Unterrichtsminister erstattet hatte. In dem Berichte war unter anderem hervorgehoben: das Museum habe namentlich durch seine Reorganisation eine wesentlich verbesserte Einrichtung erfahren und verdiene in erhöhtem Grade die Unterstützung der Regierungen.

Auf den Bericht des Ausschusses für Rechnungswesen beschloß der Bundesrat: 1. sich dahin zu verständigen, daß dem Germanischen Museum in Nürnberg eine jährliche Unterstützung aus Bundesmitteln vom 1. Januar 1870 ab bis auf weiteres gewährt und daß zu diesem Zwecke der Betrag von 6000 Thalern in den Bundeshaushaltsetat für 1870 aufgenommen werde; 2. diese Bewilligung an die Voraussetzung zu knüpfen, daß a) ein im Sinne des Berichts des Professors Dr. Haupt abgeänderter Plan dem Unternehmen fortan zu Grunde gelegt und b) für die Zeit der Unterstützung aus Bundesmitteln ein etwaiger Anspruch auf Fortentrichtung der von einzelnen Regierungen der norddeutschen Bundesstaaten bisher gezahlten Beträge von dem Germanischen Museum nicht erhoben wird.

Ein weiterer Antrag Bismarcks (März 1868) an den Bundesrat betraf die Förderung des Grimmschen Wörterbuchs. Auf das Referat des Dr. Curtius wurde beschlossen, die Bundesregierungen zu ersuchen: 1. die Fortsetzung und Vollendung des Grimmschen deutschen Wörterbuchs, als eines bedeutsamen nationalen Unternehmens, teils mit Geldmitteln (gemäß den Anträgen der germanistischen Sektion der deutschen Philologenversammlung), teils und insbesondere dadurch zu unterstützen, daß den zur Fortsetzung und Vollendung des Werkes berufenen Gelehrten solche Stellungen zu teil werden, welche nicht allein ihre notwendigen Bedürfnisse decken, sondern auch genügende Muße zu rascher Förderung des Werks gewähren; 2. dem Bundeskanzler-Amt ihre entsprechenden Entschließungen mitzuteilen.*)

Endlich erklärten sich die Bevollmächtigten zum Bundesrat bereit, die von der deutsch-österreichischen Gesellschaft auf 16 000 Thaler berechneten Kosten einer Expedition zur Beobachtung der am 18. August 1868 eintretenden Sonnenfinsternis nach dem Matrikularsatze zusammenzuschießen.

Von dem Vorstande des evangelischen deutschen Wohlthätigkeitsvereins in Konstantinopel war bei dem Norddeutschen Bunde um die Gewährung eines

---

*) Wegen des Ausschußantrages vgl. die „Norddeutsche Allgemeine Zeitung" Nr. 150 vom 30. Juni 1868.

Darlehens von 30000 Thalern aus Bundesmitteln für das dortige evangelische Hospital zur Ausführung von notwendig gewordenen Neubauten ersucht worden. Der Bundeskanzler befürwortete die Gewährung dieses Gesuchs, unter Hinweis auf die zwanzigjährige nützliche Wirksamkeit jenes Hospitals, welches hilfsbedürftigen Deutschen, ohne Rücksicht auf die Konfession, die Verpflegungskosten ganz oder teilweise erließ, bei dem Bundesrat für den Fall, daß die andere Hälfte der für die beabsichtigten Neubauten veranschlagten Kostensumme von 60000 Thalern anderweitig gedeckt werde.

Rückblick.

Faßt man die Ergebnisse der Session kurz zusammen, so kommt man zu folgendem Resultate. Der Geist der Eintracht und des Entgegenkommens, der unter den Bevollmächtigten zum Bundesrat waltete, und der auf der gemeinsamen Hingebung der Bundesregierungen an die Sache Deutschlands beruhte, zeitigte auch in der zweiten Session des Norddeutschen Bundes erfreuliche Resultate. Es kamen Gesetze zu stande über die Eheschließung, das Gewerbewesen (Notgewerbegesetz), die Maaß- und Gewichtsordnung, die gewerbrechtliche Stellung der Erwerbs- und Wirtschaftsgenossenschaften, die Aufhebung der Schuldhaft, die Aufhebung der Spielbanken, die Unterstützung der Familien der zum Dienste einberufenen Mannschaften der Ersatzreserve, die Quatierleistung für die bewaffnete Macht. Es wurde vorbereitet die Gesetzgebung über das Patentwesen, die Rechtshilfe, Haftpflicht, Strafgesetzbuch und Strafprozeßordnung, die Beseitigung der Doppelbesteuerung und die Flußzölle.

Auf administrativem Gebiete lagen eine wirksamere Gestaltung des Schutzes der Auswanderer, eine Enquete über das Hypothekenwesen, die Sicherung der Eisenbahnen für militärische Zwecke, die Ausbildung der Bundeskonsulate, die Schaffung einer Bundesschulkommission, die Ausdehnung der militärischen Freizügigkeit auf Baden, Maßnahmen zur Sicherung des Privateigentums im Seekriege. Die Benutzung der Post und Telegraphen wurde durch Verträge des Norddeutschen Bundes mit den süddeutschen und fremden Staaten erweitert.

Keine Einigung kam im Bundesrat zu stande über die Anträge von Bayern, Württemberg, Baden und Hessen in Betreff der Herstellung eines Verhältnisses gegenseitiger Freizügigkeit mit dem Norddeutschen Bund.

Ein Antrag des Bundeskanzlers wegen Erhöhung der Matrikularbeiträge wurde im Bundesrat in der mildesten Form abgelehnt. Hiervon abgesehen folgte aber der Bundesrat den von dem Präsidium ausgehenden Anregungen auf der ganzen Linie. Bismarck selbst legte aber auch große Mäßigung an den Tag und zeigte sich frei von allen partikularistischen Anwandlungen, hoch und unparteiisch über dem Ganzen stehend und nur das Beste des Vaterlands mit seinem weiten Blick verfolgend. Seinen bundesfreundlichen Standpunkt bethätigte er

insbesondere auch bei Gelegenheit der Streitfrage zwischen Preußen und Olden=
burg über die der Venlo=Hamburger Eisenbahn zu gebenden Richtung. Daß
Bismarck diese Streitfrage, ohne daß er es nötig hatte, dem Bundesrat unter=
breitete, wurde ihm von den weniger mächtigen Staaten hoch angerechnet.

Anerkennung verdiente die Unterstützung des Präsidiums in der Ausbildung
der gemeinsamen Bundesinstitutionen durch die übrigen Bundesstaaten. Am
bedeutsamsten war der Antrag des Königreichs Sachsen auf Erlaß eines Bundes=
gesetzes zum Schutze des Urheberrechts an literarischen Erzeugnissen in Werken
der Kunst, welcher noch in diesem Jahre zur Aufstellung eines preußischen
Gesetzentwurfs, betreffend das Urheberrecht an Werken der Literatur und der
Kunst, an geographischen, naturwissenschaftlichen, architektonischen und ähnlichen
Abbildungen sowie an photographischen Aufnahmen, führte. Großherzogtum
Sachsen beantragte Maßregeln zum Schutze der Rinderpest, Mecklenburg=Schwerin
die Ausarbeitung einer Pharmakopöe für den Norddeutschen Bund, Coburg=
Gotha die gesetzliche Regelung des gesamten Versicherungswesens, Bremen den Er=
laß eines Bundesgesetzes wegen gegenseitiger Auslieferung von Verbrechern zwischen
den Bundesstaaten, Hamburg den Erlaß einer allgemeinen Strandungsordnung.

Zu einem Konflikte zwischen Bundesrat und Reichstag spitzte sich die
Frage wegen gesetzlicher Regelung der Verwaltung des Schuldenwesens
des Norddeutschen Bundes zu. Der Reichstag folgte in dieser Sache lieber
Miquel als Bismarck, worauf der letztere den mit einem ihm unannehmbaren
Amendement bepackten Gesetzentwurf zurückzog.

Auch bezüglich des Bundesbeamtengesetzes vermochten sich Bundesrat und
Reichstag nicht zu einigen. Der Reichstag hatte beschlossen, die den preußischen
Staatsbeamten zustehenden Befreiungen und Begünstigungen bei der Heran=
ziehung zu den Gemeindeabgaben den Bundesbeamten zu versagen. Daraufhin
beschloß der Bundesrat, dem so amendirten Gesetze seine Zustimmung nicht zu
erteilen. Bismarck legte persönlich den höchsten Wert darauf, daß das gedachte
Privilegium auch den Bundesbeamten bewilligt werde.

Vom Bundesrat abgelehnt wurde mit Einstimmigkeit das vom Reichstag
beschlossene Gesetz, betreffend die Nichtverfolgung von Mitgliedern der Kammer=
und Ständeversammlungen.

Die dritte Session des Bundesrats.
(15. Februar bis 18. Dezember 1869.)

I. Abschnitt.
Veränderungen im Bestande des Bundesrats.

Die dritte Session des Bundesrats währte vom 15. Februar*) bis 18. Dezember 1869.

Es fanden im ganzen 33 Sitzungen des Bundesrats statt.**) Von diesen präsidirte Bismarck am 15. Februar, 8., 12., 13., 20. März, 2., 5., 6., 13., 17., 26. April, 1., 11. und 24. Mai.***)

Nachdem Bismarck auch im vorhergehenden Herbst von seinem Urlaube ohne die gehoffte gänzliche Wiederherstellung zu den Staatsgeschäften zurückgekehrt war, wurde seine Kraft im Winter 1868 und Frühjahr 1869 durch die unausgesetzten Arbeiten und Anstrengungen der aufeinanderfolgenden parlamentarischen Sessionen aufs neue erheblich in Anspruch genommen. Um einer ernstlicheren Gefährdung seiner Gesundheit vorzubeugen, ließ er sich durch königlichen Erlaß vom 30. Juni 1869 von den Geschäften als Ministerpräsident entbinden.***) Die Leitung der Bundesangelegenheiten gab

---

*) Einberufungsorbre vom 29. Januar 1869, von Bismarck, gegengezeichnet im B.-G.-Bl. S. 41.

**) Berichte über die Plenarsitzungen des Bundesrats findet man in der „Norddeutschen Allgemeinen Zeitung", Jahrgang 1869, Nr. 40, 46, 52, 54, 58, 62, 63, 66, 69, 78, 80, 87, 91, 93, 95, 97, 102, 105, 111, 119, 122, 125, 129, 134, 136, 138, 139, 147, 154, 155, 226, 287, 290, 293, 298, 300.

***) Die Zusammensetzung der Ausschüsse des Bundesrats findet man in der „Norddeutschen Allgemeinen Zeitung" Nr. 40 vom 17. Februar 1869, Nr. 42 vom 19. Februar 1869 und Nr. 45 vom 23. Februar 1869.

†) Im Gegensatze zu manchen Preßstimmen schien Bismarck seinen Urlaub strikter aufzufassen, wenigstens brachte die „Norddeutsche Allgemeine Zeitung" folgende Notiz: Wir haben wiederholt darauf hingewiesen, daß der sehr positive und dringende Grund für die längere Beurlaubung des Grafen Bismarck in der That die Sorge für seine Gesundheit ist. Es wird nun dieser Grund immer wieder verdunkelt, indem man behauptet, daß

Bismarck aber nach dem Wortlaut des Erlasses nicht aus den Händen, vielleicht weil verfassungsmäßig Schwierigkeiten bestanden, sich in der Eigenschaft als Bundeskanzler einen vollen Stellvertreter zu bestellen; thatsächlich trat als solcher immer mehr der Präsident des Bundeskanzler=Amts Delbrück in den Vordergrund, welcher überdies ermächtigt wurde, an den Beratungen des Staats=ministeriums teilzunehmen. Die Versuche, die Ernennung Delbrücks zum preußischen Staatsminister als einen Akt ohne politische Bedeutung darzustellen,*) trafen das Richtige nicht.

Das vorübergehende Zurücktreten Bismarcks von den Geschäften**) äußerte

der Gesundheit wegen nicht die ausdrückliche und feierliche Entbindung von den Geschäften, sondern nur ein gewöhnlicher Urlaub nötig gewesen wäre. Dies beruht aber auf einer Verkennung der Verhältnisse. Um dem Grafen Bismarck volle Ruhe zu gewähren, war es nötig, ihm jede Sorge und Verantwortung für die nächsten Entschließungen der Regierung abzunehmen. So lange dies nicht geschah, hielt er selbst und hielten alle seine Kollegen sich verpflichtet, bei allen wichtigen Schritten seine Meinung einzuholen. Das hatte z. B. im vorigen Jahre zur Folge, daß über die Frage der Deckung des Defizits nicht bloß die lebhafteste Korrespondenz nach Varzin, sondern mehrere besondere Sendungen dahin stattgefunden haben. Es liegt auf der Hand, daß jetzt, wo es gilt, bis zum Oktober die erheblichsten Entscheidungen nicht bloß in den Finanzangelegenheiten, sondern auch auf anderem Gebiet vorzubereiten, von einer Erholung für den Grafen Bismarck nicht die Rede sein könnte, wenn er bei allen diesen Fragen zur Mitentscheidung herangezogen werden sollte. Dies ist der wirkliche und bestimmte Grund für die ausdrückliche Entbindung des Grafen Bismarck von den Geschäften als Ministerpräsident. Derselbe mußte ausgesprochen werden.

*) Nach dieser Version wurde Delbrück „Titularminister", weil äußere Unzuträglichkeiten beseitigt werden sollten. Der Umstand, daß die Herren v. Roon und Camphausen gleichfalls Mitglieder des Bundesrats waren, die sich füglich nicht unter den Vorsitz eines preußischen Geheimen Rats stellen konnten, sollte Delbrücks Ernennung zum Minister veranlaßt haben.

**) Dem Aufsehen, welches die Beurlaubung des Grafen Bismarck gemacht hatte, trat man von anscheinend offiziöser Seite beschwichtigend entgegen. So wurde der „Magdeburger Zeitung" von Berlin unterm 10. Juli geschrieben: Die Fernhaltung Bismarcks von den Präsidialgeschäften des preußischen Ministeriums ist vielfach und, wie wir hören, irrtümlich so aufgefaßt worden, als ob während des Urlaubs des Ministerpräsidenten das Ministerium durchaus selbständig und ganz ohne Bismarcks Absichten zu berücksichtigen, seine Entscheidungen treffen werde. Das ist falsch. Treten irgend wichtige Fragen auf, die ihre Abwicklung rasch erfahren müssen, so werden jederzeit Rückfragen nach Varzin erfolgen, um die Harmonie innerhalb des Ministeriums bestehen zu lassen. Es wird dies für unerläßlich angesehen, da Bismarcks Wiedereintritt in das preußische Ministerium, wenn auch noch so spät, jedenfalls erfolgen wird. Die Nichtbeobachtung dieses Verfahrens würde zu Mißverhältnissen führen, die schließlich nur durch eine gänzliche Mobilisation des Kabinetts beseitigt werden könnten. Es findet ferner eine fortlaufende Korrespondenz zwischen Varzin und dem Kabinet des Königs statt. So erfolgen beispielsweise keinerlei Neubesetzungen hoher Posten, ohne daß zuvor der Bundeskanzler um Vorschläge resp. um Gutheißung der ihm namhaft gemachten Kandidaten angegangen worden wäre. Kurz, Bismarck hat trotz seines Urlaubs von den Präsidialgeschäften des Staatsministeriums

sich äußerlich darin, daß derselbe in der ganzen zweiten Hälfte der Bundes=
ratssession 1869 daselbst nicht mehr erschien; er reiste bereits am 1. Juli
1869 nach Varzin ab, woselbst er sich bis Anfang Dezember ununterbrochen
aufhielt. Der volle Eintritt Bismarcks in die Geschäfte erfolgte erst mit dem
Anfang des Jahres 1870.

Als neue Bevollmächtigte zum Bundesrat wurden ernannt*) resp. traten
in denselben ein:

Für Preußen der Kriegsminister v. Roon, welcher bisher keine Stelle
im Bundesorganismus eingenommen hatte, der Finanzminister Camphausen und
der Geh. Ober=Finanzrat Hasselbach.

Für Sachsen der Justizrat Klemm, an Stelle des Geh. Finanzrats
v. Thümmel.

Als Protokollführer trat an L. Buchers Stelle der Geh. Ober=Regierungs=
rat Eck.

Ueber die neuen Mitglieder des Bundesrats ist folgendes zu bemerken.

1. Preußen.

Kriegsminister Graf v. Roon

(geboren 30. April 1803, gestorben 23. Februar 1879).

In Betreff dieses Staatsmannes und seines Verhältnisses zu Bismarck
darf auf die im Jahre 1892 erschienenen „Denkwürdigkeiten" Roons ver=
wiesen werden, worin eine große Zahl bis dahin unbekannter, politisch hoch=
interessanter Korrespondenzen zwischen den beiden Staatsmännern veröffentlicht
worden ist; dazu sind in neuester Zeit noch die Veröffentlichungen im Bismarck=
Jahrbuch gekommen. Roon war während der Konfliktsperiode die stärkste Säule
des Ministeriums Bismarck, mit diesem auch mehr befreundet als irgend einer
seiner Kollegen. Er nannte ihn einmal, als beide noch in demselben Ministerium
saßen, „einen Freund von frühester Jugend her" und setzte hinzu: „Zwischen
uns ist volle Offenheit und gegenseitiges Vertrauen."**) Indessen blieben auch
Roon gewisse amtliche Reibungen mit Bismarck nicht erspart,***) obwohl er doch
denselben für unentbehrlich hielt und obwohl eine „von Jugendheimweh getragene

---

nach keiner Seite hin auf die Geltendmachung seines Einflusses verzichtet. Es werden ihm
bloß auf seinen eigenen Wunsch alle rein formalen Sachen vorenthalten. In den meisten
Fällen nimmt er von den laufenden Geschäften des Bundeskanzler=Amts auch nur in mehr
summarischer Weise Kenntnis. — Der zurückgebliebene Teil des preußischen Ministeriums
schien sich dem eingetretenen Provisorium gegenüber nicht gerade behaglich zu fühlen, und
so wurde seine Bedeutung so viel als möglich abgeschwächt.

*) Zu vgl. die Bekanntmachungen Bismarcks vom 8. Mai 1869, B.=G.=Bl. S. 132,
Delbrücks vom 5. August 1869, B.=G.=Bl. S. 632, 18. November 1869, B.=G.=Bl. S. 683
**) Abgeordnetenhausrede Bismarcks vom 25. Januar 1873.
***) Roon Bd. II. S. 350, 351 und 430.

Freundschaft" beide Männer verband. Roon war eben auch kein „leicht zu nehmender Charakter".*) Nach der Versicherung von Hermann Wagener — der unter beiden diente — soll die Freundschaft mehr den Charakter einer „Pferdefreundschaft" gehabt haben, welche dadurch bedingt wird, daß beide an demselben Joche ziehen und in demselben Stalle stehen.

Eine der Differenzen, die zwischen Bismarck und Roon schwebten, betraf die Stellung des ersteren in seiner Eigenschaft als Bundeskanzler zu dem Militärressort. In diesem Punkte war Roon so entschieden, daß er es äußersten Falles sogar auf einen Bruch mit Bismarck ankommen lassen wollte.**) Die Frage wurde am 16. Juni 1868 zu Roons Zufriedenheit geregelt, indem er zum Stellvertreter des Kanzlers in allen Heeres- und Marineangelegenheiten ernannt wurde.

Vom April 1872 ab trat Bismarcks Beteiligung an den preußischen Staatsgeschäften kurze Zeit zurück, seine Gesundheit hielt ihn den größten Teil dieses Jahres von Berlin fern. Im September 1872 sprach Roon vom Kanzler als dem „Eremiten von Varzin", der aber alles selbst machen möchte.

Vom 1. Januar bis 9. November 1873 trat Bismarck das Präsidium des Staatsministeriums an Roon ab. In der Zeit, als Roon Ministerpräsident war, klagte Bismarck dem Abgeordneten Grafen Fred Frankenberg gegenüber, daß seine Arbeitslast statt vermindert, vermehrt werde. „Roon hat keine Routine und Auffassung für diese Thätigkeit und einen furchtbaren Ressortpartikularismus."

Durch Roons Austritt aus dem Ministerium fühlte sich der Kanzler „vereinsamt, unter Ministern (an einer andern Stelle sagt Bismarck ‚unter Larven') die einzig fühlende Brust; der Rest vom Stamm, der bleibt, ist faul." ***)

Finanzminister Camphausen†)
(geboren 21. Oktober 1812, gestorben 18. Mai 1896).

Mit der Ernennung Camphausens zum preußischen Finanzminister (26. Oktober 1869) verschwand die Anomalie, daß dieser letztere im Bundesrat nicht vertreten war.††) Gewiß hatte Camphausen, welcher mit dem Zaubermittel der

---

*) Schreiben Bismarcks an den Staatssekretär v. Bülow vom 21. Dezember 1877.
**) Roon Bd. II. S. 382.
***) Roon Bd. II. S. 606.
†) Camphausen besuchte das Gymnasium in Köln, studirte in Bonn, Heidelberg, München und Berlin Jurisprudenz und Kameralwissenschaften. 1837—1842 Assessor bei der Regierung in Magdeburg, Coblenz und Trier, 1844 Regierungsrat, 1845 vortragender Rat im Finanzministerium, 1849—1852 Mitglied der 2. Kammer, 1850 des Erfurter Volkshauses, 1854 Präsident der Seehandlung, 26. Oktober 1869 Finanzminister.
††) Heydt war nicht Bevollmächtigter zum Bundesrat infolge seiner eigentümlichen Beziehungen zu Bismarck und zu Delbrück. Die Berufung Camphausens in den Bundesrat sollte hauptsächlich dazu beitragen, in allen Finanzangelegenheiten die Auseinandersetzungen zwischen Preußen und dem Norddeutschen Bunde zu erleichtern.

Konsolidirung der preußischen Staatsschuld mit einem Schlage Ordnung in die preußischen Finanzen zu bringen wußte, technisch gut debütirt, indessen zweifelte Roon von Anfang an, ob derselbe auch politisch der übernommenen Rolle gewachsen sei, sowohl Bismarck als dem Staatsministerium gegenüber.*) Für den Anfang enthob ihn der Milliardensegen über alle Sorgen, und die Schwierigkeit lag in Camphausens Augen zu Anfang der siebenziger Jahre weniger darin, wie das Geld zu beschaffen, als darin, „in einer so günstigen Finanzlage den zur Verfügung stehenden reichen Mitteln nach allen Beziehungen die richtige Verwendung zu geben." Sein Programm lautete: Reichliche Dotirung der Ausgabefonds, Gewährung von Steuererleichterungen (jährlich 33 Millionen) und Schuldentilgung.**)

So lange Delbrück noch im Amte war, gab es zwischen Bismarck und Camphausen keine Kontroversen.

In der Frage, ob es sich nicht empfehle, erst mit einem Erlaß der Klassen= steuer und einer Ermäßigung der Salzsteuer vorzugehen, bevor die Stempel= steuer von Zeitungen und Kalendern aufgehoben würde, ordnete Camphausen seine Ansicht der Bismarcks unter. Von da ab traten aber die Meinungs= verschiedenheiten auf der ganzen Linie auf, die uns aber erst in einer späteren Periode näher beschäftigen werden.

Das Verhältnis Camphausens zu Delbrück war ein freundschaftliches;***)

---

*) Roon a. a. O. Bd. II. S. 416.

**) Vgl. den Bericht Camphausens über die Finanzverwaltung in den Jahren 1870, 1871 und 1872.

***) Ein Spaßvogel wußte darüber später einmal folgendes zu berichten: Wenn man die Vornehmheit in Unnahbarkeit setzt, so war der vornehmste Minister entschieden Camphausen. „Ist der Herr Minister zu Hause?" fragte so ein naiver Profaner im Hotel am Kastanien= wäldchen, der bei anderen Ministern schon öfters leichten improvisirten Zutritt gefunden. „Excellenz sind nicht zu sprechen," lautete die Antwort. „Ob wohl Excellenz Zeit haben, dieses Schreiben gleich zu lesen und eine mündliche Antwort darauf zu geben?" — „Excellenz haben keine Zeit." Hätte der Finanzminister Camphausen als Junggeselle eine Liaison gehabt — er hatte keine — und hätte er einmal ein Billetdoux erhalten, er hätte das= selbe, ehe er es las, durch die Kanzlei, die Registratur u. s. w. gehen, rubriziren und mit dem Aktenzeichen versehen und dann sich über den Inhalt von einem Geh. Ober=Finanzrat Vortrag halten lassen. Er las nichts ohne Aktenzeichen. Was das heißen will, das Cölibat eines Ministers, das zeigte das Finanzhotel, als der Garçon Camphausen auszog. Herr Hobrecht fand viel Staub vor. Sein Vorgänger speiste nicht einmal zu Hause. Kochgeschirr und Porzellan wurden in Camphausens Küche nur angerührt bei Gelegenheit jener seltenen, aber berühmt gewordenen Gastmähler im engen Kreise guter politischer Freunde. Berühmt nämlich durch ihren Wein und ihre gediegene Unterhaltung. Wenn Braun=Wiesbaden einmal den Ausruf „diese Sorte ist wunderbar" nicht unterdrücken konnte, so will das etwas sagen. Der Minister erwiderte: „Ich will es nicht in Abrede stellen, daß ich mir eine Ehre daraus mache, wenn ich die Kenner vom Rhein her nicht unbefriedigt lasse. In der That ist dieser Johannisberger etwas Seltenes — von meinem Ministergehalt könnte ich es nicht, nur mein kleines Privatvermögen setzt mich in den

im Dienste ließ sich aber Delbrück davon nichts merken. Er hatte für den älteren Camphausen insbesondere nicht die Courtoisie, daß er ihm auch nur einmal den Vorsitz im Bundesrat übertrug. Erst unter Delbrücks Nachfolger, Hofmann, verlautete einmal in den Zeitungen, daß Camphausen den Vorsitz im Bundesrat geführt habe.

Geheimer Ober=Finanzrat Hasselbach*)
(geboren 1818).

Hasselbach war, als derselbe in den Bundesrat eintrat, ein alter Bekannter Bismarcks. Man kann ihn den Ablatus von dem Trio Delbrück, Pommer=Esche, Philipsborn nennen, das in den sechsziger Jahren die Handelspolitik

Stand . . ." Einer der Herren flüsterte seinem Nachbar zu: Zwei Millionen Thaler. Der Minister setzte seine Rede fort, indem er über die Kärglichkeit der preußischen Ministergehälter sprach, bei denen nicht einmal ein Junggeselle auskäme, geschweige ein Familienvater. „Meine Herren, man stellt sich immer als eine Seligkeit vor, wenn man zum erstenmale mit Excellenz angeredet wird, und doch kostet der erste Tag gleich 6000 Mark — so viel Gold ist an der Minister=Galauniform, und so viel muß man selbst zahlen, wenn man die Uniform von seinem Vorgänger übernimmt, was oft ganz unausführbar ist. Bedenken Sie die Arbeit des Schneiders, als nach Falk Puttkamer kam, nach Kamete Bronsart . . . Ich hoffe, die Herren im Parlamente werden mir keinen Querstrich machen, wenn die königliche Staatsregierung mit einem Antrage auf Erhöhung der Ministergehälter an Sie herantritt." — „Da haben wir den Salat," rief ein Tischgast aus, „daher der wunderbare Johannisberger."

Genug, Herr Camphausen speiste nur ausnahmsweise im Kreise guter Freunde und hervorragender Weinkenner zu Hause. Er nahm sein Diner in dem „Millionär=Klub" in der Jägerstraße an der Seite von Delbrück. Beide teilten sich regelmäßig in eine halbe Flasche Medoc, und auch diese tranken sie oft nicht ganz aus. Das geschah selbst, als der Milliardenregen am dichtesten auf Kastor und Pollux niederprasselte. Nach Tische machten sie regelmäßig zu Fuß eine Promenade durch den Tiergarten, der große Kastor und der kleine Pollux. Wer ihnen da nahe kam, hörte nichts als große Zahlen von mindestens sieben Stellen. Da sprach eines Tages Kastor, der Große, wieder von Richter=Hagen. Pollux hörte nicht darauf, er antwortete zerstreut. Kastor berechnete die Ueberschüsse des nächsten Haushaltsetats. Pollux gab gar keine Antworten mehr. Kastor sprach eben die Zahl aus: 99 900 000 Mark, da hörte er neben sich Pollux leise deklamiren: „Und herrlich in der Jugend Prangen, wie ein Gebild aus Himmelshöhn, sieht er die Jungfrau vor sich stehn . . . ." — „Aber, Delbrück!" — Pollux errötete und gestand seine Liebe sowie seinen Entschluß, sich nächstens zu verheiraten. Kastor schlug die Hände über dem Kopf zusammen. Er dachte an die halbe Flasche im Millionär=Klub, er dachte an die Promenaden im Tiergarten.

*) Hasselbach verließ Ostern 1838 die Universität, machte beim Oberlandesgericht zu Stettin das Auskultator= und das Referendariatsexamen und trat darauf zur Verwaltung über. Nach Absolvirung des Referendariats bei der Regierung zu Gumbinnen 1843 zum Regierungsassessor ernannt und in dieser Eigenschaft der Regierung in Frankfurt zur weiteren Beschäftigung überwiesen. Im März 1843 nach Stettin beurlaubt, dort einige Monate hindurch interimistisch bei der Direktion der Berlin=Stettiner Eisenbahn=Gesellschaft beschäftigt

leitete. Hasselbach trat bei den Handelsvertragsverhandlungen auch selbständig auf, als im Jahre 1864 der Handels- und Zollvertrag mit Oesterreich beraten wurde.*) Zweimal reiste er als Unterhändler in Bismarcks Auftrag nach Prag, um daselbst mit dem österreichischen Sektionschef Ritter v. Hock zu verhandeln. Hock war der österreichische Delbrück. Als Sektionschef hatte er den Charakter einer Excellenz. Als Hasselbach in Prag eintraf, damals noch Geh. Regierungsrat und Rat III. Klasse, wollte Hock mit demselben nicht verhandeln, weil er ihm eine zu niedere dienstliche Stellung einnahm. Hock verlangte Delbrück als preußischen Unterhändler. Um sein Bedenken zu zerstreuen, wurde Hasselbach in wenigen Tagen zum Geh. Ober-Regierungsrat mit dem Rang der Räte II. Klasse ernannt. Hasselbach hatte, bevor er in die Beratungen eintrat, zwei Konferenzen mit Bismarck, der ihm persönlich Direktiven erteilte. Die Verhandlungen litten unter dem Umstand, daß Bismarck und Delbrück über

---

gewesen und nach Beendigung dieser Beschäftigung dem Regierungskollegium zu Stettin überwiesen. Im April 1844 zur Verwaltung der indirekten Steuern übergetreten und dem Hauptzollamt in Demmin zur Ausbildung für den praktischen Dienst überwiesen; demnächst zur Beschäftigung bei dem Provinzialsteuerdirektorat in Stettin herangezogen. Im Dezember 1844 die Verwaltung der Obergrenzkontrolleurstelle in Gnewekow übertragen. Im April 1845 zur weiteren Hilfeleistung bei der Provinzialsteuerdirektion in Stettin herangezogen. 1846 zur Leipziger Messe kommittirt, um sich mit den Meßgeschäften in Leipzig durch Teilnahme an dem Revisions- und Abfertigungsdienst bekannt zu machen. (Gemäß der Vereinbarungen in der 5. Generalkonferenz der Bevollmächtigten der Zollvereinsstaaten vom Jahre 1842.) 15. April 1850 bis 15. August 1850 als Hilfsarbeiter im Finanzministerium beschäftigt gewesen. 1. Januar bis 1. April 1851 die Oberzollinspektorstelle zu Demmin probeweise verwaltet. Vom 1. April 1851 ab zum Oberzollinspektor in Stralsund ernannt. Am 12. Dezember 1851 zur Hilfeleistung bei der Abteilung des Finanzministeriums für die Verwaltung der indirekten Steuern und Zölle einberufen. Im Jahre 1853 zum Regierungsrat ernannt. (Teilnahme an den Verhandlungen wegen Erneuerung der Zollvereinsverträge mit den betreffenden größeren und kleineren deutschen Staaten und wegen Abschluß eines Handelsvertrages mit Oesterreich.) August und September 1856 Teilnahme an der General-Zollkonferenz in Eisenach. Im Jahre 1858 zum Geh. Finanzrat und vortragenden Rat im Finanzministerium ernannt. September 1860 Teilnahme an der Konferenz wegen der Rheinschiffahrtsabgaben. Im Jahre 1864 zum Geh. Ober-Finanzrat ernannt. Kommissarius für die in Prag stattgehabten Verhandlungen mit Oesterreich wegen Abschlusses des Zollvereinsvertrages. 1869 sq. Vorsitzender der auf Beschluß des Bundesrats des Zollvereins in Berlin zusammengetretenen Kommission für Ausbildung der Zollvereinsstatistik. 1870 zum Wirkl. Geh. Ober-Finanzrat und Generaldirektor der indirekten Steuern ernannt. (Mitglied des Reichsdisziplinarhofes und der statistischen Zentralkommission.) 1879 zum Wirkl. Geheimen Rat mit dem Prädikat „Excellenz" und 1880 zum Vorsitzenden der statistischen Zentralkommission ernannt. Am 1. August 1889 in den Ruhestand getreten.

*) In einem Erlasse an den kgl. Gesandten Frhrn. v. Werther in Wien d. d. 9. September 1869 hatte Bismarck Hasselbach als preußischen Bevollmächtigten für die mit Oesterreich zu eröffnenden Verhandlungen bezeichnet.

die Frage, ob in den Handelsvertrag die Frage einer zukünftigen Zollunion Oesterreichs und Deutschlands aufgenommen werden sollte, nicht eins waren.

Im Bundesrat wirkte Hasselbach unter den Augen Bismarcks zu seinem Wohlgefallen, bis in den Jahren 1876 und 1877 der Umschwung in der Handelspolitik sich vorbereitete. Hasselbach, ein gemäßigter Freihändler, wurde von da ab allmälich, wie dies nicht anders möglich war, in den Hintergrund gedrängt. Der Staatsminister Hofmann hatte geglaubt, ihm die Aussicht auf die Stelle des Vorsitzenden der Zolltarifkommission in Aussicht stellen zu können, anstatt dessen wählte Bismarck aber den Frhrn. v. Varnbüler.*)

Hasselbach führte die Verhandlungen mit, welche am 25. Mai 1881 im Finanzministerium über den Anschluß Hamburgs an den Zollverein geführt wurden; sie werden ihm, bei seiner freihändlerischen Grundrichtung, sicher auch contre coeur gewesen sein.

Im Laufe der Zeiten wurde die Erkaltung zwischen Bismarck und Hasselbach größer. Sie fand einen prägnanten Ausdruck darin, daß Hasselbach in der Eigenschaft des Vorsitzenden des Bundesratsausschusses für Zoll= und Steuerwesen durch den Chef des Reichsschatzamts, v. Burchard, ersetzt wurde. Zu einem starken Konflikt kam es bei der Festsetzung eines Regulativs für die Verzollung der in das Reichsgebiet eingehenden Hölzer. Der bayrische Vereinsbevollmächtigte Frhr. v. Aufseß hatte ein Regulativ ausgearbeitet, welches ganz unausführbar war (jedes eingehende Holzstück sollte durch einen Stempel gekennzeichnet werden). Gegen dieses Regulativ, welches vom Reichsschatzamt ohne vorgängiges Benehmen mit dem preußischen Finanzminister im Bundesrat eingebracht worden war, gab Preußen im Ausschuß seine entscheidende Stimme ab. Das Regulativ wurde auf diese Weise zwar beseitigt und später durch ein rationelleres ersetzt, die Thatsache aber, daß Preußen eine vom Reichskanzler (Schatzsekretär) ausgehende Vorlage bekämpft hatte, ließ sich doch nicht mehr aus der Welt schaffen. Es war ein Vorgang, der entschieden hätte vermieden werden müssen; das Rücktrittsgesuch des bereits hochbetagten Hasselbach konnte bei dieser Sachlage keinen Eingeweihten überraschen.

2. Königreich Sachsen.

Justizrat Klemm,

1871 Appellationsgerichtspräsident, später Oberlandesgerichtspräsident, zurzeit im Ruhestand in Dresden wohnhaft, war nur stellvertretender Bevollmächtigter zum Bundesrat für das Königreich Sachsen und ist als solcher nicht in ein persönliches Verhältnis zu dem Kanzler gekommen, weder im amtlichen Verkehr noch bei einer geselligen Gelegenheit. Der amtliche Verkehr lag ausschließlich

---

*) Vgl. mein Werk „Fürst Bismarck und die Parlamentarier" Bd. III. S. 278.

in den Händen des damaligen stimmführenden Bevollmächtigten, des verstorbenen Ministers Frhrn. v. Friesen.

Buchers Nachfolger als Protokollführer war der

Geheime Ober-Regierungsrat Eck*)

(geboren 9. Juni 1822, gestorben 18. September 1889).

„Der Reichskanzler. In Vertretung Eck", kann man in tausenden Entschließungen und Bekanntmachungen lesen, welche aus dem Reichskanzler-Amt und späteren Reichsamt des Innern hervorgegangen sind. Eck war eine der Säulen dieses Amtes und mit einer der ersten Bundesbeamten, der Vertreter Delbrücks, Hofmanns und v. Boettichers in allen jenen Verfügungen, welche die Chefs nicht ihrer Entscheidung vorbehalten hatten. Er hatte unter Delbrück den ganzen laufenden Dienst der großen Reichszentralbehörde zu versehen und die Maschine in ihrem bureaukratischen Gang zu erhalten. Was dies sagen will, darüber wird man erst klar, wenn man bedenkt, daß unter Delbrück viele Jahre hindurch die ganze innere Reichsverwaltung sich im Reichskanzler-Amt konzentrirte, die Verwaltung des Konsulatswesens mit einbegriffen.

Eck war ein Mann von gediegenem Wissen, großem praktischem Geschick und ungewöhnlicher Arbeitskraft. Seine Pflichttreue kannte keine Rücksicht auf die eigene Person; er bewältigte die ihm obliegende Geschäftslast mit unermüdlichem Eifer. In den letzten Jahren nötigte ihn ein gichtisches Leiden mehrmals, in Baden-Baden Heilung zu suchen. Er fand dort auch wiederholt Stärkung und Erfrischung. Auch im Frühjahr 1889 hatte er sich in Baden-Baden seiner gewöhnlichen Kur unterworfen, er kehrte indessen diesmal ohne den erhofften Erfolg zurück. Schon im Juni entschloß er sich, einen längeren Urlaub zu erbitten, ging nach Gastein, fühlte sich aber auch dort so wenig gekräftigt, daß er im Laufe des Juli seine Versetzung in den Ruhestand zum 1. Januar 1890 erbat.

Die Stelle eines Bevollmächtigten zum Bundesrat hat Eck seltsamerweise nie bekleidet, vielleicht weil ihm jedes Auftreten in der Oeffentlichkeit, auch im Parlament, unbequem war.

Eck lernte Herrn v. Bismarck etwa 1856 in Coblenz bei seinem Chef, dem

---

*) Derselbe wurde im Jahre 1857 zum Regierungsrat beim Oberpräsidium in Coblenz befördert, von dort aber im November 1859 als Hilfsarbeiter in das Handelsministerium berufen. Im März 1860 zum Geheimen Regierungsrat und vortragenden Rat, im Januar 1867 zum Geheimen Ober-Regierungsrat ernannt, trat er als solcher im Dezember 1867 in das Bundeskanzler-Amt über, in welchem ihm am 7. Juni 1871 unter Ernennung zum Wirklichen Geheimen Ober-Regierungsrat die Stelle eines Direktors verliehen wurde. Im Jahre 1876 wurde er Unterstaatssekretär, und in dieser Eigenschaft hat er dem Reichsamt des Innern bis zu seinem Tode angehört.

Oberpräsidenten v. Kleist-Retzow, kennen, und ist ihm der Kanzler später stets in freundlichster Weise begegnet; auf den parlamentarischen Soiréen bei Bismarck war Eck ein ständiger Gast. Die dienstlichen Berührungen zwischen Bismarck und Eck sind ausgedehnter gewesen, als bisher bekannt war.*) Er hatte den ersten Vortrag bei Bismarck am 6. Februar 1868, einen zweiten am 5. April 1868 über das Beamtengesetz, einen dritten am 15. April 1868 über das Oberrechnungskammergesetz; auch in seiner Eigenschaft als langjähriger Protokollführer im Bundesrat des Norddeutschen Bundes, im Zollbundesrat und zu Anfang auch im Bundesrat des Deutschen Reichs, vereinzelt sogar im Staatsministerium**) hatte Eck wiederholt Gelegenheit, den Kanzler zu sprechen. Zahlreiche Vorträge bei demselben ergaben sich im Jahre 1871 nach der Ernennung zum Direktor im Reichskanzler-Amt, womit die Stellvertretung Delbrücks verbunden war. Die letzten Vorträge Ecks bei Bismarck erfolgten am 13. Januar 1877 über die St. Gotthardbahn und am 23. Juni desselben Jahres über den österreichischen Handelsvertrag.***) Dieser letztere Gegenstand lenkt unsere Aufmerksamkeit auf die handelspolitische Stellung Ecks. Derselbe gehörte von Hause aus der Delbrückschen Richtung an; er war aber ein viel zu streng geschulter Beamter, als daß er, nachdem Bismarck die nationale Handelspolitik einmal inaugurirt, gewagt hätte, seine eigenen persönlichen Anschauungen noch irgendwie geltend zu machen.

Am 20. Dezember 1880 wurde ihm der Charakter als Wirklicher Geheimer Rat mit dem Prädikat Excellenz verliehen. Bismarck ließ es sich nicht entgehen, der neugeschaffenen Excellenz mit folgendem Schreiben†) zu gratuliren:

---

*) Erlasse Bismarcks an Eck sind in meinem Werke: „Aktenstücke zur Wirtschaftspolitik des Fürsten Bismarck" veröffentlicht. Vgl. Bd. I. S. 119, Erlaß an den Geheimen Ober-Regierungsrat Eck, betreffend die Steuerreform, S. 157, Erlaß an den Direktor Eck, betreffend das Verhältnis der Eisenbahngesellschaften gegenüber dem Güter absendenden Publikum. Wegen eines von Eck im Auftrage des Reichskanzlers an die Bundesregierungen gerichteten Schreibens in Sachen der reichsgesetzlichen Regelung des Versicherungswesens s. a. a. O. S. 313.

**) Eck war Protokollführer in der Sitzung des Staatsministeriums vom 28. Januar 1871 bei Beratung des Beamtengesetzes. Er wirkte noch mit am 14. Dezember 1872 bei der Rhedereikommission, am 11. Januar 1873 bei der Münzgesetzgebungskonferenz, am 16. Juni 1873 bei Eröffnung der Strandordnungskommission, am 11. März 1874 bei der Konferenz in Reichstagsbausachen, am 10. Januar 1875 bei der Konferenz über das Etatsgesetz, am 21. Februar 1875 bei dem Handelsvertrag mit Costarica. In einem an den General v. Roon gerichteten Briefe vom 24. Oktober 1868 spricht Bismarck von einem parlamentarisch-geheimrätlichen Einflusse, „der ihm aus Eck und Michaelis entgegengetreten war".

***) 24. Januar 1881 Teilnahme Ecks an einem von Bismarck Mitgliedern des Bundesrats gegebenen Diner. Am 29. März 1881 war Eck anwesend bei einer Soirée, welche Bismarck zu Ehren österreichisch-ungarischer Vertreter gab.

†) Bisher unveröffentlicht.

Friedrichsruh, 21. Dezember 1880.

Eurer Excellenz

beehre ich mich in der Anlage das Patent zu übersenden, durch welches Seine Majestät der Kaiser Sie zum Wirklichen Geheimen Rat zu ernennen geruht hat. Mit meinem herzlichen Glückwunsch verbinde ich einen dankbaren Rückblick auf die Zeit von 14 Jahren, während welcher wir gemeinsam in den Geschäften des Reichs thätig gewesen sind, nicht ohne Erfolg und in ungestörtem Einvernehmen.

v. Bismarck.

Seiner Excellenz dem Wirklichen Geheimen Rat
    Herrn Eck, Berlin.

II. Abschnitt.
Die Arbeit des Bundesrats während seiner dritten Session (1869).

1. Bundesgesetzgebung (Art. 2—5 der Verfassung).

Die Staatsangehörigkeit der ohne Konsens nach Rußland ausgewanderten Norddeutschen. Einem an den Bundeskanzler erstatteten Berichte des Bundesgesandten zu Petersburg zufolge lebte in Rußland eine nicht unbeträchtliche Anzahl von Abkömmlingen solcher vormaligen Norddeutschen, welche vorlängst aus Deutschland in Rußland eingewandert waren, sich dort später verheiratet und, ohne weiter ihre Unterthanenpflichten gegen ihr früheres Vaterland zu erfüllen oder zur Erhaltung ihrer bisherigen Staatsangehörigkeit die gesetzlichen Schritte zu thun, auf Grund von jährlich erneuerten Aufenthalts= scheinen in Rußland gelebt hatten. Diese Personen, welche nach der Gesetz= gebung fast aller Bundesstaaten ihre frühere Staatsangehörigkeit unzweifelhaft verloren hatten, gleichwohl aber von den russischen Behörden fortdauernd als Ausländer behandelt wurden, befanden sich insofern in einer nachteiligen Lage, als sie weder eine bestimmte Staatsangehörigkeit besaßen noch eine solche zu erwerben im stande waren, indem sie einerseits, wenn sie sich behufs ihrer Eintragung in die Konsulatsmatrikeln bei den Bundeskonsuln meldeten, von den letzteren zurückgewiesen werden mußten, und indem sie andererseits nicht in Rußland naturalisirt werden konnten, da die Aufnahme in den russischen Unter= thanenverband grundsätzlich nur auf Grund einer (von den bezeichneten Per= sonen nicht zu beschaffenden) Entlassungsurkunde aus dem bisherigen Unterthanen= verhältnis erfolgte. Der Bundesgesandte hatte nun im Interesse dieser in Ruß= land als sogenannte „Wilde" bezeichneten Personen ein Auskunftsmittel in Vorschlag gebracht, dessen sich, wie er anzeigte, die königlich sächsische Gesandt= schaft in ähnlichen Fällen früher mit Erfolg bedient hatte und welches darin bestand, daß, wenn sich dergleichen „Wilde" zur Eintragung in die Konsulats= matrikeln meldeten, der Konsul dieselben über ihre Verhältnisse zu Protokoll vernahm und dieses Protokoll der Bundesgesandtschaft einreichte, welche ihrerseits, wenn sie nach Prüfung der Verhältnisse sich davon überzeugte, daß das betreffende

Individuum nicht als Unterthan eines der zum Norddeutschen Bunde gehörigen Staaten angesehen werden konnte, hierüber eine Erklärung mit dem Hinzufügen abzugeben hatte, daß von seiten der Bundesgesandtschaft Bedenken gegen die Aufnahme der Extrahenten in den russischen Unterthanenverband nicht obwalteten. Der Gesandte hielt es für wahrscheinlich, daß eine solche Erklärung von den russischen Behörden einer förmlichen Entlassungsurkunde gleichgeachtet und somit durch dieselbe den Beteiligten die Aufnahme in den russischen Unterthanen= verband ermöglicht werden würde. Da es gleichmäßig im Interesse der Betei= ligten wie der einzelnen Bundesstaaten lag, derartige Unklarheiten in Betreff der Staatsangehörigkeit möglichst zu beseitigen, beantragte Bismarck im März 1869, daß der Bundesrat sich mit dem obigen Vorschlage einverstanden erklären wolle. Der Antrag fand die Zustimmung des Bundesrats.

Erwerbung und Verlust der Bundes= und Staatsangehörig= keit. Einer Resolution des Reichstags entsprechend, legte der Bundeskanzler gegen Ende des Jahres 1869 dem Bundesrat den Entwurf eines Gesetzes vor, welches, von einzelnen Zusätzen abgesehen, identisch war mit dem preußischen Entwurfe eines Gesetzes über die Erwerbung und den Verlust der Eigenschaft als preußischer Unterthan sowie über den Eintritt in fremde Staatsdienste, und zwar mit derjenigen Fassung des Entwurfs, welcher im Abgeordnetenhause zur Annahme gelangt war.*)

Der Ausschuß prüfte zunächst die Kompetenz= und die Bedürfnisfrage. Die Kompetenzfrage wurde unbedingt bejaht; bezüglich des Bedürfnisses machten sich Ansichten dahin geltend, daß ein Bedürfnis nach gleichmäßiger Gestaltung der Indigenatsgesetzgebung für den Bund nicht in dem Maße wie für einen ein= heitlichen Staat vorliege, daß es mit dem Wesen des Bundes an sich nicht unvereinbar sei, in den einzelnen Bundesstaaten verschiedene Grundsätze über Erwerb und Verlust der Staatsangehörigkeit und der damit verbundenen Bundes= angehörigkeit bestehen zu lassen. Es wurde hierbei auf die Bundesverfassung der Schweiz hingewiesen. Man verkannte jedoch nicht, daß eine Gleichmäßigkeit der Indigenatsgesetzgebung zweckmäßig und wünschenswert sei, weil sie die Handhabung der Bundesgesetze erleichtert und Ungleichheiten vorbeugt, sowohl was die Niederlassung, Verehelichung und den Gewerbebetrieb von Bundes= angehörigen selbst, als was die Aufnahme von Ausländern betrifft. Durch eine solche gleichmäßige Regelung trat der Bund zwischen das nordamerikanische und schweizerische System. Er ging nicht so weit wie Nordamerika, wo ein selbst= ständiges, von den einzelnen Staaten vollkommen unabhängiges Unionsbürgerrecht sich entwickelt hatte und die Grundlage für die Ausübung aller politischen Rechte auch in den Staaten bildete, aber er ging weiter als die Schweiz, indem er

---

*) Zu vgl. den Leitartikel in der „Norddeutschen Allgemeinen Zeitung" Nr. 306 vom 31. Dezember 1869.

zwar die Staatsangehörigkeit als die Unterlage der Bundesangehörigkeit behandelte, die Bestimmung über Erwerb und Verlust der Staatsangehörigkeit aber nicht den einzelnen Staaten überließ, sondern durch die Bundesgesetzgebung gleichmäßig für alle Staaten feststellte. Der Ausschuß war daher prinzipiell und im ganzen mit der Vorlage einverstanden, änderte dieselbe aber in acht Paragraphen ab.*)

Im Plenum des Bundesrats fand dieser Ausschußbericht aber keinen Anklang; derselbe verwarf fast alle Ausschußanträge, wie der Wortlaut des nachmaligen Gesetzes vom 1. Juni 1870 (B.-G.-Bl. S. 355) des näheren ersehen läßt.

Unterstützungswohnsitz. Im Februar 1869 wurde von Bismarck

---

*) Mit Rücksicht auf die Verhältnisse in Hessen war der Ausschuß in seiner Majorität der Ansicht, ausdrücklich im Gesetze zu erklären, daß Angehörige im Großherzogtum Hessen die Bundesangehörigkeit nur dann besitzen, wenn sie in den zum Bunde gehörigen hessischen Gebietsteilen heimatsberechtigt sind. Es wurde die Frage angeregt, ob neben dem gemeinsamen Indigenate von Naturalisation der Angehörigen eines Bundesstaates in einem anderen Bundesstaate überhaupt noch die Rede sein könne, ob sie nicht mit dem Begriffe des gemeinsamen Indigenats unverträglich ist. Diese Ansicht fand keinen Anklang. Die Meinungen über eine andere Frage, ob der Artikel 3 der Bundesverfassung, indem er die Erlangung des Staatsbürgerrechts unter den in dem gemeinsamen Indigenat enthaltenen Befugnissen aufzählte, für die Bundesangehörigen ein Recht auf die Naturalisation in jedem andern Bundesstaat begründet hatte, blieben im Ausschusse geteilt. Auch weitere Bedenken wurden aufgeworfen, welche in verschiedenen Anträgen Ausdruck fanden. Zuletzt einigte sich der Ausschuß in Erwägung, daß dieselben Bedingungen, unter denen die Naturalisationsurkunde erteilt werden darf, dem Bundesangehörigen einen Anspruch auf die Erteilung der Naturalisationsurkunde gewähren sollen, dahin, die beiden §§ 7 und 8 der Vorlage in einen § 8 zu kombiniren und § 7 zu streichen. — Die Vorlage stellte die Aufnahme in den durch Bestallung erfolgten Staatsdienst (den mittelbaren wie den unmittelbaren) der Naturalisationsurkunde gleich. Der Ausschuß erweiterte die Bestimmung dahin, daß der mittelbare Staatsdienst auch den Kirchen-, Schul- und Kommunaldienst umfassen soll. Um den Fall zu berücksichtigen, wo ein Ausländer, der in den Dienst eines norddeutschen Staates tritt, seine frühere Staatsangehörigkeit gern aufrecht erhalten möchte, dieselbe aber nach seinen heimatlichen Gesetzen durch den Erwerb einer andern Staatsangehörigkeit verlieren würde, beschloß der Ausschuß, daß in der Vorlage bestimmt werde, an den Eintritt in den Staatsdienst knüpfe sich kein Erwerb der Staatsangehörigkeit, wenn dies bei der Verleihung des Amtes in der Bestallung ausdrücklich vorbehalten ist. — Einer der letzten Paragraphen der Vorlage traf Bestimmungen über den Verlust der Staatsangehörigkeit durch Aufenthalt im Auslande und Zeitablauf. Hierzu beschloß der Ausschuß, 1) den Verlust der Staatsangehörigkeit bei Norddeutschen, welche das Bundesgebiet länger als 10 Jahre verlassen haben, auch auf die Ehefrau und die unter väterlicher Gewalt stehenden minorennen Kinder, soweit sie sich bei · dem Ehemanne resp. Vater befinden, auszudehnen, 2) daß Norddeutschen, welche durch solch langen Aufenthalt im Auslande die Bundesangehörigkeit verloren und keine andere Staatsangehörigkeit erworben haben, die Staatsangehörigkeit in dem früheren Heimatsstaate wieder verliehen werden kann, auch ohne daß sie sich in letzterem niederlassen.

dem Bundesrat ein Gesetzentwurf vorgelegt, der sich dem alten preußischen Recht in Bezug auf den Unterstützungswohnsitz mit dem Unterschiede anschloß, daß derselbe nach dem preußischen Gesetze mit einjährigem resp. dreijährigem Aufenthalt erworben wurde, während der Entwurf für den Bund einen zweijährigen Aufenthalt festsetzte. Der Entwurf erkannte die Notwendigkeit an, die Armenverbände im ganzen Bundesgebiete als selbständig und gleichberechtigt, abgesehen von den Staatsgrenzen, in gesetzlich geregelte Beziehungen zu setzen. Deshalb war es unerläßlich befunden, eine oberste Instanz für alle Streitigkeiten zwischen Armenverbänden verschiedener Bundesstaaten zu errichten. Als solche wurde ein aus fünf Mitgliedern des Bundesrats bestehender ständiger Ausschuß für das Heimatswesen in Vorschlag gebracht, dessen Entscheidungen der administrativen Exekution unterliegen sollten.

Der besondere Ausschuß des Bundesrats, welchem der Entwurf zur Vorberatung überwiesen worden war, nahm an der Präsidialfrage einschneidende Aenderungen vor. Schon über die Frage der Zuständigkeit des Bundes zur Regelung der Frage gingen die Ansichten auseinander. Die Majorität hielt den Bund nicht für kompetent, die Armenpflege zu ordnen. Dieselbe Majorität strich drei Paragraphen, welche von der starken Minorität im Ausschusse (3 gegen 4) sehr vermißt wurden. Einmal die Bestimmung, wonach die Gothaer Konvention nicht ferner Anwendung finden sollte. Die Bestimmungen im § 7 des Freizügigkeitsgesetzes sollten fernerhin nur dann Anwendung finden, wo in Ermanglung eines zur Versorgung verpflichteten Armenverbands derjenige Bundesstaat für die Gewährung der Armenpflege zu sorgen hat, welchem der Hilfsbedürftige Norddeutsche beim Eintritt der Hilfsbedürftigkeit angehört. Die Präsidialvorlage sagte anstatt angehört: „sich aufhält". Der Ausschuß beschloß ferner eine Ergänzung der Erwerbung des Unterstützungswohnsitzes dahin, daß die Bestimmungen, wonach durch Aufnahme in den Gemeindeverband oder Verleihung der Ortsangehörigkeit, sowie durch Eintritt in den Staatsdienst der Unterstützungswohnsitz erworben wird, der Landesgesetzgebung vorbehalten bleiben sollten.

Gegen die im § 13 der Vorlage festgestellte Frist von 2 Jahren für den Erwerb des Unterstützungswohnsitzes wurde eingewendet, daß sie zu kurz bemessen sei, und auch hier siegten die prinzipiellen Gegner des Entwurfes. Sie gaben nichts auf den Einwand, daß eine zu lange Frist das Gesetz illusorisch und entbehrlich mache, daß sie das Prinzip der Freizügigkeit beeinträchtige. Auch die Bedenken gegen den Vorschlag der Majorität, daß hier nur von selbständigen Personen die Rede sein könne, fanden kein Gehör. Die Majorität legte kein Gewicht darauf, daß mit der Ausschließung der Unselbständigen eine sehr häufige und sehr wichtige Ausnahme von der Regel konstituirt werde, daß überhaupt der Begriff der Unselbständigkeit ein sehr vieldeutiger sei. Die Frist wurde auf 5 Jahre verlängert. Dagegen hatte der Ausschuß gegen die Bundesinstanz nichts zu erinnern.*) Am Schlusse stimmten Sachsen, Hessen und Bremen auch gegen die im konservativen Geiste amendirte Vorlage, während Mecklenburg mit Preußen, Anhalt und Meiningen sie wenigstens in dieser verstümmelten Gestalt durchbringen half. Die Bevollmächtigten der drei letzteren Staaten fügten sich den Amendements, um nur überhaupt zu einem Ergebnis zu gelangen.

In der Sitzung des Bundesrats vom 23. April 1869 erklärten zunächst die Bevollmächtigten für Hessen, Mecklenburg und Hamburg: Nach § 7 des Freizügigkeitsgesetzes finde im Falle der Ausweisung hilfsbedürftiger Personen aus einem Bundesstaate in den andern das im Gothaer Vertrage vom 15. Juli 1851 und dessen Ergänzungen vorgeschriebene Verfahren auch gegenwärtig noch Anwendung. Nach Ansicht der von ihnen vertretenen Regierungen empfehle es sich, dies Verfahren in einer dem Bundesverhältnisse mehr entsprechenden Weise zu regeln. Dagegen walte zu sonstigen Aenderungen der Armengesetzgebung der Einzelstaaten durch ein Bundesgesetz ihres Erachtens ein Bedürfnis nicht ob. Ihr Antrag gehe deshalb dahin, den Inhalt des vorliegenden Entwurfes auf formelle, den Gothaer Vertrag ersetzende Vorschriften zu beschränken.

Obgleich dieser Antrag mit 22 gegen 21 Stimmen abgelehnt wurde, einigte sich der Bundesrat doch dahin, von einer Detailberatung sowohl der Präsidialvorlage als auch des vom Ausschusse aufgestellten Gesetzentwurfs abzusehen und sich für jetzt auf die Entscheidung einzelner prinzipiell besonders wichtigen Fragen zu beschränken, deren Beantwortung eventuell die Umarbeitung des Entwurfs nötig machen würde. Diese Fragen wurden dann gestellt, doch bei ihrer Entscheidung meist auch nur eine Majorität von 22 gegen 21 Stimmen erzielt.

Nachdem die Bevollmächtigten für Hessen und Mecklenburg erklärt hatten, daß nach Ansicht ihrer Regierungen der vorliegende Gesetzentwurf teilweise eine Abänderung der im Art. 3 der Verfassung festgestellten Bestimmungen enthalte und derselbe daher nach Art. 78 nicht durch einfache Majorität zum Beschluß erhoben werden könne, und nachdem der Bevollmächtigte für Mecklenburg beantragt hatte, durch Abstimmung festzustellen, ob hier eine nach Art. 78 der Verfassung zu entscheidende Frage vorliege, einigte sich der Bundesrat dahin, daß die vorhergehenden Verhandlungen, in denen nur gewisse Grundsätze für die künftige Vorlage aufgestellt seien, bindende Beschlüsse über diese Vorlage selbst noch nicht enthalten sollten. Infolge dessen war der mecklenburgische Bevollmächtigte bereit, auf die vorläufige Aussetzung der von ihm beantragten Abstimmung einzugehen.

In der folgenden Sitzung des Bundesrats (vom 26. April) erklärte alsdann Präsident Delbrück, die oben erwähnten Abstimmungen hätten ergeben, daß der größere Teil der Bundesregierungen zur Zeit Bedenken trage, auf eine

---

*) Zu vgl. über die Ausschußverhandlungen die „National-Zeitung" Nr. 139 vom 20. März 1869, Nr. 140 vom 24. März 1869, Nr. 145 vom 28. März 1869, Nr. 149 vom 1. April 1869.

Abänderung der in den einzelnen Staaten bestehenden Bestimmungen über die Verpflichtung zur Armenpflege der eigenen Staatsangehörigen einzugehen. In Anbetracht dieser Bedenken und in Erwägung, daß dem dringendsten Bedürfnis schon durch gesetzliche Bestimmungen über die Verpflichtung zur Armenpflege der Angehörigen eines andern Bundesstaates abgeholfen werden könne, liege es nicht in der Absicht des Präsidiums, den Gegenstand auf der in der vorigen Sitzung von der Mehrheit angenommenen Grundlage weiter zu verfolgen. Es werde daher der Entwurf in dem Sinne einer Umarbeitung unterworfen werden, daß er sich auf die Regelung der Armenpflege in dem Fall beschränke, wo der Angehörige eines Bundesstaates in dem Gebiete eines andern hilfsbedürftig werde. Mit Rücksicht auf diese Erklärung wurde alsdann beschlossen, den besonderen Ausschuß nach dem Eingange des umgearbeiteten Entwurfes mit der anderweiten Beratung des Gegenstandes zu beauftragen. Ganz am Schlusse der Session legte der Bundeskanzler dem Bundesrat den umgearbeiteten Gesetzentwurf über den Unterstützungswohnsitz vor. Von seiten des Bundeskanzler-Amts war die Vorlage mit der Bemerkung begleitet worden, daß der Gesetzentwurf in der gegenwärtigen Form, wie sie dem erwähnten Beschlusse des Bundesrats entsprach, nicht als eine wirksame Abhilfe der auf dem Gebiete der Heimatsgesetzgebung bestehenden Uebelstände und Ungleichheiten erachtet werden könne.

Die geschäftliche Erledigung der neuen Vorlage fällt in die nächste Session des Bundesrats.

Gleichberechtigung der Konfessionen. Der auf Antrag des Abgeordneten Wiggers-Berlin beschlossene Gesetzentwurf wegen Aufhebung der aus dem religiösen Bekenntnis entspringenden Beschränkungen der bürgerlichen Rechte war dem Bundesratsausschuß für das Justizwesen überwiesen worden. Derselbe bejahte die Frage, ob der Bund zur Regelung der Frage kompetent sei, mit Entschiedenheit,*) da es sich hier um staatsbürgerliche Rechte handle; was die Opportunität betrifft, so wurde sie zwar nicht unbedingt zugegeben, vielmehr hinsichtlich der Einführung neuer Förmlichkeiten für die Eidesleistung

---

*) Nach Inhalt dieses Berichts waren ganz oder doch in allen wesentlichen Beziehungen die bezeichneten Beschränkungen in folgenden Bundesstaaten aufgehoben: Braunschweig, Coburg-Gotha, Hamburg, Hessen, Schaumburg-Lippe, Lübeck, Oldenburg, Preußen, Reuß jüngerer Linie, Königreich und Großherzogtum Sachsen, Waldeck. In den übrigen Bundesstaaten bestanden noch Beschränkungen, namentlich in Mecklenburg. Ferner waren in Anhalt die Juden von der Mitgliedschaft des Landtages ausgeschlossen, nur Christen konnten Richter sein, Freigemeindler entbehrten der staatsbürgerlichen Rechte, konnten kein Staats- oder Kommunalamt bekleiden. In Bremen konnten nur Christen Mitglieder des Senats, rechtsgelehrte Mitglieder der Gerichte oder erster Staatsanwalt sein. In Lauenburg wurden nur Evangelisch-lutherische zu öffentlichen Aemtern zugelassen, die Juden hatten mit Ausnahme des Wahlrechts für den Reichstag gar keine politischen Rechte. In Lippe-Detmold übten nur Christen das aktive und passive ständische Wahlrecht aus, Juden waren von

geradezu geleugnet; die für diese Angemessenheit geltend gemachten Gründe behielten jedoch das Uebergewicht, selbst auf die Gefahr hin, daß mit der Verkündung dieses Grundrechts eine Bahn betreten werde, die bei der Beratung der Bundesverfassung von den verbündeten Regierungen bekämpft und absichtlich gemieden worden war.

Im Plenum des Bundesrats gaben nur die beiden mecklenburgischen Regierungen ihre Stimmen gegen den Entwurf ab; zur Motivirung des Votums erklärten die mecklenburgischen Bevollmächtigten: „Durch die mecklenburgische Gesetzgebung sind den Juden alle der Bundesverfassung und dem Freizügigkeitsgesetze entsprechenden Rechte gewährt und lediglich diejenigen publizistischen Rechte ausgenommen, welche geschäftlich und rechtlich durch das Bekenntnis der christlichen Religion bedingt sind und auf deren Bewahrung die christliche Bevölkerung einen wohlbegründeten Anspruch hat. Diese Rechte sind an und für sich nicht notwendig in den Rechten des Grundeigentums oder in einem Gewerbebetriebe enthalten, in Mecklenburg aber Teil der auf dem Boden des Christentums und der Geschichte erwachsenen Institutionen und mit einer gewissen Art des Grundeigentums und mit den städtischen obrigkeitlichen Aemtern verbunden. Da nun die mecklenburgischen Regierungen die in den ersten Abstimmungen des Reichstags und bei Feststellung der Verfassung zur Anerkennung gelangten, auch im Berichte des Ausschusses angedeuteten Bedenken gegen Einführung solcher grundrechtlichen Bestimmungen teilen, überdies Art. 4 Nr. 1 der Verfassung dem Bunde zwar die Bestimmung zuweist, an welche Bedingungen der Erwerb des Staatsbürgerrechts geknüpft werden dürfe, nicht aber wie in den einzelnen Landes- und Gemeindeverfassungen die Fähigkeit zur Teilnahme an der Landes- oder der Gemeindevertretung und zur Bekleidung öffentlicher Aemter festzustellen sei, so ist der Bevollmächtigte nicht in der Lage, die Kompetenz des Bundes zur Regelung der in Frage stehenden bürgerlichen und staatsbürgerlichen Rechte anzuerkennen."

Gesetz, betreffend die Gleichberechtigung der Konfessionen in bürgerlicher und staatsbürgerlicher Beziehung. Vom 3. Juli 1869 (B.-G.-Bl. S. 292.).*)

Niederlassungsvertrag mit der Schweiz. Die in der Schweiz sich aufhaltenden Angehörigen des Norddeutschen Bundes unterlagen daselbst

---

Staats- und Gemeindeämtern ausgeschlossen, mit welchen die Ausübung einer richterlichen, polizeilichen oder exekutiven Gewalt verbunden ist. In Reuß älterer Linie hatten nur die Christen Recht auf Anstellung und freie Religionsübung. In Sachsen-Altenburg wurden nur Christen in den Gemeindeverband aufgenommen. In Schwarzburg-Sondershausen durften nur Christen in die Gemeindebehörde gewählt werden.

*) Eine von dem Kaufmann Rieß in Gnoien (Mecklenburg-Schwerin) an den Bundesrat gerichtete Beschwerde wegen eines von der dortigen jüdischen Synagogengemeinde ihm abverlangten Einzugsgeldes wurde abgelehnt, weil das Gesetz über die Freizügigkeit vom 1. November 1867 auf das Verhältnis religiöser Gemeinden zu ihren Angehörigen keine Anwendung finde.

noch mannigfachen Beschränkungen in Bezug auf die örtliche Niederlassung und den Gewerbebetrieb. Diese Beschränkungen beruhten namentlich auf der Befugnis der einzelnen Gemeinden, von anziehenden Fremden Kautionen von beträchtlicher Höhe zu verlangen, von deren Bestellung nur die Angehörigen derjenigen Staaten ausgenommen waren, welche mit der Schweiz besondere Niederlassungsverträge abgeschlossen hatten. Es waren dies Württemberg und Baden. Nachdem in Erfahrung gebracht worden war, daß die Schweiz nicht abgeneigt sei, auch mit dem Norddeutschen Bunde einen solchen Vertrag abzuschließen, beantragte der Bundeskanzler beim Bundesrat, letzterer wolle sich mit der Eröffnung von Unterhandlungen einverstanden erklären. Es sollten dabei die zwischen der Schweiz und Baden sowie Württemberg bestehenden Verträge zu Grunde gelegt werden, jedoch einige namentlich durch militärische Rücksichten gebotene Vorbehalte ihren Ausdruck finden. Der Vertrag gelangte erst am 27. April 1876 zur Perfektion (R.-G.-Bl. 1877 S. 3.).

Gewerbeordnung. Im Februar 1869 legte Bismarck dem Bundesrat den Entwurf der Gewerbeordnung vor. In dem Ausschuß des Bundesrats für die Gewerbeordnung war eine Verständigung über die Präjudizialfrage nicht zu erreichen, welche dahin gerichtet war, ob es überhaupt an der Zeit sei, eine das ganze Gebiet der Gewerbegesetzgebung umfassende Gewerbeordnung für den Bund vorzulegen, oder ob nicht durch die Emanation des sogenannten Notgewerbegesetzes eine solche Gewerbeordnung weniger dringend geworden, so daß man sich darauf beschränken könnte, einzelne Partien der Gewerbegesetzgebung durch Spezialgesetze zu ordnen. Da über diese Fragen die Stimmen im Ausschusse geteilt waren, so beschloß derselbe, die Entscheidung darüber dem Plenum des Bundesrats anheim zu geben. Bei der Detailberatung des Gesetzentwurfs hatte der Ausschuß nur wenig Veranlassung zu Abänderungsanträgen des vorgelegten Entwurfs gefunden. Als Referent fungierte wie im vorigen Jahre der königlich sächsische Geheimrat Weinlig, der auch als Bundeskommissar den Kommissionsberatungen des Reichstags beiwohnte.

Der Majorität des Bundesrats, welche sich dem Entwurfe günstig zeigte, trat eine in sich gespaltene Minorität gegenüber: auf der einen Seite Sachsen und Hessen, auf der andern Mecklenburg; auf der einen Seite also diejenigen, welche dem Erlasse einer Gewerbeordnung aus freiheitlichen Motiven widerstrebten, auf der andern die Staaten, welche von der Gewerbeordnung einen allzu tiefen Eingriff in ihre zurückgebliebenen Verhältnisse befürchteten. Sachsen würde es vorgezogen haben, die allerdings noch erforderliche Regelung einzelner auf die gewerblichen Verhältnisse bezüglichen Materien durch Bundesspezialgesetze statt durch Erlaß einer allgemeinen Gewerbeordnung bewirkt zu sehen. Dagegen gingen die beiden mecklenburgischen Regierungen davon aus, daß die weitere Ausführung des Gesetzes vom 8. Juli 1868 nicht Aufgabe der Bundesgesetzgebung sei, sondern der Partikulargesetzgebung vorbehalten bleiben müsse. Es sei nicht zu erkennen, weshalb binnen der kurzen Zeit, welche seit Emanirung des Notgewerbegesetzes und der Vorlage des vorjährigen Entwurfs verstrichen, die damals nicht für notwendig erachtete Aufhebung der Zwangs= und Bannrechte jetzt notwendig geworden sei. Solche allgemeine Bestimmungen (cf. §§ 7 und 8 des Entwurfs) seien für Mecklenburg mit den größten Nachteilen und Schwierigkeiten verknüpft, weil dem Lande dadurch die eventuelle Verpflichtung auferlegt werde, Rechte aufzuheben, vielleicht abzulösen, deren Fortbestehen dort nicht für bedenklich oder schädlich erachtet werde, deren Beseitigung also nur von der Bundesgesetzgebung ausgehe. Der Bundesrat ließ sich denn auch in dieser Beziehung und nach dem Hinweise auf „die in der That gar nicht zu bemessenden Schwierigkeiten und die Mecklenburg zur Seite stehenden Billigkeitsgründe" so weit erweichen, daß die Aufhebung resp. Ablösbarkeit der Zwangs= und Bannrechte erst mit 1. Januar 1875 eintreten sollte. Nächstdem richtete sich der Widerstand Mecklenburgs gegen die im Entwurfe vorgeschlagene Erleichterung des Gewerbebetriebs im Umherziehen, weil dies eine Erleichterung sei, welche zum großen Nachteile derjenigen Bundesstaaten, die wie Mecklenburg den Hausirbetrieb möglichst einschränkten, das Proletariat vermehren, die Aufsicht erschweren und den stehenden Gewerbebetrieb benachteiligen würde. Schließlich stellte noch Hessen den Antrag, es solle in das Gesetz folgende Bestimmung aufgenommen werden: Der Gesetzgebung jedes Bundesstaates bleibt es vorbehalten, für das Gebiet desselben die Ueberwachung des Gewerbebetriebs auf ein geringeres als das nach diesem Gesetze zulässige Maß zu beschränken. Der im Bundesrate abgelehnte Antrag ging von der Auffassung aus, daß die Bundesgesetzgebung keinen Bundesstaat zu einem Rückschritte auf dem Wege zur Gewerbefreiheit zu zwingen berechtigt sei.

Gewerbeordnung für den Norddeutschen Bund. Vom 21. Juni 1869 (B.=G.=Bl. S. 245).

Ausführung der Gewerbeordnung. a) Das Prüfungswesen der Aerzte, Zahnärzte, Tierärzte und Apotheker. Durch die Gewerbeordnung war dem Bundesrat der Erlaß von Reglements für die Staatsprüfungen der Aerzte und Apotheker vorbehalten worden.

Der Bundeskanzler hatte schon im Jahre 1868 die auf diesem Gebiet erforderlichen Schritte vorbereitet, indem er den Bundesregierungen im Korrespondenzwege die preußischen Reglements zur Mitteilung brachte, welche für die Staatsprüfungen der Aerzte und Pharmazenten bestanden, und welche für den gesamten Norddeutschen Bund als Grundlage in Aussicht genommen worden waren. Es ergingen über diese Mitteilung von mehreren Bundesregierungen Aeußerungen, die zum Teil unbedingt zustimmend waren, zum Teil auch Abänderungsvorschläge in Bezug auf einzelne Punkte machten. Der Bundeskanzler stellte nun mit Rücksicht auf diese Aeußerungen zwei Entwürfe auf und legte

dieselben am 6. Juli 1869*) dem Bundesrat zur verfassungsmäßigen Beschluß=
nahme vor. Es waren dies zwei Reglements, das eine für die Staatsprüfung
der Aerzte und das andere für die pharmazeutische Staatsprüfung. Von einigen
Seiten war der Gedanke angeregt worden, die Vorprüfung der Entwürfe durch
eine besondere Kommission von Sachverständigen vornehmen zu lassen. Der
Bundeskanzler hatte jedoch diesen Vorschlag nicht für angemessen erachtet, weil
das Gesetz ja schon in nächster Zukunft in Wirksamkeit treten sollte und die
Ausführung der erwähnten Reglements daher keine längere Verzögerung erleiden
durfte. Eine solche wäre aber bei dem angeregten Verfahren unvermeidlich
gewesen. Dagegen erschien eine spätere Revision des Reglements von seiten
Sachverständiger auf Grund der dann erworbenen Erfahrungen weit ersprieß=
licher. Was die vorgelegten Entwürfe betrifft, so bezogen sich dieselben nur
auf die Aerzte, Wundärzte, Geburtshelfer und Apotheker, nicht aber auf die
Zahnärzte und Tierärzte. In Bezug auf diese Kategorien hatte sich der Bundes=
kanzler die Vorlegung von Spezialentwürfen vorbehalten. Der Bundesrats=
ausschuß für Handel und Gewerbe, dem die Entwürfe überwiesen worden waren,
hatte gegen die den Reglements zu Grunde liegenden Prinzipien wesentliche
Erinnerungen nicht zu machen. Dagegen wurden gegen manche Einzelheiten
der nach Ansicht des Referenten zu sehr ins Detail gehenden Entwürfe Aus=
stellungen verschiedener Art, teils von einzelnen Regierungen, teils im Ausschusse
selbst erhoben. Der Ausschuß glaubte nicht alle diese Erinnerungen, selbst
manche nicht ganz unbegründete darunter, dem Bundesrat sofort zur Berück=
sichtigung empfehlen zu sollen, da die vorgerückte Zeit eine nochmalige sach=
verständige Beratung im einzelnen kaum ausführbar erscheinen ließ; er beschränkte
sich vielmehr, abgesehen von einigen mit Rücksicht auf die Anwendbarkeit für
alle Bundesstaaten angemessen erschienenen formellen Abänderungen, auf einige
wesentliche Punkte, ohne sich zu verhehlen, daß bei praktischer Durchführung des
Reglements an allen Universitäten des Norddeutschen Bundes sich höchst wahr=
scheinlich noch manche Anstände ergeben würden, deren Beseitigung einer späteren
Revision vorbehalten bleiben müßte.

In einer fünf volle Stunden dauernden Plenarsitzung (25. September 1869)
wurden die Ausschußbeschlüsse angenommen. Ergänzend legte der Bundeskanzler
im August 1869 dem Bundesrat auch noch die Reglements, betreffend die
Prüfung der Zahnärzte und Tierärzte vor. Die betreffenden Beschlüsse
des Bundesrats sind veröffentlicht in der Bekanntmachung, betreffend die Prüfung
der Aerzte, Zahnärzte, Tierärzte und Apotheker. Vom 25. September 1869
(B.=G.=Bl. S. 635).**)

*) In Kohls Bismarck=Regesten nicht erwähnt.
**) Vgl. die ergänzende Bekanntmachung vom 9. Dezember 1869 (B.=G.=Bl. S. 688)
wegen der bei der Universität Gießen bestehenden Veterinäranstalt, veranlaßt durch einen
im Bundesrat gestellten Antrag Hessens (vgl. die „National=Zeitung" Nr. 479 vom

Eine letzte Vorlage des Bundeskanzlers vom November 1869 betraf den Entwurf einer Bekanntmachung, welche die Bedingungen regelte, unter denen eine Entbindung von den ärztlichen Prüfungen stattfinden konnte.*) Bekanntmachung vom 9. Dezember 1869 (B.-G.-Bl. S. 687).**)

b) Die Prüfung von Dampfkesseln. Durch die Gewerbeordnung war dem Bundesrat auch die Aufgabe zugewiesen worden, allgemeine Bestimmungen zu erlassen, welche bei Prüfung der Zulässigkeit von Dampfkesselanlagen zu Grunde gelegt werden sollen. Zur Feststellung dieser Bestimmungen beantragte der Bundeskanzler Ende November 1869, daß dem zur Vorbereitung der Gewerbeordnung gebildeten Ausschusse aufgetragen werde, unter Hinzuziehung von geeigneten Technikern einen Entwurf auszuarbeiten.

Münzstatistik. Der Bundeskanzler hatte mittelst Schreiben vom 11. Juli 1868 im Interesse der Herstellung einer Münzstatistik des Norddeutschen Bundes das Ersuchen um Einsendung der erforderlichen Materialien an das Bundes-

___

14. Oktober 1869). Wegen der Aufnahme des braunschweigischen Ministeriums in die Zahl der Zentralbehörden, welche für das gesamte Bundesgebiet zur Erteilung der Approbation für Apotheker befugt sind, veranlaßt durch einen Antrag der braunschweigischen Regierung an den Bundesrat s. „Norddeutsche Allgemeine Zeitung" Nr. 283 vom 3. Dezember 1869

*) Nach den Bestimmungen dieses Entwurfs sollte die Dispensation nur dann zulässig sein, wenn der Nachsuchende nachweist, daß ihm von seiten eines Staates oder einer Gemeinde amtliche Funktionen übertragen werden sollen. Die Entscheidung sollte ohne vorgängiges Gutachten der Prüfungsbehörde erfolgen, wenn es sich um die Dispensation eines als Lehrer an eine norddeutsche Universität zu berufenden Gelehrten handelte; in allen anderen Fällen sollte ein vorgängiges Gutachten erforderlich sein.

**) Das Kriegsministerium veröffentlichte im „Staats-Anz." folgenden Vertrag vom 28. Juni 1869, betreffend die freie Ausübung der ärztlichen Praxis seitens der außerhalb ihres Heimatsstaates stationirten Militärärzte der Bundesarmee: „Nach einer Mitteilung des Herrn Kanzlers des Norddeutschen Bundes vom 14. Mai b. J. ist in der Sitzung des Bundesrats vom 23. April b. J. das unter den Bundesregierungen erzielte Einverständnis dahin konstatirt worden, daß den außerhalb ihres Heimatsstaates stationirten Militärärzten der Bundesarmee die freie Ausübung der ärztlichen Praxis insoweit gestattet sein soll, als sie die Qualifikation und Berechtigung dazu in ihrem heimatlichen Staate erworben haben. Vorausgesetzt wird dabei, daß die betreffenden Aerzte den in den einzelnen Bundesstaaten bestehenden Vorschriften rücksichtlich der Ausübung der ärztlichen Praxis unterworfen, sowie zur Entrichtung der gesetzlichen Steuern und Abgaben von dem Einkommen aus ihrer civilärztlichen Praxis verpflichtet sind und den Nachweis der im Heimatsstaate erlangten Qualifikation und Berechtigung zu erbringen haben. Diese Besugnis soll auch bei ihrer allgemeinen Militärpflicht durch einjährigen freiwilligen Dienst genügenden Aerzten zustehen, weil nur solche Aerzte in die norddeutsche Armee als einjährig-freiwillige Aerzte eintreten können, welche die vollständige Qualifikation zur ärztlichen Praxis erlangt haben. Eine Ausnahme in der letztgedachten Beziehung bilden die Eleven der militärärztlichen Bildungsanstalten, welche bei ihrer Einstellung in die Armee als Unterärzte in der Regel die Staatsprüfung noch nicht absolvirt haben." (In Kohls Bismarck-Regesten ist das Datum nicht erwähnt.)

tanzler-Amt gerichtet.*) Das eingegangene Material erfuhr im Bundeskanzler-Amt eine Bearbeitung, deren Ergebnis von Bismarck im Februar 1869 dem Bundesrat in einer Reihe von „Uebersichten über die in den Staaten des Norddeutschen Bundes stattgehabten Ausprägungen und Einziehungen von Gold-, Silber- und Kupfermünzen" zur Kenntnisnahme vorgelegt wurde. Die Versammlung nahm von dieser Mitteilung, wodurch immerhin eine Grundlage für die Beurteilung der bei dem zu erlassenden Bundesgesetz über das Münzwesen in Betracht kommenden Fragen gewonnen wurde,**) Kenntnis.

Münzenquete. Der Reichstag hatte in seiner 51. Sitzung von 1869 beschlossen, den Bundeskanzler zu ersuchen, dem Reichstag baldthunlichst eine Gesetzesvorlage zu machen, welche, in Ausführung des Artikels 4 der Bundesverfassung, die Ausgabe von Staatskassenscheinen der Norddeutschen Bundesstaaten regelt. In dieser Veranlassung wurden die Bundesregierungen in Gemäßheit eines Beschlusses des Bundesrats vom 25. Juni 1869 zunächst ersucht, dem Bundeskanzler-Amt darüber Mitteilung zu machen, ob und welche Aenderungen in der Emission von Staatspapiergeld seit der im Jahre 1867 hierüber erteilten Auskunft eingetreten seien. Aus den Mitteilungen der Bundesregierungen ergab sich, daß die gesamte Emission von Staatspapiergeld, welche vor zwei Jahren 38 245 460 Thaler betrug, sich gegenwärtig auf 42 652 742 Thaler belief, also um 4 407 282 Thaler gestiegen war. Wenn auch das Papiergeld seinen wahren Grund im Finanzbedürfnisse hatte, so machte doch die ausschließlich geltende Silberwährung die Vertretung des Metalls durch Papier zu einem Bedürfnis des Verkehrs, und die Beschränkung, welcher die meisten Notenbanken in Beziehung auf den Minimalbetrag der Notenappoints unterlagen, die Vertretung des Metalls gerade durch Staatspapiergeld zum Bedürfnis. Es war daher die Frage entstanden, ob der vom Reichstag befürworteten Maßregel nicht die durch Artikel 4 Nr. 3 der Bundesverfassung der Bundesgesetzgebung überwiesene Ordnung des Münzwesens notwendig vorangehen habe. Da auch aus anderen und selbständigen Gründen die Ordnung

---

*) In Kohls Bismarck-Regesten nicht erwähnt.
**) Die nachstehenden Hauptziffern dürften dauerndes Interesse beanspruchen:

	Ausprägungen.			Einziehungen.			Ueberschuß der Ausprägungen über die Einziehungen.		
	Thaler	Sgr.	Pf.	Thaler	Sgr.	Pf.	Thaler	Sgr.	Pf.
Goldmünzen	175 726 386	11	1	2 506 535	24	—	173 219 850	17	1
Silber-Court.-Münzen	498 019 070	4	6	55 901 698	19	2	442 147 371	15	4
Silber-Scheidemünzen	17 817 066	25	—	3 415 497	6	10	14 401 569	18	2
Kupfermünzen	2 730 547	26	9	99 776	18	9	2 630 771	8	—
Zusammen	594 323 071	7	4	61 923 508	8	9	532 395 422	28	7

des Münzwesens kaum verschoben werden konnte, so schloß sich der mit der Berichterstattung über diese Angelegenheit beauftragte Ausschuß für Handel und Verkehr der Ansicht an, daß der Bund, bevor er sich mit der vom Reichstag gewünschten Regelung des unfundirten Papiergeldes befasse, zu der Ordnung des Münzwesens zu schreiten habe. Der Bundesrat beschloß dem hierauf gestellten Antrage des Ausschusses gemäß in der Sitzung vom 9. Dezember 1869: zum Zweck der Erörterung der Verhältnisse, welche bei der Ordnung des Münzwesens in Betracht kommen, von dem nach Befinden zu verstärkenden Ausschuß für Handel und Verkehr eine Enquete anstellen zu lassen, und den genannten Ausschuß aufzufordern, nähere Vorschläge über die Art und Weise der Ausführung zu machen.

Maaß- und Gewichtswesen. In Ausführung der Maaß- und Gewichtsordnung legte Bismarck im Juni 1869 dem Bundesrat den Entwurf von zu erlassenden Bestimmungen über die zulässigen Abweichungen von der absoluten Richtigkeit der Maaße und Gewichte vor. Der Entwurf wurde von dem Ausschusse zu unveränderter Annahme empfohlen. Bekanntmachung vom 6. Dezember 1869 (B.-G.-Bl. S. 698).

Eine weitere Vorlage betraf die Instruktion des Bundeskanzlers für die Normal-Aichungs-Kommission des Norddeutschen Bundes, welche nach ihrem Inkrafttreten (21. Juli) im „Staatsanzeiger" publizirt worden ist.

Urheberrecht an Schriftwerken, Abbildungen, musikalischen Kompositionen, dramatischen Werken und Werken der bildenden Künste. Wie erinnerlich, hatte die königlich sächsische Regierung in der Session von 1868 einen Antrag auf Erlaß eines Bundesgesetzes über das Urheberrecht an Schriftstücken u. s. w. an den Bundesrat gerichtet, der seinerseits ein Enqueteverfahren über diese Angelegenheit einleitete und seine Ausschüsse für Handel und Verkehr und für Justizwesen mit der Berichterstattung betraute. Die Ausschüsse berieten an der Hand eines von Preußen vorgelegten Entwurfs unter Mitwirkung des Geheimen Ober-Postrats Dr. Dambach und Benutzung der Sachverständigengutachten und Aussagen. Aus diesen Beratungen ging ein Entwurf*) hervor, der nach Einholung der Bemerkungen der Einzelregierungen im Oktober 1869 ohne Motive an den Bundesrat gelangte; erläuternde Motive waren ausdrücklich vorbehalten. Ein zweiter von denselben Ausschüssen vorgelegter Gesetzentwurf bezog sich auf den Schutz der Photographien.**)

Die Erledigung des Gesetzentwurfs zog sich bis ins Jahr 1870 hinaus.***)

---

*) Eine Analyse desselben findet sich in der „National-Zeitung" Nr. 487 vom 19. Oktober 1869.
**) Der Inhalt ist abgedruckt in der „National-Zeitung" Nr. 15 vom 11. Januar 1870.
***) Der Bundesrat beschloß am 15. Dezember 1869, sämtliche Bundesregierungen zu ersuchen, diejenigen Bemerkungen, zu welchen ihnen der Gesetzentwurf über das Urheberrecht an Werken der Literatur und Kunst etwa Anlaß geben möchte, bis zum 1. Februar 1870 an das Bundeskanzler-Amt gelangen zu lassen.

Internationaler Schutz des Urheberrechts. Zum gegenseitigen Schutz des Urheberrechts wurden von dem Norddeutschen Bunde mit mehreren Staaten Verträge abgeschlossen, welche für den ganzen Bund Geltung erhielten. Bismarck legte dem Bundesrat vor:

a) eine Uebereinkunft zwischen dem Norddeutschen Bunde und der Schweiz wegen gegenseitigen Schutzes der Rechte an literarischen Erzeugnissen und Werken der Kunst.*) Schreiben vom März 1869, Uebereinkunft vom 13. Mai 1869 (B.-G.-Bl. S. 624);

b) eine Uebereinkunft zwischen dem Norddeutschen Bund und Italien wegen gegenseitigen Schutzes der Rechte an literarischen Erzeugnissen und Werken der Kunst. Schreiben vom Mai 1869. Die Konvention wurde von dem Bundesratsausschusse für Handel und Verkehr, welcher mit Begutachtung derselben beauftragt war, zur unveränderten Genehmigung empfohlen. Da der Bundesrat durch Beschluß vom 1. Mai 1869 die Uebereinkunft zum Schutze des literarischen und künstlerischen Eigentums zwischen Preußen und Frankreich als Grundlage für die Vereinbarung mit Italien bezeichnet hatte, so beschränkte sich die Aufgabe des Ausschusses auf die Prüfung, ob diese Grundlage in angemessener Weise festgehalten sei, und es wurde schließlich konstatirt, daß zwischen den beiden Konventionen nur formelle, durch die Lage der Sache gerechtfertigte Verschiedenheiten bestehen. Man hatte im Ausschusse die Frage erörtert, ob in dem Uebereinkommen mit Italien nicht von der Verpflichtung der gegenseitigen Eintragung der literarischen und künstlerischen Erzeugnisse hätte abgesehen werden können, da mit diesem Systeme keinerlei wesentliche Vorteile verbunden seien. Indessen ließ man sich von der Erwägung leiten, daß der Grundsatz des Einregistrements noch in den Verträgen der deutschen Staaten mit Großbritannien, Belgien und Frankreich Geltung habe, und daß für die Staaten des Norddeutschen Bundes die Prinzipienfrage erst bei Gelegenheit des Bundesgesetzes über den Schutz der Urheberrechte entschieden werde. Die Uebereinkunft vom 12. Mai 1869 findet sich abgedruckt im B.-G.-Bl. S. 293.

c) Der Abschluß einer Literarkonvention mit Rußland war von dem Vorsitzenden des literarischen und musikalischen Sachverständigenvereins in Berlin im Jahre 1867 bei der königlich preußischen Regierung angeregt worden. Eine von der letzteren nach St. Petersburg gerichtete Anfrage ergab die Geneigtheit der kaiserlichen Regierung, auf Grundlage der von Rußland mit Frankreich beziehentlich Belgien abgeschlossenen Literarkonvention mit Preußen über eine solche Konvention in Unterhandlung zu treten. Die Eröffnung dieser

---

*) Bismarck legte diese in der vorigen Session zurückgezogene Vorlage (cfr. S. 163) jetzt wieder vor, da nunmehr begründete Aussicht auf den Abschluß des Handelsvertrages mit der Schweiz vorhanden war. („Norddeutsche Allgemeine Zeitung" Nr. 69 vom 23. März 1869.)

Unterhandlung wurde durch Ermittelungen über die Lage der bezüglichen Gesetzgebung verzögert und war die königlich preußische Regierung damals der Ansicht, daß der Sache nicht mehr durch sie, sondern durch den Bund Fortgang zu geben wäre. Einverstanden mit dieser Ansicht, hatte der Bundeskanzler zunächst den Bundesgesandten in St. Petersburg beauftragt, sich zu vergewissern, ob die von Rußland zwei Jahre vorher auf die Anfrage Preußens kundgegebene Bereitwilligkeit zur Zeit dem Bunde gegenüber noch bestehe. Die russische Regierung hatte hierauf ihre Geneigtheit, mit dem Norddeutschen Bunde in Verhandlungen wegen Abschlusses einer Literarkonvention einzutreten, erklärt und zugleich die unterm 18. (30.) Juli 1862 zwischen Rußland und Belgien abgeschlossene Literarkonvention als eine geeignete Grundlage für solche Verhandlungen bezeichnet. Der Bundeskanzler erachtete im Einverständnis mit den Regierungen von Preußen und Sachsen diese Verhandlungsbasis für annehmbar und stellte daher bei dem Bundesrat den Antrag, sein Einverständnis damit zu erkären, daß das Präsidium im Namen des Bundes mit Rußland über den Abschluß einer Literarkonvention auf der angedeuteten Grundlage in Unterhandlung trete.

Der Bundesrat erklärte sich damit einverstanden. Leider ist diese Konvention bisher nicht zu stande gekommen.

Das Betonnungswesen. Bezüglich des vom Reichstag gefaßten Beschlusses auf Aenderung der Nr. 9 des Artikels 4 der Bundesverfassung dahin, daß auch das Betonnungswesen u. s. w. in den Kreis der Bundeskompetenz gezogen werde, beschloß der Bundesrat, zunächst die gutachtliche Aeußerung der Seeuferstaaten zu hören. Die Ausdehnung der Kompetenz des Reichs auf die Seeschiffahrtszeichen (Leuchtfeuer, Tonnen, Baaken und sonstigen Tagesmarken) erfolgte erst durch Gesetz vom 3. März 1873 (R.-G.-Bl. S. 47.)

Gewährung von Rechtshilfe. Zur Ausführung des Artikels 4 Ziffer 11 der Bundesverfassung legte Bismarck im April 1869 dem Bundesrat einen von der Zivilprozeßordnungskommission ausgearbeiteten Gesetzentwurf, betreffend die Gewährung der Rechtshilfe*) innerhalb des Bundesgebiets, vor. Derselbe wurde im Bundesrat mit allen gegen die vier Stimmen Sachsens angenommen. Gesetz vom 21. Juni 1869 (B.-G.-Bl. S. 305).

Jurisdiktionsvertrag mit den süddeutschen Staaten. Bei Annahme des Gesetzes, betreffend die Gewährung der Rechtshilfe, hatte der Reichstag beschlossen: den Bundeskanzler zu ersuchen, die geeigneten Schritte zur Herbeiführung des Abschlusses von Jurisdiktionsverträgen mit den süddeutschen Staaten zu thun. Infolge dessen war von dem Bundeskanzler

---

*) Vgl. oben S. 163 und über die Arbeit der Kommission die „Norddeutsche Allgemeine Zeitung" Nr. 46 vom 24. Februar 1869.

an das Großherzogtum Baden die Frage gerichtet worden, ob es zum Abschluß eines solchen Vertrages geneigt sei. Der Bundeskanzler hatte hierbei die Ansicht aufgestellt, daß die Bestimmungen des oben erwähnten Gesetzes, so weit sie die Gewährung der Rechtshilfe in Zivilsachen zum Gegenstande haben, fast unverändert in einen Jurisdiktionsvertrag würden aufgenommen werden können, vorausgesetzt, daß durch eine dem § 39 Absatz 1 des Gesetzes entsprechende Verabredung den Bundesangehörigen die gleiche Behandlung mit den jenseitigen Angehörigen in Prozessen und Konkursen gesichert werde, daß dagegen der über die Rechtshilfe in Strafsachen handelnde Teil des Gesetzes nur mit gewissen Modifikationen, namentlich mit Ausschließung der Auslieferung eigener Unterthanen und mit Beschränkung der Verpflichtung zur Strafvollstreckung, einem Vertrage werde zur Grundlage dienen können. Baden erklärte sich zum Abschluß eines Jurisdiktionsvertrages auf diesen Grundlagen bereit; davon machte Bismarck dem Bundesrat im November 1869 eine Mitteilung.

Gemäß dem Antrage des mit der Berichterstattung über diese Angelegenheit beauftragten Ausschusses für Justizwesen beschloß der Bundesrat in der Sitzung vom 6. Dezember 1869: sich damit einverstanden zu erklären, daß zwischen dem Norddeutschen Bunde und Baden ein Jurisdiktionsvertrag in möglichster Uebereinstimmung mit den Bestimmungen des Gesetzes, betreffend die Gewährung der Rechtshilfe, abgeschlossen werde. Der Vertrag selbst beschäftigte den Bundesrat in der nächsten Session.*)

Nachdem auch Bayern und das Großherzogtum Hessen rücksichtlich des südlich vom Main gelegenen hessischen Gebietes sich mit der Abschließung von Jurisdiktionsverträgen im allgemeinen einverstanden erklärt hatten, erteilte der Bundesrat in seiner Sitzung vom 13. und 19. Dezember 1869 die Zustimmung zur Einleitung der bezüglichen Vertragsverhandlungen. Württemberg hatte am Schlusse der Session eine definitive Entschließung noch nicht zu erkennen gegeben. **)

Einführung der allgemeinen deutschen Wechselordnung, der Nürnberger Wechselnovelle und des allgemeinen deutschen Handelsgesetzbuchs als Bundesgesetze. Der Bundesratsausschuß für das Justizwesen empfahl diesen im preußischen Justizministerium ausgearbeiteten, von Bismarck dem Bundesrat im Februar 1869 vorgelegten Gesetzentwurf, nur fügte er einen von Bremen ausgehenden Zusatz bei, wonach das Gesetz keine rückwirkende Kraft haben sollte in Bezug auf die in Bremen den Privatgläubigern einer Handelsgesellschaft zustehenden Pfand- und Vorzugsrechte.

---

*) Vgl. hierüber und die ganze Frage die „Norddeutsche Allgemeine Zeitung" Nr. 290 vom 11. Dezember 1869.
**) Erwähnung des Abschlusses eines Vertrages mit Württemberg s. „Norddeutsche Allgemeine Zeitung" Nr. 19 vom 23. Januar 1870.

In der Plenarsitzung des Bundesrats vom 1. März 1869 wurde der Entwurf wegen zweier von Braunschweig einer- und Hamburg und Bremen andererseits gestellten Anträge an den Ausschuß für Justizwesen zur Beratung dieser Anträge zurückverwiesen. Wie verlautet, hatte sich der Ausschuß in Betreff des braunschweigischen Antrages entschlossen, zu empfehlen, demselben keine Folge zu geben, dagegen dem Antrage Hamburgs durch einen Zusatz im § 3 des Entwurfs zu entsprechen. Die Verhandlungen führten zu dem Gesetz vom 5. Juni 1869 (B.-G.-Bl. S. 379).

Der Entwurf eines Gesetzes über die Aktiengesellschaften, welchen Bismarck dem Bundesrat im Mai 1869 vorlegte, wurde, weil er sich wesentlich an preußische Verhältnisse anschloß, vom Bundeskanzler vorerst den Bundesregierungen zur Aeußerung mitgeteilt. Diese Rückäußerungen wurden dem Justizausschusse als Material für die Beratung des Gesetzentwurfs überwiesen. Der letztere schlug vor, bei allen Aktiengesellschaften auf die Konzessionirung und Ueberwachung seitens der Regierungen zu verzichten, dagegen die Normen, unter denen Aktiengesellschaften gegründet werden sollen und bei Ausgabe von Aktienscheinen u. s. w. zu verfahren haben, durch das Gesetz festzustellen. Die Hauptverhandlungen über diese Materie fallen in die nächste Session des Bundesrats.

Strafgesetzbuch für den Norddeutschen Bund. Dem Bundeskanzler war im Juni 1869 von dem preußischen Justizminister die Mitteilung zugegangen, daß die Aufstellung des Entwurfs eines Strafgesetzbuches für den Norddeutschen Bund in wenigen Wochen zum Abschluß kommen werde. Infolge dessen trug Bismarck beim Norddeutschen Bundesrat darauf an, den zu erwartenden Entwurf*) einer kommissarischen Beratung zu unterziehen. Nach seinen Vorschlägen sollte zu diesem Zweck in Berlin eine aus fünf, höchstens

---

*) Ueber den Inhalt desselben vgl. die „Norddeutsche Allgemeine Zeitung" Nr. 182 vom 7. August 1869. An den Professor Dr. John in Göttingen richtete Delbrück folgendes Schreiben:

Berlin, 31. Juli 1869.

Ew. Hochwohlgeboren waren der Erste, welcher in der Wissenschaft dem nationalen Gedanken, ein einheitliches Strafrecht für den Norddeutschen Bund zu schaffen, durch Ihren Entwurf eines solchen thatsächlichen Ausdruck gaben. Wie sehr dieser Entwurf dem nunmehr von der Gesetzgebung in Angriff genommenen Werke förderlich gewesen ist, wollen Sie aus dem Inhalte des ganz ergebenst beigefügten Entwurfs eines Strafgesetzbuchs für den Norddeutschen Bund entnehmen und mir zugleich das Ersuchen gestatten, dem begonnenen Gesetzgebungswerke Ihre Teilnahme in den ihm noch bevorstehenden weiteren Stadien zuwenden zu wollen.

Der Kanzler des Norddeutschen Bundes.

In Vertretung: Delbrück.

aber aus sieben hervorragenden norddeutschen Juristen bestehende Kommission
zusammentreten. Die zu Mitgliedern derselben geeigneten Persönlichkeiten sollten
von der Justizkommission des Bundesrats bezeichnet werden. Als Anfangs=
termin für die erwähnten kommissarischen Beratungen war der Beginn des Monats
Oktober in Aussicht genommen. Diese Beratungen sollten womöglich noch vor
Jahresschluß zu Ende geführt werden, damit dem Reichstag in seiner nächsten
Session der Entwurf eines gemeinsamen Strafgesetzbuches vorgelegt werden
könnte. Der Bundesrat beschloß auf den Antrag des Ausschusses für das
Justizwesen die Bildung einer Spezialkommission von sieben Mitgliedern. Die
Kommission wurde am 1. Oktober 1869 im Bundeskanzler=Amt durch den
königl. preußischen Justizminister Dr. Leonhardt als Vorsitzenden eröffnet.
Nachdem der Vorsitzende die Mitglieder der Kommission, nämlich: den preußischen
Geheimen Ober=Justizrat Dr. Friedberg, den preußischen Appellationsgerichtsrat
Bürgers, den preußischen Rechtsanwalt und Justizrat Dorn, den sächsischen
Generalstaatsanwalt Dr. Schwarze, den großherzoglich mecklenburgischen Ober=
appellationsgerichtsrat Dr. Budde und den Senator der freien Hansestadt Bremen
Dr. Donandt, begrüßt hatte, machte derselbe zuvörderst Mitteilung von folgen=
dem an ihn gerichteten Schreiben des Bundeskanzlers, d. d. Varzin, den
24. September 1869:

„Aus Eurer Excellenz gefälligem Schreiben vom 18. vorigen Monats habe
ich mit lebhaftem Interesse ersehen, daß die Beratung des Entwurfs eines
Strafgesetzbuches für den Norddeutschen Bund durch die vom Bundesrate ge=
wählte Kommission am 1. kommenden Monats beginnen wird.

„Daß es mir nicht vergönnt ist, die Herren Mitglieder der Kommission bei
ihrem ersten Zusammentreten persönlich zu begrüßen, bedaure ich um so mehr,
je höher ich die Aufgabe stelle, zu deren Lösung sie berufen sind. Der Erlaß
eines Strafgesetzbuches für den Norddeutschen Bund ist ein so bedeutungsvoller
Schritt zur Herstellung eines gemeinsamen öffentlichen Rechts im gesamten
Bundesgebiete und bildet eine so notwendige Ergänzung anderer Bundesein=
richtungen, daß jeder, dem die organische Entwicklung des Bundes am Herzen
liegt, die Beratungen der Kommission nur mit seinen lebhaftesten Wünschen begleiten
kann. Für einen günstigen Erfolg dieser Beratungen bürgt die Zusammensetzung
der Kommission unter Eurer Excellenz Leitung, und ich bin gewiß, mit den zu
derselben berufenen ausgezeichneten Männern in der Ueberzeugung zusammen=
zutreffen, daß ein Teil des Erfolges von einem raschen Abschluß der Beratungen
abhängt. Der Bundesrat ist bei dem Beschlusse, auf Grund dessen die Kom=
mission berufen ist, von diesem Gesichtspunkte ausgegangen, indem er den
Jahresschluß für den Abschluß der Arbeit in Aussicht nahm, und ich gebe mich
der Hoffnung hin, daß es der ersten Legislaturperiode des Bundes vorbehalten
sein wird, ein gemeinsames Strafgesetzbuch zu stande zu bringen.

„Ew. Excellenz ersuche ich ganz ergebenst, den Herren Mitgliedern der Kommission von Vorstehendem gefälligst Kenntnis geben zu wollen.

Der Kanzler des Norddeutschen Bundes.
v. Bismarck.

An den Vorsitzenden der Kommission zur Beratung des Entwurfs eines Strafgesetzbuchs, königl. preußischen Justizminister Herrn Dr. Leonhardt Excellenz."

Der Vorsitzende teilte der Kommission mit, daß von dem Bundeskanzler der Generalstaatsanwalt Dr. Schwarze für Verhinderungsfälle mit der Vertretung des Vorsitzenden beauftragt worden, und daß zu Schriftführern die Herren Gerichtsassessor Dr. Rubo und Kreisrichter Rüdorff ernannt seien. Zum Referenten schlug der Vorsitzende den Geheimen Ober=Justizrat Dr. Friedberg vor, womit sich die Kommission einmütig einverstanden erklärte.

Bereits nach Verlauf von drei Monaten, am 30. Dezember 1869, hatte die Kommission ihre Beratungen geschlossen. Der aus dritter Lesung hervorgegangene revidirte Entwurf*) wurde dem Bundeskanzler überreicht, welcher, da er zur Zeit von Berlin abwesend war und somit die Kommission nicht persönlich schließen konnte, das nachstehende Schreiben an den Vorsitzenden richtete:

Bonn, 29. Dezember 1869.

„Eure Excellenz haben die Güte gehabt, mir mitzuteilen, daß die Kommission zur Beratung des Strafgesetzbuches für den Norddeutschen Bund in den nächsten Tagen die Aufgabe vollendet haben wird, deren Lösung ihr vom Bundesrat anvertraut war. Die verbündeten Regierungen verdanken dieses für das Gelingen des Gesetzbuches verheißungsvolle Ergebnis der unermüdlichen Hingebung, welche sämtliche Herren Mitglieder der Kommission, in voller Erkenntnis der vielseitigen Bedeutung des ihnen anvertrauten Werkes der Vollendung desselben gewidmet haben. Es bedurfte der angestrengtesten Thätigkeit, um in einem Zeitraum von drei Monaten eine Arbeit zum Abschluß zu bringen, deren Umfang schon bei ihrem Beginn groß war und in ihrem Verlauf durch das in erfreulicher Weise von allen Seiten herbeiströmende Material eine ungeahnte Ausdehnung gewann. Ich bin gewiß, im Sinne des Bundesrats zu handeln, indem ich den Herren Mitgliedern der Kommission den lebhaften Dank der verbündeten Regierungen für ihre aufopfernde Thätigkeit ausspreche, und ich darf insbesondere Eurer Excellenz dafür Dank sagen, daß Sie, ungeachtet der Anforderungen, welche Ihre amtliche Stellung an Sie richtet, den Kommissionsarbeiten Ihre ununterbrochene Teilnahme zu erhalten gewußt haben. Da es mir nicht vergönnt ist, von den Herren Mitgliedern der Kommission persönlich

---

*) Mitteilungen über den Inhalt des revidirten Entwurfs befinden sich in der „National=Zeitung" Nr. 11 vom 8. Januar 1870 und Nr. 27 vom 18. Januar 1870.

Abschied zu nehmen, so ersuche Eure Excellenz ich ganz ergebenst, denselben von Vorstehendem gefälligst Kenntnis geben zu wollen.

Der Kanzler des Norddeutschen Bundes.
Graf v. Bismarck."

Errichtung eines Bundes-Oberhandelsgerichts. Von seiten der königl. sächsischen Regierung wurde die Errichtung eines obersten Gerichtshofes für Handelssachen beantragt. Die Begründung eines solchen Tribunals wurde auch früher schon mehrfach angeregt. Man betrachtete diese Einrichtung als den Schlußstein einer gemeinsam deutschen Gesetzgebung über das Handels- und das Wechselrecht. Nachdem die Verkündigung des allgemeinen deutschen Handelsgesetzbuches und der allgemeinen deutschen Wechselordnung als Bundesgesetze in nahe Aussicht getreten war, besorgte man Uebelstände, wenn diese Gesetze von den obersten Gerichtshöfen der Einzelstaaten verschiedene Auslegungen erführen. Nach der Vorlage sollte der Gerichtshof in Leipzig, als einem inmitten Deutschlands gelegenen wichtigen Handels- und Verkehrsplatze, seinen Sitz erhalten und aus einem Präsidenten, einem Vizepräsidenten und der erforderlichen Anzahl von Räten bestehen. Die Mitglieder desselben sollten auf Vorschlag des Bundesrats vom Bundespräsidium ernannt werden, als unmittelbare Bundesbeamte gelten und aus der Bundeskasse ihr Gehalt beziehen. Der neue Gerichtshof sollte für jeden Bundesstaat in Handelssachen an die Stelle des obersten Gerichtshofes treten, welcher für diesen Staat die aus der untern Instanz kommenden Sachen endgiltig zu entscheiden hatte. Urteile in dritter Instanz durch Spruchkollegien oder Juristenfakultäten sollten bei Handelssachen im Bereiche des Norddeutschen Bundes nicht mehr Platz greifen.*)

Der Ausschuß des Bundesrats für Justizwesen hatte bei der Vorberatung der Vorlage besonders die Fragen der Kompetenz und der Opportunität zu prüfen; die Majorität, bestehend aus Preußen, Königreich Sachsen, Coburg-Gotha, Schwarzburg, entschied dieselben in einem der Vorlage günstigen Sinne. Die Motive, welche die Majorität in der Frage der Opportunität bestimmten, waren folgende:

Die einheitliche Gestaltung des Wechsel- und Handelsrechts war zwar ein Gewinn für Deutschland, aber die Geltung dieser einheitlichen Institutionen blieb eine unvollkommene, wie dies die Notwendigkeit der Vorlage wegen Einführung der deutschen Wechselordnung und des Handelsgesetzbuches als Bundesgesetze (siehe oben S. 222) schlagend darthat. Hat dieser letztere Entwurf Gesetzeskraft erlangt, so wird die Gemeinsamkeit des Wechsel- und Handelsrechts innerhalb des Bundesgebiets unzweifelhaft in hohem Grade vervollständigt, aber eine die ernsteste Beachtung verdienende Unvollkommenheit wird

---

*) Stimmen der Presse über diesen Antrag in der „National-Zeitung" Nr. 119 vom 12. März 1869.

auch dann noch nicht beseitigt sein. Es wird immer die Gefahr bestehen bleiben, daß die angestrebte Gemeinsamkeit des Rechtes verkümmert werde durch die Praxis, durch die Judikatur. Diese Gefahr nimmt selbst von Tag zu Tag bedenklichere Dimensionen an. Juristische Abhandlungen zu Hunderten, Kommentare, Lehrbücher haben über die leitenden Grundsätze, wie über die einzelnen Bestimmungen der genannten einheitlichen Gesetzbücher die verschiedensten Ansichten entwickelt und damit einer Fülle von Streitfragen in Theorie und Praxis die Entstehung gegeben. Diese Streitfragen fanden denn auch in den obersten Gerichtshöfen der einzelnen Staaten die verschiedenartigsten Lösungen, welche oft Hauptprinzipien oder Gegenstände von der höchsten praktischen Bedeutung trafen und es ist jetzt schon beinahe so weit gekommen, daß die Einheit des deutschen Wechsel- und Handelsrechts fast nur noch dem Scheine nach besteht. Diesem Uebel beugt der Entwurf wegen Einführung der Wechselordnung, der Nürnberger Novelle und des Handelsgesetzbuches als Bundesgesetze keineswegs vor. Er verschärft im Gegenteil dasselbe, denn er wird ohne Zweifel neue, das gemeinsame Recht betreffende Streitfragen erzeugen, und diese Fragen werden in den verschiedenen Staaten wiederum verschieden gelöst werden. Diese Lösung durch ein Gesetz ist auch nicht möglich, wenn anders in einem solchen Gesetze nicht der gefährliche Weg der Casuistik betreten werden soll. Der einzige Ausweg bleibt die Errichtung eines obersten Gerichtshofes für Handelssachen. Hierin ist die Frage der Opportunität beantwortet. Die Beseitigung des Uebels ist dringend geboten und man darf nicht warten, bis die Zivilprozeßordnung in Kraft getreten ist.

Von der Minorität des Ausschusses (Lübeck) wurde hervorgehoben, daß es gewagt sei, den neuen Gerichtshof in die Lage zu bringen, die verschiedensten Prozeßrechte handhaben und über die richtige Anwendung der mannigfachsten Prozeßgesetze entscheiden zu müssen. Man könne mit Errichtung dieses Gerichtshofes sehr gut warten und vermeide dann, daß derselbe, kaum eingesetzt, mit Einführung der neuen Zivilprozeßordnung, einem obersten Gerichtshof für alle bürgerlichen Rechtsstreitigkeiten Platz machen oder doch mindestens reorganisirt werden müsse. Ein solcher oberster Gerichtshof mit beschränkter Kompetenz drohe die Justizorganisationen in den kleinen Staaten zu schädigen, ja zu zerrütten, abgesehen davon, daß leicht Rivalitäten zwischen ihm und den obersten Landesgerichtshöfen sich entwickeln können.

Bei der Beratung der Kompetenzfrage hatte man Nr. 2 und 13 im Artikel 4 der Bundesverfassung in Betracht zu ziehen; der Bundesgesetzgebung unterlag darnach die Zoll- und Handelsgesetzgebung; das Obligationen-, Straf-, Handels- und Wechselrecht und das gerichtliche Verfahren. Fiel nun die Gerichtsverfassung in den Bereich der Bundesgesetzgebung, so konnte auch die Errichtung eines obersten Gerichtshofes von diesem Bereiche nicht ausgeschlossen werden, wenn auch ein solche Institution in der Verfassung nicht ausdrücklich vorgesehen war und ein solcher Gerichtshof auch auf die Justizhoheit der einzelnen Staaten einwirken sollte. Man wollte einen Gerichtshof mit beschränkter Kompetenz schaffen zur Erreichung eines in der Bundesverfassung klar und bestimmt ausgesprochenen Zweckes. Dies war maßgebend für die Majorität des Ausschusses. Man wies auch hin auf Artikel 75 der Verfassung, welcher bereits dem Oberappellationsgericht in Lübeck bei Hoch- oder Landesverrat die Funktionen eines Bundesgerichts beilegte; ferner auf das Bundesgesetz, das Konsulatswesen betreffend, durch welches preußische Gerichtshöfe mit ähnlichen Funktionen betraut worden waren. Die Minorität hielt den Bund nicht für kompetent und den Gesetzentwurf über die durch die Bundesverfassung vorgezeichneten Grenzen hinausgehend.

Darauf hin stellte ein Mitglied (Lübeck) den Antrag, sofort die Errichtung eines gemeinsamen obersten Gerichtshofes zu beschließen mit dem Zusatze, daß die Zuständigkeit desselben vorläufig auf Handelssachen beschränkt bleibe. Nachdem die Majorität des Ausschusses bei der Diskussion der Kompetenzfrage ausdrücklich anerkannt hatte, daß die Errichtung eines gemeinsamen obersten Gerichtshofes, also die Uebertragung der Justizhoheit auf den Bund zur Kompetenz der Bundesgewalt gehöre, konnte die Ablehnung dieses lübeckschen, über den sächsischen hinausgehenden Antrages nur aus Opportunitätsgründen motivirt werden. Das ist in der That geschehen. Im Ausschuß war es also nicht gelungen, für die vorhandenen scharfen Gegensätze einen Ausgleich zu finden.

Im Plenum des Bundesrats entspann sich ein neuer Kampf. Die Bevollmächtigten für Hessen, Mecklenburg und Hamburg erblickten in der Vorlage ein Hinausgehen über die Verfassung und erklärten deshalb zur Annahme derselben eine Mehrzahl von zwei Dritteln der vertretenen Stimmen für erforderlich. Nachdem der § 1 des Gesetzentwurfs mit 37 Stimmen angenommen war, fand der Bevollmächtigte für Mecklenburg seine Verwahrung in Betreff eines verfassungsmäßigen Beschlusses erledigt, motivirte aber sein dissentirendes Votum noch ausdrücklich dahin, daß die Gründung eines obersten Gerichtshofes für Handelssachen überhaupt der Stellung der höchsten Gerichte in den Einzelstaaten Eintrag thue und einen Schritt zur völligen Absorbirung der den Einzelstaaten zustehenden Selbständigkeit auf dem Gebiete der Rechtspflege in sich schließe. Der großherzoglich sächsische Bevollmächtigte erkannte in der Vorlage einen wesentlichen Fortschritt zu Gunsten der einheitlichen Rechtsprechung, bezeichnete jedoch die Maßregel als verfrüht bei dem dermaligen Stande der Bundesverhältnisse, namentlich vor Einführung der neuen Zivilprozeßordnung. Von Bremen war beantragt, die Beschlußnahme über die Vorlage bis nach Ausarbeitung der neuen Zivilprozeßordnung auszusetzen, eventuell die Angelegenheit zur Begutachtung an die Kommission für die Zivilprozeßordnung zu verweisen. Ein Antrag Hessens ging gleichfalls dahin, die Ausführung der Maßregel bis zum Erlasse der gemeinsamen Zivilprozeßordnung zu vertagen. Beide Anträge wurden mit großer Mehrheit abgelehnt. Dasselbe Schicksal hatte der Antrag Lübecks, die seerechtlichen Sachen von der Kompetenz des binnen=ländischen Oberhandelsgerichts auszunehmen und dieselben einem Bundesadmi=ralitätsgerichte (Oberseegericht) zu überweisen, das in einem der Seehandels=plätze zu errichten wäre. Der aus dem Schoße des Bundesrats an den Reichstag gelangte Gesetzentwurf war absolut identisch mit der vom Ausschusse für Justizwesen vorgeschlagenen Fassung des ursprünglich sächsischen Antrages.

Bei der Verhandlung im Bundesrat über die vom Reichstag in der Vorlage wegen Errichtung eines obersten Handelsgerichtshofes beschlossenen Ab=änderungen wurde noch einmal seitens der mecklenburgischen Regierung gegen die von seiten der Majorität des Bundesrats der ganzen Angelegenheit gegebene geschäftliche Behandlung Verwahrung eingelegt. Der Bund, so wurde von neuem deduzirt, habe keine eigentliche Justizhoheit; dieselbe sei den Einzelstaaten verfassungsmäßig gewahrt; der Bund könne Gesetze geben, aber die Recht=sprechung nach diesen Gesetzen bleibe ein Ausfluß der Justizhoheit der Einzel=staaten. Nun aber werde durch die Errichtung des beabsichtigten neuen Gerichts=hofes mit einemmal eine Justizhoheit des Bundes geschaffen. Das sei etwas Neues, eine Erweiterung der Bundeskompetenz, und es sei für die geschäftliche Behandlung der bezüglichen Vorlage also keine andere Form zulässig, als die im Artikel 78 der Bundesverfassung für eine Verfassungsänderung vorgeschriebene: Veränderungen der Verfassung erfolgen im Wege der Gesetzgebung, jedoch sei zu denselben im Bundesrat eine Mehrheit von zwei Dritteln der vertretenen Stimmen erforderlich. Ein Protest gegen das Gesetz, durch welches der oberste Bundesgerichtshof für Handelssachen gegründet wurde, war diese Verwahrung nicht, sondern es hatte dieselbe im wesentlichen nur den Zweck, ein Präjudiz, welches, nach der Ansicht Mecklenburgs aus dem gegenwärtigen Falle, zum Nachteile der den Einzelstaaten noch verbliebenen Selbständigkeit später ent=nommen werden könnte, abzuwenden.

Gegen den Gesetzentwurf über die Errichtung eines obersten Handels=gerichtshofes in der vom Reichstag beschlossenen Fassung stimmten außer den beiden Mecklenburg auch noch Lübeck, Bremen und Hamburg. Gesetz vom 12. Juni 1869 (B.=G.=Bl. S. 201).

Der Gerichtshof konnte zwar vor dem Jahre 1870 nicht in Wirksamkeit treten, es stellte sich aber doch die Notwendigkeit heraus, schon jetzt für eine etatsmäßige Dotirung desselben zu sorgen. Einerseits galt es dabei die Ge=winnung einer festen Grundlage für Verhandlungen mit Persönlichkeiten, welche für Uebernahme von Stellen an diesem Tribunal ausersehen wurden. Anderer=seits waren mannigfache äußere Einrichtungen und Vorbereitungen zu treffen. Zu allen diesen Zwecken war es erforderlich, den Bundeshaushalts=Etat für das

Jahr 1870 durch einen bezüglichen Nachtragsetat zu ergänzen und die nötigen Bewilligungen möglichst noch in der laufenden Reichstagssession herbeizuführen. Eine solche Vorlage brachte Bismarck beim Bundesrat im Juni 1869 ein. Nach den Aufstellungen belief sich der Gesamtbedarf des obersten Handelsgerichtshofes auf 72500 Thaler. Diese Summe sollte durch Matrikularbeiträge beschafft werden, soweit sie nicht durch den Ertrag der Gerichtskosten ihre Deckung erhielt. (Gesetz, betreffend die Feststellung eines Nachtrags zum Haushaltsetat des Norddeutschen Bundes für das Jahr 1870 vom 29. Juni 1869, B.-G.-Bl. S. 289). Auch bei der Abstimmung über diesen Etatsposten erneuerten die mecklenburgischen Regierungen ihren Protest gegen die Errichtung des Bundes-Oberhandelsgerichts.*)

Die nächste Sorge war die Erwerbung eines Grundstücks für das Bundesoberhandelsgericht in Leipzig. Bei der Abstimmung über den von dem Bundeskanzler an den Bundesrat gebrachten Antrag gab der Bevollmächtigte für Mecklenburg=Strelitz nochmals eine Erklärung ab, dahin gehend, „die großherzogliche Regierung müsse an der Ueberzeugung festhalten, daß in einem Falle gleich dem vorliegenden, wo die Gerichtsbarkeit der Justiz= hoheit der Einzelstaaten entnommen werde, die Zustimmung der letzteren Vorbedingung sei, sie beziehe sich demzufolge zurück auf ihre frühere Abstimmung und Verwahrung, sei jedoch in Bethätigung ihrer bundesfreundlichen Gesinnung und um gegen das von ihren Bundesgenossen beabsichtigte Werk ihrerseits keine Schwierigkeiten hervorzurufen, bereit, sich an dessen Ausführung zu beteiligen." Der Bevollmächtigte stimmte daher dem Antrage bei.**)

Bei Gelegenheit der Personalvorschläge für das Bundesoberhandelsgericht war es im Bundesrat nicht ohne alle landsmannschaftlichen Eifersüchteleien abgegangen. Der Bevollmächtigte von Sachsen=Weimar gab die Erklärung ab: „daß er gegen die vorgeschlagenen Namen kein Bedenken habe und den Ausschußanträgen gern beigetreten sei; die großherzogliche Regierung halte es aber für dringend wünschenswert, daß im Bundesoberhandelsgericht auch die thüringische Staaten= gruppe durch einen mit deren Rechtsverhältnissen genau vertrauten Juristen ver= treten sei, und erwarte die Berücksichtigung dieses Wunsches bei der nächsten

---

*) In Betreff der Gehaltsfrage stellten die Bevollmächtigten der drei Hansestädte den Antrag, die Besoldung der Räte des Gerichtshofes auf 3600 Thaler festzusetzen; derselbe wurde aber abgelehnt, ebenso wie der eventuelle Antrag Lübeck's: „Die Befugnis des Bundesrats zu reserviren, denjenigen neu anzustellenden Räten, welche bisher größere Ein= nahmen als die im Etat ausgeworfene Besoldung bezogen haben, für ihre Lebenszeit solche Zulagen zu gewähren, durch welche der ihnen entstehende Ausfall in den bisherigen Ein= nahmen ausgeglichen wird, und zu diesem Ende einen Fonds von 6000 Thalern in den Etat aufzunehmen."

**) Näheres über den Ankauf des Grundstückes brachte die „National=Zeitung" Nr. 556 vom 27. November 1869.

Besetzung einer Stelle im Oberhandelsgericht." Die Bevollmächtigten der übrigen thüringischen Regierungen traten den Erklärungen des großherzoglich sächsischen Vertreters bei. Der Bevollmächtigte für Hamburg bemerkte, „daß seine Regierung besonderen Wert darauf legen müsse, bei der nächsten Besetzung vakanter Stellen eine Persönlichkeit in das Oberhandelsgericht berufen zu sehen, welche das Hamburger Handels- und Seerecht zu vertreten geeignet sei." Die Bevollmächtigten Oldenburgs und Hessens sprachen im Namen ihrer Regierungen ähnliche Wünsche wegen Berufung eines oldenburgischen und eines hessischen Juristen in das Oberhandelsgericht aus.

Die Wahl der Mitglieder fand in der Sitzung des Bundesrats vom 18. Dezember 1870 statt. Zu Präsidenten wurden der Geheime Ober-Justizrat Pape im Justizministerium und der Vizepräsident Drechsler zu Lübeck gewählt.*)

Oberster Bundesgerichtshof für alle Rechtssachen. Als Schachzug gegen den Antrag Sachsens auf Errichtung eines obersten Bundesgerichtshofes für Handelssachen wurde von dem Bevollmächtigten Hamburgs der Antrag gestellt, der Bundesrat wolle sich mit der Errichtung eines allen Bundesstaaten gemeinsamen obersten Gerichtshofes für alle Strafsachen und privatrechtlichen Streitigkeiten, mindestens aber für letztere einverstanden erklären und das Bundespräsidium um Vorlage eines bezüglichen Gesetzentwurfs ersuchen.**)

In der Begründung dieses Antrags wurde darauf hingewiesen, daß durch die Einsetzung eines obersten Bundesgerichtshofes für Handelssachen den in den einzelnen Bundesstaaten bestehenden obersten Gerichtshöfen ein mehr oder minder wesentlicher Teil ihrer Kompetenz entzogen werden und daß diese Entziehung um so tiefer einschneiden würde, je größer in einem Staat die Zahl der Handelsstreitigkeiten im Vergleich zu den übrigen Rechtssachen wäre. In den Hansestädten, in welchen dies Verhältnis wie zwei zu drei stand, mußten die mit der Einsetzung eines solchen Bundesgerichtshofes verbundenen Nachteile um so mehr empfunden werden, namentlich aber würde sich überall eine Rechtsunsicherheit herausstellen, wenn nicht mehr derselbe Gerichtshof für alle Angelegenheiten in letzter Instanz zuständig wäre. Um diesen Uebelständen vorzubeugen, müsse von einer Trennung der als Handelssachen sich ergebenden Streitigkeiten von den anderen Rechtssachen gänzlich abgesehen und ein oberster Gerichtshof für alle Sachen, sowohl des bürgerlichen wie des Kriminalrechts, mindestens aber für die des bürgerlichen Rechts, errichtet werden.

---

*) Die Namen der übrigen Gewählten findet man in der „Norddeutschen Allgemeinen Zeitung" Nr. 299 vom 22. Dezember 1869. Vgl. auch das B.-G.-Bl. 1870 S. 27 und 374.

**) Vgl. den Artikel der „National-Zeitung": Die Zukunft des höchsten Bundesgerichts, Nr. 371 vom 12. August 1869.

Im Ausschuß des Bundesrats für Justizwesen, welchem vorstehender Antrag überwiesen wurde, waren die Meinungen geteilt. Die Majorität hielt den Antrag nicht für geeignet, empfohlen zu werden, die Minorität dagegen empfahl ihn der Berücksichtigung. Sie stützte sich dabei auf ihr schon in dem Bericht über den Gesetzentwurf wegen Errichtung eines obersten Gerichtshofes für Handelssachen abgegebenes Gutachten, daß sie es für viel weniger bedenklich erachten würde, die gesamte Jurisdiktion der höchsten Landesgerichte in einem obersten Bundesgerichte zusammenzufassen, als durch Errichtung eines auf Handelssachen sich beschränkenden Gerichtshofes das Handelsrecht aus seiner natürlichen Verbindung mit dem Zivilrecht herauszureißen. Die Minorität empfahl auch jetzt noch, daß auf Erweiterung dieses obersten Handelsgerichtes zu einer allen Bundesstaaten gemeinsamen höchsten Instanz für alle Zivil- und Kriminalsachen Bedacht genommen werde. Die Majorität dagegen hielt den hamburgischen Vorschlag für unausführbar, so lange nicht für den ganzen Bund ein einheitlich-materielles und prozessuales Recht gewonnen sei, und der Bundesrat trat dieser letzteren Auffassung bei.*)

Ausdehnung der Bundesgesetzgebung auf das gesamte bürgerliche Recht. Auf die Beschlüsse des Reichstags, die Kompetenz der Bundesgesetzgebung auf das gesamte bürgerliche Recht und die Gerichtsorganisationen auszudehnen (Antrag Miquel-Lasker) und einen einheitlichen Volljährigkeitstermin für das ganze Gebiet des Norddeutschen Bundes festzusetzen (Antrag v. Hagke), ging der Bundesrat nicht ein. Der lübeckische Bevollmächtigte erklärte zur Motivirung seiner Abstimmung für den Reichstagsbeschluß: „Abgesehen davon, daß die Bundesgesetzgebung es in ihrer fortschreitenden Entwicklung gar nicht wird vermeiden können, in die bürgerliche Gesetzgebung einzugreifen, kommt in Betracht, daß durch den mit dem Reichstage vereinbarten Beschluß über die Errichtung eines Oberhandelsgerichts eine Lage geschaffen ist, welche es zur unabweislichen Notwendigkeit macht, auch andere Teile des bürgerlichen Rechts, als das der Bundesgesetzgebung unterstehende Obligationenrecht, in den Kreis der Bundeskompetenz zu ziehen. Schon bei den Verhandlungen über das Oberhandelsgericht ist hervorgehoben, daß dieser Gerichtshof die Quelle seiner Entscheidungen nur zu geringerem Teile aus dem Handelsgesetzbuche und Wechselrechte zu entnehmen vermag, zu größerem Teile aber auf das von dem Handelsrechte unlösbare Zivilrecht hingewiesen ist. Es wird demnach nicht zu leugnen sein, daß der Mangel einheitlicher Grundsätze in Bezug auf das geltende bürgerliche Recht die Judikatur des Oberhandelsgerichts erschweren und die Wirksamkeit dieser Bundesinstitution

---

*) Infolge dessen war es für die Hansestädte nötig geworden, sich darüber zu verständigen, welcher Einfluß der Errichtung des Oberhandelsgerichts auf die künftige Gestaltung ihrer dritten Instanz beizumessen sei. Ueber die betreffenden Verhandlungen vgl. die „National-Zeitung" Nr. 340 vom 24. Juli 1869.

erheblich beeinträchtigen muß. Wenn hierbei keineswegs verkannt werden soll, daß es im Zivilrechte einzelne Materien gibt, welche sich durch ihre Natur der einheitlichen Regelung entziehen, und wenn demnach der Bevollmächtigte in dem vom Reichstage beschlossenen Gesetzentwurfe die Streichung des Wortes „gesamte" nur empfehlen konnte, so glaubt er doch im übrigen diesen Entwurf als die notwendige Konsequenz des Beschlusses über Errichtung eines Oberhandelsgerichts auffassen zu müssen.

Die Ausdehnung der Reichskompetenz auf das gesamte bürgerliche Recht erfolgte erst durch das Gesetz vom 20. Dezember 1873 (R.=G.=Bl. S. 379).

Beschlagnahme von Arbeits= und Dienstlöhnen. Im Jahre 1868 hatte der Reichstag eine Resolution gefaßt auf Vorlage eines Gesetzentwurfs, betreffend das unbedingte Verbot jeder Beschlagnahme noch nicht verdienter Arbeits= und Dienstlöhne im Exekutions= und Arrestwege. Diese Resolution war von Bismarck der Kommission für Ausarbeitung des Entwurfs einer Prozeßordnung in bürgerlichen Rechtsstreitigkeiten des Bundes zur legislativen Formulirung überwiesen worden. Zu Anfang des Jahres 1869 legte Bismarck dem Bundesrat das aus den Beratungen dieser Kommission hervorgegangene Gesetz vor,*) mit dessen Inhalt sich der Bundesrat einverstanden erklärte. Gesetz vom 21. Juni 1869 (B.=G.=Bl. S. 242).

Haftpflicht. Der mit Prüfung dieser, aus der vorigen Session übernommenen Materie**) beauftragte Bundesratsausschuß für Justizwesen konnte es sich nur zur Erwägung stellen, ob es sich, um den anerkannten Mängeln des bestehenden Rechts abzuhelfen, empfehlen würde, eine generelle Reform der Vorschriften über den Ersatz des verursachten Schadens zu veranlassen, oder ob es zweckmäßiger sein würde, das zu erlassende Gesetz auf diejenigen Unternehmungen zu beschränken, welche mit ungewöhnlicher Gefahr für Menschenleben verbunden sind. Der Ausschuß sprach sich einstimmig für letztere Ansicht aus, da durch die generelle Reform der Grundsätze über den Schadenersatz die Lehre von der Verschuldung und der sich daran knüpfenden Deliktsobligationen, mithin ein wichtiger Abschnitt aus dem allgemeinen wie aus dem besonderen Teile des Obligationenrechts vorweggenommen werden, eine so weit gesteckte Aufgabe indessen nur in Verbindung mit dem ganzen System des Obligationenrechts zu lösen sein würde. Wenn daher der Ausschuß zurzeit die Aufgabe des Bundes nur darin erkennen konnte, im Wege eines Spezialgesetzes Bestimmungen zu treffen, um denjenigen, welche bei mit ungewöhnlicher Gefahr verbundenen Unternehmungen widerrechtlich an Leib und Leben beschädigt werden, bezw. ihren Hinterbliebenen einen Ersatz des erlittenen Schadens zu sichern, so

---

*) „Norddeutsche Allgemeine Zeitung" Nr. 48 vom 26. Februar 1869.
**) Vgl. oben S. 167.

mußten hier vorzugsweise die Eisenbahnen, der Bergbau und die Fabriken in Betracht gezogen werden.*)

Dem Antrage des Ausschusses gemäß beschloß der Bundesrat des Norddeutschen Bundes in der Sitzung am 9. Dezember 1869, den Bundeskanzler zu ersuchen, nach Anleitung des von dem Ausschusse vorgelegten Berichts einen Gesetzentwurf über die Haftung der Unternehmer von Eisenbahnen, Bergwerken und Fabriken für die beim Betriebe dieser Unternehmungen verursachten Tötungen und Körperverletzungen auszuarbeiten zu lassen und dem Bundesrat zur Genehmigung vorzulegen.

Die vollständige Erledigung dieser Materie fällt in die folgende Session des Bundesrats (1870).

Die Kosten für die Strafvollziehung bei Verurteilung auf Grund des Militärstrafgesetzbuchs. Der § 184, Teil II des Militärstrafgesetzbuchs vom 3. April 1845 schrieb vor, daß, wenn gegen einen Soldaten auf Zuchthausstrafe erkannt, oder wenn die erkannte Baugefangenschaft als Zuchthausstrafe zu vollstrecken ist, der rechtskräftig Verurteilte durch das betreffende Generalkommando der Zivilbehörde zur Strafvollziehung überwiesen werden soll. Es war nicht zweifelhaft, daß unter dem Ausdruck „Zivilbehörde" hier die Behörde der Heimat und nicht die Behörde des Garnisonorts des Verurteilten zu verstehen sei. Dagegen war zwischen der Bundes-Militärverwaltung und der Regierung von Reuß jüngerer Linie eine Meinungsverschiedenheit darüber entstanden, ob die in Preußen übliche Praxis, nach welcher in dergleichen Fällen die Kosten der Strafvollstreckung von dem Zivilfonds zu tragen sind, auch dann zur Anwendung zur bringen sei, wenn der Verurteilte einem andern Bundesstaat angehört als demjenigen, in welchem die Verurteilung erfolgt.

In dieser Veranlassung beschloß der Bundesrat des Norddeutschen Bundes auf eine desfallsige Vorlage des Bundeskanzlers**) vom August 1869 dem An-

---

*) Der Bundesratsausschuß stellte folgende Grundsätze auf: Für allen Schaden, welcher beim Eisenbahnbetriebe entsteht, ist die Ersatzpflicht der Gesellschaften in umfassender Weise zu bestimmen, falls nicht der Nachweis geführt wird, daß der Schaden durch eigene Schuld des Beschädigten oder durch unabwendbaren Zufall veranlaßt worden. Beim Bergbaue könne die Haftungspflicht der Unternehmer nicht so weit ausgedehnt werden, weil oft Unfälle durch Naturkräfte eintreten, welche sich der sorgfältigsten Kontrolle entziehen, und weil es sich um den Schutz der Arbeiter nicht bloß gegen das Verschulden der Unternehmer, sondern auch der eigenen Mitarbeiter handelt. Der Bergwerksbesitzer soll also nur für eigene Schuld und für die Verschuldung seiner Offizianten, nicht aber für die seiner Arbeiter haften, und der Beweis der Verschuldung muß von dem Teile geführt werden, welcher Schadenersatz beansprucht. Aehnliche Grundsätze sollen für die Haftungspflicht der Fabrikunternehmer gelten, namentlich soll diese Pflicht angenommen werden, wenn die polizeilichen Vorschriften für den Betrieb nicht eingehalten worden sind.

**) Vgl. hierüber auch die „National-Zeitung" Nr. 407 vom 2. September 1869.

trage der Ausschüsse für das Landheer und die Festungen sowie für Justizwesen gemäß: 1. daß die Kosten einer auf Grund des § 184, Teil II. des Militär=strafgesetzbuchs vom 3. April 1845 erfolgenden Strafvollstreckung von dem=jenigen Staat zu tragen sind, welchem die Strafvollstreckung obliegt; 2. den Herrn Bundeskanzler zu ersuchen, dem königlich preußischen Herrn Justizminister unter Mitteilung der erwähnten Vorlage des Bundeskanzlers und dieses Be=schlusses zur Erwägung anheim zu geben, ob in der für den Norddeutschen Bund zu erlassenden Strafprozeßordnung Bestimmung darüber zu treffen sei, welchem Staat, bezw. welcher Zivilbehörde, die Vollstreckung einer vom Militär=gerichte erkannten Zuchthausstrafe obliegt.

Rinderpest. Bei der Beratung des Gesetzes in Betreff der Maßregeln gegen die Rinderpest war der Bundeskanzler vom Reichstag ersucht worden, mit den süddeutschen Staaten über ein gemeinsames Vorgehen Verhand=lungen einzuleiten. Da sich die süddeutschen Regierungen dazu bereit erklärt hatten, so stellte Bismarck im November 1869 den Antrag, daß der Bundes=rat sich mit dem Abschluß einer solchen Vereinbarung mit den süddeutschen Staaten einverstanden erkläre und zwar im Anschluß an die von den süd=deutschen Staaten abgeschlossene Mannheimer Konvention von 1867.

2. Bundesrat.

Von seiten des Bevollmächtigten Mecklenburg=Schwerins war an den Bundesrat ein Antrag gerichtet worden, welcher zur Erwägung stellte, ob es nicht thunlich erscheinen möchte, in allen wichtigen Fragen eine Frist von wenigstens 10 bis 14 Tagen zwischen dem Erscheinen eines Ausschußberichts und der Abstimmung im Bundesrat über die betreffenden Fragen zu wahren. Zur Motivirung des Antrages wurde darauf hingewiesen, daß bei aller Be=schleunigung, die auch in der Geschäftsordnung des Bundesrats angeordnet war, es nicht immer möglich sei, rechtzeitig Instruktion zu erhalten, während es doch besonders wünschenswert erscheine, daß die Regierungen ihre Bevoll=mächtigten auch über die in den Ausschußberichten entwickelten Gründe oder vorgeschlagenen Abänderungen sachgemäß instruiren könnten.

Es war in der letzten Zeit auffallend, den Bundesrat allen Steuervor=lagen des Präsidiums mit wahrer Ueberstürzung zustimmen zu sehen, während er bei Gesetzentwürfen, welche irgendwie partikularistische Interessen berührten, sich sehr bedächtig verhielt und zum Beispiel die Vorlage wegen des Unter=stützungswohnsitzes zu Falle brachte. Mit der verlängerten Frist für die Ein=holung von Instruktionen bei den Höfen sollte wohl besonders dieser partikula=ristische Widerstand gestärkt und eine Annäherung an die Praxis des seligen Bundestags angebahnt werden.

Von einer Beschlußfassung des Bundesrats über diesen Antrag hat nichts verlautet.

3. Bundespräsidium (Bundesbeamte).

Uebernahme des preußischen auswärtigen Ministeriums auf den Bundesetat. Am 22. Februar 1869 richtete Bismarck in dieser Angelegenheit das nachstehende Schreiben*) an den Bundesrat:

„Der Norddeutsche Bund trägt vermöge seiner auf den Schutz des Bundesgebiets und des innerhalb desselben giltigen Rechts sowie auf die Pflege der Wohlfahrt des deutschen Volkes gerichteten Zwecke und vermöge seiner von jeder Kündigung unabhängigen Dauer den Charakter einer völkerrechtlichen Persönlichkeit. Durch die Beglaubigung der königlich preußischen Gesandten bei den außerdeutschen Höfen und Regierungen als Gesandte des Bundes, durch die Beglaubigung der bei dem preußischen Hofe accreditirten Gesandten außerdeutscher Staaten als Gesandte bei dem Bunde, durch zahlreiche völkerrechtliche Verträge ist die völkerrechtliche Persönlichkeit des Bundes in den allgemeinen internationalen Verkehr eingeführt.

„Je vielseitiger und mannigfaltiger die völkerrechtlichen Beziehungen sind, in welche der Bund während der kurzen Zeit seiner Begründung getreten ist, um so entschiedener gewinnt seine völkerrechtliche Seite immer mehr an Bedeutung. Die tägliche Erfahrung in den laufenden Geschäften zeigt, daß das Ausland diese Bedeutung anerkennt, sie beweist aber auch, daß die bestehende Organisation nicht ausreicht, um diese Bedeutung zur vollen Geltung zu bringen. Zu diesem Zwecke ist es nach der Ansicht des Präsidiums erforderlich, daß die politischen Angelegenheiten des Bundes nicht ferner von einer Behörde eines der Bundesstaaten, dem preußischen Ministerium der auswärtigen Angelegenheiten, sondern von einer dem Bunde angehörenden Behörde wahrgenommen werde, und daß die politische Vertretung des Bundes im Auslande nicht ferner als ein Nebenamt durch preußische Beamte, sondern durch Bundesbeamte erfolge.

„In diesem Sinne hat der von dem Reichstag in seiner letzten Session gestellte Antrag auf Einverleibung der Gesamtkosten für die auswärtige Vertretung des Bundes in den Bundeshaushalts-Etat für 1870 seine Berechtigung. Der unterzeichnete Bundeskanzler beehrt sich daher, den Antrag zu stellen, daß der Bundesrat die Aufnahme des vorliegenden Etats für das Ministerium der auswärtigen Angelegenheiten in den Bundeshaushalts-Etat für 1870 beschließen wolle.

„Daß dieser Antrag dem Gesandtschaftsrecht der einzelnen hohen Bundesregierungen keinen Eintrag thut, glaubt der Unterzeichnete kaum bemerken zu dürfen.

v. Bismarck."

Bei der Beratung des vom Präsidium vorgelegten Etats des Ministeriums der auswärtigen Angelegenheiten war der Ausschuß für Rechnungswesen der

---

*) In Kohls Bismarck-Regesten nicht erwähnt.

Ansicht, daß der Antrag in der Konsequenz des Artikels 11 der Verfassung liege, und daß das Gewicht der in der Vorlage angeführten Gründe anerkannt werden müsse. Vor dem Eingehen auf die Einzelheiten des Etats wurde indes bemerkt:

1. Das Gesandtschaftsrecht der einzelnen Staaten sei als fortbestehend anerkannt. Manche Staaten würden, wenngleich die eigentlich politische Vertretung im Auslande auf den Bund übergehe, doch besonderer Gesandtschaften für eine Reihe von speziellen Geschäften, zu denen namentlich die Fürsorge für die im Auslande sich aufhaltenden Staatsangehörigen zu zählen sei, nicht wohl entbehren können. Es entstehe somit, wenn sie zu den Bundesausgaben für die Gesandtschaften beitrügen und für sich noch besonderen Aufwand für Gesandtschaften machten, für sie ein doppelter Aufwand, während der Bund eine Ersparnis mache, weil, im Falle, daß jene besonderen Gesandtschaften fehlten, bei dem Umfange der denselben obliegenden Geschäfte der Aufwand für die Bundesgesandtschaften sich erhöhen werde. Es kam in Betracht, daß in Brüssel eine Gesandtschaft von Sachsen, in München ebenfalls eine Gesandtschaft von Sachsen, in Paris Gesandtschaften von Sachsen, Hessen und Mecklenburg und in Wien Gesandtschaften von Sachsen, Hessen, Mecklenburg und Braunschweig bestanden. Daß auf diesen Umstand Rücksicht zu nehmen sei, wurde anerkannt. Der Modus dafür ließ sich so finden, daß man die Hälfte der Besoldungen des an den vorher bezeichneten Orten fungirenden Gesandtschaftspersonals des Bundes als Aufwand für die Wahrnehmung der angedeuteten speziellen Geschäfte ansah, der durch die besonderen Gesandtschaften erspart werde, daß man diese Hälfte nach dem Matrikularfuße repartirte, und den beteiligten Staaten den nach dieser Repartition auf sie fallenden Beitrag für die Matrikularbeiträge zu gute rechnete. Der Ausschuß hielt diesen Ausweg nach mehrfachen Erwägungen für den einfachsten und passendsten und glaubte denselben der Genehmigung des Bundesrats empfehlen zu sollen. — Nach dieser Berechnung würden, die Gesamtausgaben für die Bundesgesandtschaften in Brüssel, München, Paris und Wien auf 113 300 Thaler angenommen, Sachsen 4500 Thaler, Hessen 340 Thaler, beide Mecklenburg 900 Thaler, Braunschweig 180 Thaler weniger an die Bundeskasse zu zahlen haben, als ihnen nach dem Matrikularfuße zukäme; die vier Staaten zusammen also 5920 Thaler.

2. Ein zweiter Punkt betraf die künftig in eintretenden Fällen an das Gesandtschaftspersonal zu zahlenden Pensionen. Da dieses Personal in den Bundesdienst überging, so würden dergleichen Pensionen ohne besondere Abrede auf den Bund fallen. In dieser Beziehung wurde bemerkt, daß dabei einzelne Staaten benachteiligt erscheinen müßten, insofern sie alsdann zu den Bundespensionen beizutragen, außerdem aber den Aufwand für die Pensionen des bei ihnen durch die Einziehung von Posten außer Funktion tretenden diplomatischen Personals zu bestreiten hätten. Es sei also billig, daß Preußen hierfür eine

Ausgleichung gewähre. Es wurde anerkannt, daß dieser Umstand Berücksichtigung verdiene. Hinsichtlich des Modus der Ausgleichung hielt der Ausschuß nach mehrfachen Erwägungen folgendes Verfahren für das richtige. Es solle am 31. Dezember 1869 bei dem in den Bundesdienst tretenden Gesandtschaftspersonal ermittelt werden, zu welchem Pensionsbetrage jeder einzelne, wenn an diesem Tage seine Pensionirung einträte, berechtigt sein würde. In jedem künftigen Pensionirungsfalle werde der hiernach ermittelte Betrag von dem Gesamtbetrage der zu bewilligenden Pension abgesondert und von demjenigen Staat, in dessen Dienste sich der betreffende Beamte befunden hatte, übernommen oder der Bundeskasse vergütet.

3. Es kam ferner in Betracht, daß das Ministerium der auswärtigen Angelegenheiten eine Reihe nicht eigentlich politischer Geschäfte besorgte; ein Teil derartiger Geschäfte werde zwar künftig auch für den Bund zu besorgen sein, ein Teil werde künftig aber für Preußen allein, sei es in Verhältnissen zum Bundesauslande oder zu Bundesstaaten, besorgt werden. Andere Bundesstaaten befänden sich in ähnlicher Lage und würden auch nach der Uebernahme der auswärtigen Angelegenheiten auf den Bund noch eine besondere Behörde für die Besorgung derartiger Geschäfte beibehalten müssen. Es erschien daher nötig, hier eine Ausgleichung zu finden. Dieselbe würde nach der Ansicht des Ausschusses in folgendem Arrangement zu finden sein: der Bund übernimmt das preußische Ministerium der auswärtigen Angelegenheiten nur insoweit, als dasselbe künftig wirklich Bundesangelegenheiten zu besorgen hat. Zieht Preußen indes vor, das gesamte Ministerium auf den Bund zu übertragen, so ist der Bund gegen Vergütung eines Aversums zur Uebernahme bereit. Nach der spezifizirten Aufstellung würde der Bund nicht übernehmen an persönlichen Ausgaben (3 Räte u. s. w.) 24 650 Thaler, an sachlichen Ausgaben aller Art 5—8000 Thaler, also rund 30 000 Thaler. Diese Posten würden in dem Etat hinter der Zusammenstellung der Ausgaben vor der Linie auszuwerfen, von der Gesamtsumme abzusetzen und in den Bemerkungen die Notiz zu machen sein, daß der Absatz den vor der Linie auszuwerfenden Posten zessire, sofern von Preußen dafür eine Aversionalvergütung von 30 000 Thalern, welche alsdann in der Einnahme nachzuweisen sei, übernommen werde.

Der Ausschuß beantragte sonach: der Bundesrat wolle zu dem Etat des Ministeriums der auswärtigen Angelegenheiten nach den vorstehend bezeichneten Vorschlägen und abschließend auf die Summe von 832 730 Thalern und eventuell 862 730 Thalern die Genehmigung erteilen.

Der Ausschußantrag, welcher darauf hinauslief, das bisher nur stillschweigend geduldete Gesandtschaftsrecht der Kleinstaaten ausdrücklich zu legalisiren,*) erweckte in der ganzen liberalen Presse einen Schrei der Entrüstung.

---

*) Vgl. darüber auch die „National-Zeitung" Nr. 112 vom 8. März 1869.

Es liegt auf der Hand, so schrieb die „National-Zeitung" Nr. 117 vom 11. März 1869, daß wenigstens der Reichstag keinesfalls auf solche Vorschläge eingehen wird. Es ist schon eine Inkonsequenz, wenn einzelnen Staaten eine weitere Spezialvertretung überhaupt gestattet wird. Würde dies regelwidrige Verhältniß durch das Bundesbudget förmlich sanktionirt, so würde der ganzen Stellung des Bundes nach außen ihre Grundlage entzogen.*)

Bismarck ließ sich aber durch diese Tiraden von einer staatsmännischen Behandlung der Frage nicht abhalten. Wie von offiziöser Seite gemeldet wurde, „hatte auch der Bundeskanzler den Antrag auf Ermäßigung der von Sachsen, Mecklenburg rc. zu leistenden Beiträge als eine natürliche Konsequenz und als einen passenden Ausdruck des verfassungsmäßig feststehenden Gesandtschaftsrechtes der einzelnen Bundesstaaten anerkannt." Schließlich wurde dann der Etat des Bundesministeriums der auswärtigen Angelegenheiten mit der Maßgabe genehmigt, daß 1. denjenigen Staaten, welche in München, Wien, Brüssel oder Paris eigene diplomatische Vertretungen unterhielten, bei Festsetzung der Matrikularbeiträge die Hälfte der auf sie fallenden Kosten für die Besoldung der Bundesgesandtschaften in jenen Residenzstädten zu gute gerechnet werden soll; 2) daß von dem Etat des Ministeriums der auswärtigen Angelegenheiten für Besorgung von Geschäften, welche nicht dem Bunde sondern der preußischen Regierung angehören, die Summe von rund 60000

---

*) In demselben Sinne schrieb die „Magdeburger Zeitung": Was hinter diesem hartnäckig festgehaltenen Gesandtschaftsrechte eigentlich steckt, weiß ja jedermann. Seine Ausübung ist nichts anderes als ein stummer Protest gegen die Existenz des Norddeutschen Bundes. Ein stummer Protest, der sich im diplomatischen Verkehr mit den fremden Ministern wohl nicht selten in Konspiration gegen den Fortbestand der Norddeutschen Zustände verwandelt. Diese Diplomaten der halb souverän gewordenen Fürsten agiren vorsichtiger als die Agenten der ganz bepossedirten, aber es wäre der menschlichen Natur und ihren Leidenschaften zuwider, wenn sie sich in ihrer Grundstimmung von einander unterschieden. Darum wird der Reichstag thun, was in seinen Kräften steht, um sie, wenn er sie nicht sofort aus der Welt schaffen kann, wenigstens allmälig auszuhungern. Um dieselbe Zeit brachte die „Kölnische Zeitung" folgende Korrespondenz über die Art, wie der dortige Rest des diplomatischen Corps sich die Zeit vertrieb: Man wird nicht erwarten können, daß die fremden Diplomaten in den deutschen Bundesstaaten das Unnütze dieser Vertretung einräumen und die Einziehung dieser Posten für zweckmäßig erklären sollten. Die Langeweile, der Mangel an Gelegenheit zu einer angestrengten Thätigkeit, bietet Veranlassung zu allerlei Intriguen und Agitationen. Wir haben in Hamburg einen französischen außerordentlichen Gesandten und bevollmächtigten Minister in der Person des Herrn Rothan, einen französischen Legationssekretär Borely de la Touche und einen Kanzler, der auch den Konsulatsposten versieht. Welche Politik hat nun der Herr Gesandte zu verfolgen? Eine antinationale, insofern sie darauf hinausläuft, Preußen als einen eroberungssüchtigen, von Frankreich zu beargwöhnenden Staat zu charakterisiren, als einen Staat, der Süddeutschland annektiren, ja, Frankreich durch Erregung von Plänen nach dem Besitze des Elsaß zu beunruhigen geneigt erscheint. Möge man hiernach erwägen, wohin die große Politik dieser fremden Zirkel hinausführen muß.

Thalern abzusetzen ist, falls nicht Preußen einen außerordentlichen Beitrag von 30 000 Thalern jährlich bewilligt; 3. daß für die Pensionirungsfälle des in den Bundesdienst übernommenen Gesandtschaftspersonals ein Pensionsbeitrag von seite desjenigen Staates gesichert wird, in dessen Dienst der betreffende Beamte bis zum 31. Dezember 1869 gestanden hat,*) und 4. daß eine Position von 600 Thalern für Wahrnehmung der Kassengeschäfte der Konsulatsverwaltung unter die allgemeinen Ausgaben für Hilfsarbeiter bei der Geheimen Kanzlei und der Kasse aufgenommen werde.

Die Umwandlung des preußischen Ministeriums in eine Bundesbehörde trat am 1. Januar 1870 ein.**)

Bundesbeamtengesetz. Durch einen Bericht seiner Ausschüsse wurde der Bundesrat im März 1869 mit dem im Jahre 1868 an den Amendements des Reichstags gescheiterten Gesetze über die Rechtsverhältnisse der Bundesbeamten***) wieder befaßt. Das früher von dem Reichstag zurückgewiesene Bestreben, den Bundesbeamten die teilweise Befreiung von den kommunalen Steuern und Lasten zu verschaffen, trat auch in diesem Entwurf wieder hervor. Es hieß in den Motiven, daß, so lange die Landesbeamten in Betreff der kommunalen Steuern bevorzugt seien, es auch die Bundesbeamten sein müßten;

---

*) Zur Regelung dieses Punktes wurde später ein eigenes Abkommen darüber zwischen Preußen und dem Bunde getroffen. Dasselbe erstreckt sich ebenso sehr auf das Gesandtschaftspersonal als auf die eigentlichen Beamten des bisherigen preußischen Ministeriums der auswärtigen Angelegenheiten im engeren Sinne.

**) Vgl. die „National-Zeitung" Nr. 6 vom 5. Januar 1870, Nr. 12 vom 8. Januar 1870, Nr. 29 vom 19. Januar 1870, Nr. 31 vom 20. Januar 1870. Mit Bezug hierauf meldete (12. Januar 1870) die „Provinzial-Korresp.": Die völkerrechtliche Vertretung des Norddeutschen Bundes hat, wie bereits erwähnt, mit dem 1. Januar 1870 eine feste Regelung erfahren. Die Verwaltung der auswärtigen Angelegenheiten in allen Beziehungen zum Bundesauslande ist auf den Norddeutschen Bund übergegangen. Das Ministerium der auswärtigen Angelegenheiten wird unter diesem seinem bisherigen Titel nur noch die Geschäfte zu besorgen haben, welche aus den Beziehungen des preußischen Staates zu den übrigen Bundesstaaten hervorgehen, ohne nach der Bundesverfassung einer der Behörden des Bundes obzuliegen. Für den gesamten übrigen Geschäftsbetrieb tritt das Ministerium der auswärtigen Angelegenheiten mit seinem bisherigen Personalbestande und unter der Bezeichnung „Auswärtiges Amt des Norddeutschen Bundes" unter die unmittelbare Leitung des Bundeskanzlers. Der bisherige Unterstaatssekretär behält zum Bundeskanzler die Beziehungen, in welchen er zum Minister der auswärtigen Angelegenheiten gestanden hat, und führt den Titel: „Staatssekretär des Auswärtigen Amts". Die Vertreter im Bundesauslande werden den Titel „Gesandtschaft (Botschaft, Geschäftsträger) des Norddeutschen Bundes" und als Wappen den preußischen Adler mit der Umschrift: „Gesandtschaft des Norddeutschen Bundes" führen, wie es dem Artikel 11 der Bundesverfassung entspricht, welcher die völkerrechtliche Vertretung des Bundes der Krone Preußen überträgt.

***) Vgl. oben S. 171.

würden die Bevorzugungen der Landesbeamten aufgehoben, so solle dasselbe hinsichtlich der Bundesbeamten geschehen.*)

Dem Vernehmen nach war in der Vorlage des Präsidiums ein Zusatz zu § 14 vorgeschlagen, dahin lautend, daß, wenn der Bundesbeamte der dienstlichen Anordnung eines Vorgesetzten Folge geleistet habe, die Verantwortlichkeit den Anordnenden allein treffe. Der Bundesrat hat jedenfalls die Streichung dieser Bestimmung für gut gefunden.

Der Entwurf eines Bundesbeamtengesetzes gelangte zwar (22. März 1870) an den Reichstag (Reichst.=Drucks. 1869 Nr. 59) kam aber daselbst nicht zur Durchberatung im Plenum.

Zwei von Bismarck vorgelegte Entwürfe a. eines **Gesetzes, betreffend die Kautionen der Bundesbeamten** (Schreiben vom Februar 1869, Gesetz vom 2. Juni 1869, B.=G.=Bl. S. 161) und b. **eine Verordnung, betreffend die Kautionen der Post= und Telegraphenbeamten** (Schreiben vom Sommer 1869, Verordnung vom 29. Juni 1869, B.=G.=Bl. S. 285) stießen auf keinen Einwand.

4. Reichstag.

Ende Februar 1869 legte Bismarck dem Bundesrat den **Entwurf eines Reichswahlgesetzes** vor, woraus sich das Gesetz vom 31. Mai 1869 (Bundes=Gesetzbl. S. 145) entwickelte. In dem Ausschußberichte war die Vorlage als Abhilfe eines wirklich vorhandenen Bedürfnisses bezeichnet worden, da die einheitliche Repräsentation der Bevölkerung des Bundes auch ein einheitliches Wahlgesetz zur Grundlage haben müsse. In dem Gesetzentwurf selbst hatte der Ausschuß nur einige unerhebliche Modifikationen vorgeschlagen.

In Bezug auf den Reichstagsbeschluß über die **Nichtverfolgbarkeit der Mitglieder der Landtage und Kammern** (Antrag Lasker) beschloß der Bundesrat in Gemäßheit des Ausschußantrages, den Antrag zurzeit auf sich beruhen zu lassen.

5. Zoll= und Handelswesen.

Abkommen mit der Schweiz wegen der Aktiengesellschaften. Bei Beratung des Handelsvertrages mit der Schweiz im Zollparlament teilte Präsident Delbrück mit, daß zwischen dem Norddeutschen Bunde und der Schweiz gleichzeitig ein Abkommen wegen der Aktiengesellschaften getroffen worden sei. Im Juni 1869 legte Bismarck dem Bundesrat das hierauf bezügliche Protokoll**)

---

*) Gegen die Wiederaufnahme dieser Bestimmung polemisirte insbesondere die „Elberfelder Zeitung".

**) Dasselbe lautet: Bei der Unterzeichnung der Uebereinkunft, welche am heutigen Tage zwischen dem Norddeutschen Bunde und der schweizerischen Eidgenossenschaft wegen gegenseitigen Schutzes der Rechte an literarischen Erzeugnissen und Werken der Kunst zur Zustimmung vor. Dasselbe entsprach dem Art. 10 des zu Stuttgart am 27. Mai 1865 paraphirten Entwurfes eines Handels- und Zollvertrages mit der Schweiz, dessen Ausführung von den Regierungen von Preußen, Hannover und Hessen beanstandet wurde (die Einwände Hannovers bezogen sich gerade auf den Art. 10). Bei dem Abschlusse des Vertrages mit der Schweiz vom 13. Mai wurde die betreffende Bestimmung nicht aufgenommen, weil sich Bedenken erhoben gegen die Kompetenz des Zollparlaments in dieser Beziehung. Da indessen auf eine solche Verabredung im Interesse der beteiligten Gesellschaften Wert zu legen war, so einigte man sich über den im vorliegenden Protokolle eingeschlagenen Ausweg. Der im § 1 ausgesprochene Grundsatz, wonach für die Anerkennung der rechtlichen Existenz einer solchen Gesellschaft insbesondere ihre Fähigkeit, vor Gericht aufzutreten (jus standi in judicio), die am Domizil der Gesellschaft geltende Gesetzgebung entscheiden soll, stand mit allgemein giltigen Rechtsnormen im Einklang, wie dieser Grundsatz denn namentlich auch in Preußen bisher stets die Zustimmung der Gerichte gefunden hatte. In der Erwartung, daß die Gesetzgebung auch der übrigen Bundesstaaten für die Durchführung der fraglichen Verabredung ein Hindernis nicht darbieten werde, richtete Bismarck im Namen des Präsidiums den obigen Antrag an den Bundesrat. —

In das Jahr 1869 fällt das erste Steuer-Pronunciamento Bismarcks. Er verlangt die Aufbringung des Staatsbedarfs möglichst mittelst indirekter Steuern; die direkten lasteten mit einer gewissen eckigen Brutalität auf den Pflichtigen. Als passende Steuerobjekte nannte Bismarck die massenhaft verbrauchten Genußmittel: Bier, Branntwein, Wein, Tabak, Thee, Kaffee, sowie Petroleum; auch Stempel- und Quittungssteuern paßten in sein System. Sehen wir zu, wie Bismarck auf die Verwirklichung seines Steuerziels im Bundesrat losschritt.

---

abgeschlossen worden ist, haben die unterzeichneten Bevollmächtigten des Bundespräsidiums und der Eidgenossenschaft folgende Verabredungen getroffen: § 1. Die innerhalb des Norddeutschen Bundes, sowie die innerhalb der Schweiz errichteten Aktiengesellschaften und anonymen Gesellschaften werden gegenseitig als zu Recht bestehend, insbesondere als zum Auftreten vor Gericht befähigt, anerkannt, sofern die Errichtung nach den Gesetzen des Landes, wo die Gesellschaft ihr Domizil hat, giltig erfolgt ist. Ob und inwieweit eine solche Gesellschaft in den Staaten (Kantonen) des andern Gebietes zum Gewerbs- oder Geschäftsbetriebe zugelassen werden kann, ist ausschließlich nach den eigenen Gesetzen der Staaten resp. Kantone zu bestimmen. § 2. Den zum Norddeutschen Bunde nicht gehörigen Staaten des deutschen Zoll- und Handelsvereins bleibt der Beitritt zu dieser Uebereinkunft vorbehalten. § 3. Gegenwärtiges Protokoll tritt zu gleicher Zeit und für die nämliche Dauer in Kraft, wie die im Eingang erwähnte Uebereinkunft zwischen dem Norddeutschen Bunde und der schweizerischen Eidgenossenschaft und soll in die Ratifikation dieser Uebereinkunft mit einbegriffen werden. So geschehen Berlin, den 13. Mai 1869. Henning. Herzog. B. Hammer, Oberst.

1. **Branntweinsteuer.** Bei Beratung des Gesetzentwurfs wegen Besteuerung des Branntweins in dem zum Norddeutschen Bunde gehörigen Teile Hessens hatte der Reichstag auf Antrag des Abgeordneten Dr. Friedenthal beschlossen, den Bundeskanzler zu ersuchen, die Frage über die Einführbarkeit sowie die wirtschaftlichen und finanziellen Vorzüge der Fabrikatsteuer vor der Maischsteuer in Erwägung zu ziehen und den legislativen Austrag dieser Frage durch alle geeigneten Mittel vorbereiten zu wollen. Infolge dessen beschloß der Bundesrat, die Staaten Preußen, Sachsen und Braunschweig um die Bezeichnung von Kommissaren zu ersuchen, welche unter Zuziehung von Gewerbetreibenden und Technikern die oben gestellte Frage zu prüfen und Vorschläge über den zu wählenden Steuermodus zu machen hätten.

Im Februar 1869 legte Bismarck dem Bundesrat den Bericht der gedachten Kommission über das Ergebnis ihrer Beratungen vor.*)

Diesem Berichte waren drei Anlagen beigefügt, nämlich der Entwurf eines Gesetzes, betreffend die Besteuerung des Branntweins in den zum Zollverein gehörigen Teilen des Norddeutschen Bundes, welcher von der Kommission ausgearbeitet war, der Entwurf eines Gesetzes, betreffend die Erhebung der Branntweinfabrikatsteuer im Norddeutschen Bunde, welcher von dem Königl. sächsischen Kommissar zur Annahme empfohlen war, und die zu dem letzteren Entwurf gehörigen Motive.

Die Majorität des Bundesratsausschusses entschied sich für das fakultative System**) und nahm an dem Gesetzentwurf nur wenige redaktionelle Aenderungen

---

*) Das Nähere über den Inhalt dieses Kommissionsberichts findet man in der „National-Zeitung" Nr. 83 vom 19. Februar 1869.

**) Dies System — so argumentierte der Ausschuß — sei zwar nicht so klar und einfach als der Uebergang zur obligatorischen Fabrikatsteuer, aber es vermeide die Nachteile, welche mit einem mißlungenen Versuche verbunden seien. Die Erhöhung der Steuer um 33 1/3 % sei unbedenklich, eine Verteuerung des Branntweins kein Uebel, die Erhöhung werde die Interessen der Landwirtschaft nicht beeinträchtigen. Ueberdies werde die Steuer für die inländische Konsumtion sehr leicht abgewälzt, während das Absatzgebiet durch Eingangszoll und Uebergangsabgabe geschützt, der Absatz nach außen und die Konkurrenzfähigkeit auf fremden Märkten auch durch die Ausfuhrvergütung geschützt sei. Eine vorgeschlagene Branntweinverbrauchssteuer würde mit dem im Norddeutschen Bunde durchgeführten Prinzipe des völlig freien Verkehrs in offenen Gegensatz treten und große Verwaltungskosten erheischen. Die Annahme, daß die Steuer den Produzenten zur Last fallen und nicht auf die Konsumenten abgewälzt werden könne, sei irrig. Ersterer schieße, wie der Bäcker, der Schlächter, der Rübenzuckerfabrikant, die Steuer nur vor, und längst müßten alle Brennereien geschlossen sein, wenn dies nicht der Fall wäre, denn auf die Dauer sei keine Produktion möglich, bei der nicht sämtliche Produktionskosten nebst einem verhältnismäßigen Gewinn im Preise erstattet würden. Die Produktion im Gebiete des Norddeutschen Bundes überschreite den Verbrauch um den sechsten Teil, der Handel mit dem Auslande sei durch die Steuer wegen deren Rückvergütung nicht gehindert. Gestatteten die Konjunkturen des Weltmarktes die Ausfuhr des Spiritus nicht, bleibe also über Bedarf davon im Lande, so

vor; der wesentliche Inhalt desselben ließ sich dahin zusammenfassen, daß die Steuer um 33⅓ % erhöht und die Fabrikatsteuer in der Art eingeführt wurde, daß jedem Brauer unter gewissen Bedingungen freigestellt wurde, die Besteuerung des Fabrikats zu wählen, die nach einer fallenden Skala so abgemessen war, daß der Uebergang zu derselben nur allmälich erfolgte. Der Entwurf enthielt mehrere Erleichterungen der Kontrollvorschriften, aber auch neue aus der Neuheit der Sache hervorgegangene Strafbestimmungen.

Eine Abänderung erfuhr die Vorlage noch durch den Umstand, daß Preußen vorschlug, die nach § 5 des Entwurfs zu gewährende Ausfuhrvergütung für Branntwein von 1 Sgr. 3 Pfg. auf 1 Sgr. 4 Pf. zu erhöhen. Der Ausschuß für Zoll- und Steuerwesen, welchem dieser Antrag überwiesen wurde, gelangte nach eingehender Erwägung zu der Ueberzeugung, daß die vorgeschlagene Erhöhung der Export-Bonifikation gerechtfertigt sei.*)

Die Branntweinsteuer wurde im Reichstag abgelehnt. Damit erledigte sich auch eine von dem Präsidium im April 1869 dem Bundesrat vorgelegte Instruktion zur Erhebung der Fabrikatsteuer.

Für die Annahme des Branntweinsteuergesetzes in der vom Reichstag beschlossenen Fassung (Nr. 251 der Drucks., Resultat der zweiten Plenarberatung) stimmten nur die mecklenburgische und hessische Regierung, weil sie das Hauptgewicht auf die Einführung der Fabrikatsteuer legten, welche allein den Fortbestand der Kornbrennereien sichere.**)

___

müßten die Preise sinken, dann schlössen die mit Nachteil arbeitenden Brennereien, das Angebot von Spiritus mindere sich und der natürliche Preis stelle sich wieder her. Nicht der Erhöhung der Steuer sei übrigens die stete Verminderung der Brennereien zuzuschreiben, sondern dem verbesserten Betriebe in größeren Brennereien. Die kleineren Brennereien, in denen Weintreber und sonstige nicht mehlige Rohstoffe verarbeitet würden, sowie diejenigen, welche flüssige Hefe für den Lokalbedarf verarbeiten, würden bestehen, andere kleinere Brennereien könne das Gesetz schonen. Sei die Konzentration dieses Gewerbes eine unabwendbare Folge der Veränderung im Betriebe, so habe solche ihre bestimmte Grenze in der Kostbarkeit des Transports des Rohstoffs, der sich in der Regel auf 2—3 Meilen beschränke, und hierin liege die Garantie dafür, daß dies Gewerbe stets überall da gleichmäßig verbreitet sein werde, wo die Bedingungen eines vorteilhaften Betriebes: reichliche Gewinnung guter Kartoffeln und billiges Feuerungsmaterial, vorhanden seien. Die Erhöhung der Einnahme sei nicht zu bezweifeln, die Verminderung des Verbrauchs durch die Steuererhöhung von 3 Pfg. für ein Quart trinkbaren Branntweins zu 40 % Alkohol nicht wahrscheinlich.

*) Der Bericht des Ausschusses, der sich noch über zwei großherzoglich hessische Distillerien erstreckte, findet sich auszugsweise mitgeteilt in der „National-Zeitung" Nr. 169 vom 13. April 1869.

**) Bei den Verhandlungen, welche im Jahre 1868 zwischen dem Norddeutschen Bund und Hessen über die Besteuerung des Branntweins und Biers stattfanden, war von hessischer Seite darauf hingewiesen worden, daß in Hessen die Steuer für denjenigen Branntwein erstattet werde, welcher in Alkaloiden-Fabriken zur Verwendung gelangt. Es knüpfte sich daran der Wunsch, daß eine Bestimmung herbeigeführt werde, um allgemein die Vergütung

2. **Die Erhöhung der Braumalzsteuer.** Die hierauf abzielende Vorlage Bismarcks an den Bundesrat bezweckte die Erhöhung der Brausteuer von 20 Silbergroschen für jeden Zentner Malz oder Getreideschrot auf 1 Thaler. Das Gutachten des Bundesratsausschusses für Zoll- und Steuerwesen ging im wesentlichen dahin, daß eine angemessene Erhöhung dieser Steuer als ein zweckmäßiges Mittel zur Vermehrung der Bundeseinnahmen zu betrachten sei und in wirtschaftlicher Hinsicht weit weniger Bedenken darbiete als manche andere Steuer. Auch übersteige die vorgeschlagene Erhöhung um 50 Prozent keineswegs ein billiges Maß, und die im landwirtschaftlichen Interesse gegen die Branntweinsteuer erhobenen Einwendungen könnten auf die Malzsteuer nicht Anwendung finden, da die Bierbrauerei nicht in der engen Verbindung mit der Landwirtschaft stehe wie die Branntweinbrennerei und meist als ganz selbständiges Gewerbe betrieben werde.

Der betreffende Gesetzentwurf wurde dem Reichstag mit Schreiben vom 12. Mai 1869 (Reichstagsdrucksachen Nr. 193) vorgelegt, von demselben aber abgelehnt.*)

Ueber die weiteren Steuervorschläge Bismarcks wird weiter unten**) bei dem Kapitel Bundesfinanzen zu sprechen sein.

Die Verkürzung der Kreditfrist für die zu entrichtende Branntweinsteuer. Bisher konnte in Preußen den Brennereibesitzern, die jährlich über 600 Thaler Steuer zahlten, ein Kredit vom 1. Oktober bis 30. September des nächsten Jahres, mithin auf volle zwölf Monate, bewilligt werden. Die preußische Regierung kam nun, und zwar auf Grund übereinstimmender Gutachten der Provinzialsteuerbehörden, zu dem Schlusse, daß die Frist weit über das Bedürfnis ausgedehnt worden, und daß es angemessen sei, den Branntweinsteuerkredit auf einen dreimonatlichen Zeitraum zu beschränken.

---

der Steuer für Branntwein bei der Verwendung für Alkaloide (namentlich Chinin, Strychnin und Morphin) zu gestatten. Das Bundeskanzler-Amt hatte demnächst ein Regulativ für diesen Zweck ausgearbeitet und dem Bundesrat mit dem Antrage vorgelegt, daß nach Maßgabe der darin enthaltenen Bestimmungen die Steuer für den zur Gewinnung von Alkaloiden zu verwendenden Branntwein zu vergüten beziehungsweise zu erlassen sei. — Eine Vorlage Bismarcks an den Bundesrat, betreffend das Abkommen mit Luxemburg wegen der Branntweinsteuer-Abfindung, gelangte nicht an den Reichstag. — Die bei Gelegenheit der Beschlußnahme über das Branntweinsteuergesetz vom Reichstag an den Bundesrat gerichtete Aufforderung, weitere Untersuchungen wegen eines zweckentsprechenden Meßapparats anzuordnen, betrachtete der Bundesrat durch die befriedigenden Ergebnisse der mit dem Siemensschen Apparat angestellten Untersuchungen für überholt.

*) Aus dem Sommer 1869 datirt ein Schreiben des Kanzlers an den Bundesrat, betreffend die zur Bundeskasse zu berechnende Quote von der Brausteuer in Oberhessen.

**) Bei dem Abschnitt Zoll- und Handelswesen sind nur diejenigen Steuern zu erörtern, welche in der Bundesverfassung (Artikel 35) bereits vorgesehen waren; die übrigen Teile des Steuerbudgets (Wechselstempelsteuer, Börsensteuer, Quittungssteuer, Leuchtgassteuer, Steuer auf Reisende) fallen unter § 70 der Bundesverfassung.

Eine solche Beschränkung konnte jedoch nicht nur in einem Bundesstaate eintreten, sondern entsprach dem Interesse sämtlicher Bundesstaaten. Demgemäß beantragte der Bundeskanzler, daß die längste Frist für gestundete Maischsteuer vom 1. September 1869 ab auf drei Monate festgestellt werde, so daß die Abtragung der kreditirten Steuer nach Ablauf der bewilligten Kreditfrist von Monat zu Monat nach Maßgabe der monatlichen Abschreibungen zu erfolgen habe.*)

Da Bismarck diese Maßregel perhorreszirte,**) so wird sie wohl von Delbrück an den Bundesrat gebracht worden sein. Der Bundesrat beschloß die Reduzirung der Kreditfrist auf 3 Monate.***)

Die Einstellung der Erhebung der Uebergangsabgabe für Tabak. Mit Rücksicht darauf, daß vom Jahre 1869 ab die Besteuerung des Tabaks von den mit Tabak bebauten Grundstücken erhoben wurde, war eine Verständigung zwischen dem Norddeutschen Bunde und den süddeutschen Zollvereinsstaaten über den Zeitpunkt notwendig, von welchem ab die Erhebung der Uebergangsabgabe von Tabak und Tabaksfabrikaten aufhören solle. Dabei waren als Termine der 1. Juli und der 1. Oktober in Frage gekommen. Bismarck beantragte im April 1869 bei dem Bundesrat, den süddeutschen Staaten den 1. Juli als den Zeitpunkt für die Einstellung dieser Abgabe in Vorschlag zu bringen, namentlich im Hinblick auf die Schwierigkeiten, welche bei Festsetzung des Termins auf den 1. Oktober für die Verkehrsverhältnisse zwischen den norddeutschen Staaten und dem Großherzogtum Hessen sich ergeben würden, weil schon mit dem 1. Juli eine Aenderung in diesen Verhältnissen eintrat. Auch würde ein weiteres Fortbestehen der Uebergangsabgabe die Fortdauer der Uebergangsämter an der preußisch-hessischen Grenze, wenigstens zum größeren Teil, über den 1. Juli hinaus für die Erhebung und Kontrollirung einer voraussichtlich unbedeutenden Einnahme erforderlich machen. Nachteile für die Einnahmen des Zollvereins waren durch die Festsetzung des 1. Juli als Termin für den Wegfall der Uebergangsabgaben nicht zu besorgen, weil anzunehmen war, daß der Handelsstand in Voraussicht der Verkehrsfreiheit mit Tabak schon jetzt seine Bezüge von Tabak aus Süddeutschland so viel als möglich einschränken und bis zu dem Zeitpunkt des Aufhörens der Uebergangsabgabe aufschieben werde.

Der Bundesrat beschloß nach dem Präsidialantrage, die Erhebung der

---

*) Vgl. über die Bedeutung dieses Antrages die „National-Zeitung" Nr. 312 vom 8. Juli 1869.

**) Zu vgl. mein Werk: „Aktenstücke zur Wirtschaftspolitik des Fürsten Bismarck", Bd. I S. 134 ff.

***) Vgl. hierzu die „Norddeutsche Allgemeine Zeitung" Nr. 213 vom 12. September 1869.

Uebergangsabgabe für Tabak am 1. Juli einzustellen und den süddeutschen Regierungen hievon Mitteilung zu machen.*)

Ohne greifbares Resultat verliefen zwei hieher gehörige Initiativanträge von Braunschweig und Anhalt. Ersteres bezeichnete die gegenwärtigen Einrichtungen in Betreff der Zölle und Zuckersteuer als nicht mehr passend für die Verhältnisse des Bundes. Da im Bundesbudget die Bruttoeinnahmen der Zölle erscheinen, während die Erhebungskosten auf die Budgets der einzelnen Staaten fallen, so entstehe dadurch eine Unbilligkeit, weil die Zollerhebungen keineswegs verhältnismäßig gleich, sondern vielmehr völlig verschieden seien, und die festgesetzten Bauschsummen könnten nicht als gerechte Ausgleichung betrachtet werden. Die Ungleichheit sei am einfachsten durch Gewährung eines Prozentsatzes (5 Prozent) von der Bruttoeinnahme auszugleichen. Ebenso könne zur Ausgleichung für die Erhebungskosten der Rübenzuckersteuer 1 Prozent der Bruttoeinnahme gewährt werden.

Von einer Beschlußfassung über diesen Antrag hat unter dem Norddeutschen Bunde nichts verlautet.

Der Antrag Anhalts, betreffend die Herauszahlung der Rübensteuern an die Bundeskasse gab im Bundesrat zu scharfen Meinungsverschiedenheiten Anlaß. Insbesondere hatten Oldenburg und Braunschweig ihr Votum gegen den Ausschußvorschlag, welcher auf Verwerfung des Antrages Anhalts ging und schließlich auch die Majorität erhielt, sehr lebhaft motivirt.**)

6. Eisenbahnwesen.

Einpfennigtarif. Zur Verwirklichung des Artikels 45 der Bundesverfassung hatte Bismarck über die Ausdehnung, welche der Einpfennigtarif auf den Eisenbahnen des Bundesgebiets gewonnen, Erhebungen eintreten lassen.***)

---

*) Ueber die Entscheidung des Bundesrats, in welchen Fällen die auf private Rechnung eintretenden Erlasse der Salzsteuer auf private Rechnung des Bundes zu erfolgen hat, anstatt auf die der betreffenden einzelnen Bundesstaaten, vgl. die „Norddeutsche Allgemeine Zeitung" Nr. 182 vom 7. August 1869.

**) Oldenburg sah in dem Vorschlage eine ungleichmäßige Belastung und insbesondere eine erhebliche Prägravation Oldenburgs, was ziffernmäßig nachgewiesen wurde. Der Bevollmächtigte Braunschweigs machte geltend, daß das ganze Arrangement, sofern es monatliche Einzahlung der Steuern fordere, mit der Verfassung streite, also ohne vorherige Aenderung derselben nicht per majora beschlossen werden könne, und daß der Beschluß nur den Charakter einer provisorischen Verwaltungsmaßregel habe, daß endlich auch eine rechtliche Entscheidung nicht versagt werden dürfe.

***) Die Erhebungen müssen sich auf weitere Punkte erstreckt haben, wenigstens bemerkte die „Norddeutsche Allgemeine Zeitung" Nr. 32 vom 7. Februar 1869: In Ausführung der Artikel 4 und 45 der Bundesverfassung, betreffend die Eisenbahnverwaltungen und die angeordnete Aufsicht und Kontrolle über dieselben, hat neuerdings das Handelsministerium auf Veranlassung des Kanzlers des Norddeutschen Bundes sämtliche preußische Eisenbahnverwaltungen aufgefordert, schleunigst die ihnen erteilten Konzessionen, die an

Auf sein Ersuchen hatten die beteiligten Regierungen ein Verzeichnis derjenigen Frachtartikel mitgeteilt, welche auf den einzelnen Bahnen zu dem Satz von 1 Pfennig pro Zentner befördert wurden. Auf Grund dieses statistischen Materials wurde eine Uebersicht aufgestellt und im April 1869 dem Bundesrat zur Kenntnisnahme vorgelegt.

Verhandlungen mit den süddeutschen Staaten über die Reziprozität bei Militär-Eisenbahntransporten. In der Sitzung des Bundesrats vom 7. Dezember 1868 erklärte sich der Bundesrat damit einverstanden, daß das Präsidium mit den süddeutschen Regierungen über die wechselseitigen Militärtransporte auf den Staatsbahnen und den unter Staatsverwaltung stehenden Privatbahnen auf der Grundlage des vom Bundesrat angenommenen Reglements in Verbindung trete. In Ausführung dieses Beschlusses teilte der Vertreter des Bundeskanzlers, Delbrück, das vorerwähnte Reglement mit einigen nicht erheblichen Modifikationen den Regierungen von Bayern, Württemberg und Baden mit dem Ersuchen mit, sich zunächst darüber auszusprechen, ob sie im Allgemeinen geneigt sind, auf der Basis dieses Reglements in Verhandlungen über die Reziprozität bei Militär-Eisenbahntransporten einzutreten.*)

7. Post- und Telegraphenwesen.

Von prinzipieller Bedeutung war der von Bismarck im März 1869 dem Bundesrat vorgelegte Gesetzentwurf, betreffend die Portofreiheiten im Gebiet des Norddeutschen Bundes. Mit Ausnahme des Vertreters für Hessen**) erklärten sich alle Mitglieder des Ausschusses im Prinzip mit dem

dieselben geknüpften Bedingungen, die ihnen verliehenen Privilegien, die zwischen ihnen und der Staatsregierung geschlossenen Verträge, ihre Statuten und sämtliche Abänderungen respektive Nachträge derselben inklusive der etwa geschlossenen Eisenbahnkaufs-, Fusions- oder Betriebsüberlassungsverträge aus der ganzen Zeit des Bestehens zusammenzustellen. Es soll ferner eine Nachweisung sämtlicher Tarife, welche auf den Bahnen bei Beginn des Jahres 1868 in Geltung gewesen sind, nebst allen seitdem vorgekommenen Anordnungen angefertigt und diese Nachweisung durch speziellen und eingehenden Aufschluß über die Konstruktion der Tarife und die einzelnen Tarifklassen zu Grunde liegenden Einheitssätze sowie über die Art und Weise der Verteilung der Frachten aus den direkten Verkehren unter die beteiligten Eisenbahnen erläutert werden. Als wünschenswert ist ferner von dem Bundeskanzler die Kenntnis der den Eisenbahnverwaltungen in Bezug auf Tarifwesen auferlegten Beschränkungen und Verpflichtungen hinsichtlich der Erhöhung, Ermäßigung, Einführung, Publikation u. s. w. der Tarife, beziehungsweise der Grenzen, innerhalb deren den Eisenbahnverwaltungen eine freie Bewegung gestattet ist, bezeichnet worden. Auch andere Regierungen des Norddeutschen Bundes sind um jene Angaben ersucht worden.

*) Ueber die günstige Lage der betreffenden Verhandlungen mit den süddeutschen Regierungen vgl. die „National-Zeitung" Nr. 461 vom 3. Oktober 1869.

**) Der Bevollmächtigte für Hessen machte die Ansicht geltend, daß die projektirte Aufhebung der Portofreiheiten keinen Vorteil bringen, aber erhebliche Nachteile und Mißstände im Gefolge haben werde. Für die Post werde eine beträchtliche Arbeitsvermehrung

Entwurfe einverstanden. Sie hielten das bisher bestandene Portofreiheitswesen für eine veraltete, für die jetzigen Verhältnisse nicht mehr passende Einrichtung. Dieses Portofreiheitswesen sei mit der Umwandlung der territorialen Postgebiete in eine einheitliche Bundesverkehrsanstalt schlechthin unverträglich, und es sei gut, gründliche Abhilfe zu schaffen, wobei der Zuwachs an Arbeit nicht in Betracht kommen könne, und ebenso wenig die für die Behörden entstehende Belästigung, welche nicht hoch anzuschlagen sei angesichts der im § 9 zugelassenen Aversionirung des Portos, der Contoführung, der Anfertigung besonderer Behördenfreimarken. Auch die Befürchtungen in Betreff der Privatvereine könne man nicht teilen; die Vereine würden sich sehr bald daran gewöhnen und keinen Nachteil davon empfinden, wie die in England gemachte Erfahrung zeige. Die der Postverwaltung erwachsende Mehreinnahme werde es ihr erlauben, sich in

eintreten, zumal wenn alle über 15 Lot wiegenden Aktensendungen als Fahrpostsendungen zu behandeln wären; ebenso entstehe für die Behörden eine unerwünschte Belästigung, eine zeitraubende und kostspielige Erschwerung des Geschäftsganges, eine beträchtliche Vermehrung der Kassenbestände. Den Korporationen, den Stiftungen sei bisher Portofreiheit gewährt worden weil die Thätigkeit dieser Anstalten die Zwecke des Staates oder sonstige gemeinnützige Zwecke fördere. Die Entziehung der Portofreiheit liege also nicht im öffentlichen Interesse, werde auch vielfach Mißstimmung in den beteiligten Kreisen hervorrufen, man werde eine Härte darin suchen, daß, nachdem für die Privatkorrespondenz zur Erleichterung des Geschäftsverkehrs das Porto ermäßigt worden ist, nun zur Deckung des Ausfalls, die Korrespondenz im öffentlichen Interesse und für wohlthätige Zwecke besteuert werden solle. Die Postverwaltung werde durch die Entschädigungsansprüche in eine Reihe unangenehmer und schwieriger Rechtsstreitigkeiten verwickelt werden. Und allen diesen Nachteilen stehe kein Vorteil, keine nennenswerte Einnahme gegenüber. Es laufe alles zuletzt gewissermaßen auf einen Matrikularbeitrag hinaus, der nicht nach dem Verhältnis der Bevölkerung sondern nach dem Verhältnis der bisher portofreien, in Zukunft aber portopflichtigen dienstlichen Korrespondenz erhoben werde. Für Preußen werde sich diese Mehrausgabe auf über 1 Million Thaler belaufen. Hierzu komme noch die Schwierigkeit, daß bis Ende 1875 die Postüberschüsse nicht ungeteilt zur Bundeskasse fließen, sondern nach gewissen Prozenten an die einzelnen Bundesstaaten herausbezahlt, respektive denselben auf ihre Matrikularbeiträge angerechnet werden. Auch das in den Motiven zum Entwurfe vorgeschlagene Auskunftsmittel einer Abänderung der Prozenttabelle erreiche den Zweck einer richtigen Ausgleichung nicht, denn es lasse sich nicht erwarten, daß die Postüberschüsse infolge der nachmaligen Steigerung des Verkehrs die Höhe wieder erreichen würden, welche sie von 1861—65 gehabt haben. Die Wirkung der Aenderung würde sein, daß diejenigen Bundesstaaten, die 1861 keine oder geringe Postüberschüsse hatten, den anderen Staaten eine Entschädigung dafür leisten müßten, daß infolge der eingetretenen Portoermäßigung die nach Artikel 52 der Bundesverfassung zu verteilenden Postüberschüsse hinter dem Betrage der 1861/65 erzielten Postüberschüsse zurückbleiben. Zu solcher Entschädigung liege aber gewiß kein rechtlicher Grund vor. Endlich aber beruhten auch die Portofreiheiten in Staatsdienstsachen auf vertragsmäßiger Grundlage und können nicht ohne weiteres beseitigt werden, zum Beispiel in Hessen. Der hessische Bevollmächtigte beantragte in erster Linie die Ablehnung des Entwurfs, eventuell die Aufnahme einer Bestimmung, wonach die etwaige Mehreinnahme als ein der Prozentualverteilung nicht unterliegender Betrag ungeteilt zur Bundeskasse fließe.

Betreff von Errichtung neuer Postanstalten sowie der Verbesserung der Posteinrichtungen etwas freier zu bewegen. Die Kompetenz der Bundesgesetzgebung sei nach Artikel 4 Nr. 10 außer Zweifel und werde durch die vom hessischen Bevollmächtigten angeführten Verträge nicht tangirt.

Was die Behandlung der Mehreinnahmen anbetrifft, so gelangte die Majorität des Ausschusses zu der Ansicht, daß die infolge des vorliegenden Gesetzes zu erwartende reine Mehreinnahme der Postverwaltung alsbald und nicht erst vom 1. Januar 1876 ab ungeteilt an die Bundeshauptkasse abzuführen sei.

Der Gesetzentwurf fand im Bundesrat vielfachen Widerspruch; gegen die Annahme desselben stimmte eine Minderheit von nicht weniger als 11 Stimmen. Der Vertreter von Mecklenburg-Strelitz soll namentlich sein negatives Votum in sehr eingehender und bestimmter Weise motivirt und die Auffassung entwickelt haben, daß die Einzelstaaten nach Artikel 49 der Bundesverfassung nur die aus dem status quo sich ergebenden Einnahmen des Post- und Telegraphenbetriebes dem Bunde zu überlassen verpflichtet seien.

Auch in der Fassung, die der Reichstag dem Gesetze gab, stieß dasselbe im Bundesrat auf eine starke Opposition. Es erklärten sich 13 Stimmen gegen die amendirte Fassung des § 6, durch welche die Verpflichtung zur Entschädigung ausgeschlossen wurde, wenn das Recht der Portofreiheit auf fürstlicher Verleihung beruhte. Der weimarische Bevollmächtigte motivirte das dissentirende Votum durch eine Erläuterung, welche hauptsächlich darauf hinausging, man dürfe vom Standpunkte des Gesetzgebers aus den Grundsatz nicht aufgeben, daß Singularrechte, deren Geldwert sich ermitteln lasse, gleichviel auf welchem Wege sie entstanden, nicht ohne Entschädigung zu beseitigen sind.

Die Vorlage wurde gleichwohl schließlich angenommen. Gesetz vom 5. Juni 1869 (B.-G.Bl. S. 141).*)

Nachdem durch das Bundesgesetz vom 5. Juni 1869 über die Portofreiheiten im Gebiete des Norddeutschen Bundes, einschließlich der zum Bunde gehörigen Teile des Großherzogtums Hessen, Bestimmungen getroffen waren,

---

*) Die vereinigten Ausschüsse für Eisenbahnen, Post und Telegraphen und für Rechnungswesen, welche vom Bundesrat beauftragt waren, über die Behandlung der aus der Beschränkung der bisherigen Portofreiheiten zu erwartenden Mehreinnahmen auf Grund eines von Hessen, Sachsen-Weimar und Oldenburg gestellten Antrages bestimmte Vorschläge zu machen, berichteten darüber, wie es mit solchen Maßnahmen zu halten und nach welchem Maßstabe die Verteilung derselben unter die einzelnen Staaten vorzunehmen wäre. Die Vorschläge der Ausschüsse gingen im wesentlichen dahin, nach Ermittelung des Betrages an Porto und Gebühren, welche im Jahre 1869 eingenommen sein würden, wenn die Portofreiheiten nicht mehr beständen, denjenigen Betrag an Porto und Gebühren, der nach dieser Ermittelung in jedem einzelnen Staate auf die jetzt portofreien Sendungen fiele, als Verhältnis für die auf jeden einzelnen Staat fallenden Prozentanteile an der Mehreinnahme zu betrachten.

wurde es als notwendig anerkannt, übereinstimmend auch das Portowesen in den nicht zum Bunde gehörigen Gebietsteilen des Großherzogtums Hessen auf dem Wege einer Vereinbarung zu regeln. Es fanden deshalb zwischen der Postverwaltung des Norddeutschen Bundes und der hessischen Regierung Verhandlungen statt, die zum Abschluß eines Vertrages*) vom 7. Dezember 1869 führten, und dieser Vertrag wurde demnächst vom Bundeskanzler dem Bundesrat zur Kenntnis vorgelegt. Derselbe führte die Grundsätze des Gesetzes vom 5. Juni 1869 auch in dem nicht zum Bunde gehörigen Teile des Großherzogtums Hessen ein und bestimmte, daß für die Aufhebung der Portofreiheiten in diesem Gebiete seitens der Postverwaltung des Norddeutschen Bundes jährliche Entschädigungen geleistet werden sollten. Bei Berechnung der Höhe derselben war derjenige Umfang der Portofreiheiten zu Grunde gelegt worden, welchen dieselben zur Zeit des Vertragsabschlusses hatten. Die Dauer des Vertrages war dahin stipulirt, daß dieser erlischt, falls das Bundesgesetz über die Portofreiheiten aufgehoben oder abgeändert werden sollte.**)

Auch in dieser Session vervollständigte sich das Netz der von dem Norddeutschen Bunde mit fremden Staaten abgeschlossenen Postverträge. Sie betrafen Schweden (Schreiben Bismarcks an den Bundesrat vom Februar

---

*) Näheres über diesen Vertrag enthält die „Norddeutsche Allgemeine Zeitung" Nr. 304 vom 29. Dezember 1869.

**) Infolge des Beschlusses des Bundesrats des Norddeutschen Bundes vom 26. April 1869 hatte die Postverwaltung an zehn Tagen des Monats Juni und an zehn Tagen des Monats September desselben Jahres Ermittelungen über den Umfang der in jedem einzelnen Bundesstaate zur Aufgabe gelangenden, bisher portofrei, künftig portopflichtig zu befördernden Sendungen, mit Ausnahme der portofreien Justizsachen in Preußen, welche bereits früher veranschlagt worden, veranlaßt. Die Gesamtaufrechnung der auf diese Sendungen fallenden Porto- und sonstigen Gebührenbeträge hatte, unter Hinzurechnung von 930 435 Thaler für portofreie Justizsachen in Preußen, einen Bruttobetrag von 2 574 284 Thaler ergeben. Hierin war auch ein Betrag von 36 197 Thaler an Porto- und Gebührenbeträgen aus denjenigen Gebietsteilen des Großherzogtums Hessen, welche nicht dem Norddeutschen Bunde angehörten, eingeschlossen. Auf Grund dieser Ermittelungen wurden die Prozentsätze, nach welchen die einzelnen Bundesstaaten an dem Gesamtquantum von 2 574 284 Thaler partizipirten, ausgerechnet und in einer Tabelle zusammengestellt. Für das Königreich Preußen ergab sich nach derselben ein Prozentbetrag von $91{,}6431$, für das Königreich Sachsen ein solcher von $2{,}6609$, für die übrigen Bundesstaaten ein solcher von $0{,}7520$ und $0{,}0198$.

Auf Grund vorstehender von dem Bundeskanzler Ende 1869 gemachten Mitteilung beschloß der Bundesrat dem Antrage der Ausschüsse für Eisenbahnen, Post und Telegraphen sowie für Rechnungswesen gemäß in der Sitzung vom 13. Dezember 1869, daß die Einnahme von bisher portofreien, künftig portopflichtigen Postsendungen vom Jahre 1870 ab bis Ende 1875, vorbehaltlich der Genehmigung des Reichstags, nach den in der bezeichneten Prozenttabelle aufgestellten Prozentanteilen zu verteilen sei.

1869, Vertrag vom 23./24. Februar 1869, B.-G.-Bl. S. 73), den Kirchen=
staat (Schreiben Bismarcks an den Bundesrat vom April 1869, Vertrag vom
22. April 1869, B.-G.-Bl. S. 169) und die Vereinigten Fürstentümer
Moldau und Walachei [Rumänien] (Schreiben Bismarcks an den Bundes=
rat vom Februar 1869, Uebereinkunft vom $\frac{24. \text{Juli}}{5. \text{August}}$ 1868, veröffentlicht als
Anlage zu Nr. 37 des Amtsblatts der norddeutschen Postverwaltung vom
Jahre 1869).

Der Präsidialentwurf eines Gesetzes, betreffend die Anfertigung von
Telegraphenfreimarken, erlangte die Genehmigung des Bundesrats. Ge=
setz vom 16. Mai 1869 (B.-G.Bl. S. 377).

Die Vorlage Bismarcks vom Juni 1869, betreffend die den Straßen=
bauverwaltungen im Interesse der Bundestelegraphie aufzu=
erlegenden Verpflichtungen wurde von dem Bundesrat ganz nach den
gestellten Anträgen genehmigt. Es schlossen sich die betreffenden Bestimmungen
in jeder Beziehung enge denjenigen analogen Bestimmungen an, welche von
dem Bundesrat auf den Antrag des Präsidiums in Betreff der den Eisenbahn=
verwaltungen im Interesse der Bundestelegraphie aufzuerlegenden Verpflichtungen
getroffen worden waren.

Die Resolution des Reichstags wegen Vorlegung eines Gesetzes, welches
die Befreiungen von Telegraphengebühren nach den Grundsätzen
des Gesetzes, betreffend die Portofreiheiten, regeln sollte, war vom Bundesrat
dem Bundeskanzler zur Erwägung überwiesen worden.

Nach dem Abschluß der in dieser Richtung angeordneten Vorarbeiten behufs
Zusammenstellung des Materials wurden dem Bundesrat Ende Dezember 1869
weitere Mitteilungen in Aussicht gestellt.

8. Marine und Schiffahrt.

Beseitigung der Flußzölle. Nach § 54 der Verfassung des Nord=
deutschen Bundes durften auf allen natürlichen Wasserstraßen nur für die
Benutzung besonderer Anstalten, die zur Erleichterung des Verkehrs bestimmt sind,
Abgaben erhoben werden, und es durften diese Abgaben die zur Unterhaltung
und gewöhnlichen Herstellung der Anstalten und Anlagen erforderlichen Kosten
nicht übersteigen. Hiernach war die Erhebung von Flußzöllen innerhalb des
Norddeutschen Bundes also unstatthaft. Gleichwohl sträubte man sich vielfach,
der betreffenden Bestimmung des Artikels 54 der Bundesverfassung nachzukommen;
so wurden, nach einer an den Bundesrat gelangten Petition aus Caulsdorf,
die Flößereiabgaben auf der oberen Saale nach wie vor ganz in der alten
Weise erhoben. Nach einer andern Petition, mit welcher sich auch der Reichs=
tag zu beschäftigen hatte, war dasselbe auch auf der Werra bei Minden der
Fall. Dem Bundesrat, welcher sich mit der betreffenden Angelegenheit bereits

wiederholt befaßt hatte, lagen die bezüglichen Petitionen in seiner Sitzung vom 3. Juli 1869 abermals vor.

Nach eingehender Prüfung der Rechts= und Kompetenzfrage hatte der Ausschuß als Gesichtspunkte für die Regulirung der Abgaben, sei es auf dem Wege kommissarischer Verhandlungen, sei es auf dem Wege der Bundesgesetz= gebung, folgende Grundsätze festgestellt:
1. Es ist der Wegfall aller von den Staaten erhobenen eigentlichen Wasser= zölle und Wasserwegegelder zu erstreben. Es ist zu beachten, ob die bestehenden Abgaben den Charakter von Binnenzöllen haben und den im Artikel 23 des Vertrages vom 7. Juli 1867 bestimmten Maximalbetrag überschreiten. — 2) Ebenso ist die Aufhebung aller Abgaben an Kommunen und Privaten, welche als Wasserzölle und nicht als Gebühren für die Benutzung von Anstalten oder für geleistete Dienste zu betrachten sind, herbei zu führen. Sollten dabei Entschädigungsbestimmungen in Frage kommen, so würden dieselben nicht vom Bunde übernommen werden können. — 3) Dagegen können Abgaben für wirklich geleistete Dienste oder im Interesse der Flößerei angelegte und unterhaltene Anstalten oder solche, welche Entschädigungen für Störungen eines Gewerbebetriebes ent= halten, beibehalten werden. Sie sind indes auf ein solches Maß zu bestimmen, daß ihr Ertrag eine billige Entschädigung für die geleisteten Dienste und die Kosten der Unterhaltung und gewöhnlichen Herstellung und erlittenen Störungen nicht übersteigt, und nach gleichmäßigen Grundsätzen zu reguliren. — Abgaben zum Ersatz bloß möglicher Beschädigungen, welche die Flößerei herbeiführen kann, oder zum Ersatz der Stromunterhaltungen überhaupt sind hierunter nicht begriffen.

Nach diesen Gesichtspunkten sollten vom Präsidium zur Regulirung der auf jedem der beiden Flüsse erhobenen Flößereiabgaben acht zu ernennende Kommissare mit den Vertretern der beteiligten Regierungen, nach Befinden auch mit den beteiligten Gemeinden und Privatpersonen, unterhandeln, die Verhält= nisse an Ort und Stelle untersuchen und feststellen, die Beseitigung resp. Regu= lirung der in Betracht kommenden Abgaben erstreben und hierüber Vorschläge machen. Im Falle die Verhandlungen nicht zu einem annehmbaren Resultate führen, würde der Bundesrat auf den Bericht der Kommissare zu erwägen haben, ob und in welcher Weise die Regulirung der in Frage gekommenen Verhältnisse im Wege der Bundesgesetzgebung herbeizuführen sein möchte.

Prüfungsangelegenheit für Seeschiffer und Seesteuerleute. Die Vorschriften des § 31 der Gewerbeordnung bildeten die Ausführung der Bestimmung des Artikels 54 der Bundesverfassung, wonach der Bund die Be= dingungen festzustellen hatte, von welchen die Erlaubnis zu Führung eines See= schiffes abhängig ist. Im Juni 1869 legte Bismarck dem Bundesrat die in § 31 der Gewerbeordnung vorbehaltenen Vorschriften, betreffend die Prüfung der Seeschiffer und Seesteuerleute, vor, nachdem über dieselben eine überaus gründliche Beratung von Sachverständigen stattgefunden hatte. Bei einer ersten

Beratung dieser Vorschriften kam es im Bundesrat zu keiner Einigung und es wurde die Beschlußfassung auf den Antrag der Hansestädte vertagt. Die Gründe dieser Vertagung beruhten nicht allein auf dem Widerspruch der hanseatischen Bevollmächtigten, sondern zumeist auf den zahlreichen, jener Opposition zur Seite stehenden Eingaben aus allen Teilen der norddeutschen Küstenstaaten, welche übereinstimmend gegen die zu umfangreiche theoretische Prüfung gerichtet waren und der Befürchtung Raum gaben, jene letztere könnte der Lust zum seemännischen Beruf in erheblicher und schädlicher Weise Abbruch thun. Man war geneigt, im Sinne dieser Petitionen den Entwurf abzuändern und dabei den Vorschlägen der Hansestädte mehr als bisher Rechnung zu tragen.

Am 25. September 1869 wurde das neue Prüfungsverfahren von dem Bundesrat in einer 5 volle Stunden währenden Sitzung festgestellt. Bekanntmachung vom 25. September 1869 (B.=G.=Bl. S. 660). Dabei war die Arbeit noch immer ein Stückwerk, denn der Bundesrat hatte sich den Erlaß der Vorschriften über das Prüfungsverfahren und die Zusammensetzung der Kommission ausdrücklich vorbehalten.

In den wichtigeren Streitpunkten war Preußens Ansicht gegen die der Hansestädte und Oldenburgs durchweg obenauf geblieben, obgleich von Oldenburg Geh. Rat Buchholtz und von Bremen Senator Gildemeister eigens dieses Gegenstandes wegen nach Berlin gekommen waren, anstatt sich durch den braunschweigisch=oldenburgischen und den hanseatischen Geschäftsträger vertreten zu lassen. Die Wortführer der Nordseeinteressen (Provinz Hannover eingeschlossen) fochten namentlich dafür, daß der Kursus halbjährlich sei statt jährlich, damit der Seemann, wenn er von weiter Fahrt heimkehrt, um seine theoretische Bildung zu vervollständigen, nicht unter Umständen viele Monate lang müßig am Lande zu liegen braucht. Sie faßten auch den Prüfungszwang als einen strikt zu interpretirenden auf, und wollten deswegen Flächen= und Körperberechnung, Kubikwurzelausziehen u. dgl. gestrichen haben. Ihre Majorisirung durch Preußen, ohne Rücksicht auf die Stimmung in den seemännischen Kreisen Hannovers und Schleswig=Holsteins, ließ es in den nautischen Kreisen doppelt bedauern, daß der Reichstag die Mitfeststellung dieses tief ins Leben eingreifenden Prüfungsverfahrens nicht in Anspruch genommen und durchgesetzt hatte.*)

---

*) Wie der „Zeitung für Norddeutschland" berichtet wurde, hatte der Bundeskanzler von dem Falle des Schiffes „Lesmona", deren Mannschaft sich weigerte, das Schiff gegen die Angriffe chinesischer Seeräuber zu verteidigen, Veranlassung genommen, auf die Frage einzugehen, wie der Wiederkehr ähnlicher, der deutschen Rhederei und Flagge nachteiligen Vorfälle vorzubeugen sei. Da als Hauptgrund, aus welchem deutsche Seeleute meist nicht fechten wollen, die Unsicherheit wegen ihres und ihrer Hinterbleibenden künftigen Loses im Falle der Verstümmelung oder des völligen Unterganges anzusehen war, so hatte Graf Bismarck Erkundigungen einziehen lassen, wie es in anderen Ländern, namentlich in England und Amerika, nach dieser Richtung hin stehe, und das Ergebnis derselben in einer besonderen Denkschrift den Regierungen der Seestaaten zugestellt.

Receivers of wreck in Großbritannien, Feststellung der Thatsachen bei der Strandung deutscher Schiffe. Bisher bestand in England auf Grund der merchant shipping act vom Jahre 1854 die Einrichtung, daß wenn ein Schiff in der Nähe der britischen Küste verunglückte, ein Beamter, der receiver of wreck, die Verhältnisse des Schiffes und die Umstände, unter welchen das Unglück stattgefunden, prüfte und darüber ein Protokoll aufnahm. Für nicht englische Schiffe galt dies aber nur, wenn die Strandung innerhalb dreier Seemeilen von der Küste geschah. Die englische Regierung hatte durch ihren Berliner Botschafter dem Bundeskanzler den Wunsch ausgesprochen, daß in Zukunft diese Befugnis des englischen Beamten ausgedehnt werde auch auf die Schiffe, welche in weiterer Entfernung von der Küste stranden, da es doch unter allen Umständen notwendig sei, daß solche Erhebungen möglichst schnell nach dem Unglück eintreten. In gleicher Weise hatte die englische Regierung auch den anderen Regierungen diesen Wunsch ausgesprochen. Der Bundeskanzler teilte im großen und ganzen die dargelegte Ansicht, erkannte die Gründe für die Ausdehnung der Befugnis an und hatte deshalb den Bundesseestaaten (Mecklenburg, Oldenburg, Hamburg, Lübeck und Bremen) Mitteilung davon gemacht mit dem Bemerken, daß eine solche erweiterte Feststellung allerdings wünschenswert sei, daß aber vorauszusetzen wäre, die britische Regierung beabsichtige nicht, einen Staatsvertrag, der eine Kompetenzerweiterung ihrer Beamten feststellt, mit dem Norddeutschen Bunde zu schließen, sondern, daß es ihr nur darauf ankomme, sich gegen etwaige Reklamationen sicher zu stellen. Mecklenburg, Oldenburg, Hamburg und Lübeck äußerten sich zustimmend; Bremen aber riet ab, einmal, weil Fälle denkbar wären, wo ein solches Eingreifen der fremden Behörden den Interessen der deutschen Schiffer und Rheder nicht entsprechen würde, und dann weil es zweifelhaft sei, ob auf dem Wege der Gesetzgebung eine ganze Bevölkerungsklasse für gewisse Fälle der Autorität eines fremden Staates unterworfen werden könne. Bremen schlug deshalb vor, daß die Sache im Bundesrat zur Beratung komme. Dem entsprechend legte der Bundeskanzler (J. V. Delbrück) am 17. Juni 1869 dieser hohen Körperschaft den Vorschlag der britischen Regierung zur Beschlußnahme vor.

In der Sitzung vom 3. Juli 1869 ermächtigte der Bundesrat das Präsidium, der großbritannischen Regierung gegenüber das gewünschte Einverständnis damit auszusprechen, daß die auf Grund der merchant shipping act fungirenden receivers of wreck oder Friedensrichter befugt seien, die eidlichen Vernehmungen zur Feststellung der Ursachen von Strandungen und sonstigen Seeunfällen auch bezüglich derjenigen deutschen Schiffe zu bewirken, welche außerhalb des dreimeiligen Küstenrayons in den die britischen Inseln umgebenden Meeren verunglücken, dabei aber die Voraussetzung auszusprechen, daß solches nur insoweit zu geschehen habe, als die fraglichen Schiffe oder Personen ihrer Bemannung unmittelbar nach dem Unglücksfalle in einen britischen Hafen einlaufen oder an der britischen Küste anlegen und daß daraus den Beteiligten keine Kosten erwachsen. Von diesen beiden Voraussetzungen hatte sich nun nach eingezogener Auskunft nur die erste als zutreffend erwiesen. Dagegen traf die andere Voraussetzung nicht zu, denn die receivers of wreck erhielten für ihre Funktionen Gebühren im Betrage von höchstens 2 Pfd. Sterl. und liquidirten außerdem die ihnen erwachsenen baren Auslagen zur Erstattung. Für die Deckung dieser Gebühren und Auslagen haftete ausschließlich der Wert des geborgenen Guts. Mit Rücksicht auf die hieraus sich ergebende teilweise Aenderung der dem Bundesratsbeschlusse zu Grunde liegenden Voraussetzungen hatte sich der Bundeskanzler nicht für ermächtigt gehalten, die Verpflichtung der außerhalb des dreimeiligen Küstenrayons in britischen Gewässern verunglückenden deutschen Schiffe zur Zahlung jener Kosten der großbritannischen Regierung gegenüber anzuerkennen, und darum den Bundesrat um weitere Beschlußnahme ersucht.

Die Angelegenheit kam erst in der Bundesratssitzung vom 6. Dezember 1869 zur definitiven Erledigung.*)

9. Konsulatswesen.

Im Juni 1869 legte der Kanzler dem Bundesrat eine Denkschrift vor, welche die Frage wegen Bevollmächtigung der Bundeskonsuln zur ehelichen Vereinigung und zur Beurkundung des Personenstandes von Bundesangehörigen behandelte. Unter Hinweis auf den Umstand, daß namentlich in Mittel- und Südamerika die katholische Geistlichkeit Trauungen protestantischer Paare fast immer von deren Uebertritt zur katholischen Kirche abhängig macht, war es von mehreren Bundeskonsuln in überseeischen Ländern als sehr wünschenswert bezeichnet worden, ihnen das Recht zu verleihen: Ehen von evangelischen Bundesangehörigen giltig abzuschließen. Preußen hatte bereits durch das Gesetz vom 3. April 1854 seinen Konsuln eine solche Befugnis erteilt. Mit dem Eintreten des Bundesverhältnisses kam dieselbe außer Uebung. Beim Erlaß des Bundes-Konsulargesetzes vom 8. November 1867 war die Ansicht maßgebend, daß diese Frage von Bundes wegen erst dann geregelt werden könne, wenn in sämtlichen Bundesstaaten gemeinsame Normen für die Giltigkeit

---

*) Hier wurde der Bundeskanzler ermächtigt, der englischen Regierung die Erklärung der Zustimmung des Norddeutschen Bundes dazu abzugeben, daß die auf Grund der merchant shipping act vom Jahre 1854 fungirenden receivers of wreck oder Friedensrichter die Ermächtigung erhalten, die eidlichen Vernehmungen der Mannschaft auch bezüglich derjenigen deutschen Schiffe zu bewirken, welche in den die britischen Inseln umgebenden Meeren außerhalb des dreimeiligen Küstenrayons verunglücken. —

Das Erfordern des Reichstags, über das Unternehmen der Herstellung eines Nord-Ostsee-Kanals Mitteilung zu machen, wurde vom Bundesrat dem Reichskanzler zur Prüfung überwiesen.

von Ehen beständen. In neuerer Zeit hatte nun die preußische Regierung an den Bundeskanzler den Antrag gerichtet, in Bezug auf preußische Staatsangehörige die Bundeskonsuln im Sinne des Gesetzes von 1854 mit Vollmacht zu versehen. Dem entsprechend war zunächst den Generalkonsuln für Chile, Venezuela und Japan sowie den Konsuln in St. Michael de Salvador, St. José, Guatemala und Manila die Befugnis erteilt: in ihren Bezirken Ehen von preußischen Staatsangehörigen zum vollgiltigen Abschluß zu bringen. Von anderen Bundesstaaten waren derartige Anträge noch nicht eingegangen. Darauf ersuchte nun der Bundesrat die Bundesregierungen um Aeußerung darüber, ob Bedenken entgegenstehen, die erwähnte Befugnis durch ein Bundesgesetz einheitlich zu regeln und zwar nach Anleitung des preußischen Gesetzes vom 3. April 1854. In überwiegender Zahl hatten die Bundesregierungen sich mit der Regelung der Angelegenheit im Wege der Bundesgesetzgebung und mit den Grundsätzen des gedachten preußischen Gesetzes einverstanden erklärt. Prinzipielle Bedenken waren nur von den Regierungen Mecklenburg-Strelitz und Reuß älterer Linie geäußert worden. Nach einer Prüfung des speziellen Inhalts des preußischen Gesetzes war nun aus den Beratungen der vereinigten Ausschüsse für Handel und Verkehr und für Justizwesen der eingangs erwähnte Gesetzentwurf, betreffend die Eheschließung und die Beurkundung des Personenstandes evangelischer Bundesangehörigen in außereuropäischen Ländern, hervorgegangen, dem der Bundesrat seine Zustimmung nicht versagte. Gesetz, betreffend die Eheschließung und Beurkundung des Personenstandes durch die Bundeskonsuln, vom 4. Mai 1870 (Bundes-Gesetzbl. S. 599).

Außerdem wurde der Bundesrat von dem Bundeskanzler noch befaßt mit dem Konsularvertrage zwischen dem Norddeutschen Bunde und Italien vom 21. Dezember 1868 (Schreiben vom Februar 1869, Bundes-Gesetzbl. 1869 S. 113), mit einer Konsularkonvention mit Spanien (Ersuchen um Ermächtigung zum Eintreten in Unterhandlungen darüber, Einverständnis des Bundesrats),*) mit der Flüssigmachung der Mittel für die Errichtung eines Generalkonsulates in Mexiko schon für das Jahr 1869 (Schreiben des Kanzlers vom 22. Februar 1869**), Einverständnis des Bundesrats) und jener für die Errichtung eines Generalkonsulates für Peru mit dem Sitze in Lima im Jahre 1870 (Schreiben vom Oktober 1869), endlich mit dem Antrag auf Ankauf eines Grundstücks für das Konsulat in Belgrad (Schreiben vom Mai 1869).

In Betreff der Bundeskonsulate wurde sonst noch mitgeteilt, daß seit dem von dem Ausschusse für Handel und Verkehr in der Sitzung des Bundesrats des Norddeutschen Bundes vom 19. Dezember 1868 vorgelegten

---

*) Näheres hierüber s. in der „Norddeutschen Allgemeinen Zeitung" Nr. 249 vom 24. Oktober 1869.
**) In Kohls Bismarck-Regesten nicht erwähnt.

Berichte fernerweit an 121 Plätzen Bundeskonsulate errichtet worden seien, welche sich auf die nachstehend bezeichneten Länder verteilten: Brasilien (3), Chile (1), China (1), Columbien (1), Dänemark (2), dänische Besitzungen (1), Dominikanische Republik (2), Frankreich (3), Großbritannien und Irland (47), britische Besitzungen (9), Hayti (1), Italien (2), Japan (4), Mexiko (15), Niederlande (3), Niederländische Besitzungen (1), Oesterreich (1), Peru (2), Portugiesische Besitzungen (1), Rußland (1), Spanien (2), Türkei (10), Venezuela (4) und Vereinigte Staaten von Nord=Amerika (4). Dem Antrage des Ausschusses für Handel und Verkehr gemäß*) beschloß der Bundesrat in der Sitzung vom 6. Dezember 1869, anzuerkennen, daß an den vorstehend bezeichneten Plätzen die Vertretung der Einzelinteressen aller Bundesstaaten durch die daselbst errichteten Bundeskonsulate gesichert sei, und die beteiligten Regierungen zu ersuchen, Anordnung zu treffen, daß die Landeskonsulate an diesen Plätzen, soweit solche noch bestehen, aufhören, sobald die Bundeskonsulate in Wirksamkeit getreten sind, und daß von den ersteren die laufenden Akten der Archive baldigst an die letzteren abgeliefert werden.

10. Bundeskriegswesen.

Bismarck legte dem Bundesrat vor: einen Gesetzentwurf, betreffend die Bestrafung der Entziehung vom Kriegsdienste (Februar 1869, materiell durch das Strafgesetzbuch von 1870, § 112 erledigt), den am 25. Mai 1869 zwischen dem Norddeutschen Bund und dem Großherzogtum Baden geschlossenen Vertrag wegen Einführung der militärischen Freizügigkeit**) (Bundes=Gesetzbl. S. 675) und einen Antrag, betreffend die ärztliche Untersuchung der in Rußland lebenden militärpflichtigen Norddeutschen (Februar 1869).***)

Die Regelung der Pensionsverhältnisse der Invaliden der Unterklassen der vormaligen schleswig=holsteinschen Armee war vom Reichstag (5. Juli 1868) angeregt worden. In dem darüber erstatteten Bericht der vereinigten Ausschüsse des Bundesrats für das Landheer und die Festungen und das Rechnungswesen war ausgesprochen, daß rechtliche Ansprüche allerdings nicht erhoben werden könnten, aber billige Rücksichten sowie die nationale Verpflichtung dafür sprächen, daß die Pensionsverhältnisse nach dem Antrage und den darin niedergelegten Wünschen geregelt würden. Um die Sache möglichst zu beschleunigen, hatten die Ausschüsse gleich einen Gesetzentwurf aus=

---
*) Vgl. die „Norddeutsche Allgemeine Zeitung" Nr. 231 vom 3. Oktober 1869.
**) Vgl. oben S. 185.
***) Die Namen der Aerzte, welche in Rußland die Erlaubnis erhielten, deutsche Militärpflichtige auf ihre körperliche Tauglichkeit zu untersuchen, sind später im Centralblatt für das Deutsche Reich publizirt worden. (Erste Bekanntmachung 6. Januar 1876, Centralblatt S. 4).

gearbeitet und ihrem Berichte beigelegt. Der Ausschußantrag ging dahin, der Bundesrat wolle den Gesetzentwurf in Betreff lebenslänglicher Pensionen genehmigen und ihn empfehlend dem Reichstag zustellen. Nachdem der Bundesrat sein Einverständnis damit ausgesprochen hatte, entwickelte sich hieraus das Gesetz, betreffend die Bewilligung von lebenslänglichen Pensionen und Unterstützungen an Militärpersonen der Unterklassen der vormaligen schleswig-holsteinschen Armee sowie an deren Witwen und Waisen. Vom 3. März 1870 (Bundes-Gesetzbl. S. 39).

Ein Antrag Sachsens an den Bundesrat bezweckte die Prüfung zweifelhafter Fragen in Bezug auf die Zivilversorgung der Militäranwärter.*)

11. Bundesfinanzen.

Ein Teil der Vorlagen, aus denen sich das Steuerbouquet des Finanzministers v. d. Heydt zusammensetzte, betraf Gegenstände, deren Besteuerung die Bundesverfassung bereits vorgesehen hatte. (Vgl. oben S. 243). Unabhängig davon beantragte Bismarck beim Bundesrat die Einführung einer Wechselstempelsteuer, und die Besteuerung der Börsengeschäfte, Quittungen, des Leuchtgases und der Eisenbahnreisenden.

1. Die von Bismarck noch im März 1869 dem Bundesrat zur Beschlußfassung vorgelegte Wechselstempelsteuer bezweckte, an die Stelle der bis dahin in den einzelnen Staaten des Bundes bestehenden Wechselbesteuerung zu treten, und die mehrfache Besteuerung der Wechsel bei ihrem Umlauf in den Bundesstaaten zu beseitigen.

In Bezug auf die Präsidialvorlage war von seiten Bremens folgender Antrag eingegangen: „Der Bundesrat wolle dem von dem Präsidium eingebrachten Gesetzentwurf, betreffend die Wechselstempelsteuer im Norddeutschen Bunde, seine Genehmigung nicht erteilen, dagegen aber an das Präsidium das Ersuchen richten, einen diesen Gegenstand betreffenden Gesetzentwurf auf Grundlage folgender Prinzipien vorzulegen: 1. innerhalb des Bundesgebietes darf eine Stempelabgabe von Wechseln nur in demjenigen Staate, in welchem der Wechsel zur Zahlung gelangt, erhoben werden; 2. die Abgabe darf nicht mehr als $1/2$ pro Mille der Wechselsumme betragen; jedoch ist es gestattet, die stempelpflichtigen Wechsel in Abstufungen von je 25 Thalern dergestalt zu besteuern, daß für alle zu derselben Stufe gehörenden Wechsel der gleiche Steuersatz mit $1/2$ pro Mille der Maximalsumme der betreffenden Gruppe eintritt; 3. die in § 5 der Präsidialvorlage von der Steuer eximirten Wechsel und Anweisungen sind stempelfrei." In den beigefügten Motiven war ausgeführt, daß wirtschaftlich der Antrag denselben Erfolg haben würde wie die Präsidialvorlage. Dagegen müßte für die einzelnen Bundesmitglieder die Erhebung der Abgabe

---

*) Vgl. die „Norddeutsche Allgemeine Zeitung" Nr. 282 vom 2. Dezember 1869.

eine sehr verschiedene Wirkung äußern. Für einige Staaten werde der Vorteil
ein geringer, für andere die Einbuße aber eine sehr erhebliche sein. Für Bremen
berechnete sich der Ausfall auf ungefähr 9 Sgr. pro Kopf der Bevölkerung
— minus der natürlich sehr unerheblichen Quote, mit welcher Bremen an der
Gesamteinnahme des Bundes partizipiren möchte.

Der Bericht der vereinigten Ausschüsse für Zoll und Steuerwesen und
für Justizwesen beleuchtete die Zweifel und Bedenken, welche gegen die Ein=
führung einer für Rechnung des Bundes zu erhebenden Wechselstempelsteuer*)
geltend gemacht worden waren. Bremen gegenüber wurde hervorgehoben, daß,
wenn durch die Abgabe der Gesamtverkehr im Bunde besteuert werden soll,
eine Besteuerung für private Rechnung überhaupt nicht weiter passe. Der
Antrag Bremens wurde abgelehnt. Was das Präzipuum angeht, welches
Hamburg, Bremen und Lübeck zugebilligt werden sollte und das bei Hamburg
10% vom Gesamtergebnisse betragen sollte, so fanden die Ausschüsse diesen
Vorschlag unannehmbar, Präzipua seien überhaupt nicht erwünscht und sie
gehörten weder in das Bundesverhältnis, noch paßten sie zur Natur einer
Bundessteuer, ganz abgesehen davon, daß man den Maßstab für solche Präzipua
nicht finden könne. Gleichwohl war man in den Ausschüssen nicht abgeneigt,
die harten und nachteiligen Folgen, welche die Einführung der Bundes=
stempelabgabe für Hamburg und Bremen hatte, einigermaßen zu mildern,
und die Ausschüsse einigten sich dahin, dem § 27 des Entwurfs nachstehende
Fassung zu geben: „Jedem Bundesstaate wird von der jährlichen Einnahme
für die in seinem Gebiete debitirten Wechselstempelmarken und gestempelten
Blankets bis zum Schlusse des Jahres 1870 der Betrag von 36 Prozent,
in den nächstfolgenden fünf Jahren ein jährlich um 6 Prozent verminderter
Prozentsatz und vom siebenten Jahre ab dauernd der Betrag
von 2 Prozent aus der Bundeskasse gewährt."**) Gesetz, be=

---

*) Die „Hamb. Börsenh." bemerkte klagend zur Wechselstempelsteuer: An und
für sich wird man im Interesse des kaufmännischen Verkehrs wohl nichts dagegen ein=
wenden können, vielmehr es freudig begrüßen müssen, daß ein gleichmäßiger, einheitlicher
und einmaliger Wechselstempel für die Zirkulation eines Wechsels im ganzen Bundes=
gebiete gilt, aber speziell für unsere hamburgischen Finanzen hat die Erhebung der Wechsel=
stempelsteuer zur Bundessteuer doch sehr ihr Bedenkliches. Es würde dadurch unserem
Budget eine sehr bedeutende, zuverlässige und stets wachsende Einnahme entzogen und in
die Bundeskasse geworfen, welcher Hamburg auf diese Art einen neuen, im Verhältnis
zu seiner Einwohnerzahl ganz unverhältnismäßig großen Beitrag, ein zweites Aversum
leisten müßte.

**) Was die einzelnen Abänderungen des Entwurfs betraf, so billigten die Ausschüsse
die vorgeschlagene Befreiung von der Steuer für die vom Inlande auf das Ausland
gezogenen Wechsel (§ 5 Nr. 2), wie sie sich per majora überhaupt für die Beseitigung
sämtlicher im Entwurfe gemachten Ausnahmen entschieden. Die Ausschüsse erhöhten den
niedrigsten Satz für Wechsel von 50 Thaler und weniger von ¾ Sgr. auf 1 Sgr. und
präzisirten den § 2 dahin, daß jedes angefangene Hundert für voll gerechnet werden solle.

treffend die Wechselstempelsteuer im Norddeutschen Bund (Bundes=Gesetzbl. S. 193).*)

2. Die Börsensteuer, vorgelegt von Bismarck dem Bundesrat im April 1869. Die Majorität des Ausschusses erklärte sich mit den Motiven des Entwurfes einverstanden. Sie hielt also dafür, daß sämtliche von der neuen Steuer zu treffenden Handels= und Börsengeschäfte ohne Unbilligkeit einer Abgabe unterworfen werden können, daß dieses am besten durch eine vom Bunde gleichmäßig zu treffende Anordnung geschehe und daß der Ertrag der Steuer auch dem Bundesfiskus zukommen müsse.

Eine Minorität war anderer Meinung. Die beabsichtigte Bestimmung treffe die Staaten sehr verschieden. Besonders die Hansestädte würden in erheblichem Maße an der Aufbringung der Steuer beteiligt sein, während in manchen binnenländischen Staaten und Gebietsteilen nur ein ganz unbedeutender Teil derselben aufkommen werde. Für Hamburg, wo man eine Besteuerung der Schlußnoten habe, entstehe abermals ein durch nichts aufgewogener Ausfall an Einnahmen, der freilich an sich von keiner erheblichen Bedeutung sei, indes doch prinzipiell viel gegen sich habe, indem es nicht gerecht sei, einzelnen Staaten bestimmte Einnahmen, auf welche dieselben gerechnet hätten, zu entziehen und dem Bunde anzueignen, anstatt die Bedürfnisse des Bundes im Wege der Matrikularumlagen zu beschaffen, welcher jedem einzelnen Staate die Befugnis läßt, in der seinen Verhältnissen am meisten entsprechenden Weise das Erforderliche aufzubringen.

Von einer andern Seite wurde bemerkt: die Steuer treffe in der Hauptsache nicht den allgemeinen Verkehr, sondern das Platzgeschäft; ein irgend beachtenswerter innerer und sachlicher Grund für Einheit und Gemeinschaftlichkeit dieser Besteuerung liege überall nicht vor. Man treffe mit dieser Besteuerung den Handelsstand und vorzugsweise den Handelsstand einzelner größeren Handelsstädte. Diese wären gerade auf Besteuerungen dieser Art angewiesen, um Anstalten und Einrichtungen, welche dem Handel und indirekt auch dem Handel

---

Die einzelnen Paragraphen erhielten durch die Ausschüsse zumeist eine genauere Fassung; sie hielten aber die im § 16 des Entwurfs angedrohte Strafe für zu gelinde. Gerade wegen der schwierigen Kontrolle sei der Mißbrauch strenger zu bestrafen und sie erhöhten den fünfundzwanzigfachen Betrag der hinterzogenen Abgabe als Strafe auf den fünfzigfachen Betrag. Die Bestimmung des Termins, an welchem das Gesetz in Kraft treten soll, war dem Bundespräsidium überlassen, das aber nicht ohne Einvernehmen mit dem Bundesrate handeln möge.

*) Zur Durchführung desselben waren mehrfache Anordnungen erforderlich, welche teils der Bundesrat, teils der Bundeskanzler zu treffen hatte. Die Entwürfe wurden im Bundeskanzler-Amt ausgearbeitet und, soweit sie zur Kompetenz des Bundesrats gehörten, diesem vom Bundeskanzler im November 1869 zur Beschlußfassung vorgelegt. Bekanntmachung zur Ausführung des Gesetzes, betreffend die Wechselstempelsteuer im Norddeutschen Bund. Vom 13. Dezember 1869 (Bundes-Gesetzbl. S. 691).

des ganzen Hinterlandes nützten, unterhalten zu können. Entziehe man ihnen derartige Einnahmequellen, so könnten sie die wichtigsten Zwecke ihrer staatlichen Aufgabe nicht mehr erfüllen und sähen ihre Budgets auf eine nicht gerechte und nicht billige Weise derangirt. Der vorliegende Entwurf sei in dieser Beziehung ganz wie der Entwurf des Wechselstempelgesetzes zu beurteilen. Man habe mit beiden eine Richtung eingeschlagen, die zu einer schweren Benachteiligung einzelner Staaten führe, eine Richtung, die man wieder verlassen müsse, weil sie Ungerechtigkeiten veranlasse und für einzelne Staaten das Bundesverhältnis drückend mache.

Gegen obige Deduktion wurde angeführt, daß nur die Besteuerung der Schlußnoten das Geschäft größerer Plätze treffe, obgleich auch hier zu beachten sei, daß die einzelnen Geschäfte im Zusammenhange mit der volkswirtschaftlichen Thätigkeit des Hinterlandes aufgefaßt werden könnten. Die übrigen durch das Gesetz getroffenen Geschäfte kämen in anderen Staaten und Gebieten ebensowohl vor, und in verhältnismäßig nicht geringerem Umfange als an jenen großen Handelsplätzen. Außerdem würden durch die Besteuerung nicht die Staaten, sondern die einzelnen Handeltreibenden getroffen, diese aber ganz gleichmäßig. Die Folge für die Budgets der Staaten sei von keinem Belange, und es sei Wert darauf zu legen, daß die sehr ungleich wirkende Last der Matrikularumlagen durch Eröffnung neuer Einnahmequellen für den Bund gemildert werde. Die Geschäfte, welche man heranziehen wolle, vermittelten so große Vermögensumsätze und gewährten so erhebliche Gewinne, daß die beabsichtigte geringe Belastung derselben gerechtfertigt sei. Gerade bei diesen mit Handel und Verkehr wesentlich zusammenhängenden Geschäften könne die Besteuerung nur vom Bunde und nicht von den Einzelstaaten geschehen, indem die Gesetzgebungen der Einzelstaaten immer verschieden und Doppelbesteuerungen nicht ausgeschlossen sein würden.

Bei der schließlichen Abstimmung über das ganze Gesetz ergaben sich in den Ausschüssen 4 Stimmen für und 2 Stimmen gegen das Gesetz.*)

Im Plenum des Bundesrats wurde von seiten Hamburgs und Hessens gegen die Steuer lebhaft protestirt und dadurch wenigstens eine Umgestaltung des vierten Abschnitts über die Besteuerung inländischer Aktien herbeigeführt.

---

*) Bei der Spezialdebatte wurden die einzelnen Paragraphen mit wenigen, meist nur deklaratorischen Abänderungen des Textes angenommen. Nur die Vorschriften über die Besteuerung umlaufsfähiger Wertpapiere des Inlandes stießen auf größeren Widerstand. Ueber die Ratsamkeit dieser Steuer war in den Ausschüssen Stimmengleichheit vorhanden. Von der Opposition wurde auf das Neue, Ungewohnte und Unbequeme dieser Steuer Gewicht gelegt, auch der Umstand hervorgehoben, daß dieselbe sich mehr als Vermögenssteuer gestalte, als daß sie bloß den Umlauf der Papiere treffe, von der andern Seite darauf, daß die Steuer an sich gering sei, daß sie im ganzen nur die Wohlhabenden treffe, daß sie in anderen Ländern bereits bestehe, endlich aber, daß sie, ungeachtet ihrer Geringfügigkeit, einen beachtenswerten Ertrag gewähren kann.

Nach Annahme verschiedener sonstigen Abänderungsvorschläge*) wurde die Vorlage angenommen. Die viele darauf verwandte Mühe war aber umsonst, da der Reichstag demnächst die ganze Steuer verwarf.

3. Der Cyklus der Steuerprojekte wurde vermehrt durch eine Quittungssteuer nach englischem Muster (Schreiben Bismarcks an den Bundesrat vom Mai 1869). Die Ausschüsse des Bundesrats des Norddeutschen Bundes für Zoll- und Steuerwesen und für Justizwesen beschäftigten sich in Betreff dieser Vorlage bei ihren Beratungen nicht mit der finanziellen, sondern bloß mit der steuerpolitischen Frage. Wie bereits angedeutet, ist die Besteuerung der Quittungen eine englische Einrichtung, die aus dem Jahre 1783 datirt und sich früher nach der Höhe der Summe richtete, bis man im Jahre 1853 den uniformen Satz von 1 Penny für Quittungen, die über zwei Pfund Sterling lauten, adoptirte. Die Ausschüsse waren der Ansicht, daß sich die Quittungen zum Objekte einer Bundessteuer wohl eignen, und sie erklärten sich per majora mit der Intention des Entwurfs im ganzen einverstanden, obgleich Bedenken, welche auf Ausfälle für die Landeskassen einzelner Bundesstaaten, zum Beispiel Sachsens, wo der Quittungsstempel bereits bestand und höher war als die vorgeschlagene Bundessteuer, nicht unterschätzt wurden. Dagegen einigten sich die Ausschüsse, daß, wie in England die Stempelpflicht erst bei Quittungen über 2 £, in Nordamerika erst bei 20 Dollar eintritt, im Bundesgebiete erst Quittungen über Beträge von 10 Thaler und mehr eine Abgabe von 1 Silbergroschen zahlen sollen.

Im Plenum des Bundesrats (10. Juni 1869) fand die Quittungssteuer keine günstige Aufnahme. Derselbe beschloß, den Gesetzentwurf an die vorberatenden Ausschüsse zurückzuverweisen, weil die im Reichstage erfolgte Ablehnung der Börsensteuer die in jenem Gesetzentwurf mehrfach enthaltene Bezugnahme auf diesen unthunlich gemacht hatte. Die Ausschüsse schlugen demnächst in Stelle des ursprünglichen § 12 der Vorlage folgende drei neue Paragraphen vor:

---

*) In § 17 wurde eine Klausel eingeschaltet, wonach die „jährliche Abgabe von 1/3 vom Tausend des Werts jeder in Umlauf befindlichen Aktie, Schuldverschreibung und so weiter" nur von den nach dem 30. Juni 1869 ausgegebenen Aktien und so weiter erhoben werden soll. In § 18 (Verpflichtung der Gesellschaft u. s. w. zur Einzahlung des auf ihre Aktien u. s. w. fallenden Abgabenbetrags an die Steuerstelle) wurde der Satz „vorbehaltlich der Wiedereinziehung durch Anrechnung des anteiligen Betrages auf die für das betreffende Jahr zu zahlenden Dividenden und Zinsen gestrichen. Es sollte dadurch der unangenehmen Parallele dieser Abgabe mit der in anderen Staaten eingeführten „Couponsteuer" vorgebeugt werden, indem den Gesellschaften überlassen wurde, in welcher Weise sie die Abgabe aufbringen wollten. Endlich erhielt § 21, welcher die Erhebung besonderer Stempelabgaben für die Umschreibung der in § 18 bezeichneten Effekten in den einzelnen Bundesstaaten ausschloß, folgenden erweiternden Zusatz: „Ingleichen unterliegen die nach den Vorschriften in §§ 1—14 der Bundesstempelabgabe unterworfenen Gegenstände, soweit nicht besonders auf die Landesgesetze verwiesen ist (§§ 2 und 6), in den einzelnen Staaten des Bundes keiner weiteren Stempelabgabe."

§ 12. Die Verwendung der Stempelmarken muß erfolgen, ehe das stempelpflichtige Schriftstück von dem Aussteller aus den Händen gegeben wird. § 13. Die Nichterfüllung der Verpflichtung zur Entrichtung der in dem § 1 angeordneten Abgabe wird mit einer Geldbuße von 10 Thaler für jedes stempelpflichtige Schriftstück bestraft. § 14. In Betreff der Verjährung des Strafverfahrens, der Kontrollirung der Steuer, der Stempelmaterialien und der Bestrafung der Fälschung oder des Mißbrauchs kommen die Vorschriften in den §§ 17—20, im ersten Satze des § 21 und in den §§ 22 und 23 des Bundesgesetzes vom 10. Juni 1869, betreffend die Wechselstempelsteuer, auch hinsichtlich der gleichartigen Gegenstände dieses Gesetzes zur Anwendung.

Schließlich war auch hier die ganze Mühe umsonst; denn der Gesetzentwurf gelangte in dieser Session überhaupt nicht mehr an den Reichstag.

4. Ein weiteres Blatt im Steuerbouquet bildete die von Bismarck (April 1869) dem Bundesrat vorgeschlagene **Besteuerung des Leuchtgases.***) Der Ausschuß für Zoll= und Steuerwesen befürwortete die Steuer, jedoch mit besonderer Rücksicht auf die auch in der Vorlage betonte Verbindung der Gassteuer mit der Petroleumsteuer, da, wenn das Petroleum besteuert werde, es als billig erscheine, auch das Gas, dessen Verbrauch durch die bemittelten Klassen stattfindet, zu besteuern. Unter der Voraussetzung also, daß beide Steuern gleichzeitig in Wirksamkeit treten, hatte der Ausschuß sich für die Zustimmung zu der Besteuerung des Leuchtgases erklärt.

Sehr bemerkt wurde das von dem Vertreter Hessens abgegebene Votum. Der Geheimrat Hofmann fand in diesem Gesetzentwurfe, wie in der Vorlage über Besteuerung der Börsengeschäfte u. s. w., eine Aenderung der Bestimmungen der Bundesverfassung in Bezug auf das Besteuerungsrecht und gab gegen beides seine Stimme ab. In Betreff der Gassteuer motivirte der bezeichnete Bevollmächtigte seine negative Abstimmung noch durch eine nähere Erklärung. Es war darin bemerkt, die hessische Regierung gehe von der Ansicht aus, daß die Einführung einer neuen Bundessteuer nur dann gerechtfertigt erscheine, wenn triftige Gründe vorliegen, die betreffende Besteuerung nicht den Einzelstaaten zu überlassen. Solche Gründe seien aber in diesem Falle nicht vorhanden. Das Leuchtgas bilde nicht einen Gegenstand des Verkehrs, sondern nur des örtlichen Verbrauchs. Durch die Besteuerung des Gases in den Einzelstaaten würden weder Verkehrshemmnisse herbeigeführt, noch sonst den anderen Bundesstaaten Nachteile zugefügt. Ebensowenig unterliege die Ausführung der Besteuerung in einem Einzelstaate irgend einer Schwierigkeit. Es könne daher füglich jedem Bundesstaate anheimgestellt bleiben, ob er die fragliche Besteuerung einführen wolle oder nicht.

---

*) Vgl. mein Werk „Fürst Bismarck als Volkswirt" Bd. I S. 44 und 59 Note † und die „Aktenstücke zur Wirtschaftspolitik des Fürsten Bismarck" Bd. I S. 119 Note 2) u. 310.

Der Entwurf gelangte gleichfalls nicht mehr an den Reichstag; sein Schicksal war dort vorauszusehen.

5. Zum Schlusse wurde dem Bundesrat von Bismarck (Mai 1869) noch ein Gesetzentwurf über die Besteuerung der Eisenbahnreisenden*) vorgelegt. Derselbe enthielt folgende Hauptbestimmungen: Vom 1. Januar 1870 ab sollen diejenigen Personen, welche sich zum Reisen der Eisenbahn bedienen, einer Steuer unterworfen werden, deren Ertrag der Kasse des Norddeutschen Bundes zufließen soll. Dieselbe soll in der Regel für jedes gelöste Fahrbillet einzeln nach Maßgabe der zu entrichtenden Fahrpreise berechnet und durch Vermittlung der Eisenbahnverwaltungen erhoben werden, welche zu dem Zweck auf den von ihnen auszugebenden Fahrbilletts den Steuerbetrag neben dem Fahrpreise zu vermerken und vorzudrucken haben. Auch das von den Reisenden mitgeführte Gepäck, für welches die Frachtgebühr entrichtet wird, soll einer gleichen Steuer unterliegen. Ebenso werden Extrazüge nach der Gesamtsumme ihres an die Eisenbahn zu bezahlenden Kostenpreises besteuert. Frei von der Steuer bleiben die zu ermäßigten Preisen fahrenden Militärpersonen, sowie diejenigen Reisenden, welche überhaupt kein Fahrgeld zu entrichten haben. Für die Erhebung der Steuer erhalten die Eisenbahnverwaltungen eine Entschädigung von 3 Prozent des Steuerertrags. Dieser selbst ist nach verschiedenenen Abstufungen auf durchschnittlich 10 Prozent des Fahrgeldes normirt. In den Motiven zu dem Gesetzentwurf war hervorgehoben, wie ansehnliche Einnahmen eine solche Steuer in England und Frankreich liefere. Im Jahre 1866 brachte dieselbe in Frankreich gegen 32 Millionen Franken und in England 463 000 £. Die Erträge der für den Norddeutschen Bund vorgeschlagenen Reisendensteuer waren nach Maßgabe der in Betrieb stehenden Eisenbahnlinien und ihrer bisherigen Frequenz in den Motiven auf 3½ Millionen Thaler jährlich abgeschätzt, wovon nach Abzug der Erhebungskosten ungefähr 3 350 000 Thaler in die **Bundeskasse fließen würden.**

Auch diese Vorlage gelangte nicht mehr an den Reichstag. Es verlautet nicht einmal von einer Beschlußfassung des Bundesrats darüber. Es war ein totgeborenes Kind.

Mit der Regelung des Haushalts-Etats beschäftigten sich Schreiben des Kanzlers:

vom **März 1869**, betreffend die **definitive Verteilung der Militärausgaben für das zweite Semester 1867 auf die Bundesstaaten**,

vom **April 1869**, betreffend **rektifizirten Bundeshaushalt für 1868**, Gesetz vom 9. Juni 1869, (Bundes-Gesetzbl. S. 165),

---

*) Vgl. über dieses Finanzprojekt mein Werk: „Aktenstücke zur Wirtschaftspolitik des Fürsten Bismarck" Bd. I S. 129 Note.

vom Juni 1869, betreffend die Feststellung eines **Nachtrags zum Bundeshaushalts-Etat für das Jahr 1869**, Gesetz vom 18. März 1869 (Bundes-Gesetzbl. S. 51) und betreffend die **anderweitige Feststellung der Matrikularbeiträge für 1869**,

endlich vom März 1869, betreffend die **Feststellung des Haushalts des Norddeutschen Bundes für das Jahr 1870** (Ausgabenanschlag 75958495 Thaler) Gesetz vom 13. Juni 1869 (Bundes-Gesetzbl. S. 211).

Eine Präsidialvorlage, betreffend die Deckungsmittel für die Bundesgeneralkasse für 1870, stand im allgemeinen in Uebereinstimmung mit den in derselben Angelegenheit gefaßten Beschlüssen für das Jahr 1869. Mit Rücksicht auf die neuesten vom Bundeskanzler-Amt vorgelegten erläuternden Berechnungen und auf die Angaben, welche über den Anfang der Zoll- und Steuerkredite in den ihr Bundeskontingent selbst verwaltenden Staaten gemacht wurden, gab die Mehrheit des Bundesrats ihre Entscheidung im wesentlichen dahin ab: 1. daß von denjenigen Staaten, welche ihr Bundeskontingent selbst verwalten, die zu leistenden Militärausgaben zunächst auf die in ihre Kasse vereinnahmten Zoll- und Steuererträge angewiesen und in Anrechnung gebracht werden; 2. daß jeder derjenigen Bundesstaaten, welche ihr Kontingent nicht selbst verwalten, aber die Verwaltung und Erhebung der Zölle u. s. w. selbst wahrnehmen, monatlich so viel an die Corpszahlungsstellen einzahlen sollen, als sein verfassungs- oder konventionsmäßiger Anteil an den Militärausgaben des Monats beträgt, und daß diese Zahlungen aufhören, sobald der Betrag erreicht ist, welchen der betreffende Staat im ganzen an Zöllen und Verbrauchssteuern sowie an Matrikularbeiträgen für Militärausgaben zur Bundeskasse zu zahlen hat; 3. daß Hamburg und Bremen den etatsmäßigen Betrag ihrer Aversa in monatlich gleichen Raten postnumerando an die Zahlungsstelle des Armeecorps abliefern sollen, welchem ihr Kontingent angehört. Die vorbezeichneten Beschlüsse wurden mit allen Stimmen gegen die Oldenburgs, Braunschweigs und Anhalts gefaßt.

Endlich sind hier noch zu erwähnen die von Bismarck mit Schreiben vom Mai beziehungsweise März 1869 dem Bundesrat unterbreiteten Entwürfe

a) einer Instruktion für den Rechnungshof des Norddeutschen Bundes, deren Wortlaut er am 28. Mai 1869 auch dem Reichstag mitteilte,*)

b) eines Gesetzes wegen Abänderung des Gesetzes vom 9. November 1867, betreffend den außerordentlichen Geldbedarf des Norddeutschen Bundes zum Zwecke der Erweiterung der Bundeskriegsmarine und der

---

*) Reichstags-Drucksachen Nr. 250.

Herstellung der Küstenverteidigung. Gesetz vom 20. Mai 1869 (Bundes-Gesetzbl. S. 137).*)

12. Diverse Angelegenheiten.

Auf Grund eines im Jahre 1868 gefaßten Beschlusses des Bundesrats waren die Regierungen von Preußen, Mecklenburg, Oldenburg und Hamburg ersucht worden, sich über die Maßregeln zu äußern, welche im Interesse der Austernzucht von ihnen schon getroffen worden oder beabsichtigt würden.**) Die von diesen Regierungen eingegangenen Berichte wurden in einer Denkschrift übersichtlich zusammengestellt und im April 1869 von dem Bundeskanzler dem Bundesrat zur weiteren Entscheidung überwiesen.

Durch einen am 31. März 1868 gefaßten Beschluß hatte der Bundesrat seine Teilnahme für die Vollendung des Grimmschen „Deutschen Wörterbuchs" ausgesprochen, und infolge dessen waren von seiten der einzelnen Bundesregierungen nähere Erklärungen über die Unterstützung abgegeben worden, welche sie dem Werke zu gewähren beabsichtigten. Aus einer vom Bundeskanzler-Amt aufgestellten Uebersicht ergab sich, daß Waldeck, unter Hinweis auf den zur Ausführung gekommenen Accessionsvertrag, eine Beteiligung ganz ablehnte und Schaumburg-Lippe eine bestimmte Antwort noch nicht erteilt hatte, während Lippe und Reuß jüngerer Linie nur unter beschränkenden Vorbehalten eine Zuwendung in Aussicht stellten und auch die meisten übrigen Staaten ihre Teilnahme an gewisse Bedingungen knüpften. Von seiten Preußens war ein Beitrag von jährlich 800 Thaler für die Jahre 1869—73 unter der Bedingung zugesagt, daß von den übrigen Bundesregierungen zusammen die Summe von 700 Thaler für den gleichen Zeitraum bewilligt werde. Dieser Bedingung war insoweit genügt, als die zugesagten Jahresbeiträge der übrigen Regierungen sich bis auf eine Höhe von 1200 Thaler beliefen. Indessen waren die vorbehaltenen Modalitäten dieser Zuwendungen so verschiedenartig, daß der Bundeskanzler, um ein Zusammenwirken für das nationale Unternehmen möglich zu machen, im März 1869 den Antrag an den Bundesrat richtete, daß sämtliche Bundesregierungen sich zur Gewährung der in Aussicht gestellten Beiträge für den gleichen Zeitraum der Jahre 1869—73 bereit erklären und damit alle übrigen Bedingungen in Wegfall bringen möchten.

Die sächsische Regierung hatte einen Antrag der königl. Gesellschaft der

---

*) Die auf Grund des Gesetzes vom 19. Juni 1868 eingesetzte Bundesschuldenkommission erstattete dem Bundesrat im Mai 1869 ihren ersten Bericht über die Verwaltung des Bundesschuldenwesens im Jahre 1868. Vgl. „Norddeutsche Allgemeine Zeitung" Nr. 119 vom 26. Mai 1869.
**) Vgl. oben S. 190. Ein Schreiben Bismarcks an die Ressortminister vom 19. Februar 1869, betreffend die Förderung der Austernzucht, findet sich abgedruckt in den „Aktenstücken zur Wirtschaftspolitik des Fürsten Bismarck" Bd. I S. 127.

Wissenschaften zu Leipzig, mathematisch-physikalische Klasse, zu dem ihrigen gemacht und beim Bundesrat eingebracht, dahingehend: für die Beobachtung des am 8. Dezember 1874 bevorstehenden **Vorübergangs der Venus vor der Sonnenscheibe** seitens des Norddeutschen Bundes die geeigneten Mittel zur Ausrüstung einer **wissenschaftlichen Expedition** zu gewähren. Auf diesen Antrag beschloß der Bundesrat in seiner Sitzung vom 25. Juni 1869, die Bundesregierungen zu ersuchen, nach etwaiger vorgängiger Vernehmung der dazu berufenen wissenschaftlichen Organe, dem Bundesrat einige Gelehrte zu bezeichnen, welche mit gemeinschaftlicher Ausarbeitung eines Programms und Kostenanschlages für die eventuelle Beobachtung des Venusdurchganges von 1874 zu beauftragen sein würden.

Oldenburg stellte den Antrag auf **Errichtung eines zur Veröffentlichung von allgemein interessanten Mitteilungen und Erlassen bestimmten Organs** neben dem Bundes-Gesetzblatte. Die Anregung fand auf den Antrag des Ausschusses für das Justizwesen die Zustimmung des Bundesrats.*) Es dauerte aber noch vier Jahre (1873) bis ein derartiges Organ, das Centralblatt für das Deutsche Reich ins Leben gerufen wurde.

Zu eingehenden Verhandlungen gab im Bundesrat der neuerliche Beschluß des Reichstags in Sachen der **mecklenburgischen Verfassung** Anlaß.**) Derselbe war in der Sitzung des Bundesrats vom 24. Mai dem Justizausschuß überwiesen worden.***) Der mecklenburgische Bevollmächtigte sprach dabei den Wunsch aus, daß dieser Ausschuß baldmöglichst in die Beratung eintreten möge; seine Regierungen sähen zwar den status quo ihres Rechts als ungefährdet und unzweifelhaft an, sie könnten es aber mit der Stellung einer Bundesregierung nicht vereinbar erachten, sozusagen unter den Schatten des Artikels 76 gestellt zu sein, zumal eine dringende Steuerreform mit den dadurch hervorgerufenen Eindrücken vielleicht konnex werden könne. Graf Bismarck und Herr v. Savigny, welch letzterer die Redaktion der Verfassung geleitet hatte, äußerten in Privatunterredungen mit Herrn v. Bülow, sie hielten den Rechtsstandpunkt der mecklenburgischen Regierungen für unbestreitbar.

---
*) Vgl. die „Norddeutsche Allgemeine Zeitung" Nr. 286 vom 20. Dezember 1870.

**) Diesmal hatten sich die Petenten auf den Artikel 76 der Bundesverfassung bezogen, nach welchem der Bundesrat verpflichtet war, derartige Konflikte im Wege der Bundesgesetzgebung zu lösen; ihre Bitte ging dahin:

„Der Reichstag wolle den Bundesrat veranlassen, die Kompetenz des Freienwalder Schiedsgerichts zur Fällung des Urteilsspruchs einer Prüfung zu unterziehen und demnächst die dem Ergebnis entsprechenden Einleitungen zu treffen."

Der Antrag der Kommission lautete in diesem Sinne und der Reichstag trat, trotz der von Bismarck erhobenen Erinnerungen, diesem Antrage bei.

***) Vgl. zum Folgenden: Ludwig von Hirschfeld „Friedrich Franz II, Großherzog von Mecklenburg-Schwerin", Bd. II S. 225.

Der Justizausschuß erstattete seinen Bericht schon nach wenigen Tagen, am 31. Mai. Der Referent, Geheimer Ober-Justizrat Pape, resümirte denselben in folgenden Punkten:

1. Die mecklenburgische Angelegenheit ist identisch mit der 1868 erledigten lippischen Verfassungsfrage.

2. Eine Verfassungsstreitigkeit liege nicht vor. Artikel 76 könne auf aktuellen Verfassungsbruch von unten oder oben Anwendung finden, nicht aber auf weit zurückliegende Anfechtungen einer bestehenden Verfassung.

3. Die mecklenburgische Verfassung sei notorisch seit 1850 in voller Wirksamkeit und Giltigkeit. Dies verstehe sich eigentlich bei einer lange bestanden habenden Verfassung von selbst, hier aber ganz besonders, da die Regierungen 1866 dem Bunde unmöglich in der Absicht beigetreten sein könnten, ihre bestehenden Verfassungszustände zu erschüttern, sie vielmehr solche durch Vorbehalt des ständischen Zustimmungsrechtes ausdrücklich zur Anerkennung gebracht hätten. Die ganze Bundesverfassung wäre invalidirt, wenn das Gegenteil der Fall wäre, der gesamte Rechtszustand des Landes erschüttert, wenn alle seit fast 19 Jahren vorgenommenen Akte der Gesetzgebung zurückgenommen werden sollten.

4. Es seien demnach in Erwägung, daß die bestehende mecklenburgische Verfassung das giltige Recht des Landes bei dessen Eintritt in den Bund gewesen, die Petenten abschlägig zu bescheiden.

Dieser letzte Antrag wurde einstimmig zum Beschluß erhoben.

Der den Petenten zugegangene Bescheid des Bundesrats lautet:

Berlin, 5. Juli 1869.

Nachdem der Reichstag des Norddeutschen Bundes infolge der von Ew. Wohlgeboren und anderen mecklenburgischen Staatsangehörigen an denselben gerichteten Petitionen, in welchen über die im September 1850 ergangene Entscheidung des Freienwalder Schiedsgerichts in der mecklenburg-schwerinschen Verfassungssache Beschwerde geführt wird, beschlossen hat: die Petitionen dem Bundesrat nach Artikel 76 Alinea 2 der Bundesverfassung zur Prüfung zu überweisen, ist vom Bundesrat in seiner Sitzung vom 31. Mai d. J. beschlossen worden: in Erwägung, daß die infolge des schiedsgerichtlichen Urteils vom 11. September 1850 wieder hergestellte landständische Verfassung zur Zeit der Einrichtung des Norddeutschen Bundes in anerkannter Wirksamkeit bestand und deshalb das in dieser Verfassung sich gründende Recht als das giltige Verfassungsrecht im Sinne des Einganges der Bundesverfassung angesehen werden muß, die Beschwerde zurückzuweisen und die Petenten hiervon in Kenntnis zu setzen.

Das Bundeskanzler-Amt.
Delbrück.

Ebenso wurde eine andere, von Mitgliedern des früheren National=
vereins in Mecklenburg erhobene Beschwerde wegen gehemmter Rechts=
pflege durch folgenden Bescheid abgelehnt:

Berlin, 5. Juli 1869.

Die an den Bundesrat des Norddeutschen Bundes gerichtete Eingabe
vom 4. Mai d. J., in welcher Sie über die großherzoglich mecklenburg=
schwerinsche Regierung wegen angeblich gehemmter Rechtspflege Beschwerde
führen, ist dem Bundesrat vorgelegt worden. Derselbe hat darauf in seiner
Sitzung vom 16. vorigen Monats beschlossen: in Erwägung, daß der
Artikel 77 der Bundesverfassung nach seinem ausdrücklichen Wortverstande sich
nur auf künftige Fälle der Justizverweigerung bezieht, auf solche Fälle
mithin nicht erstreckt werden kann, welche der Zeit vor der Errichtung des
Norddeutschen Bundes angehören; daß nach Inhalt der Beschwerdeschrift
die Thatsachen, aus welchen eine nach Artikel 77 zu beurteilende Justizverweigerung
gefolgert wird, vor der Errichtung des Norddeutschen Bundes sich zugetragen
haben sollen; daß in der Beschwerdeschrift auch nicht behauptet wird, es sei
nach dem entscheidenden Zeitpunkte in Ansehung der Verfolgung der aus der
angeblichen früheren Rechtskränkung herzuleitenden Rechte die landesgesetzlich zu
gewährende Rechtspflege verweigert oder gehemmt worden, die Beschwerde als
nicht gerechtfertigt zurückzuweisen. Ew. Wohlgeboren werden hiervon unter
Rücksendung der Anlagen ergebenst in Kenntnis gesetzt.

Das Bundeskanzler=Amt.

Delbrück.*)

Mehrere an den Bundesrat gerichtete Eingaben verwandten sich für die Ge=
währung einer Unterstützung aus Bundesmitteln für das in Hamburg unter
dem Namen „Norddeutsche Seewarte" bestehende nautisch=meteorologische
Institut. Die Ausschüsse für Rechnungswesen und für Handel und Verkehr,
welche mit Begutachtung dieser Gesuche beauftragt waren, wiesen in ihrem Be=
richt auf die Erfolge hin, welche andere ähnliche Institute, namentlich die
Observatorien zu London, Washington und Utrecht, aufzuzeigen hatten. Der
preußische Generalkonsul in Hamburg sowie der Professor Dove hatten sich mit
dem Institut bekannt gemacht und sich über die Leistungen desselben sehr günstig
ausgesprochen. Infolge dessen fanden der Marine= und der Handelsminister
sich veranlaßt, die von Hamburg ausgegangenen Anträge dem Bundeskanzler
zu empfehlen und eine vorläufige Unterstützung derselben zu befürworten. Dieser
Auffassung waren auch die Ausschüsse des Bundesrats beigetreten, indem sie es
zwar nicht für angemessen erachteten, dieses Institut schon jetzt zu einer Staats=
oder Bundesanstalt zu machen, aber für eine Unterstützung desselben aus Bundes=
mitteln sich erklärten, welche nach den Anträgen der Ausschüsse auf jährlich

---

*) Die beiden vorstehenden Erlasse sind in Kohls Bismarck=Regesten übersehen.

3000 Thaler zu bemessen, aus dem Dispositionsfonds des Bundeskanzlers zu entnehmen und der Hamburger Deputation für Handel und Schiffahrt zu überweisen sein würde, mit der Maßgabe, daß am Schluß des Jahres 1869 über den Fortgang und die Leistungen der Seewarte Bericht zu erstatten wäre.*)

Die Errichtung der deutschen Seewarte in Hamburg erfolgte erst durch Gesetz vom 9. Januar 1875 (Reichs-Gesetzbl. S. 11).**)

In den Jahren 1868 und 1869 ging genau am Schlusse der Bundesratsarbeiten die Summe von 100 Thalern als Selbstbesteuerung eines Süddeutschen aus Stuttgart ein unter warmer Anerkennung des Norddeutschen Bundes, dessen Wohlthaten der Einsender nicht umsonst genießen mochte. Die Geldgabe wurde der Marinestiftung „Frauengabe Elberfeld" überwiesen.

Rückblick.

Wenn wir die Ergebnisse der Session auch diesmal zum Schlusse kurz an uns vorübergehen lassen, so zeigt sich uns folgendes Gesamtbild:

Die Vorlagen, welche Bismarck dem Bundesrat unterbreitete, bekundeten durchweg die Entschlossenheit des Kanzlers, in der selbständigen Organisation des Bundes ebenso wie in den Arbeiten der Gesetzgebung unentwegt weiter zu schreiten. Ein wichtiger Schritt im Ausbau der Bundeseinrichtungen bestand in seinem Vorschlag wegen **Ueberganges des preußischen Ministeriums der auswärtigen Angelegenheiten auf den Bund.** Der Antrag wurde in den weiteren Stadien der Beratung von den Kleinstaaten allerdings dazu benutzt, um ihr bisher nur stillschweigend geduldetes Gesandtschaftsrecht ausdrücklich zu legalisiren.

Lebhafte Kontroversen entwickelten sich über den von Bismarck dem Bundesrat vorgelegten Gesetzentwurf über den **Unterstützungswohnsitz.** Es hätte allerdings in der Macht des Präsidenten gelegen, die Vorlage im Plenum des Bundesrats, wenn auch mit sehr geringer Majorität durchzusetzen, vorausgesetzt, daß vorerst die Forderung Mecklenburgs, die Abstimmung nach Artikel 78 der Verfassung vorzunehmen, weil die Vorlage eine Abänderung der Bestimmungen in Artikel 3 der Verfassung enthalte, durch einen Majoritätsbeschluß beseitigt

---

*) Im Jahre 1870 regte Hamburg im Bundesrat die Verdoppelung der pro 1871 bewilligten Summe von 3000 Thalern an. Vergl. die „Nationalzeitung" Nr. 225 vom 17. Mai 1870.

**) Nachdem der Bundesrat, einem Antrage Bismarcks entsprechend, seine Zustimmung dazu erteilt hatte, daß der Norddeutsche Bund dem Protokolle über das von der Pforte erlassene Gesetz vom 14. Juni 1867 wegen Erwerbs von Grundeigentum durch Fremde in der Türkei unter bestimmten Modalitäten beitrete, ist das über diesen Beitritt ausgefertigte Protokoll von dem Geschäftsträger des Norddeutschen Bundes zu Konstantinopel und dem türkischen Minister der auswärtigen Angelegenheiten am 7. Juni 1869 vollzogen worden.

worden wäre. Graf Bismarck blieb aber seiner bekannten Maxime treu, von
dem Uebergewicht der preußischen Stimmen nur dann Gebrauch zu machen,
wenn die Frage von großer nationaler Bedeutung war. Im vorliegenden Falle
beschränkte sich der Bundeskanzler, mit Rücksicht auf den Widerstand der großen
Mehrzahl der Regierungen, auf den Antrag, eine neue Vorlage auszuarbeiten zu
lassen, welche dem dringendsten Bedürfnisse abhelfe durch gesetzliche Bestimmungen
über die Verpflichtung zur Armenpflege der Angehörigen eines andern
Bundesstaates, also durch eine Umbildung des Gothaer Vertrages in Form
eines Bundesgesetzes, nachdem der Bundesrat die Regelung dieser Frage ein=
stimmig als notwendig anerkannt hatte.

Bei der Gewerbeordnung standen sich zwei Ansichten gegenüber; die
eine teilte die Ansicht der Präsidialregierung über die Bedürfnisfrage, die andere
meinte dagegen, es lasse sich dem Bedürfnis durch Spezialgesetzgebung genügen.
Letztere Ansicht blieb in der Minorität.

Der im Jahre 1868 an den Amendements des Reichstags gescheiterte
Gesetzentwurf über die Bundesverhältnisse der Bundesbeamten wurde im März
1869 im Schoße des Bundesrats zur Wiedervorlage in der folgenden Session
(1870) umgearbeitet. Die Liberalen hatten gehofft, daß der Bundesrat sich
den früheren Beschlüssen des Reichstags unterordnen werde. Man kann sich
den Unwillen denken, der sich in der Presse Luft machte, als verlautete, daß
der Bundesrat die Vorschriften über die Befreiungen der Bundesbeamten von
der Kommunalbesteuerung nicht aufgegeben hatte. Der Reichstag rächte sich,
indem er den bezüglichen Gesetzentwurf unter den Tisch warf.

In dem Bestreben, den Bund in Bezug auf seine notwendigen und regel=
mäßigen Ausgaben und selbständigen Einnahmen auszugestalten, folgte der
Bundesrat zwar Bismarck; so ganz glatt gingen aber die einzelnen Vorschläge
daselbst nicht durch. Schon bei Entscheidung der Frage über die rationellste
Besteuerungsart des Branntweins zeigte sich Uneinigkeit. Königreich Sachsen
sprach sich für die Fabrikatsteuer aus, wogegen die Majorität des Ausschusses
nicht die unbedingte und obligatorische Einführung der Fabrikatsteuer empfahl,
sondern den Uebergang zu derselben unter Modalitäten, welche eine allmäliche
und stufenweise Aenderung des bis dahin geltenden Systems in Aussicht stellten.

Gegen die Einführung einer für Rechnung des Bundes zu erhebenden
Wechselstempelsteuer wurden besonders von seiten Hamburgs und Bremens Be=
denken geltend gemacht, weil dadurch dem Budget dieser Staaten eine sehr be=
deutende, zuverlässige und stets wachsende Einnahme entzogen und in die Bundes=
kasse geworfen wurde. Wenn der Bund, so klagte man daselbst, uns nicht nur
schwer drückende Ausgaben aufbürden, sondern auch unsere hauptsächlichsten
Einnahmequellen uns entziehen will, dann wird ein geordneter Staatshaushalt
für uns unmöglich, dann wird unsere finanzielle Lage unhaltbar. Schließlich
einigte man sich dahin, die Einnahme in die Bundeskasse fließen zu lassen, den

Einzelstaaten aber anfänglich eine gewisse Quote zur Ausgleichung während des Uebergangsstadiums zu überlassen.

Gegen die Börsensteuer wurde eingewendet, dieselbe involvire eine schwere Benachteiligung einzelner Staaten (besonders der Hansestädte im Gegensatz zu manchen binnenländischen Staaten), und man habe damit eine Richtung eingeschlagen, die man wieder verlassen müsse, weil sie Ungerechtigkeiten veranlasse und für einzelne Staaten das Bundesverhältnis drückend mache. Hamburg und Hessen, welche die Opposition anführten, erreichten nur so viel, daß der von der Besteuerung inländischer Aktien handelnde Abschnitt umgestaltet und die unangenehme Parallele dieser Abgabe mit der in anderen Staaten eingeführten Couponsteuer etwas beseitigt wurde.

Hessen erblickte auch in der vorgeschlagenen Gassteuer (ebenso wie in der Börsensteuer) eine Aenderung der Bestimmungen der Bundesverfassung in Bezug auf das Besteuerungsrecht und reklamirte dieselbe für die Einzelstaaten.

Gegen die Quittungssteuer wurden Bedenken erhoben, welche auf Ausfällen für die Landeskassen einzelner Bundesstaaten, zum Beispiel Sachsens, wo der Quittungsstempel bereits bestand, und sogar höher war als die vorgeschlagene Bundessteuer, beruhte. Auch im Plenum des Bundesrats fand das Projekt keine sehr günstige Aufnahme. Dasselbe gelangte ebensowenig an den Reichstag als die Gassteuer und der Vorschlag wegen Besteuerung der Eisenbahnreisenden.

Auf eine ziemlich lebhafte Opposition stießen im Bundesrat die Präsidialvorlagen, betreffend die Aufhebung der vielen partikularen Portofreiheiten, und betreffend die Prüfung der Seeschiffer und Seesteuerleute. Die hanseatischen Bevollmächtigten fanden die Interessen des großen Seeverkehrs im Gegensatz zu denen der Ostseeschiffahrt in dem dem Bundesrat zugegangenen Reglementsentwurf nicht hinlänglich gewahrt. Petitionen aus Ostfriesland nahmen in dieser Hinsicht ganz denselben Standpunkt ein. „Daß Preußen," so bemerkte die „Nationalzeitung" (29. August 1869), „als Staat aber seine militärisch-politische Ueberlegenheit gebrauchen sollte, um die Berlin zufällig etwas ferner liegenden, dem preußischen Beamtentum etwas neueren und fremderen Interessen der Nordsee-Rhederei denen der Ostsee-Rhederei rücksichtslos unterzuordnen, mag man doch nicht eher glauben, als bis man es etwa erlebt." Gleichwohl drang in den wichtigeren Streitpunkten Preußens Ansicht gegen die der Hansestädte und Oldenburgs durch.

Gegen den vom Königreich Sachsen ausgehenden Antrag auf Errichtung eines obersten Gerichtshofes in Handelssachen wehrte sich besonders Mecklenburg mit Händen und Füßen. Von den sonstigen Anträgen der Bundesstaaten ist nicht viel zu sagen. Mecklenburg-Schwerin verlangte Garantien gegen eine Ueberstürzung der Abstimmungen im Bundesrat, Oldenburg regte die Ausgabe eines Bundes-Centralblattes an, Anhalt stellte einen von Oldenburg-Braunschweig lebhaft bekämpften, schließlich auch im Bundesrat unterlegenen Antrag wegen Herauszahlung der Rübensteuer an die Bundeskasse. Von Anregungen des Reichstags fielen im Schoße des Bundesrats auf fruchtbaren Boden die Anträge, betreffend die Aufhebung der Flußzölle auf der Saale und Werra, die Beseitigung der Doppelbesteuerung, die Regelung der Pensionsverhältnisse der Invaliden der Unterklassen der vormaligen schleswig-holsteinschen Armee und die Gleichberechtigung der Konfessionen. Der zum Mitgliede des Bundes-Oberhandelsgerichtshofs in Vorschlag gebrachte Professor Dr. jur. Goldschmidt in Heidelberg war Jude, und es sollte somit durch seine Ernennung das Bundesgesetz vom 3. Juli 1869 zuerst praktisch zur Geltung kommen.

Durch seinen Beschluß, betreffend eine gesetzliche Regelung der Ausgabe von Staatskassenscheinen der norddeutschen Bundesstaaten, regte der Reichstag indirekt eine Regelung des gesamten Münzwesens durch den Bundesrat an, Außerdem gab der Reichstag im Bundesrat den Anstoß zu den Gesetzentwürfen über die Beschränkung des Eigentums durch die Bestimmungen wegen der Festungsrayons (Bundesratsvorlage von 1870) und über den Erwerb und Verlust der Bundes- und Staatsangehörigkeit.

Ablehnend verhielt sich der Bundesrat gegenüber den Beschlüssen des Reichstags in Bezug auf die Verfassungsverhältnisse in Mecklenburg, über die Nichtverfolgbarkeit der Mitglieder der Landtage und Kammern (Antrag Lasker) und den Beschluß, betreffend die Schaffung von Bundesministerien (Antrag Iwesten-Münster). Der Reichstag beantwortete das mangelnde Entgegenkommen des Bundesrats beziehungsweise Bismarcks in dieser Frage mit einer Ablehnung des ihm vorgelegten Steuerbouquets. Es fehlte damals nicht an Stimmen, welche dem Bundesrat lebhaft ins Gewissen redeten. „Das norddeutsche Parlament in seiner gegenwärtigen Zusammensetzung," so ungefähr war der Gedankengang der liberalen Mehrheitspolitiker, „greift mit seinen Ansprüchen nicht weit; es hält sich so bescheiden, daß man im Lande die Zustimmung des Bundesrats zu dem Antrage Iwesten-Münster als das Minimum bezeichnen wird, ohne dessen Erfüllung Steuern und Anleihen nicht bewilligt werden können. Will, wie es den Anschein hat, die Bundesgewalt beides durchsetzen, ohne sich ihrerseits zu irgend etwas zu verpflichten, so riskirt sie, ihren Willen nicht durchgesetzt zu sehen. Es trifft durchaus zu, daß der Bundeskanzler in Finanz- und anderen wichtigen konstitutionellen Fragen nicht mehr die Majorität des Reichstags auf seiner Seite hat. Das Maß der Forderungen des Reichstags hat sich nicht erweitert, nur die Bereitwilligkeit des Bundesrats, sich mit dem Parlament zu verständigen, ist geringer geworden. So stehen wir vor einem Mißverhältnis, das, wenn es nicht früh genug gehoben wird, mit der Zeit zu einem Konflikt sich erweitert." Die folgende Session des Bundesrats (1870) beweist, daß hier mit zu schwarzen Farben gemalt wurde.

Im Laufe der Session nahm Bismarck zweimal im Reichstag Anlaß, sich über seine Stellung zum Bundesrat auszusprechen. Zuerst, als es sich um die Frage handelte, in welchen Fällen der Kanzler wohl mittelst der preußischen Stimme einen Druck auf den Bundesrat ausüben dürfe. „Ich halte mich," bemerkt Bismarck in der Sitzung des Reichstags vom 16. März 1869, „nur dann berechtigt, im Bundesrate das volle Gewicht der preußischen Stimme mit denjenigen, die wir damit vereinigen können, in die Wagschale zu werfen und mich an die Bedeutung, an die Zahl der dissentirenden Regierungen nicht zu kehren, wo es sich um große nationale Interessen handelt. Wenn wir die Bundespolitik so auffassen, daß wir im Bundesrat eben einfach abstimmen, zusammenzählen und, wo zweiundzwanzig Stimmen sind, sagen: Der hat recht, wo nur einundzwanzig sind, der hat unrecht (und versuchen, für Preußen zu seinen siebenzehn Stimmen die nötigen dazu zu gewinnen), dann wäre das Geschäft für mich sehr vereinfacht und viel angenehmer. Aber so behandeln wir die Sachen nicht. Jede Regierung hat das Gefühl, daß die Möglichkeit der Abstimmung im Hintergrunde steht, und richtet das Maß ihres Widerstandes darnach ein. Nun liegt aber zwischen souveränen verbündeten Regierungen die Sache anders als zwischen einzelnen Mitgliedern eines Abgeordnetenhauses; man braucht die Waffe der Majorität mit mehr Schonung, und ich glaube, man thut im Interesse der Bundespolitik wohl daran. Wir suchen die Regierungen, die mit uns nicht gleicher Meinung sind, zunächst zu überzeugen und suchen ihre Uebereinstimmung zu gewinnen; namentlich wenn gewichtige Stimmen widersprechen, verhandeln wir mit ihnen, machen Kompromisse und Konzessionen, so lange wir glauben, sie machen zu können; erst wenn wir glauben, das nicht mehr zu können, sagen wir, dann muß die Sache zur Abstimmung kommen, und es kommt unter Umständen auch vor, daß recht starke Minoritäten überstimmt werden, und daß Preußen vollen Gebrauch von den siebenzehn Stimmen, die ihm unter den dreiundvierzig zu Gebote stehen, macht, ohne sich an die entgegenstehenden Ansichten, die zu überzeugen nicht möglich war, zu kehren."

Staatsrechtlich interessant waren auch Bismarcks Ausführungen in der Reichstagssitzung vom 16. April 1869 über die Unannehmbarkeit des Antrages auf Schaffung von Bundesministerien. Die Stelle derselben vertreten nach Bismarcks Ansicht die Ausschüsse des Bundesrats — also nicht der Reichskanzler. „Unser Finanzminister ist der Finanzausschuß des Bundesrats; nach Anleitung dieses Ausschusses übt der Bundesrat die Kontrolle über die finanzielle Gebarung und übt sie, wie ich glaube, mit voller Sicherheit. In gleicher Weise wird die kriegsministerielle Thätigkeit durch den Militärausschuß des Bundesrats geübt, an dessen Spitze sich der preußische Kriegsminister befindet, und der seine bundeskriegsministeriellen Verfügungen, abgesehen von den preußischen, nicht in der Eigenschaft des Kriegsministers, sondern in der Eigenschaft des Vorsitzenden dieses Ausschusses zeichnet und an die Bundesgenossen abgehen läßt. So haben wir unsern Rechnungsausschuß, unsern Handelsausschuß. Alle diese Organe, die dadurch hergestellt worden sind, daß den Regierungen eine ihrer Souveränität und ihren vertragsmäßigen Rechten entsprechende Stellung und Mitwirkung im Bundesrat angewiesen ist, würden nach dem Antrage auf Errichtung verantwortlicher Bundesministerien überflüssig werden."

Die vierte Session des Bundesrats.

(20. Januar bis 20. Dezember 1870.)

I. Abschnitt.

Veränderungen im Bestande des Bundesrats.

Die vierte und letzte Session des Norddeutschen Bundes wurde von Bismarck auf den 20. Januar einberufen*) und währte alsdann genau elf Monate, also bis zum 20. Dezember 1870.

Es fanden 42 Sitzungen statt,**) darunter solche unter dem Vorsitze Bismarcks am 27. Januar, 4., 11. Februar, 5.,***) 14. †) und 31. März, 22. und 28. Mai, 16. Juli.

Die „Spenersche Zeitung" schrieb: „Ein Leipziger Korrespondent teilt der ‚Magdeburger Zeitung' vom 20. Januar 1870 mit, daß der königl. sächsische Staatsminister v. Friesen sich nicht zu den Sitzungen des Bundesrats nach Berlin begeben, sondern an seiner Stelle einen Regierungsrat gesandt habe, weil angeblich der Minister von der Stellvertretung im Vorsitz sich enthoben glaube. Wir bemerken zunächst, daß der Bundesrat seine Sitzungen in diesem Jahr noch gar nicht eröffnet hat, und erachten die Annahme, daß der Freiherr v. Friesen an der bevorstehenden Session überhaupt nicht teilnehmen wird, für eine irrtümliche. Sollte derselbe indessen den Beratungen beizuwohnen verhindert sein, so können wir das in jener Korrespondenz angegebene Motiv

---

*) Von Bismarck gegengezeichnete Verordnung vom 19. Januar 1870, Bundes-Gesetzbl. S. 29.

**) Berichte über die in dieser Session abgehaltenen Sitzungen des Bundesrats finden sich in der „Norddeutschen Allgemeinen Zeitung", Jahrgang 1870, Nr. 25, 26, 31, 36, 37, 39, 40, 45, 50, 51, 56, 59, 63, 68, 69, 74, 78, 79, 87, 102, 109, 113, 117, 119, 124, 129, 134, 136, 146, 273, 275, 282 und 291.

***) Daß Bismarck an diesem Tage einer Sitzung des Bundesrats präsidirte, ist in Kohls Bismarck-Regesten übersehen.

†) Bei Horst Kohl ist auch dieses Datum übersehen; dafür läßt derselbe irrtümlicherweise Bismarck am 15. März einer Sitzung des Bundesrats präsidiren.

jedenfalls nur für eine wunderliche Erfindung eines zeremonienmeisterlichen Korrespondenten halten. In dem bisherigen Usus der Stellvertretung im Vorsitz des Bundesrats wird, so oft der königl. sächsische Minister anwesend ist, schwerlich eine Abweichung von dem bis jetzt gebräuchlichen Verfahren stattfinden."

Die Mitglieder des Bundesrats unterlagen in diesem Jahr einem lebhafteren Wechsel.*) Es wurden ernannt für Preußen an Stelle des ausgeschiedenen Generalpostdirektors v. Philipsborn und des Geheimen Ober-Finanzrats Wollny: der Justizminister Dr. Leonhardt, der Wirkliche Geheime Ober-Regierungsrat und Ministerialdirektor Moser, der Ministerialdirektor, Ober-Baudirektor Weishaupt, der Geheime Ober-Regierungsrat v. Nathusius und der Generalpostdirektor Stephan;

für Sachsen an Stelle des Ministerialdirektors Dr. Weinlig der Geheime Regierungsrat Schmalz und an Stelle des Generalmajors v. Brandenstein der Major Freiherr v. Holleben;

für Mecklenburg-Schwerin der Legationsrat v. Oertzen;

für Sachsen-Weimar an Stelle des verstorbenen Staatsministers Dr. v. Watzdorf der Geheime Staatsrat Dr. Stichling;

für Oldenburg an Stelle des Staatsrats v. Buchholz der Staatsminister v. Roessing;

für Anhalt an Stelle des Regierungsrats Dr. Sintenis der Staatsminister v. Larisch;

für Reuß älterer Linie an Stelle des Regierungspräsidenten Dr. Herrmann Regierungsrat Kunze und an dessen Stelle später der Regierungspräsident Meusel.

Der Geheime Ober-Regierungsrat Eck führte auch in dieser Session das Protokoll.**)

---

*) Vgl. zum Folgenden die Bekanntmachungen Bismarcks vom 6., 12. und 29. Januar 1870 (Bundes-Gesetzbl. S. 26 und 32 f.), vom 2. März 1870 (Bundes-Gesetzbl. S. 46), die Bekanntmachungen Delbrücks vom 29. April 1870 (Bundes-Gesetzbl. S. 117), vom 16. Mai 1870 (Bundes-Gesetzbl. S. 192), die Bekanntmachungen Bismarcks vom 18. Juli 1870 (Bundes-Gesetzbl. S. 488) und Ecks vom 14. November 1870 (Bundes-Gesetzbl. S. 618).

**) Ueber die Ernennung der Mitglieder der Ausschüsse des Bundesrats vgl. die „Norddeutsche Allgemeine Zeitung" Nr. 34 vom 10. Februar 1870. Als Kuriosität registrire ich das 1870 erfolgte Erscheinen einer Schrift im Selbstverlage des Verfassers, Dr. Hermann Bischof, Doktor der Rechte und Professor in Graz, betitelt: „Denkschrift, betr. das fürstliche und gräfliche Gesamthaus Schönburg und dessen Anrecht auf Einräumung von Sitz und Stimme im Bundesrat des Norddeutschen Bundes." Im ganzen nahm das Schönburgische Haus in Sachsen eine ähnliche Stellung ein wie das gräflich Stolbergische in Preußen, insbesondere hatte es auch wie dieses eine Reihe von Rezessen abgeschlossen, durch welche es die Oberhoheit der Krone Sachsen (wie das Stolbergische Haus die der Krone Preußen) ausdrücklich anerkannt hatte. Die Anerkennung wirklich landeshoheitlicher Rechte hatte es während der ganzen Zeit des Bestehens des Deutschen Bundes aber nicht erreichen können.

Auf der Tagesordnung der sechsten Sitzung des Kongresses norddeutscher Landwirte zu Berlin (19. Februar 1870) war folgender Antrag der Herren Sombart und Schumacher gestellt: „Der Ausschuß des Kongresses wird beauftragt, an den Kanzler des Norddeutschen Bundes die Bitte zu richten, dahin zu wirken, daß in Gemäßheit des Artikels 8 der norddeutschen Bundesverfassung der dauernde Ausschuß für Handel und Verkehr im Bundesrat durch einen Vertreter des Ackerbaugewerbes verstärkt werde."

Nachdem Bismarck von diesem Antrag während seiner Teilnahme an der Beratung des Kongresses am 18. Februar gehört hatte, erbat er sich alsbald das Wort und bemerkte:

„Wenn ich morgen der Diskussion Ihres dringlichen Antrags nicht beiwohne, so wollen Sie mir dies weder als Mangel an Interesse noch als Widerstand, den Sie von mir gegen Ihren Antrag zu erwarten haben, auslegen, vielmehr nur dem Umstand meine Abwesenheit zuschreiben, daß ich über solche Sachen organisatorischer Natur nicht berechtigt und berufen bin, mich auszusprechen, ehe ich nicht gewiß bin, welches die Ansicht der übrigen dabei mitwirkenden Faktoren ist. Dazu habe ich zu rechnen in allererster Linie meinen Allergnädigsten Herrn, den König, ohne dessen Instruktionen ich nicht verfahren kann, dessen Sympathie für Ihre Sache aber eine sichere ist. Ferner habe ich auf meine preußischen Kollegen und weiter auf den Bundesrat Rücksicht zu nehmen, sowie darauf, wie die Finanzfragen, die aus etwaiger Vermehrung unserer Organe hervorgehen, vom Reichstag beurteilt werden. Ich möchte nun weder nach irgend einer Seite hin vorgreifen und mich mit Recht beschuldigen lassen, daß ich ohne Verständigung mit denen, die berechtigt sind, mitzureden, mich ausgesprochen habe, noch, glaube ich, würde es angemessen sein, daß ich stillschweigend Ihrer Debatte beiwohnte, ohne mich zu äußern. Ich bitte, mich also zu entschuldigen, wenn ich mich der Teilnahme an der morgenden Sitzung enthalte, und dies nicht als Mangel an Teilnahme auszulegen."

An demselben Tage richtete Graf Bismarck an den Vorsitzenden des dritten Kongresses norddeutscher Landwirte, den Reichstagsabgeordneten v. Benda, folgendes eigenhändige Schreiben:

Berlin, 18. Februar 1870.

Ew. Hochwohlgeboren

haben die Güte gehabt, mir zuzusagen, daß Sie in der morgen stattfindenden Sitzung des landwirtschaftlichen Kongresses meine persönliche Stellung zu dem heute gestellten dringlichen Antrage auf Vertretung der landwirtschaftlichen Interessen im Bundesrat erläutern würden. Nachdem dies am Schluß der heutigen Sitzung von meiner Seite insoweit geschehen ist, wie ich im Augenblick dazu im stande war, werden Sie aus der Art, wie ich mich aussprach, bereits den Schluß gezogen haben, daß nach meiner persönlichen Auffassung der Anspruch auf Vertretung der Landwirtschaft im Bundesrat und namentlich in dem des Zollvereins ein begründeter ist.

Ich erlaube mir, hinzuzufügen, daß ich meine Bemühungen, diesem Ansprucher die amtliche Anerkennung und Erfüllung zu gewinnen, bereits begonnen habe, und bitte Sie, dem landwirtschaftlichen Kongresse hiervon Mitteilung zu machen.

Mit ausgezeichneter Hochachtung bin ich Ew. Hochwohlgeboren ergebenster
v. Bismarck.

Dem Verlangen des landwirtschaftlichen Kongresses wurde sehr rasch Folge gegeben. Schon in der Sitzung des Bundesrats vom 5. März machte Graf Bismarck die Mitteilung, daß der Vorsitzende des Landesökonomie=Kollegiums, Geheimer Regierungsrat Dr. v. Nathusius, zum preußischen Bevollmächtigten für den Bundesrat ernannt worden sei. Da für sämtliche 17 Stimmen Preußens im Bundesrat Vertreter bestellt waren, so hatte durch die Abberufung des Geheimen Ober=Finanzrats Wollny ein Platz für diese landwirtschaftliche Vertretung geöffnet werden müssen.

Ueber die Persönlichkeit der neuen Mitglieder des Bundesrats und ihr Verhältnis zu Bismarck ist Nachstehendes zu bemerken:

1. Preußen.

Justizminister Dr. Leonhardt*)

(geboren 6. Juni 1815, gestorben 7. Mai 1880).

Mit der Wahl Leonhardts an Lippes Stelle konnte Bismarck wohl zufrieden sein; er schuf ihm die deutsche Justizeinheit, den „Eckstein der nationalen Einheit". Den Details der Leonhardtschen Justizreform gegenüber hat sich Bismarck ähnlich verhalten wie den wirtschaftlichen Angelegenheiten gegenüber zu Delbrücks Zeiten, das heißt, er kümmerte sich nicht um die Einzelheiten und glaubte seiner Verantwortung vollkommen zu entsprechen, wenn er dafür gesorgt hatte, daß ein tüchtiger Fachminister vorhanden war. Nur in den Differenzpunkten, die seinerzeit den Kampf zwischen Parlament und Bundesrat entflammten und die wichtigen Prinzipien der Strafprozeßordnung betrafen, wurde auch Bismarck zu einer Stellungnahme gedrängt.**) Er hielt an den Forderungen des Bundesrats auf die Gefahr hin fest, daß nationale Werk, das ihm am meisten am Herzen lag, scheitern zu sehen. Das übrige hatte er passiren lassen und am wenigsten die Zivilprozeßordnung sich vorher darauf

---

*) Das Nähere über seinen Entwicklungsgang findet man in der „Allgemeinen Biographie" Bd. XVIII S. 301, Nekrolog in „Unsere Zeit" Leipzig 1880 Bd. II S. 137, Nachruf im Justizministerialblatt für die preußische Gesetzgebung und Rechtspflege Nr. 22 vom 28. Mai 1880, „Unsere Minister seit 1862" S. 71—79.

**) Vgl. mein Werk: „Fürst Bismarck und die Parlamentarier", Bd. II S. 209 f.

angesehen, ob sie auch seinem praktischen und preußischen Sinne entspräche. Und sollte Bismarck wirklich damals in dem Bannkreise der Leonhardtschen Reform bis in ihre Einzelheiten gestanden haben, so hat er später bezeugt, daß ihn die seit der Einführung gesammelten Erfahrungen in manchen Punkten eines andern belehrt haben.*)

Leonhardt war Minister vom 5. Dezember 1867 bis 30. Oktober 1879; seine Thätigkeit entfällt also zum größten Teil in die Zeit nach Errichtung des Deutschen Reichs, und wird uns somit Gelegenheit geboten werden, später noch einmal auf ihn zurückzukommen.

Ministerialdirektor Moser**)
(geboren 14. Januar 1817, gestorben 26. Februar 1874)

bekleidete die Stelle eines Ministerialdirektors im Ministerium für Handel, Gewerbe und öffentliche Arbeiten, als Nachfolger Delbrücks, unter dem Moser bis dahin gearbeitet hatte. Er stand der IV. Abteilung dieses Ministeriums (für Handel und Gewerbe) vor. Solange das Bundeskanzler-Amt noch nicht bestand, nahm diese Abteilung eine bedeutsame Stellung ein. Nachdem Handel und Gewerbe in der Hauptsache Bundessache geworden waren, ging die Bedeutung dieser Abteilung natürlich zurück. Was auf diesem Gebiete Bedeutsames zu entscheiden war, gelangte bei Bismarck durch Delbrück zum Vortrag. Zu persönlicher Berührung Bismarcks mit Moser fehlte also die Gelegenheit.

Ministerialdirektor Weishaupt
(geboren 8. April 1817).

Da der Handelsminister Graf Itzenplitz sich in das Technische seines Ressorts nie völlig hineingearbeitet hatte, so liebte es Bismarck, in Eisenbahnfragen direkt mit dessen Untergebenem, dem Ministerialdirektor Weishaupt, zu verhandeln. Bismarck korrespondirte mit demselben in Sachen der Frachtermäßigungen auf den pommerschen Eisenbahnen und in Betreff einer wirksameren Handhabung der Bundesgewalt in Eisenbahnsachen,***) und verhandelte mit Weishaupt auch über die Bestimmungen, welche bezüglich des Eisenbahnwesens in die Reichsverfassung aufgenommen werden sollten. Bismarck ließ Weishaupt wiederholt zu sich kommen. Einmal besprach er mit ihm den Wunsch einer direkten Verbindung zwischen Bayern und Preußen mit Umgehung von Sachsen. 1866 und 1870

---
*) „Unsere Minister seit 1862", S. 76.
**) Heinrich Albert Eduard Moser wurde 1856 Regierungsrat, 1858 Geheimer Regierungsrat, 1862 Geheimer Ober-Regierungsrat, am 13. Oktober 1867 Wirklicher Geheimer Ober-Regierungsrat und 1873 als Präsident der deutschen Kommission zur Weltausstellung nach Wien entsandt.
***) Vgl. die von mir herausgegebenen „Aktenstücke zur Wirtschaftspolitik des Fürsten Bismarck", Bd. I S. 150.

bis 1871 war Weishaupt Mitglied der Exekutivkommission und als solcher in Nikolsburg und Versailles. In Nikolsburg ergaben sich keine persönlichen Berührungen, wohl aber in Versailles; im November 1870 war Weishaupt daselbst zu Tische bei Bismarck mit Delbrück und dem Chef der Telegraphenabteilung, nach 1870 nur noch bei Einladungen des gesamten Bundesrats.

Geheimrat v. Nathusius*)
(geboren 9. Dezember 1809, gestorben 29. Juni 1879)

trat erst in verhältnismäßig hohem Alter (61. Lebensjahre) in die Beamtencarrière ein. Vorher hatte er sich wissenschaftlichen Forschungen auf dem Gebiete der Naturwissenschaft und praktischer landwirtschaftlicher Thätigkeit gewidmet.**) Als Mitglied des Vereinigten Landtags stand Nathusius, welcher von Friedrich Wilhelm IV. geadelt worden war, gegen die dort sich regenden konstitutionellen Anläufe in einem entschiedenen Gegensatz. Einen deutlichen Ausdruck fand diese Stellung darin, daß er eins der sieben Mitglieder war, welche gegen die von liberaler Seite aus beantragte Dankadresse an Seine Majestät für Einberufung des Vereinigten Landtags stimmten. 1848 zeigte sich dabei, daß er zum Handeln entschlossener war als zum Reden. Ein ganz enger Kreis von Männern, zu welchem Nathusius gehörte, traf schnell Vorbereitungen, um alle königstreuen Elemente, namentlich der Landbevölkerung, zum Schutze des Königs gegen den Berliner Pöbel aufzurufen. Die Schwierigkeit war der Druck des Aufrufs, aber sie wurde überwunden. Inzwischen war aber in Berlin an maßgebender Stelle eine Richtung eingeschlagen, welche die Ausführung des Planes unmöglich machte. Daß Nathusius der Einberufung zu der Sitzung des Vereinigten Landtags, welche das Urwahlgesetz genehmigen sollte, nicht folgte, war Konsequenz seines Standpunktes; die ganze parlamentarische Entwicklung unserer öffentlichen Zustände blieb ihm eine durchaus unsympathische, von welcher er sich innerlich abwendete.

Nach 1848 wandte sich Nathusius mit ganzer Kraft wieder den praktischen landwirtschaftlichen Bestrebungen zu; seine viehzüchterische Thätigkeit war für

---

*) Zu vergl. "Hermann v. Nathusius. Rückerinnerungen aus seinem Leben" von W. v. Nathusius-Königsborn. Berlin 1879. Nachruf des Vorstandes des Klubs der Landwirte in den "Nachrichten aus dem Klub der Landwirte" zu Berlin. 1879 Nr. 94. (12. Juli 1879.) Aufsatz über Nathusius' Bedeutung als Naturforscher und Landwirt in der "Magdeburger Zeitung" Nr. 373 von 1879.

**) Hermann Engelhard Nathusius, geboren am 9. Dezember 1809, Sohn des durch seine späteren Fabrik- und Gartenanlagen vielgenannten Kaufmanns Gottlob Nathusius zu Magdeburg, besuchte das Kollegium Karolinum in Braunschweig, sodann zwei Jahre lang die Universität Berlin und übernahm 1830, nachdem er in dem Magdeburger Handels- und Fabrikgeschäft seines Vaters noch eine Uebersicht über kaufmännische Buch- und Geschäftsführung gewonnen hatte, käuflich das väterliche Gut Hundisburg.

die deutsche Landwirtschaft geradezu epochemachend; von entscheidender Bedeutung war seine Aktion bei Begründung des landwirtschaftlichen Instituts der Universität Halle. Im Jahre 1862 wurde Nathusius zum Mitglied des Landesökonomie-Kollegiums ernannt, dem er seit 1869 zu präsidiren hatte. Zugleich trat er mit den Funktionen eines vortragenden Rates in das landwirtschaftliche Ministerium (Geheimer Regierungsrat 30. Dezember 1868). Im Bundesrat nahmen die Ausschußsitzungen, sowie schon früher seine Dezernate im Ministerium sein lebhaftes Interesse in Anspruch.

Die Beziehungen zu Bismarck waren die besten. Die Ernennung zum Bevollmächtigten zum Bundesrat teilt der Kanzler demselben mittelst des folgenden Briefes mit:

Berlin, den 2. März 1870.

An den königl. preußischen Geheimen Ober-Regierungsrat
Herrn Dr. v. Nathusius.

Es gereicht mir zur lebhaften Befriedigung, Euer Hochwohlgeboren ergebenst zu benachrichtigen, daß des Königs Majestät, von dem Wunsche geleitet, die in dem Bundesrat des Norddeutschen Bundes und dem Bundesrat des deutschen Zollvereins von den preußischen Mitgliedern vertretenen Fachkenntnisse durch einen bewährten landwirtschaftlichen Fachmann zu ergänzen, Allergnädigst geruht haben, Sie zum Mitglied beider Bundesräte bis auf weiteres zu ernennen.

Den Herrn Minister für landwirtschaftliche Angelegenheiten habe ich von dieser Ernennung in Kenntnis gesetzt.

Der Kanzler des Norddeutschen Bundes.
v. Bismarck.

Generalpostdirektor Stephan
(geboren 7. Januar 1831).

In Betreff des Entwicklungsganges des Staatssekretärs Dr. v. Stephan*) darf auf die über denselben erschienenen Monographien verwiesen werden. Mit seinem großen Chef wird Stephan zuerst am 7. Januar 1867 in dienstliche Berührung getreten sein, an welchem Tage er im Staatsministerium vor dem damaligen Chef der preußischen Post, Handelsminister Grafen Itzenplitz, und dem Ministerpräsidenten Grafen Bismarck die Angelegenheit wegen Ablösung des Thurn- und Taxisschen Postwesens in der Sitzung des Staatsministeriums vortrug.

Im April 1870 reichte der Generalpostdirektor v. Philipsborn seinen Abschied ein; am 26. desselben Monats erfolgte auf den Vorschlag des Grafen

---

*) Vgl. „Ein Stück nationaler Arbeit im deutschen Verkehrswesen" v. E. Hoffmann in der „Deutschen Rundschau", Bd. XXXIII. (1882) S. 31. Dr. A. Kohut, „Moderne Geistesheroen", Berlin 1886. „Im Zeichen des Verkehrs", Berlin, Jul. Springer, 1895. J. Ronge im Maiheft der „Deutschen Rundschau" 1895, S. 303—310: „Ein Vierteljahrhundert Generalpostmeister."

Bismarck die Ernennung seines Nachfolgers, des Geheimen Ober-Postrats Heinrich Stephan, diesem selbst ganz unerwartet. Der Bericht des Grafen Bismarck an den König, worin die Ernennung Stephans zum Generalpostdirektor des Norddeutschen Bundes beantragt wurde, schloß mit den Worten: „Mit einer nicht gewöhnlichen Bildung, die er (Stephan) sich während seiner Laufbahn im Postdienste selbst angeeignet hat, und mit einer vollständigen Kenntnis der einzelnen Zweige der Postverwaltung verbindet er die geistige Frische, die für den Leiter einer mitten in der Entwicklung des Verkehrslebens stehenden Verwaltung unentbehrlich ist, und die persönliche Gewandtheit, deren der Generalpostdirektor des Bundes für die Beziehungen zu den Behörden der einzelnen Bundesstaaten bedarf."

Den Plan eines Weltpostvereins hatte Stephan schon im Jahre 1868 in einer Denkschrift Bismarck unterbreitet. Bismarck hatte ihn auch genehmigt, wegen des deutsch-französischen Krieges mußte derselbe aber zurückgestellt werden; erst am 1. Juli 1875 trat der allgemeine Postverein ins Leben. In der Sitzung des Reichstags, in der diesem der Berner Vertrag zur Genehmigung vorgelegt wurde, schloß sich Bismarck dem anhaltenden Beifall von allen Seiten des Hauses mit dem Ausdruck freudiger Teilnahme an.

Am 9. November 1877 verfaßte Stephan eigenhändig einen Bericht an den Fürsten Bismarck, betreffend die Verwendung des Telephons für den Nachrichtenverkehr. Darauf ordnete am 10. November 1877 der Reichskanzler telegraphisch die Vorführung des Fernsprechers in Varzin an, die am 12. erfolgte.

Am 21. März 1878 trug Bismarck Stephan das preußische Finanzministerium, dem das Reichsschatzamt untergeordnet werden sollte, an. Stephan hatte an diesem Tage zwei Unterredungen mit dem Reichskanzler, konnte sich aber zur Uebernahme der Stellung nicht entschließen. Wir glauben nicht fehlzugehen, wenn wir den Grund hierfür darin suchen, daß der Fürst sich auch in den Finanzfragen für die Zukunft zu sehr freie Hand wahren wollte, als daß es Stephan hätte erwünscht sein können, in die wenn auch dem Range nach höhere, aber gegenüber der seinigen enger begrenzte und weniger selbständige Stellung einzutreten. Bismarck wählte darauf Hobrecht.

Auf das wirksamste unterstützte Stephan Bismarck in seinem Versuche, die Mißstände des Eisenbahngütertarifwesens zu beseitigen. Das an den Bundesrat gerichtete Schreiben vom 7. Februar 1879, betreffend die gesetzliche Festellung von Einheitssätzen für den Gütertarif auf den deutschen Eisenbahnen,*) hat Stephan entworfen.**)

---
*) Abgedruckt in meinem Werke „Fürst Bismarck als Volkswirt", Bd. I. S. 185.
**) Vgl. „Fürst Bismarck und die Parlamentarier", Bd. I. (2. Aufl.) S. 151 u. 169. Im Jahre 1880 legte Stephan dem Reichskanzler unmittelbar eine Denkschrift über die Versorgung der Hinterbliebenen der Reichsbeamten vor. Hieraus entwickelte sich das diese Materie regelnde Gesetz vom 20. April 1881.

Schon 1884 hatte Stephan dem Fürsten Bismarck eine Denkschrift vor=
gelegt zur Begründung der Notwendigkeit, für längere Jahre Mittel zu erhalten,
um nach dem Vorgang anderer Staaten einheimische Rhedereien durch Gewährung
jährlicher Beihilfen zur Einrichtung und Unterhaltung deutscher Postdampfer=
linien nach Ostasien und Australien zu veranlassen. Das Ergebnis der Anträge
des Staatssekretärs, die von dem Reichskanzler und von den verbündeten Re=
gierungen sowie namentlich im Staatsrat durch den Kronprinzen warm befür=
wortet wurden, war eine Vorlage beim Reichstag, worin für 15 Jahre jährlich
4 Millionen Mark für den gedachten Zweck verlangt wurden. Diese Vorlage,
als deren „Pflegevater" Fürst Bismarck in seiner für die Entwicklung unserer
Kolonialpolitik hochbedeutsamen Rede vom 26. Juni 1884 Stephan bezeichnete,
wurde nach wechselvollen parlamentarischen Schicksalen am 6. April 1885 zum
Gesetz.

So sehr Bismarck auch Stephan schätzte,*) so darf man doch nicht glauben,
daß er ihm die Zügel vollständig schießen ließ. In einer Reihe von Maß=
regeln von prinzipieller Bedeutung hatte sich Stephan naturgemäß des Einver=
ständnisses seines Vorgesetzten, des Reichskanzlers, zu vergewissern. Stephan
kannte wohl den Satz, daß man mit dem lieben Herrgott besser direkt verhandelt
als mit seinen Engeln. Deshalb suchte er womöglich über alle Punkte, in
denen er sich der Zustimmung respektive des Einverständnisses Bismarcks zu
vergewissern hatte, mit diesem persönlich zu verhandeln, sei es, daß er selbst
um Audienz beim Kanzler bat, oder seine Eingabe direkt in seinem Bureau
abgab. Stephan, der ein Heer von ca. 100 000 Beamten unter sich hat,
wollte sich wohl dem Kanzler fügen, aber nicht gerne von den übrigen Staats=
sekretären sich das Konzept korrigiren lassen. Nun ist aber bei vielen Maß=
regeln seines Ressorts das Finanzinteresse des Reiches ganz eminent beteiligt,
so daß eine Mitwirkung des Reichsschatzamts respektive ein vorgängiges Benehmen
mit der letztgenannten Behörde sich gar nicht umgehen läßt. Stephan hätte am
liebsten auch in solchen Fragen die Sache direkt mit dem Kanzler abgemacht.
Der letztere schrieb aber auf die betreffenden Piècen regelmäßig: „Reichsschatz=
amt hören." Später fügte sich Stephan der Notwendigkeit und richtete seine

---

*) In der Reichstagssitzung vom 21. Februar 1879 bemerkte Bismarck, er sei nicht
mit allen Einrichtungen der Post persönlich einverstanden; „da ich aber die Ueberzeugung
habe, daß der Generalpostmeister im großen und ganzen vollständig seiner Sache mächtig
ist, und sie jedenfalls besser versteht als ich, so folge ich seinen Wünschen und Anträgen,
und würde es ziemlich verwunderlich finden, wenn ich dermaleinst an meiner formalen
Verantwortlichkeit dafür angefaßt werden sollte, daß diese oder jene Posteinrichtung nicht
nach meiner eigenen Ueberzeugung sich bewährt hat und ich sie anders wünschte, als ich
damals zugestimmt hätte, daß sie sein sollte." (Ein Erlaß Bismarcks an Stephan (Dank
für die Leistungen der Post= und Telegraphenbeamten aus Anlaß seines 70. Geburtstags)
findet sich abgedruckt in der „National=Zeitung" Nr. 160 vom 7. April 1885.

Schriftstücke, wenn er ihr Schicksal ahnte, selbst an die Adresse des Reichs=
schatzamts.

Stephans Verhältnis zu dem Minister Maybach soll zu wünschen übrig
gelassen haben. Symptomatisch war Stephans Rede im Herrenhause vom April
1889. Angriffe eines Ministers gegen einen andern vor versammeltem Parla=
ment kamen sonst unter Bismarck nicht vor. Fast war man versucht zu glauben,
daß Stephan sich vorher vergewissert habe, daß die von ihm gegen die May=
bachsche Verwaltung geführten Klagen bei Bismarck wenigstens keine Mißbilligung
fanden.

2. Königreich Sachsen.

Geheimer Regierungsrat Schmalz
(geboren 22. Mai 1811, gestorben am 6. Mai 1893).

Derselbe besuchte die Fürsten= und Landesschule St. Afra in Meißen, sodann die
Universitäten zu Leipzig und Heidelberg, widmete sich zunächst der advokatorischen Praxis,
wurde aber im Jahre 1849 als Regierungsrat in das Ministerium des Innern berufen,
fünf Jahre später zum Geheimen Regierungsrat befördert. Als Nachfolger des Geheimen
Rates Dr. Weinlig wurde Schmalz am 1. Mai 1873 zum Direktor der Ministerialabteilung
für Ackerbau, Gewerbe und Handel ernannt, welcher er zehn Jahre lang vorstand. Bei
seiner Verabschiedung im Sommer 1883 wurde ihm Titel und Rang eines Wirklichen
Geheimen Rates mit dem Prädikate Excellenz verliehen. Er bekleidete sodann noch einige
Jahre lang die Stelle eines königlichen Kommissars für die Altersrentenbank; auch gehörte
er bis zu seinem Lebensende dem Direktorium der Geheftiftung als Vorsitzender an.

Major Freiherr v. Holleben*)
(geboren 30. Juli 1824)

entfaltete besonders nach der Rückkehr vom französischen Kriegsschauplatz im
Bundesrat bis Juli 1873 eine lebhafte Thätigkeit. Er wurde zum Mitglied
der Reichstagskommission ernannt und nahm an deren Arbeiten, welche der

---

*) Karl Ludwig Bernhard v. Holleben, genannt v. Normann, Sohn des fürstlich
schwarzburg=rudolstädtischen Oberjägermeisters Anton v. Holleben, erhielt seine Schul=
bildung zunächst auf dem Gymnasium in Rudolstadt, verblieb 1840—1845 auf der Landes=
schule Pforta und studirte nach Erlangung des Maturitätsexamens 3 Jahre die Rechte auf
der Universität Jena. 1849 Eintritt als Avantageur in das 1. Schützenbataillon in Leip=
zig, September 1849 Ernennung zum Offizier, Frühjahr 1866 zum Hauptmann im General=
stab ernannt, Teilnahme am böhmischen Feldzug, 1867 Beförderung zum Major im sächsi=
schen Generalstab. Von Dresden waren nun stets 2 Generalstabsoffiziere zum großen General=
stabe nach Berlin zu kommandiren. In solcher Eigenschaft arbeitete auch Holleben vom
1. Oktober 1868 an in Berlin, hatte auch bisweilen den hier und da abwesenden königl.
sächsischen Militärbevollmächtigten, Oberst v. Brandenstein, zu vertreten, so daß er, als der=
selbe im Frühjahr 1870 den Abschied nahm, an seine Stelle rückte und zum königl.
sächsischen Bevollmächtigten beim Norddeutschen Bundesrat ernannt wurde. Als im Juli
1870 der Krieg mit Frankreich ausbrach, waren die von Holleben mit den Offizieren des
großen Generalstabes geknüpften kameradschaftlichen Beziehungen wohl die Veranlassung,

Verteilung der Kriegsbeute und dem militärischen Aufbau des Reichs galten, teil. In direkte dienstliche Beziehungen zu Bismarck ist derselbe nicht getreten, wohl aber hatte er das Glück, den von ihm ausgehenden geselligen Verkehr in dessen Hause mitzugenießen.

3. Mecklenburg-Schwerin.

Legationsrat v. Oertzen.

Oertzens Stellung im Bundesrat als Vertreter von Mecklenburg war nur eine interimistische, bedingt durch die vorübergehende Abwesenheit des Ministers v. Bülow.*)

4. Großherzogtum Sachsen.

Dr. Gottfried Theodor Stichling**)

(geboren 14. Juni 1814, gestorben Juni 1891)

übernahm im September 1867 das Departement des großherzoglichen Hauses und des Aeußern und die Vertretung der großherzoglich sächsischen Regierung im norddeutschen Bundesrat als der Nachfolger Watzdorfs.

daß er eine Stelle im Generalstabe des großen Hauptquartiers erhielt und somit in die unmittelbare Nähe des Generals v. Moltke kam. Nach Beendigung des Feldzugs kehrte v. Holleben bis 1. Juli 1873 in die Stelle eines sächsischen Bevollmächtigten zum Bundesrat zurück, wurde dann zum Chef des Generalstabes des königl. sächsischen XII. Armeecorps in Dresden ernannt, in welcher Eigenschaft er zehn Jahre verblieb und bis zum Generalmajor avancirte. Am 1. Juli 1883 erhielt derselbe das Kommando der 2. Infanteriebrigade Nr. 46 und am 1. April 1887 unter Aufrückung zum Generallieutenant das der 3. Division Nr. 32 in Dresden. Nachdem er 1889 in gleicher Eigenschaft nach Leipzig versetzt worden war, führte er dort drei Jahre lang das Kommando der 2. Division Nr. 24. Mit Rücksicht auf sein vorgerücktes Alter und ein sich steigerndes langjähriges Gichtleiden sah sich Holleben im Januar 1892 veranlaßt, um den Abschied einzukommen, welcher ihm unter Beförderung zum General der Infanterie am 22. Januar 1892 bewilligt wurde.

*) Derselbe wohnt jetzt als Geheimer Legationsrat a. D. auf Leppin in Mecklenburg-Strelitz. Ueber die Bestellung des Legationsrats v. Oertzen zum schwerinschen Bevollmächtigten beim Bundesrat statt des bisherigen mit Strelitz gemeinschaftlichen Vertreters, woraus mancherlei Folgerungen für die politische Haltung der beiden mecklenburgischen Regierungen hatten gezogen werden wollen, berichteten die „Mecklenburger Anzeigen", „der mecklenburgische Bevollmächtigte, Minister a. D. v. Bülow, sei bei der schleunigen Einberufung des Bundesrats auf einer Urlaubsreise in der Schweiz gewesen und daher, um Mecklenburg bei einer wichtigen Verhandlung nicht unvertreten zu lassen, der Legationsrat v. Oertzen bevollmächtigt worden. Inzwischen habe der nach Berlin zurückgekehrte Herr v. Bülow seine Stelle im Bundesrat bereits wieder eingenommen."

**) Vergl. die Schrift: „Aus dreiundfünfzig Dienstjahren." Erinnerungen von Dr. Gottfried Theodor Stichling, weimarischer Staatsminister. Weimar. Hermann Böhlau. 1891. Stichling war am 14. Juni 1814 geboren als der Sohn von Karl Wilhelm Konstantin Stichling, Direktor und Präsident des Kammerkollegiums in Weimar, und der Theodore Luise v. Herder, der einzigen Tochter Johann Gottfried v. Herders. Nach

Am 19. November 1870 langte Stichling in Berlin an. Nachdem er überall, wo es nötig war, sich in gewohnter Weise einzuführen gesucht hatte, wurde er am 21. November durch den Staatsminister Delbrück in dem Bundesrat als dessen neues Mitglied begrüßt.

Da sich Bismarck damals bereits längst auf französischem Boden befand, so gehören ihre beiderseitigen Beziehungen einer späteren Zeit an und werden darum besser in dem von dem „Bundesrat des Deutschen Reichs" handelnden Bande geschildert werden.

Bei Ausbruch des Krieges von 1866 hatte Stichling Bismarcks Politik nicht ohne Mißtrauen betrachtet. Diese Voreingenommenheit wich aber bald und vollständig, als Stichling die wahren Absichten Bismarcks und diesen selbst näher kennen gelernt hatte.

5. Oldenburg.
Staatsminister von Roessing
(geboren 12. Februar 1805, gestorben 23. Juni 1874).

Erste juristische Prüfung 1828, zweite juristische Prüfung 1834 absolvirt, 1829 bis 1835 Amtsauditor bei den Aemtern Berne, Delmenhorst, Bockhorn und Westerstede, 1837 Landgerichtsassessor, 1843 Kanzleiassessor, 1848 Mitglied des Militärobergerichts und des Militärkollegiums, 1850 Obergerichtsrat und Vorstand des Militärkollegiums, 1851 Mai Staatsrat und Mitglied des Staatsministeriums, August Vorsitzender im Staatsministerium, 1854 (Januar) Minister, Vorstand des Departements des großherzoglichen Hauses und der auswärtigen Angelegenheiten, der Justiz und der Kirchen und Schulen, 1860 Ernennung zum Wirklichen Geheimen Rat (Excellenz), 1872 (6. Februar) zum Staatsminister.

6. Anhalt.
Staatsminister von Larisch
(geboren 17. November 1819)

hatte schon 1843 oder 1844 Berührung mit Bismarck, da er gleichzeitig mit diesem bei der Regierung in Potsdam als Referendar beschäftigt war. Sonstige

---

Absolvirung des Gymnasiums in Weimar widmete er sich dem Studium der Rechtswissenschaft in Jena, Heidelberg und Göttingen. Nach Absolvirung des Staatsexamens (1836) wurde Stichling zuerst bei dem Justizamt zu Weimar beschäftigt, ging alsdann zur Bereicherung seiner landwirtschaftlichen Kenntnisse nach Tharandt, von wo er bereits im Mai 1838 nach Weimar zurückkehrte, um das Amt als Geheimer Referendar beim Staatsministerium zu übernehmen. 1848 wurde er beratendes Mitglied des Staatsministeriums, 1863 zum Geheimen Staatsrat ernannt, am 1. August 1867 wurde ihm das Kultusdepartement übertragen. Ende 1882 wurde Stichling unter Belassung in der seitherigen Leitung der Ministerialdepartements des großherzoglichen Hauses, des Kultus und der Justiz zum vorsitzenden Staatsminister ernannt. Am 8. September 1886 feierte derselbe sein fünfzigjähriges Dienstjubiläum. Am 1. Februar 1890 erhielt derselbe auf sein Ansuchen in gnädigster Form seine Pensionirung. Von verschiedenen Schriften, die Stichling publizirte, erwähne ich die Broschüre: „Deutschland eine Trias?" Berlin, bei Veit erschienen, „Am Vorabend der Dresdener Konferenzen", „Eine Lebensbeschreibung des Ministers von Gersdorff", „Die Mutter der Ernestine", „Historische Betrachtung über das Bundesgericht" (1862).

Kollegen waren noch ein Graf Henkel (nicht Guido) und ein Herr von Knebel. Wenn Bismarck in Potsdam anwesend war,*) aß er häufig zusammen mit seinen Kollegen; wenn es warm war, auf einem in dem Empfangsgebäude der Eisenbahn eine Treppe hoch gelegenen Plateau, en plein air. Eines Tages bemerkte Bismarck bei Tische, er wolle es fertig bekommen, von besagtem Plateau aus eine leere Champagnerflasche über den ganzen Eisenbahnperron zu werfen. Als einer der Tischgäste, der Stadtgerichtsrat v. Piper, dies für unmöglich erklärte, proponirte Bismarck ihm eine Wette. Wer verlöre, solle alle Anwesenden nächstens zu Tische einladen und für ein splendides Diner zu sorgen haben. Die Wette wurde sogleich ausgefochten. Bismarck ergriff eine Champagnerflasche und schleuderte sie mit aller Gewalt in der Richtung des Bahnperrons. In diesem Augenblicke rollte auf dem letzten Geleise ein Bahnzug herein, an dem die Flasche zerschellte. Durch die Unparteiischen wurde festgestellt, daß Bismarck die Wette gewonnen habe, da die Flasche, wenn der Zug nicht dazwischen kam, unfehlbar über das letzte Geleise hinausgefallen wäre. Als der Stadtgerichtsrat von Piper an einem der nächsten Tage sein Wettdiner gab, erhob er sich alsbald, um einen Toast zu halten; demselben war aber die Gabe, seine Gedanken kurz zusammen zu fassen, versagt. Endlos sprach er zu den Tischgenossen, die immer unruhiger wurden, den Redner fortwährend unterbrachen und zu trinken begannen, ohne den Schluß des langweiligen Trinkspruches abzuwarten. Kaum aber hatte v. Piper geendet, als der Referendar Bismarck an das Glas schlug, sich erhob und unter ungeheurem Beifall der anderen Tischgäste anhub:

    Es lebe die Würze
    der Kürze!
    Es lebe unser lieper,
    Herr Stadtgerichtsrat von Piper.

    v. Larisch hatte während seiner Beschäftigung bei dem Oberpräsidium der Rheinprovinz in Coblenz, die ihn auch zeitweise nach Frankfurt a. M. und namentlich während der Beratungen über den Malmöer Waffenstillstand in Berührung mit hervorragenden Gliedern der Nationalversammlung führte, die Ueberzeugung gewonnen, daß die deutsche Frage nicht wieder von der Tagesordnung schwinden, aber mit einem für das aus dem französischen Befreiungskriege hervorgewachsenen Preußen an der Spitze ohne einen sehr ernsten Konflikt mit Oesterreich nicht zu lösen sein werde.

    Dieser Ueberzeugung gab v. Larisch in Naumburg während des Erfurter Parlaments Bismarck gegenüber Ausdruck, worauf dieser erwiderte: „Das ist auch meine Ueberzeugung, nie aber darf Preußen sich auf dies Duell unter Sekundirung der Demokratie einlassen."

    Die nächste Begegnung von Bismarck und Larisch kennen wir aus meinem

---

*) Nicht selten ging er tagelang auf eine Besitzung zwischen Potsdam und Werder; die Kollegen sagten dann, er habe wieder einmal das Bedürfnis nach „Einsiedelei".

Werke: „Preußen im Bundestage".*) Larisch, der inzwischen herzoglich sachsen-altenburgischer Minister geworden war, kam am 16. Februar 1855 in Frankfurt a. M. an, um die altenburger Verfassungsfrage zu betreiben. Sein erster Schritt und Besuch galt dem österreichischen Präsidialgesandten Freiherrn von Protesch, mit dem er sogleich verabredete, wie die Sache beim Bund behandelt werden sollte. Bismarck fühlte sich dadurch verletzt, daß ein Landsmann und so alter Bekannter von ihm, wie Larisch es war, sich mit seinem Anliegen zuerst an das Präsidium und nicht an den preußischen Gesandten gewendet hatte. Auch in der orientalischen Frage wußte Bismarcks Kollege von der Potsdamer Regierung für Preußen keinen andern Rat, als vollständigen Anschluß an Oesterreich, und sprach sich in dem Sinne Bismarck gegenüber aus, Oesterreich werde Altenburg an Sachsen schenken, wenn Altenburg nicht mit Oesterreich stimme. Bismarck stellte dem Minister Freiherrn v. Manteuffel anheim, die Autorität des Oheims zu benützen, „um dem Herrn Neffen das preußische Bewußtsein neu zu beleben. „Ich will ihm eben meinen Gegenbesuch machen und das meinige auch zu jenem Zwecke thun."

Die Berufung Bismarcks in das Ministerium erfolgte hauptsächlich auf Betreiben des Kriegsministers v. Roon. Im Jahre 1862, es wird im Mai gewesen sein, kam Bismarck von Petersburg nach Berlin, und es handelte sich jetzt darum, ihn dem Könige als Ministerkandidaten plausibel zu machen.

Vorher besprachen Roon und der Fürst von Hohenzollern den Wechsel auch noch mit dem zufällig in Berlin anwesenden Minister v. Larisch. Letzterer glaubte, daß Bismarck als auswärtiger Minister der geeignete Mann für den Fall sei, daß der König zu bewegen sei, ein ernstes Wort, eventuell mit militärischem Nachdruck, mit Oesterreich zu sprechen. Das innere Ressort hätte Larisch lieber anderen Händen anvertraut gesehen. Wenige Minuten nach dieser Unterredung, die im Hause des Kriegsministers Roon stattfand, traf Larisch mit Bismarck im Salon von Frau v. Roon zusammen.

Während des Frankfurter Fürstentages 1863 hielt v. Larisch dem König von Preußen im Salonwagen zwischen Darmstadt und Aschaffenburg einen Vortrag auf Veranlassung Bismarcks und in dessen Gegenwart.

Vor Ausbruch des Krieges von 1866 wurde Larisch von seinem Herzog nach Berlin geschickt, um sich zu vergewissern, ob der Waffengang zwischen Oesterreich und Preußen eine definitiv beschlossene Sache sei. Zuerst wurde Larisch an Herrn v. Thile verwiesen, der demselben Aufschlüsse über Bismarcks Politik gab. Nach zwei Stunden erfolgte der Empfang bei Bismarck. Larisch erklärte dem Ministerpräsidenten, der Herzog habe gegen das ihm von Preußen vorgeschlagene Bündnis Bedenken, weil der Bundestag dadurch an die Luft gesetzt würde. Er, Larisch, habe dem Herzog den Anschluß an Preußen als

---

*) Band IV, Seite 234.

Bedingung des Verbleibens der preußischen Stabsoffiziere in Altenburg und seines eigenen Verbleibens im Amte gestellt. Bismarck bemerkte, der König habe bereits direkt ein Telegramm an den Herzog in Altenburg gerichtet, nach dessen Empfang an einem Nachgeben des letzteren und dem Verbleiben von Larisch im Amte nicht mehr zu zweifeln sei. Nachdem die politische Unterhaltung erledigt war, führte Bismarck Herrn v. Larisch zu Tisch, wobei ihm der Platz neben Herrn v. Keudell angewiesen wurde. Nach dem Diner machte Bismarck Larisch vertrauliche Mitteilungen über den Stand der Verhandlungen mit Oesterreich und seine dem Grafen Rechberg gegenüber in der schleswig-holsteinschen respektive dänischen Kriegsfrage beobachtete Politik. Als Larisch seine Verwunderung darüber ausdrückte, wie er Oesterreich zu einer militärischen Kooperation gegen Dänemark in der schleswig-holsteinschen Sache vermocht hätte, erzählte Bismarck beim Rauchen einer Cigarre folgendes: „Ich habe den Grafen Rechberg an ein Zwiegespräch über dieselbe Frage in der Zeit des Frankfurter Bundestags erinnert. Wir ritten damals spazieren und unterhielten uns eben über jenes politische Problem, als wir plötzlich vor einem breiten Graben ankamen. Ohne mir's lange zu überlegen, gab ich dem Pferde die Sporen, setzte über den Graben und rief dem mir erstaunt nachsehenden, auf der andern Seite des Grabens zurückgebliebenen Grafen zu: ‚Sehen Sie, so wird es Preußen machen, wenn Sie nicht alliirt mit demselben gegen Dänemark vorgehen.'"

Den vom 15. Dezember 1866 bis 7. Februar 1867 währenden Konferenzen zur Beratung der norddeutschen Bundesverfassung wohnte auch Larisch bei. Derselbe wünschte in die Verfassung des Norddeutschen Bundes:

1. das monarchische Prinzip bei Festsetzung der Präsidialbefugnisse reiner zum Ausdruck zu bringen, und
2. nicht bloß die Einheitlichkeit der materiellen Interessen, sondern auch durch Gründung einer Akademie der Wissenschaften respektive allgemeine Vorschriften für das Universitätswesen, für die einheitliche Fortentwicklung des höheren deutschen Kulturlebens — in welchem die kräftigsten Wurzeln der deutschen Einheitsbestrebungen lägen — Sorge zu tragen.

Bismarck ging über diese Anregungen zur Tagesordnung über, indem er die Vorschläge als „Professorenweisheit" bezeichnete.

Anfangs 1867 machte v. Larisch den Versuch, eine freiwillige teilweise Mediatisirung der thüringischen Kleinstaaten ins Werk zu setzen. Unter Zustimmung seines Herzogs dachte er sich die Ausführung so, daß sich die gedachten Staaten unter Abgabe der höheren Gesetzgebungsrechte und der auswärtigen Politik an den Bund ganz auf die kleinen Regierungsrechte zurückziehen sollten. Als dieses Projekt an dem Widerspruch der Agnaten des herzoglichen Hauses gescheitert war, reichte v. Larisch den Antrag auf Demission als altenburgischer Minister ein und reiste demnächst nach Berlin, um in einer Audienz bei Bismarck festzustellen, welches seine Aussichten in Preußen für den Fall der Genehmigung seines Abschiedsgesuches in Altenburg seien.

7. Reuß j. L.
Regierungsrat Kunze.

Kunze, Moritz, gebürtig aus Zeulenroda, widmete sich nach Besuch des Lyceums in Greiz und des Gymnasiums in Gera vom Jahre 1835 an dem Rechtsstudium in Jena, trat im Jahre 1838 in den Staatsdienst des Fürstentums Reuß ä. L., arbeitete bei den Aemtern Obergreiz und Dölau, dann bei dem Kriminalgericht in Gera, erhielt im Jahre 1850 die Stellung eines Amtmannes und im Jahre 1852 das Prädikat „Kriminalrat", und wurde im Jahre 1862 zum ersten Regierungs- und Konsistorialrat ernannt. Im Jahre 1878 ward ihm das Prädikat „Geheimrat" beigelegt. In demselben Jahr starb er, im sechzigsten Lebensjahr stehend, plötzlich an Hirnschlag.

Dem Bundesrat des Norddeutschen Bundes gehörte er ebenso wie demjenigen des Deutschen Reichs an, ersterem in der Zeit vom 25. Januar 1870 bis 3. Juni 1870, letzterem vom 1. Oktober 1874 bis 8. Mai 1875. Er hat da wie dort eine aktive Wirksamkeit entfaltet, ist aber, soviel man weiß, zu dem Reichskanzler weder in nähere geschäftliche noch soziale Beziehungen getreten.

Geheimrat Meusel*)
(geboren 5. Juli 1832)

versah die Funktion eines Bundesratsbevollmächtigten vom 20. Juni 1870 bis zu seinem Austritt aus dem reußischen Staatsdienst (1874). Daß Meusel zu Bismarck in nähere geschäftliche oder soziale Beziehungen getreten sei, ist nicht bekannt geworden.

---

*) Meusel, Otto Theodor, gebürtig aus Wermsdorf, wurde im Jahre 1870 als Gerichtsamtmann zu Augustusburg (Königreich Sachsen) zur Stelle des Regierungs- und Konsistorialpräsidenten in Greiz berufen, aus der er im Jahre 1874 freiwillig wieder ausschied, um in den Staatsdienst seines Heimatlandes zurückzukehren. Er wurde zunächst zum Amtshauptmann in Plauen ernannt und bekleidete demnächst mit dem Titel „Geheimrat" die Direktorstelle der dritten Abteilung des Ministeriums des Innern in Dresden.

II. Abschnitt.

Die Arbeiten des Bundesrats des Norddeutschen Bundes in seiner letzten Session.

1. Bundesgesetzgebung (Artikel 2—5 der Verfassung).

Unterstützungswohnsitz. Als Bismarck Ende 1869 dem Bundesrat den umgearbeiteten Entwurf des Gesetzes vorlegte,*) fand sich der Bundeskanzler zu dem in der Geschichte der Bundesgesetzgebung bisher unerhörten Vorbehalte veranlaßt, daß das Präsidium den Gesetzentwurf gleichsam auf die Instruktion des Bundesrats hin vorlege, seine Abstimmung über denselben im Plenum aber sich vorbehalte, da das Gesetz dem Bedürfnisse nicht völlig entspreche, die sehr verschiedenartigen Bestimmungen der Territorialgesetze über Erwerb und Verlust des Heimatsrechts und der damit im innigsten Zusammenhange stehenden Verbindlichkeit zur Armenpflege endlich durch ein Bundesgesetz auszugleichen. Die Auffassungen der Majorität und Minorität des Ausschusses fanden auch in diesem Jahre keine Ausgleichung. Das Präsidium hatte den Versuch nicht erneuert, die preußische Armengesetzgebung von 1843 auf die Bundesstaaten auszudehnen; es hatte sich den konsultatorischen Beschlüssen des Bundesrats vom 23. April 1869 gefügt und einen im wesentlichen nach diesen Beschlüssen redigirten Entwurf vorgelegt. Der Erwerb des Unterstützungswohnsitzes durch Zeitablauf sollte gestattet werden, aber nur von Staat zu Staat, so daß die Partikulargesetzgebungen den Angehörigen der einzelnen Bundesstaaten gegenüber in Kraft blieben. Von einem Eingriffe der Bundesgesetzgebung in die Partikulargesetzgebung konnte demnach kaum die Rede sein; wenigstens trat die letztere nur den Angehörigen eines Bundesstaates gegenüber außer Kraft, wenn sie in dem andern ihren Aufenthalt nahmen. Aber die Mehrzahl der kleinen Staaten fuhr fort, die Armengesetzgebung und den Gothaer Vertrag als ein noli me tangere der Bundesgesetzgebung gegenüber zu betrachten.

Nach der bisherigen Praxis des Bundesrats wurden Kompetenzbedenken einzelner Regierungen durch eine Abstimmung nach § 78 der Bundesverfassung erledigt, das heißt sobald die Majorität von ⅔ der Stimmen sich für die Kompetenz in specie für den in Diskussion stehenden Punkt aussprach, — wie

---

*) Vgl. S. 212.

zum Beispiel bei dem sächsischen Vorschlage wegen des Bundes-Oberhandelsgerichts — so war die Anfechtung beseitigt. So stellte auch Medlenburg, als es in der Sitzung des Bundesrats vom 23. April 1869 zur Abstimmung über den Ausschußbericht über die erste Vorlage kommen sollte, den Antrag, darüber abzustimmen, ob nicht zur Annahme eines den Artikel 3 Alinea 3 und 4 abändernden Gesetzentwurfs nach Artikel 78 der Bundesverfassung eine Stimmenmehrheit von mindestens zwei Dritteln Stimmen im Bundesrat erforderlich sei. Das Präsidium hatte damals mit Rücksicht auf die prinzipiellen Bedenken gegen die Vorlage von der Abstimmung Abstand genommen; aber in den diesjährigen Ausschußverhandlungen hatte der medlenburgische Bevollmächtigte bereits die Wiederholung seines Antrages in Aussicht gestellt. Das Resultat einer solchen Abstimmung war kaum zweifelhaft; Sachsen, Medlenburg, Hessen, Hamburg, Bremen und eine Reihe der kleinen Staaten bestritten aus mannigfachen Gründen die Kompetenz der Bundesgesetzgebung.*)

Im Plenum des Bundesrats behielt zwar die preußische Auffassung gegen die Ausschußanträge in manchen Stücken die Oberhand, dagegen wurde der Grundsatz angenommen, daß die Unterstützung erst durch fünfjährige Ortsangehörigkeit solle erworben werden können. Damit war der ganze Entwurf in den Augen Preußens wieder wertlos gemacht und es bestand nur noch

---

*) Ueber die einzelnen Voten im Ausschuß ist zu bemerken: Der hessische Bevollmächtigte erklärte, die Armenversorgung bilde an sich keinen Gegenstand der Bundesgesetzgebung; insoweit der vorliegende Entwurf die Armenversorgung im Verhältnisse von Staat zu Staat, abweichend von dem Inhalte der Gothaer Konvention, regele, stehe eine Abänderung der Bundesverfassung in Frage. — Der medlenburgische Bevollmächtigte schloß sich dieser Erklärung an und wiederholte, daß ein Gesetz, welches für das gesamte Gebiet des Bundes gleichmäßige Normen über den Erwerb des Unterstützungswohnsitzes aufstelle, dem Bedürfnisse entspreche. Der Entwurf enthalte Bestimmungen, welche mit dem wahren Wohle der unterstützungsbedürftigen Bevölkerung sowie mit der Stellung der Staaten und der Gemeinden zu dieser Aufgabe unvereinbar sei. — Der sächsische Bevollmächtigte stellte zur Erwägung, ob nicht in Bezug auf das Bedürfnis, dessen Abhilfe der vorliegende Entwurf bezwecke, durch das im Ausschusse bereits beratene und angenommene Gesetz über den Erwerb der Bundes- und Staatsangehörigkeit die Lage der Sache eine andere geworden sei: daß nämlich die Staatsangehörigkeit an sich die natürlichste Basis der Heimatsberechtigung darstelle, sei im wesentlichen nicht bestritten worden; würde nun der Erwerb der ersteren durch die Annahme des vorgedachten Gesetzes in einer Weise erleichtert, welche für alle in einem andern Bundesstaate sich niederlassenden Bundesangehörigen kaum noch irgendwie Schwierigkeiten biete, so erscheine es nur noch der Anerkennung des Satzes zu bedürfen, daß mit Erlangung der Staatsangehörigkeit zugleich das Heimatsrecht erworben werde, um den Erlaß eines besonderen Gesetzes über Erwerb des Unterstützungswohnsitzes entbehrlich zu machen. Er stellte schließlich den Antrag, eine Bestimmung des Inhalts: „Mit der Staatsangehörigkeit wird stets zugleich das Heimatsrecht erworben", zum Gesetze zu erheben, welche entweder dem Gesetze über Freizügigkeit vom 1. November 1867 § 11 angehängt oder auch in dem Gesetze über Erwerb der Bundes- und Staatsangehörigkeit Platz finden könne.

die Hoffnung, daß der Reichstag ihn wieder zweckentsprechend umgestalten werde. Diese Erwartung hat sich denn auch erfüllt.

Als es sich darum handelte, die Zustimmung des Bundesrats zu den Beschlüssen des Reichstags zu erhalten, wehrte sich hiegegen eine aus den Stimmen von Sachsen, Hessen, Mecklenburg, der beiden Schwarzburg, Reuß älterer Linie, Sachsen-Weimar, Hamburg und Bremen gebildete Minorität auf das lebhafteste. Dieselbe hielt daran fest, daß die Beschlüsse des Reichstags, insofern sie über den ursprünglichen Entwurf hinaus eine Art von Verwaltungsgerichtshof geschaffen hatten, eine Verfassungsänderung involvirten.*) Bei einer Stimme weniger auf der einen und bei einer mehr auf der andern Seite, also bei 28 gegen 15, wäre die Frage, ob eine Verfassungsänderung vorlag, bejaht worden. Aber Glück und Zufall standen fast noch mehr wie im Reichstag im Bundesrat der Präsidialregierung zur Seite, und so wurde diese wichtige Reform für den Bund gerettet.

Die Annahme des Gesetzes vom 6. Juni 1870 (Bundes-Gesetzbl. S. 360)**) erfolgte mit 29 gegen 14 Stimmen.

*) Mit Recht machte die „B. A. C." darauf aufmerksam, daß es unmöglich dem Bundesrat freistehen könne, jede beliebige Frage zu einer Verfassungsfrage zu machen und das Zustandekommen eines Gesetzes an die erschwerende Bedingung einer Zweidrittelmehrheit im Bundesrat zu knüpfen. Das Blatt sagte darüber: „Wir müssen unsererseits erklären, daß wir keiner einzelnen Bundesregierung, ja sogar dem ganzen Bundesrat selber nicht die Befugnis zugestehen können, allein und ausschließlich darüber zu entscheiden, ob ein Gesetz eine Verfassungsänderung enthalte oder nicht. Die Bundesverfassung weist dem Bundesrat eine solche Kompetenz nicht zu; sie stellt nur fest, daß Verfassungsveränderungen im Wege der Gesetzgebung erfolgen, das heißt vom Reichstag mit einfacher Mehrheit beschlossen werden können, daß dagegen zu denselben eine Mehrheit von zwei Dritteln der im Bundesrat vertretenen Stimmen erforderlich ist. Nirgends steht in der Bundesverfassung eine Silbe darüber, daß der Bundesrat als solcher die Kompetenz hat, zu beschließen, daß diese oder jene Bestimmung in einem Gesetze, welches ihm zur Genehmigung vorliegt, implicite eine Verfassungsveränderung enthalte und also nur mit Zweidrittelmajorität genehmigt werden könne. Es steht nicht in dem Belieben des Bundesrats, jede beliebige Frage zu einer Verfassungsfrage zu machen; die Mitwirkung des Reichstags würde sonst in dieser Beziehung auf Null reduzirt werden. Für uns ist es ganz unzweifelhaft, daß Reichstag und Bundesrat darüber einig sein müssen, ob ein Gesetz implicite eine Verfassungsveränderung enthält oder nicht; jedenfalls muß verlangt werden, daß im Reichstag, bevor er seine definitiven Beschlüsse über einen Gesetzentwurf faßt, von seiten des Bundesrats eine formelle Erklärung darüber abgegeben wird, ob einzelne Bundesregierungen bei der einen oder andern Bestimmung des Gesetzes die Kompetenzfrage anzuregen beabsichtigen, nachträglich, nachdem der Reichstag seine definitiven Beschlüsse gefaßt hat, sind derartige Kompetenzbedenken durchaus unzulässig und die einfache Mehrheit des Bundesrats genügt, um durch ihre Zustimmung das vom Reichstag beschlossene Gesetz perfekt zu machen."

**) Zu Protokoll wurde schließlich das allseitige Einverständnis der Bundesregierungen darüber konstatirt, daß die im § 38 bezeichnete „Spruchbehörde" nicht notwendig eine kollegialische zu sein brauche, und daß die im § 52 vorbehaltene anderweite Regelung

Beseitigung der Doppelbesteuerung. Der Ausschuß des Bundes= rats für Zoll= und Steuerwesen und der Spezialausschuß für den Gesetzentwurf über den Unterstützungswohnsitz erstatteten ihren gemeinschaftlichen Bericht über den von Bismarck vorgelegten Gesetzentwurf.*) Aus dem Bericht ging hervor, daß bei der Beratung der Ausschüsse allseitig anerkannt wurde, wie notwendig eine Abstellung der mit der Doppelbesteuerung verbundenen Uebel= stände sei. Von dem hessischen Bevollmächtigten wurde jedoch hervorgehoben, daß, wenn seine Regierung sich auch der Tendenz des Entwurfs im allgemeinen anschlösse, sie doch nicht anerkennen könne, daß die Heranziehung der Bundes= angehörigen zu den direkten Steuern der einzelnen Staaten verfassungsmäßig ein Gegenstand der Bundesgesetzgebung sei. Der Bundesrat sollte vielmehr nur in der Richtung mit der Angelegenheit sich befassen, daß er auf Herbeiführung einer bezüglichen Verständigung zwischen den Regierungen hinwirke. Der mecklen= burgische Bevollmächtigte erklärte sich mit dieser prinzipiellen Auffassung ein= verstanden, verzichtete jedoch auf eine praktische Verfolgung des Widerspruchs. Die überwiegende Mehrheit der Bevollmächtigten erklärte sich jedoch dahin, daß auf die Vorlage einzugehen sei. Es wurde dann in eine Spezialdiskussion eingetreten und schließlich die Vorlage mit einigen Abänderungen angenommen. Gesetz vom 13. Mai 1870 (Bundes=Gesetzbl. S. 119).

Gewerbebetrieb im Umherziehen. Nach § 57 der Gewerbeord= nung von 1869 konnte auch Ausländern der Gewerbebetrieb im Umherziehen gestattet werden und war der Bundesrat befugt, die in dieser Beziehung nötig erscheinenden Bestimmungen zu treffen. Behufs defini= tiver Regelung dieser Angelegenheit wurde durch eine Vorlage Bismarcks der

---

der Kompetenz des Bundesamts nicht im Wege der einfachen Bundesgesetzgebung würde zu geschehen haben. Der letzte Beschluß drückt also die Auffassung der Bundesregierungen aus, daß diese anderweite Kompetenzbestimmung des Bundesamts für das Heimats=wesen eine Aenderung der Bundesverfassung enthalten würde.

*) Herr v. Holleufer, fürstlich schwarzburgischer Wirklicher Geheimer Rat a. D. und königl. preußischer Landrat z. D. veröffentlichte in Dresdener Blättern nachstehenden an ihn ergangenen, in Kohls Bismarck=Regesten nicht erwähnten Erlaß: „Berlin, 4. August 1869. Euer Hochwohlgeboren erwidere ich ergebenst auf die gefällige Zuschrift vom 26. vorigen Monats, in welcher Sie sich über die gleichzeitige Heranziehung zu der Einkommensteuer in verschiedenen Bundesstaaten beschweren, daß diese Doppelbesteuerung in der weder durch die Verfassung noch durch die bisherige Gesetzgebung des Bundes berührten inneren Steuer= gesetzgebung der einzelnen Bundesstaaten begründet ist. Die Beseitigung der aus dem gegen= wärtigen, allseitig als unbefriedigend anerkannten Zustande für die Bundesangehörigen folgen= den Nachteile ist in das Auge gefaßt, so daß eine Regelung des Gegenstandes, sei es auf dem von den Regierungen Preußens und Sachsens betretenen Wege der Vereinbarung zwischen den einzelnen Bundesstaaten, sei es auf dem Wege der Bundesgesetzgebung, als in Aussicht stehend bezeichnet werden kann. Die Anlagen sind ergebenst wieder beigefügt. Der Kanzler des Norddeutschen Bundes. In Vertretung: Delbrück."

Ausschuß des Bundesrats für die Gewerbeordnung mit diesem Gegenstand beschäftigt.*)

Arbeiterkassen. Verschiedene Maßregeln deuteten darauf hin, daß Bismarck den Bundesrat demnächst mit einer einheitlichen Regelung der Ar-

---

*) Der Ausschuß einigte sich zu folgenden Anträgen: Die für die Zulassung von Ausländern zu treffenden Bestimmungen sind, so weit thunlich, durch Vereinbarung mit den einzelnen hierbei in Betracht kommenden Regierungen festzustellen, und zwar dürften bei diesen Vereinbarungen folgende Grundsätze als Anhalt zu nehmen sein: 1. Der Gewerbebetrieb im Umherziehen soll im allgemeinen den Ausländern ganz in derselben Weise gestattet werden, wie er den Inländern freisteht. 2. Indessen sollen zunächst die Bedingungen maßgebend sein, unter welchen der Betrieb den Ausländern in ihrem Heimatsstaate zusteht, da es im Interesse des Bundes nötig erscheint, sich hinsichtlich der zuzulassenden ausländischen Hausirer mindestens die gleichen Garantien zu sichern, welche die heimatliche Regierung als Vorbedingung des dortigen, inländischen Hausirens erforderlich hält. 3. Personen, deren Ausweisung aus dem Bundesgebiet oder aus einem Teile desselben gerechtfertigt erscheint, darf auch der Aufenthalt daselbst zum Gewerbebetriebe von Anfang an versagt oder die erteilte Erlaubnis dazu später wieder entzogen werden. Nur mit dieser Beschränkung findet § 60 der Gewerbeordnung, welcher unter anderen bestimmt, daß die Erneuerung des Legitimationsscheines nicht versagt werden darf, so lange die im § 57 bezeichneten vier Erfordernisse vorhanden sind, auf Ausländer Anwendung. 4. Der ausländische Hausirer hat bei der kompetenten Behörde im Bunde einen Legitimationsschein auszuwirken, auch wenn es sich um den Verkauf oder Ankauf roher Erzeugnisse der Land- und Forstwirtschaft, des Garten- und Obstbaues handelt. Im lokalen Grenzverkehr kann von dem Erfordernisse des Legitimationsscheins abgesehen werden. 5. Die Ausländer sind denjenigen Beschränkungen unterworfen, wie die inländischen Hausirer, zum Beispiel Schauspielergesellschaften. — Ausländern sollen übrigens in allen diesen Beziehungen keine persönlichen Rechtsansprüche und eigentliche Rechtsmittel eingeräumt werden; die Vereinbarungen begründen Recht vielmehr nur zwischen den beteiligten Regierungen. Beschwerden kann hingegen der Ausländer bei der kompetenten höheren Behörde anbringen. Der Ausschuß schlägt ferner vor, daß zur Ausstellung des Legitimationsscheins die höheren Verwaltungsbehörden, deren Verwaltungsbezirke an das Heimatland des den Legitimationsschein nachsuchenden Ausländers angrenzen oder von letzterem bei seinem Eintreten in das Bundesgebiet zuerst betreten werden, berechtigt sein sollen, daß aber Angehörigen der südlich des Mains gelegenen hessischen Landesteile der Legitimationsschein auch von einer höheren Verwaltungsbehörde der Provinz Oberhessen erteilt werden kann. Dagegen kann die Erteilung von Legitimationsscheinen für den Aufkauf und Verkauf selbst gewonnener Erzeugnisse der Jagd und des Fuchsfanges sowie für den Verkauf selbst verfertigter Ware, die zu den Gegenständen des Wochenmarktverkehrs gehören, den Unterbehörden überlassen bleiben. — Die von den bezeichneten höheren Verwaltungsbehörden erteilten Legitimationsscheine berechtigen den Ausländer zum Hausiren im ganzen Bundesgebiete, auch wenn eine Vereinbarung mit seiner Heimatsregierung nicht besteht. Der Schlußantrag des Ausschusses ging dahin, daß seinerzeit eine Zusammenstellung der in den einzelnen Bundesländern zur Ausstellung von Legitimationsscheinen an Ausländer für das ganze Bundesgebiet befugten Behörden angefertigt und durch das Bundesgesetzblatt veröffentlicht werde. Die Vereinbarungen mit den fremden Regierungen sollten zwar von dem Präsidium unter Zustimmung des Bundesrats abgeschlossen werden, sie waren aber keine eigentlichen Staatsverträge, und bedurften deshalb auch nicht der Genehmigung des Reichstags.

beiterkassen besassen wollte. Ich rechne dahin eine Bundesratsvorlage, betreffend die Unterstützungskassen für Beamte und Arbeiter der Eisenbahnen innerhalb des Bundesgebiets, und ein Ersuchen des Kanzlers an die Bundesregierungen, ihm eine Uebersicht über die bestehenden Kranken=, Hilfs= und Begräbniskassen für Gesellen, Gewerbsgehilfen und Fabrikarbeiter am Schlusse des Jahres 1868 zu geben, also namentlich möglichst vollständige Angaben über die Zahl dieser Kassen, über die Gesamtzahl ihrer Mitglieder, über die Höhe der im Jahre 1868 gezahlten Beiträge der Arbeitgeber und Arbeiter, über die in demselben Jahre gezahlten Unterstützungs= u. s. w. Gelder und Verwaltungs= kosten und über den Vermögensstand am Jahresschlusse. Die Maßregel des Bundeskanzlers bezog sich augenscheinlich auf die vom Reichstag angenommene Resolution, daß in der nächsten Session Normativbedingungen für derartige Kassen aufgestellt werden möchten.

Versicherungswesen. Auf den Antrag des Königreichs Sachsen, dahin lautend: Der Bundesrat wolle auf Grund von Artikel 4 der Bundes= verfassung die möglichst baldige Erlassung eines das gesamte Versicherungs= wesen betreffenden Gesetzes, durch welches, ohne die Versicherungsgesellschaften unnötig zu belästigen, den Versicherten für die Erfüllung ihrer Ansprüche und gegen einseitige Auslegung der Versicherungsbedingungen ausreichende Garantie geboten wird, beschließen und wegen Ausarbeitung eines Entwurfs dazu Vor= kehrungen treffen, erklärte der stellvertretende Vorsitzende Delbrück in der Sitzung des Bundesrats vom 10. Juni 1870: durch den vom Bundesrat gefaßten Beschluß vom 1. März 1870 sei das Bundeskanzler-Amt mit der Bearbeitung eines das Versicherungswesen betreffenden Gesetzentwurfs bereits befaßt. Das zur Vorbereitung des Entwurfs gesammelte Material sei jetzt nahezu vollständig vorhanden und unterliege zur Zeit der Sichtung. Es werde bestimmt beab= sichtigt, dem Bundesrat bei seinem im Herbste bevorstehenden Wiederzusammen= tritt den Gesetzentwurf vorzulegen. Mit Rücksicht auf diese Erklärung beschränkte sich der sächsische Bevollmächtigte auf den Ausdruck des Wunsches wegen thun= lichster Beschleunigung.

Maaß= und Gewichtsordnung. Eine Vorlage Bismarcks bezweckte, daß die Gewichte und Maaße der süddeutschen Staaten, welche die neue Maaß= und Gewichtsordnung des Norddeutschen Bundes bei sich einführten, auch im Norddeutschen Bunde volle Giltigkeit haben sollen, natürlich unter der Bedingung der Reziprozität. Gesetz wegen Ergänzung der Maaß= und Gewichtsordnung für den Norddeutschen Bund vom 10. März 1870 (Bundes=Gesetzbl. S. 46).

Münzenquete.*) Der Ausschuß des Bundesrats für Handel und Ver= kehr beschloß, beim Bundesrat folgende Anträge zu stellen:

---

*) Vgl. oben S. 218.

1. Den Ausschuß für Handel und Verkehr zur Anstellung der Enquete über die bei der Ordnung des Münzwesens in Betracht kommenden Verhältnisse durch Hessen, Braunschweig und Lübeck zu verstärken. (Der Ausschuß bestand aus Preußen, Sachsen und Hamburg [Bremen].) 2. Die einzelnen Bundesregierungen zu ersuchen, daß sie in möglichst kurzer Frist dem Bundeskanzler diejenigen Personen bezeichnen, welche sie für vorzugsweise geeignet erachten, über die hier in Betracht kommenden Verhältnisse Auskunft zu erteilen, und solche veranlassen, auf eine von dem Ausschusse an sie ergehende Aufforderung gegen Vergütung der Reisekosten und Gewährung von Tagegeldern sich behufs ihrer Befragung nach Berlin zu begeben; 3. den verstärkten Ausschuß zu ermächtigen, die von den Bundesregierungen bezeichneten Personen zu ihrer Vernehmung unter Mitteilung derjenigen Punkte einzuladen, auf welche diese Vernehmung zu richten sein würde; 4. den Ausschuß zu ermächtigen, außer den von den Regierungen benannten Personen auch noch solche anzuhören, deren Vernehmung im Laufe der Enquete sich als wünschenswert herausstellen möchte.

Der Ausschuß fügte den Anträgen eine Zusammenstellung von Fragen und Erwägungen bei, welche bei Vornahme der Enquete in Betracht zu ziehen sein dürften.*)

Der Bundesrat beschloß, den Bundeskanzler zu ermächtigen, auf den September eine Konferenz von Sachverständigen in der Münzfrage einzuberufen, und für den Fall, daß die süddeutschen Regierungen den Wunsch zu erkennen geben, sich an der Enquete zu beteiligen, gegenüber diesen Regierungen in derselben Weise zu verfahren, wie dies den Bundesregierungen gegenüber geschehen soll, das heißt den Delegirten der süddeutschen Regierungen dieselben Rechte einzuräumen, welche die Regierungen der Staaten des Norddeutschen Bundes anzusprechen haben.

Papiergeld. Bei Beratung des vom Reichstag beschlossenen Gesetzentwurfs, betreffend die Ausgabe von Papiergeld, beantragte der Staatsminister Delbrück, als Referent des Ausschusses, in der Sitzung vom 10. Juni 1870,**) dem Gesetzentwurfe die Zustimmung zu erteilen. Der sächsische Bevollmächtigte erklärte die baldige definitive Regulirung der Angelegenheit für

---

*) Die betreffenden Fragen sind abgedruckt in der „National-Zeitung" Nr. 259 vom 8. Juni 1870.

**) In der Sitzung vom 3. Juni, wo es wegen mangelnder Instruktion mehrerer Bevollmächtigten noch zu keiner Beschlußfassung kam, sah sich die mecklenburg-schwerinsche Regierung veranlaßt, die unterm 30. Mai verfügte Ausgabe von Rentereikassenscheinen gegen Einziehung der verzinslichen sogenannten Rentereianweisungen zu entschuldigen. In Vertretung des abwesenden Bevollmächtigten, Staatsrats v. Bülow gab vor Eintritt in die Tagesordnung der hessische Bevollmächtigte, Geheimer Legationsrat Hofmann, nachfolgende Erklärung ab: Bei der mecklenburg-schwerinschen Regierung habe schon seit längerer Zeit der Beschluß festgestanden, die durch Verordnung vom 24. Juni 1868 zum Betrage von

sehr wünschenswert. Der fragliche Entwurf könne zwar insoweit, als er diesen der Verwaltung angehörigen Gegenstand der Bundesgesetzgebung überweise, nicht als erwünscht bezeichnet werden, doch wolle man sächsischerseits dem Entwurfe in der Voraussetzung, daß das dadurch herzustellende Interimistikum baldigst durch die gedachte definitive Regulirung der Sache sich erledigen werde, nicht entgegen treten. Der hessische Bevollmächtigte beantragte, einen Gesetzentwurf, betreffend die Feststellung der Grundsätze über die Emission von fundirtem und unfundirtem Papiergelde, behufs Vorlage an den nächsten Reichstag auszuarbeiten, und wenn diese Vorlage nicht möglich sein sollte, den jetzt in Rede stehenden Gesetzentwurf, jedoch unter Hinzufügung eines bestimmten Endtermins (etwa des 1. Juli 1872), dem nächsten Reichstag seitens der verbündeten Regierungen vorzulegen. Der stellvertretende Vorsitzende bemerkte alsdann, die preußische Regierung gehe von der Voraussetzung aus, daß sie durch das projektirte Gesetz nicht behindert werde, die wegen des Notstandes in Ostpreußen emittirten Darlehnskassenscheine über den 31. Dezember 1870 hinaus in Umlauf zu lassen. Diese Ansicht fand auf keiner Seite Widerspruch. Nachdem alsdann noch Anhalt für und Lippe gegen den Gesetzentwurf sich erklärt hatten, wurde zunächst der Antrag Hessens abgelehnt und darauf mit allen gegen die Stimmen von Hessen, Mecklenburg-Strelitz, Sachsen-Meiningen, Sachsen-Coburg, Schwarzburg-Sondershausen, Reuß älterer Linie und Lippe beschlossen, dem Gesetzentwurfe die Zustimmung zu erteilen. Gesetz vom 16. Juni 1870 (Bundes-Gesetzbl. S. 50).

Ausgaben von Banknoten. Durch Vorlage eines hierauf bezüglichen Gesetzentwurfs*) beeilte sich Bismarck die reußische Regierung von der

---

zwei Millionen Thalern kreirten, mit zwei Prozent verzinslichen Rentereianweisungen, welche beim Publikum wegen ihres nicht gleich bleibenden Wertes nicht beliebt seien, wieder einzuziehen und dagegen eine Million einfaches Papiergeld auszugeben. Diese bereits landesherrlich genehmigte Entschließung wieder aufzugeben, weil der Reichstag den Gesetzentwurf wegen Ausgabe von Papiergeld beschlossen, habe der mecklenburg-schwerinschen Regierung um so weniger geboten erschienen, als Mecklenburg bis dahin überall keinen Anteil an den Vorteilen genommen habe, welche die anderen Bundesstaaten fast ohne Ausnahme dadurch genießen, daß sie unverzinsliches Papiergeld in Umlauf gesetzt haben und als ferner die Summe, um deren Ausgabe in Papiergeld es sich hier handle, jedenfalls in keinem Mißverhältnisse zu denjenigen Beträgen stehe, welche von der Mehrzahl der übrigen Staaten in Umlauf gesetzt seien. Die mecklenburgische Regierung habe also keinen Anstand nehmen können, mit der beschlossenen Maßregel voranzugehen. Bemerkt sei noch, daß die Rentereikassenscheine in Apoints von 10, 25 und 50 Thalern ausgegeben wurden, daß den mecklenburgischen Behörden die Pflicht auferlegt war, diese Scheine bei den landesherrlichen Kassen für voll und als bares Geld anzunehmen, und daß auch für deren Umwechslung in bares Geld bei der Renterei Vorsorge getroffen war.

*) Derselbe untersagte bekanntlich auch den bereits konzessionirten Banken, welche noch zu keiner Notenausgabe geschritten waren, diese, wenn sie nicht zuvor eine bundesgesetzliche Genehmigung nachgesucht hatten. Vgl. den Artikel der „National-Zeitung" Nr. 137 vom

Versuchung zu befreien, das Bundesgebiet noch in letzter Stunde mit schlecht fundirtem Papiergeld zu überschütten. Bei der Beratung des Entwurfes im Bundesrat fehlte es nicht an dissentirenden Stimmen. So erklärte der Bevollmächtigte für Mecklenburg-Schwerin: Insofern die Genehmigung der Landesregierungen zur Ausgabe von Banknoten von der Zustimmung des Bundesrats abhängig gemacht würde, ohne daß zugleich irgend welche Grundsätze festgestellt würden, wonach bei dieser Entscheidung verfahren werden solle, so würde dies zu einer weitergehenden Beschränkung der Rechte der einzelnen Bundesstaaten führen, als solches aus Nr. 4 des Artikels 4 der Bundesverfassung zu folgern sei, und lägen bei einer solchen diskretionären Befugnis Kompetenzbedenken nahe. Er wolle aber angesichts der Notwendigkeit interimistischer Vorkehrungen für den Entwurf stimmen, wenn zuvor wenigstens im allgemeinen angemessene Grundsätze festgestellt würden, nach denen der Bundesrat im einzelnen Fall verfahren werde. Noch stärker würden die Bedenken hervortreten, wenn das den einzelnen Regierungen zustehende Recht der Bundesgesetzgebung übertragen würde, und in diesem Falle würde er gegen den Entwurf stimmen. Bei der Abstimmung über das Ganze enthielten sich Hessen und Sachsen-Meiningen der Abstimmung.

Gesetz über die Ausgabe von Banknoten vom 27. März 1870 (Bundes-Gesetzbl. S. 51).

Auf die Petition des Ausschusses des Kongresses norddeutscher Landwirte, welcher um die Ermittlung des Betrages sämtlicher Hypothekenschulden innerhalb des norddeutschen Bundesgebiets gebeten hatte, gab der Bundesrat einen ablehnenden Bescheid. Derselbe schloß sich dabei einem sehr eingehenden Berichte des Präsidenten Dr. Pape an, welcher ausführte, daß die beantragten Ermittelungen mit unverhältnismäßigen Schwierigkeiten und Weiterungen verbunden sein würden, zudem aber auch nach der Lage der im Bundesgebiete geltenden Hypothekengesetzgebung kein befriedigendes oder zuverlässiges Resultat versprächen.

Schutz der Urheberrechte. Der aus der letzten Session stammende Gesetzentwurf wegen des Urheberrechts an Schriftwerken u. s. w. wurde an den Ausschuß zurückgewiesen, weil zu einzelnen Paragraphen Amendements gestellt worden waren.*) Auch der Gesetzentwurf über den Schutz der Photographien stieß bei der Vorberatung auf Bedenken.**)

---

23. März 1870: Die Bundesaufsicht über Banknoten und Staatspapiergeld. 24. März 1870, Erklärung Bismarcks im Reichstag gegen den Versuch von Reuß ä. L., im Widerspruch zu den Beschlüssen des Bundesrats eine Notenbank in Greiz zu etabliren.

*) Aus den Ausschußverhandlungen wurde berichtet, daß namentlich von Braunschweig, Lippe und Anhalt die dreißigjährige Schutzfrist (nach dem Tode des Autors) zu Gunsten einer nur zwanzigjährigen, jedoch erfolglos, bekämpft worden sei.

**) Es handle sich, meinte man von einer Seite, um industrielle Erzeugnisse und es könne von einem Urheberrecht hier nicht die Rede sein.

In der entscheidenden Sitzung des Bundesrats vom 25. Mai 1870 erklärte Geheimer Rat v. Könneritz, daß die sächsische Regierung, obgleich sie an und für sich weitere Ausdehnung der Kompetenz des Bundes-Oberhandelsgerichts nicht wünsche und derselben prinzipiell entgegen sei, doch im vorliegenden Falle wegen der Zweckmäßigkeit der Sache und mit Rücksicht auf die in Sachsen bereits bestehenden Verhältnisse im § 32 kein Hinderniß finde, dem beregten Gesetzentwurfe ihre Zustimmung zu erteilen.*) Der Bevollmächtigte für beide Mecklenburg erklärte, daß seine Regierungen bereit sein würden, der jetzigen Fassung zuzustimmen, hieran jedoch durch den vom Reichstag beschlossenen § 32 zu ihrem Bedauern verhindert würden. Es sei dem Bundesrat bekannt, wie die mecklenburgischen Regierungen sehr ernste Bedenken gegen die Errichtung des Oberhandelsgerichts gehegt und dabei namentlich die Besorgniß zur Sprache gebracht hätten, daß durch die neue Institution die Zuständigkeit der den einzelnen Ländern angehörigen obersten Gerichtshöfe beschränkt und nach und nach untergraben werden würde. Diese Besorgniß finde bereits jetzt eine nach dem Dafürhalten des Bevollmächtigten an und für sich wie in ihren Konsequenzen sehr bedenkliche Bestätigung. Die Ueberweisung der aus dem Gesetze fließenden Rechtsstreitigkeiten, wie der nach dessen Bestimmungen zu beurteilenden Strafsachen an das Oberhandelsgericht begründe nicht nur für letzteres eine bei dessen Errichtung nicht vorgesehene Zuständigkeit, sondern entziehe zugleich den höchsten Landesgerichten einen Teil derselben, anscheinend ohne nachweislichen Grund. Und dieses Vorgehen sei um so bedenklicher, als der betreffende Beschluß erst in dem allerletzten Stadium der Verhandlung und Beratung gefaßt und fast gleichzeitig analoge Bestrebungen im Reichstag hervorgetreten seien.

---

*) Es bestätigte sich demnach, daß auch bei dieser Gelegenheit die sächsische Regierung ernstlich bemüht war, sich gegen jede Ausdehnung der Kompetenz des von ihr selbst ins Leben gerufenen Bundes-Oberhandelsgerichts zu verwahren. Mit welchen Gründen sie schließlich ihr Bedenken vor sich selbst beschwichtigte, darüber gab eine offiziöse Note des „Dresdener Journal" Auskunft, welche nicht zugestehen wollte, daß eine Vorstellung der Leipziger Buchhändler die Regierung von ihrem Widerstande zurückgebracht habe. Das „Dresdener Journal" sagte: „Gewiß wird die sächsische Regierung bei den Beratungen im Bundesrate über das erwähnte Gesetz das Interesse, welches der Leipziger Buchhandel an seinem Zustandekommen hat, nicht außer acht gelassen haben; das entscheidende Motiv für ihre Entschließung hat aber der Umstand abgegeben, daß nach der Vorschrift in § 8 sub 7 der Ausführungsverordnung zu dem Handelsgesetzbuche vom 30. Dezember 1861 Streitigkeiten über das Urheberrecht in Sachsen der Kompetenz der Handelsgerichte zugewiesen sind und daher den Bestimmungen in § 13 des Bundesgesetzes, betreffend die Errichtung eines obersten Gerichtshofs für Handelssachen vom 12. Juni 1869, zufolge Streitigkeiten der gedachten Art hierlands ohnehin in letzter Instanz bei dem Bundes-Oberhandelsgericht zur Entscheidung zu gelangen haben würden." Man hat also schließlich gemeint, da schon nach sächsischem Rechte die Nachdrucksachen als Handelssachen behandelt sind, so ändere die Unterstellung derselben unter das Bundes-Oberhandelsgericht eigentlich nichts an der Kompetenz des letztern.

Indem der Bevollmächtigte dabei daran erinnern dürfe, daß es sich um eine Verfassungsänderung handelt, und daß diese Aenderung in der 19. Sitzung des Bundesrats als unannehmbar bezeichnet wurde, wenn auch nach der damaligen Fassung nur aus formellen Gründen (§ 32 war nämlich — ohne zusätzliche Bestimmungen über das Verfahren — als unannehmbar bezeichnet worden), so müsse er den Antrag stellen, über den § 32 abzustimmen, um zu konstatiren, ob sich zwei Dritteile der Versammlung für dessen Annahme aussprechen würden. Staatsrat Buchholz (Oldenburg) erklärte, daß er trotz der auch bei seiner Regierung obwaltenden Bedenken gegen den § 32 doch für die Annahme des ganzen Gesetzentwurfes zu stimmen ermächtigt sei. Freiherr v. Krosigk (Meiningen) erklärte: Seiner Regierung gereiche die im § 32 des vorliegenden Gesetzes enthaltene Kompetenzerweiterung für das Oberhandelsgericht zum Anstoß. Gleichwohl glaube sie an diesem Bedenken das Zustandekommen des Gesetzes in der festen Erwartung nicht scheitern lassen zu sollen, daß aus dieser Kompetenzerweiterung des Oberhandelsgerichts Konsequenzen für künftige Fälle nicht werden gezogen werden. Der substituirte Bevollmächtigte für Großherzogtum Sachsen, Sachsen-Altenburg, Sachsen-Coburg, beide Schwarzburg und beide Reuß schloß sich dieser Erklärung an. Ministerresident Dr. Krüger erklärte, daß er im Namen von Bremen und Lübeck für die Annahme des Gesetzes, im Namen Hamburgs aber wegen des § 32 für die Verwerfung zu stimmen habe. Es wurde darauf mit 38 Stimmen gegen die Stimmen beider Mecklenburg und Hamburgs beschlossen, dem Gesetzentwurfe die Zustimmung zu erteilen. Der Bevollmächtigte für Hessen hatte sich wegen mangelnder Instruktion der Abstimmung enthalten. Die vom Reichstag beschlossenen Resolutionen zu dem Gesetze*) wurden dem Bundeskanzler-Amt überwiesen. Eine an dasselbe gerichtete, dem Bundesrat vorgelegte Eingabe des Vereins deutscher Musikalienhändler zu Leipzig vom 21. Mai, in welcher beantragt wurde, den Gesetzentwurf in der Fassung des Reichstags nicht anzunehmen, wurde durch die vorstehend gefaßten Beschlüsse als erledigt erachtet.

Gesetz vom 11. Juni 1870, betreffend das Urheberrecht an Schriftwerken, Abbildungen, musikalischen Kompositionen und dramatischen Werken (Bundes-Gesetzbl. S. 339).

Der Gesetzentwurf, betreffend den Schutz von Photographien gegen unbefugte Nachbildung, wurde vom Reichstag abgelehnt, unter gleichzeitiger Resolution wegen demnächstiger Vorlage eines hierauf bezüglichen Gesetzentwurfs in Gemeinschaft mit dem Gesetzentwurf über die bildenden Künste und die Kunstindustrie.

---

*) Die Resolution lautete auf Vorlage eines Gesetzes, welches den Abschnitt 5 des Gesetzentwurfs (Werke der bildenden Künste) selbständig und dergestalt regelt, daß dabei zugleich die berechtigten Interessen der Kunstindustrie entsprechende Berücksichtigung finden.

Literarkonvention mit Frankreich. Der Bundesrat erteilte nach den Ausschußanträgen dem Präsidium die Ermächtigung zum Abschlusse einer Literarkonvention mit Frankreich nach Maßgabe der Vorschläge, welche Bismarck und Friesen gemeinsam dem Bundesrat unterbreitet hatten. Frankreich hatte jetzt in den preußischen Vorschlag, die sogenannte zweite Eintragung für die Uebersetzungen nach Artikel 3 der Konvention von 1862 beizubehalten, eingewilligt. Die hauptsächlichste Schwierigkeit war darnach erledigt. Gleichwohl zog sich der Abschluß der Konvention bis in das Jahr 1883 hinaus.*)

Zivilprozeßordnung. Die Kommission zur Ausarbeitung einer Prozeßordnung in bürgerlichen Rechtsstreitigkeiten**) hatte so rasch gearbeitet, daß ihre Beratungen bereits am 20. Juli 1870 durch den Vorsitzenden, Justizminister Dr. Leonhardt, geschlossen werden konnten, unter Verlesung des nachstehenden Schreibens des Bundeskanzlers:

Berlin, den 14. Juli 1870.

Die Kommission zur Ausarbeitung des Entwurfs einer Zivilprozeßordnung für den Norddeutschen Bund wird, wie Eure Excellenz mir mitteilten, diesen Entwurf in den nächsten Tagen vollendet haben.

Ich würde lebhaft wünschen, die Sitzungen der Kommission, welche ich am 3. Januar 1868 zu eröffnen die Ehre hatte, jetzt nach Beendigung ihrer mühevollen Arbeiten schließen zu können. Ich bin jedoch der Erfüllung dieses Wunsches so wenig sicher, daß ich Eure Excellenz ganz ergebenst zu ersuchen habe, meine Stelle zu vertreten. Ich bitte Sie, den Herren Mitgliedern der Kommission zu sagen, daß ich der vollen Zustimmung des Bundesrats versichert bin, indem ich ihnen den lebhaften Dank der verbündeten Regierungen für die hingebende Thätigkeit ausspreche, welche sie sowohl dem großen gesetzgeberischen Werke, zu dessen Ausarbeitung sie berufen waren, als auch anderen, im Laufe der Zeit ihnen überwiesenen Gegenständen der Bundesgesetzgebung gewidmet haben. Vier wichtige Bundesgesetze: die Gesetze über Aufhebung der Schuldhaft, über den Lohnarrest, über die Gewährung der Rechtshilfe und über die privatrechtliche Stellung der Erwerbs- und Wirtschaftsgenossenschaften, haben in den Beratungen der Kommission teils ihren Ursprung gehabt, teils ihre letzte Form erhalten. Diese Gesetze sind bereits bleibende Denkmale für die Thätigkeit der Kommission, und ich vertraue, daß das soeben vollendete Werk dazu bestimmt sein wird, ein nicht minder bleibendes Denkmal zu bilden.

Der Kanzler des Norddeutschen Bundes.
v. Bismarck.

---

*) Konvention vom 19. April 1883 (Reichs-Gesetzbl. S. 260).
**) Vgl. oben S. 120 und die „Norddeutsche Allgemeine Zeitung" Nr. 169 vom 23. Juli 1870.

Der dem Bundeskanzler überreichte vollendete Entwurf bestand aus acht Büchern in 66 Titeln und 1174 Paragraphen. Vorausgeschickt waren „Vorbemerkungen", betreffend die Grundzüge der Gerichtsverfassung. Beigefügt war der Entwurf eines Einführungsgesetzes. Die Beratungen der Kommission über den Zivilprozeßordnungs-Entwurf nahmen 390 Sitzungen in der Zeit vom 3. Januar 1868 bis 20. Juli 1870 in Anspruch. Die Protokolle wurden, 5 Quadratbände von etwa 2700 Seiten umfassend, im Manuskript gedruckt und an die verbündeten Regierungen sowie an Behörden versandt.*)

Strafgesetzbuch. Bezüglich desselben lehnte der Justizausschuß alle von den verschiedenen Bundesregierungen gestellten Anträge ab, mit Ausnahme einer Modifikation der §§ 2 und 3 im Einführungsgesetze. Die wichtigste dieser Aenderungen war der von den Regierungen des Königreichs Sachsen und des Großherzogtums Oldenburg eingebrachte Antrag: aus dem Entwurfe durchgängig die Todesstrafe zu entfernen und an deren Stelle Zuchthausstrafe zu setzen, eventuell in das Gesetzbuch die Bestimmung aufzunehmen, daß im Königreich Sachsen und in Oldenburg anstatt der Todesstrafe Zuchthausstrafe verhängt werden könne. Der Ausschuß erklärte sich für die Beibehaltung der Todesstrafe und lehnte auch den letzteren Teil des Antrags ab. — Was die A b e r k e n n u n g d e s A d e l s betrifft, so wollte der Entwurf dieselbe nur temporär, d. h. nur für so lange Zeit aussprechen, als das Gericht auf Verlust der bürgerlichen Ehrenrechte erkennt. Demgegenüber wurde einerseits vorgeschlagen, daß, wenn einmal auf Verlust der bürgerlichen Ehrenrechte, gleichviel auf wie lange, erkannt werde, dann der Verlust des Adels niemals bloß ein temporärer, sondern stets ein bleibender sein müsse. Von anderer Seite wollte man den Punkt wegen der Aberkennung des Adels überhaupt gänzlich aus dem Spiele lassen. Auch hier wurde der Entwurf beibehalten.

Bei der entscheidenden Beratung im Bundesrat (11. Februar 1870) wurde die Beibehaltung der Todesstrafe gegen eine Minderheit von 14 Stimmen beschlossen. Der Antrag Preußens, im § 30 hinter dem Worte „Ehrenzeichen" einzuschalten: (die Aberkennung der bürgerlichen Ehrenrechte bewirkt den dauernden Verlust) „des Adels", wurde gegen die 20 Stimmen Preußens und der beiden Mecklenburg abgelehnt. Infolge dessen wurde dann auch im § 31 die Streichung der ursprünglichen Nr. 4, „den Adel zu führen", beschlossen. Bei der Beratung des Einführungstermins des Strafgesetzbuches und des Einführungsgesetzes wurde der königl. sächsische Antrag: das Strafgesetzbuch erst dann in Kraft treten zu

---

*) Außer dem gedachten Entwurfe hatte sich die Kommission auf Veranlassung des Bundeskanzlers der Ausarbeitung von Gesetzentwürfen, betreffend 1. die Aufhebung der Schuldhaft, 2. die Beschlagnahme von Arbeits- und Dienstlöhnen, 3. die Gewährung der Rechtshilfe, 4. die zu Gunsten der Militärpersonen eintretende Einstellung des Zivilprozeßverfahrens, sowie der Begutachtung des Genossenschaftsgesetzentwurfs und einer damit in Verbindung stehenden Frage in zusammen 28 außerordentlichen Sitzungen unterzogen.

lassen, wenn eine gemeinsame Strafprozeßordnung für den Norddeutschen Bund emanirt sein werde, gegen die 8 Stimmen Sachsen, Hessen, Meiningen, Anhalt und Hamburg abgelehnt. Vor der gesamten Abstimmung über beide Gesetze erklärte der Geheime Leg.=Rat v. Könneritz, daß das Königreich Sachsen, obwohl zu seinem lebhaften Bedauern keine einzige der von ihm im Interesse der Sache vorgebrachten Einwendungen gegen den Entwurf Beachtung gefunden habe, doch in Berücksichtigung des nationalen Zweckes und in der Voraussicht, daß eine Abstimmung gegen den Entwurf ohne Erfolg sein würde, nicht abfällig stimmen wolle, sich jedoch vorbehalte, auf dem im Artikel 9 der Bundesverfassung ge= dachten Wege bei der Beratung des Reichstags seine abweichende Meinung in Betreff der einzelnen Punkte, in denen Sachsen überstimmt worden ist, geltend zu machen.*)

Die Annahme des Entwurfs erfolgte schließlich im Bundesrat mit allen gegen die drei Stimmen der beiden Mecklenburg.**)

Am 22. Mai nahm der Bundesrat Stellung zu dem Planck'schen Ver= gleichsvorschlag wegen der territorialen Beschränkung der Todesstrafe. Nachdem sich vorab Geheimrat v. Könneritz im Namen der sächsischen Regierung für die Annahme des Amendements ausgesprochen hatte, erklärte der eigens zu dieser Beratung von Varzin nach Berlin geeilte Bundeskanzler, die Annahme

---

*) Artikel 9 der Bundesverfassung bestimmt: Jedes Mitglied des Bundesrats hat das Recht, im Reichstag zu erscheinen und muß daselbst auf Verlangen jederzeit gehört werden, um die Ansichten seiner Regierung zu vertreten, auch wenn dieselben von der Majorität des Bundesrats nicht adoptirt worden sind.

**) Ueber die Haltung mehrerer anderen Regierungen verlautete: Mehrere Bevoll= mächtigte im Bundesrat sprachen sich teils für gänzliche Beseitigung des 29. Abschnittes des Strafgesetzbuches, teils für dessen Abänderung aus. Nach der Erklärung des hessischen Bevollmächtigten ging seine Regierung von der Ansicht aus, daß Artikel 4 der Bundes= verfassung unter dem Worte „Strafrecht" nur die Gesetzgebung über Verbrechen und Ver= gehen, nicht aber das Polizeistrafrecht begriffen habe. Abgesehen hiervon halte man es aus materiellen Gründen für angezeigt, die „Uebertretungen" aus dem Entwurfe ganz zu entfernen, da sich die polizeistrafrechtlichen Bestimmungen im allgemeinen wegen der dabei wesentlich in Betracht kommenden lokalen und territorialen Verhältnisse bei weitem mehr für die partikuläre, als für eine gemeinsame Gesetzgebung eignen. Die in den Ent= wurf aufgenommenen Uebertretungen hingen mit der großen Zahl anderer Uebertretungen, die in den Entwurf nicht aufgenommen sind, auf das engste zusammen. Das Polizeistraf= recht für die letzteren Uebertretungen mit dem System des durch den Entwurf aufgestellten gemeinsamen Polizeistrafrechts in Einklang zu bringen, werde die erheblichsten Schwierig= keiten haben, das Nebeneinanderstehen verschiedener Polizeistrafsysteme aber mit schweren Mißständen verbunden sein. — Mecklenburg wollte ebenfalls die Entfernung des Ab= schnitts 29 ungefähr aus denselben Gründen und erklärte, anderenfalls gegen die Annahme des ganzen Entwurfes zu stimmen. — Kompetenzbedenken machte der weimarische Bevoll= mächtigte nicht geltend, er hielt aber für angemessen, nur solche polizeiliche Uebertretungen aufzunehmen, welche zweifellos allenthalben Nachteil brächten, also die in § 356 ent= haltenen Fälle.

dieses Amendements für absolut unzulässig, weil durch dessen Annahme die einheitliche Rechtsbildung innerhalb des Norddeutschen Bundes in einem der wichtigsten Punkte beeinträchtigt werden würde.

Darauf sprach sich auch der Bevollmächtigte für beide Mecklenburg gegen die Annahme des Amendements aus. Der substituirte Bevollmächtigte für das Großherzogtum Sachsen erklärte: Sachsen-Weimar würde eventuell für gänzliche Beseitigung der Todesstrafe stimmen, um das Strafgesetzbuch zu stande zu bringen, erachte es aber vom nationalen Standpunkte aus nicht für zulässig, daß in dieser Materie die verschiedenen Bundesstaaten verschieden behandelt werden, sobald ein allgemeines Strafgesetzbuch für den Bund geschaffen werden soll. Endlich erklärte Staatsrat Buchholtz: Die oldenburgische Regierung hätte dem Amendement nur dann zustimmen können, wenn durch dessen Annahme die Verständigung mit dem Reichstag erleichtert worden wäre. Da dies nach der Erklärung Preußens nicht der Fall sei, so habe auch er gegen die Annahme des Amendements zu stimmen. Es wurde hierauf mit allen gegen die Stimmen des Königreichs Sachsen beschlossen, das Planck'sche Amendement für unannehmbar zu erklären.*)

Bei der Schlußabstimmung wurde das Strafgesetzbuch im Bundesrat einstimmig angenommen. Die sächsische Regierung gab dabei die Erklärung ab, daß, obschon die von ihr im Interesse der Sache vorgebrachten Einwendungen und Bedenken keine Beachtung gefunden, sie doch in Berücksichtigung des nationalen Zweckes dem Gesetzentwurfe ihre Zustimmung zu erteilen nicht anstehen wolle. In ähnlicher Weise hatten die Bevollmächtigten der beiden mecklenburgischen, der hessischen, der oldenburgischen und der meiningenschen Regierung ihre Abstimmungen motivirt.

Strafgesetzbuch für den Norddeutschen Bund vom 31. Mai 1870 (Bundes-Gesetzbl. S. 197).

Jurisdiktionsverträge mit Baden und Hessen gelangten in dieser Session zur Perfektion und wurden vom Kanzler dem Bundesrat zur Beschlußfassung vorgelegt. Vertrag mit Baden vom 14. Januar 1870**) (Bundes-Gesetzbl. S. 67) und mit Hessen vom 11. März 1870 (Bundes-Gesetzbl. S. 607).

Gerichtsverfassungs- und Konkursgesetz. Am 23. Januar 1870 richtete Bismarck nachstehendes Schreiben***) an den Bundesrat:

„In der Sitzung des Bundesrats vom 10. Juni v. J. ist beschlossen worden, dem vom Reichstag wegen Abänderung des Artikels IV. 13 der

---

*) Von allerlei sonstigen Meinungsverschiedenheiten im Bundesrat weiß Schulthess Europäischer Geschichtskalender unter 25.—28. Mai 1870 zu berichten.

**) Vgl. die „National-Zeitung" Nr. 37 vom 23. Januar 1870 und Nr. 315 vom 10. Juli 1870.

***) In Kohls Bismarck-Regesten nicht erwähnt.

Bundesverfassung gefaßten Beschlüsse, nach welchem die Bundesgesetzgebung auf das gesamte bürgerliche Recht, das Strafrecht und das gerichtliche Verfahren, einschließlich der Gerichtsorganisation sich erstrecken soll, zur Zeit keine Folge zu geben. Daß dieser Gegenstand während der bevorstehenden Reichstagssession wieder angeregt werden wird, ist mit Sicherheit zu erwarten. Tritt eine solche Anregung ein, so dürfte dem Reichstag von dem Beschlusse des Bundesrats Mitteilung zu machen und zugleich auf diejenigen gesetzgeberischen Arbeiten hinzuweisen sein, welche zur Ausführung des Artikels IV. 13 teils bereits unternommen, teils für die nächste Zeit projektirt sind. Als Arbeiten der ersteren Kategorie sind schon jetzt zu bezeichnen die in Gemäßheit der Beschlüsse des Bundesrats vom 2. Oktober 1867 und vom 5. Juni 1868 in Angriff genommenen Entwürfe zum Strafgesetzbuch, zur Zivilprozeßordnung und zur Strafprozeßordnung für den Norddeutschen Bund. Der erste dieser Entwürfe ist inzwischen vollendet, der zweite seiner Vollendung nahe. Als Connex mit diesen gesetzgeberischen Arbeiten ist die Einführung einer gemeinsamen Gerichtsorganisation und einer gemeinsamen Konkursordnung in Anregung gebracht worden. Was erstere anbelangt, so ist die zur Ausarbeitung des Entwurfs einer Zivilprozeßordnung berufene Kommission bei ihren Arbeiten von der Voraussetzung ausgegangen, daß die Einführung des von ihr aufgestellten Entwurfs die Gerichtsverfassung innerhalb bestimmter Grenzen nach den von ihr näher bezeichneten Grundsätzen auch endlich geregelt werde. Die Einführung einer gemeinschaftlichen Konkursordnung wurde in der ersten Session des Reichstags von dem damaligen Abgeordneten für den 8. Wahlkreis des Königreichs Sachsen, Rechtsanwalt Schreck zu Pirna, zum Gegenstand einer Interpellation gemacht. Die Frage, ob es in der Absicht des Bundesrats liege, von der zur Entwerfung einer Zivilprozeßordnung niedergesetzten Kommission auch eine Konkursordnung entwerfen zu lassen, mußte schon deshalb verneint werden, weil die vom Bundesrat für die Beratungen der Kommission festgestellten Grundlagen, der preußische und der hannoversche Entwurf, auf das Konkursverfahren sich nicht erstreckten. Es wurde indes bei Beantwortung der Interpellation das Bedürfnis einer gemeinschaftlichen Konkursordnung für den Bund anerkannt und demgemäß in Aussicht gestellt, daß nach Vollendung der Zivilprozeßordnung der Erlaß einer Konkursordnung werde in Anregung gebracht werden. Der letztgedachte Zeitpunkt ist nahe. Die in Aussicht stehende Einheitlichkeit des Prozeßrechts, die dadurch bedingte Einheitlichkeit der künftigen Gerichtsverfassung wenigstens in ihren allgemeinen Grundzügen, insbesondere aber die bereits erwähnte Einheit des Handelsrechts, also desjenigen Gebiets, welches bei einer Konkursordnung vorzugsweise in Betracht kommt, läßt in der That auch die einheitliche Regelung des Konkursrechts als dringend wünschenswert, wenn nicht notwendig erscheinen. Im Namen des Präsidiums beehrt sich daher der Bundeskanzler, den Antrag zu stellen: der Bundesrat wolle sich mit der Ausarbeitung von Entwürfen zu Bundesgesetzen über die Gerichtsverfassung und über den Konkurs, vorbehaltlich der Beschlußnahme über die formelle Behandlung der ausgearbeiteten Entwürfe, einverstanden erklären.

v. Bismarck."

In Betreff der Ausarbeitung einer einheitlichen Konkursordnung herrschte im Bundesrat Einstimmigkeit, wenn auch Mecklenburg und Sachsen schon im voraus gegen jeden Versuch Protest einlegten, in das Gesetz Bestimmungen aufzunehmen, welche sich auf das Immobiliarrecht bezogen, respektive die territorialen Hypothekenordnungen alteriren könnten. Sogar der mecklenburgische Bevollmächtigte erklärte es als sachgemäß, daß das Konkursverfahren durch die Bundesgesetzgebung mit den Prinzipien der Bundes-Zivilprozeßordnung in Einklang gebracht werde, obgleich die Erlassung einer Konkursordnung für die mecklenburgischen Großherzogtümer kein Bedürfnis sei.

Der Antrag, den Bundeskanzler um Ausarbeitung des Entwurfes eines Bundesgesetzes, betreffend die **Gerichtsverfassung** und die gerichtlichen Institutionen, zu ersuchen, stieß indessen auf den entschiedenen Widerspruch der beiden Mecklenburg und Sachsens. Der mecklenburgische Bevollmächtigte erklärte, er sei angewiesen, für beide Großherzogtümer gegen die Ausarbeitung des betreffenden Entwurfes unter Hinweisung auf die dem Bunde mangelnde Kompetenz zur Erlassung eines solchen Gesetzes zu stimmen. „Die Regierungen erkennen zwar die Verpflichtung der einzelnen Bundesstaaten an, die Gerichtsorganisation den Forderungen der in Aussicht stehenden Bundes-Zivil- und Kriminal-Prozeßordnung entsprechend einzurichten, und werden bei Einführung dieser Prozeßordnung bereitwillig die erwähnte Verpflichtung erfüllen, sie können sich aber nicht damit einverstanden erklären, daß die Gerichtsverfassung als solche in den Kreis der Bundesgesetzgebung hineingezogen wird, und finden insbesondere auch eine Ueberschreitung der bei Feststellung der Zivilprozeßordnung einzuhaltenden Grenzen darin, wenn die Zivilprozeßkommission, wie es nach der Fassung der in der Vorlage des Bundeskanzlers in Bezug genommenen protokollarischen Beschlüsse den Anschein gewinnt, ihr Absehen auf die Herstellung eines **obersten Gerichtshofes für den ganzen Norddeutschen Bund** richtet. Es wird der Einwurf der mangelnden Kompetenz schon jetzt um so weniger zurückgehalten werden können, als bei einem Eingehen des Bundesrats auf die bezügliche Vorlage die Beseitigung der höchsten Gerichte der einzelnen Staaten und damit ein neuer tief greifender Einschnitt in die ohnehin schon durch die Beschlüsse über die Errichtung des Oberhandelsgerichts beeinträchtigte Justizhoheit der einzelnen Staaten zu befürchten sein wird." — Der sächsische Bevollmächtigte, Justizrat Klemm stellte folgenden Gegenantrag: „Der Bundesrat wolle beschließen: die Zivilprozeßordnungskommission ist zu beauftragen, diejenigen gemeinsamen Vorschriften über Organisation der Gerichtsbehörden in die Zivilprozeßordnung selbst oder das Einführungsgesetz aufzunehmen, welche erforderlich sind, damit die Bestimmungen der Zivilprozeßordnung gehandhabt werden können." Der Antrag wurde indessen abgelehnt und der Präsidialantrag in der oben mitgeteilten Fassung mit Stimmenmehrheit angenommen. Die weitere Beschlußfassung über das für die Prüfung und Feststellung der Entwürfe inne zu haltende Verfahren behielt sich der Bundesrat bis nach vollendeter Ausarbeitung derselben vor.

Die Fertigstellung beider Entwürfe zog sich bis 1873 hinaus.

Auf den die **Militärgerichtsbarkeit** betreffenden Reichstagsbeschluß wurde beschlossen, zuvörderst die Feststellung der allgemeinen Strafprozeßordnung abzuwarten.

Auslieferungsverträge. Von zwei Auslieferungsverträgen, mit denen der Kanzler den Bundesrat beschäftigte, kam nur der mit Belgien (Vertrag vom 9. Februar 1870, Bundes-Gesetzbl. S. 53) zu stande.*) Der mit Spanien kam erst im Jahre 1878 zur Perfektion (Vertrag vom 2. Mai 1878, Reichs-Gesetzbl. S. 213).

Aktiengesellschaften. In dem bezüglichen Gesetzentwurfe aus der vorigen Session**) hatte Preußen für den Wegfall der staatlichen Genehmigung Ersatz in Normativbestimmungen gesucht, die sich teils auf die Begründung, teils auf die Verwaltung der Gesellschaften bezogen. Gegen diesen Entwurf erhob sich eine lebhafte Opposition einerseits von Sachsen, welches der Ansicht war, daß die Bundesgesetzgebung sich entweder des ganzen Genossenschafts- (Vereins-) Wesens bemächtigen und die privatrechtliche Stellung aller Arten von Genossenschaften in einem umfassenden, auf dem nämlichen Prinzip beruhenden Bundesgesetze regeln, oder auf ein weiteres Vorgehen auf diesem Gebiete überhaupt verzichten müsse,***) andererseits von Hamburg, Bremen, Lübeck und Oldenburg. In dem Bereiche der genannten Staaten war für die Bildung von Aktiengesellschaften schon jetzt eine staatliche Genehmigung nicht erforderlich, ohne daß dieser=

---

*) Ueber die Entstehung des Vertrags und seinen Inhalt vgl. die „National-Zeitung" Nr. 121 vom 13. März 1870.

**) Vgl. oben S. 223.

***) Die Zersplitterung der Normen für das Genossenschaftswesen in verschiedene Gesetze sei, so führte Sachsen weiter aus, um so mehr für irrationell zu erachten, wenn die gesetzliche Klassifizierung der Genossenschaften nicht auf deren inneres Wesen, sondern auf die äußeren geschäftlichen Zwecke, welche sie verfolgen, gegründet werden soll. Insbesondere liege im Wesen der Aktiengesellschaften an sich kein Grund, die Ordnung ihrer Rechtsstellung und die Festsetzung der Bedingungen, unter denen sie entstehen können, einem besonderen Gesetze zu überweisen. Eine solche umfassende Basis für das gesamte Genossenschaftswesen sei für Sachsen durch das Gesetz vom 15. Juni 1868 gewonnen. Diese Basis werde durch ein Fortschreiten auf dem durch das Bundesgesetz vom 4. Juli 1868 über die Genossenschaften eingeschlagenen Wege der Spezialgesetzgebung immer mehr in Frage gestellt und es werde dadurch ein für die Interessen aller Beteiligten nachteiliger, verwickelter Rechtszustand voll innerer Widersprüche und Inkongruenzen geschaffen werden.

halb besondere gesetzliche Kautelen nötig erachtet waren, und es beanstandeten deshalb diese Staaten die in dem Gesetzentwurf enthaltenen Normativbedingungen und hielten wegen Artikel 249 des Handelsgesetzbuches einen neuen Gesetzgebungsakt überhaupt nicht für erforderlich.*)

Die Majorität des Justizausschusses war indessen anderer Ansicht. Das Beispiel der Hansestädte beweise für die Entbehrlichkeit der beschränkenden Bestimmungen noch nichts; in großen Städten, wo das Publikum handeltreibend und geschäftsgewandt sei, könnten die Verhältnisse in der hier zu beachtenden Beziehung ganz anderer Art sein, als in anderen Bundesgebieten. Gleichwohl empfahl die Majorität, den Entwurf zur Umarbeitung dem preußischen Ministerium zu überweisen, damit seine Bestimmungen sich überall im wesentlichen denen des allgemeinen deutschen Handelsgesetzbuches anschließen möchten. Bei der Umarbeitung der Vorlage sollte sich das Justizministerium mit dem von dem Ausschuß des Bundesrats bereits beseitigten sächsischen Antrage gar nicht,

———

*) Oldenburg stellte nur in Frage, ob es nötig sei, in den fürsorgenden Bestimmungen so weit zu gehen, als der Entwurf. Um so bedeutender war dagegen der Widerspruch Lübecks, Hamburgs und Bremens. Speziell unter Berufung auf die gewonnene Erfahrung wurde das Bedürfnis zu beschränkenden Bestimmungen bestritten, dieselben könnten nur störend und verwirrend, verkehrshemmend und schädlich wirken, sie würden namentlich die freie Bewegung der großen Banken und Versicherungsgesellschaften behindern, im übrigen seien dieselben überflüssig. Sie widersprächen auf das entschiedenste den Verkehrsbedingungen und Rechtsanschauungen der Beteiligten, gingen weiter als die einschränkenden Gesetze in Frankreich und England und wären selbst für die Gebiete, in denen bisher die staatliche Genehmigung erforderlich war, von zweifelhaftem Werte, da manche Operationen, die bisher mit Genehmigung zulässig gewesen wären, fortan ganz untersagt werden sollten. Daß ein Aktienschwindel aus der einfachen Aufhebung der Staatsgenehmigung hervorgehen werde, sei erfahrungsgemäß nicht zu fürchten. Derartiger Schwindel sei seinerzeit in allen Staaten, ohne Rücksicht auf die verschiedene Gesetzgebung hervorgetreten. Gegen die Bestimmungen des Entwurfs sprächen fast sämtliche in den Motiven selbst gegen die Beibehaltung der Staatsgenehmigung geltend gemachten Gesichtspunkte. Der Zweck der Normativbestimmungen werde nicht erreicht, nur anscheinend gewährten sie den Aktionären und Gläubigern Sicherheit, in Wirklichkeit erschwerten sie ohne Grund die Errichtung und Geschäftsführung der Aktiengesellschaften, und zwar um so mehr, als es bei der großen Verschiedenheit der Gesellschaftszwecke und Mittel niemals möglich sein werde, Normativbestimmungen aufzustellen, die für alle Gesellschaften gleich angemessen wären. Aus der Thatsache, daß ausländische Aktiengesellschaften freier gestellt wären, würden große Inkonvenienzen erwachsen, viele Kapitalien würden infolge dessen dem Inlande entzogen werden. Hamburg betonte: schon die reglementarischen Vorschriften, welche das Handelsgesetzbuch rücksichtlich der Kommandit-Aktiengesellschaften eingeführt habe, seien hinderlich gewesen, wie dies auch bei der Beratung des dortigen Einführungsgesetzes schon vorausgesehen sei; seit der Einführung des Handelsgesetzbuches habe sich keine einzige solche Gesellschaft in Hamburg gebildet, wohl aber eine bedeutende Zahl eigentlicher Aktiengesellschaften. Bremen hielt eventuell nur solche Vorschriften für zulässig und geeignet, welche nach Vorgang der englischen Gesetzgebung eine ausgedehntere Offenlegung der über die Organisation und Vermögenslage der Gesellschaften Aufschluß gebenden Schriftstücke bezwecken.

mit den gegen die Normativbestimmungen gemachten Einwendungen nur in so weit zu beschäftigen haben, als zu erörtern war, ob eine Beseitigung oder Aenderung derselben, „nach Maßgabe der eingegangenen Bemerkungen" für zu= lässig zu halten sei; ferner mit der Forderung, daß die Bestimmungen für alle Aktiengesellschaften, also auch für die Aktiengesellschaften, die nicht Handels= gesellschaften sind, Anwendung finden können. Als der hiernach umgearbeitete Entwurf*) zum zweiten Mal an den Justizausschuß gelangte, hielt derselbe nach wie vor an der Ansicht fest, daß die Aktiengesellschaften volkswirtschaftlich von großem Interesse seien, wesentliche Fortschritte für die Zivilisation hervorgebracht hätten, daß daher einschränkende Maßregeln in ihrer Entwicklung zu vermeiden seien. Dennoch sei es geboten, die Geschäftsform, wenn man sie allen frei= gibt, mit strengen Normen, ja selbst mit Strafvorschriften auszustatten. Für die Beurteilung der Frage, ob man mehr nach Strenge oder mehr nach Frei= heit zu streben habe, verwies der Bericht in sehr eingehender Weise auf die einschlägigen Verhältnisse in England, Frankreich und schließlich in Italien. Es wurde daraus nachgewiesen, daß man in England wie in Frankreich sehr umständliche Formvorschriften für Aktiengesellschaften für notwendig gehalten hatte und daß beide Gesetzgebungen eine Kontrolle durch dazu designirte Mit= glieder hatten; in England und Italien hatte man außerdem noch das Anrufen und die Einmischung der Staatsbehörden gestattet. Im Ausschuß verschaffte sich die Ansicht Geltung, daß der Entwurf im ganzen nicht an einem Ueber= maß einengender Formen leide. Schließlich wurde der Entwurf mit den von der Kommission empfohlenen Modifikationen**) dem Bundesrat zur Annahme unterbreitet.

Der wiederholte Protest Hamburgs vermochte dieselbe hier nicht aufzuhalten. Das Bundespräsidium wurde übrigens ersucht, im Auftrage der vereinigten Regierungen mit den süddeutschen Staaten wegen Anschlusses an dies Gesetz und die darin enthaltenen Abänderungen des deutschen Handelsgesetzbuches sich ins Einvernehmen zu setzen.

Gesetz, betreffend die Kommanditgesellschaften auf Aktien und die Aktien= gesellschaften. Vom 11. Juni 1870 (Bundes=Gesetzbl. S. 375).***)

Haftpflicht. Der in Gemäßheit eines Bundesratsbeschlusses vom Jahre 1869 von dem Kanzler vorgelegte Gesetzentwurf†) über die Entschädigungspflicht

---

*) Eine Analyse findet sich in der „National-Zeitung" Nr. 182 vom 20. April 1870.
**) Vgl. die „Norddeutsche Allgemeine Zeitung" Nr. 108 vom 10. Mai 1870.
***) Ein Schreiben des Kanzlers an den Bundesrat bezog sich auf das Verhältnis des königl. sächsischen Gesetzes vom 15. Juni 1868 über juristische Personen zum Bundesgesetze über das Genossenschaftswesen.
†) Resumé des dem Bundesrat vorgelegten Entwurfes s. „National-Zeitung" Nr. 219 vom 13. Mai 1870; Nr. 303 vom 3. Juli 1870 und „Norddeutsche Allgemeine Zeitung" Nr. 158 vom 5. Juli 1870.

bei Tötungen und Körperverletzungen durch Bergbau-, Eisenbahn- und Fabrikenbetrieb, welcher vom Justizausschuß dem Bundesrat lediglich mit redaktionellen
Aenderungen empfohlen wurde, gelangte erst im nächsten Jahre an den Reichstag. Gesetz vom 7. Juni 1871 (Reichs-Gesetzbl. S. 207).

Seemannsordnung. Von den Hansestädten und Oldenburg war ein
bezüglicher Entwurf im Bundesrat eingebracht worden. Derselbe beruhte auf
der Absicht, die verschiedenartigen Bestimmungen, welche über diese Materie in
den beantragenden Staaten neben den Vorschriften des deutschen Handelsgesetzbuchs maßgebend waren, zu beseitigen und durch ein einheitliches Gesetz zu
ergänzen.*)

Wenn man die Zeitungen hörte, so hatte das gesonderte Vorgehen der
Hansestädte und Oldenburgs in dieser Materie in den preußischen Regierungs-
kreisen einigen Unmut erweckt, wie man dem Bremer Mitgliede der norddeutschen
Strafrechtskommission, Senator Donandt, nicht vorenthalten hat. Es scheint,
daß man nicht gerade die Initiative in Bundesangelegenheiten für Preußen
allein in Anspruch nehmen wollte, aber die Nichtzuziehung Preußens zu den
Vorberatungen und (was praktisch auf dasselbe hinauslaufen mag) die Unter-
lassung vorgängiger Anzeige ans Bundeskanzler-Amt unangenehm empfand. Dem
gegenüber behauptete Bremen, das den Entwurf aufgestellt und die Beratung
veranlaßt hatte, daß es sachlich nur einem dringenden, lebhaft gefühlten örtlichen Bedürfnis gefolgt sei, formell gegen keinerlei anerkannte Vorschrift ver-
stoßen und politisch auch hierdurch nur seinen guten Willen zu allseitigem Ausbau des Werkes von 1866 bethätigt habe.

Der Erlaß der Seemannsordnung zog sich bis in das Jahr 1872 hinaus.

Bezüglich der Außerkurssetzung der au porteur lautenden
Papiere, deren Beseitigung im Wege der Bundesgesetzgebung von kaufmännischen
Korporationen beantragt war, erfolgte ein ablehnender Beschluß des Bundesrats.
Als Motiv wurde in dem betreffenden Reskripte angegeben, die Beseitigung
der in den einzelnen Bundesländern bezüglich der Außerkurssetzung bestehenden
Bestimmungen würde erhebliche Unzuträglichkeiten nach sich ziehen.

Rinderpest. Der Bundesrat erklärte sich damit einverstanden, daß das
Bundespräsidium Unterhandlungen mit den süddeutschen Staaten
anknüpfe behufs Abschlusses einer Uebereinkunft zur gemeinsamen Bekämpfung der Rinderpest. Dem Bundespräsidium war hierbei anheimgegeben worden, je nach Befinden eine Modifikation respektive Auf-

---

*) Der Entwurf umfaßte weit über 100 Paragraphen, verbreitete sich in allgemeinen
Bestimmungen über Schiffer und Schiffsmannschaft, Seefahrtsbücher und Seemannsämter,
regelte die Vertragsbestimmungen, enthielt Musterungs-, und Disziplinarbestimmungen,
Strafrechtsbestimmungen gegen Desertion, Widerspenstigkeit und Aufreizung, Pflichtver-
letzungen des Schiffers ꝛc. und endete mit besonderen Bestimmungen über Beschreitung des
Rechtsweges seitens des Schiffsmannes gegen den Schiffer ꝛc. und Schlußbestimmungen.

hebung des § 10 des Bundesgesetzes vom 7. April 1869, Maßregeln gegen die Rinderpest betreffend, sowie eine Abänderung der einschlägigen Stellen in der zur Ausführung dieses Gesetzes erlassenen Instruktion vom 26. Mai 1869 herbeizuführen.*)

2. Reichstag.

Im April 1870 legte Bismarck dem Bundesrat den Entwurf eines Reglements für die Wahlen zum Reichstag vor. Die Vorlage erfuhr im Ausschusse in zehn Punkten Abänderungen, welche jedoch meist nur redaktioneller Natur waren. Lebhafte Anfechtungen hatte nur die Bestimmung über die Zusammenlegung der Wahlbezirke (§ 7, Al. 3) gefunden. Man verlangte den Fortfall der durchaus nicht gebotenen Beschränkung der freien Bewegung der Landesregierung und beschloß endlich, die Bestimmung dahin zu fassen: „Kein aus mehreren Ortschaften oder Besitzungen zusammengelegter Wahlbezirk darf mehr als 3500 Seelen, kein anderer Wahlbezirk mehr als 7000 Seelen enthalten." — Für Hamburg wurde eine andere Bezirkseinteilung vorgeschlagen. Reglement zur Ausführung des Wahlgesetzes für den Reichstag des Norddeutschen Bundes vom 31. Mai 1869. Vom 28. Mai 1870 (B.=G.=Bl. S. 275).

3. Zoll- und Handelswesen.

Von seiten des Kanzlers erfolgte auf diesem Gebiete keine Anregung von allgemeinem Interesse.**) Zufolge mündlichen Berichts des Finanzausschusses über den Antrag Mecklenburg=Schwerins, betreffend die Einführung der Fabrikatsteuer von Branntwein, wurde vom Bundesrat beschlossen, die Beratung des Antrages vorläufig auszusetzen, bis man weitere und gründlichere Erfahrungen über die Meßapparate gemacht habe, da die bisherigen Versuche keinen sicheren Anhalt zur Beurteilung der einschlägigen Verhältnisse gegeben hätten.

4. Eisenbahnwesen.

In Ausführung des Artikels 45 der Bundesverfassung, welcher dem Bunde die Aufgabe stellte, dahin zu wirken, daß auf den Eisenbahnen überein-

---

*) Die Anträge Sachsens, betreffend 1. die Führung des Titels als Doktor der Medizin, 2. das Tentamen physicum bei der ärztlichen Prüfung, gingen an den betreffenden Ausschuß.

**) Zu erwähnen ist ein Schreiben desselben an den Bundesrat, betreffend die den Hefe fabrizierenden Branntweinbrennereien zu gewährenden steuerlichen Erleichterungen; ein Antrag Preußens, betreffend die Uebernahme der Zollbefreiungen der fremden Gesandtschaften auf Rechnung des Norddeutschen Bundes. Ueber den Beschluß des Bundesrats auf Anerkennung der von einer Steuerbehörde eines norddeutschen Staates ausgestellten Anerkenntnisse über Branntweinbonifikation bei den Steuerkassen eines anderen Bundesstaates vergl. die „Nationalzeitung" Nr. 315 vom 10. Juli 1870 und die „Norddeutsche Allgemeine Zeitung" Nr. 158 vom 10. Juli 1870.

stimmende Betriebsreglements eingeführt werden, legte Bismarck unter dem 25. März 1870*) dem Bundesrat den Entwurf zu einem „Betriebs=
reglement für die Eisenbahnen im Norddeutschen Bunde" vor.

Bei der Beratung im Bundesrat**) gab der Bevollmächtigte Dr. Krüger im Namen Hamburgs und Bremens die Erklärung ab, daß der Bundesrat nicht befugt sei, den Entwurf, der in privatrechtliche Verhältnisse eingriff, ohne Mit=
genehmigung des Reichstags zur bindenden Norm für das Bundesgebiet zu erheben. Diese Ansicht fand keinen Anklang, und es wurde entgegnet, daß das Reglement eine Aenderung privatrechtlicher Bestimmungen in keiner Weise be=
zwecke, daß vielmehr diejenigen wenigen Vorschriften des Entwurfs, welche überhaupt das Gebiet des Privatrechts berührten, lediglich dem Handelsgesetz=
buch entnommen und daher schon jetzt innerhalb des Bundesgebiets in gesetzlicher Geltung seien. Der Bevollmächtigte für Hamburg stellte sodann den Antrag: Der Bundesrat wolle eine kommissarische Vernehmung von Vertretern des Handelsstandes und der Eisenbahnvorstände unter Leitung eines Vertreters des Bundesrats veranlassen, um über die gegenseitigen Interessen in Bezug auf den die Warenbeförderung betreffenden Abschnitt des Reglements eine Aus=
gleichung der entgegenstehenden Ansichten herbeizuführen. Auch dieser Antrag wurde abgelehnt; das Reglement, welches am 1. Oktober 1870 in Kraft trat, wurde darauf mit den im Bundesrat beschlossenen Modifikationen gegen die alleinige Stimme Hamburgs angenommen.

Bekanntmachung, betreffend das Betriebsreglement für die Eisenbahnen im Norddeutschen Bunde. Vom 10. Juni 1870 (B.=G.=Bl. S. 419).***)

Weitere Vorlagen Bismarcks betrafen:

a. Das Bahnpolizeireglement für die Eisenbahnen im Norddeutschen Bunde.†) Bekanntmachung vom 3. Juni 1870 (B.=G.=Bl. S. 461).

---

*) In Kohls Bismarck-Regesten nicht erwähnt.

**) Im Ausschuß für Post= und Eisenbahnwesen wurden zu dem Entwurfe mehrere Anträge gestellt und zu mehreren Paragraphen Modifikationen vorgeschlagen. Beantragt wurde im allgemeinen, der Bundesrat wolle erklären, daß das Reglement nicht auf Trans=
porte, deren Abgangs= und Bestimmungsorte innerhalb des deutschen Bundesgebietes liegen, zu beschränken, daß es vielmehr auch Anwendung zu finden habe auf Sendungen, die sich über das Bundesgebiet hinaus bewegen, sofern für diese besondere Reglements mit den bezüglichen nicht norddeutschen Eisenbahnverwaltungen nicht vereinbart sind. Die Bundes=
regierungen sollten dahin wirken, daß für die gedachten Vereinbarungen die durch das Bundesreglement festgestellten Normen so viel als möglich Annahme finden.

***) Vgl. Bemerkungen der „Norddeutschen Allgemeinen Zeitung" darüber in der Nr. 156 vom 8. Juli 1870. Ein in Kohls Bismarck-Regesten gleichfalls nicht erwähntes Schreiben Delbrücks an die Aeltesten der Kaufmannschaft in Danzig, betreffend den Entwurf eines Betriebsreglements für die norddeutschen Eisenbahnen, findet sich veröffentlicht in der „Nord=
deutschen Allgemeinen Zeitung" Nr. 151 vom 2. Juli 1870.

†) Der Ausschuß des Bundesrats für Post= und Telegraphenwesen beantragte, daß dieses Reglement den Betrieb sogenannter sekundärer Eisenbahnen nicht hindere und daß es zu=

b. Ein einheitliches „Reglement für die Beförderung von Truppen und Armeebedürfnissen auf den Staatseisenbahnen und den unter Staatsverwaltung stehenden Privateisenbahnen im gegenseitigen Verkehr zwischen den Staatsgebieten des Norddeutschen Bundes, des Königreichs Bayern, des Königreichs Württemberg und des Großherzogtums Baden" (und zwar im Kriege wie im Frieden).*)

c. Die Einführung der IV. Wagenklasse auf den Eisenbahnen innerhalb des Bundesgebiets. Zur Motivirung wurde darauf hingewiesen, daß diese bei der Mehrzahl der preußischen Bahnen schon eingeführte Einrichtung eine große volkswirtschaftliche Wichtigkeit habe, da sie die Eisenbahnen auch der weniger bemittelten Bevölkerung, namentlich der Arbeiterklasse, zugänglich machen. Der Antrag des Bundeskanzlers ging dahin, der Bundesrat wolle beschließen, die Bundesregierungen zu ersuchen, mit thunlichster Beschleunigung auf den Staatsbahnen die IV. Wagenklasse mit einem mäßigen Fahrpreise unter Gestattung der Mitnahme von Traglasten bis zu 50 Pfund einzurichten, auch mit allen ihnen zu Gebote stehenden Mitteln eine gleiche Einrichtung für die Privatbahnen zu erstreben.

Der Ausschuß des Bundesrats für Post- und Eisenbahnwesen schlug vor, den Bundesregierungen anzuempfehlen, daß sie mindestens versuchsweise mit thunlichster Beschleunigung auf den Staatsbahnen bei den Lokalzügen die IV. Wagenklasse mit einem mäßigen Fahrpreise und unter Gestattung der Mitnahme von Traglasten bis zu 50 Pfund einrichten, auch in geeigneter Weise eine gleiche Einrichtung bei den Privatbahnen erstreben möchten.

Mit einer solchen Empfehlung war, wie der Bundesrat demnächst ausdrücklich zu konstatiren veranlaßt war, keineswegs eine Handhabe gemeint, um von Bundes wegen in die ökonomischen Verhältnisse der Eisenbahnverwaltungen einzugreifen.

Nach den der „Zeidl.-Korrespondenz" damals zugegangenen Mitteilungen hatte der Bundeskanzler das Augenmerk in Betreff der Eisenbahnen hauptsächlich darauf gerichtet, die **Transportkosten für Massentransporte und künstliche Dungstoffe** möglichst herabzusetzen. Es würde dies besonders für die Eisenbahnen der östlichen Provinzen von eingreifender Bedeutung gewesen sein.

Die auf die **Uebernahme des gesamten Eisenbahnwesens auf den Bund** gerichteten Bestrebungen lassen sich, was mir selbst überraschend ist,

---

lässig sein solle, für diese letzteren anderweitige Bestimmungen mit Genehmigung des Bundeskanzler-Amts in Kraft treten zu lassen, bis von Bundes wegen auch für diese Bahnen besondere reglementarische Bestimmungen getroffen sein würden.

*) Ueber die in Berlin geführten Verhandlungen, welche dem Erlasse des Reglements vorausgingen, vergl. die „Nationalzeitung" Nr. 303 und 304 vom 3. und 4. Juli 1870.

bis in das Jahr 1870 verfolgen.*) Die erste offizielle Lancirung des kühnen Gedankens der Erwerbung der hauptsächlichsten deutschen Bahnen durch das Reich erfolgte aber erst am 11. Dezember 1875.**)

Gotthardbahn. Ein Anschreiben des Bundeskanzlers vom 12. Mai 1870***) bezeichnete das Gotthardbahnprojekt als ein internationales Unternehmen, welches die materielle Unterstützung der nördlichen und südlichen Nachbarstaaten der Schweiz rechtfertige. Die Entscheidung der Frage, ob und in welcher Höhe eine Subvention seitens des Norddeutschen Bundes zu bewilligen sei, war, da derselbe ein finanzielles Engagement bis dahin nicht eingegangen, dem Bundesrat und Reichstag vorbehalten. Es wurde für die Beteiligung des Bundes die Summe von 10 Millionen Franken als angemessen bezeichnet und demgemäß wörtlich der Antrag gestellt: „Das Bundespräsidium zu ermächtigen, dem zwischen Italien und der Schweiz am 15. Oktober 1869 über die Herstellung und Subventionirung der Gotthardbahn abgeschlossenen Staatsvertrage beizutreten und dem Unternehmen eine nach Maßgabe des Artikels 17 des Vertrages zahlbare Subvention in Höhe von 10 Millionen Franken zuzusichern." Davon hatte Preußen wegen seines Besitzes des Saargebietes sowie als Eigentümer einiger die westlichen Provinzen durchziehenden Eisenbahnen 1½ Millionen Franken, vorbehaltlich der Zustimmung des Landtags, vorweg übernommen; außerdem hatten die Direktionen der Bergisch-Märkischen und Rheinischen Eisenbahngesellschaft je 1 Million Franken beizusteuern zugesagt, so daß auf Bundesfonds noch 6½ Millionen Franken entfielen. Eine gleichfalls zugesagte Beteiligung der Köln-Mindener Eisenbahn auf Höhe von 1 Million Franken wurde als zweifelhaft bezeichnet. Die bearbeiteten Projekte, die Gutachten der italienischen technischen und kommerziellen Kommissionen sowie die Spezialprotokolle der Berner Konferenz sollten bei der Ausschußberatung vorgelegt werden.

Der Ausschuß des Bundesrats empfahl die Zustimmung zu dem zwischen der Schweiz und Italien abgeschlossenen Vertrage und stellte die Subvention

---

*) Vergl. die „Nationalzeitung" Nr. 134 vom 21. März 1870.

**) Vergl. mein Werk: „Fürst Bismarck und die Parlamentarier", Band I (2. Auflage) S. 95.

***) Abgedruckt in Hirths Annalen, 1870, S. 457. Der Vorlage des Bundeskanzlers an den Bundesrat gingen längere diplomatische Verhandlungen Bismarcks voraus, insbesondere eine (in Kohls Bismarck-Regesten nicht erwähnte) Note des Grafen Bismarck an den schweizerischen Bundesrat. Sie wurde im Originaltext, deutsch, an den schweizerischen Gesandten in Berlin gerichtet und war vom 30. Januar datirt, in Erwiderung auf die Mitteilung der Konferenzprotokolle. Seitdem war die schweizerische Depesche vom 9. März erlassen worden mit der bekannten Einladung an den Norddeutschen Bund wegen einer näheren Erklärung über die Subvention und was damit zusammenhing. Auf diese Depesche vom 9. März erfolgte keine schriftliche Antwort, wohl aber fanden infolge des hiesigen Mitteilung jener Depesche mündliche Aeußerungen von norddeutscher Seite statt, die selbstverständlich auch nach Bern mitgeteilt wurden.

einschließlich der von den preußischen Eisenbahngesellschaften beizutragenden zwei Millionen Franken auf zehn Millionen fest, mit der Maßgabe, daß die Subvention sich um den entsprechenden Betrag verringern soll, um welchen der Beitrag der Eisenbahngesellschaften etwa hinter zwei Millionen zurückbleiben sollte.

Gesetz, betreffend die St. Gotthard-Eisenbahn. Vom 31. Mai 1870 (B.-G.-Bl. S. 312).*)

5. Post- und Telegraphenwesen.

Die von Bismarck dem Bundesrat vorgelegten Postverträge zwischen dem Norddeutschen Bunde und Schweden (vom 20. März 1870, B.-G.-Bl. S. 87), den Vereinigten Staaten von Amerika (vom 7./23. April 1870, B.-G.-Bl. S. 594) und Großbritannien und Irland (vom 25. April 1870, B.-G.-Bl. S. 565) gaben daselbst zu keiner Debatte Anlaß.

6. Marine und Schiffahrt.

Abschaffung der Elbzölle. In dieser Frage, welche schon seit Jahrzehnten Gegenstand diplomatischer Verhandlungen unter den Uferstaaten war, verständigten sich die vereinigten Ausschüsse des Bundesrats für Handel und Verkehr und für Justizwesen über folgende Anträge beim Bundesrat: Den Bundeskanzler zu ersuchen, mit der österreichischen Regierung in Unterhandlung zu treten, um deren Zustimmung zur Beseitigung der Elbzölle zu erlangen, und für den Fall, daß diese Zustimmung erteilt wird, einen Gesetzentwurf anzunehmen, welcher den Wegfall des Elbzolls von einem noch näher zu bestimmenden Zeitpunkt ab ausspricht und aus Bundesmitteln Mecklenburg-Schwerin eine Abfindungssumme von 500000 Thalern, Anhalt eine solche von 85000 Thalern und Lauenburg eine solche von 30000 Thalern gewährt.**)

Der Bundesrat bewilligte in der Sitzung vom 11. April Mecklenburg eine Entschädigung von 1250000 Thalern.***) Gesetz wegen Aufhebung der Elbzölle. Vom 11. Juni 1870 (B.-G.-Bl S. 416).

---

*) Im Laufe des Sommers legte der Kanzler dem Bundesrat auch noch die am 20. Juni in Varzin und Berlin unterzeichnete **Konvention** zwischen den Vertretern der Schweiz, Italiens und des Norddeutschen Bundes vor, das Gotthardunternehmen betreffend.

**) Näheres aus dem Bericht der Bundesratsausschüsse findet man in der „Nationalzeitung" Nr. 147 vom 29. März 1870. Ueber die Stellung des Herzogtums Anhalt zur Frage s. „Nationalzeitung" Nr. 192 vom 26. April 1870. Bei den Verhandlungen mit Mecklenburg kam auch eine Note des Herrn von Savigny an die mecklenburgische Regierung vom 18. Februar 1867 zur Sprache (in Kohls Bismarck-Regesten nachzutragen).

***) Man hatte sich im Bundesrat darüber geeinigt, daß die Abfindung Mecklenburgs in Betreff der Elbzölle bereits eingetreten sei mit dem Tage des Inslebentretens der Bundesverfassung. Es traten hiernach dem genannten Kapital einerseits die Zinsen desselben vom 1. Juli 1867 ab bis zum Tage des Inkrafttretens der gegenwärtigen Abfindung noch hinzu, während dafür andererseits die von Mecklenburg seit dem 1. Juli 1867 erhobenen Elbzollbeträge wieder in Abrechnung kamen.

In Sachen der Flößereiabgaben auf der Werra und Saale gelangten die Ausschüsse des Bundesrats zu folgendem Konklusum:

1. „Der Bundesrat wolle beschließen, das Präsidium zu ersuchen, die Erhebung der mit Artikel 54 der Bundesverfassung nicht im Einklange stehenden, auf der schiffbaren Strecke der Werra von der Schiffahrt und Flößerei erhobenen Abgaben von einem bestimmten Tage an abzustellen; 2. die Konstruktion der Flöße auf der Saale dem Ermessen der Flößer zu überlassen, ausgenommen in Betreff der Breite der Flöße, welche nach der Breite der Brücken= rc. Oeffnungen zu bemessen ist; das Umbauen der Flöße für statthaft zu erklären und die Bemannung derselben unter bestimmten Verhältnissen mit je einem Flößer für genügend zu erachten, auch in Betreff weiterer polizeilichen Vorschriften gleichmäßige Anordnungen zu treffen; 3. einem Gesetzentwurf in drei Paragraphen die Genehmigung zu erteilen, nach welchem auf den nur flößbaren Strecken derjenigen natürlichen Wasserstraßen, welche mehreren Bundesstaaten gemeinschaftlich sind, von der Flößerei mit verbundenen Hölzern Abgaben nur für die Benutzung besonderer, zur Erleichterung des Verkehrs bestimmten Anstalten erhoben werden sollen. Für die Aufhebung unzulässiger Abgaben wird Entschädigung geleistet, wenn das Recht zur Erhebung der Abgaben auf einem lästigen Privatrechtstitel beruht und nicht einem Bundesstaate zusteht. Die Bundeskasse leistet den achtzehnfachen Betrag des Reinertrages der Abgabe aus den drei Jahren 1867/69 und so weiter; 4. hierdurch die beschwerdeführenden Petitionen für erledigt zu erachten."

Der Bundesrat erteilte dem sub Ziffer 3 erwähnten Gesetzentwurfe seine Genehmigung. Gesetz vom 1. Juni 1870 (B.=G.=Bl. S. 312).

Ueber den Nachweis der Befähigung als Seeschiffer und Seesteuermann auf deutschen Kauffahrteischiffen hatte der Bundesrat des Norddeutschen Bundes Anordnungen über das Prüfungsverfahren und über die Zusammensetzung der Prüfungskommission zu treffen.*) Zur Erfüllung dieser Vorschrift legte der Bundeskanzler im Februar 1870 zwei Entwürfe, nämlich über die Prüfung für große Fahrt und über die Prüfung für kleine Fahrt, dem Bundesrat zur Beschlußnahme vor.

Gegen diese Vorlage erhoben die Bevollmächtigten für Mecklenburg=Schwerin, Oldenburg, Lübeck und Bremen Einwendungen; sie konnten sich nicht damit einverstanden erklären, daß den Regierungen der Seestaaten, denen die Einrichtung und Unterhaltung der Navigationsschulen nach wie vor oblag, die Leitung der Seemannsprüfung für große Fahrt entzogen und auf vom Bundeskanzler ernannte Inspektoren übertragen werden sollte, welche den Prüfungskommissionen präsidiren und über den Ausfall der schriftlichen Prüfung allein entscheiden. Sie hielten es für fraglich, ob die Präsidialvorlage mit § 31 der

---

*) Vergl. oben S. 253 f.

Gewerbeordnung überall vereinbar sei, und hielten eine Kontrolle des Bundes über die Ausführung der in Betreff der Seemannsprüfungen erlassenen Vorschriften für entbehrlich.*)

Dem Ausschusse des Bundesrats für die Gewerbeordnung gelang es nicht, sich in Bezug auf die ihm überwiesenen Anordnungen für die Prüfungen der Seeschiffer und Seesteuerleute zu einem einstimmigen Gutachten zu vereinigen; derselbe war vielmehr hinsichtlich vieler und wesentlicher Teile dieser Vorlage nicht einmal zu einem Mehrheitsbeschlusse gelangt. Dagegen führte die weitere Besprechung dieses Gegenstandes unter Zuziehung der Vertreter anderer Bundesstaaten zu einer Ausgleichung, und es wurde auf Grund derselben von dem betreffenden Ausschusse ein zweiter Bericht erstattet, durch dessen Annahme seitens des Bundesrats diese schon lange schwebende und ziemlich lebhaft erörterte Streitfrage endlich beseitigt wurde.**)

In der Sitzung des Bundesrats, in welcher der Kompromiß zu stande kam, erkannte Graf Bismarck ausdrücklich an, daß dem Widerstreben der Nordseestaaten gegen die von Preußen ursprünglich beabsichtigte Regelung der Angelegenheit eine Berechtigung zu Grunde zu liegen scheine. Der Wortlaut seiner Erklärung war: „Weder das Bundeskanzler-Amt noch die preußische Regierung wird sich den Eindrücken verschließen, welche die nach Einführung der beabsichtigten Anordnungen zu machenden praktischen Erfahrungen bringen werden. Sollten diese Erfahrungen, zu deren Sammlung insbesondere auch das Institut der Bundesinspektoren zu benutzen sein wird, ergeben, daß die jetzt erfolgende Regelung des Prüfungsverfahrens in der That zu der mehrseitig befürchteten Schädigung der Schiffahrtsinteressen führt, so wird die Schaffung der erforderlichen Abhilfe nötigenfalls durch Aenderung der Prüfungseinrichtungen von keiner Seite beanstandet werden."

Der hanseatische Vertreter wünschte eine so willkommene Aeußerung protokollarisch fixirt zu sehen, was der Bundeskanzler denn auch als ganz seiner Absicht entsprechend bezeichnete.

Bei Verlesung des Protokolls über die erwähnte Sitzung des Bundesrats kam es noch zu einigen nachträglichen Erörterungen. Es stellte sich nämlich heraus, daß der hanseatische Ministerresident Dr. Krüger an Stelle der allgemeinen Verwahrung, welche er in der entscheidenden Bundesratssitzung namens der freien Städte Hamburg und Lübeck gegen das angenommene Reglement erhoben hatte, sehr spezielle Erinnerungen gegen die einzelnen Bestimmungen desselben dem Protokoll einverleibt hatte. Nachdem er auf desfallsige Erinnerung zur Rechtfertigung dieses Verfahrens bemerkt hatte, „daß er sich im Anschluß an die bisher befolgte Praxis bereits in der vorigen Sitzung die Spezialisirung

---

*) Vergl. über die Ausstellungen der genannten Staaten auch die „Nationalzeitung" Nr. 179 vom 17. April 1870.
**) Vergl. die „Nationalzeitung" Nr. 260 vom 8. Juni 1870.

seiner nur im allgemeinen von ihm angedeuteten Bedenken vorbehalten und daher keine Bedenken getragen habe, seine damaligen Aussagen nachträglich für die Aufnahme in das Protokoll, wie geschehen, noch näher zu detailliren" — hielt der preußische Bevollmächtigte, Ministerialdirektor Moser, auch seinerseits noch eine Erwiderung auf die einzelnen Bemerkungen Lübecks und Hamburgs für zulässig und beantragte die Aufnahme einer Erklärung*) in das Protokoll,

*) Diese Erklärung lautete: Das Verfahren für die Prüfung der Seesteuerleute und Seeschiffer, wie es jetzt allgemein in die Seestaaten des Norddeutschen Bundes eingeführt werden soll, besteht im wesentlichen bereits seit länger als vierzig Jahren in den preußischen Ostseeprovinzen, und hat weder dem Schiffer- noch dem Rhederstande zu irgend welchen Beschwerden Veranlassung gegeben. Gleichwohl ist den auf Erleichterung gerichteten Anträgen der Hansestädte so weit entgegen gekommen, als dies geschehen konnte, ohne den bis jetzt in Preußen verlangten Bildungsgrad der Steuerleute und Schiffer gegen die sehr bestimmt ausgesprochenen Wünsche der Beteiligten über das zulässige Maß herabzudrücken. Bei Feststellung der Normen für das Prüfungsverfahren war als leitender Gesichtspunkt festzuhalten, daß die gleichmäßige Erfüllung der vom Bundesrat erlassenen Vorschriften über den Nachweis der Befähigung der Seeschiffer und Seesteuerleute möglichst sichergestellt werde. Wenn zu diesem Zwecke unter anderem trotz der Einsetzung von Bundesinspektoren die Zuziehung eines zweiten Navigationslehrers bei den Prüfungen für die große Fahrt verlangt ist, so wird darin eine überflüssige Kontrolle nicht zu finden sein, denn einesteils kann der Natur der Sache nach der Bundesinspektor nicht allen Prüfungen beiwohnen, anderenteils ist demselben die ursprünglich in Aussicht genommene Mitwirkung bei den Prüfungen entzogen worden. Die Ausführung der betreffenden Vorschrift wird in den Hansestädten auch keineswegs besondere Schwierigkeiten oder Kosten verursachen, denn in der unmittelbaren Nähe derselben befinden sich preußische, oldenburgische und mecklenburgische Navigationsschulen, die gern bereit sein werden, Lehrer zu den Prüfungen zu kommittiren. Ein Uebermaß der Anforderungen bei der schriftlichen Prüfung der Steuerleute und der Schiffer wird durch die bloße Anzahl der zu lösenden Aufgaben noch nicht dargethan, es würde vielmehr nachzuweisen sein, daß Unnötiges verlangt werde. In Preußen mußten bisher bei diesen Prüfungen erheblich mehr schriftliche Aufgaben gelöst werden. Gerade auf die schriftliche und praktische Prüfung ist aber deshalb ein besonderes Gewicht zu legen, weil nur durch sie die Ueberzeugung gewonnen werden kann, daß der Schiffer am Bord, wo ihm jede fremde Hilfe fehlt, die erforderlichen Beobachtungen anzustellen und aus ihnen richtige Ergebnisse, von denen das Wohl und Wehe des Schiffes und der Mannschaft abhängt, herzuleiten vermag. Gegenüber der Hinweisung auf andere gewerbliche Prüfungen ist aber zu bemerken, daß in Bezug auf den Umfang der dem Schiffer nach dem Gesetze zustehenden Befugnisse, seine Verantwortlichkeit und die Schwierigkeit der Ausübung der Seeschiffahrt kein anderes Gewerbe mit dieser zu vergleichen ist, und daß nach § 13 des Bundesgesetzes, betreffend die Verpflichtung zum Kriegsdienste, vom 9. November 1867, junge Seeleute, welche das Steuermannsexamen gemacht haben, zur Ableistung des einjährigen Freiwilligendienstes in der Marine berechtigt sind, bei Erlaß dieser Bestimmung aber jedenfalls vorausgesetzt worden ist, daß bei jenem Examen nicht ausschließlich der Besitz der notwendigen gewerblich-technischen Kenntnisse konstatirt werde. Daß detaillirte Vorschriften über die Erteilung der Zensuren in kleineren Staaten mit einer Navigationsschule und einer Prüfungskommission entbehrlich sind, kann zugegeben werden. Dagegen ist in einer Gemeinschaft von Staaten mit einer großen Zahl von Schulen und Prüfungskommissionen die Gleichmäßigkeit der Anforderungen und die überall

welche den Standpunkt der Präsidialregierung bei Aufstellung und Feststellung des betreffenden Reglements noch einmal präzisirte.

Bekanntmachung, betreffend die Prüfung der Seeschiffer und Seesteuerleute auf deutschen Kauffahrteischiffen. Vom 30. Mai 1870 (B.=G.=Bl. S. 314).

Die Petitionen des bleibenden Ausschusses des deutschen Handelstages sowie des Zentralbureaus der vereinigten norddeutschen Stromschiffer wegen gesetzlicher Regelung der Rechtsverhältnisse der Binnenschiffahrt wurden zugleich mit einer vom Professor Laband eingegangenen Kritik des vom Handelstagsausschusse aufgestellten Entwurfes eines Gesetzes über den Gegenstand dem Bundeskanzler als Material des allgemeinen deutschen Handelsgesetzbuchs überwiesen.

7. Konsulatswesen.

Infolge der Errichtung des Auswärtigen Amts konnte auch die Verwaltung des Konsulatswesens, welche mit der sonstigen völkerrechtlichen Vertretung des Bundes in engem Zusammenhange steht, wieder mit der Verwaltung der auswärtigen Angelegenheiten vereinigt werden. Mit Rücksicht hierauf trat der mit Bearbeitung von Konsulatssachen bisher im Bundeskanzler-Amt betraute Legationsrat von Gersdorff ins auswärtige Ministerium über, um hier die gleichen Funktionen zu übernehmen.*) Die Bearbeitung der handelspolitischen Angelegenheiten verblieb im bisherigen Umfange dem Bundeskanzler-Amt.

Die von Bismarck dem Bundesrat vorgelegte Konsularkonvention mit Spanien vom 22. Februar 1870 erhielt dessen Zustimmung. (B.=G.=Bl. 1870 S. 99.)

8. Bundeskriegswesen.

Rayongesetz. Die Vorlage Preußens, betreffend den Entwurf eines Gesetzes wegen Beschränkung des Grundeigentums in der Umgebung von Festungen, erhielt in den Ausschüssen des Bundesrats für das Landheer und die

---

gleiche Beurteilung der Leistungen nicht wohl auf andere Weise zu sichern. Die mannigfachen Bedenken gegen andere Vorschriften, namentlich gegen die Verteilung des Stoffes für die einzelnen Prüfungen, die Auslosung der Aufgaben u. s. w. sind nicht näher bezeichnet, entziehen sich also weiterer Erörterung.

*) Ueber den damaligen Stand des Konsulatswesens des Norddeutschen Bundes gewährte ein im Auswärtigen Amt des Norddeutschen Bundes zusammengestelltes und bekannt gegebenes Verzeichnis der Konsuln eine genaue und übersichtliche Auskunft. Die Zahl der Generalkonsuln belief sich auf 25, die der Konsuln, Vizekonsuln und Konsularagenten auf 515, die Gesamtzahl der konsularischen Vertreter also auf 540. Nach dieser Uebersicht war die Organisation so weit vorgeschritten, daß die deutschen Gewerbs- und Handelsinteressen an keinem wichtigen Platze unvertreten waren.

Festungen und für Justizwesen nur unwesentliche Modifikationen.*) Indessen ging es nicht ohne sehr umfassende Debatten ab und in einem Punkte wurde die Vorlage vom Bundesrat wesentlich modifizirt. Die in Form einer Rente zu gewährende Entschädigung sollte nicht, wie die Vorlage und die Ausschußanträge wollten, gewissermaßen in infinitum, d. h. so lange die Festungsrayonbeschränkungen dauern, sondern nur für eine bestimmte Reihe von Jahren gezahlt werden und dann aufhören; die finanzielle Last, so argumentirte der Bundesrat, würde sonst zu groß werden. In rechtlicher Beziehung wurde bei diesem Beschlusse von dem Gesichtspunkte ausgegangen, daß in der Rente, welche gezahlt wird, auch bereits die Amortisation liege.

Das Gesetz kam erst bei erneuter Vorlage an den Reichstag zu stande. Gesetz vom 21. Dezember 1871 (Reichs-Gesetzbl. S. 459).

Ein von Bismarck dem Bundesrat vorgelegter Gesetzentwurf wegen Ergänzung des § 6 des Gesetzes vom 9. November 1867 über **die Verpflichtung zum Kriegsdienste****) gelangte nicht an den Reichstag.

Einer Vorlage Bismarcks entsprechend, beschloß der Bundesrat in seiner Sitzung vom 21. Juli 1870 einstimmig, die in §§ 4 ff. des Gesetzes wegen der Kriegsleistungen 2c. vom 11. Mai 1851 (Bundes-Gesetzbl. von 1867, S. 125) bezeichneten **Landlieferungen** an Magazinen nach der Matrikularbevölkerung, die Mobilmachungspferde aber nach dem Pferdebestande unter die Bundesstaaten zu verteilen. Hieraus ergab sich, daß die früher von der mecklenburgischen***) und der hessischen Regierung erhobenen Bedenken gegen die Verteilung der Mobilmachungspferde nach dem Maßstabe des Pferdebestandes angesichts der damaligen Sachlage und für den vorgelegenen Fall fallen gelassen wurden.

Der Bundesrat genehmigte endlich noch die Münchner Vereinbarung vom 6. Juli 1869 wegen des **beweglichen Eigentums des vormaligen deutschen Bundes in den früheren Festungen**,†) eine Vereinbarung mit der Schweiz wegen gegenseitiger Militärdienstbefreiung, den von

---

*) Vgl. die „National-Zeitung" Nr. 229 vom 15. Mai 1870 (Nr. 103 vom 3. März 1870, Analyse der ursprünglichen Fassung in Bismarcks Vorlage) und die „Norddeutsche Allgemeine Zeitung" Nr. 118 vom 22. Mai 1870.

**) Derselbe bezweckte einesteils eine Erleichterung für die Reservisten der Marine und damit eine Begünstigung des Handels, entsprach aber zugleich auch den dienstlichen Interessen der Marine.

***) Ueber den von den beiden mecklenburgischen Regierungen gestellten Antrag vgl. die „Norddeutsche Allgemeine Zeitung" Nr. 273 vom 21. November 1869.

†) Der Inhalt des Ausschußantrages findet sich in der „National-Zeitung" Nr. 125 vom 16. März 1870, der Tenor des Bundesratsbeschlusses in der „Norddeutschen Allgemeinen Zeitung" Nr. 79 vom 3. April 1870.

Bismarck vorgelegten Gesetzentwurf, betreffend die **Einstellung des Zivilprozeßverfahrens gegen Militärpersonen**, Gesetz vom 21. Juli
1870 (Bundes-Gesetzbl. S. 493), und die zu Versailles am 25. November
1870 mit **Baden abgeschlossene Militärkonvention.**

In seiner Sitzung vom 1. Dezember 1870 nahm der Bundesrat folgenden
Antrag seiner Ausschüsse für das Landheer ꝛc. und für Rechnungswesen, betreffend
die Petition des Berliner Arbeitervereins wegen **Unterstützung hilfsbedürftiger Familien der einberufenen Wehrmänner**, an: 1. Der Bundesrat erklärt sich damit einverstanden, daß die auf Familien der Reserve- und
Landwehrmannschaften bezüglichen Gesetze vom 27. Februar 1850 und 8. April
1860 auch auf die Mannschaften der Seewehr Anwendung finden. 2. Den
Herrn Bundeskanzler zu ersuchen, bei den Bundesregierungen darüber Erkundigungen einzuziehen, ob und inwiefern bei ihnen ein Bedürfnis nach Änderung
der erwähnten Gesetze hervorgetreten sei, auch von dem Ergebnis dieser Umfrage
dem Bundesrat Mitteilung zu machen. 3. Die Petitionen (auch die tags
zuvor vom Reichstag überwiesene) werden für jetzt als erledigt angesehen.

9. Bundesfinanzen.

Ein von dem Kanzler eingebrachter Gesetzentwurf, betreffend die **anderweite Feststellung der Ausgaben** ꝛc. für 1869, gelangte nicht an den
Reichstag. Gesetzeskraft erlangten dagegen zwei Vorlagen desselben, betreffend
die **Abänderung des Haushalts-Etats** pro 1870. Gesetz vom 10. März
1870 (Bundes-Gesetzbl. S. 42) und vom 11. Juni 1870 (Bundes-Gesetzbl.
S. 415)*) und ein fernerer Entwurf, betreffend den **Haushalts-Etat für
das Jahr 1871.** Gesetz vom 15. Mai 1870 (Bundes-Gesetzbl. S. 387).**)

Von prinzipieller Bedeutung war der von Bismarck vorgelegte Gesetzentwurf, betreffend die **Abänderung des Gesetzes vom 9. November
1867 wegen des außerordentlichen Geldbedarfes des Norddeutschen Bundes zum Zweck der Erweiterung der Bundeskriegsmarine und der Herstellung der Küstenverteidigung**,
welcher die Bestimmungen des Camphausenschen Konsolidationsgesetzes auf den

---

*) Der Antrag der Ausschüsse findet sich abgedruckt in der „National-Zeitung" Nr. 217
vom 11. Mai 1870. Der Bundesrat erklärte sich demnächst auch mit den Beschlüssen des
Reichstags einverstanden, daß dem letzteren eine Uebersicht der wirklichen Einnahmen und Ausgaben für das Jahr 1869 nebst einer Zusammenstellung der etwaigen
Etatsüberschreitungen und außeretatsmäßigen Ausgaben vorgelegt und ihm auch eine entsprechende Uebersicht fernerhin alljährlich baldmöglichst nach dem Abschlusse der Bundeskasse mitgeteilt werde.

**) Ueber eine Vorlage Bismarcks, betreffend den Erlaß von besonderen Bestimmungen
für die nächste Volkszählung im Gebiete des Norddeutschen Bundes, vgl. die „Norddeutsche
Allgemeine Zeitung" Nr. 126 vom 2. Juni 1870.

Bund auszudehnen beabsichtigte.*) Im Ausschuß war man der Meinung, daß ein Staat mit anerkannt günstiger Finanzlage des Versprechens einer festen Tilgung ohne Schaden für den Erfolg seiner Kreditoperationen sich entschlagen könne, während ein Staat, dessen Finanzzustände eines wohlbegründeten Vertrauens entbehren, leicht in eine schwierige Lage geraten möchte, wenn er jenes Versprechen bei der Aufnahme eines neuen Anlehens den Kapitalisten nicht entgegenbringe. Es werde dem Bunde bei der neuen Maßregel voraussichtlich dasjenige Vertrauen entgegengebracht werden, welches die in Artikel 70 der Bundesverfassung ausgedrückte Verpflichtung der einzelnen Staaten zu subsidiärer anteiliger Uebertragung der Bundesausgaben und die sich hieraus ergebende gleiche Haftung für die Bundesschulden um so gewisser geeignet sei zu erwecken, je mehr die Finanzlage der Mehrzahl der Bundesstaaten und besonders diejenige des größten derselben seit langer Zeit als eine wohlgeordnete anerkannt werde. Der Bericht betonte unter Hervorhebung weiterer finanziellen Vorteile der Vorlage, wie dieselbe darüber keinen Zweifel lasse, daß es die Absicht sei, den Bund in den Stand zu setzen, die Schulden nur dann und insoweit zurückzuzahlen, als die finanzielle Lage es ihm erlaubt, daß also auch nicht vorgeschrieben werden solle, es müsse in dem Bundeshaushalt eine, wenn auch noch so kleine Summe zur Schuldentilgung bestimmt werden, sondern daß die Entschließung hierüber ganz dem Ermessen der mit Ordnung der Bundesfinanzen betrauten Organe überlassen bleibe. Zur näheren Präzisirung dieses Gedankens schlug der Ausschuß vor, neben sonstiger unveränderter Annahme des Entwurfes den § 3 desselben zu fassen: „Die Tilgung des Schuldkapitals erfolgt durch Ankauf einer entsprechenden Anzahl von Schuldverschreibungen, sofern im Bundeshaushalts-Etat Mittel dazu bestimmt werden."

Der Bundesrat lehnte jedoch diese letztere Amendirung ab, und nahm die Vorlage in der ursprünglichen Fassung unverändert an. Gesetz vom 6. April 1870 (Bundes-Gesetzbl. S. 65).

In Ermanglung einer selbständigen Organisation der Bundeseinrichtungen auf dem Gebiet der Kontrolle des Bundeshaushalts beschränkte sich Bismarck, dem Bundesrat die Verlängerung des in der ersten Not geschaffenen und durch die Umstände erzwungenen Provisoriums**) auch auf das Jahr 1870 auszudehnen. Gesetz vom 11. März 1870 (Bundes-Gesetzbl. S. 47).

---

*) Eine Analyse des Gesetzentwurfs unter Vergleichung desselben mit dem analogen preußischen Gesetze findet sich in der „National-Zeitung" Nr. 103 vom 3. März 1870. Eine Vorlage Bismarcks an den Bundesrat betraf die Ausdehnung der Stempelfreiheit der Hamburg-Altonaer Platzanweisungen auf die Nachbarorte Ottensen-Neumühlen.

**) Vgl. oben S. 190 und die „Norddeutsche Allgemeine Zeitung" Nr. 47 vom 25. Februar 1870. — Der in der Sitzung des Bundesrats vom 11. April 1870 erstattete zweite Bericht der Bundesschuldenkommission findet sich erläutert in der „National-Zeitung" Nr. 179 vom 17. April 1870.

Die Vorlagen Bismarcks betreffend den außerordentlichen Geld=
bedarf der Militär= und Marineverwaltung (Gesetz vom 21. Juli
1870, Bundes=Gesetzbl. S. 491) und wegen des ferneren Geldbedarfs
für die Kriegführung (Gesetz vom 29. November 1870, S. 619)*)
wurden glatt erledigt.

10. Der Ausbruch des Krieges gegen Frankreich.

Im Jahre 1870 bei Ausbruch des Krieges machte Bismarck dem Bundes=
rat zum erstenmal**) seit dem Bestehen des Norddeutschen Bundes politische
Eröffnungen. In der Sitzung vom 16. Juli hielt derselbe folgenden münd=
lichen Vortrag:

„Die Ereignisse, durch welche Europa im Laufe der letzten vierzehn Tage
aus dem Zustande einer seit Jahren nicht erlebten Ruhe zum Ausbruch eines
großen Krieges geführt ist, haben sich so sehr vor aller Augen vollzogen, daß
eine Darstellung der Genesis der augenblicklichen Lage kaum etwas anderes sein
kann als eine Zusammenstellung bekannter Thatsachen.

Man weiß aus den Mitteilungen, welche der Herr Präsident des spanischen
Ministerrats am 11. v. M. in der Sitzung der konstituirenden Cortes machte,
aus der, durch die Presse veröffentlichen Zirkulardepesche des spanischen Herrn
Ministers des Auswärtigen vom 7. d. M. und aus einer Erklärung, welche
Herr Salazar y Mazarredo vom 8. d. M. in Madrid drucken ließ, daß
die spanische Regierung seit Monaten mit Sr. Durchlaucht dem Erbprinzen
Leopold von Hohenzollern über die Annahme der spanischen Krone
unterhandeln ließ, daß diese dem Herrn Salazar übertragenen Unterhand=
lungen, ohne Beteiligung oder Dazwischenkunft irgend einer andern Regierung,
unmittelbar mit dem Prinzen und dessen erlauchtem Vater geführt wurden,
und daß Se. Durchlaucht sich endlich entschloß, die Thronkandidatur anzunehmen.
Se. Majestät der König von Preußen, welchem hiervon Anzeige gemacht wurde,
hat nicht geglaubt, dem von einem großjährigen Fürsten nach reiflicher Ueber=
legung und im Einverständnisse mit dessen Herrn Vater gefaßten Entschlusse
entgegentreten zu sollen.

Dem Auswärtigen Amt des Norddeutschen Bundes wie der Regierung
Sr. Majestät des Königs von Preußen waren diese Vorgänge vollständig fremd
geblieben. Sie erfuhren erst durch das am 3. d. M. Abends aus Paris ab=

---

*) Vgl. wegen des Ausschußberichts die „National=Zeitung" Nr. 558 vom 23. November
1870. In das Gebiet der Kassensachen gehört ein Antrag des Kanzlers, betreffend die
Beschaffung der Deckungsmittel für die Bundesausgaben auf das Jahr 1871. Ueber In=
halt und Schicksal dieses Antrags hat nichts verlautet.

**) Daß Bismarck 1867 dem Bundesrat Eröffnung in Sachen der Luxemburger Streit=
frage gemacht habe, ist nicht bekannt.

gegangene Havas'sche Telegramm, daß das spanische Ministerium beschlossen habe, dem Prinzen die Krone anzubieten.

Am 4. d. M. erschien der kaiserlich französische Herr Geschäftsträger auf dem Auswärtigen Amt. Im Auftrage seiner Regierung gab er der peinlichen Empfindung Ausdruck, welche die von dem Marschall Prim bestätigte Nach= richt von der Annahme der Kandidatur durch den Prinzen in Paris hervor= gebracht habe und fragte er, ob Preußen bei der Sache beteiligt sei. Der Herr Staatssekretär erwiderte ihm, daß die Angelegenheit für die preußische Regierung nicht existire und letztere nicht in der Lage sei, über etwaige Verhandlungen des spanischen Ministerpräsidenten mit dem Prinzen Auskunft zu geben.

An demselben Tage hatte der Herr Botschafter des Bundes zu Paris mit dem Herrn Duc de Gramont eine Unterhandlung über den nämlichen Gegen= stand, welcher auch der Herr Minister Ollivier beiwohnte. Der kaiserlich franz. Herr Minister sprach ebenfalls den peinlichen Eindruck aus, welchen die Nachricht gemacht habe. Man wisse nicht, ob Preußen in die Verhandlung eingeweiht sei, die öffentliche Meinung werde es glauben, und in dem Geheim= nis, welches die Verhandlung umgeben habe, ein unfreundliches Verfahren nicht bloß Spaniens, sondern besonders Preußens erblicken. Das Ereignis, wenn es sich wirklich vollziehe, werde geeignet sein, die Fortdauer des Friedens zu kompromittiren. Man appellire daher an die Weisheit Sr. Majestät des Königs, welche einer solchen Kombination nicht zustimmen werde. Der Herr Minister hielt es für ein glückliches Zusammentreffen, daß der Herr Botschafter, welcher schon acht Tage vorher die Erlaubnis nachgesucht und erhalten hatte, Sr. Majestät dem Könige von Preußen in Ems aufzuwarten, den folgenden Tag für seine Abreise bestimmt habe, also im stande sei, die Eindrücke, welche in Paris herrschten, aus frischer Anschauung vortragen zu können, und ersuchte ihn, ihm etwaige Mitteilungen auf telegraphischem Wege zugehen zu lassen. Der Herr Botschafter konnte auf diese Eröffnung nur erwidern, daß ihm von der Angelegenheit gar nichts bekannt sei, zugleich übernahm er es, die ihm gemachten Mitteilungen zur Kenntnis Sr. Majestät des Königs zu bringen. Er trat am 5. die Reise nach Ems an, welche er unter den obwaltenden Um= ständen unterlassen haben würde, wenn er nicht geglaubt hätte, dem ihm kund= gegebenen Wunsche nach rascher Erteilung von Information und rascher Zurück= gabe von Aufklärungen entsprechen zu sollen.

Am Tage seiner Abreise brachte Herr Cochery im Corps législatif eine Interpellation über die spanische Frage ein. Schon am folgenden Tage, bevor es möglich war, daß der Herr Botschafter irgend eine Nachricht aus Ems hätte nach Paris gelangen lassen können, beantwortete der Herr Duc de Gra= mont diese Interpellation. Seine Antwort, obgleich sie davon ausging, daß die Einzelheiten der Verhandlungen noch nicht bekannt seien, gipfelte in dem Satze, daß die französische Regierung nicht glaube, durch die Achtung vor den

Rechten eines Nachbarvolkes verpflichtet zu sein, zu dulden, daß „eine fremde Macht", indem sie einen ihrer Prinzen auf den Thron Karls V. setze, zum Nachteile Frankreichs das gegenwärtige Gleichgewicht der Kräfte in Europa stören und das Interesse und die Ehre Frankreichs gefährden dürfe.

Nach einer solchen Erklärung war der Herr Botschafter nicht mehr in der Lage, Aufklärungen nach Paris gelangen zu lassen. Sein dortiger Vertreter wurde am 9. d. M. von der Sachlage in Kenntnis gesetzt, wie sie schon am 4. dem Herrn Geschäftsträger Frankreichs hier bezeichnet war. Die Angelegenheit, wurde ihm gesagt, geht nicht Preußen und Deutschland, sondern nur Spanien und dessen Thronkandidaten etwas an. Die Verhandlungen mit dem letzteren hat der Marschall Prim direkt führen lassen. Seine Majestät der König von Preußen habe aus Achtung für den Willen Spaniens und des Prinzen eine Einwirkung auf diese Verhandlungen weder üben wollen noch geübt und daher diese Kandidatur weder befördert, noch vorbereitet.

Inzwischen hatte die kaiserlich französische Regierung ihren auf Urlaub in Wildbad weilenden Botschafter bei Sr. Majestät und dem Bunde beauftragt, sich nach Ems zu begeben. Herr Graf Benedetti wurde am 9. Juli von Sr. Majestät wohlwollend empfangen, obschon der Aufenthalt des Königs im Bade und die Abwesenheit aller Minister geschäftliche Anforderungen an Se. Majestät auszuschließen schienen. Die Mitteilungen des Botschafters stimmten mit den Eröffnungen überein, welche der Herr Duc de Gramont dem Herrn Freiherrn v. Werther gemacht hatte; er appellirte an die Weisheit Sr. Majestät, um durch ein an den Prinzen zu richtendes Verbot das Wort zu sprechen, welches Europa die Ruhe wieder gebe. Es wurde ihm erwidert, daß die Unruhe, von welcher Europa erfüllt sei, nicht von einer Handlung Preußens, sondern von den Erklärungen der kaiserlichen Regierung im Corps législatif herrühre. Die Stellung, welche Se. Majestät der König als Familienhaupt zu der Frage eingenommen, wurde als eine außerhalb der Staatsgeschäfte liegende bezeichnet, und eine jede Einwirkung auf den Fürsten und den Prinzen von Hohenzollern, als ein Eingriff in deren berechtigte freie Selbstbestimmung, abgelehnt.

So war es dann auch ein Akt freier Selbstbestimmung, daß der Erbprinz am 12. d. M. im Gefühle der Verantwortlichkeit, welche er, der eingetretenen Sachlage gegenüber, durch die Aufrechthaltung seiner Kandidatur übernommen haben würde, dieser Kandidatur entsagte und der spanischen Nation die Freiheit ihrer Initiative zurückgab. Die preußische Regierung erhielt die erste Nachricht von diesem Schritte aus Paris. Der dortige spanische Gesandte überbrachte nämlich das Telegramm des Fürsten dem Herrn Duc de Gramont in dem Augenblick, als letzterer den Herrn Frhrn. v. Werther empfing.

Der Botschafter hatte am 11. d. M. Ems verlassen und war am 12. wieder in Paris eingetroffen. In einer Unterredung, welche er an demselben

Tage mit dem Herrn Duc de Gramont hatte, erklärte letzterer die eingegangene Entsagung als Nebensache, da Frankreich die Thronbesteigung des Prinzen doch niemals zugelassen haben würde. In den Vordergrund stellte er die Verletzung, welche Frankreich dadurch zugefügt sei, daß Se. Majestät der König von Preußen dem Prinzen die Annahme der Kandidatur erlaubt habe, ohne Sich vorher mit Frankreich zu benehmen. Er bezeichnete als ein befriedigendes Mittel zur Ausgleichung dieser Verletzung ein Schreiben Sr. Majestät des Königs an Se. Majestät den Kaiser der Franzosen, in welchem ausgesprochen werde, daß Se. Majestät der König bei Erteilung jener Erlaubnis nicht habe glauben können, dadurch den Interessen und der Würde Frankreichs zu nahe zu treten und sich der Entsagung des Prinzen anschließe.

Am Tage darauf stellte Herr Graf Benedetti, als er Sr. Majestät dem Könige in Ems begegnete, an Allerhöchstdieselben das Ansinnen, daß Sie die Verzichtleistung des Prinzen approbiren und die Versicherung erteilen sollten, daß auch in Zukunft diese Kandidatur nicht wieder aufgenommen werden würde; Herr Graf Benedetti ist hierauf von Sr. Majestät nicht weiter empfangen worden. Dem Botschafter des Norddeutschen Bundes gegenüber hat der Duc de Gramont vorstehenden Forderungen noch die eines entschuldigenden Schreibens Sr. Majestät des Königs an den Kaiser Napoleon hinzugefügt.

Es ist der vorstehenden Schilderung der Thatsachen nur eine Bemerkung hinzuzufügen. Als Se. Majestät der König von Preußen von den zwischen der spanischen Regierung und dem Prinzen geführten Verhandlungen außeramtlich Kenntnis erhielten, geschah dies unter der ausdrücklichen Bedingung der Geheimhaltung. In Betreff eines fremden Geheimnisses, welches weder Preußen noch den Bund berührte, konnten Se. Majestät keinen Anstand nehmen, die Geheimhaltung zuzusagen. Allerhöchstdieselben haben daher Ihre Regierung von der Angelegenheit, welche für Sie nur eine Familiensache war, nicht in Kenntnis gesetzt und hatten das Benehmen mit anderen Regierungen, soweit solches erforderlich sein konnte, von der spanischen Regierung oder deren Thronkandidaten erwartet und denselben überlassen. Das Verhältnis, in welchem die spanische Regierung zu der benachbarten französischen steht und die persönlichen Beziehungen, welche zwischen dem fürstlich hohenzollernschen Hause und Sr. Majestät dem Kaiser der Franzosen seit langer Zeit obwalten, eröffneten einem unmittelbaren Benehmen der wirklich Beteiligten mit Frankreich den einfachsten Weg.

Die Hohen verbündeten Regierungen werden ermessen, wie wenig unter diesen Umständen das Bundespräsidium darauf gefaßt sein konnte, zu erfahren, daß die französische Regierung, deren Interesse an der spanischen Frage ihm auf die Verhütung einer republikanischen oder orleanistischen Entwicklung sich zu begrenzen schien, in der Annahme der Thronkandidatur durch den Prinzen von Hohenzollern eine ihr zugefügte Kränkung erblicke. Wäre es dem französischen Kabinet lediglich darum zu thun gewesen, zum Zwecke der Beseitigung dieser Kandidatur die guten Dienste Preußens in Anspruch zu nehmen, so hätte sich demselben hierfür in einem vertraulichen Benehmen mit der preußischen Regierung der einfachste und geeignetste Weg dargeboten. Der Inhalt der von dem Duc de Gramont im Corps législatif gehaltenen Rede schnitt dagegen jede Möglichkeit solcher vertraulichen Erörterung ab. Die Aufnahme, welche diese Rede in der genannten Versammlung fand, die von der französischen Regierung seitdem eingenommene Haltung, die von ihr gestellten unannehmbaren Zumutungen konnten dem Bundespräsidium keinen Zweifel mehr darüber lassen, daß die französische Regierung es von vornherein darauf abgesehen hatte, entweder seine Demütigung oder den Krieg herbeizuführen. Der ersteren Alternative sich zu fügen, war unmöglich. Die Leiden, welche mit dem Ausbruch eines Krieges zwischen Deutschland und Frankreich im Zentrum der europäischen Zivilisation unausbleiblich verbunden sind, machen den gegen Deutschland geübten Zwang zum Kriege zu einer schweren Versündigung an den Interessen der Menschheit. Die öffentliche Meinung Deutschlands hat dies empfunden. Die Erregung des deutschen Nationalgefühls gibt davon Zeugnis. Es bleibt keine Wahl mehr als der Krieg oder die der französischen Regierung obliegende Bürgschaft gegen Wiederkehr ähnlicher Bedrohungen des Friedens und der Wohlfahrt Europas."

Der Freiherr v. Friesen erklärte: „Im Namen der königlich sächsischen Regierung, welche, wie ich annehmen darf, hierin mit allen übrigen hohen Bundesregierungen im vollen Einklange sich befindet, spreche ich das Einverständnis mit allen bisherigen Schritten des Bundespräsidiums und mit der von Preußen kundgegebenen Auffassung der Sachlage aus. Frankreich will den Krieg. Möge derselbe denn möglichst schnell und kräftig geführt werden."

Die Bevollmächtigten der übrigen hohen Bundesregierungen traten sämtlich der Erklärung des Königreichs Sachsen bei. *)

11. Die Pontusfrage.

Um seine Stellung zu dieser Frage zu präzisiren, richtete Bismarck am 30. November 1870 das folgende Schreiben an den Bundesrat:

„Der Unterzeichnete beehrt sich, im Namen des Präsidiums dem Bundesrat hierbei die Schriftstücke vorzulegen, welche dem Auswärtigen Amt in der letzten Zeit in Bezug auf den Pariser Traktat vom 30. März 1856 zugegangen

---

*) Unterzeichnet ist das Protokoll über diese denkwürdigste aller Bundesratssitzungen des Norddeutschen Bundes von Bismarck, Camphausen, Delbrück, Pape, Günther, v. Philipsborn, Hasselbach, Weishaupt, Stephan, Schmalz, v. Oertzen, v. Harbou, v. Roessing, v. Liebe, v. Krosigk, v. Gerstenberg-Zech, v. Seebach, v. Bertrab, v. Wolffersdorff, v. Flottwell, Höder, Krüger, Gildemeister, Kirchenpauer, Eck.

sind. Die kaiserlich russische Regierung hat den Unterzeichnern des Vertrages zu Paris vom 30. März 1856 durch Zirkular vom 19. (31.) Oktober d. J. (Beilage I) erklärt, daß sie mit Rücksicht auf wiederholte Infraktionen dieses Vertrages sich nicht mehr an die Verpflichtungen desselben, soweit sie ihre Souveränitätsrechte im Schwarzen Meere beschränken, gebunden erachte. In begleitenden vertraulichen Mitteilungen (Beilage II) hat die kaiserlich russische Regierung erklärt, daß sie den übrigen Inhalt des Vertrages anzufechten nicht beabsichtige, und sich gegen die Unterstellung verwahrt, als ob sie weitergehende Gedanken mit dieser Aufkündigung von Verpflichtungen, welche eine souveräne Macht auf die Dauer nicht vertragen kann, verbinde. Von den übrigen Unterzeichnern des Vertrages vom 30. März 1856 liegt bis jetzt die Antwort des königlich großbritannischen Kabinets in der Depesche Lord Granvilles an Sir A. Buchanan vom 10. November d. J. (Beilage III) und zwei Depeschen des Grafen v. Beust an den Grafen Chotek vom 10. November d. J. (Beilagen IV und V) vor, welche, da sie bereits veröffentlicht sind, das Präsidium sich in der Lage befindet, ebenfalls mitzuteilen. Die zuerst erwähnte Depesche ist durch die unter VI abgedruckte Depesche vom 8. (20.) d. M. beantwortet. Seitens des Präsidiums des Norddeutschen Bundes ist eine Antwort auf die kaiserlich russische Mitteilung noch nicht ergangen. In einer so wichtigen Angelegenheit hat dasselbe sich nicht amtlich aussprechen wollen, ohne die Ansicht seiner hohen Bundesgenossen zu kennen und die Stimme der Nation zu hören. Es hat sich daher einstweilen darauf beschränkt, die Vertreter des Norddeutschen Bundes bei den beteiligten Regierungen anzuweisen, daß sie nach Möglichkeit auf Erhaltung des Friedens unter den näher beteiligten Mächten hinwirken. In demselben Sinne hat der Bundeskanzler sich gegen den königlich großbritannischen Unterstaatssekretär Herrn Russell, welchen der Staatssekretär für die auswärtigen Angelegenheiten Lord Granville nach Versailles geschickt hatte, ausgesprochen und ihm erklärt, daß das Bundespräsidium keine amtliche Erklärung abgeben werde, ohne zuvor die Stimme des Bundesrats und des Reichstags gehört zu haben. Das Auswärtige Amt des Bundes geht von dem Grundsatze aus, daß politische Schritte, welche die friedlichen Beziehungen Deutschlands zu seinen Nachbarn gefährden können, stets nur insoweit gerechtfertigt sein werden, als vertragsmäßige Verpflichtungen sie als eine völkerrechtliche Pflicht auferlegen oder als unabweisbare Interessen der deutschen Nation sie fordern. Die ersteren liegen nach seiner Ueberzeugung nicht vor. Preußens Stellung zu der gegenwärtig angeregten Frage war von Haus aus eine andere als die der Mächte, welche den Vertrag vom 15. April 1856 abgeschlossen haben. Preußen hat an letzterem, durch welchen England, Frankreich und Oesterreich gemeinschaftlich und einzeln die Unabhängigkeit und Integrität des Osmanischen Reichs garantiren und erklären, daß sie jede Verletzung der Stipulation des Friedensvertrages vom 30. März 1856 als casus belli betrachten werden, nicht teilgenommen. Es hat vielmehr nur den Friedensvertrag vom 30. März mit unterzeichnet, in dessen Artikel 7 die Kontrahenten sich lediglich verpflichten, die Unabhängigkeit und Integrität der Türkei zu achten, ferner gemeinschaftlich die genaue Beobachtung dieser Verpflichtung garantiren und erklären, daß sie jeden Akt, welcher dem entgegen wäre, als eine Frage des allgemeinen Interesses ansehen werden. Um die Integrität und Unabhängigkeit des türkischen Reichs handelt es sich jetzt nicht, daher auch nicht um eine von Preußen oder seinen Rechtsnachfolgern zu fordernde Ausführung des Artikels 7, sondern lediglich um die Pflichten und Rechte, welche an sich durch die Unterzeichnung eines Vertrags erwachsen. Besondere Garantien oder Pflichten ergeben sich für Preußen aus dem Vertrage vom 30. März 1856 nicht, sondern nur das Recht, die Erfüllung von Pflichten, welche von anderen in dem Vertrage übernommen worden sind, zu fordern. Ob aber dieses Recht ausgeübt werden soll, darüber sind nur die Interessen der Nation zu Rate zu ziehen. Die Form, welche das Kabinet zu Petersburg gewählt hat, und welche, nach seiner eigenen Erklärung, eine weitere Verständigung durch gemeinsame Beratung nicht ausschließt, nach ihrer Rechtsbeständigkeit zu prüfen, würde erst dann in den Aufgaben des Auswärtigen Amtes liegen, wenn feststände, daß durch Formverletzungen die Interessen oder das Ansehen Deutschlands in Frage gestellt wären. Das Präsidium hofft, daß seine Auffassung von der rechtlichen Stellung des Norddeutschen Bundes zu der vorliegenden Angelegenheit von dem Bundesrat geteilt wird, und wünscht die Ansicht seiner Bundesgenossen über die Frage, wie weit die Interessen Deutschlands durch die Verhältnisse, auf welche die vorgelegten Aktenstücke sich beziehen, berührt werden, kennen zu lernen, um sich demnächst in gemeinsamer Beratung über die Behandlung der Frage zu verständigen und dem Reichstag die Sachlage mitzuteilen. Zur Erleichterung der Orientirung ist ein Abdruck der bezüglichen Verabredungen vom Jahre 1856 unter Nr. VII beigefügt. Inzwischen hat das Präsidium den Zeitpunkt für günstig erachtet, um einen Vermittlungsvorschlag an die Mitunterzeichner des Pariser Friedensvertrages vom 30. März 1856 zu richten, welcher dahin geht, daß dieselben ihre Vertreter in London autorisiren möchten, zu einer Konferenz zusammenzutreten, um in derselben die Fragen zu erwägen, welche sich an die von dem kaiserlich russischen Kabinet durch dessen Zirkular vom 19./31. Oktober gemachten Eröffnungen knüpfen. Der Vorschlag hat in London, Petersburg und Florenz günstige Aufnahme gefunden, und es scheint Aussicht vorhanden, daß er auch die Zustimmung der übrigen an dem Pariser Friedensvertrage vom 30. März 1856 beteiligten Mächte erhalten werde.

v. Bismarck."

12. Die Versailler Verträge.

Von den Verträgen, welche Bismarck mit den süddeutschen Staaten wegen des Eintritts derselben in den Norddeutschen Bund geschlossen hatte, legte derselbe dem Bundesrat zuerst die Verträge mit **Baden und Hessen** vom 15. November 1870 vor. Dieselben begegneten keinen Schwierigkeiten, da sie sich vom Boden der seitherigen Verfassung des Norddeutschen Bundes kaum entfernten und deshalb in einer Sitzung des Bundesrats am 23. November 1870 glatt angenommen wurden. (Bundes-Gesetzbl. 1870 S. 650).

Gespannter war man in Bundesratskreisen*) auf die Bedingungen, unter welchen **Württemberg und Bayern** in den Bund zu treten geneigt sein würden und über welche die Verhandlungen noch nicht zum Abschluß gediehen waren. Noch war man nicht ohne Sorgen deshalb. Schon waren die württembergischen Bevollmächtigten, Minister v. Mittnacht und v. Suckow, in Berlin angelangt und noch waren die in Versailles abgeschlossenen Verträge von da nicht vollständig nach Berlin gekommen. Minister v. Mittnacht selbst sagte bei einem Diner des nordamerikanischen Gesandten, Mr. Bankroft, er werde die Verträge nicht vollziehen, wenn sich zeige, daß an Bayern größere Konzessionen gemacht würden.

Am 25. November wurden die Verträge mit Württemberg und am 28. November, in der Sitzung des Bundesrats, die Verträge mit Bayern gedruckt mitgeteilt, und Minister Delbrück gab mündlich einen Ueberblick über den Inhalt der letzteren. Die Abstimmung über die unschuldigeren Verträge mit Württemberg erfolgte alsbald zustimmend. Aber der erste Eindruck, den der Ueberblick über die Verträge mit Bayern auf die Mitglieder des Bundesrats machte, war — das ließ sich nicht leugnen — ein deprimirender. Dieselben hatten sich wohl darauf gefaßt gemacht, daß diese und jene besondere Konzession an einen Staat wie Bayern nicht zu umgehen sein werde; allein auf so viele Exemtionen und Privilegien, wie sie der bayerischen Regierung und der bayerischen Gesetzgebung in diesen Verträgen zugestanden waren, waren sie nicht gefaßt. Erst in der vorhergegangenen Nacht waren die bayerischen Verträge nach Berlin gelangt, die Graf Bismarck allein mit dem bayerischen Bevollmächtigten in Versailles vorherrschend unter dem Einflusse der Absicht abgeschlossen hatte, Bayern à tout prix in den Bund hineinzuzwingen.

Nun sollte schon am 1. Dezember die Abstimmung des Bundesrats über die wichtige Vorlage erfolgen, und zwar wurde dies mit dem Hinzufügen angekündigt, daß es sich bei der Abstimmung wesentlich nur um „ja" oder „nein" werde handeln können, da zu erneuten Verhandlungen mit Bayern schon darum keine Füglichkeit gegeben sei, weil sich keine bayerischen Bevollmächtigten in Berlin befänden. In peinlich konsternirter Stimmung standen die Mitglieder des Bundes-

---
*) Ich entnehme diese Ausführungen den Denkwürdigkeiten des weimarischen Staatsministers Dr. Stichling.

rats nach aufgehobener Sitzung in Gruppen zusammen und tauschten ihre Gedanken und Gefühle gegenseitig aus. Aber trotz aller Enttäuschung und Verstimmung sprach sich doch schon in diesem Gespräch allseitig die Ansicht aus: soviel diese Verträge auch zu wünschen übrig lassen, man muß sie, wenn nur die Wahl zwischen Annahme und Verwerfen besteht, im Bundesrat annehmen, wie sie sind, damit die deutschen Staaten vor allem nur in dem jetzigen günstigen Augenblicke, wie er so leicht nicht wieder kommt, unter ein festes Dach gebracht werden, und von der Zukunft muß man den besseren inneren Ausbau vertrauensvoll hoffen.

Die Abstimmung Weimars, die vorher in einer Besprechung der Vertreter der thüringischen Staaten formulirt worden war, lautete:

„Die großherzoglich sächsische Staatsregierung stimmt für die Genehmigung der Vorlage über den Beitritt Bayerns zu der Verfassung des Deutschen Bundes. Denn wenn auch dieser Beitritt unter Bedingungen erfolgen soll, welche unerwünschte Ausnahmestellungen im Bunde begründen, so werden doch die dadurch erregten Bedenken bei ihr überwogen einerseits von der Ueberzeugung, daß nach Lage der Umstände zur Zeit Vollkommeneres gewiß nicht zu erreichen war, ein baldiger Abschluß aber auch auf der dargebotenen Grundlage immerhin noch als ein wichtiger Fortschritt begrüßt werden muß, andererseits von dem Vertrauen, daß das hohe Bundespräsidium, wie zeither so auch ferner, die Bundesinteressen mit ungeteilter Kraft zum Heile Deutschlands zu vertreten wissen werde, und endlich von der Hoffnung, daß das neue bundesstaatliche Zusammenleben im Laufe der Zeit von selbst Mißstände beseitigen werde, die aus den erwähnten Ausnahmestellungen hervorgehen können!"

In der Bundesratssitzung vom 1. Dezember gab der Staatsminister Stichling diese Abstimmung für Weimar ab, und sämtliche übrigen thüringischen Bevollmächtigten, ingleichen Anhalt und Lippe, schlossen sich ihr pure an, so daß sie im Protokolle als eine Kollektivabstimmung erschien.

Interessant ist die Haltung, welche der mecklenburgische Bevollmächtigte, Minister v. Bülow einnahm. Bülow fand, daß die Bayern eingeräumten Sonderrechte die Gleichberechtigung stören und die geschäftliche Behandlung im Bundesrat erschweren würden, daß sogar die privilegirte Stellung Bayerns (Gesandtschaftsrecht, Vorsitz bei Behinderung Preußens, fester Sitz im Militärausschuß u. s. w.) für die anderen Regierungen verletzend sei. Auch die Einführung eines diplomatischen Ausschusses, bestehend aus Bayern, Sachsen und Württemberg, erregte sein Bedenken. Es sei dies eine unliebsame Reminiscenz an das Dreikönigsbündnis von 1849.

„Wir sind aber," schrieb Bülow seinem Landesherrn, „doch zu der Ueberzeugung gelangt, daß — da es vielleicht nicht möglich sei, Eurer Königl. Hoheit Instruktion rechtzeitig zu erhalten — die Verantwortung einer Ablehnung noch größer sein werde als die der Annahme. Wir haben uns namentlich sagen müssen, daß Graf Bismarck diesen Vertrag als ein Ganzes, als einen großen politischen Akt betrachtet habe, den er so nicht abgeschlossen hätte, wenn Bayerns Eintritt wohlfeiler und mehr im System und Schema der Verfassung zu haben gewesen wäre. Ein andere Frage ist es, ob Bayern nicht klüger gehandelt hätte, einfach als primus inter pares einzutreten, auf sein Recht und sein eigenes Gewicht vertrauend, anstatt, wie jetzt der Fall, durch Ausnahmen zweifelhaften Wertes und zweifelhafter Dauer die Bundesgenossen zu verstimmen und den Reichstag zum Kampfe gegen die Dauer dieser Sonderrechte herauszufordern. Was mir materiell am wenigsten zusagt, ist Bayerns exzeptionelle Stellung zur Militärverfassung, während es doch im Militärausschuß volle Stimme führt. Wenn indes der Bundesfeldherr diesen Preis für den Eintritt Bayerns in die Verfassung nicht zu hoch fand, so werden sich die anderen Bundesglieder dabei beruhigen müssen. Der diplomatische Ausschuß wird sachlich keinen großen Einfluß oder Geschäftskreis haben, nur Bayern eine gewisse Wichtigkeit geben, aber es stört die Gleichberechtigung. Die übrigen Exzeptionen sind im ganzen unzweckmäßig, aber sie haben für Mecklenburg den Vorteil, daß der Bund weit weniger die Wesenheit eines zentralisirten Staats behalten oder erhalten kann, als bis jetzt zu fürchten war. Das ganze Triebwerk wird föderaler."

Der Großherzog von Mecklenburg ermächtigte darauf Herrn v. Bülow, sich in dem vorstehend entwickelten Sinne bei der Abstimmung über die Verträge im Bundesrat zustimmend zu erklären. Dies geschah in der Sitzung vom 9. Dezember. Die Instruktion des Großherzogs aus Orleans hatte Bülow an diesem Tage noch nicht erhalten. Er stimmte aber auf eigene Verantwortung für die Annahme. Nur bezüglich der durch den Ausdruck „Reich" in der Verfassung vorzunehmenden Aenderung legte er die Verwahrung ein, daß dadurch sachliche Veränderungen in der Bundesorganisation nicht bedingt seien. Sachsen schloß sich dieser Verwahrung an und auf Antrag Hessens trat schließlich die ganze Versammlung derselben bei.

12. Die Kaiserfrage

schwebte während der Verhandlungen über die Versailler Verträge im Reichstag in der Luft, und da derselbe am 10. Dezember geschlossen werden sollte, so war die Befürchtung gerechtfertigt, die Sache werde bis zum nächsten Reichstag im Frühjahr 1871 ruhen. In der Nacht vom 7. zum 8. Dezember wurde der weimarische Staatsminister Stichling durch ein Telegramm seines Großherzogs aus Versailles geweckt, welches lautete: „Zum geschäftlichen Abschluß der Kaiserfrage wird, nachdem nunmehr die zustimmenden Erklärungen der meisten Fürsten vorliegen, eine verfassungsmäßige Beschlußnahme des norddeutschen Bundesrats und Reichstags vor Schluß des letzteren unentbehrlich sein. Der bayrischen Anregung in Süddeutschland entsprechend wird in Nord-

deutschland die Anregung im Bundesrat gegeben werden müssen. Ich beauftrage Sie hiermit, im Bundesrat den betreffenden Antrag nach Rücksprache mit Ihren Kollegen, jedenfalls aber rechtzeitig, zu stellen.
Karl Alexander."

Als Stichling am andern Morgen sich zur Besprechung der Sache zum Staatsminister Delbrück begab, erfuhr er von demselben, daß dieser ebenfalls ein Telegramm vom Grafen Bismarck mit der Weisung erhalten habe, sich wegen Stellung dieses Antrags mit Stichling zu benehmen. Nun besprach derselbe die Sache auch mit seinen thüringer Kollegen, entwarf alsbald in einem Nebenzimmer des Reichstags den Antrag, teilte ihn den eben dahin gekommenen preußischen Bevollmächtigten, Minister Delbrück und Präsident Pape, mit, mit denen er sich über die Fassung im einzelnen zuvor verständigt hatte, von da wanderte er sofort in die Druckerei und abends noch wurde er gedruckt unter die Mitglieder des Bundesrats verteilt. Tags darauf, am 9. Dezember, kam er zur Verhandlung in der Sitzung des Bundesrats.*) Nach einer kurzen Motivirung von Stichlings Seite, in welcher er einerseits auf die bereits erfolgten Kundgebungen der deutschen Reichsfürsten sich stützte, andererseits die Inkonvenienzen hervorhob, die es haben würde, wenn die Kaiserfrage nicht auch schon vor dem Schlusse des jetzt versammelten Reichstags zum Abschluß kommen, sondern bis zum Frühjahr verschoben bleiben müsse, wurde sein Antrag vom Bundesrat mit einer unwesentlichen Modifikation, welche aus einer vorhergegangenen Besprechung mit den Bevollmächtigten der süddeutschen Staaten hervorging, angenommen, sofort durch das Präsidium an den Reichstag gebracht und dort für den folgenden Tag noch auf die Tagesordnung gesetzt, so daß er noch bei der dritten Lesung der Reichsverfassung erledigt werden konnte. Am 10. Dezember wurde er mit der darnach entsprechenden anders redigirten Reichsverfassung vom Reichstag angenommen und noch an demselben Abend der Reichstag geschlossen, nachdem noch eine große Deputation gewählt worden war, um in Versailles den neuen Kaiser zu begrüßen.**)

---

*) Der mecklenburgische Staatsminister v. Bülow berichtete seinem Großherzog am 10. Dezember über diese Sitzung: „Der Antrag wegen Uebertragung der Kaiserwürde war von Weimar gestellt. In einer Vorbesprechung, die der Sitzung vorausging, hatte der badische Minister v. Freydorf einen sehr viel weitergehenden Antrag vorgeschlagen, nach welchem der König von Preußen „als Oberhaupt Deutschlands alle monarchischen Attributionen in sich vereinigen sollte." Der hessische Bevollmächtigte Hofmann hatte opponirt, aber nur mit Mühe die Vertreter von Bayern und Württemberg von den „bedenklichen Konsequenzen einer zu weitgehenden Fassung" überzeugt und diejenige Fassung durchgesetzt, welche später vom Bundesrat angenommen wurde. Minister Delbrück erklärte alsbann, alle Teile seien darüber einig, den neu zu formirenden Ausschuß für auswärtige Angelegenheiten durch zwei aus Wahl hervorgehende Mitglieder zu verstärken."
**) Bald darauf erhielt Stichling ein Schreiben seines Großherzogs, worin er ihm

14. Diverse Angelegenheiten.

Rudolstädter Insolvenz-Anzeige. Im Jahre 1869 stand dem Norddeutschen Bunde eine nichts weniger als erfreuliche innere Verwicklung verfassungsrechtlicher Natur bevor. Der Landtag von Schwarzburg-Rudolstadt hatte kurz vorher die Steuern abgelehnt, welche die Regierung ihm vorschlug, weil nach seiner Ansicht der Zuschuß von den Domänen geringer bemessen war, als das Land ein Recht hatte zu verlangen. Die Rudolstädter Regierung sah sich infolge dessen veranlaßt, in Berlin ihre Insolvenz zu erklären; doch erfolgte dieselbe Anzeige nur dem Präsidium des Norddeutschen Bundes, also dem Kanzler gegenüber und nicht dem Bundesrat, und Bismarck war so klug, diese wenig rühmliche Erklärung zunächst in der Tasche zu behalten, hoffend, daß der Rudolstädter Landtag schließlich den Erfordernissen der Gegenwart doch Rechnung tragen möge. Glücklicherweise wurde auch der Bundesrat mit dieser unerquicklichen Sache verschont, und die Nachricht, es sei behufs thatsächlicher Erhebungen ein Bundeskommissar an Ort und Stelle geschickt worden,*) stellte sich als unwahr heraus.

Die „Ztg. für Nordd.", welche zuerst das Vorgehen der Rudolstädter Regierung an die Oeffentlichkeit gebracht hatte, bemerkte darüber weiter: „Preußen hat keine besondere Ursache, den schwarzburg-rudolstädtischen Minister

d. d. Versailles, den 17. Dezember 1870, für die Art dankte, in welcher er seine Berliner Mission ausgeführt hatte. Der Eingang des Briefes lautete:

„Mein lieber Geheimer Staatsrat!

„Wenn Ich nach Empfang Ihrer letzten Berichte auf Ihre Thätigkeit während der soeben geschlossenen Versammlung des Bundesrats und des Reichstags zurückblicke, so kann Ich nicht umhin, anzuerkennen, daß Sie bei den höchst bedeutsamen Verhandlungen dieser letzten Sitzungsperiode der Körperschaften des Norddeutschen Bundes Meine Regierung mit Geschick und Einsicht vertreten und derselben die zeitherige Geltung zu wahren verstanden haben. Ich spreche Ihnen meinen aufrichtigen Dank dafür aus und füge den Wunsch hinzu, daß aus den Beratungen und Beschlußfassungen, an welchen Sie teilgenommen, für Deutschland wie insbesondere für Mein Land eine glückliche Zukunft hervorgehen möge. Insbesondere spreche Ich Ihnen Meine Befriedigung darüber aus, daß Sie den wohlbewährten Bestrebungen des Ministers v. Watzdorf gemäß mit den Delegirten der übrigen thüringischen Staaten im Bundesrat zusammengehalten und mit denjelben sich über die abzugebenden Vota verständigt haben . . ."

*) Von den Vorschriften der Bundesverfassung kam Artikel 19 in Betracht, welcher lautete: „Wenn Bundesglieder ihre verfassungsmäßigen Bundespflichten nicht erfüllen, so können sie dazu im Wege der Exekution angehalten werden. Diese Exekution ist a. in Betreff militärischer Leistungen, wenn Gefahr im Verzuge, von dem Bundesfeldherrn anzuordnen und zu vollziehen; b. in allen anderen Fällen aber von dem Bundesrat zu beschließen und von dem Bundesfeldherrn zu vollstrecken. Die Exekution kann bis zur Sequestration des betreffenden Landes und seiner Regierungsgewalt ausgedehnt werden. In den unter a bezeichneten Fällen ist dem Bundesrat von Anordnung der Exekution unter Darlegung der Beweggründe ungesäumt Kenntnis zu geben."

gegen den ausgesprochenen Willen des Landtags und der Bevölkerung in jenem Ländchen zu halten. Herr v. Bertrab, der ehemalige preußische Landrat, gehörte 1866 zu den entschiedensten Feinden Preußens und sandte das Rudolstädter Kontingent den Bundestagsanordnungen entsprechend zur Besatzung von Mainz. Es war nicht sein Verdienst, sondern das einer Freundin des alten Fürsten, daß die Truppen noch unterwegs von einem Gegenbefehl erreicht und dann in die preußischen Reihen zum Angriff auf die Festung Mainz gestellt wurden. Herrn v. Bertrabs damalige feindliche Haltung erklärt sich übrigens zur Genüge aus seiner ultramontanen Gesinnung: er ist nicht allein Katholit, sondern ein Jesuitenzögling, und dies auch gerade der Hauptgrund, weshalb die Vertreter einer protestantischen Bevölkerung sein drückendes Joch um jeden Preis abzuschütteln wünschen. Sie daran direkt oder indirekt zu verhindern, kann unmöglich die Sache der Bundesorgane sein. Fehlt es an einem Bundesgericht zur Entscheidung des eigentlichen Streitfalls, so doch nicht an der verfassungsmäßigen Handhabe zur Exekution der liquiden Forderung des Bundes; und da diese nötigenfalls bis zur Sequestration der Regierung des Landes gehen kann, so verfügt die Bundesgewalt über die nötigen Mittel, ihr Interesse gleichzeitig mit dem Willen und Interesse des Landes zu befriedigen."

Ratzeburger Verfassungsangelegenheit. Die von Einwohnern des Fürstentums Ratzeburg an den Bundesrat gerichtete Petition, die dortigen Verfassungsangelegenheiten betreffend, wurde vom Bundesrat als ungerechtfertigt zurückgewiesen. Dem zu Händen des Advokaten Kindler in Schönberg an die Petenten erlassenen Bescheide des Bundeskanzlers war zu entnehmen, daß die Zurückweisung erfolgt war, „weil eine Verfassungsstreitigkeit im Sinne des Artikels 76 der Bundesverfassung nicht vorliegt, und weil die Verfassung, welche für das Fürstentum Ratzeburg unter dem 6. November 1869 erlassen ist, der dem Beschlusse des Bundesrats vom 28. Oktober 1867 vorausgegangenen Erklärung des Bevollmächtigten für Mecklenburg-Strelitz um so mehr entspricht, als die großherzogliche Regierung durch ihren Bevollmächtigten bei der Beratung über die vorliegenden Petitionen zum § 7 der Verfassung vom 6. November 1869 hat erklären lassen: daß nicht beabsichtigt werde, von dem auf die Gesetzgebung für das gesamte Großherzogtum sich beziehenden Vorbehalt einen anderen Gebrauch zu machen, als dieses auch dem anderen mit Verfassung versehenen Teile des Landes gegenüber geschieht, daß also, soweit irgend thunlich, vor Emanirung von Gesetzen, welche das ganze Großherzogtum umfassen sollen, zuvor das ratsame Erachten der Vertreter des Fürstentums erfordert werden würde."

Belohnungen an Seeleute für Hilfe in Seenot. Die Anträge des Ausschusses in Bezug auf den bremischen Antrag wegen Verleihung von Belohnungen an Seeleute für Hilfe in Seenot, welche in der

Sitzung des Bundesrats vom Mai 1870 zum Beschluß erhoben wurden, erfuhren nur von der hamburgischen Regierung Anfechtung. Diese ließ nämlich erklären, sie sehe keine Veranlassung, diesen Gegenstand dem Bunde zu überweisen, sei vielmehr der Ansicht, daß die Belohnung für geleistete Hilfe in Seenot den einzelnen Regierungen zu überlassen sei. Bei der Abstimmung wurden alsdann die Ausschußanträge mit allen gegen die Stimme Hamburgs angenommen.*)

Beobachtung des Venusdurchgangs. Für die Beobachtung desselben vor der Sonne im Jahre 1874**) bewilligte der Bundesrat auf Bismarcks Antrag, und dem Gutachten der vereinigten Ausschüsse des Bundesrats für das Seewesen, für Handel und Verkehr und für das Rechnungswesen entsprechend, zur Vornahme der noch für nötig erachteten Vorarbeiten für den Beobachtungsplan und für die Aufstellung eines genauen Kostenanschlages 3000 Thaler aus dem Dispositionsfonds zu verwenden. Ueber die für die Beobachtung des Venusdurchganges im Jahre 1874 projektirten Expeditionen zu bewilligenden Mittel sollte späterhin Beschluß gefaßt werden.

Zur Fortsetzung der Monumenta Germaniae historica beschloß der Bundesrat auf den desfallsigen Antrag des Bundeskanzlers: 1) Der Zentraldirektion der Gesellschaft für ältere deutsche Geschichtskunde für die weitere Bearbeitung und Herausgabe der Monumenta Germaniae historica eine jährliche Unterstützung aus Bundesmitteln zu gewähren und zu diesem Zwecke den Betrag von 2800 Thalern in den Bundeshaushalts-Etat für 1871 aufzunehmen. 2) Diese Bewilligung an die Voraussetzung zu knüpfen, daß die gedachte Zentraldirektion die Jahresrechnung über die Einnahmen und Ausgaben dem Bundeskanzler-Amt zur Prüfung einreiche.

Rückblick.

Hält man über die Ergebnisse der letzten Session des Bundesrats Umschau, so ergibt sich ein sehr erfreuliches Bild. Aus der Zahl der grundlegenden neuen Gesetze seien erwähnt: das Gesetz über den Unterstützungs-

---

*) Vgl. die „National-Zeitung" Nr. 297 vom 30. Juni 1870. Der Bundesratsbeschluß lautete in seiner Wortfassung: „1) Die Verleihung von Belohnungen an Seeleute, sowohl norddeutsche wie fremde, für die von ihnen an norddeutsche Schiffe in Seenot geleistete Hilfe erfolgt von Bundes wegen. 2) Die Bearbeitung dieser Angelegenheiten liegt dem Auswärtigen Amt des Norddeutschen Bundes ob. 3) Die Bundesregierungen werden die zu ihrer Kenntnis kommenden Fälle dem Auswärtigen Amt des Norddeutschen Bundes zur weiteren Veranlassung mitteilen. 4) Das Auswärtige Amt des Norddeutschen Bundes wird die ihm zugehenden Mitteilungen fremder Regierungen wegen Belohnung norddeutscher Seeleute entgegennehmen und befördern. Im Falle dergleichen Mitteilungen fremder Regierungen an eine Bundesregierung erfolgen, wird letztere davon dem Auswärtigen Amt des Norddeutschen Bundes Kenntnis geben."

**) Vgl. oben S. 268 und die „National-Zeitung" Nr. 273 vom 16. Juni 1870, die „Norddeutsche Allgemeine Zeitung" Nr. 10 vom 13. Januar 1870.

wohnsitz, die Doppelbesteuerung, das Urheberrecht an Schriftwerken, Abbildungen, musikalischen Kompositionen und dramatischen Werken, das Strafgesetzbuch, das Gesetz über die Aktiengesellschaften und die Aufhebung der Elbzölle. Vorbereitet wurde die einheitliche Münzgesetzgebung, die Zivilprozeßordnung, das Gerichts= verfassungsgesetz und die Konkursordnung, das Haftpflichtgesetz und die See= mannsordnung. Durch Notgesetz wurde gegen die Ueberschwemmung des Landes mit Bankzetteln und Papiergeld ein Damm errichtet. Nach längerem Hin= und Herschwanken wurde endlich der Beschluß gefaßt, der Alpen=Eisenbahn die Rich= tung durch den Gotthard zu geben.

Partikularistische Neigungen traten im ganzen nur vereinzelt zu Tage, und sie hatten kein Glück, da bei der Mehrzahl der Bundesregierungen keine Neigung bestand, die Entwicklung des Bundes und seiner Gesetzgebung zurückzuschrauben. Bismarcks Staatsweisheit zeigte sich auf der ganzen Linie wieder in glänzendstem Lichte; mehr als an allem lag ihm an einer stetigen Entwicklung des Bundes, an einer Schonung der Wünsche und Interessen der Bundesstaaten; das schloß nicht aus, daß, wenn eine Frage ihm am Herzen lag, wie z. B. die Beibehaltung der Todesstrafe, er mit dem Schwergewicht seiner ganzen Autorität dafür eintrat.

Das Verhältnis zwischen Bundesrat und Reichstag besserte sich 1870 im Vergleich zu der vorhergehenden Session. Der Reichstag sprach ein non liquet nur bezüglich der Entwürfe über den Schutz der Werke der bildenden Künste und der Photographien und bezüglich des Rayongesetzes aus. Umgekehrt nahm der Bundesrat alle vom Reichstag beschlossenen Gesetzentwürfe an.*)

Der Ausbruch des Krieges gegen Frankreich zeigte Bundesrat und Reichs= tag in Harmonie in dem Bestreben, Bismarck das große Werk seines Lebens, das Deutsche Reich, vollends aufrichten zu helfen. Gegründet war es von Bismarck eigentlich schon im Herbst des Jahres 1866. Die letzten vier Jahre hatten aber bewiesen, daß die Verfassung, die Bismarck demselben provisorisch gegeben, ein politisches Meisterstück war, und daß er die Gewalten zwischen dem Ober= haupte, den Bundesfürsten und der Volksvertretung richtig verteilt hatte.

So konnte man also sagen:

   Das Werk that seinen Meister loben,
   Doch der Segen kam von oben.

---

*) In der Sitzung des Reichstags vom 1. März 1870 bemerkte Bismarck: „Der Bundesrat ist für oratorische Eindrücke auf seine Ueberzeugung nicht empfänglich. Die Mehr= zahl des Reichstags zu respektiren, daran werde ich es gewiß niemals fehlen lassen. Aber die Sache hat doch ihr Gegenseitiges in dieser Beziehung, und wer das Respektiren der Mehrheit des Reichstags so auslegt, daß der Bundesrat sich eben jeder kundgegebenen Meinung der Mehrheit des Reichstags unbedingt fügen müsse, muß erst die Bundes= verfassung abschaffen! Es liegt in dieser Phrase eine Art Attentat auf die Bundesverfassung und auf die Geltung derselben, gegen das ich mich verwahren muß."

Personen-Register.

Achenbach, Dr., preuß. Geh. Oberbergrat 168.
Adalbert, Prinz von Preußen 44.
Adolf, Prinz von Schwarzburg-Rudolstadt 103.
Albert, Kronprinz von Sachsen 13.
Albert, Prinz von Schwarzburg-Rudolstadt 103.
Albrecht (Vater), Prinz von Preußen 20, 21, 47.
Amalie, Königin von Sachsen 65.
Amsberg, v., mecklbg.-schwer. Geh. Ministerialrat 121.
Arnim, Graf Harry, preuß. Gesandter 12.
Artôt, Frl., Opernsängerin 90.
Aufseß, Frhr. v., Vereinsbevollm. für Zölle und Steuern 203.
Augusta, Königin von Preußen 10, 11, 27, 73.
Aull, hessisch. Obergerichtsrat 121.

Bamberg, v., schwarzb.-rudolst. Minister 103.
Bankroft, nordamerikan. Gesandter in Berlin 333.
Bariatynsky, Fürst 14.
Becker, Abg. 56.
Benda, v., Vorsitzender des dritten Kongresses deutscher Landwirte 279.
Benedetti, Graf, franz. Botschafter in Berlin 328, 329.
Bennigsen, v., Abg. 29.
Berchem, Graf, Unterstaatssekretär 61.
Berlepsch, Frhr. v., schwarzb.-sondersh. Staatsminister 108.
Bernhard, Herzog von Sachsen-Meiningen 111, 112.
Bertrab, Dr. v., schwarzb.-rudolst. Staatsminister 3, 9, 18, 38, 40, 95, 101 ff., 163, 330, 338.
Beust, Frhr. v., königl. sächsisch. Ministerpräsident 63, 72.
— Graf, österr. Minister des Auswärtigen 331.
Beust, Graf, Gesandter der thüringischen Staaten in Berlin 3, 9, 12, 15, 25, 29, 38, 79, 104.
Beust, Graf, weimar. Generaladjutant 73.

Biedermann, Professor 167.
Bilgner, v., mecklbg.-schwer. Generalmajor 38, 71.
Bischof, Professor Dr., in Graz 278.
Bismarck-Bohlen, Graf, Legationsrat 50.
Bismarck-Schönhausen, Graf Herbert, stud. jur. 98.
— — Staatsminister, Staatssekretär des Ausw. Amts 148.
Boetticher, Dr. v., Staatsminister, Staatssekretär des Innern 30, 142, 204.
Bojanowski, Dr. v., Direktor im Ausw. Amt 137.
Boreln de la Touche, franz. Legationssekr. 239.
Boyen, v., preuß. Generallieutenant 104.
Brandenstein, v., königl. sächs. Oberst 38, 69, 278, 286.
Brauer, v., badisch. Staatsminister 42.
Brenner, Frhr. v., österr. Diplomat 118.
Buchanan, A., engl. Diplomat 321.
Bucher, Lothar, preuß. Legationsrat 1, 20, 25, 28, 40, 118, 198, 204.
Buchholz, oldenb. Staatsrat 38, 75, 100, 254, 278, 303, 307.
Buchta, Dr., mecklenb.-schwer. Justizminister 191.
Budde, Dr., mecklenb.-schwer. Ober-Appellationsgerichtsrat 224.
Bülow, v., mecklenb.-strelitz. Staatsminister 3, 20, 25, 38, 78, 135, 140, 268, 287, 334, 335, 336.
— Staatsminister, Staatssekretär des Ausw. Amts 199.
Bürgers, preuß. Appellationsgerichtsrat 224.
Burchard, v., Staatssekretär des Reichsschatzamts 203.

Campe, v., braunschw. Staatsminister 3, 18, 23, 28, 29, 30, 38, 39, 75.
Camphausen, preuß. Finanzminister 197, 198, 199, 330.
Caprivi, Graf, Reichskanzler 143.
Carlowitz, v., königl. sächs. Staatsminister 82.
Carolath-Beuthen, Fürstin 97.
Chotek, Graf, österr. Diplomat 331.
Christian VIII., König von Dänemark 110.

Cochery, Mitgl. des franz. Corps législatif 327.
Curtius, Dr., lübeck. Senator 3, 38, 115, 135, 193.

Dalwigk, Frhr. v., hessisch. Staatsminister 70.
Dambach, Dr., Geh. Ober-Postrat 219.
Delbrück, Dr., Präsident des Bundeskanzler-Amts 36, 37, 39, 40, 49, 52 ff., 66, 70, 73, 98, 99, 115, 136, 149, 168, 191, 192, 197, 199, 200, 201, 202, 204, 205, 211, 223, 241, 246, 248, 255, 269, 270, 280, 281, 282, 288, 296, 298, 299, 315, 330, 333, 336.
— Staatsminister, Präsident des Reichs-kanzler-Amts 56, 117.
Donandt, Dr., bremisch. Senator 224, 313.
Donner, Kapitänlieutenant 153.
Dorn, Justizrat 224.
Dove, Professor 270.
Drechsler, Dr., lübeck. Ober-Appellations-gerichtsrat 121.
— Vicepräsident des Bundesoberhandels-gerichts 231.
Troop, Mitgl. der Zivilprozeßordnungs-Kommission 121.
Dumreicher, österr. Legationsrat 118.
Duncker, Dr. Max, preuß. Geh. Regierungs-rat 1.

Eck, Geh. Ober-Regierungsrat 198, 204 ff., 278, 330.
Endemann, Prof. Dr., sächs.-weimar. Ober-Appellationsgerichtsrat 121.
Ernst, Herzog von Sachsen-Altenburg 290, 291.
Ernst II., Herzog von Sachsen-Coburg und Gotha 82, 90, 91, 92, 94.
Eulenburg, Graf Botho, preuß. Geh. Re-gierungsrat 135, 139.
Eulenburg, Graf Fritz, preuß. Minister des Innern 139.

Fischern, v. 112.
Flottwell, v., waldeckscher Landesdirektor 135, 140, 330.
Forckenbeck, v., Abg. 11, 29.
Freydorf, v., badisch. Staatsminister 70, 336.
Friedberg, Dr., preuß. Geh. Ober-Justizrat 224, 225.
— Staatssekretär des Reichs-Justizamts 60.
Friedenthal, Dr., Abg. 243.
— preuß. Minister für Landwirtschaft 139.
Friedrich, (Erbprinz von Anhalt 6.
Friedrich III., Deutscher Kaiser, König von Preußen 72.
— s. auch Friedrich Wilhelm, Kronprinz 2c.
Friedrich Franz II., Großherzog von Mecklen-burg-Schwerin 71, 334, 335, 336.
Friedrich Karl, Prinz von Preußen 29.
Friedrich Karl II., Fürst von Schwarzburg-Sondersh. 108.

Friedrich Wilhelm, Kronprinz von Preußen 10, 13, 14, 28, 92.
— s. auch Friedrich III.
Friedrich Wilhelm IV., König von Preußen 282.
Friesen, Frhr. v., königl. sächs. Staatsminister 3, 16, 19, 38, 39, 40, 62 ff., 66, 67, 70, 135, 204, 277, 304, 330.
Fritsch, Frhr. v., weimar. Staatsminister 71.

Gabelentz, v. d., altenburg. Geheimer Rat 80.
Georg, Herzog von Sachsen-Altenburg 79.
Georg V., König von Hannover 10, 138.
Georg Viktor, Fürst von Waldeck 109.
Gerber, v., königl. sächs. Staatsminister 69.
Gersdorff, v., weimar. Staatsminister 71.
Gerstenberg von Zech, altenburg. Staats-minister 38, 81, 95, 100, 106, 107, 330.
Geyso, v., braunschw. Staatsminister 76, 77.
Gildemeister, bremisch. Senator 3, 38, 41, 115, 254, 330.
Gneist, Prof. Dr. 61.
Goldschmidt, Prof. Dr., Mitglied des Bundes-Oberhandelsgerichts 274.
Gramont, Herzog von, franz. Minister des Ausw. 327, 328, 329, 330.
Granville, Lord, engl. Minister des Ausw. 331.
Grimm, Dr., preuß. Wirkl. Geh. Ober-Justiz-rat 121.
Günther, Fürst von Schwarzburg-Rudolstadt 105.
Günther, preuß. Ministerialdirektor 37, 50 ff., 330.

Hagke, Frhr. v., Abg. 232.
Hammer, schweiz. Oberst 242.
Harbou, v., meiningensch. Staatsminister 80.
— reußisch. Staatsminister 3, 18, 28, 38, 95, 100, 103, 106, 107, 110 ff., 330.
Harnier, Gesandter für Frankfurt beim Bundes-tage 116.
Harriers, Frau, Opernsängerin 90.
Hasselbach, preuß. Geh. Ober-Finanzrat 198, 201, 330.
Haupt, Prof. Dr. 193.
Heerwart, Dr., sächs.-weim. Geh. Staatsrat 108.
Heinrich, Herzog von Anhalt-Cöthen 5.
Heinrich XXII., Fürst von Reuß ä. L. 110.
Heinrich LXVII., Fürst von Reuß j. L. 113.
Heinzelmann, schleswig-holst. Regierungsrat 110.
Heldmann, lippisch. Kabinetsminister 135, 141.
Henckel von Donnersmarck, Graf, preuß. Re-ferendar 289.
Henning, preuß. Geheimer Ober-Finanzrat 242.
Herrmann, Dr., reuß.-plauisch. Regierungs-präsident 3, 18, 38, 109, 278.
Herzog, Geh. Ober-Regierungsrat 242.

Heydt, v. d., preuß. Finanzminister 14, 44, 66, 67, 199, 259.
Hirsch, Baron, Bankier in Paris 61.
Hock, Ritter v., österr. Sektionschef 202.
Höcker, schaumb.-lippisch. Regierungsrat 30, 38, 114, 330.
Hofmann, hessischer Gesandter in Berlin 3, 18, 38, 41, 70, 180, 189, 264, 336.
— Präsident des Reichskanzler-Amts, Staatsminister 39, 54, 201, 203, 204.
Hohenthal, Graf, königl. sächs. Gesandter in Berlin 63, 64.
Holleben, Frhr. v., königl. sächs. Major 278, 286.
Holleufer, v., preuß. Landrat a. D. 296.
Hülsen, v., Generalintendant der königl. Schauspiele 16.
Humboldt, Alexander Frhr. v., Naturforscher 9.

Jachmann, preuß. Contre-Admiral 38, 61 ff.
Johann, König von Sachsen 5, 6, 13, 17, 65.
John, Prof. Dr. 223.
Jolly, badisch. Staatsminister 70.
Jungermann, Regierungsrat 155.
Joseph, Herzog von Sachsen-Altenburg 79.
Itzenplitz, Graf, preuß. Handelsminister 14, 281, 283.

Karl Alexander, Großherzog von Sachsen-Weimar 335, 336.
Karl Alexander, Herzog von Anhalt-Bernburg 6.
Karl Anton, Fürst von Hohenzollern 290, 326, 328.
Karl Günther, Fürst von Schwarzburg-Sondershausen 108.
Karoline, Fürstin-Witwe von Reuß ä. L. 110.
Ketelhodt, v., schwarzb.-rudolst. Minister 103.
Kendell, v., Legationsrat 291.
Keyser, v., schwarzb.-sonders. Staatsminister 3, 18, 29.
Kindler, Advokat 192, 338.
Kinkel, Gottfr., Schriftsteller 20.
Kippe, Dr. 191.
Kirchenpauer, Dr., hamburg. Senator 3, 18, 38, 116 ff., 330.
Klapp, waldeckscher Geh. Regierungsrat 3, 11, 18, 38, 108, 135.
Kleist-Retzow, v., preuß. Oberpräsident 205.
Klemm, königl. sächsischer Justizrat 198, 203, 309.
Knebel, v., preuß. Referendar 289.
Koch, Mitgl. der Zivilprozeßordnungs-Kommission 121.
Könneritz, Frhr. v., königlich sächsischer Geh. Legationsrat 302, 306.
— Staatsminister 69.
Koethe, Frau Wanda v. 83, 95—99.
— s. auch Seebach, Freiin Wanda v.
Krosigt, v., sächs.-meining. Staatsminister 3, 18, 23, 28, 38, 80, 107, 303, 330.

Krüger, Dr., hanseatischer Gesandter in Berlin 115, 135, 141 ff., 303, 315, 320, 330.
Kunze, reuß-plauisch. Regierungsrat 278, 292.

Laband, Professor 322.
Lamarmora, ital. General 96.
Larisch, v., anhalt. Staatsminister 9, 15, 81, 95, 100, 107, 278, 288 ff.
Lasker, Dr., Abg. 38, 67, 232, 241, 274.
Lauer, Dr., Generalarzt 10.
Lauer-Münchhofen, Frhr. v., schaumb.-lipp. Regierungspräsident 3, 10, 17, 18, 28, 29, 30.
Launay, Graf, ital. Botschafter in Berlin 78.
Lenbach, Professor Franz v. 142.
Leonhardt, Dr., Ober-Appellationsgerichtspräsident 121.
— preuß. Justizminister 224, 225, 278, 280, 304.
Leopold, Erbprinz von Hohenzollern 140, 326, 327, 328, 329.
Leopold, Herzog von Anhalt-Dessau 5, 7, 11, 19, 20, 26, 30.
Liebe, v., braunschw. Gesandter in Berlin 29, 30, 38, 77 ff., 122, 330.
Lippe, Graf zur, preuß. Justizminister 14, 280.
Löwe, Abg. 137.
Löwenberg, Dr., preuß. Ober-Tribunalsrat 121.
Loftus, Lord, engl. Botschafter in Berlin 12, 13.
Loftus, Lady 12.
Lucca, Pauline, Opernsängerin 97.
Luise, Königin von Preußen 14.

Manteuffel, Frhr. Erwin v., preuß. General 47, 48.
Manteuffel, Frhr. Otto v., preuß. Ministerpräsident 73, 114, 290.
Maybach, preuß. Minister der öffentlichen Arbeiten 286.
Meusel, reuß-plauisch. Regierungspräsident 278, 292.
Meyer, Syndikus 191.
Michaelis, Abg. 120.
— Geh. Ober-Regierungsrat 205.
Miquel, Dr., Abg. 190, 195, 232.
Mittnacht, Frhr. v., württemb. Justizminister 333.
Moltke, Frhr. v., preuß. General der Inf., Chef des Generalstabes der Armee 12, 13, 43, 44, 53, 287.
Moser, preuß. Ministerialdirektor 278, 281, 321.
Müller, v., mecklenb.-schwer. Staatsrat 38, 70, 135.
Münster, Graf, Abg. 274.

Napoleon III., Kaiser der Franzosen 329.
Napoleon, Prinz 67.
Nathusius, v., preuß. Geh. Ober-Regierungsrat 278, 280, 282 f.

Neidhardt, Dr., hess. Ministerialrat 108.
Niemann, Opernsänger 90.
Nothomb, v., belgisch. Gesandter in Berlin 12, 78.

Oertzen, v., mecklenb.-schwer. Staatsminister 3, 12, 18.
Oertzen, v., mecklenb.-schwer. Legationsrat 278, 287, 330.
Oertzen, mecklenb.-schwer. Drost 38, 135.
Oheimb, v., lippischer Kabinetsminister 3, 18, 25, 38, 114, 135, 141.
Ollivier, franz. Ministerpräsident 327.

Pape, Dr., preuß. Geh. Ober-Justizrat 37, 57 ff., 121, 163, 269.
— Präsident des Bundes-Oberhandelsgerichts 231, 301, 330, 336.
Peter, Großherzog von Oldenburg 17.
Pfordten, Frhr. v., bayr. Ministerpräsident 72.
Philipsborn, v., Generalpostdirektor 37, 55 ff., 175, 278, 283.
Philipsborn, Ministerialdirektor 135 ff., 201, 330.
Piper, v., preuß. Stadtgerichtsrat 289.
Planck, Abg. 306, 307.
Plötz, v., anhalt. Staatsminister 6.
Podbielski, v., preuß. Generalmajor 37, 42 ff, 174.
Pommer-Esche, v., preuß. Wirkl. Geh. Rat, Generalsteuerdirektor 37, 48 ff., 95, 201.
Pommer-Esche, Frau v. 50.
Prim, span. Marschall 327, 328.
Protesch, Frhr. v., österr. Gesandter beim Bundestag 290.
Prollius, v., mecklenb. Gesandter in Berlin 78.

Radowitz, v., preuß. Minister der auswärtigen Angelegenheiten 110.
Radike, Rechnungsrat 41.
Rechberg, Graf, österr. Gesandter beim Bundestag 291.
Reck, Frhr. von der, preuß. Ministerialdirektor 100.
Redern, Gräfin 89.
Reinhardt, schwarzb.-sonderh. Wirkl. Geh. Rat 108.
Richter, Eugen, Abg. 54.
Rieben, v., preuß. Generallieutenant 37, 44 ff.
Rieß, Kaufmann 213.
Rössing, oldenb. Staatsminister 3, 16, 17, 18, 28, 75, 278, 288, 330.
Roon, v., preuß. Kriegsminister 43, 44, 46, 47, 62, 93, 140, 197, 198, 200, 205, 290.
Roon, Frau Minister v. 290.
Roscher, Professor 188.
Rothan, franz. Gesandter in Hamburg 239.
Rubo, Dr., Gerichtsassessor 225.
Rudhardt, v., bayr. Gesandter in Berlin 143.
Rüdorff, Kreisrichter 225.
Rumohr, v., schleswig-holst. Regierungsrat 110.
Russell, engl. Unterstaatssekretär 331.

Salazar y Mazarredo, Präsident des span. Ministerrats 326.
Savigny, v., Wirkl. Geh. Rat 1, 2, 3, 4, 8, 9, 13, 15, 16, 18, 19, 20, 23, 24, 29, 30, 70, 76, 87, 90, 103, 268, 318.
Savigny, Frau v. 89.
Schleinitz, v., braunschw. Staatsminister 76.
Schmalz, Geheimer Regierungsrat 278, 286, 330.
Schmückert, preuß. Generalpostdirektor 55.
Schreck, Abg. 308.
Schulenburg, Gräfin von der, Oberhofmeisterin 89, 95.
Schuhmacher, Landwirt 279.
Schwarze, Dr., königl. sächs. Generalstaatsanwalt 224, 225.
Schweitzer, weimar. Staatsminister 71.
Seebach, Frhr. v., sachs.-coburg. u. gothaischer Staatsminister 3, 7, 8, 9, 18, 19, 23, 28, 38, 41, 81—99, 106, 107, 163, 330.
Seebach, Freiin Wanda v. 7, 84—94.
— s. auch Goethe, Frau Wanda v.
Seitz, Dr., hess. General-Staatsprokurator, Geheimer Rat 121.
Simson, Dr., Präsident des Reichsgerichts 60.
Sintenis, Dr., anhalt. Staatsminister 3, 4 bis 30, 100.
Sintenis, Dr., anhalt. Regierungsrat 38, 99 ff., 278.
Sombart, Landwirt 279.
Stephan, preuß. Generalpostdirektor 278, 283 ff., 330.
— Dr., v., Staatssekretär des Reichs-Postamts 56.
Stichling, Dr., v weimar. Staatsminister 73, 181, 278, 287, 334, 335, 336.
Sudow, Frhr. v., württemb. Kriegsminister 333.
Sybel, Dr. v., Wirkl. Geh. Rat, Direktor der Staatsarchive 1.

Tauchnitz, Dr., königlich sächs. Ober-Appellationsgerichtsrat 121.
Thile, v., preuß. Unterstaatssekretär 9, 11, 13, 14, 15, 23, 25, 29, 100, 290.
Thümmel, v., königlich sächs. Geh. Finanzrat 38, 39. 66, 68, 198.
Trieps, Dr., braunschw. Ober-Gerichtspräsident 121.
Twesten, Abg. 47, 48, 274.

Unruh, v., Abg. 14, 29.
Ujest, Herzog v., Vizepräsident des Reichstags 24, 39.
Usedom, Graf, preuß. Gesandter in Rom 95, 96.

Varnbüler, Frhr. v., württemb. Staatsminister a. D. 203.
Victoria, Kronprinzessin von Preußen 10, 14, 88, 89.

Wächter, Abg. 29.
Wagener, Hermann, preuß. Geh. Regierungsrat 199.
Watzdorf, v., weimar. Staatsminister 3, 9, 15, 18, 25, 26, 27, 38, 71 ff., 100, 101, 103, 106, 107, 278, 287, 337.
Weichmann, Kapitän zur See 153.
Weinlig, Dr., töniglich sächs. Ministerialdirektor 38, 65 ff., 214, 278, 286.
Weishaupt, preuß. Ministerialdirektor 278, 281, 330.
Werther, Frhr. v., norddt. Botschafter in Paris 202, 327, 328.
Werthern, Graf, preuß. Gesandter in München 110.

Wiggers (Berlin), Abg. 212.
Wilhelm I., König von Preußen 6, 9, 10, 11, 17, 26, 27, 44, 45, 64, 72, 73, 76, 88, 96, 105, 290, 291, 326, 327, 328, 329.
Wilhelm, Herzog von Braunschweig 76, 77.
Windthorst, Dr., Abg. 29.
Wolffersdorff, v., schwarzb.-sonderßh. Staatsrat 3, 18, 38, 108, 330.
Wollny, preuß. Geh. Ober-Finanzrat 135, 138, 155, 278, 280.
Woworsky, Opernsänger 97.

Zachariä, Abg. 29.
Zastrow, Dr., Bürgermeister in Rostock 191.
Ziegler, schwarzb.-sonderßh. Geheimer Rat 108.

Sach-Register.

Abgeordnete. Vom Reichstag beschlossenes Ges., betr. Nichtverfolgbarkeit von Mitgliedern der Kammern u. Ständeversammlungen, abgelehnt 172; Beschl. auf die Resol. des Reichst., betr. die Nichtverfolgbarkeit der Mitgl. der Landtage u. Kammern 241.

Aerzte. Bekanntm., betr. Prüfung der Aerzte, Zahnärzte, Tierärzte u. Apotheker 215, 216; Bekanntm., betr. Entbindung von den ärztlichen Prüfungen 217.

Aktiengesellschaften. Vorlage eines Gesetzentw. 223; Beratung 310—312; Ges., betr. die Kommanditgesellschaften auf Aktien u. die Aktiengesellschaften 312; Abkommen mit der Schweiz wegen der A. 241.

Anleihen. Gesetz, betr. den außerordentl. Geldbedarf zum Zwecke der Erweiterung der Bundeskriegsmarine u. der Herstellung der Küstenverteidigung 129; desgl. 267; Abänderung des Ges. v. 9. Sept. 1867 324; Ges., betr. den außerordentl. Geldbedarf der Militär- u. Marineverwaltung, u. Ges., betr. den ferneren Geldbedarf für die Kriegführung 326.

— s. Donaumündungen.

Apotheker, s. Aerzte.

Arbeiterkassen. Resol. des Reichst., betr. Normativbedingungen für Kranken-, Hilfs- u. Begräbniskassen für Gesellen, Gehilfen u. Fabrikarbeiter 297, 298.

Arbeits- u. Dienstlöhne. Ges., betr. Verbot der Beschlagnahme noch nicht verdienter A. u. D. 233.

Auslieferung von Verbrechern. Antrag Bremens auf gesetzliche Regelung zwischen den Bundesstaaten 165.

Auslieferungsverträge mit: Belgien 164, 165, 310; Spanien 310.

Austernfischerei. Resol. des Reichst., betr. Maßregeln zur Hebung ders. u. Konservirung der Austernbänke 190, 191; Denkschrift über die schon getroffenen Maßregeln 267.

Auswärtiges Amt. Antrag und Beschluß, betr. Errichtung dess. 236—240, 271; Uebergang der Verwaltung des Konsulatswesens auf dass. 322.

Auswanderungswesen. Vorlage eines Auswanderungsgesetzes 150; Ernennung von 2 Bundeskommissaren für das A. 152, 153.

Banknoten. Ges., betr. die Ausgaben von B. 300, 301.

— s. Papiergeld.

Bankwesen. Antrag Königreichs Sachsen, betr. Erlaß allgemeiner Bestimmungen über dass. 121.

Bevölkerung, seemännische. Beschluß, betr. Ermittelung ders. 127.

Bevollmächtigte zum Bundesrat. Ernennung 37; Stellung ders. gegenüber ihrer eigenen Regierung 130; Veränderungen im Bestande 133, 198, 277.

Börsensteuer. Vorl. des Gesetzentw., Ablehnung durch den Reichst. 261—263, 273.

Branntwein. Ges., betr. Erhebung einer Abgabe von der Branntweinbereitung in den hohenzollernschen Landen 172; Vertrag mit Hessen, betr. die Besteuerung von Branntwein u. Tabak 172; Festsetzung einer Pauschalvergütung für den nach Luxemburg übergehenden B. 172; Gesetzentwürfe: a) betr. die Besteuerung des Branntweins in den zum Zollverein gehörigen Staaten des Nordd. Bundes, b) betr. die Erhebung der Branntweinfabrikatsteuer im Nordd. Bunde 243, vom Reichst. abgelehnt 244; Beschl., betr. Verkürzung der Kreditfrist für die zu entrichtende Branntweinsteuer auf 3 Monate 246; Beschl., betr. Aussetzung der Beratung über den Antr. Mecklenburg-Schwerins wegen Einführung der Fabrikatsteuer von B. 314.

Braumalzsteuer. Gesetzentw., betr. Erhöhung ders., vom Reichst. abgelehnt 245.

Bürgerliches Recht. Beschlüsse des Reichst., betr. Ausdehnung der Kompetenz der Bundesgesetzgebung auf dass. u. auf die Gerichtsorganisationen, sowie Festsetzung eines einheitlichen Volljährigkeitstermins 232; Ges., betr. Ausdehnung der Reichskompetenz auf das gesamte bürgerliche Recht 233.

Bund, vorm. deutscher. Vereinbarung wegen des beweglichen Eigentums dess. 323.

Bundesangehörigkeit, s. Staatsangehörigkeit.

Bundesbeamte. Gesetzentw., betr. die Rechtsverhältnisse ders.; Zustimmung zu dem vom Reichstag amendirten Ges. nicht erteilt 171; Vorlage eines umgearbeiteten Entw. an den Reichst. 240, 241, 272.

Bundesflagge. Anerkennung 177.
Bundesgerichtshof für alle Rechtssachen. Antrag Hamburgs auf Errichtung abgelehnt 231, 232.
Bundes-Gesetzblatt. Vorschlag wegen Verbreitung desj. 122.
Bundeskanzler. Ernennung Bismarcks 35; verfassungsmäßige Machtbefugnisse desj. 36, 37.
Bundeskanzler-Amt. Errichtung 36; Erwerb eines Dienstgebäudes für dasj. 172.
Bundesministerium. Ablehnung des Antrags auf Errichtung eines unitarischen B. 31, 274, 275.
Bundes-Oberhandelsgericht. Antrag Königr. Sachsen auf Errichtung 226—229; Annahme des Gesetzentw. in der Fassung des Reichst. 229; Errichtung desj. 230; Erwerbung eines Grundstücks für dasj. in Leipzig 230; Wahl der Mitglieder 230, 231, 274.
Bundesrat. Entstehung 1; auf denj. bezügliche Artikel der Verfassung 33, 34; Bildung desj. u. seiner Ausschüsse 37, 38, 105; Eröffnung 39; Geschäftsordnung 40; Sitzungslokal 41; Antrag Großh. Sachsen auf Ergänzung des § 17 der Geschäftsordnung 170, 171; Antrag Mecklenb.-Schwerins, betr. Wahrung einer Frist zwischen dem Erscheinen der Ausschußberichte u. der Abstimmung im B. 235; Stellung Bismarcks zum Bundesrat 275.
Bundesschuldenwesen. Antrag Preußens, betr. dasj. 129; erneute Vorlage eines bezügl. Gesetzentw. 189; zurückgezogen 190.
Bundes-Schul-Kommission. Beschl., betr. Bildung derj. 181—185.

Centralblatt für das Deutsche Reich. Antrag Oldenburgs, betr. Errichtung eines Publikations-Organs neben dem Bundes-Gesetzblatt 268.

Dampfkessel. Ausarbeitung eines Entw. zur Prüfung derj. 217.
Dienstlöhne, s. Arbeits- u. Dienstlöhne.
Donaumündungen. Ges., betr. anteilige Uebernahme einer Garantie für eine Anleihe zur Herstellung der Fahrbarkeit derj. 190.
Doppelbesteuerung. Ges., betr. Beseitigung derj. 296.

Eheschließung. Ges., betr. Aufhebung der polizeilichen Beschränkungen derj. 147.
Eisenbahnreisende. Vorl. eines Gesetzentw., betr. Besteuerung derj. 265.
Eisenbahnwesen. Anträge, betr. Reform der Tarife, Ausrüstung ꝛc. der E. für militärische Zwecke, u. Richtung der Venlo-Hamburger Eisenbahn 172–174; Bemessung der den E. im Interesse der Bundestelegraphenverw. aufzuerlegenden Verpflich-

tungen 175; Erhebungen über die Ausdehnung des Einpfennigtarifs auf den E. des Bundesgebiets 217; Verhandlungen mit den südd. Regierungen über die Reziprozität bei Militär-Eisenbahntransporten 248; Betriebsreglement für die E. im Nordd. Bunde 314, 315; Bahnpolizeireglement für die E. im Nordd. Bunde 315; Reglement für die Beförderung von Truppen u. Armeebedürfnissen auf Staatseisenb. ꝛc. 316; Antr., betr. Einführung der IV. Wagenklasse auf den E. innerhalb des Bundesgebiets 316.
— s. Post- u. Telegraphenwesen.
Elbzölle. Ges., betr. Aufhebung derj. 318.
Erwerbs- u. Wirtschaftsgenossenschaften. Ges., betr. privatrechtliche Stellung derj. 163.
Etat. Haushalts-Etat des Nordd. Bundes für 1867 u. für 1868 129; Abänderung für 1868 u. Feststellung für 1869 186; Verteilung der Militärausgaben für 11. Sem. 1867 265; rektifizierter Bundeshaushalt für 1868 265; Nachtrags-Etat für 1869 266; Feststellung für 1870 266; Abänderung für 1870 324; Feststellung für 1871 324.
— Kontrolle desj. s. Rechnungshof.
— s. auch Militär-Etat.

Fahneneid. Feststellung 128, 129.
Fleischextrakt. Tarifirung 125.
Flößereiabgaben auf der Werra u. Saale. Petitionen wegen gesetzl. Regelung 177; Ausschußantr. (Feststellung von Grundsätzen) 252, 253; Ausschußber. nebst Gesetzentw. u. Annahme des Ges. 319.
Frankfurter Fürstenkongreß 84.
Frankreich, s. Krieg mit Frankreich.
Freizügigkeit. Vorlage u. Annahme des Gesetzentw. 119; Anträge der südd. Regierungen auf vertragsmäßige Regelung derj. 145—147.
— s. Militärische Freizügigkeit.
Freundschafts-, Handels- u. Schiffahrtsverträge: mit Liberia 125.

Gassteuer, s. Leuchtgas.
Geistiges Eigentum, s. Urheberrecht.
Gerichtsverfassungsgesetz. Antr. auf Ausarbeitung eines Entw. 307—309.
Germanisches Museum in Nürnberg. Unterstützung 192, 193.
Gewerbeordnung. Antrag Königr. Sachsen, betr. Herbeiführung thunlichster Gleichmäßigkeit in den Bestimmungen über den Gewerbebetrieb 121; Vorlage einer G.-O. 147; Annahme eines Notgewerbegesetzes 149; Annahme der G.-O. 214, 215, 272; Vorl., betr. Zulassung der Ausländer zum Gewerbebetrieb im Umherziehen 296.
Gotthardbahn. Antr. wegen Subventionirung u. Ges., betr. die St. Gotthard-Eisenbahn 317, 318.

Grimmsches deutsches Wörterbuch. Antr. auf Unterstützung des Unternehmens 193, 267.

Haftpflicht. Petition auf Erlaß bundesgesetzl. Bestimmungen 167, 168; Beschl. auf Ausarbeitung eines Gesetzentw. 233, 234; Ges., betr. die Entschädigungspflicht bei Tötungen u. Körperverletzungen durch Bergbau=, Eisenbahn= u. Fabrikenbetrieb 312, 313.

Halbseide, s. Seide.

Handelsgesetzbuch, Allgem. Deutsches. Beschl. auf Ausarbeitung eines Ges., durch welches das., zum Bundesges. erklärt wird 165, 166; Vorlage des Gesetzentw. u. Annahme des. 222, 223.

Handelsreisende. Antrag Hamburgs, betr. Intrafttreten der Steuerfreiheit ders. 125.

Handelsstatistik. Modifikationen 125.

Handels= u. Zollverein vom 14. Nov. 1867. Vertrag zwischen dem Nordd. Bunde u. den südd. Staaten über Fortdauer des. 122.

Handelsverträge. Antrag auf Erteilung der Ermächtigung zur Verhandlung mit Frankreich wegen Entlassung Mecklenburgs aus dem Vertrage vom 5. Juni 1865 124; desgl. wegen Wiederaufnahme der Verhandlungen über einen Zoll= u. Handelsv. mit Oesterreich 124.
— s. Freundschafts=, Handels= u. Schiffahrtsverträge.

Hauptverwaltung der Staatsschulden, preuß. Ges., betr. Uebertragung der Verwaltung der Anleihe zum Zwecke der Erweiterung der Bundesmarine ꝛc. auf dies. 189.

Heer. Antrag, betr. Beitragspflicht der einzelnen Bundesstaaten zu den Kosten des Bundesheeres für 1867 120.

Hypothekenbankwesen. Vorlage, betr. Veranstaltung einer Enquete 120; Ergebnis der Enquete 154, 155.

Hypothekenschulden. Ablehnender Beschl. auf eine Petition um Ermittelung des Betrages sämtl. H. 301.

Italien. Bestreben Preußens, das. i. J. 1866 zu schärferer Aktion zu veranlassen 95, 96.

Jurisdiktionsverträge. Verhandlungen wegen Abschlusses mit den südd. Staaten 221, 222; Vertr. mit Baden u. Hessen 307.

Kaiserwürde. Verhandlungen wegen Uebertragung ders. auf den König von Preußen u. Wahl einer Reichstagsdeputation 335, 336.

Kammern. Nichtverfolgbarkeit der Mitgl. ders., s. Abgeordnete.

Kauffahrteischiffe. Ges., betr. die Nationalität ders. u. ihre Befugnis zur Führung der Bundesflagge 127.
— s. Konsulatsgebühren.

Kautionen Ges., betr. die K. der Bundesbeamten 241; Verordn., betr. die K. der Post= u. Telegraphenbeamten 241.

Kommanditgesellschaften auf Aktien, s. Aktiengesellschaften.

Konfessionen. Ges., betr. die Gleichberechtigung ders. 212, 213.

Konkursordnung. Antr. auf Ausarbeitung einer einheitlichen K. 307—309.

Konstantinopel. Gewährung eines Darlehns an das evang. Hospital das. 193, 194.

Konsularverträge mit: Italien 178, 257; den Niederlanden 178; Brasilien 178; Spanien 257, 322.

Konsulate. Ges., betr. Organisation der Bundeskonsulate sowie das Amtsrecht u. die Pflichten der Bundeskonsuln 127; Errichtung von Bundeskonsulaten 127; Ernennung von Bundeskonsuln 179; Ges., betr. die Schließung u. die Beurkundung des Personenstandes durch die Bundeskonsuln 256, 257; Errichtung eines Generalkonsulats in Mexiko 257; desgl. für Peru in Lima 257; Antrag, betr. Ankauf eines Grundstücks für das K. in Belgrad 257; Beschl., betr. das Aufhören von Landeskonsulaten infolge weiterer Errichtung von Bundeskonsulaten 257, 258.

Konsulatsgebühren. Antr., betr. Befreiung der nordd. Kauffahrteischiffe von der Entrichtung allgem. K. in Bundeshäfen 178.

Konsulatswesen. Uebertragung der Verwaltung des. an das Auswärtige Amt 322.

Krieg von 1866. Verhandlungen wegen Abschluß der Friedensverträge mit Bayern, Hessen u. Baden 86.
— mit Frankreich. Eröffnungen über den Anlaß 326—330.

Kriegsdienst. Ges., betr. die Verpflichtung zum K. 128; Gesetzentw., betr. die Bestrafung der Entziehung vom K. 258; Vorl. eines Gesetzentw., betr. Abänderung des § 6 dieses Ges. 323.

Kriegsleistungen. Beschl., betr. die Landlieferungen an die Magazine u. die Mobilmachungspferde 323.

Landtage. Nichtverfolgbarkeit der Mitgl. ders., s. Abgeordnete.

Leuchtgas. Gesetzentw., betr. die Besteuerung des., und Beratung 264, 265, 273.

Literarkonventionen mit: der Schweiz 163, 220; Italien 220; Rußland (Anregung) 220, 221; Frankreich 304.

Lungenseuche. Antrag Oldenburgs, gesetzl. Anordnungen zur Abwehr ders. zu treffen 170.

Maaß= u. Gewichtsordnung. Vorlage und Annahme 153, 154; Bekanntm., betr. zulässige Abweichungen von der absoluten Richtigkeit der Maaße und Gewichte 219; Ges., betr. Ergänzung der M.= u. G.=O. 298.

Matrikularbeiträge. Antrag von Rudolstadt,

Neuß j. L. u. Lippe auf Beseitigung 130; Beschl., betr. Verrechnung derj. für 1868 186—189; Feststellung für 1869 266.

Mecklenburg-Schwerin. Beschl. auf einen Reichst.-Beschl., betr. die mecklenb. Verfassung 268, 269.
— s. Ratzeburg.

Militäranwärter, s. Zivilversorgung.

Militärdienst. Vereinbarung mit der Schweiz wegen gegenseitiger Befreiung von demj. 323.

Militär-Etat. Beschl., betr. die Deckungsmittel für die Bundesgeneralkasse für 1870 266.

Militärgerichtsbarkeit. Beschl. des Reichst. 310.

Militärische Freizügigkeit. Antr., betr. Abschluß eines Vertrages mit Baden wegen Einführung derf. 186, 187; Vorlage des abgeschl. Vertrages 258.

Militärpersonen. Ges., betr. Einstellung des Zivilprozeßverfahrens gegen dies. 324.

Militärpflichtige. Antr., betr. ärztl. Untersuchung der in Rußland lebenden militärpflichtigen Norddeutschen 258.

Militärverträge. Genehmigungsrecht des Reichstags 129; Abschluß mit Baden 324.

Monumenta Germaniae historica. Gewährung einer jährl. Unterstützung 339.

Münzenquete. Beschluß derj. 218, 219, 298, 299.

Münzstatistik. Vorl. des bearbeiteten Materials 217, 218.

Naturalisation. Basis für die Aufnahme in den Unterthanenverband eines andern Bundesstaates u. die Entlassung aus demf. 145.

Niederlassungsvertrag mit der Schweiz 213, 214.

Norddeutscher Bund. Bündnisverträge zwischen Preußen u. den nordd. Regierungen 86, 87; Verträge mit den südd. Staaten wegen Eintritts derj. 333—335.

Normal-Aichungs-Kommission. (Errichtung 154; Instruktion für dies. 219.

Nürnberger Wechselnovellen, s. Wechselordnung.

Oberseegericht. Antrag Lübecks auf Errichtung abgelehnt 220.

Orientalische Frage. Mitteilungen über dies. 330—332.

Papiergeld. Antrag Königr. Sachsen, betr. Feststellung der Grundsätze über Emission von fundirtem u. unfundirtem P. 121; desgl., betr. Erlaß von Bestimmungen über die Annahme desf. 122; Ges., betr. die Ausgabe von P. 299, 300.
— s. Banknoten.

Paßzwang. Vorlage u. Annahme des Gesetzentw., betr. Aufhebung desf. 120.

Patentwesen. Antrag auf Regelung 155 bis 162.

Pensionen, s. Schleswig-Holst. Armee, vormalige.

Personalbesteuerung, doppelte. Beschl. auf die Resol. des Reichst., betr. Beseitigung derj. 153.

Pharmacopoea Germaniae. Bildung einer Kommission zur Beratung derf. 190.

Photographien. Gesetzentw., betr. Schutz derj. gegen unbefugte Nachbildung 219; erneute Vorlage des Entw. 301; Ablehnung durch den Reichst. 303.

Piston-Packings. Tarifirung 125.

Pontusfrage. Mitteilungen über dies. 330 bis 332.

Portofreiheit. Gesetz, betr. die P. im Gebiet des Nordd. Bundes 248—250.

Portowesen Vertrag mit Hessen wegen Regelung dess. 251.

Post- u. Telegraphenwesen. Postgesetz v. 2. 11. 67 126; Regelung des Posttaxwesens 126; Reglem. über die Verhältnisse der Post zu den Eisenbahnen 127.

Postvertrag mit: den süddeutschen Staaten, Luxemburg, Oesterreich, den Vereinigten Staaten von Nordamerika 126, 318; Norwegen, Dänemark, Belgien, Italien, der Schweiz 175; Schweden 251, 318; dem Kirchenstaat, Rumänien 252; Großbritannien u. Irland 318.

Privateigentum, Schutz im Seekriege, s. Seekrieg.

Privatniederlagen, s. Reis.

Quartierleistung für die bewaffnete Macht, Ges. 180.

Quittungsteuer. Vorl. eines Gesetzentw. u. Beratung 263, 264, 273.

Ratzeburg. Ablehnung der Petitionen, betr. Einführung einer Verfassung im Fürstent. Ratzeburg 192, 338.

Rayongesetz. Vorlage u. Annahme 322, 323.

Rechnungshof des Nordd. Bundes. (Errichtung u. Uebertragung der Kontrolle des Bundeshaushalts für 1867, 1868 u. 1869 190; Instruktion für denf. 266; Uebertragung der Kontrolle des Etats für 1870 325.

Rechtshilfe. Beschl. auf Ausarbeitung eines Ges. über die Gewährung von R. 163; Annahme des Ges. 221.

Rechtspflege. Beschwerde des Rats zu Rostock wegen Hemmung derj. 130; erneute Begründung der Beschw. u. Beschl. 191; Ablehnung einer Beschw. des früheren National-Vereins in Mecklenbg. 270.

Reis. Zulassung zu den Privatniederlagen 125.

Rinderpest. Antrag Großh. Sachsen, betr. Umfang des Verbots der Einfuhr von Rindvieh 122; Ges., betr. Verhütung und

Tilgung der Rinderpest 170; Verhandlungen mit den südd. Staaten über ein gemeinsames Vorgehen 235, 313.

Rübenzuckersteuer, s. Zucker.

Saale, s. Flößereiabgaben.
Salz. Ges., betr. die Erhebung einer Abgabe von S. 125; abgabenfreie Verabfolgung 172.
Schiffahrtsverträge mit Italien 125.
— s. Freundschafts-, Handels- u. Schiffahrtsverträge.
Schiffsvermessung. Antrag auf Herbeiführung eines internationalen Systems für dies. 176.
Schleswig-Holstein. Beteiligung Oesterreichs an der militärischen Kooperation gegen Dänemark 291.
Schleswig-holsteinische Armee, vormalige. Ges., betr. Bewilligung von Pensionen an die vorm. schlesw.-holst. Offiziere 180; Ges., betr. Bewilligung von lebenslänglichen Pensionen an Militärpersonen der Unterklassen ders. sowie an deren Witwen u. Waisen 258, 259.
Schuldhaft. Ges., betr. Aufhebung ders. 166, 167.
Schwarzburg-Rudolstadt. Insolvenz-Anzeige 337, 338.
Seetrieg. Verhandlungen wegen Befreiung des Privateigentums im S. 177.
Seemannsordnung. Vorlage eines Entw. von den Hansestädten u. Oldenburg 313.
Seenot. Ausschußantr. u. Beschl., betr. Belohnungen an Seeleute für Hilfe in S. 338, 339.
Seeschiffahrtszeichen. Gesetz, betr. Ausdehnung der Kompetenz des Reichs auf dies. 221.
Seeschiffer u. Seesteuerleute. Bekanntm., betr. Prüfung ders. 253, 254, 273; Vorl. über die Prüfung ders. zu erlassenden Anordnungen, Beratung und Bekanntmachung 319—322.
Seeunfälle. Ermächtigung der großbrit. Receivers of wreck zur Feststellung der Thatsachen bei der Strandung deutscher Schiffe 255, 256.
Seewarte. Beschl., betr. Unterstützung der Nordd. Seewarte in Hamburg 270; Ges., betr. Errichtung der deutschen Seewarte 271.
Segeltuch. Tarifirung 125.
Seide. Tarifirung von Halbseide 125.
Sklavenhandel. Ausstellung der Vollmachten für die Kriegsschiffe zur Unterdrückung des S. an der Westküste von Afrika 176.
Sonnenfinsternis i. J. 1868. Aufbringung der Kosten zur Beobachtung ders. 193.
Spielbanken. Ges., betr. die Schließung u. Beschränkung der öffentlichen S. 168, 169.
Staatsangehörigkeit. Vertrag mit den Verein. Staaten von Amerika 147; St. der ohne Konsens nach Rußland ausgewanderten Norddeutschen 207; Ges., betr. Erwerb der Bundes- u. Staatsangehörigkeit 208.

Steuergemeinschaft, innere. Antrag Hessens auf Eintritt der nicht zum Nordd. Bunde gehörigen Teile des Großherzogtums 125.
Steuerreform. Anfänge ders. 242.
Strafgesetzbuch. Beschl. auf Ausarbeitung 163, 164; Bildung einer Spezialkommission 223—226; Vorlage, Beratung u. Annahme dess. 305—307.
Strafprozeßordnung. Beschl. auf Ausarbeitung 163, 164.
Strafvollziehung bei Verurteilung auf Grund des Militär-Strafgesetzbuchs. Beschl., betr. Tragung der Kosten u. Vollstreckung der Zuchthausstrafe 234, 235.
Strandungsordnung. Beschl. auf Ausarbeitung des Entw. einer allgemeinen St. 177, 178.
Straßenbauverwaltungen, s. Telegraphenverwaltung.

Tabak. Beschl., betr. Einstellung der Erhebung der Uebergangsabgabe für T. am 1. Juli 1869 246.
— Besteuerung, s. Branntwein.
Telegraphenfreimarken. Ges., betr. Anfertigung ders. 252.
Telegraphengebühren. Resol. des Reichst. wegen Vorlage eines Ges. zur Regelung der Befreiungen von dens. 252.
Telegraphenverträge mit: Luxemburg, Oesterreich-Ungarn, den Niederlanden 175.
Telegraphenverwaltung. Bestimmungen über die den Straßenbauverwaltungen im Interesse der Bundestelegraphie aufzuerlegenden Verpflichtungen 252.
Tierärzte, s. Aerzte.

Unterstützungen. Ges., betr. Regelung der Unterstützung der Familien der zum Dienst einberufenen Mannschaften der Ersatzreserve 179, 180; Beschl. auf eine Petition wegen Unterstützung hilfsbedürftiger Familien der einberufenen Wehrmänner 324.
Unterstützungswohnsitz. Vorl. eines Gesetzentw. über dens. 209—212; Annahme 271, 272, 293—295.
Urheberrecht. Antrag Königr. Sachsen, betr. Schutz des geistigen Eigentums 162; Gesetzentw., betr. das Urheberrecht an Werken der Literatur und der Kunst 162; Beratungen des G.-E. 219, 301, 302; Annahme als Ges., betr. das Urheberrecht an Schriftwerken, Abbildungen, musik. Kompositionen u. dramatischen Werken 303.
— s. Literarkonventionen.

Venus. Antr. Königr. Sachsen, betr. Gewährung der Mittel zur wissenschaftl. Beobachtung des Vorübergangs der Venus vor der Sonne i. J. 1874 268; Beschl. 339.

Verbrecher, s. Auslieferung.

Verfassung des Norddeutschen Bundes. Ausarbeitung 1, Beratung durch die Abgesandten der Staaten 2—4; Aufzeichnungen des Staatsministers Dr. Sintenis darüber 7—30; desgl. des Staatsministers Frhrn. v. Seebach 88—94; Beratung u. Annahme im konstituirenden Reichstag 28, 30. 94; Annahme durch die nordd. Regierungen 32.
— s. Ratzeburg.
Versicherungsgesellschaften. Antr. Königr. Sachsen, betr. Regelung des Gerichtsstandes ders. 121; Mitteilung über Ausarbeitung eines Gesetzentw. 298.
Versicherungswesen. Antrag u. Beschl., betr. Ausarbeitung eines Gesetzes über das. 149.

Wahlgesetz für den Reichstag des Nordd. Bundes 241; Reglement zur Ausführung dess. 314.
Wechselordnung. Allgem. Deutsche. Beschl. auf Ausarbeitung eines Ges., durch welches dies. nebst den sog. Nürnberger Wechselnovellen zum Bundesges. erklärt wird 165, 166; Vorlage des Gesetzentw. u. Annahme des. 222, 223.
Wechselstempelsteuer. Ges., betr. die W. im Nordd. Bunde 259—261, 272.
Wertpapiere. Ablehnender Beschluß auf Petit. bezügl. Außerkurssetzung der au porteur lautenden Papiere 313.
Werra, s. Flößereiabgaben.
Wirtschaftsgenossenschaften, s. Erwerbs- u. Wirtschaftsgenossenschaften.

Zahnärzte, s. Aerzte.
Zinsen. Ges. über die vertragsmäßigen Z. 122.
Zivilprozeßordnung. Antrag Preußens auf Ausarbeitung eines Entw. 120; Bildung der Komm. 121; Vorlage des Entw. 304, 305.
Zivilversorgung der Militäranwärter. Beschl., betr. Ausdehnung der preuß. Grundsätze auf das ganze Bundesgebiet 180; Antr. Sachsens, betr. die Prüfung zweifelhafter Fragen 259.
Zölle u. Steuern. Form der Quartalsübersichten 172; Antr. Braunschweigs, betr. Abänderung der Einrichtungen für die Zollerhebungen ꝛc. 247.
Zoll- u. Handelsverträge, s. Handelsverträge.
Zollverein. Einbeziehung der Herzogt. Holstein u. Schleswig 125.
— s. Handels- u. Zollverein.
Zucker. Antr. Braunschweigs, betr. Abänderung der Einrichtungen für die Erhebung der Rübenzuckersteuer 247; Antr. Anhalts, betr. Herauszahlung der Rübensteuer an die Bundeskasse 247.

Deutsche Verlags-Anstalt in Stuttgart und Leipzig.

Hochinteressante wertvolle Werke für jede Hausbibliothek.

Die Ansprachen des Fürsten Bismarck
1848 bis 1894.

Herausgegeben von

Heinrich von Poschinger.

2. Auflage. Geheftet ℳ 7. —; elegant in Halbfranz gebunden ℳ 9. —

Diese Ansprachen sind ja zum Teil frisch nach der That in der Zeitungspresse veröffentlicht worden, aber es war da auf die Zuverlässigkeit der Wiedergabe noch nicht eine so emsige Fürsorge verwendet, und sie waren für Mit- und Nachwelt noch nicht zu einem so bequem sich darbietenden Einblick nebeneinandergestellt. Neben ihrer politischen Bedeutung als Quellen und Fingerzeige bieten alle Reden Bismarcks unleugbar auch einen hohen ästhetischen Genuß durch bestrickende Formvollendung, Gedankenreichtum, Schärfe der Beobachtung und eine nur selten versagende Frische glanzvollen Humors. Der vornehm ausgestattete, mit einem vortrefflichen Brustbilde des Altreichskanzlers versehene Band spricht für sich selber und bedarf keiner wortreichen Empfehlung.

Illustrierte Zeitung, Leipzig.

Fürst Bismarck
Neue Tischgespräche und Interviews.

Herausgegeben von

Heinrich von Poschinger.

2. Auflage. Geheftet ℳ 8. —; elegant in Halbfranz gebunden ℳ 10. —

Diese Poschinger-Sammlungen, von denen man ja weiß, daß sie der Herr und Meister nicht ungeprüft auf den Markt wandern läßt, werden einst in Litteratur und Geschichte einen besonderen Platz einnehmen.

Neue Freie Presse, Wien.

Erinnerungen aus dem Leben von Hans Viktor von Unruh
(geb. 1806, gest. 1886).

Herausgegeben von

Heinrich von Poschinger.

Geheftet ℳ 8. —; elegant in Halbfranz gebunden ℳ 10. —

Ein Memoirenwerk, das dank seiner rückhaltlosen Wahrheitsliebe und seiner strengen Sachlichkeit immer seinen Wert als wichtige historische Quelle behalten wird.

Magdeburgische Zeitung.

Fred Graf Frankenberg
Kriegstagebücher von 1866 und 1870/71.

Herausgegeben von

Heinrich von Poschinger.

2. Auflage. Preis geheftet ℳ 5. —; fein gebunden ℳ 6. —

Ein Werk, das jeder gebildete, sich für die Geschichte seines Vaterlandes interessierende Deutsche mit hoher Anteilnahme durchlesen wird.

Hamburgischer Correspondent.

✠ Zu beziehen durch alle Buchhandlungen des In- und Auslandes. ✠

www.ingramcontent.com/pod-product-compliance
Lightning Source LLC
Chambersburg PA
CBHW020232240426
43672CB00006B/492